中华优秀传统文化创造性转化关键之研究

2020 年度山东省社会科学规划研究项目（20CPYJ12）

杨树增　陈昕晨 —— 主编

齐鲁书社

·济南·

图书在版编目（ＣＩＰ）数据

中华优秀传统文化创造性转化关键之研究 / 杨树增，陈昕晨主编. -- 济南：齐鲁书社，2024.12. -- ISBN 978-7-5333-5079-6

Ⅰ.K203

中国国家版本馆CIP数据核字第2024MP1616号

策划编辑　李军宏
责任编辑　周　磊　井普椿　孙良伟
装帧设计　刘羽珂

中华优秀传统文化创造性转化关键之研究
ZHONGHUA YOUXIU CHUANTONG WENHUA CHUANGZAOXING ZHUANHUA GUANJIAN ZHI YANJIU

杨树增　陈昕晨　主编

主管单位	山东出版传媒股份有限公司
出版发行	齊魯書社
社　　址	济南市市中区舜耕路517号
邮　　编	250003
网　　址	www.qlss.com.cn
电子邮箱	qilupress@126.com
营销中心	（0531）82098521　82098519　82098517
印　　刷	日照日报印务中心
开　　本	720mm×1020mm　1/16
印　　张	38
插　　页	4
字　　数	550千
版　　次	2024年12月第1版
印　　次	2024年12月第1次印刷
标准书号	ISBN 978-7-5333-5079-6
定　　价	198.00元

《中华优秀传统文化创造性转化关键之研究》编委会

目 录

绪 论 ……………………………………………………………… 1

　一、儒家伦理核心观念是理解中华优秀传统文化本质的关键 …… 1

　二、儒家伦理始终是中华优秀传统文化的主流意识 ………… 6

　三、儒学的核心观念及其产生条件 ……………………… 12

　四、中华优秀传统文化创造性转化的现实意义 …………… 21

　五、中华优秀传统文化创造性转化必须坚持正确方向 …… 29

第一章　中华优秀传统文化的主要流派与载体 …………… 35

　第一节　先秦诸子与国学经典 ………………………… 35

　　一、人文国学与自然国学 …………………………… 37

　　二、先秦诸子中的"六家" …………………………… 39

　　三、中华优秀传统文化的主要载体——国学经典 ……… 52

　第二节　儒学之流"于道最为高" ……………………… 60

　　一、儒学起源与儒的类型 …………………………… 60

　　二、儒家学派的突出优势 …………………………… 65

　　三、中国历史上第一次对儒家代表人物的高度评价 …… 67

第二章　"五经"：高扬德观念的旗帜 …………………… 72

　第一节　上古三代的核心观念 ………………………… 72

　　一、德是达道的途径 ………………………………… 72

　　二、元圣周公：德治理论的完善者与践行者 …………… 82

　　三、仁、德、礼、乐的关系 …………………………… 100

四、孔子治"五经" ⋯⋯⋯⋯⋯⋯⋯⋯⋯ 108

第二节 经学思想的基本载体 ⋯⋯⋯⋯⋯ 113

一、"五经"构成儒学经典的主干 ⋯⋯⋯ 113

二、"五经"与"四书"是同一思想系统 ⋯⋯ 120

第三章 "四书":建构起儒家仁学体系 ⋯⋯ 127

第一节 孔子是系统仁学的创始者 ⋯⋯⋯ 127

一、"四书"的汇编及其意义 ⋯⋯⋯⋯⋯ 127

二、《论语》在"四书"中的地位 ⋯⋯⋯ 131

三、孔子仁学的主要观点 ⋯⋯⋯⋯⋯⋯ 134

第二节 《论语》中所显示的孔子仁者形象 ⋯ 155

一、夫子为木铎 ⋯⋯⋯⋯⋯⋯⋯⋯⋯⋯ 155

二、诲人不倦的"万世师表" ⋯⋯⋯⋯⋯ 161

三、学而不厌的乐学者 ⋯⋯⋯⋯⋯⋯⋯ 165

四、完美的君子人格 ⋯⋯⋯⋯⋯⋯⋯⋯ 169

第三节 《大学》《中庸》对孔子仁学的阐释 ⋯ 171

一、《大学》阐释孔子仁学的"三纲八目" ⋯ 171

二、《中庸》追求"致中和" ⋯⋯⋯⋯⋯ 173

三、诚之者人之道 ⋯⋯⋯⋯⋯⋯⋯⋯⋯ 178

四、中也者天下之大本 ⋯⋯⋯⋯⋯⋯⋯ 181

第四节 《孟子》对孔子仁学的继承与发展 ⋯ 183

一、孔、孟相似的人生轨迹 ⋯⋯⋯⋯⋯ 183

二、仁学"聚焦"于仁政 ⋯⋯⋯⋯⋯⋯ 186

三、义与仁的异同 ⋯⋯⋯⋯⋯⋯⋯⋯⋯ 205

四、以"四端"为标志的性善论 ⋯⋯⋯⋯ 213

五、求诚养气 ……………………………………………… 219

第四章 中华优秀传统文化核心观念始终如一的历史渊源 ……… 222

第一节 世界上唯一没有中断的中华传统文化 …………… 223

一、中华优秀传统文化及国学的内涵 ………………… 223

二、中国上古文化管窥 ………………………………… 229

三、中华优秀传统文化强大的生命力 ………………… 244

第二节 从未发生过根本变化的文字书写体系 …………… 248

一、文明古国的文字都从象形字开始 ………………… 248

二、世界上仅存的表意文字——汉字 ………………… 254

三、汉字字形的演变及功能特征 ……………………… 262

第三节 中华民族——世上史学意识最强的民族 ………… 267

一、"史"、史官及史官制度 ………………………… 267

二、"六经皆史"及成体系史书的开启 ……………… 279

三、中国传统史学高峰的形成及延续 ………………… 289

四、中国传统史学的特点 ……………………………… 299

第四节 一以贯之的道统与不断丰富的文统 ……………… 302

一、儒学道统传承不绝 ………………………………… 302

二、道统与文统基因的生成 …………………………… 317

三、从三代文本散文看道统与文统的关系 …………… 340

四、轴心时代及之后儒家经典中的道统与文统 ……… 348

五、道统与文统对中国传统文学的影响 ……………… 361

第五节 始终有一支追求真理的文化创造主力军 ………… 366

一、先秦两汉知识分子的类型 ………………………… 367

二、中国知识分子坚信"天之未丧斯文也" ………… 375

三、中国古代知识分子的优良传统 ……………… 380

第五章 中华优秀传统文化特色形成的自然与社会环境…… 392

第一节 地理环境与主体民族的形成 ……………… 392

一、独特的自然地理风貌与"两河流域"农耕文明…… 392

二、人文地理的地域性与统一性 …………………… 399

三、主体民族的形成 ……………………………… 402

第二节 中华优秀传统文化特色形成的社会环境 …… 410

一、社会形态与自然环境、生产方式息息相关 …… 410

二、封建领主制及其向封建地主制转型 …………… 419

三、新的封建宗法制的建立 ……………………… 430

第六章 文化自信与中华传统文化的局限……………… 439

第一节 中华传统文化的劫难与文化自信 ………… 439

一、中华优秀传统文化近两百年来遭遇的劫难 …… 439

二、不切实际的文化自卑与自虐 …………………… 442

三、如何重树文化自信 …………………………… 450

第二节 中华传统文化的历史局限性 ……………… 456

一、官僚等级观念的恶劣影响 …………………… 456

二、重视伦理道德教化而轻视发展经济 …………… 463

三、儒家的"乌托邦" …………………………… 469

四、封建时代的官僚政治生态 …………………… 472

第七章 传承创新传统伦理美德，构建美好家园………… 481

第一节 伦理美德的基本准则与当代价值 ………… 482

一、仁德是伦理美德的基本准则 …………………………… 482

二、伦理美德的当代价值 …………………………………… 491

第二节 构建文明的自然生态家园 …………………………… 500

一、人与自然关系日趋紧张 ………………………………… 500

二、"物吾与也"中的大智慧 ……………………………… 504

第三节 构建高尚的精神家园 ………………………………… 508

一、找回失落的伦理美德 …………………………………… 508

二、明理修身获良知 ………………………………………… 517

三、追求"孔颜之乐" ……………………………………… 526

第八章 中华优秀传统文化创造性转化的正确途径……………… 536

第一节 中华优秀传统文化研究的几次重大发展变化 ……… 536

一、中国封建社会的中华优秀传统文化研究 …………… 536

二、现代新儒家的研究 …………………………………… 541

三、改革开放以来的中华优秀传统文化研究 …………… 557

第二节 牢牢把握中华优秀传统文化研究的正确方向 ……… 571

一、马克思主义指导地位是历史的选择 ………………… 572

二、马克思主义与中华优秀传统文化共融互补 ………… 579

三、警惕中华优秀传统文化研究中的错误倾向 ………… 585

主要参考书目 ………………………………………………… 597

后 记 ………………………………………………………… 599

绪　论

一、儒家伦理核心观念是理解中华优秀传统文化本质的关键

中华传统文化着眼于民族，主要囊括了域内的中华民族大家庭所有的各民族所共同创造的传统文化，也包括域外的中华民族成员创造的传统文化。中华传统文化既包含着优秀的成分，又包含着非优秀的成分，优秀的部分应称之为"中华优秀传统文化"。本书当阐述既包含着优秀的与非优秀的两种成分的全部传统文化时，依照传统习惯仍将其称之为"中华传统文化"，当阐述主要包含优秀成分的传统文化时，我们将其称之为"中华优秀传统文化"。

中华传统文化，从其载体来看，主要是用文字记载下来的典籍。从其时间跨度来说，至少已有5000年，如果我们溯源文字的产生、八卦的出现，那就更遥远了。我们在研究中华优秀传统文化时，往往把它分为中华传统优秀人文科学与中华传统优秀自然科学两大部分，有人称为人文国学与自然国学。人文国学比自然国学的典籍要丰富得多，其划分的门类也比自然国学多得多，所以有的人干脆把人文国学称为"国学"。与中华优秀传统文化同一含义的国学，其中最重要的是优秀的哲学部分，为了叙述简洁，我们就称其为中国传统哲学。为什么中国传统哲学是中华优秀传统文化中最重要的部分呢？我们知道：哲学研究的对象是人的世界观，这是探讨人类一切思维模式的科学，对各类人文科学的发展和人类文化心理结构起着重要的指导作用。中国传统哲学一个重要的特征就是对伦理道德的高度重视，从这个意义上说，中国传统哲学主体上就是以伦理道德为核心的伦理哲学，或称道德哲学，这也是中华优秀传统文化的重要特征。

中国传统伦理哲学同样学派林立、名家众多、众说纷纭，然而对中国历代社会的发展影响最大、最能体现中华优秀传统文化特征、最能揭示中华优秀传统文化发展规律的，则是儒家伦理哲学。儒家伦理哲学注重探讨的是道德的起源及演变、道德的标准及人们对个人、家庭、社会、国家的行为准则等，它探讨的基本范畴是人与人、人与天、人与社会、善与恶、真与假、美与丑、正义与非正义、公平与偏颇、诚信与欺骗、荣誉与耻辱等，在这些范畴中，最重要、最基本的范畴就是真善美与假恶丑，这也是其他国家与民族普遍关注的哲学范畴，只不过与其他国家和民族比较起来，儒家学派乃至中华民族在崇尚真善美的基础上，更重视弘扬善，这也正是造成中国传统哲学属于道德哲学的根本原因。

由于这一显著特征，给不太了解中华优秀传统文化的西方人造成一个这样的印象：中华优秀传统文化就是注重伦理的道德说教。如德国哲学家、德国古典唯心主义的集大成者黑格尔就认为中国只有伦理哲学而无思辨哲学。实际上，这种观点是极其片面的，是对中国传统哲学的误读、误解。以儒家伦理哲学为基本特征的中华优秀传统文化确实十分重视人伦道德，然而它又从阐释人的价值、人性的要求等问题切入，进而探讨人事与天道的关系，探讨宇宙普遍存在的法则，从而达到"究天人之际，通古今之变"（班固《汉书·司马迁传》）。可以说：中国传统哲学与西方哲学有所不同，它是由伦理道德学说促进了思辨哲学的发展，伦理哲学与思辨哲学是同一体，而不像西方将伦理哲学与思辨哲学分立成两个体系。

中华优秀传统文化将真善美中的善置于三者之首，善就成了中国伦理哲学最核心的范畴，就成了中华优秀传统文化最关键的核心观念，就成了一切事物与一切人物的至高完美标准。与善相对立的恶就成了一切事物与一切人物的最大罪过。善也成为判断真与美的先决条件，同理，恶也就决定了假与丑的性质。中华优秀传统文化之所以是世界文化的瑰宝，就是因为它一贯高扬着惩恶扬善的旗帜。

　　然而"善"的这面旗帜，在中国不同的历史时期，随着社会的演变，其内涵有所变化，有时"善"还有不同的代称。在周代之前，人们所持的是宗教世界观，崇拜的是天帝，信奉的是天命论，人们把一切善的意识和行为都归于天帝，天帝有时分称"天"或"帝"，天与帝虽名称不同，但实际都指同一对象，即有意志的神。《诗经·鄘风·君子偕老》："胡然而天也，胡然而帝也。"天与帝的意志可以支配人类的命运与自然的运行，其意志说到底就是主张施行善。上天的意志，可称天意，人间的君王施行善就是奉行天意，意同后世的"替天行道"。《汉书·礼乐志》："王者承天意以从事，故务德教而省刑罚。"这里所指的天意，就是令"王者"以德务政，对老百姓不要轻易施以刑罚。《尚书·泰誓上》："今商王受，弗敬上天，降灾下民。"天意关爱下民，可现在商王统治下的社会现实是"降灾下民"，究其原因就是商王"弗敬上天"，弗敬上天就是违背天意。

　　天意也称天命、天心等。《论语·季氏》："君子有三畏：畏天命、畏大人、畏圣人之言。"《尚书·咸有一德》："咸有一德，克享天心。"天要支配人类的命运，首先必须具有支配人类命运的依据，这是规划每个人命运轨迹的出发点，这个依据就是能正确地判定人的是非善恶，天是人间一切是非善恶的公正裁决者。《道德经·七十九章》："夫天道无亲，恒与善人。"天道无私，不偏不倚，将人间的是非功过判定得清清楚楚、公公正正，然后根据善恶的程度而设计人的命运轨迹，对善者施以关爱与恩惠，对恶者进行谴责与惩罚。天意公道这一观念深入人心，至今人们还流传着一句口头禅："人在做，天在看。"人们相信：善有善报，恶有恶报，天意不可违，苍天饶过谁？

　　古人认为上天不仅有判断是非善恶的意识，而且具有支配人事变化、自然运行的能力，并常借用自然现象的变化而带来的福祸，来回应人间的善恶。如"帝令雨足年，帝令雨弗其足年"（《殷虚书契前编》），"天道福善祸淫，降灾于夏，以彰厥罪"（《尚书·汤诰》）。上天决定着人事，使行善的人得到福祉，使作恶的人受到惩罚。上天给人间降下自然灾祸，则是上天对统治者暴虐苛政的一种警告或惩罚。

古代政权更迭，除了后世史家津津乐道的所谓"禅让"外，多是采取"革命"的形式，即当一个新朝推翻另一个旧朝时，必然先做怀疑、否定旧朝天命论的舆论，对上天授命做出新的解释，认为旧朝因暴政而丧失天命，新朝夺取政权完全是承受天命，新朝改革旧朝天命的一切举措符合天意。如商汤的贤臣伊尹将国家政权交还君王太甲时，告诫太甲说："呜呼！天难谌，命靡常。常厥德，保厥位。厥德匪常，九有以亡。夏王弗克庸德，慢神虐民。皇天弗保，监于万方，启迪有命，眷求一德，俾作神主……"（《尚书·咸有一德》）伊尹认为："旧的天命难信，天命变化本是无常，德行一贯长久，统治地位就会安稳，否则政权就会丧失。夏王不修常德，侮慢神灵，残害民众，上天便不再保护其天命，上天就要察看天下，寻求有天命、有德之人，使其成为承受新天命的主人……"当周伐商以新的王朝代替旧的王朝时，同样打着旧王朝已丧失天命、新王朝依据天意承受天命的旗号。不过，周朝统治者从历史翻天覆地的变化中，探寻了夏王朝与商王朝政权崩塌的真正原因，更看到了人民是最伟大的历史变革的推动力，意识到吸取夏、商亡国教训对巩固新政权的重大意义。于是周王朝对天命论又做出了新解释，新解释体现在两个方面：

第一，周人与商人一样，既相信天命，又崇拜祖宗神灵。但殷商后期更相信天命仅凭世袭而得，祖宗崇拜又突出了血缘的意义，周人却不然。当周人举事推翻商统治时，就又提出"天命靡常"（《诗经·大雅·文土》），宣扬周文王因施行德政才获得天命，否定了殷商天命世袭的观念。周人在相信天命、崇拜祖宗的同时，更强调了道德的意义，提出了"以德配天""以德治国"的理论，使道德在神权的理论中占据了重要的地位，道德与政治、宗教观念开始一体化。

第二，将天意与民意统一起来，民意即天意，天意听从于民意。"天矜于民，民之所欲，天必从之。"（《尚书·泰誓上》）"天视自我民视，天听自我民听。"（《尚书·泰誓中》）甚至提出"天道远，人道迩"（《左传·昭公十八年》）。天道意同天命，人道即人事，比起遵从天命，处理好人事更为急迫。什么是人事？对于统治者来说，就是哀怜、体恤老百姓，使他们得到温饱，能安居乐业。"天亦哀于四方民，其眷命用懋。王其疾敬德"（《尚书·召诰》），提倡"徽柔懿恭，怀保小民，惠鲜鳏寡"（《尚书·无逸》），形成了"敬德保民"的新思想，主张重教化而轻刑罚、以刑辅德的执政理念，与商朝的暴政统治形成鲜明对比。

周初周公"制礼作乐"，礼乐只是一种形式与手段，最终实现的目的还是德治。周公的德治思想，把代表善的上天，转换为遵从礼乐之德的人，这就实质上将原来的宗教哲学改变为道德哲学。周公将一切治国的善行概括为一个字——"德"，而"德"字在商代甲骨卜辞中已存在，记载夏、商的文献中也提到"德"，如《尚书·盘庚》中记载盘庚告诫其官员："汝克黜乃心，施实德于民。"但是周人对"德"进行了一番新解释，赋予"德"更多的新意，"以德配天"说并不否定天，而是将天之善与人之善统一起来，这也成为汉代董仲舒"天人感应"论的滥觞。周人的德治思想，主要强调"保民"，保民就是"敬德""明德"。周人的德治不仅与商末统治者的暴政严格区别开来，而且周朝追忆或整理前朝历代历史的时候，凡是被周朝统治者评价为行善的先人，不管他处于哪个历史时期，甚至还包括商朝的圣王贤臣，都属于具备了德的禀性者，周朝的主体文化就是以德为核心观念而建立起来的。

历史发展至周朝后期的春秋时期，产生了深刻影响其后中国漫长历史的儒家学派。儒家学派的代表人物是孔子，他在中国思想形态上最重大的贡献，是把周朝表示善的"德"，改造、提升为"仁"，并形成系统的仁学。如果说周朝的"德"，主要强调社会统治者应该具备的德行与施行的德治，而儒家的"仁"，则是针对所有的人，是为所有的人提出个人品质及一切社会行为的准则。尽管在后来2000多年的历史发展中，有人又提出一些类似仁的概念，如道、理、心等，但都是从不同侧面来解释仁，这些新称呼始终代替不了"仁"在2000多年中作为中华优秀传统文化的核心观念的地位。"仁"像一条红线，将整个中华优秀传统文化串联起来，成为中华优秀传统文化的灵魂，成为我们研究中华优秀传统文化的重要线索与重要途径，成为我们理解中华优秀传统文化本质及其发展规律的关键。

二、儒家伦理始终是中华优秀传统文化的主流意识

2014年9月24日，习近平同志在纪念孔子诞辰2565周年国际学术研讨会暨国际儒学联合会第五届会员大会开幕会上，作了重要的讲话，其中讲道：

孔子创立的儒家学说以及在此基础上发展起来的儒家思想，对中华文明产生了深刻影响，是中国传统文化的重要组成部分。儒家思想同中华民族形成和发展过程中所产生的其他思想文化一道，记载了中华民族自古以来在建设家园的奋斗中开展的精神活动、进行的理性思维、创造的文化成果，反映了中华民族的精神追求，是中华民族生生不息、发展壮大的重要滋养。中华文明，不仅对中国发展产生了深刻影响，而且对人类文明进步作出了重大贡献。

中国传统文化，尤其是作为其核心的思想文化的形成和发展，大体经历了中国先秦诸子百家争鸣、两汉经学兴盛、魏晋南北朝玄学流行、隋唐儒释道并立、宋明理学发展等几个历史时期。从这绵延2000多年之久的历史进程中，我们可以看出这样几个特点。一是儒家思想和中国历史上存在的其他学说既对立又统一，既相互竞争又相互借鉴，虽然儒家思想长期居于主导地位，但始终和其他学说处于和而不同的

局面之中。二是儒家思想和中国历史上存在的其他学说都是与时迁移、应物变化的，都是顺应中国社会发展和时代前进的要求而不断发展更新的，因而具有长久的生命力。三是儒家思想和中国历史上存在的其他学说都坚持经世致用原则，注重发挥文以化人的教化功能，把对个人、社会的教化同对国家的治理结合起来，达到相辅相成、相互促进的目的。……

研究孔子、研究儒学，是认识中国人的民族特性、认识当今中国人精神世界历史来由的一个重要途径。[①]

正因为儒家学说在中华优秀传统文化中占据着主体、主导的地位，所以我们在研究中华优秀传统文化时，习惯以儒家学派的产生为分界，把中华优秀传统文化分成两大阶段：一是儒家学派产生前的上古三代的中华优秀传统文化，二是儒家学派产生后至近代新文化运动时的2000多年的中华优秀传统文化。从中华优秀传统文化的内容来看，它包括所有学派与个人所创造的先进文化，内容包括文学、艺术、史学、哲学、政治、经济、法律、伦理、教育、宗教等所有人文学科。新世纪以来，有一些学者提出中华优秀传统文化还应该包括中医、军事、地理等自然国学，笔者赞同这一观点，但本书主要涉及的是人文学科的内容。中华传统文化是历史的产物，必然包含着优秀部分与糟粕部分，我们研究的对象是中华传统文化中优秀的部分，即能体现以德以仁为核心观念的传统文化，就是我们称之为的国学。国学中还可挑选出更优秀的部分，就是儒学，儒学中的精粹著述是儒家的经学，儒学主要阐述的就是儒家的伦理道德。笔者视国学、儒学为优秀的传统文化，是从其主体方面考量的，并不否认它们也存在着某些历史局限性甚至糟粕。本书所谓中华优秀传统文化创造性转化，主要就是

---

① 习近平：《在纪念孔子诞辰2565周年国际学术研讨会暨国际儒学联合会第五届会员大会开幕会上的讲话》，新华网北京2014年9月24日电。

指创造性转化儒学中以仁爱为核心观念的那些优秀的伦理道德。

为什么中华优秀传统文化中最重要、最优秀的部分，非儒学的伦理莫属呢？首先，因为与国学中的其他学派学说相比较，儒家学派伦理比较全面、深刻地揭示了在中国特定的社会基础上，所形成的人与人之间的宗法关系，并为社会制定了适应发展的、人们应当遵循的道德规范、伦常礼教。人与人之间有哪些伦理关系？不外乎是"五伦"的关系，即君臣（包括朝廷之外的上级及下属）、父子（包括母子及血缘同出一源的上下辈亲戚）、兄弟（包括直系及旁系的兄弟姊妹）、夫妇、朋友（包括所有社交成员）之间的五种关系。其中对五种具有血亲关系的人进行不同的道德规范教化，称为"五教"。《左传•文公十八年》："舜臣尧……举八元，使布五教于四方，父义、母慈、兄友、弟共（恭）、子孝，内平外成。"至后来，后稷"使契为司徒，教以人伦：父子有亲，君臣有义，夫妇有别，长幼有序，朋友有信"（《孟子•滕文公上》）。可以看出，中国人的伦理视野，先着眼于家庭血亲，后将家庭成员之间的亲爱扩大至整个社会，将"五教"提升为"五伦"。"五伦"或称人伦，即将家庭血缘伦理推广到社会所有人的伦理，明确了所有人的伦理道德。从古代圣王到儒家创始人孔子、孟子，他们之所以伟大，是因为他们能站在时代的高位，皆以仁爱的情怀来处理所有的人伦关系，不论是血亲关系还是社会政治关系，儒家对全体族人和社会成员，都赋予普遍的仁爱，并把它视为安宁天下之大本。因此儒家强调圣人应是执行这种伦理道德的楷模，"圣人，人伦之至也"（《孟子•离娄上》）。推行以仁爱为核心观念的伦理道德正是圣人申明人伦与治国为政之要，《礼记•文王世子》中说："父子、君臣、长幼之道得而国治。"至于后来董仲舒进而又提出"三纲五常"，弱化了原始儒家的平等仁爱精神，强化了封建等级观念，其新制定的伦理原则和规范成为历代统治者维护封建宗法专制的思想工具，这与原始儒家的伦理道德观念是有很大差距的。

其次，只有儒家学派比较全面地继承了上古三代中国古老的文化传统，并指明了之后2000多年中华优秀传统文化的发展方向。从汉代起2000多年来，儒家学派的伦理始终是中国传统社会的主流意识，并得到整个中华民族的认同，形成了一种传统的民族意识。儒家的伦理学说，适应中国传统的农耕文明家国一体的社会结构与宗法制，从而运用儒学伦理就可达到中国传统大一统社会的长治久安。

最后，儒学虽是社会主流意识，但从来就没有固步自封，为了适应不断变化的社会形势，儒家伦理始终吸取着其他学说派别的思想理论精华，保持着旺盛的生命力。抓住创造性转化儒家的伦理核心观念，就容易实现中华优秀传统文化的创造性转化。

儒家最成熟的伦理核心观念就是提倡仁爱大众，尊重社会每一个成员的自尊与人权，维护社会每一个成员的合法权益。远在周代初期，执政者周公就响亮地提出"敬德保民"的思想，《左传•文公十八年》中记载："先君周公制《周礼》曰：'则以观德，德以处事，事以度功，功以食民。'"周公制礼作乐，目的就是以是否遵从礼乐来观察执政者的德行，执政者必须以仁德来处理事情，以其处理事情的效果来衡量其功劳，执政者只能凭其功劳来取食于民。周公的"敬德保民"与后来儒家提倡的为政以德、民为邦本的施政理念是同一个意思。"德"的标准就是惠及民，得民心，"敬德"就是"敬民"，"敬德保民"说到底就是仁爱大众，所以儒家学派常称周公为儒学的元圣。上古三代虽提倡仁爱，但只限于执政者之间的告诫、政府公文的表述，并没有形成一套系统的伦理理论体系。到了"轴心时代"，中国出了一位"至圣"孔子，才由他将儒学伦理真正变为一种系统的理论体系，将信奉儒学的人组成一个思想流派——儒家学派，并以儒家学说的仁爱核心观念为中心构建成了一个"仁学"。

中国的儒学产生是很早的，发展到春秋时期，它仍与其他学派一样，只是百家中的一个子学。孔子确立儒家学派后，其学说影响力逐渐扩大，到了战国时期，与其他子学相比，儒家学说已成为一种显学，明显获得社会众多人的认可与赞同。儒家学说成为显学是历史的必然，因为它符合了时代的要求，适应了时代的发展。战国时期是中国由封建领主制社会向封建地主制社会转型的末期，周代宗法制虽受到极大的冲击，但土地私有、小农个体劳作、家庭定居，这些社会经济条件所形成的血缘宗法的意识仍然是当时社会意识的主流。儒家学派从家庭伦理出发，以人格完善为重心，进而将家庭伦理扩大至整个社会，规定了社会每个成员的不同行为规范，为增强当时的宗法等级制下的家庭、家族乃至国家的凝聚力提供了最好的社会准则。儒家提出的君君、臣臣、父父、子子之道，即君惠、臣忠、父慈、子孝、兄友、弟悌的伦理原则，既是各类君子的做人原则，又是修身、齐家、治国、平天下的前提。儒家继承了周代重德尚礼的传统，建构了以仁义礼智孝悌忠信等为主要内容的伦理思想体系，强调修身为本，为政以德，以仁德礼教为施政方针，虽上下尊卑有别，但各守其本分，达到家族乃至国家的有序和谐。儒家学说反映了封建社会的宗法本质，论证了它的合理性，是推动先秦社会重大转型的强大精神武器，其成为显学是历史的必然选择。

儒学成为显学是历史的必然选择，这是因为儒家学派为封建大一统国家的建立提供了治国的根本大法。但秦王朝创立了封建的大一统中央集权制度后，却没有正确选择与中央集权制相适应的儒家文化，仍用消灭六国的暴力方式统治全国人民，于是使社会矛盾激化，民生凋敝，反抗的斗争风起云涌，最终人民起义很快就结束了这个伟大而又短命的王朝的统治。强大的秦王朝不行仁义而速亡的反面教训，反证了儒家学说的伟大历史作用。汉朝是我国第一个封建盛世，它顺应历史的发展，最终选择了以儒家学说为其治国的主导思想，把儒学推崇到独尊的地位，原属子学、显学的儒学变成了经学。经常指通行的义理、法制、原则等。《尚书·大禹谟》："与其杀不辜，宁失不经。"经也指封建朝廷法定的典范书籍，而研究经书所蕴含的学术思想，或为经书作训诂，探讨经书中的义理，被称之为经术。《汉书·宣帝纪》:"故掖庭令张贺辅导朕躬,修文学经术。"《汉书·循吏传》中又言:"三人皆儒者,通于世务,明习文法,以经术润饰吏事。"经术也称经学,从汉王朝开始,中国的封建社会就全面确立了以经学为主导的中华优秀传统文化体系,这种文化体系没有宗教信仰,主体是以儒家仁爱为核心的价值评判的伦理。正是这种传统文化造就了中华民族高尚的道德人格和仁爱大众、兼济天下的人生价值观,造就了中国在人类历史发展过程中,多次出现居于世界前列的太平盛世。

以儒家伦理为主体的中华优秀传统文化,对中国乃至对人类的发展曾做出过巨大的贡献。但近代以来,随着中华民族屡遭劫难,中华优秀传统文化也在不同时期受到不同程度的否定,否定它的宝贵价值与优良传统,实际就是否认中华民族的优良传统与历史贡献,甚至否认中华民族本身的存在。改革开放以来,我们认真反思历史,重新对中华优秀传统文化进行定位,认识到中华优秀传统文化过去曾是中华文明的标志,今后及将来不仅不是我们民族前进发展的历史包袱,而且可以转化为我们前进发展中的巨大精神动力,它至今富含着当代人所匮乏与所需要的诸多精神营养,它有着促进21世纪人类正常发展所需要的诸多精神指导价值。关键是我们如何以现代正确的思想为指导,对以儒家伦理为主体的中华优秀传统文化进行创造性转化与创新性发展。通过重新解读儒家伦理的方式,进一步实现中华优秀传统文化的现代化转化,使中华优秀传统文化道德理性和道德情感相统一;促进现代人与社会的协调、人与自然的和谐,促使人们的精神境界进入到更加高尚的理性境地,切实解决现代社会一些人出现的信仰困惑、道德滑坡,缓解现代性精神危机等问题。创造性转化后的儒家伦理可以为当代人提供新的精神"药方",同时为社会的全面发展提供新的精神资源。在对中华优秀传统文化进行创造性转化与创新性发展的过程中,中华优秀传统文化已不仅仅是建设中国特色社会主义理论的文化基础,而且与马克思主义及中国特色社会主义理论相融合,构建成民族化的、不同于西方的中国现代化文化体系。

三、儒学的核心观念及其产生条件

儒家伦理的核心理念可以用一个字来表述，这就是"仁"，以仁为核心建构起儒家的仁学，即儒家的伦理美德。这是中华优秀传统文化的灵魂，是中华优秀传统文化一以贯之的道统。对儒家伦理美德进行符合现代要求的创造性转化，就等于抓住了中华优秀传统文化创造性转化的关键。中华优秀传统文化的核心是儒家伦理，这是一个普遍比较认同的观念，但儒家伦理的核心理念指什么？学术界对此认识不一，有的认为是"德"，有的认为是"礼"，有的认为是"仁"。有的学者还认为：五经主要记载上古三代的礼乐制度，"礼"是属于制度与政治性质的。四书宣扬的则是儒家倡导的仁义道德，"仁"是人文的、个体的、精神方面的。因而五经的核心观念是礼，四书的核心观念是仁，它们是两个不同的思想系统。如果这样认为，那么我们说中华优秀传统文化的道统是一以贯之的，就不合逻辑了。这个道统究竟是指德呢，还是指礼？或是指仁呢？

德与礼关系紧密。礼是推行社会制度、道德教化的具体规范、用途、措施、方法等，德是比较长久而稳定的信仰。礼与时俱进，是可以应时变通的，而礼的实施并为之服务的德是不变的，德是礼的根本之所在，也就是德决定礼的本质是不变的。王国维在《殷周制度论》一文中说："故知周之制度、典礼，实皆为道德而设，而制度、典礼之专及大夫、士以上者，亦未始不为民而设也。周之制度、典礼，乃道德之器械，而尊尊、亲亲、贤贤、男女有别四者之结体也。"[①]所以西周虽然强调礼，并制定出与夏、商典章制度不同的周礼，但其核心观念是德而非礼。

那么上古三代的"德"与后来儒家提倡的"仁"有何关系呢？从夏

---

① 王国维：《观堂集林（外二种）》，河北教育出版社，2003年，第242页。

朝开始，就有了"九德""六德""三德"之说，如《逸周书·常训》："九德：忠、信、敬、刚、柔、和、固、贞、顺。"《尚书·洪范》："三德：一曰正直，二曰刚克，三曰柔克。"上古三代的"德"中包含着"仁"，指对人友善、相亲的德行。《周礼·地官·大司徒》："以乡三物教万民，而宾兴之。一曰六德：知、仁、圣、义、忠、和。"再如伊尹告诫君王太甲："惟天无亲，克敬惟亲。民罔常怀，怀于有仁。鬼神无常享，享于克诚。天位艰哉！德惟治，否德乱。"（《尚书·太甲下》）伊尹认为：上天无私，只敬重有德之人。老百姓的归顺也非固定不变，他们只归顺有仁爱之德的君王。连鬼神都只接受诚信者的祭祀。居于君王之位的人不容易，实施德政就天下大治，不实施德政就天下大乱。不论"九德""六德""三德"，都指人的优秀品德。只不过，周代将德的理念进一步系统化，并将其视为核心观念，强调为执政者必备的素质。到春秋晚期，孔子创立儒家学派，在前人德观念的基础上，赋予仁更为广泛的含义，所有美好的品质、意识、行为、制度甚至事物都可用仁来概括，原先上古三代的仁仅为德的一种德行，现在在儒家眼中，德反成了仁的一种体现，如《论语·为政》记载孔子语："道之以德，齐之以礼，有耻且格。"孔子主张用道德来引导民众，用礼教来约束民众，使民众不但有廉耻之心，而且心服于政法、刑法。这种主张就体现了仁，即仁政之仁，仁包含了德与礼，儒家仁的核心观念后来得到众多学派的认可。

德不仅与礼相联系，而且与乐也关系密切。周公推行德治，曾制礼作乐，《礼记·乐记》对礼、乐的分工与协调有过阐述："乐者为同，礼者为异。同则相亲，异则相敬。乐胜则流，礼胜则离。合情饰貌者，礼乐之事也。礼义立，则贵贱等矣；乐文同，则上下和矣。好恶著，则贤不肖别矣；刑禁暴，爵举贤，则政均矣。仁以爱之，义以正之，如此则民治行矣。"礼强调的是别，作用是区别亲疏、尊卑、贵贱相异的关系，乐强调的是和，以乐来沟通各种不同身份之人的感情。礼乐相配合，既区分了贵贱等级，又使尊卑关系变得和睦融洽；区别出贤与不肖，贤良则可封爵举荐，不肖则要遏止惩罚；施政出于仁爱之心，又用礼乐来体现仁爱之心；既严明贵贱等级，又增强各种人的聚合力，使全体社会成员和谐共处。

儒家五经宣扬的核心观念是德，德多指"外王"的执政品质，表现为对圣王德行的颂扬，但并未理顺"内圣"与"外王"的关系。至孔子创立仁学，把仁的概念扩大到所有的美好事物，不仅是执政的最高道德标准，而且几乎涵盖了所有的人类优秀品德。其将"内圣"与"外王"规范为互相联系、有着因果关系的两部分。如果一个人具备内在精神的德，即具备仁的人格，便是内圣；如果具备了精神外在体现的德，即具有仁的行为，便是外王，内圣与外王既有区别又有联系地统一起来了。孔子把"仁"的含义赋予了更广泛的道德范畴，这样就突出强调了儒家主张的仁与上古三代的德是传承发展的关系，德是基础，仁是发展。五经中出现的"三德""六德""九德"，孔子都可用仁来统摄。五经所讲的类似恭、宽、信、敏、惠、刚、毅、木、讷等德行，都可视为仁的各种表现。这些优秀德行合则为仁，分则近仁，孔子用仁学观去审视上古三代的德，德自然与仁没有本质区别了。礼固然十分重要，但一切礼都是为了实现德也就是为了实现仁而服务的。孔子以仁释德，对上古三代的德进行了更加理性化的整合与提升，完成了德学向仁学的重大转型，"仁"成为中华优秀传统文化的核心观念。

为了详细揭示仁学的产生及发展，本书从剖析五经与四书入手，看儒家创始人孔子是如何阐释五经的德观念，进而如何完成其仁学的创建；也主要介绍了孔子的后继者孟子对孔子仁学的继承与发展。如果说孔子的仁学还是一种含义极广的伦理道德观念，孟子提出的"仁政"，则要求统治者将爱民体现到各种施政措施上，这种主张达到了封建时代重民思想的最高峰。为此，孟子还提出仁义说与以"四端"为特征的性善论，为其仁政说作理论支撑。

探讨"仁",须落实到儒家典籍,至少从十三经始,再到五经四书,再到《论语》,尽管十三经包含着五经四书,四书包含着《论语》,但探讨的侧重点是不同的,这样做可以使仁的思想确立及发展脉络更加清晰。再纵观儒学发展史,传统社会主流思想形态一直在宣传儒家的"仁学",中华优秀传统文化是以儒家伦理的仁学为显著特征的。

提到"仁学",顺便说一下谭嗣同的《仁学》,千万不要把儒家的"仁学"与谭嗣同的《仁学》混为一谈。儒家的"仁学"是儒家以仁为核心(当然也包括儒家学派之前的德观念)的理论体系,而谭嗣同的《仁学》仅是他在1897年写成的一部著作。谭嗣同认为仁的根本性质是"通",给仁赋予了新含义。"通"就是打通人与人不平等的界限,冲破封建专制与纲常名教"不通"的罗网,以变化日新,实现西方社会那样的平等与自由。同时谭嗣同又认为仁是中国传统的道德观念,属于精神范畴,必须与弥漫于宇宙的传播光、热、电、磁的媒介物质"以太"相配合,才能构成宇宙本体世界观。谭嗣同杂糅中国传统哲学、佛教、基督教、西方自然科学与社会科学于一体,建立起自己的以"以太"与"仁"两个概念为中心的哲学思想。谭嗣同企图贯通中西学,调和唯物主义与唯心主义,建构一个新的仁学理论,结果却形成了一个生拼硬凑、斑驳庞杂的思想体系。不过《仁学》毕竟是中西文化碰撞与交融的产物,为戊戌变法前的资产阶级维新派提供了变革的思想武器。

为什么"仁"成了中华优秀传统文化的核心观念?为什么几千年以来中华优秀传统文化这一核心观念从未改变过?这要到中华优秀传统文化产生发展的历史中去考察。在这个世界上,其他一些古老文明的国家同中国一样,有过灿烂辉煌的文化,但随着历史的变迁,这些国家的古老文化都被中断了,而唯独中华优秀传统文化一直流传至今,其主要的原因如下:

第一,世界上文明古国的文字最初都是象形字,这些象形字保存了古代文明初期的大量信息，中国也如此，其象形字将中国初期文明的信息一直流传下来。中国的文字自产生以来，在漫长的发展过程中，字形虽有变化，但都是在象形字的基础上造出来的新字，以不同字形表意的性质从未发生过变化。当其他国家由象形文字变为字母文字时，其原先的象形字所保留的文明初期的文化信息就基本泯灭了。当其他国家的后人看不懂他们古老的象形文字时，我们至今还一直使用着基本保持原貌的文字，阅读中国几千年前的古籍并不感到特别困难，中国的文字使中华优秀传统文化代代相传。

第二，由于中国封建社会的"早熟"，理性的先进意识排斥虚妄不经的神话，使古老神话大量亡佚。中国没有像古希腊那样，在利用神话的基础上产生鸿篇巨制的史诗、悲喜剧，而只继承着自己的书写传统，发展着自己独特的史学著述。中华民族史学意识最强，史官设置得最早，史官制度最健全，史学著作最丰富，每个朝代都把著史当作国家大事看待，这也成为中华优秀传统文化显著的特色。这种强烈的史学意识，促使中国的记史传统从未中断，中国的史书丰富而成系列，从而也使中华优秀传统文化绵延长久。

第三，从黄帝开始，中华民族大约5000年的历史虽然曲折多变，但中华文明在漫长的历史长河中始终没有中断，重要原因就是仁爱至上的观念始终未变，这一亘古不变的核心观念，决定了中华优秀传统文化的性质也始终未变，并形成历代称之为的"道统"。而且以这种道统作为中华优秀传统文化建设的指导思想，于是形成了自己独特的"文统"。道统决定着文统的发展趋向，文统完善了道统阐述的方式及体系。元成宗大德十一年（1307），成宗命翰林起草诏书告天下，其中有一句话是："先孔子而圣者，非孔子无以明；后孔子而圣者，非孔子无以法。"孔子是先王之道的继承者，又是儒家孔孟之道的开创者，中国的道统与文统由孔子将其前后贯通起来。

　　清代方宗诚在《〈桐城文录〉序》中说："标名家以为的，所以正文统也。"他讲的"文统"是指文章系统、格局的传统。如果说道统是一种思想传承的传统，那么文统就是道统表述方式的传统。儒家的文统表述对象是人，它不是侧重于阐述人与物的关系或人与神的关系，而是侧重于阐述人与人的关系，重在宣扬人伦道理；在宣扬人物的真善美时，突出的是人的善德，如仁爱思想、忧国忧民的忧患意识，等等，艺术表现手法侧重于现实主义而少虚幻浪漫。由于中华民族特殊的发展历史，中华优秀传统文化中最早成熟的是散文——诸子哲理散文与中国历史散文，诸子散文中的儒家散文，多数成为后世的经书，而中国历史散文中的"正史"，被人视为准经书。此二者确实缺少诗歌、小说、戏剧那样的抒情娱乐功能，但哲理散文更偏重于实用，它强调"文以载道"，更宜于便捷地表述中华民族一贯特有的道统，即更适合用此文体宣扬以仁为核心的民本主义与人道主义精神。而以文学笔法书写的历史散文，以生动的史实，体现着著史者的仁的观念，同时对后来发展起来的小说、戏剧等文学创作有较大的渗透力与影响力。中国早期散文的这一特征，使后世其他的各种文化形态都打上经与史的烙印。

　　第四，中国始终有一支追求真理的文化创造主力军。每个社会的知识阶层，都是该社会文化创造使命的主要负载者，他们引领着该社会的文明，决定着该社会的文化性质。所以判定一定历史时期的文化性质，可以以该时期的知识阶层为标志，如中国古代文化可分为巫文化、王官文化（即史官文化）、士文化和文人文化。由于古希腊是典型的奴隶制，商品经济发达，社会分工较细，所以很早就有了专门的诗人、剧作家、哲学家、美术家、音乐家等专业文人。而在中国，纯粹从事文学创作的专职人员几乎是不存在的，夏、商、周三代时期，只有王官中的史官算得上是个专业"文化人"。在中国，不论是史官、士还是其他文人，他们创造文化的目的，并非像古希腊文人那样将其精神产品作为"商品"来进行"商品交换"，而是为了"治国平天下"，因而能为了实现美好的理想而自觉地进行文化创造。所以他们具有嫉恶如仇、忧国忧民、追求真理甚至为真理而献身的精神，高举仁的旗帜，一代一代地传承，形成了一种知识阶层优秀的精神传统，甚至形成中国知识分子的共同性格，这种追求真理的传统一直促进着中华优秀传统文化的发扬光大，不断地推动着中华优秀传统文化的深入发展。

中华优秀传统文化主要是由中华民族中的主体民族创造的，而主体民族及中华优秀传统文化的特色，是在特定的自然环境与社会环境中形成的。据科学测定，七八千年以来中国的地形地貌有所变化，但没有发生巨大的改变。中国地处亚洲东南部，东、南面临汪洋大海，西南横亘高山峻岭，西北有大漠荒原阻隔，地形独特，形成了一个幅员辽阔却又与外界相对隔绝的自然封闭的状态。长期封闭状态使境内各民族容易加强联系，容易实现各民族大融合直至全国大一统，不容易形成地方割据、四分五裂，从而使中华优秀传统文化的民族特色长久保持而异常鲜明。在这一封闭状态下，黄河流域和长江流域最适宜耕种，最早形成的中国古代黄河流域经济发达区，生活着人口庞大的各民族，这些民族最初联合、融合而被称为华夏族。至汉代，在华夏族的基础上，更辽阔地域的众多民族共同联合成为汉民族，以汉民族为主体民族所创造的中华传统主体文化随之形成，由于主体民族的政体长久以来就是家国一体的体制，所以中华传统主体文化一直是以伦理性质为特征的。

由于地理环境的缘故，中国的农耕生产适于以家庭为单位来进行，自给自足的小农经济，商品经济不发达，阻碍了大规模的商品交换及城市经济的形成。中国从夏朝开始，设置了国家管理机构，产生了比原始社会末期更鲜明对立的阶级，产生了血缘宗法制与大一统思想意识。中国的亚细亚生产方式，主要体现为西周的井田制，井田制不仅体现了土地国有，而且土地有了公田与私田之分，剥削农奴的劳役地租成为主要的生产方式。

周代生产力比之商代虽然有所提高，其水平与同时期的古希腊比仍旧属于低下，但新的生产方式使周朝社会形态"早熟"，过早地由奴隶制社会跨入封建领主制社会。公元前221年，秦灭六国之后，建立起一个中央集权又多民族高度统一的国家，完成了中国又一次重大的社会转型。其重要标志首先是废除井田制，实行土地私有制，劳役地租变为实物地租，社会矛盾由领主与农奴的对立变为地主与农民的对立，国家体制由封建领主制变为封建地主制。其次，皇帝成为国家的最高统治者，皇权远比以前最大的领主——周天子的权力更集中更专制。在皇权统摄下的中央机构中，实行三公九卿制，来具体管理国家大事。在地方上废除分封制，代之以郡县制。从此土地私有制与中央集权制延续了中国封建社会2000余年。2000多年的中国封建社会虽废除了分封制，但贵族的特权仍存在，贵族仍继承了西周成熟的宗法制，宗法制以非分封的形式存在着，变相的世卿世禄、世袭制仍存在。

家国一体，指家庭与国家的体制是同一结构，这是宗法制最鲜明的特征，这种家国一体的特点贯穿于整个中国封建社会。具体表现为"家是小国，国是大家"，家庭与国家是彼此沟通的。不论家庭或家族与国家，其组织系统和权力结构都是严格的父权家长制。家长有绝对的权力、权威，有一切的支配权与决定权。儒家伦理学说就是建立在以家庭伦理为基础之上的，然后由家庭血缘关系上升为政治等级关系，融入大一统的君主专制制度之中，成为君主专制制度的坚实精神基础。封建的宗法制，从血缘亲亲观念出发，引出君臣、夫妻、长幼等一整套人际关系的处理原则，这些原则渗透到社会各个方面。突出的是个人对家族、国家的义务与责任，也就是突出对家长的孝顺和对国君的忠诚，因此维护与巩固宗法制成为各级尊者维护与巩固自身利益的第一要务，也成为封建社会上层的主导思想。历代的封建统治者都把宗法制的核心观念——孝、忠的对象仅局限于家长与国君，而无视下层卑者的自尊与人权。他们以董仲舒维护封建宗法制的三纲伦理学说为纲，来加强君权、父权、夫权的宣传，提倡愚忠、愚孝、愚从，强化人们对统治权力的绝对顺从与自觉维护封建宗法制的意识。

中华传统文化的发展受到宗法制的严重影响，它既有适应并为封建宗法制服务的一面，又有批判封建宗法制极端专制的一面。中华优秀传统文化最有价值的部分，正是充满批判精神的那部分，即批判那种为了维护统治集团利益而危害大众利益的宗法规定，这部分最有价值的优秀传统文化就是儒家的仁学。仁的概念在孔子之前只零星出现，属于德的一种品质，至孔子才以仁为核心构建起了完整的仁学理论体系。孔子首先从亲亲出发来教导他的学生，其弟子有若说："孝弟也者，其为仁之本与。"（《论语·学而》）进而由亲亲扩大至尊尊，"臣事君以忠"（《论语·八佾》）。儒家主张的孝、忠只是仁的起点，最终要达到"克己复礼为仁，一日克己复礼，天下归仁焉"（《论语·颜渊》），也就是从对家长的孝与对君主的忠，最终提升到全社会人与人都互相关爱，使人们生活在一个充满爱的温馨世界。孔子提倡仁，不仅赋予了以往仁的概念以更多的新含义，而且扩大了以往德观念的内涵。一部12700多字的《论语》，有109次讲到仁，如孔子曰："弟子入则孝，出则悌，谨而信，泛爱众，而亲仁。"（《论语·学而》）"子张问仁于孔子。孔子曰：'能行五者于天下为仁矣。''请问之。'曰：'恭、宽、信、敏、惠。恭则不侮，宽则得众，信则人任焉，敏则有功，惠则足以使人。'"（《论语·阳货》）"樊迟问仁，子曰'爱人'。"（《论语·颜渊》）"夫仁者，己欲立而立人，己欲达而达人。能近取譬，可谓仁之方也已。"（《论语·雍也》）等等。有人说孔子没有给仁以明确的定义，对弟子问仁，也多是只讲述仁的某一方面，很不系统，难成一个思想体系。儒家的仁学体系确实还要经过一代一代儒家学者去完善，但说孔子没有给仁以明确界说，孔子论仁没有系统，则是肤浅的认识。孔子对仁最简明的界定就是"爱人"，他的"爱人"从爱亲到爱君直至"泛爱众"，达到"四海之内皆兄弟"（《论语·颜渊》），"爱"从家到国直至世界。孔子不仅将爱的对象逐次扩大，而且对施爱人的境界从低级逐渐提升到高级。"己所不欲，勿施于人。"（《论语·卫灵公》）这是追求仁的人最起码的底线，而"己欲立而立人，己欲达而达人"，"博施于民而能济众"（《论语·雍也》），则是行仁的高标准，由此建立起"内圣外王"说。孔子的爱，不仅是"爱人"，而且也爱物爱自然，这方面的论述虽然少，但也涉及了，如"子钓而不纲，弋不射宿"（《论语·述而》）。孔子的仁学，层层递进，逻辑严密，这不是比较完整的思想体系吗？

孔子仁学的后继者孟子提出"民为贵，社稷次之，君为轻""得志，泽加于民；不得志，修身见于世。穷则独善其身，达则兼善天下""老吾老，以及人之老；幼吾幼，以及人之幼"等。荀子甚至主张全社会实行"从道不从君，从义不从父，人之大行也"（《荀子·子道》）的原则。仁爱天下人，这才是儒家所提倡的大孝大忠，这才是儒家的人伦大道。这一传统影响着一代代的儒者，宋代张载有四句箴言："为天地立心，为生民立命，为往圣继绝学，为万世开太平。"范仲淹的名言"先天下之忧而忧，后天下之乐而乐"（范仲淹《岳阳楼记》），更把天下人的忧乐休戚放到了高于一切的地位，义不容辞地承担起创立太平盛世的历史使命。儒家的家国情怀，正是仁爱大众的民本思想，既是儒家伦理思想的核心，也是中华优秀传统文化的核心与精华。它虽然产生于宗法制的时代，但突破了宗法制的樊篱，有着超越历史时空的价值，是人类追求生存、发展永恒的精神动力。

四、中华优秀传统文化创造性转化的现实意义

对中华优秀传统文化进行创造性转化，为的是使转化后的中华优秀传统文化能成为解决社会现实问题的精神武器，要实现这一目的，首先应对中华优秀传统文化持有一个正确的认识。正确认识中华优秀传统文化，才

能认识到它不仅不是我们中华民族现代化进程中的历史包袱，而且它富含着当代人所匮乏与所需要的诸多精神营养，是推动现代社会持续发展的强大精神动力之一。

中华优秀传统文化是中华民族几千年来共同创造的，是中华民族的灵魂与精神血脉，但自近代以来，随着中华民族屡遭灾难，它也濒临灭顶之灾。清末以来，帝国主义列强为了配合其军事、经济的侵略，一方面大肆掠夺中国宝贵的文化资源，一方面极力贬损中国的传统文化，帝国主义列强明白：从根本上征服中华民族，必须泯灭其文化自信心。于是大肆宣扬"西方文化中心论"和"中国文化落后论"，从否定中国传统文化入手，进行"精神侵略"。久而久之，使中国一些人产生了民族文化自卑感，自我否定传统文化达到了极端的程度。这种自我否定比帝国主义列强的文化侵略还可怕，因为这种思潮会长期地存在，至今还留有后遗症，这严重地阻碍了中华优秀传统文化向现代化的转化。

中国有上古三代的辉煌文明，是人类在轴心时代智慧大爆发的中心地区之一，此后2000多年不断发展的中华优秀传统文化更加辉煌，而且中国是全世界唯一没有中断传统文化的国家，辉煌的文明成就令世界人民仰慕不已，所以中国古代的人们从没有什么文化自卑感，这种文化自卑的现象只是从近代才开始有的。自古以来，世界各国都高扬本民族文化，以强化本民族发展过程中的凝聚力与认同感。从来还没有一个民族，贬损自己的传统文化，丧失了文化自信，而能够生存于世，立足于世界民族之林。

中华优秀传统文化是历史的产物，但它揭示的人类高尚道德规范及事物发展规律的价值是永恒的。如它注重阐述个人品德的修养、塑造完美人格、提升人们精神境界的理论，能弥补当代人的精神欠缺，解决当代人的信仰危机。比起西方文化，其内容与形式更乐于与易于为当代中国人所接受，是代代中国人永远取之不尽、用之不竭的精神宝库。要正确评估中华优秀传统文化在世界文化中的地位及价值，确信中华优秀传统文化对人类做出过的巨大贡献，在对过去长期否定中华优秀传统文化的拨乱反正中，在与西方文明互相比较鉴别中，更加坚定对中华优秀传统文化的自信心。

提高中国人的文化自信，并不是从盲目的文化自卑转到盲目的文化自傲，不是盲目地排斥优秀的外来文化，应以尊重多元化的态度来对待外来文化，谦虚地学习他国先进文化，取彼之长而补己之短。既对中华传统文化应有的价值给予充分的认可，又要看到其历史的局限性与糟粕的部分；既看到中华传统文化超越时空的价值，又要看到其需要创造性转化的必要性。正确地认识中华传统文化，充分发挥其潜力，激发其活力，使它成为创建中国第一个社会主义盛世的巨大精神推动力。

中华传统文化以儒学为主体，那么中华传统文化有哪些历史的局限性甚至糟粕，也主要指儒学具有哪些历史的局限性与糟粕。儒学在不同历史时期，其主导的理论主张各有差异，所以各个历史阶段存在的历史局限性乃至糟粕也是有所不同的。

首先是儒家学说对法的观念淡薄，强调以德治国而忽视以法治国，提倡"圣贤政治""内圣外王"，实际就是提倡人治。儒家的这种人治观，正好被历代封建统治者推行独裁专制所利用。在统治者的独裁专制的背景下，人们的法律概念淡薄，并不寄希望于法律，而是盼望能逢上明君清官。人治在观念形态上就体现为"官本位"，以官为本、以官为贵、以官为尊，完全违背了"民为贵，社稷次之，君为轻"的原始儒家以民为本的思想。封建社会行政权力是金字塔的结构，处于最顶尖位置的是帝王，其下是各阶层官僚，官僚阶层上尊下卑、等级森严，官越大权越大，享受的待遇也越高。下级隶属于上级，一切听命于"长官意志"，唯上是从，人身依附严重。中国封建官僚，多数是人格扭曲的"双面人"，对上，毕恭毕敬，一副奴才相；对下，颐指气使，专横跋扈。由于人治，各级官员不受法的严格制约，更不许民众监督，其职权都可以转化为谋私的特权。

其次，儒学伦理重道德人伦而轻科技、经济，造成整个社会主流意识也如此。从科举考题纯为儒家伦理道德的内容，到政府选用的官员多为仅具人文知识的人才，明显体现出不重视科技、经济的倾向，这正是中华优秀传统文化中的自然国学迟迟得不到社会重视的根本原因。

儒家与法家一样，虽也重视农业生产，但出发点并非发展经济，推动社会向更先进的形态转化，而是从百姓足食后能稳定社会秩序方面着想。因而，不怕社会普遍贫穷，而害怕社会贫富不均。如果贫富不均，贫富严重对立，就会引起社会动乱。这种均贫富的思想最受小生产者欢迎，甚至成为历代农民反抗残酷剥削的一面旗帜。

儒家重视伦理道德教化而轻视发展经济的思想，还表现在对终极理想的表述中。儒家的终极理想是大同，这种大同理想与共产主义有契合点，即都追求为天下人谋福祉。但儒家的大同理想最缺乏的是共产主义的最根本特征：物质财富极大丰富。儒家重视了人们的仁爱与无私精神，却没有看到这种精神产生的物质基础，于是理想自然成了空想，最多就如1516年英国空想社会主义者莫尔虚构的乌托邦那样的理想社会。

儒家学说有一部分的内容明显是应该批判的糟粕，这部分糟粕多是历代封建统治阶级对原始儒家思想的曲解、篡改，如董仲舒的"三纲"说，其核心观念就是皇权、父权、夫权至上。特别强调皇帝掌控一切大权，皇帝的意志就是法律，众臣万民必须绝对服从。皇帝所选的各级官僚，首要的标准是对皇帝忠心耿耿、俯首帖耳，若稍有"逆鳞"言行，轻则被撤职罢官，重则被灭门抄斩，至于草民，更被视为蝼蚁。

中国封建社会的任官虽标榜"选贤任能"，但实际上执行的是任人唯亲。因为帝位依血统继承，皇族加上外戚组成一个特殊的权贵体系，这个体系提携着的亲近及大小官僚也权贵化了。当官僚把做官当作谋私的重要途径时，就有了把官僚变为世袭的愿望，虽然废除了分封制，官职仍是变相世袭，仕途多为世家、望族垄断，高门大族子孙世代为官。因为官职能转化为一种谋私的特权，所以官僚精于贪污受贿，却疏于公务，遇事拖延不决，打官腔，做表面文章，欺上瞒下，人称"官僚作风"。

中华人民共和国成立后，封建官僚体制彻底废除了，但封建社会的影响仍然不同程度地存在。改革开放以来，中国在经济建设方面取得了巨大的成就，物质极大丰富，人民的生活水平得到极大提高，但也面临着许多社会难题，比如贫富差距悬殊，社会诚信丧失，自然生态恶化，等等。尤其是一些人个人主义膨胀、私有观念泛滥、信仰迷茫与道德滑坡，这也是诸多难题形成的思想根源。

中国本来具有"君子喻于义"的传统，然而近几十年来，一些人对"喻于利"大加追捧，冠冕堂皇地宣扬拜金主义。"一切向钱看""恭喜发财"成了时髦语。在这种世风影响下，一些人抛弃了原来的信仰，把追求金钱与权力看作生存的目的和人生的价值，谁有钱，谁就是英雄好汉，为了牟取金钱而不择手段。特别是有些食物制品，或以次充好，或掺假造假，或添加剂严重超标，为了谋财而害命，简直丧尽天良！俗话说"民以食为天"，食品不安全，后患无穷，说明失去诚信是多么危险的事！

私有观念的泛滥，促使一些人疯狂地追求物欲，或靠钻改革政策的某些漏洞，或公然违纪犯罪而达到暴富。还有经贸交易中吃巨额回扣的，医疗界收红包的，利用手中特权受贿的等。中国经济总量虽为世界第二，但人均收入位于世界低段，如果考察少数贫困家庭的经济状况，就更令人堪忧了。这些低收入的人群与暴富者相比，形成了社会贫富悬殊的现象。

教育领域本是圣洁纯净之地，然而也出现了某些贪污腐败、行贿受贿的现象。更为值得关注的是：一些学校以升学率与考名校为其教学标准，造成许多学生只有一个奋斗目标，即在应试中争高分；而另有一些学生狂热地"追星"，理想就是当影星、歌星、网红等；有的终日沉溺于网络游戏，坠入虚拟世界而不能自拔。学生中出现的这种极端现象，都是因缺失了正确的人生信仰而导致。现在一些学校最大的问题，就是忽视学生道德品质、人格素养、健全心智体魄的养成。笔者以为，不能以德智体美劳全面培育下一代，就会毁掉我们的民族与国家。

当前除了一些人因狂热追求物欲而丧失正确信仰外，还有一个十分突出的难题，就是人类生存的自然环境日趋恶化。如自然生物种类不断地灭绝，气候加速变暖，海洋酸化，土壤沙化，空气水源污染，极端气候与自然灾害事件频发，癌症患病率逐年增多……自然界正以其特有的方式对人类进行报复。

我们面临的种种社会难题是极其严峻的，如何来应对种种严峻的挑战？重要的是切实解决人们信仰迷茫、道德滑坡的问题，信仰道德问题解决了，其他各种社会难题就会迎刃而解。比如人类生存的自然环境日趋恶化，其重要的原因在于人类无节制地对自然资源的索取，因而对自然环境缺乏爱护甚至人为地损坏。儒家伦理不仅主张爱人，还主张爱护人们赖以生存的自然环境，把爱物视作是一种与爱人同类的仁德，如孟子提倡"亲亲而仁民，仁民而爱物"（《孟子·尽心上》）。而宋代张载更提出"物吾与也"（《西铭》）的思想，将宇宙万物视为人类的伙伴，人与自然是一个生命共同体。如何构建人与自然和谐共生的美丽家园，儒家给我们提供了有益的理念及智慧。

儒学阐述最多的是人本身及与他人之间所应遵行的伦理美德原则，从而确立以仁为核心观念的人生观，显示有别于世界上许多国家以宗教为信仰的理性特征。儒家伦理美德的重点是关注每个人道德人格的生成，做具有仁德的人，做具有仁德的事，这是儒家伦理美德的最高道德标准。用伦理美德的基本原则统一全社会成员的意识，伦理美德自然成为国家巨大的软实力，担负起解决种种难题的任务。

儒家伦理美德包含着讲仁爱、重民本、守诚信、崇正义、尚和合、求大同等精神价值，曾促成中国历史上多个盛世的出现，至今仍有其当代适用价值。如当代因利己主义造成人情冷漠，儒家强调"和为贵"（《论语·

学而》），可以避免孤独个体的出现；当一些人把物欲作为人生唯一追求的标准时，而儒家德福一致的主张则指出了正确的人生价值取向；当社会上出现恃强凌弱现象时，切莫忘记儒家提倡的"己所不欲，勿施于人"（《论语•颜渊》），主张换位思考，与人友善；当前人类面临着能源危机和生态污染，儒家的"天人合一"观念，则提供了解决生态危机的正确路径。

　　当今，儒家伦理美德确实促进了国内许多地区甚至某些汉文化圈国家良好社会环境的形成与经济的飞速发展，如我国东南沿海地区，大力传承与发扬儒家伦理美德，成为中国现代工商科技业比较发达的地区。再如新加坡，以儒家伦理道德为主要的治国理政理念，使其快速地成为世界强国。这些地方有四个方面值得我们学习借鉴：一是大力提倡儒家伦理指导下的人生价值观。二是将"孝悌忠信"的"四德"教育贯彻于家庭、学校教育的始终。三是选用贤能参与治理。四是分配公平，避免贫富悬殊。

　　一些人出现精神空虚、信仰迷茫的现象，究其原因，主要是失落了创造性转化了的儒家伦理美德。如儒家提倡忠孝，但不提倡愚忠愚孝，而是"从道不从君，从义不从父"（《荀子•子道》）。当今的忠孝都要符合社会主义的道德规范，应遵纪守法而不顺从领导和父母的错误意见。然而有些人连最起码的敬养事奉父母都做得很不够，如大批空巢老人无人照顾，有的年轻人心安理得地"啃老"，个别人甚至还顶撞、虐待父母。至于那些整日信誓旦旦地鼓吹爱国爱民、全心全意为人民服务的贪官，当法律惩处他们的贪腐罪行时，还在表白："我是农民的儿子。"为何你在攫取大量民脂民膏时，不想想你是农民的儿子，事至如此，有何颜面还称"农民的儿子"？只能是个对人民、国家大不忠大不孝的罪人。

　　儒家代表人物孟子早就指出，人不同于禽兽，人不能仅限于温饱，还应有精神追求。幸福的生活，不仅需要物质文明，还必须要有精神文明，一个社会如果抛弃掉精神文明，所取得的物质文明也会随之丧失。让我们找回失落的传统伦理美德，并转化为社会主义核心价值观，来抵御腐朽意识的侵蚀，满足人们心灵的精神饥渴，以新的精神风貌指导现代物质生活。

儒家伦理美德创造性转化的关键，是使每一个人以具有现代含义的中华美德构建自己的精神家园，要做到这些，首先从知"道"开始，这个"道"就是真理，孔子说"朝闻道，夕死可矣"（《论语·里仁》），把认识、追求真理看得比生命还贵重。对我们而言，具体就是从学习儒家经典开始，明白儒家伦理美德的真谛，才能做一个精神高尚的人。

儒家伦理美德以仁为核心，其理念的实践就是成己行仁，即修养成仁人，践行仁义事业。如何成己？孔子说："为仁由己。"（《论语·颜渊》）王阳明说："能克己，方能成己。"（《传习录》）成己完全靠每日自觉地深刻省察，见贤思齐，克制私欲，修炼一颗"仁心"。如何行仁？须一生执着地"博施于民而能济众"，做到"己欲立而立人，己欲达而达人"（《论语·雍也》）。"泛爱众"（《论语·学而》），行仁道。宽以待民，敬事节用，以美德修炼道德主体，明理修身而获得良知，以立德、立功、立言的方式，担负起齐家、治国、平天下的使命。

儒家追求的精神家园，是一种快乐、幸福、高尚的精神境界，首先追求的是"孔颜之乐"，像孔子、颜回那样孜孜追求道义，以实现仁道为最大的乐事，而以一心追求物质享乐为耻辱。其次是追求好学之乐，孔子说："学而时习之，不亦说（悦）乎！"（《论语·学而》）清代姚文田对此也深有体会，家中有这样的堂联："世间数百年旧家无非积德，天下第一件好事还是读书。"好学不仅要学好书本知识，还要向社会学习，向社会上的贤能学习。最后是追求事功之乐。普通人追求个人功名利禄，君子求名应求千古名，计利要计天下利，也就是求内圣之名，建外王之业。在"修己以安百姓"（《论语·宪问》）的实践中，获得无限的快乐。当今，我们要在振兴中华民族伟大复兴的事业中，立德、立功、立言，享受人生的快乐，以"三不朽"来构建自己高尚的精神家园。

五、中华优秀传统文化创造性转化必须坚持正确方向

儒家伦理美德是历史的产物，但它的精神生命力是鲜活的，它的价值是永恒的。儒家伦理美德的价值集中体现在"修身、齐家、治国、平天下"，它的精神核心就是"自强不息"与"厚德载物"。从修炼"内圣"的"自强不息"，到实践"外王"的"厚德载物"，儒家伦理美德关注的重点是修养、民生、社会，做到人本身的心身健康，人与人之间和睦，人与自然协调，这恰是当前建立和谐社会、稳定社会秩序、建设现代化国家所需要的精神指导，也是治疗在市场经济体制中一些人只追求物质财富而精神信仰空虚的良药。

儒家伦理美德包含着许多不受时空限制的真理，因为它展示了人类社会永恒的高尚道德规范及揭示了事物发展的规律。如孔子在《论语》中教导我们立志图强、惜时好学、向善思贤、爱人济众……以及《论语》中所展示的孔子身为布衣，却心怀天下的道德境界；循循善诱、诲人不倦的教育家职业道德；执着好学、学而不厌的学者风范；刚烈、正直的志士节操，等等，这些思想与品德永远是我们取之不尽的精神财富。

然而儒家伦理毕竟在中国农耕经济环境中产生发展而来，适应了当时中国宗法封建体制的实际与需求，所以包括那些很少受时空限制的真理，既有历史的进步性，又必然具有一定的历史局限性。若不进行创造性转化，势必存在着若干阻碍现代化发展的因素。如儒家伦理中对于个体主体性有所忽视、普遍的人情化倾向、泛道德主义、民主传统薄弱、自然科学理论匮乏等等，这些都可能成为中国现代化的阻滞力，我们应该认真反思，才能保持清醒，扬长避短，转劣为优。再如儒家相信道德的力量，强调道德体验与情感的重要性；在道德主体培育上，注重教化，讲究"礼乐相济""美善相乐"，力求通过日常生活让人达到美善统一的境界；群体性压倒个体性，强调个体的社会伦理角色而不是突出个性，追求普遍性而不

关注特殊性；讲究和谐，恪守中庸之道，注重对话而避免对立，遵循推己及人的道德思维方式，等等。这些构成了儒家伦理的重要特色，其中虽然有历史的局限性，但也蕴含着可以进行创造性转化的诸多因素，完全可以转化为当代需要的思想资源。

儒家伦理不仅具有历史的局限性，有一部分甚至还是我们应该批判的糟粕。在分辨精华与糟粕时，不要把原始儒家的正确主张与后来历代封建统治阶级对原始儒家伦理思想的曲解、篡改混为一谈。原始儒家因为处于其所属阶级的兴起初期，其思想往往代表着大多数社会成员的利益，更多地表现出它的进步性。而掌握了政权的封建统治阶级，为了自己阶级尤其是权贵集团的私利，必然要曲解、篡改原始儒家的思想，来为自己的既得利益服务。如汉帝国建立后，一方面把儒学尊为国家正统意识，一方面对原始儒家的思想核心进行有利于自己统治的改造，建立起新的维护统治阶级专制及不平等社会秩序的伦理道德，历史上把这种对原始儒学进行改造而形成的儒学称为"新儒学"，新儒学的核心是"三纲"说，其首创者便是西汉的董仲舒。

对儒家伦理应采取历史唯物主义及辩证的态度，"取其精华，去其糟粕"，继承和发扬儒家伦理中积极、有益的部分，让其为社会主义现代化建设事业服务。对于儒家伦理中含有的糟粕部分，当然应该批判，但要吸取历史教训，谨防采取粗暴简单全盘抛弃的做法，在批判的基础上，对其可利用的部分进行改造转化，实现古为今用、推陈出新。如"新儒学"君为臣纲中忠的观念，我们鄙弃古代对皇帝的忠，乃至现代对个人的盲目崇拜，但忠于国家，忠于人民，永远是高尚的伦理道德。

面对21世纪复杂多变的国内外情况，不仅要回应西方腐朽文化的侵蚀冲击，还要协调国内外新的日趋纷繁的社会关系，简单地复兴儒家伦理不能应对当今时代的各种挑战，儒家伦理需要一次重大的革新才能真正有益于当今社会。20世纪80年代以来，国家领导人顺应民意，给予"国学热"

大潮以正确的引导，多次强调中华优秀传统文化决不能丢弃，丢弃了中华优秀传统文化就等于割断了中华民族的精神命脉。博大精深的中华优秀传统文化是中华民族腾飞的文化基础，要想使中华优秀传统文化成为中华民族复兴与强盛的最深厚的文化软实力，对中华优秀传统文化要处理好继承和发展的关系，重点做好创造性转化和创新性发展的工作。

对儒家的伦理美德进行创造性转化，必须坚持马克思主义的方向。中国百年来的历史实践证明，坚持马克思主义的方向，必须使马克思主义中国化，中国化的马克思主义才能在中国传播并推行，而中华优秀传统文化不仅不是传播并推行马克思主义的阻力，而恰是马克思主义在中国深植的文化沃土。

马克思主义是人类文化的集萃，中华优秀传统文化的核心观念也是马克思主义的重要思想资源，儒家伦理美德的基本原则与马克思主义有许多契合的地方。马克思主义只有扎根于中华优秀传统文化的沃土中，才能和中国国情相结合，这是中国各项事业成功的保障。百年来，中国凡遇到重大挫折或失败，往往是把马克思主义当作生搬硬套的教条，而无视中华优秀传统文化的深刻影响，更不能以马克思主义为指导去对中华优秀传统文化进行创造性转化与创新性发展，使马克思主义严重地脱离了中国的国情，脱离了中国国情的马克思主义怎能指导中国革命与建设的实践？

当今，中国特色社会主义理论体系的形成，就包含着马克思主义学说和"两创"的中华优秀传统文化所提供的精神资源，以此指导改革开放，取得了惊人的成就。而中华优秀传统文化中的儒家伦理美德，只有站在马克思主义的科学立场上，对其进行契合新时代特征的系统阐释，才能融入中国特色社会主义核心价值观，所以儒家伦理美德创造性转化必须坚持马克思主义方向。

目前对中华优秀传统文化的研究，存在着一些错误的倾向，如有的研究者的研究目的不纯，不是紧密联系社会现实，解决现实存在的难题，而是把研究变为解决个人名利待遇的手段，故坐而论道，纸上谈兵，研究成果多为粗制滥造。有的盲目独尊，以为不必对中华优秀传统文化进行创造性转化与创新性发展，主张全面复古，甚至鼓吹将儒学变为国教，并排斥一切外来文化，妄称儒学能抵制一切腐朽文化的侵蚀。有的以"心灵鸡汤"的方式，大谈什么儒学能给人以"生命的体验""心灵的慰藉"，向年轻人传授庸俗的处世之道，从而达到媚俗化、趣味化的效果。而更多的则是受"西方文化中心论"的影响，以西方文化为标准，将西方文化研究中的各种理念及方法，简单移植或粗浅模仿于中华优秀传统文化的研究中。或把马克思主义仅当作西方众多文化流派中的一个普通学派，认为其理论价值与其他西方学派的理论贡献不相上下，这就大大贬低了马克思主义对中华优秀传统文化研究的指导作用。以上中华优秀传统文化研究中存在的错误倾向，都会将儒家伦理美德创造性转化引入歧途，值得我们高度警惕。

在儒家伦理美德创造性转化的过程中，要有全球的视野。近几十年来世界范围内高科技尤其是数字化、人工智能化迅猛发展，促进了经济腾飞，创造了惊人的巨量财富，同时资源的过度消耗，也导致了环境恶化和理性异化；工业化、都市化赢得了集约优势，也带来更大范围的城乡及人群的贫富两极分化，过度膨胀的工具理性，即以工具崇拜和技术主义为生存目标的价值观构成了人们的精神牢笼。曾支撑着整个西方世界数百年的现代性伦理体系业已破产，人类亟需寻找新的价值体系，让纷乱获得秩序，让灵魂获得支撑，让发展获得新方向。纵观世界各种伦理主张，唯有儒家伦理对情感的强调可以消除二元对立；现代消费主义文化把消费多少作为衡量人生价值的标准，而儒家德福一致论则取相反的价值方向。在人与人的关系上，儒家以"仁义"为上，可以制约市场经济造成的唯利是图倾向；在人与自然的关系上，当前整个人类都面临能源危机和生态危机，儒家的"物吾与也"和"正德、利用、厚生"观念则提供了解决危机的路径。

　　一方面我们要坚决抵制西方腐朽文化对我们的侵蚀与毒害；另一方面还要坚持进一步对外开放，以马克思主义与具有中国特色的社会主义理论为指导，认真学习西方先进的文化，有分析、有选择、有批判地对待西方文化，去其糟粕，取其精华，积极吸收西方乃至世界文化的优秀成果，并在儒家伦理美德创造性转化实践中，认真地对外来文化加以借鉴、吸收。经过"两创"的儒家伦理与马克思主义及西方先进的伦理思想具有很强的互补性，理应成为拯救世界精神危机与生态危机的主导性精神资源。

第一章　中华优秀传统文化的主要流派与载体

第一节　先秦诸子与国学经典

我们研究中华优秀传统文化，首先要搞清楚文化是指什么。文化的含义太多太广，据说其不同的概念有200多种，大致说来，凡是有人的意识参与的物质的、制度的、精神的产品都可称作文化。中华优秀传统文化是人类优秀文化的一部分，是旧有的中华传统文化的优秀部分，这个"旧有的"，一般指近现代新文化运动以前的中国文化。中华传统文化的载体主要是用文字记载下来的典籍，当然还有其他形态的历史文化遗存，但不论哪种形态的文化遗存，都无可比拟书籍所载的传统文化的全面性、深刻性和丰富性。

凡是非现代的中国文化就可称为中华传统文化，这是至少5000年以来中华民族共同创造的文化，其内涵十分丰富。由于它是在漫长的不同历史时期产生的，在当今看来，包含着优秀部分与糟粕部分，所以我们常提优秀的传统文化，这是有意识地排除传统文化中的糟粕部分。本书研究的对象是中华传统文化中的优秀部分，而且主要指中华传统文化中优秀的精神方面的文化，但在研究中华传统文化中优秀精神方面的文化时，可能要涉及物质方面的、制度方面的文化，但那也是为了更好地研究主要对象而旁及其他。

根据马克思主义关于精神生产的理论，我们知道精神生产的过程是：精神生产——精神产品——精神产品消费，我们的研究一般关注的是精神产品，尤其是精神产品中的那些传世经典，它们既是精神生产的最终优质产品，又是精神消费的极品，所以经典从主体上显示了精神生产理论。中华传统文化经典的内容包罗万象，传统上把这些经典以四分法分为经、史、子、集四大类，涉及文学、艺术、史学、哲学、政治、经济、法律、伦理、教育、军事、医学、农工、宗教等学科。一般来讲，几千年来，经过一代又一代先人的"立言"，创造了浩如烟海的文献典籍，经过人们长期的择优劣汰，保留下来的那些传世之作，都应是文化经典，这些经典中还有一些社会公认的影响最深远的经典，它们是中华传统文化最优秀的部分，这就是国学经典。

提到国学经典还须辨析一下传统文化和国学两个概念，这是两个容易混淆的概念。传统文化如前所说，其内涵丰富，而国学一般所指范围就相对小了，它是指对中华优秀传统文化进行研究的一种学问，研究的对象往往是优秀传统文化的经典，又是对中华优秀传统文化理性的总结，形成一种庞大的理性思想体系。其学术研究与理性总结，又体现在众多研究者的著述中，正是这些经典与著述容易与传统文化的概念相混淆，我们必须清楚：这些经典与著述仅是传统文化中的那些最优秀的部分。

"国学"一词在古代是指国立学校。20世纪初，为了与西学相区分，中国学者就把中国自己的学术，称为国学，也称中学，为了与新文化运动兴起的"新学"相区别，又称以往的中国学术为旧学。有人概括说，国学主要包括先秦诸子之学、两汉经学、魏晋玄学、南北朝至隋唐中国化的佛学、宋代理学、明代心学、清代朴学。由以上概括可看出，国学并非仅指儒学，然而儒学却是国学的主体。马一浮先生1938年5月在浙江大学举办国学讲座时说："今先楷定国学名义，举此一名，该摄诸学，唯六艺足以当之。六艺者，即是诗、书、礼、乐、易、春秋也。此是孔子之教，吾国二千余年来普遍承认。一切学术之原，皆出于此，其余都是六艺之支流。故六艺可以该摄诸学，诸学不能该摄六艺。今楷定国学者，即是六艺之学。用此代表一切固有学术，广大精微，无所不备。"①班固在《汉书·艺文志》里对儒家六艺解释得更详明："六艺之文：《乐》以和神，仁之表也；《诗》以正言，义之用也；《礼》以明体，明者著见，故无训也；《书》以广听，知之术也；《春秋》以断事，信之符也。五者，盖五常之道，相须而备，而《易》为之原。故曰'《易》不可见，则乾坤或几乎息矣'，言与天地为终始也。"中华优秀传统文化的精华在国学，国学的精华在六艺，六艺讲的是人伦道德，班固称之为"五常之道"的仁、义、礼、知（智）、信，则是人伦道德的核心观念，这些核心观念就包含在儒家的《乐》《诗》《礼》《书》《春秋》中，至于《易》，不仅讲人伦，而且重于讲天道，"言与天地为终始"，揭示的是天地间万物运行的规律。六艺即六经，从汉代流传下来的实际是五经，缺少了《乐经》，五经之中，涵盖了天、地、人的常道，概括了国学乃至中华优秀传统文化的基本特征。五经之后的《论语》《孟子》两部经典，阐述的就是五经的基本道理，并且讲得更透彻、更精粹、更有新意、更深入人心。

一、人文国学与自然国学

作为中华优秀传统文化载体的国学经典，其构成又分两部分，即人文国学经典与自然国学经典。中华优秀传统文化以人为核心，乐以成德，文以载道，追求人的完善、人的理想、人与人及人与自然的和谐，表现出鲜明的重视人文知识、重视人伦道德的特点。对自然界本身的认识和改造方面，相应地受到忽视。关于严密逻辑结构的科技理论，关于技术性控制的实验，以及二者之间相互联系的操作等等，都没有得到充分重视和发展，这不能不说是中华优秀传统文化的缺憾。正是因为这个缘故，当我们说起自然科学经典时，往往引经据典的是外国的自然科学论著。不少人只承认

---

① 刘梦溪主编：《中国现代学术经典·马一浮卷》，河北教育出版社，1996年，第11页。

中华优秀传统文化中有人文国学，而不承认中华优秀传统文化中还有"自然国学"，认为自然科学是西方舶来品，中华优秀传统文化体系里并无此物，表现出严重的崇洋媚外与文化不自信。

20世纪末，在国学热的推动下，以北京居多的"自然国学"研究者，对中华优秀传统文化进行了反思，他们在2001年正式提出"自然国学"的概念，并发表了"自然国学宣言"。宣言彰显了两个基本思想：人类科学不仅有源自西方的还原论模式，也有源自东方的整体论模式；中国文化不仅有光辉的人文传统，也有灿烂的科学传统。但是研究科学史与国学的人，长期对自然国学视而不见，科学史研究将注意力放在中国古代科学中的技术成就层面，而将自然国学的理论成就简单地归入自然哲学，导致科学理论严重缺失。最典型的例子就是将自然国学的核心科学理论《周易》学划入哲学范畴来研究，割断了它与技术之间的联系，而成理论体系的中医学不再是科学，仅仅是防治疾病的技术而已。

在自然国学开拓者的带动下，在国学研究领域，崛起了一支"自然国学"的研究新军。经过二十多年来的努力，终于将中华优秀传统文化的经典按照"自然国学"不同领域进行了分类，划分为天学、地学、律学、算学、工学、农学、兵学、医学八大类。这既不套用古代经史子集的分类方式，也顾及了自然国学的中华优秀传统文化的特质，同时避免了机械地纳入现代西方科学的体系。

国学虽然分为人文国学与自然国学两部分，但这两部分是互相联系、互相影响、互相促进的关系。在国学发展的过程中，人文国学必然受到自然国学的影响，如人文国学中的天人合一观念，就是受自然国学中的天学、地学的影响而形成的。《周易》的《象传》有"天行健，君子以自强不息；地势坤，君子以厚德载物"，前句是指天的运动刚强劲健，永远前行不止，君子处事，应像天一样，力求进步，刚毅坚卓，发奋图强，永不停息；后句指大地有无比宽广的胸怀，气势厚实和顺，容载万物，君子应增强美德，胸怀天下，济世爱众。仅这两句，就极简要地表达了中华民族的生命观与价值观，所以后来成为清华大学的校训。至于自然国学中的五行说、天道自然循环说、阴阳协调等理论对人文国学的深刻影响，就不用赘述了。自然国学也受人文国学的影响，我们只从不同行业者的称谓就可见这种情况。如称儒商、儒将、儒医等，经商、从军、行医者，除了具有专业能力外，重要的还要有一定的人文意识和人文知识。各行各业的从业人员，应是人文国学与自然国学共同培育的"人"，而不是仅仅具备专业能力的"工具"。中华优秀传统文化不仅有人文传统，还有自然科学传统；经过自然国学研究者的努力，自然国学已经不是失去生命力的碎片化知识，而是依然具有现代价值的体系化存在，它与人文国学共同构成多元一体的中华优秀传统文化。

本书专门研究人文国学，但由于涉及自然国学，而自然国学又是许多人所陌生的，所以在此处费了些笔墨来阐述一下自然国学。

本书专门研究人文国学，为了表述文字简略，本书所说的国学，主要指人文国学。前面我们讲到传统文化中包括优秀部分与糟粕部分，所以我们常提优秀的传统文化，有意识地与传统文化中的糟粕部分划清界限。但在本书中，同样为了节省篇幅，有时我们所讲到的传统文化，往往是指优秀的传统文化，而国学就是传统文化中的对中华民族精神信仰、道德伦理、知识结构和价值观最有影响的优秀传统文化，就是我们代代传承的中华优秀传统文化中的主体部分，其标志就是那些国学经典。

二、先秦诸子中的"六家"

国学的经典是很多的，人们讲到国学时，往往首先想到的是春秋战国时诸子的经典。为什么呢？这是因为这一时期，不仅是中国进入一个思想大解放、先进思想大爆发的时代，而且也是人类文明的发展同样进入一个重大突破时期。德国哲学家卡尔·西奥多·雅斯贝尔斯1949年出版的《历史的起源与目标》，首次把这一时期称作是人类文明史的"轴心时代"。其标志就是：这个时期，人类涌现了一批影响至今的伟大先哲，人类在知识、心理、哲学、宗教方面发生了一次巨大的变革，如在中国出现了孔子、老子、墨子等伟大的精神领袖；在古希腊有苏格拉底、柏拉图、亚里士多德；在以色列有犹太教先知们；在古印度有释迦牟尼。他们创立了各自的崭新思想体系，如中国的儒、道、墨等诸子思想，印度的耆那教、印度教和佛教，以色列的一神教，希腊的哲学理性主义等。由于"轴心时代"是人类文明史上最辉煌、最有创造力的时代，所产生的精神产品构成了此后人类文明的精神基础，所以直到今天，人类文明的发展仍然离不开这种文明作基础。"轴心时代"创立的不同文化传统，也一直影响着后世的人类社会，每当人们的精神发生危机时，往往要去追溯这些伟大先哲的思想以寻求精神引导。

从这一历史现实出发，我们理解了为什么中国人每当提到国学经典时，往往首先想到或追溯到春秋战国诸子经典。春秋战国时中国有各种学说派别，号称诸子百家，他们的学术称为"子学"，子学包括着不同意识形态的经典，当时主要包括：儒、道、阴阳、法、名、墨、纵横、杂、农家，还没有将兵家、医家等包括进去。至汉刘歆撰《七略·诸子略》，在儒、道、阴阳、法、名、墨、纵横、杂、农家的基础上，又增加了小说家。儒、道、阴阳、法、名、墨、纵横、杂、农等九家称为九流，加上小说家便成十家，统称为九流十家。先秦两汉的学者，没有把先秦兵家视为重要的一家，与九流十家并列，仅属诸子百家之一。兵家没有列入"家"，是传统儒家学派的"短视"或偏见，只因偏于文治忽视武功而轻视了兵家。李泽厚曾给予兵家高度的评价，他认为："中国辩证法应溯源于兵家，从而具有不同于概念辩证法的特征：（A）高度冷静的理智态度，（B）迅速抓住关键的二分法方式，（C）直接指导行动的具体实用性。"[①]兵家是指中

---

① 李泽厚：《中国古代思想史论》，生活·读书·新知三联书店，2008年，第2—3页。

国先秦、汉初研究军事理论、从事军事活动的派别，其著述是中国古代军事思想的结晶。有人认为兵家鼻祖是周初的吕尚，当代人信服的说法是兵家始于兵家至圣孙武。兵家的代表人物还有春秋时的司马穰苴，战国时孙膑、吴起、尉缭、赵奢、白起，汉初张良、韩信等。兵家著作有《孙子兵法》《孙膑兵法》《吴子》《六韬》《尉缭子》《握奇经》等。兵家著作不仅仅是军事理论，而且其中包含有丰富的朴素唯物论和辩证法思想，既属于自然国学的经典，也属于人文国学的经典。

农家、小说家被列为子学中的一"家"，既然古人把农书、小说也归于国学经典，那么处于九流杂艺的"星经""算经""医经""本草经""茶经"甚至琴棋书画的理论典籍等等，也应是国学经典的组成部分。如自成体系又影响深远的中医，其医家也应与九流十家并列为一"家"。被医家尊为医祖的是战国时期医学家扁鹊。扁鹊善于运用四诊：望、闻、问、切。用脉诊和望诊来诊断疾病，尤精于内、外、妇、儿、五官等科，应用砭刺、针灸、按摩、汤液、热熨等法治疗疾病，更显特效。医家有其理论经典——《黄帝内经》，这是中国传统医学四大经典之首（其余三者为《难经》《伤寒杂病论》《神农本草经》），相传为黄帝所作，后世认为此书最终成型于西汉，作者亦非一人，而是由中国历代医家传承增补发展创作而来。《黄帝内经》分《灵枢》《素问》两部分，包含"阴阳五行学说""脉象学说""藏象学说""经络学说""病因学说""病机学说""病症""诊法""论治"及"养生学""运气学"等学说，从整体观上来论述医学，呈现了自然、生物、心理、社会与医术相结合的"整体医学模式"。《黄帝内经》奠定了人体生理、病理、诊断以及治疗的认识基础，是中国影响极大的一部医学经典。除了兵学、医学的经典外，还有原始天文学、地质学、数学运用等理论经典，都应该是自然国学的重要组成部分，其中也包含着大量的人文科学，对于自然国学与人文国学交叉的经典，人文国学研究自然不能舍弃或者忽视。

"轴心时代"所产生的各种学说派别，代表着不同的社会阶级、阶层的利益，站在不同的基点上，从不同的角度，阐述着各自的"三观"，即世界观、人生观与价值观。司马迁的父亲司马谈的《论六家要指》对先秦主要学说流派有一个简略又比较准确的评价，他说：

《易大传》："天下一致而百虑，同归而殊涂。"夫阴阳、儒、墨、名、法、道德，此务为治者也，直所从言之异路，有省不省耳。尝窃观阴阳之术，大祥而众忌讳，使人拘而多所畏；然其序四时之大顺，不可失也。儒者博而寡要，劳而少功，是以其事难尽从；然其序君臣父子之礼，列夫妇长幼之别，不可易也。墨者俭而难遵，是以其事不可遍循；然其强本节用，不可废也。法家严而少恩；然其正君臣上下之分，不可改矣。名家使人俭而善失真；然其正名实，不可不察也。道家使人精神专一，动合无形，赡足万物。其为术也，因阴阳之大顺，采儒墨之善，撮名法之要，与时迁移，应物变化，立俗施事，无所不宜，指约而易操，事少而功多。儒者则不然。以为人主天下之仪表也，主倡而臣和，主先而臣随。如此则主劳而臣逸。至于大道之要，去健羡，绌聪明，释此而任术。夫神大用则竭，形大劳则敝。形神骚动，欲与天地长久，非所闻也。

然后他又解释说：

夫阴阳四时、八位、十二度、二十四节各有教令，顺之者昌，逆之者不死则亡，未必然也，故曰"使人拘而多畏"。夫春生夏长，秋收冬藏，此天道之大经也，弗顺则无以为天下纲纪，故曰"四时之大顺，不可失也"。

夫儒者以六艺为法。六艺经传以千万数，累世不能通其学，当年不能究其礼，故曰"博而寡要，劳而少功"。若夫列君臣父子之礼，序夫妇长幼之别，虽百家弗能易也。

墨者亦尚尧舜道，言其德行曰："堂高三尺，土阶三等，茅茨不翦，采椽不刮。食土簋，啜土刑，粝粱之食，藜藿之羹。夏日葛衣，冬日鹿裘。"其送死，桐棺三寸，举音不尽其哀。教丧礼，必以此为万民之率。使天下法若此，则尊卑无别也。夫世异时移，事业不必同，故曰"俭而难遵"。要曰强本节用，则人给家足之道也。此墨子之所长，虽百家弗能废也。

法家不别亲疏，不殊贵贱，一断于法，则亲亲尊尊之恩绝矣。可以行一时之计，而不可长用也，故曰"严而少恩"。若尊主卑臣，明分职不得相逾越，虽百家弗能改也。

名家苛察缴绕，使人不得反其意，专决于名而失人情，故曰"使人俭而善失真"。若夫控名责实，参伍不失，此不可不察也。

道家无为，又曰无不为，其实易行，其辞难知。其术以虚无为本，以因循为用。无成势，无常形，故能究万物之情。不为物先，不为物后，故能为万物主。有法无法，因时为业；有度无度，因物与合。故曰"圣人不朽，时变是守。虚者道之常也，因者君之纲"也。群臣并至，使各自明也。其实中其声者谓之端，实不中其声者谓之窾。窾言不听，奸乃不生，贤不肖自分，白黑乃形。在所欲用耳，何事不成。乃合大道，混混冥冥。光耀天下，复反无名。凡人所生者神也，所托者形也。神大用则竭，形大劳则敝，形神离则死。死者不可复生，离者不可复反，故圣人重之。由是观之，神者生之本也，形者生之具也。不先定其神形，而曰"我有以治天下"，何由哉？（《史记·太史公自序》）

这是中国学术史上第一次对先秦各学术派别的全面总结与评价，为中国古代六大思想流派做出了开诚布公的定性和定位。先秦诸子主要分为六派，前五派的学术各有长短优劣，唯独道家能兼五家之长而去其短。司马谈对道家特别推崇，带有一定的偏爱，这是有时代背景的。他所生活的汉初时期，社会主流意识为道家黄老学派的学说，在哲学上，主张虚无的道是世界万物的总根源，物极必反是道的运动规律。在政治上，主张虚静无为，利于民众休养生息，恢复生产。司马谈虽然对道家特别偏爱，但总的来说对其他学派的评价还是比较公允、中肯的。日本学者金谷治指出："这种将阴阳、儒、墨等的长处综合起来说明道家，与《淮南子》的内容极为相似。《淮南子》企图以折衷老庄的道家之道为中心，包容综合诸派的思想，建立新的统一的理论体系。前述汉初道家思潮，正反映了这种统一体系的道家形成过渡期的状况。"[①]司马谈用综合分析的方法来评价六家，企图以此形式，构建一个以黄老道学为主兼收并蓄他家之说的思想体系，以适应汉初大一统形势下采取无为而治的国策，使久经战乱的民众得以休养生息。

司马谈虽指出六家学派各自的长短之处，但他认为各个学派追求的目的是相同的，都是以致力于如何达到太平治世而立说，只不过是具体谋略多种多样，采取达到共同目的的途径不一样罢了。因此，各家学说并非完全排斥对立或彼此孤立，而是可以互为补充、取长补短的。先秦诸子之学是对上古三代文化的继承与发展，其经典都是国学的重要组成部分。

与其他诸子相比较，儒家在国学建设上有特殊的贡献。上古三代流传下来的文献，本可以成为诸子所共有的文化遗产与共享资源，但只有儒家代表人物孔子立于儒家的立场对这些文献进行了整理，所整理的经典《诗》《书》《礼》《乐》《易》《春秋》，后世称之为"六经"，成为国学乃至中华优秀传统文化的重要标志，因为它传承了"轴心时代"之前3000多

---

① [日本]金谷治：《汉初道家思潮的派别》，刘俊文主编，许洋等主译：《日本学者研究中国史论著选译》（第七卷），中华书局，1993年，第47页。

年的中华文明，让我们知道了华夏文明的源头。"轴心时代"中儒家学派对六经的诠释，做得最为全面与完善，也成为国学核心的经典，它昭示了"修身、齐家、治国、平天下"的法式，开启了后2000多年文明发展的方向。作为国学经典，六经及后来儒家的著述只是其核心部分，而作为非核心的其他国学经典那是数不胜数的。

汉初，司马谈将"天下一致而百虑，同归而殊涂"的学派分为阴阳、儒、墨、名、法、道六家，到西汉末刘歆在六家基础上又增至九流十家，中华优秀传统文化的学派，越到后来越多，细分起来不胜枚举，其经典也是汗牛充栋。关于六家的优长与弊端，司马谈已经阐述得比较得当了，现在就以对司马谈六家之说的理解，通俗地简要介绍一下除了儒家之外其他五家的学术主张及其代表性经典，至于其他学术流派及著述，限于篇幅，此处不再细述。

在春秋末期，老子著5000言《道德经》，后世也称《老子》，树立起道家的旗帜。《道德经》把"道"与"德"视作宇宙本体，尤其是"道"，这是万物的本原与归宿，所谓"道生万物"，否定了传统的主宰万物的"天"或"神"的权威，"道法自然"的天道自然观成为道家思想的核心观念。由此核心观念才演化出"无为而治"的政治观。继老子之后，战国时期的庄子发挥老子的思想，著有《庄子》，后世又称道家学派为老庄学派。唐天宝年间称庄子为南华真人，始称《庄子》为《南华真经》。为了提高道家学派的政治地位，战国中期道家结合了名家、法家的思想，又推出中华人文始祖黄帝作为本学派的创始人，形成以黄帝、老子为旗帜的新道家——黄老学派，并涌现一大批黄老学派的思想家，如慎到、田骈、环渊等，形成了比较完整的新道家理论体系。道家在中国思想史上的影响仅次于儒家，魏晋时期道学与儒学融合，形成了"玄学"，宋明理学的建立与吸收道家思想有关，道学甚至影响到中国本土宗教道教的形成，道教早期的经典《太平经》，就是老子之道、传统的天神信仰、阴阳五行说、仙家方术等内容混杂的教义总集。

在春秋战国与儒学一样显赫的是墨家，二家并称显学。墨家的创始人是春秋末战国初的墨翟，他主张兼爱、非攻、尚贤、尚同，提倡薄葬、非乐，力行勤俭，反对繁礼厚葬，他的思想体现在《墨子》一书中，但《墨子》并非墨翟一人所著，《墨子》一书集中反映了墨家的思想。《墨子》原有71篇，现存53篇，大部分是墨翟弟子门人或再传弟子记述、整理墨翟言行的集录，其中的《经上》《经下》《经说上》《经说下》《大取》《小取》六篇，称《墨经》，是战国中、后期墨家的著作。《亲士》《修身》《所染》篇不能代表墨翟的思想，系后人伪作。《墨经》对墨翟思想有继承有发展，克服了墨翟天、鬼的宗教观念与狭隘的经验论倾向，集各家逻辑思想之大成，为中华优秀传统文化提出了相当完整的逻辑学系统。至于记述的力学、光学、几何学等自然科学的理论，属自然国学研究的范围。

墨学源于儒学，墨翟曾"学儒者之业，受孔子之术"（《淮南子·要略训》），但墨家后来成为儒家的反对派。与儒家的主要分歧，除了反对儒家的繁文缛礼外，还倡导"兼爱"，反对儒家血缘亲亲的爱，逐渐扩大到社会尊尊的爱，即主张无差等的爱，比儒家更具强烈的平民色彩，希求万民实现"饥即食之，寒即衣之，疾病侍养之，死丧葬埋之"（《墨子·兼爱下》）。施爱不论亲疏远近、贵贱尊卑，对血缘宗族的"亲亲"等级制有所突破，反映了广大小生产者的平均主义理想。实际上儒家提倡的"泛爱众"与墨家的兼爱并无本质的对立，儒家的推己及人的处世观与大同理想，就吸取了墨家的"兼爱"思想并有所发挥。然而墨家代表的是小生产者的思想，在当时代表不了社会的先进文化，所以避免不了从显学走向绝学，最后隐没在历史的长河中。

法家思想渊源可追溯到春秋时期的管仲与子产，然而其作为一个独立的学派，产生于战国时期。法家主张以法治国，所以在战国末期，为诸侯强国、霸主统一中国提出了适合统治者需要的法治理论，顺应了历史发展的趋势。法家在建立自己的政治理论体系时吸收了黄老学派的刑名法术之学，法家集大成者韩非"喜刑名法术之学，而其归本于黄老"（《史记·老庄申韩列传》）。"刑"通"形"，指客观事物；"名"指概念性质的名称，《尹文子·大道上》中强调"名以检形，形以定名"，形名相当，以形务名，法家的依名责形，就是依法责实。法术指明法任术，统治者以法为本外，还应有推行法的谋略与手段，所以法家的学说又称刑名法术之学。法家内部又有不同的派别：商鞅重于法，他变古法立新法，使秦王朝国富兵强。申不害重于术，尤其看重君主暗中控制臣下的心机，其为韩昭侯相时，以此手段内修政教，外应诸侯，使韩国治兵强。慎到主张重势之说，他认为统治者须有威势，才能令行禁止，从而达到法治。而到韩非，他将法、术、势紧密结合起来，形成完备的法家理论体系。法家的代表作主要有《商君书》与《韩非子》。《商君书》也称《商子》，旧题商鞅撰，但书中多附商鞅身后之事，当为后人依托之作，基本内容是主张法治，奖励耕战，加强集权。《韩非子》今传20卷，10余万字，其中《孤愤》《五蠹》《内储说》《外储说》《说难》等篇，当为韩非自撰，韩非死后，后人收集其遗著并加入他人论述韩非学说的文章，编成这部集法家学说的大成之作，为中央集权专制提供了强有力的理论依据。

韩非与另一法家代表人物李斯，都曾从师于荀子。在20世纪下半叶，人们曾把荀子视为大法家，其实是歪曲历史，为"评法批儒"而服务。那么，法家与荀子有何区别？荀子主张性恶论，法家认为好利恶害是人的本性，看似观点相近，但荀子的性恶虽是前提，性恶却可以通过儒家的仁义道德修养加以改变，达到性善，与孟子的性善论异曲同工，所以荀子应是儒家。而法家认为人性是不可改变的，只能以法的措施来控制利用，韩非说："凡治天下，必因人情。人情者，有好恶，故赏罚可用。"（《韩非子·八经》）儒家重教化，法家重法治，二者是明显不同的。当然二派之间既有对立、冲突，又有融合、渗透，中国历史上大多数封建统治者采用"外儒内法"之策，说明儒法可以并用、儒法可以互补。法家虽主张不别亲疏远近、不分贵贱尊卑，一断于法，但是这种法制不能制约皇室，也难制约皇帝近臣或与皇室有裙带关系的权贵，当法家以法冒犯这一利益集团时，往往没有好下场，甚至遭到毁灭性打击。

阴阳家又称"阴阳五行家"，说明此学派是以阴阳学说与五行学说为基础建立起来的学派。中国阴阳观念最早出现在《周易》的卦爻辞中，表示世界是由阴阳两种性质对立的事物构成的，世界就是在事物的两种对立面互相对立、转化中运行、发展的。"五行"一词最早出现在《尚书·洪范》中，说明世界是由五行，即水、火、木、金、土五种物质构成。战国时代的"阴阳五行家"在阴阳学的基础上提出五行相生相胜的观点，建立了"五德终始""五德转移"历史观，以此解释人类社会的发展及历朝历代的政权更迭，企图用对立统一的观点来说明历史变化的普遍规律。

阴阳家的代表人物是战国末期的邹衍，《史记》中称他为"驺衍"，称"驺衍之术迂大而闳辨"（《史记·孟荀列传》），说明邹衍具有天文、地理、历史方面比较丰富的知识，也说明邹衍极善论辩之术。《史记》中载邹衍曾著《主运》《始终》《大圣》诸篇，10余万言。《汉书·艺文志》著录有《邹子》49篇，《邹子始终》56篇，可惜都早已亡佚，现只存一些辑佚文与史籍旁证材料。邹衍的"五德终始""五德转移"历史观，依据是五行相生相胜说，五行相生是：木生火，火生土，土生金，金生水，水生木，五行之间既联系又转化。五行相胜是：水胜火，火胜金，金胜木，木胜土，土胜水，五行之间既对立又统一。邹衍又以五行之间对立统一的关系，来比附春夏秋冬四时节与东西南北四方位。春，草木萌生，木德兴盛，比附东方与青色（木呈青色）；夏，炎热，火德兴盛，比附南方与红色（火呈红色）；秋，草木凋零，金德兴盛，比附西方与白色（金呈白色，可制兵器用以砍伐刑杀）；冬，寒冷，水德兴盛，比附北方与黑色（水深呈黑色）。"土"能生长万物，在五行中居主导地位，土行兴盛在夏秋之交，位居四方之中央（土呈黄色）。用五行相生相胜的观点解释历史，历史的发展变化就成了由五行的运转来支配，当一个王朝代替另一个王朝时，就是前朝所具的"德"已衰败，必须让位于获得新"德"的王朝，这就是"以德配天"。《吕氏春秋·应同》篇源于邹衍的五德终始说，其中说道："凡帝王者之将兴也，天必先见祥乎下民。黄帝之时，天先见大螾大蝼。黄帝曰：'土气胜。'土气胜，故其色尚黄，其事则土。及禹之时，天先见草木秋冬不杀。禹曰：'木气胜。'木气胜，故其色尚青，其事则木。及汤之时，天先见金刃生于水。汤曰：'金气胜。'金气胜，故其色尚白，其事则金。及文王之时，天先见火赤乌衔丹书集于周社。文王曰：'火气胜。'火气胜，故其色尚赤，其事则火。代火者必将水……"秦灭六国统一中国后，自认为其代周得水气，所以全民必须效法水德而崇尚黑色，衣服、旗帜皆以黑色为正色。汉代秦后，因刘邦曾扬言砍杀过白蛇，自称赤帝子，以继周之火德自居。到汉武帝时才按五德转移推算，汉应为胜秦水德之后的土德。

阴阳家利用阴阳五行观念杂糅的术数解释人类社会，创造了五德终始说，既有朴素的唯物主义思想和朴素的辩证法，但又杂有宗教迷信成分，又运用了主观的类比、推演的方法，扑朔迷离，这些都给后世的研究增加了难度，连汉初的司马谈都感到"阴阳之术，大祥而众忌讳，使人拘而多所畏"，这恐怕也是其经典亡佚的重要原因。

春秋时期，社会开始了翻天覆地的大变革，旧的事物与旧的称谓已不适应社会的新变化，出现了"名实相怨"（《管子·宙合》）的现象，在这种时代背景下，各种势力的代言人都不同程度地参与了"名"（名称、概念）与"实"（刑、形，即客观现实、具体事物）关系的争辩，提出自己的名实关系的主张。除了名实之辨外，还有天人、义利、王霸、善恶等辨析，这些"辨者"有名法一派，研究"形名法术"之学，即法家法术派。有研究名理一派，是研究"极微要眇"理论的，最早涉及自然国学理论，至秦汉时亡绝。有一派研究正名、析辞、立说、名辩的规律和有关逻辑的问题，如思维和存在的关系等，这一派的学说始于春秋末的邓析，盛于战国时的惠施、公孙龙，成于后期墨家，汉代人所称的"名家"学派，狭义来讲即指这一学派。

前面已述，名辩者并非名家一派，老子以"道"为哲学最高范畴，提出了一系列对立的概念和负概念（无，无名），确定了概念的形式。孔子提出"正名"说，并以正名为己任，目的是恢复周礼。墨子提出察类明故、以实定名的论辩逻辑。孟子善辩在于知言，对论辩对方偏执的诐辞、夸张的淫辞、悖理的邪辞、理屈的遁辞，能一针见血指出其逻辑错误。"庄子虽在文字形式上否定了'辩'的价值与意义，而实质上却是以辩非辩，在非辩的姿态上投身于辩诘，而成为'辩者之囿（尤）'。总之，尚争好辩，形成了战国子学思想的显著特征。"①而最擅于察辩、注重逻辑分析的则是名家，如邓析专心致力于逻辑的运用，他曾作《竹刑》，根据郑国的法律条文进行逻辑推演，指出概念的灵活性与可变性。《汉书·艺文志》著录《邓析》二篇，今本分《无厚》《转辞》二篇，并为一卷，他的论辩促进了逻辑学的发展。

战国时期的名家代表惠施，他的著述已亡佚，一些言论散见于部分战国诸子的著作中，如《庄子·天下篇》记载惠施"历物十事"，充分反映了他的"合同异"观点。他认为"大同而与小同异，此之谓小同异；万物毕同毕异，此之谓大同异"。"大同"体现事物的共性，"小同"体现事物的个性。惠施把个性视为共性的一种形式，合异为同，"万物毕同毕异"，就是万物既完全同，又完全异，同异合一，也就无所谓同异。"合同异"虽含朴素的辩证法，但过分夸大事物的相对性，忽视事物本质的差别，导致得出相对主义的结论，与庄子的齐物论同调。

名家代表公孙龙有《公孙龙子》传世，西汉时有14篇，现仅存6篇：

---

① 侯外庐、赵纪彬、杜国庠：《中国思想通史》（第一卷），人民出版社，1957年，第416页。

《指物论》《通变论》《名实论》《白马论》《坚白论》《迹府》，前5篇是公孙龙自撰，《迹府》是门人辑录公孙龙的生平事迹。《名实论》是讨论名实关系的专论，他痛恨名实散乱，企图正名实以教化天下。如何正名实？他主张先正"实"，即客观事物，实正了，名自然就正了。《名实论》是公孙龙学说的理论基础，《白马论》是他名实理论的具体运用。他提出"白马非马"说，认为马为形体，白为颜色，二者不是同一个概念，所以马不等同于有一定颜色的马，结论是：白马非马。公孙龙看到概念之间的区别，但把这种区别绝对化，夸大了个别性与一般性的对立，否认一般寓于个别之中，这就陷入到形而上学的泥潭之中。而《坚白论》则将可用触觉感知的石头的坚硬与用视觉可见的石头的白色彼此分离，这种离坚白，否认了事物属性之间固有的联系。手触石坚却触不出石白，只是限于触觉没有视觉的功能，并非石头不存在白色的特性。同理，视觉也没有触觉的功能，如果对事物仅以抽象的分析视为现实的事物，就忽视了现实的存在。而《指物论》与《通变论》是他名实理论的补充与发挥，《指物论》篇提出"物莫非指，而指非指"，"指"是抽象事物的共性和概念，"非指"是已经转化为具体事物的共性和概念，由指到非指，是指的自我转化，具体事物共性的概念是由指的转化形成的，这种主张就属于客观唯心主义论调了。《通变论》又提出"二无一"的命题，是说两种事物不能形成新的一种事物，用外在的结合不能产生新的同一体，否定内在的结合产生新的同一体的可能性，否认了事物之间的运动转化和对立统一的原则。

战国中后期之前的名实之辨，基本与政治伦理结合在一起，战国中后期名家的名实之辨才将它变为纯哲理与逻辑观念的争辩。但名家的理论存在唯心主义与相对主义的倾向，到了后期墨家，才纠正了惠施、公孙龙的一些片面观点，强调认识与认识对象之间的一致性，运用正确的语言概念，把逻辑学变为认识自然、社会生活和认识领域规律的科学。有的学者指出："后期墨家吸取了墨子、公孙龙、惠施以及春秋以来的名辩思想，总结出后期墨家逻辑学体系，形成了名辨思潮中最全面、最深刻的逻辑学，是与亚理斯多德的逻辑学、印度的因名学相媲美的古代世界三大逻辑学之一，墨经诸篇，分而论之，各有侧重；合而观之，体系秩然。《经上》《经说上》相当于概念论，《经下》《经说下》相当于判断论，《大取》是推理论，《小取》则是逻辑概论。"[①]

依据司马谈的《论六家要指》，以上简要地介绍了"轴心时代"中国主要的思想学术流派。在六家学派中，对中国社会发展最有影响力的是儒家学派，然而在《论六家要指》中，对儒家学派并无过多的溢美之词，倒是充分地肯定了道家，这是汉初盛行黄老道学的社会风气对司马谈影响使之然，而极力推崇儒家学派的却是他的儿子司马迁。本节对儒家学派介绍得很简略，详尽的内容则放在本书的其他章节中去阐述。

三、中华优秀传统文化的主要载体——国学经典

先秦六家的著述本来已经很丰富了，然而这只是在"轴心时代"，诸子创造的属于中华优秀传统文化的一部分，在六家之前的上古三代还有哪些重要的中华优秀传统文化的经典呢？根据古人所传言，我们知道上古三代华夏民族文化源远流长，流传的典籍肯定为数不少，仅孔子整理古诗时，就删除了许多文献。《史记·孔子世家》载：

> 古者《诗》三千余篇，及至孔子，去其重，取可施于礼义，上采契后稷，中述殷周之盛，至幽厉之缺，始于衽席，故曰"《关雎》之乱以为《风》始，《鹿鸣》为《小雅》始，《文王》为《大雅》始，《清庙》为《颂》始"。三百五篇孔子皆弦歌之，以求合《韶》《武》《雅》《颂》之音。礼乐自此可得而述，以备王道，成六艺。

[①] 中外名人研究中心、中国文化资源开发中心编：《中国哲学全书》，上海人民出版社，1994年，第102页。

古代留传下来的诗歌，孔子当时收集到的就有3000多篇，他除了删去内容有重复的，还要精选那些可以用于儒家教化的上乘作品，这些诗中歌颂了殷商始祖契、周朝始祖后稷的圣德，叙述了殷、周的兴盛，反映了周幽王、周厉王时礼乐制度的式微。孔子有明确具体的选诗标准。如把《关雎》这一诗放在《国风》之首，以此来叙述夫妇关系和感情。把《鹿鸣》一诗作为《小雅》的开始，把《文王》一诗作为《大雅》的开始，把《清庙》一诗作为《颂》的开始，都深有寓意。孔子共选了305篇诗，给这些诗配上乐曲，以求配合《韶》《武》《雅》《颂》乐舞的节奏。孔子认为这样选诗，可以使先王的礼乐制度从此能够得到流传，先王的仁义之道可以得到宣扬。孔子就遵循着这样的整理原则，完成了《诗》《书》《礼》《乐》《易》《春秋》六经的编修。孔子删诗，仅保留其原来的十分之一。由此可见现在流传下来的五经，只保留了当时文献的很少部分。孔子整理六经，不仅删繁就简，而且也删掉他认为不合礼仪教化的文献，说明了孔子之前的典籍也存在着不同于儒家学派主张的理念，经孔子整理的六经成了儒家学派奉行的经典，未经孔子整理的文献基本亡佚。从这一角度看，现存的孔子之前的典籍就全部成了儒学经典了。

除了孔子整理的六经之外，还有没有其他著名的经典呢？有！那就是《三坟》《五典》《八索》《九丘》。关于《三坟》《五典》《八索》《九丘》的记载，最早见于《左传·昭公十二年》（昭公十二年为公元前530年）："左史倚相趋过，王曰：'是良史也，子善视之。是能读《三坟》《五典》《八索》《九丘》。'"这说明在孔子20多岁时，《三坟》《五典》《八索》《九丘》还存于世，或许在孔子晚年整理典籍时，《三坟》《五典》《八索》《九丘》已亡佚，也或许是孔子还没有来得及整理这些典籍。之后，这些典籍确实亡佚了，其书名只出现在其他典籍的记载中。《三坟》《五典》《八索》《九丘》作于上古三代时期，据传孔子作过《尚书·序》，文中称："伏牺（羲）、神农、黄帝之书，谓之《三坟》，言大道也。少昊、颛顼、高辛、唐（尧）、虞（舜）之书，谓之《五典》，言常道也。至于夏、商、周之书，虽设教不伦，雅诰奥义，其归一揆，是故历代宝之，以为大训。八卦之说，谓之《八索》，求其义也。九州之志，谓之《九丘》，丘，聚也，言九州所有，土地所生，风气所宜，皆聚此书也。"《尚书·序》指出"坟"有大的意思，"典"有常的意思，"索"有求的意思，"丘"有聚的意思。东汉大儒郑玄注《左传》指《三坟》《五典》就是"三皇五帝之书"。"三皇"时期的"档案"称作《三坟》，"五帝"时期的档案称作《五典》，三代时期的档案《八索》即为"八卦"之书，古代流传下来的档案《九丘》，即中原九州之方志。

我们从古代文献中，略知《三坟》《五典》《八索》《九丘》大致产生的时代及主旨，知道这些经典就是三皇五帝上古三代君王时期的文书，不论"言大道""言常道"，还是"八卦之说""言九州所有"，都属三皇五帝上古三代君王为政的宝典。虽然具体内容因这些典籍早佚，我们不得而知，但我们从孔子及之后的学者对这些典籍的赞颂，可想象到《三坟》《五典》《八索》《九丘》的大致风貌。这些典籍所宣扬的"大道""常道"，就是中华优秀传统文化代代相传的统绪——道统。

最早为道统张本的是孔子，他在《论语·尧曰》篇中转述了二帝三王在这方面的一些言行：

尧曰："咨！尔舜！天之历数在尔躬，允执其中。四海困穷，天禄永终。"

舜亦以命禹。

曰："予小子履……朕躬有罪，无以万方；万方有罪，罪在朕躬。""周有大赉，善人是富。虽有周亲，不如仁人。百姓有过，在予一人。"谨权量，审法度，修废官，四方之政行焉。兴灭国，继绝世，举逸民，天下之民归心焉。所重：民、食、丧、祭。宽则得众，信则民任焉，敏则有功，公则说。

第一部分是帝尧向舜禅让帝位时所讲的话。第二部分写舜让位给夏禹时，也用尧的话来嘱咐禹。第三部分是商汤讨伐夏桀时祭告上天之辞。第四部分写周武王讨伐商纣王成功后，善良的人都得到了好处，然后周武王发表了重用仁人、勇于担当的誓辞。第五部分，鉴于二帝三王所行善政，总结了他们施政的共同特点，就是实行这些大法的出发点与落脚点，都是"公则说"，即达到民众心悦诚服。孟子说："仁也者，人也。"（《孟子•尽心下》）二帝三王所以能开创盛世，不外乎就是做到了用仁人行仁政而得天下人心，这既是治国之道，也被后世奉为儒学道统。

孔子思想的继承人孟子认为古圣贤经典所宣扬的儒学传承形式有两种：亲授与闻知，大约以500多年为一显著重要周期："由尧、舜至于汤，五百有余岁，若禹、皋陶，则见而知之，若汤，则闻而知之；由汤至于文王，五百有余岁，若伊尹、莱朱，则见而知之，若文王，则闻而知之；由文王至于孔子，五百有余岁，若太公望、散宜生，则见而知之，若孔子，则闻而知之。"（《孟子•尽心下》）

正式将儒学传授承继统系概括为"道统"的是朱熹，他在《中庸章句集注》中指出：

盖自上古圣神，继天立极，而道统之传有自来矣。其见于经，则"允执厥中"者，尧之所以授舜也；"人心惟危，道心惟微，惟精惟一，允执厥中"者，舜之所以授禹也……自是以来，圣圣相承，若成汤、文、武之为君，皋陶、伊、傅、周、召之为臣，既皆以此而接夫道统之传。若吾夫子，则虽不得其位，而所以继往圣、开来学，其功反有贤于尧、舜者。……自是而又再传以得孟氏，为能推明是书，以承先圣之统，及其没而遂失其传焉。

追溯这些，意在说明已失传的《三坟》《五典》《八索》《九丘》，是中国道统之源，其主旨与后来的儒家学术的核心仁是一致的，所以《三坟》《五典》《八索》《九丘》应该是仁学的源头，说明中华优秀传统文化的核心观念，远在"三皇五帝"时代就已经具备。虽然我们见不到《三坟》《五典》《八索》《九丘》这些最早的经典，但是我们看到的《尚书》，不论其《虞书》《夏书》，还是《商书》《周书》，均肯定继承了《三坟》《五典》《八索》《九丘》的核心观念。

《尚书》记言载事，是从帝尧开始的，所以孔子《论语·尧曰》篇中转述了尧、舜二帝及夏、商、周三代开国圣王的一些言行，但对伏牺（羲）、神农、黄帝之书，即所谓《三坟》，没有涉及，很可能孔子没有看到《三坟》。司马迁著《史记》，从黄帝开始，虽也提到伏牺（羲）、神农，然而寥寥数语，语焉不详。这更是由于司马迁没有看到《三坟》。虽然民间有些伏羲、神农的传说，但荒诞不经，无从考释。司马迁本着求实的精神，根据《尚书》《五帝德》《帝系姓》《世本》等典籍作确实的佐证，再加上他到相关的遗址做实地调查，才写出实录性质的黄帝本纪，虽然没有引用《三坟》的文字，也足以证明中华民族多民族大一统的社会文明真正是从黄帝开始的。

尽管《三坟》《五典》《八索》《九丘》已佚，但黄帝及少昊、颛顼、高辛、唐（尧）、虞（舜）至于夏、商、周圣王的言行，在《尚书》《史记》中仍有所记载，可能其内容远远没有《三坟》《五典》《八索》《九丘》丰富，但也足以反映这些圣王们执政为民的仁政特点。可见，读《尚书》《史记》便可知道《三坟》《五典》《八索》《九丘》的主旨，《尚书》《史记》中有《三坟》《五典》《八索》《九丘》的影子，《三坟》《五典》《八索》《九丘》虽然亡佚了，但它们的思想及观点影响了五经。我们推测，可能《三坟》《五典》《八索》《九丘》中的某些段落或词句，还存留在五经之中。就像远古的神话故事，看似都亡佚了，但有些片段还偶尔残存在后世的一些典籍中一样，一些经典看似消亡了，实际它的一些观念甚至文字又以另一种隐性的形式保留在另一些经典中。最早的典籍《三坟》《五典》《八索》《九丘》，加上孔子整理六经时所未采用的文献资料，尽管绝大多数早已失传了，但这些十分珍贵的经典确实曾经存在过。

轴心时代之后，东汉时翻译的域外佛教典籍开始传入中土，道教也在此时兴起。道教与道家虽都崇尚"道"，但它们之间有本质的区别。道家是先秦诸子之一，道家也称道德家，道德家一词，始见于西汉司马谈的《论六家要指》，《汉书·艺文志》始改"道德家"为"道家"，道家是指先秦诸子百家中以老庄思想为代表的学派，也包括战国秦汉之际盛行的黄老道家学派。他们在思想理论上以"道"为最高范畴，主张尊道贵德，效法自然，以清静无为的法则来治国修身和处理鬼神信仰，来处理人与自然之间的关系。至于"道教"，则是一种信奉"道"的教化或说教的宗教实体。不仅有通过修炼而"成仙得道"的信仰和各种宗教仪式活动，而且还有其宗教传承、教团组织、宗教信徒、科戒制度、宗教活动场所。东汉之后，经魏晋南北朝数百年的改造发展，道教关于哲学、养生术、符咒法、修持方术、科戒仪范等的经典也渐趋完备，道教终于演变为一种成熟的正统宗教。隋唐至北宋时期，由于统治阶级的尊崇，道教极为兴盛，与儒学、佛教一样，逐渐成为很有影响力的意识形态，其影响力甚至超过阴阳、名、墨、纵横、杂、农诸家。

儒、佛、道三家意识形态既互相斗争又互相影响、互相融合，所以有人称其为儒、释（佛）、道"三教合一"，把人文性质的儒学也视为宗教。把"三教"经典的汇编叫作"藏"，"藏"是蕴积、包含的意思。道教的经典称"道藏"，释教的经典称"佛藏"，儒教的经典称"儒藏"。南北朝后，释教进一步中国化，全国形成以儒学为主体，释、道为两翼的文化格局，"道藏""佛藏"与"儒藏"一样，成为中华传统文化的重要经典。

"道藏""佛藏"与"儒藏"异常丰富，其中"佛藏"按"三藏十二分教"分类编排教典，三藏，指经藏、律藏和论藏。十二分教即把佛经又细分为12类，即契经、重颂、讽诵、譬喻、因缘、无问自说、本生、本事、未曾有、方广、论议、授记，现存佛典1662部6924卷693函。

"道藏"包括周秦以下道家子书及汉魏六朝以来道教经典，按"三洞四辅十二部"分类编排教典。所谓"三洞"是指道经中来源不一的最重要的三个部类，也即洞真、洞玄、洞神三个道经传授系统。据《三洞并序》中《道藏经目录·凡例》称：洞真系天宝君（元始天尊）所说经，称"上清经"，为大乘；洞玄系灵宝君（太上道君）所说经，称"灵宝经"，为中乘；洞神系神宝君（太上老君）所说经，称"三皇经"，为小乘。所谓"四辅"，是指太清、太平、太玄、正一，是对三洞的解说和补充。太玄对洞真经、太平对洞玄经、太清对洞神经进行解说和补充；正一通贯三洞和太清、太玄、太平，为以上六部做补充。所谓"十二部"即三洞之下各分12类，总为36类经，亦称36部。据《云笈七签》《道教义枢》称，十二部包括：本文、神符、玉诀、灵图、谱录、戒律、威仪、方法、众术、记传类、赞颂、章表等类。现存《道藏》1476种5485卷512函，经板121589块。

在"儒藏""道藏""佛藏"三部大型丛书中，最引中国人普遍关注的是"儒藏"，四川大学与北京大学都汇编了"儒藏"，四川大学把"儒藏"分类为三藏二十四目。所谓"三藏"，是指把儒学文献分为"经""史""论"三部分。"经藏"收以经书为主体的经注、经解、经说类文献；"史藏"收与儒学历史有关的人物、流派、制度、书目、学校史志类文献；"论藏"收阐发儒家理论的子学、礼教、政论、杂议类文献。每部分之下，又分为若干类目，形成"二十四目"，如"经藏"含"周易""尚书""诗经"等十一目，"史藏"含"孔孟史志""历代学案""儒林碑传"等八目，"论藏"含"礼教""政治""杂论"等五目。也就是说，"儒藏"从大的方面讲分为三大类，这三大类又是由24部分组成。"儒藏"

是一部汇聚历代儒学成果的大型文献丛书，汇集了2500年间儒家各宗、各派、各类的成果，共收录自先秦至民国初期儒学文献5000余种，累计656册，合计5亿余字，是儒家经学、子学、史学等成就的集中展示，涉及政治、经济、军事、礼乐、文学、艺术等多个方面的内容，是儒家学术文化，甚至是国学主干内容的完整呈现。

佛教本是在汉代传入中国的外来文化，起初受到儒、道的排斥，后来佛教与我们的传统文化相融合，不断适应中国的社会需求，形成了中国化的佛教，最终成为中华传统文化的组成部分之一，并形成"儒、释、道合一"的文化现象。三家文化之所以能"合一"，在于它们的理论主旨都崇尚与追求善，也就是说儒、释、道在追求善的基础上有了互通互融的基础。儒学称求善为得仁，道学称求善为得道，佛学称求善为得福，当然追求善的形式与手段各有差异。儒学通过修身齐家治国平天下，由内圣达到外王，积极入世建功立业，为大众"得仁"；道学主张无为，以出世的态度，不争不斗，淡泊名利祸福，顺其自然，领悟而"得道"；佛学信仰佛祖，以出世的"四大皆空"的思想，做入世修行的事业，信奉"善有善报，恶有恶报"，多行善行，多积善果，求得来世个人"得福"。

儒、释、道三家，专修者众多，有的专修者还皓首穷经，编撰的典籍数量多得惊人，然而这仅是中华传统文化典籍的一部分，据此可以推想中华传统文化的经典之丰富。然而现存异常丰富的传统文化的典籍只占实际存在过的十之一二，这里不指那些被历史与时间所淘汰的非优秀的文献，而是指那些本该传世的优秀典籍，或遭人有意的焚毁，或遭战乱而散失，也有一部分因各种原因而失传。能留存至今的这一部分，在我们看来仍非常丰富。读书人都知道有句俗语"书山有路勤为径，学海无涯苦作舟"，把中华传统文化的典籍比作"书山"，自有它的道理。

中华传统文化中的国学经典，不仅仅是中华优秀传统文化的主要载体，其记载着中国社会所经历的漫长历史，聚集着中华民族的集体智慧，是特定历史的先进文化的代表，更是开启后世每一个人心智的钥匙、塑造每一个人高尚灵魂的教科书。国学经典是人们的精神家园、治国理政可资借鉴的文明政典，是后世传承和创造性转化传统文化的依据，是未来文化发展的基因和基本范式，是再造未来文明的强大精神资源。

第二节 儒学之流"于道最为高"

一、儒学起源与儒的类型

在以孔子为代表的儒家学派产生之前，"儒"即存在于世。殷商甲骨文中的"儒"作"需"，这是一个象形字，好似神职人员"跳大神"的样子，这大概是"儒"的原始字。《殷虚文字乙编》等甲骨文文献中还有儒帝子、儒人、儒师、子儒的记载，因为"需"是指一种人，为了使"需"含义更明晰，后来加了个"人"旁作"儒"。由这些记载可见，至少在殷商时代，儒已经是高于一般民众并讲究道德者的称呼，往往和牧、长、师联系在一起。《周礼·大宰》说："以九两系邦国之民：一曰牧，以地得民；二曰长，以贵得民；三曰师，以贤得民；四曰儒，以道得民。"许慎《说文解字》人部对"儒"的解释是："儒，柔也，术士之称。从人需声。"段玉裁注："郑《目录》云：'儒行者，以其记有道德所行。儒之言优也，柔也，能安人，能服人。又儒者，濡也，以先王之道能濡其身。'……《周礼》'儒以道得民'，注曰：'儒有六艺以教民者。'《大司徒》'以本俗六，安万民，四曰联师儒'，注云：'师儒，乡里教以道艺者。'按六艺者，礼、乐、射、御、书、数也。《周礼》谓'六德''六行''六艺'曰德行道艺，自真儒不见，而以儒相诟病矣。"许慎分析"儒"的本义是动词柔，后引申为一个名词——术士。这是一种什么性质的称呼呢？中国人历来重视冠婚丧祭礼仪，专门负责其礼仪的祭官称为巫师、术士。这些人就是早期的儒，段玉裁进一步引古书释证，认为"儒"是古代有学识、有德行、有才艺的文化人，以先王之道来说服人，安定社会，即他所说的"能安人，能服人"。这些人应该是"王官"之一的"司徒之官"，《汉书·艺文志》说儒家者流最早出于"司徒之官"，其功能是助人君顺阴阳明教化，即"能安人，能服人"。

儒有渊博的知识，《汉书·司马相如传》颜师古注"凡有道术皆为儒"，儒者专门用"六德""六行""六艺"来对民"教以道艺"。"儒"又是古代对学者、学官及有文化者的极普泛的尊称。孔子曾对子夏说"汝为君子儒，无为小人儒"（《论语·雍也》），说明那时儒这一阶层已发生了分化。《三国演义》第四十三回中记有诸葛亮对君子儒与小人儒的区别："儒有君子小人之别。君子之儒，忠君爱国，守正恶邪，务使泽及当时，名留后世。若夫小人之儒，惟务雕虫，专工翰墨；青春作赋，皓首穷经；笔下虽有千言，胸中实无一策。且如杨雄以文章名世，而屈身事莽，不免投阁而死，此所谓小人之儒也，虽日赋万言，亦何取哉！"诸葛亮的认识不一定符合历史现实，扬雄"屈身事莽"也不一定是失大节，诸葛亮把儒家道统的传承者大儒扬雄视为"小人儒"，显然是错误的，但他从志向不同来分辨君子儒与小人儒也有一定道理。君子儒是指那些有理想、有抱负、有才华的人，而小人儒则是指无理想无抱负，仅凭一些浅薄才艺谋生混饭的人，如散落在民间的那些操务婚丧嫁娶乡俗仪式或宗教迷信仪式的人，或替人占卜、书写文牍的人。

孔子把儒者分为君子之儒与小人之儒，是从其志向而分类的。君子之儒怀有君子的志向，志于谋道；小人之儒怀有小人的志向，志于谋食，这种区分既符合实际又泾渭分明。

"儒"中有一种"师儒"，以道德教化人，体现了儒的主要特征，于是师儒就几乎成了儒的代名词。师儒就是教师。我们常称孔子是伟大的教育家，为显示其伟大教育家的功绩，传统的说法是：孔子始创私学，打破了贵族垄断的单一官学的教育形式。但是历史事实果真如此吗？实际上，在孔子之前，就有私学的存在。《左传·襄公三十一年》记载："郑人游于乡校，以论执政。然明谓子产曰：'毁乡校，何如？'子产曰：'何为？夫人朝夕退而游焉，以议执政之善否。其所善者，吾则行之。其所恶者，吾则改之。是吾师也，若之何毁之？'"乡校，古代地方私立学校，周代特指六乡州党的学校。杜预注："乡校，乡之学校……郑国谓学为校。"意思是指那时设在乡间的学校，不仅是孩童上学的地方，也是国人闲聚聊天的地方。乡校无疑属于私学性质，或是私人设立，或是乡人合资承办，反正不是官学，所以然明建议执政者子产用暴力"毁乡校"。如果是官学，何用毁？直接撤销就是了。孔子曾说："吾十有五而志于学。"（《论语·为政》）志于学不等于始于学，这里指孔子15岁时便有志于学问，明确了治学的目的，立志苦学向上，将来有用于社会。然而他在此之前，很可能进过乡校一类的乡间学堂，学习过初步的基础知识。

私学在孔子之前就存在，只是孔子的私学和一般的私塾先生的私学有本质的区别，它不在于谁先开办私学，而真正的区别主要有如下两点：一是教育的对象及所授的内容不同。韩愈在《师说》中讲："古之学者必有师。师者，所以传道授业解惑也……彼童子之师，授之书而习其句读者，非吾所谓传其道解其惑者也。"孔子招收的学生，已经不是孩童而是具有了一定语言文字知识的青年，对他们主要是"传道授业解惑"。而一般的私塾先生只是"童子之师"，对孩童们只着重于"授之书而习其句读"。私塾先生限于自身知识水平，也限于教育对象，关于"道"，可能粗浅讲一些，但主要是进行启蒙式的断文识字，除此之外，还教些适应学生将来从事乡间"鄙事"的知识。《论语·为政》载："大宰问于子贡曰：'夫子圣者与？何其多能也？'子贡曰：'固天纵之将圣，又多能也。'子闻之，曰：'大宰知我乎！吾少也贱，故多能鄙事。君子多乎哉？不多也。'"孔子所谓的"鄙事"，指他曾从事过的放牧、会计之类的事，他从事这些"鄙事"

的知识技能，有一些可能就是乡间私学学来的。孔子不是没有从事"鄙事"的知识与能力，而是他的教学主要是传道，他选用的教材是儒学六经，辅以六艺技能，而不教那些小人从事的"鄙事"知识。所以当樊迟向他请教种植庄稼蔬菜的知识时，孔子批评说："小人哉，樊须也！上好礼，则民莫敢不敬；上好义，则民莫敢不服；上好信，则民莫敢不用情。夫如是，则四方之民襁负其子而至矣，焉用稼？"（《论语·子路》）二是孔子不问出身，不论贵贱，只要有志于学皆可收其从学，对求学者采取的是"有教无类"的招生原则，因材施教的教学方法。培养学生的目的，是使学生成为君子，具备"修、齐、治、平"的素质，成为国家栋梁之材。而一般私塾先生的私学，把教学作为自己的一种谋生的手段，求得个衣食温饱。给学生讲授一些肤浅的为人处世的道理，教些适应生存的文化技能，使学生也能成为自食其力者。

举办私学虽不是从孔子开始的，但孔子的私学，办得最有规模、最有影响、最有成效，通过教学形成了一个赫赫有名的儒家学派，其弟子们被后人推崇，记入史册。而其他属于小人儒的私塾先生，没有文献记载他们的教学活动，于是创立私学的功绩就被记在孔子的名下。后来荀子在《荀子·儒效》等文章中又分儒为俗儒、雅儒、大儒、小儒、迂儒，甚至还有偷儒、贱儒、陋儒、散儒、瞀儒、腐儒、诵数之儒，类别越分得细，儒的界限越模糊，且划分标准不一，不得分类要领，只是在孔子所讲的君子儒与小人儒两类儒的基础上又把儒群细化了。由此看来，儒家学派并不等于其他各种儒，儒家学派的学说与儒学也有一定区别。儒家学派是孔子创立的学术派别，"儒"则泛指从事文化教育的士人；儒家学派的学说是以孔子为代表的学派所创立的学说，而儒学则是泛指君子儒所创立的学说；儒学应该包括儒家学派的学说，而儒家学派的学说代替不了儒学，尤其是孔子之前的儒学。显然，先有"儒"而后有儒学，而后才有儒家学派的学说。

在"儒"产生时或产生前，仍有其他从事文化方面的人，如"巫""史"等，由于他们属于"公职人员"，他们的"公务活动"或被记载，他们为公所作的文字，或被保存与流传下来。由于他们的言论在政治观念上与儒家学派有相同的地方，儒家学派就把他们创造的文化奉为经典，人们也把他们创造的文化称作"儒学"。后世的儒学承接着巫文化与史官文化，并在对巫文化与史官文化批判的基础上，又有众多方面的吸收、改造与创新。

孔子之前的"君子儒"是属于国家管辖的，他们有的称"师"，在国家设立的教育机构中，给贵族和富裕的自由民子弟讲授知识，讲授的内容是六德：智、信、圣、仁、义、忠；六行：孝、友、睦、姻、任、恤；六艺：礼、乐、射、御、书、数。给学员灌输的是传统的价值观、行为规范和处世准则等。孔子是没落贵族出身，虽列自由民子弟，但不属贵族子弟。由于幼年丧父，与母亲颜徵在过着十分贫困的日子，他没有进过官办的学校，主要靠自学成才，在成年后以渊博的知识招揽学生，又与一般私塾不同，在中国历史上首创大规模、高档次的私学教育，改变了讲究门第的公学形式，打破了中国历史上统治阶级垄断教育的局面，把传统文化播及社会各个阶层。

孔子在总结和继承上古三代传统文化的基础上，形成了一个新的教育思想体系。他以《诗经》《书经》《礼经》《乐经》为主要教材，以自己创立的新思想体系，以道德修养为主，使受教育者成为"内圣"，学成后以"外王"为标准服务于社会。《史记·孔子世家》称："孔子以诗书礼乐教，弟子盖三千焉，身通六艺者七十有二人。"72贤人中包括"孔门十哲"，即在四门学科中出类拔萃的10位弟子："德行：颜渊、闵子骞、冉伯牛、仲弓。言语：宰我、子贡。政事：冉有、季路。文学：子游、子夏。"（《论语·先进》）他们或具有在心为德、施之为行的德行；或精于言语，善于辞命；或具有从政治国的能力；或精通诗书礼乐的文献。这些弟子再把孔子的思想在各地传播开来，形成巨大的社会影响，并逐渐形成庞大的儒家学派。孔子开创的儒家学派，是不受国家政权管控的民间学术组织。儒家学派抛弃了古代巫文化的宗教迷信思想，对它们采取了敬而远之的态度，发展了上古三代，特别是西周的礼乐文化与史官文化，进一步发展了传统儒学中礼教德治的思想。

二、儒家学派的突出优势

班固在《汉书·艺文志》中提出：春秋战国时期的诸子原出于天子的王官，其中他讲到"儒家"时说："儒家者流，盖出于司徒之官，助人君顺阴阳教化者也。游文于六经之中，留意于仁义之际，祖述尧舜，宪章文武，宗师仲尼，以重其言，于道最为高。"班固讲儒家出于司徒之官，儒家所主张的学说与原先王官的职能有联系，他们帮助君王顺应社会、自然发展的规律，教人先王经典，使人习于六经，信仰于仁义，阐述尧舜之道，彰显文王武王之制，以孔子为精神领袖，重视其教导，是宣传、践行先王之道最杰出的学派。为什么班固认为只有儒家学派"于道最为高"？因为其所奉行的信仰、所崇拜的先师及所遵循的道义，最能显示道统的核心理念，而其他学说派别还达不到这一点。儒家与各学派比较，在阐明仁义道德方面实属最优秀最杰出者。下面可以再细述之：

一是与其他学派比较，只有儒家学派全面、深刻地揭示了人类的普遍真理。这种普遍真理既是合理的、合乎逻辑的，又具有历史的必然性，超乎某一阶级、阶层狭隘利益的局限，对人类赋予普遍的仁爱。儒家学派主张历史应该朝着仁爱全人类的方向发展，这与现在我们提出的"人类命运共同体"的思想是一致的，"人类命运共同体"的思想是建立在关爱人类思想基础上的。如果大家都能做到关爱人类，那么国内何尝会有损人利己的罪恶行为？国际上何尝会有霸权与单边主义？

二是只有儒家学派的代表人物孔子整理了他之前的文化经典，保存了他之前数千年的文化遗产，比较全面地继承了以往数千年中国古老文化传统。不仅如此，以孔子为代表的儒家学派更伟大的贡献，在于不仅继承了古老华夏民族的文化精华，又指明了其后2000多年中华优秀传统文化的发展方向，这也是其他学说派别所不能做到的。

三是从汉代起2000多年来，儒家学派的理论始终是中国传统社会的主流意识，一直占据着正统的思想学术地位。它为统治者理政、择官提供了切实可行的依据，历代统治者都将它奉为社会统治思想。同时它又成为社会每个成员修行教化的信条，得到整个中华民族的认同，形成了一种传统的民族意识，影响了中华民族每个人的思维方式与心理、性格特征。

四是儒家学派的学说集中反映了中国传统社会的本质特征，适应了中国传统的农耕文明家国一体的社会结构与宗法制度。中国古代是以家族为细胞，以血缘关系为依据，形成其社会伦理道德与社会政治体制。儒家学派宣扬的社会伦理道德与社会政治体制，满足了中国传统的家庭小农经济的需要，适应了小农生产方式下所产生的社会结构的需要，维护了中国传统社会的宗法等级制。以国家、家族、群体为本位，强化了大一统国家观念，以忠君孝亲、泛爱众为伦理道德标准，个人以修养成圣成贤为目的，社会以实现大同世界为理想，从而使中国传统社会能够实现大一统的长治久安。

五是从汉代开始，封建统治者虽然口头上奉行"罢黜百家，尊崇儒术"，实施的却是儒道互补、儒法皆融、王霸并行。儒家学派在自己的历史发展演变中，虽然始终坚持着自己的基本思想与理论观点，但为了适应变化的社会形势，也始终在吸收着其他学说派别的思想理论精华，也始终在反思着自己理论的不足与创新着适应社会变化的理论观点，始终保持着旺盛的生命力。儒家学派实际上从来就没有固步自封过，一直持有见贤思齐的谦虚好学的态度，所以其儒学理论才能不断地得到长足发展，始终保持着主流意识形态的地位，代表着中华优秀传统文化的基本风貌，其著述成为中国人从上到下必读的经典。

三、中国历史上第一次对儒家代表人物的高度评价

司马谈的《论六家要指》对先秦主要学说流派进行了简略又比较准确的评价，但由于历史的原因，其认识还存在着"褒道贬儒"的偏颇。司马迁在其父亲的思想基础上又大大进了一步，在对待儒学态度方面，与其父有所不同。他赞同父亲关于"阴阳、儒、墨、名、法、道德，此务为治者也"的提法，但当时的世风是"世之学老子者则绌儒学，儒学亦绌老子"（《史记·老庄申韩列传》），这引起他的极度不满意。他站在六家之上看六家，认识到儒、道都有其优长，也有其短。在认识历史发展趋势方面，司马迁赞同道家顺其自然的思想，在认识历史发展动力方面，他又赞同儒家强调人的主观能动性。总体上，司马迁对儒学的评价是很高的，突出表现就是在中国历史上第一次高度评价了儒家代表人物、中国最伟大的思想家孔子，他在《史记·太史公自序》中说："周室既衰，诸侯恣行。仲尼悼礼废乐崩，追修经术，以达王道，匡乱世反之于正，见其文辞，为天下制仪法，垂《六艺》之统纪于后世。"在《史记·孔子世家》中又说：

> 《诗》有之："高山仰止，景行行止。"虽不能至，然心乡往之。余读孔氏书，想见其为人。适鲁，观仲尼庙堂车服礼器，诸生以时习礼其家，余祗回留之不能去云。天下君王至于贤人众矣，当时则荣，没则已焉。孔子布衣，传十余世，学者宗之。自天子王侯，中国言六艺者折中于夫子，可谓至圣矣！

在司马迁心目中，孔子的历史地位远远超过各个学派的"贤人"乃至那些帝王将相。因为孔子在世道衰落、诸侯横行、礼废乐崩的乱世中，敢于拨乱反正。他整理经典、著书立说，为当时的社会制定了正确的法度与

规范，为后世保存了中华文化的统纪，孔子的儒家学说也从此为天下"学者宗之"。对这位永垂不朽的"万世师表"，司马迁发自内心地赞美，首创性地给孔子赋予了"至圣"这一空前绝后的荣名，孔子的"至圣"封号从此延续了2000多年。后世封建统治者都想加封孔子，以示对孔子及儒学的崇尚，但加封来加封去，"至圣"这一至高的尊称始终不变，附加的文字不过是"至圣"二字同义词的重叠罢了。

清人钱大昕在《潜研堂文集·陈先生祖范传》中说：

> 与人论《史记》，谓班孟坚讥子长"先黄老而后六经"，此子长述其父说则然。其所撰《五帝本纪赞》，首推《尚书》。列传开端云"载籍极博，犹考信于六艺"，可谓之"后六经"乎？列老子于申韩，而进孔子为世家；称老子不过云古之"隐者"，而于孔子曰可谓"至圣"矣。"至圣"之称，至今用为庙号，匹夫而跻世家，即世世袭封之兆也。弟子七十余人，合为一传，即堂庑从祀之端也。以孟、荀表诸子，又隐然以孟子为主。韩退之荀、孟醇疵之辩，子长已有先觉。窃谓孔氏之道，得子长而始定一尊。

司马谈是汉初学术界一位学识渊博的学者，他"学天官于唐都，受《易》于杨何，习道论于黄子"（《史记·太史公自序》），因忧虑当时的学者不能通晓先秦各派学说的要义而导致谬误混乱，引起学术冲突，于是首次对春秋战国诸子之学作了总结，在中华文化建设上厥功甚伟。他本计划撰写《史记》，可惜英年早逝，死留遗憾。他在临终前对其子司马迁说："幽厉之后，王道缺，礼乐衰，孔子修旧起废，论《诗》《书》，作《春秋》，则学者至今则之。自获麟以来四百有余岁，而诸侯相兼，史记放绝。今汉兴，海内一统，明主贤君忠臣死义之士，余为太史而弗论载，废天下之史文，余甚惧焉，汝其念哉！"（《史记·太史公自序》）司马迁站在其父司马谈的肩上，广泛吸收先秦六家思想精华，特别是儒家学说的精华，他崇拜孔子，并以孔子为榜样，以自己的著述继续拨乱反正，为后世指明前进的方向，一部《史记》使他像孔子那样，成为又一个中华文化的巨人。

作为孔子事业的继承者，司马迁不仅对孔子整理六经的功绩给予高度赞誉，而且对他编撰《春秋》也给予了特别的赞扬，深刻地揭示了孔子著《春秋》的现实与历史意义：

　　太史公曰："余闻董生曰：'周道衰废，孔子为鲁司寇，诸侯害之，大夫壅之。孔子知言之不用，道之不行也，是非二百四十二年之中，以为天下仪表，贬天子，退诸侯，讨大夫，以达王事而已矣。'子曰：'我欲载之空言，不如见之于行事之深切著明也。'夫《春秋》，上明三王之道，下辨人事之纪，别嫌疑，明是非，定犹豫，善善恶恶，贤贤贱不肖，存亡国，继绝世，补敝起废，王道之大者也。《易》著天地阴阳四时五行，故长于变；《礼》经纪人伦，故长于行；《书》记先王之事，故长于政；《诗》记山川溪谷禽兽草木牝牡雌雄，故长于风；《乐》乐所以立，故长于和；《春秋》辨是非，故长于治人。是故《礼》以节人，《乐》以发和，《书》以道事，《诗》以达意，《易》以道化，《春秋》以道义。拨乱世反之正，莫近于《春秋》。《春秋》文成数万，其指数千。万物之散聚皆在《春秋》。《春秋》之中，弑君三十六，亡国五十二，诸侯奔走不得保其社稷者不可胜数。察其所以，皆失其本已。故《易》曰'失之豪厘，差以千里'。故曰'臣弑君，子弑父，非一旦一夕之故也，其渐久矣'。故有国者不可以不知《春秋》，前有谗而弗见，后有贼而不知；为人臣者不可以不知《春秋》，守经事而不知其宜，遭变事而不知其权。为人君父而不通于《春秋》之义者，必蒙首恶之名；为人臣子而不通于《春秋》之义者，必陷篡弑之诛，死罪之名。其实皆以为善，为之不知其义，被之空言而不敢辞。夫不通礼义之旨，至于君不君，臣不臣，父不父，子不子。夫君不君则犯，臣不臣则诛，父不父则无道，子不子则不孝。此四行者，天下之大过也。以天下之大过予之，则受而弗敢辞。故《春秋》者，礼义之大宗也。夫礼禁未然之前，法施已然之后；法之所为用者易见，而礼之所为禁者难知。"（《史记·太史公自序》）

孔子整理六经，毕竟是整理上古三代先人的典籍，而《春秋》则是孔子自己撰写的著作，更能体现孔子的思想与志向。孔子完成《春秋》撰写之后，官方的"百国春秋"便逐渐亡佚。章太炎曾说："《春秋》之所以独贵者，自仲尼以上，《尚书》则阙略无年次，'百国春秋'之志，复散乱不循凡例。又亦藏之故府，不下庶人，国亡则人与事偕绝……令仲尼不次《春秋》，今虽欲观定、哀之世，求五伯之迹，尚荒忽如草昧。"①

孔子的《春秋》是中国现存的第一部编年史，在私人撰史与编年史体例上都有开创的意义，并为中国另外两大史书体例——纪传体与纪事本末体的产生奠定了基础，它不仅有巨大的学术价值，而且有着强烈的现实意义。孔子曾说："属辞比事，《春秋》教也。"（《礼记·经解》）虽然讲的是一般编年体的体例特征与写作特点，但其"比事"原则是借记事来宣扬儒家王道思想，具体就是："据鲁，亲周，故殷，运之三代，约其文辞而指博……《春秋》之义行，则天下乱臣贼子惧焉。"（《史记·孔子世家》）"据鲁"即以鲁国为本位来记事，"亲周"即尊周，维护周礼，代周天子褒善贬恶，对僭越违礼者进行舆论上的诛伐；"故殷，运之三代"即以夏商灭国及周代衰微为借鉴，以所记之事阐明王道。《春秋》一书以叙事干预当下，达到拨乱反正的政治目的，这势必引起社会各界的强烈反响。为此，孔子曾感叹道："知我者其惟《春秋》乎！罪我者其惟《春秋》乎！"

---

① 章太炎：《国故论衡》，商务印书馆，2021年，第90页。

（《孟子·滕文公下》）

《春秋》"属辞"的特点是"微而显，志而晦，婉而成章，尽而不污，惩恶而劝善"（《左传·成公十四年》），"微言"中含有"大义"，在简洁的语言中隐寓着褒贬，以至于"一字之褒，宠逾华衮之赠；片言之贬，辱过市朝之挞"（范宁《春秋穀梁传·序》），人称"春秋笔法"。孔子借此以"上明三王之道，下辨人事之纪，别嫌疑，明是非，定犹豫，善善恶恶，贤贤贱不肖，存亡国，继绝世，补敝起废。"（《史记·太史公自序》）所以司马迁又说："《春秋》以道义。拨乱世反之正，莫近于《春秋》。《春秋》文成数万，其指数千。万物之散聚皆在《春秋》。"（《史记·太史公自序》）

《春秋》编成后，成为儒家学派的重要经典。司马迁高度赞扬《春秋》干预社会现实的精神，并且以继承孔子著《春秋》的事业为己任，在孔子身殁的400年后，又义不容辞地担负起记载中华民族奋斗史的使命，使孔子开创的文化事业继续发扬光大。他在《史记·太史公自序》中说："先人有言：'自周公卒五百岁而有孔子。孔子卒后至于今五百岁，有能绍明世，正《易传》，继《春秋》，本《诗》《书》《礼》《乐》之际？'意在斯乎！意在斯乎！小子何敢让焉。"

司马迁对孔子及儒家学派的认识，代表了一个民族即中华民族的认知。中国各种学说派别的经典反映了中华传统文化的全貌，但比较起来，最集中体现中华优秀传统文化本质特征的，则是孔子自撰的《春秋》及其言论集《论语》。中华优秀传统文化的核心是国学，国学的核心是儒学，儒学的核心是儒家经学。在经学中，只有孔子的思想才能充分、集中地显示经学、国学乃至中华优秀传统文化的核心观念。

第二章 "五经": 高扬德观念的旗帜

第一节 上古三代的核心观念

一、德是达道的途径

在浩瀚无垠的宇宙间, 人类之所以为"万物之灵", 就在于人类不仅具有血肉之躯, 而且具有精神寄托、信仰追求。荀子说:"人有气、有生、有知, 亦且有义, 故最为天下贵也。"(《荀子·王制》)就是说, 人尊贵于其他生物, 是因为其他生物只具备生理性的生命, 而不具备人的精神性的生命。人"有气""有生", 同于其他生物, 而人还"有知", 即有高于其他生物的智慧, 特别是"有义", 即有道义理想的追求, 这是其他生物所不具备的。

在人类漫长的发展史中, 不论何时何地都有一个基本的精神寄托与信仰追求, 这就是对促进人类生存发展的美好事物的寄托与追求。美好事物可以用三个字来概括, 这就是"真善美"。但因不同人群所处的历史阶段与文化背景不同, 对"真善美"的认知不尽相同, 具体的精神寄托与信仰追求也存在着"大同小异"的现象, 因而精神寄托与信仰追求的途径与方式方法也有所不同。

在上古时代, 人类刚跨进文明的门槛, 对自然与社会的认识还处于一个蒙昧的阶段, 他们把实现人类的幸福愿望都寄托于人格化的鬼神, 由于部落的分散, 各个部落都有自己信奉的鬼神, 属于多神崇拜。后来随着分散部落结成部落联盟，在多神崇拜的基础上，逐渐形成一个部落联盟都认可的最大的神的崇拜，这个最大的神就是人格化了的"上帝"。人们认为上帝就是真理的化身，他主宰着一切，人们只有听从上帝的指令，才会得到上帝的赐福。随着农牧业社会的分工，生产力不断提高，华夏民族逐渐扩大，人们逐渐意识到人在改造自然中的巨大作用，所以与上帝崇拜意识并存的还有对"上帝"的代理人、神格化的"圣人"及祖先的崇拜。如《韩非子·五蠹》中说：

> 上古之世，人民少而禽兽众，人民不胜禽兽虫蛇。有圣人作，构木为巢以避群害，而民悦之，使王天下，号曰有巢氏。民食果蓏蚌蛤，腥臊恶臭而伤害腹胃，民多疾病。有圣人作，钻燧取火以化腥臊，而民说之，使王天下，号之曰燧人氏。

相传上古有有巢氏、燧人氏，有巢氏"构木为巢"，燧人氏"钻燧取火"。有巢氏、燧人氏，这种具有象征性的名号，代表着中华民族初期发展的几个阶段。筑巢取火，本是原始人集体的创造，但原始人把它幻想成"圣人"的赐予，圣人的标志就是为民、惠民。这些圣人就是大众的祖先，大众就是圣人的后裔，都传承着圣人为民、惠民的基因。这是从上古就形成的一种传统意识，一种以人为本的民本思想，它是中华民族传统文化的核心，也是后来儒家仁爱思想的核心，这个思想的初始萌芽，从中国远古传说中清晰可见。

中国远古神话资料奇缺，我们只能从残存的几则具有代表性的中国原始神话中去窥测远古时代的情况。原始神话主要反映人与自然的矛盾，上古时的人们从一开始就对自然物与自然现象有一个喜好与憎恶的态度，其好恶判断的标准主要决定于自然物与自然现象对人的利害关系。凡是对人本身的生存发展有益的自然物或自然现象，人们从感情上就喜好它，从观念上就认为它是善的，反之，就认为它是恶的。而改变或战胜恶的"神人"，人们就把他当上帝一样敬佩。如《艺文类聚》卷一引《三五历纪》写开天辟地的盘古氏，塑造了一个宁愿粉身碎骨而开创世界的英雄形象。载于《山海经·北山经》中的精卫，以异常微弱的身躯，天天衔着西山的小木石，以填溺死人的东海，东海填不平，精卫填海志不息。载于《淮南子·览冥训》中的"女娲补天"，歌颂不畏天崩地裂、洪水猛兽，以改天换地的神勇解民于倒悬的女娲。载于《淮南子·本经训》中的"羿射九日"，歌颂为民除害、使万民皆得救的神射手羿。再如载于《山海经·海内经》中的"鲧禹治水"，中有"鲧偷上帝神土息壤""剖鲧腹而生禹"的神话传说，主要写鲧禹父子二代为了民众，经历了长期的艰苦奋斗，治理洪水，拯救民族的故事。再有载于《山海经·大荒北经》中的"黄帝杀蚩尤"，中有"蚩尤请风伯、雨师呼风唤雨""黄帝派天女魃止雨"等神话传说，主要写黄帝联合正义力量歼灭邪恶势力，替天行道，拯救无辜平民于水深火热中的传说。在上古神话中，这些代表善的神人，他们的艰苦奋斗、不怕牺牲、勇于奉献的英雄事迹，曲折地反映着真实的历史现实。也就是说，在中国远古时代，整个社会已有了仁爱大众的观念，从此以人为本、爱众济民的思想就如一条红线贯彻中国文化发展的始终。而追溯儒学思想核心观念的渊源，远不是三代才具备，这种仁爱大众的基本精神，从中国上古社会就具备了，只不过人们往往将民族所具备的这种仁爱精神概括于个别神人、圣人身上罢了。

比起神话来，五经及其他一些儒学典籍所载上古情况就比较接近真实了，如《周易·系辞下》载："古者包牺（伏羲）氏之王天下也，仰则观象于天，俯则观法于地，观鸟兽之文，与地之宜，近取诸身，远取诸物，于是始作八卦，以通神明之德，以类万物之情。作结绳而为罔罟，以佃以渔，盖取诸《离》。包牺氏没，神农氏作，斫木为耜，揉木为耒，耒耨之利，以教天下，盖取诸《益》。日中为市，致天下之民，聚天下之货，交易而退，各得其所，盖取诸《噬嗑》。神农氏没，黄帝、尧、舜氏作，通其变，使民不倦，神而化之，使民宜之。……黄帝、尧、舜垂衣裳而天下治。"《国语·鲁语上》载："黄帝能成命百物，以明民共财，颛顼能修之。"《国语·楚语下》载颛顼"乃命南正重司天以属神，命火正黎司地以属民……是谓绝地天通"。《国语·鲁语上》载："帝喾能序三辰以固民。"

在所有的典籍中，较为详细而更近于真实地来记载上古君王的是《史记·五帝本纪》，它突破了《尚书》从尧开始记载的体例，也没有像一些典籍从伏羲载起，而是从黄帝开始记载上古的历史。从《史记》所载中，我们了解到：夏朝不仅是结束上古开启三代的朝代，也是大兴祖先崇拜之风的时代。夏朝崇拜的是上古五帝——黄帝、颛顼、帝喾、尧、舜，崇拜五帝为中华民族的发展做出了伟大的贡献，使中华民族明确了血缘传承的根脉。五帝之首的黄帝距今有四五千年，而在我们中华广袤的大地上，早在几百万年前就有人类繁衍生息，黄帝肯定不是我们的最初先民。仅见于各种典籍中记载早于黄帝的就大有人在，如"三皇"。但"三皇"有几种说法，有的说是天皇、地皇、泰皇，有的说是伏羲、神农、祝融，有的说是伏羲、女娲、神农，有的说是天皇、地皇、人皇。不仅三皇莫衷一是，古籍关于五帝的记载也不统一。《周易·系辞下》称五帝为伏羲（太暤）、神农（炎帝）、黄帝、尧、舜；《帝王世纪》称五帝为少昊、颛顼（高阳）、高辛、尧、舜；《大戴礼记》《孔子家语》《世本》与《史记》一样，都称五帝为黄帝、颛顼、帝喾、尧、舜。《史记》的作者司马迁参阅了《宰予问五帝德》《帝系姓》及《尚书》《春秋》《国语》等，本着求实的精神考察历史，选择真实、典雅、合理的说法，撰成《史记·五帝本纪》。比较起来，《史记》所载基本还原了历史真实，近年考古发掘，再一次证实了尧、舜时代的存在。

为什么司马迁舍弃"三皇"而要以黄帝为本纪之首？除了他著史一贯本着实录的精神外，还有一个重要的原因：从黄帝开始，天下实现了大一统。《史记·五帝本纪》载："轩辕之时，神农氏世衰。诸侯相侵伐，暴虐百姓，而神农氏弗能征。于是轩辕乃习用干戈，以征不享，诸侯咸来宾从。而蚩尤最为暴，莫能伐。炎帝欲侵陵诸侯，诸侯咸归轩辕。轩辕乃修德振兵，治五气，蓺五种，抚万民，度四方"，中华民族多民族部落联盟式的大一统社会文明真正从黄帝开始了，司马迁的《史记》写的就是整个中华民族的发展史。

司马迁找到了中华民族文明的始祖，于是在此基础上建立了五帝、三代、秦、楚、汉这一在当时来说是再明晰不过的中华民族发展的顺序表。黄帝之后一直至汉代的大一统，都是黄帝大一统事业的延续，中华大地各地域的民族都是黄帝的后裔，大一统境内甚至周边的各民族都有着同一的血缘，这一观念正是中华各民族维护大一统、维护各民族团结、热爱祖国的强大精神动力，至今还起着巨大的精神作用。

司马迁在《史记·五帝本纪》中对五帝的描述，基本反映了上古时期人们对受崇拜者的精神寄托。如他写黄帝，突出他"顺天地之纪、幽明之占、死生之说、存亡之难"，即顺应自然变化规律，关心百姓生老病死，创立和顺太平的社会。写颛顼，突出他"静渊以有谋，疏通而知事……日月所照，莫不砥属"，颂扬颛顼镇静沉稳而有谋略，通达而明事理，凡是日月照耀的地方，没有谁不归属于他的。写帝喾，突出他"普施利物，不于其身。聪以知远，明以察微。顺天之义，知民之急。仁而威，惠而信，修身而天下服"。帝喾广施恩惠于民，不谋私利，体察民情，急民所急，仁爱有威严，宽厚有信义，洁身自好而天下归服。写帝尧，突出他"其仁如天，其知如神。就之如日，望之如云。富而不骄，贵而不舒"。帝尧对民仁爱如天，聪明如神，归附他如得到太阳般温暖，仰望他如白云一样高洁，他富有而不骄奢，尊贵而不傲慢。帝舜出身卑微，然而有杰出的治理事务的能力，司马迁写道："舜耕历山，历山之人皆让畔；渔雷泽，雷泽上人皆让居；陶河滨，河滨器皆不苦窳。一年而所居成聚，二年成邑，三年成都。"这是说舜在历山耕种，影响了历山人互让土地边界；在雷泽捕鱼，影响了雷泽的居民互让居住地；在河边制陶，影响了其他人制陶无次品。舜所到之处，众望所归，在他身边，一年便聚众成村，二年便成镇，三年便形成大都市。

黄帝时"诸侯相侵伐，暴虐百姓"，黄帝"乃习用干戈，以征不享"，用武力统一了天下，其功业主要体现在武功上。而黄帝之后的四帝，其功绩主要体现在治国上。他们不仅敬德、爱民，最使后人赞颂的是他们的让贤精神，这种让贤精神还形成了一种"禅让"制度。如"尧知子丹朱之不肖，不足授天下，于是乃权授舜。授舜，则天下得其利而丹朱病；授丹朱，则天下病而丹朱得其利。尧曰：'终不以天下之病而利一人。'"权力莫大于得天下，而五帝得天下却为了利天下，将天下交于后继者，也必须选拔能利天下的人，如果不是这种人，即使是自己的儿子也不行。然而尧舜之后，情况就相反了。帝王得天下，天下就成了其私人的"家"，为了家天下，不惜"病天下"，天下成为自己的私有财产，并竭力将掌控天下的大权在自己的家族中一代一代地永传下去。

司马迁的《五帝本纪》还记述了先王领导先民们战猛兽、擒外敌、治洪水、开良田、种嘉谷、观测天文、推演历法、谱制乐舞等丰功伟绩。五帝的时代是我国原始部落大联盟的时期，国家的雏形开始孕育，原始财产共有的观念仍大量地保留，举贤任能、平等和顺、天下为公，高扬着德治的旗帜。如黄帝"修德"，"有土德之瑞，故号黄帝"；尧考察舜，不惜"妻之二女，观其德"，五帝都把德视为至高的修身治国的标准。由此可以看出，周代提出"敬德保民"的德治思想，以及后来儒家标榜的仁政思想，与五帝的优秀传统一脉相承。如果说黄帝是中华民族的人文始祖，那么德就是当时中华民族凝聚力的一面光辉旗帜。

后世之所以常追念上古五帝社会，是因为那时实行的是天下为公制，社会成员上下平等互爱，没有欺诈、欺凌，领袖人物没有特权，只讲奉献，不搞争权夺利，权位实行禅让，选贤任能。尽管生产力低下，生活艰苦，但是人人心情舒畅，是最能体现仁德的社会。《礼记·礼运》篇中有一段，描述孔子参加鲁国年终祭典后，所发的一番感叹，表达了他对上古三代英明君王当政时的太平盛世的向往：

昔者仲尼与于蜡宾，事毕，出游于观之上，喟然而叹。仲尼之叹，盖叹鲁也。言偃在侧曰："君子何叹？"孔子曰："大道之行也，与三代之英，丘未之逮也，而有志焉。"

大道之行也，天下为公。选贤与能，讲信修睦。故人不独亲其亲，不独子其子，使老有所终，壮有所用，幼有所长，矜、寡、孤、独、废疾者皆有所养，男有分，女有归。货恶其弃于地也，不必藏于己；力恶其不出于身也，不必为己。是故谋闭而不兴，盗窃乱贼而不作，故外户而不闭。是谓大同。

夏朝的建立标志着新的社会形态的确立，即由部落联盟进入国家的社会形态，它开创了"家天下"的国家政权世袭制。随着国家机器的健全、众多民族的融合，不仅多神信仰加快向一神信仰转化，而且一神的"上帝"在更多的情况下被称为抽象的"天"，"天"又在更多的情况下被"道"所代替。尽管"天""道"有时有与"上帝"相联系的含义，如称"天命""天道"等，但除了表示宗教迷信的"天"与"道"外，还增加了表示物质的或义理的"天"与"道"的含义。如果说"帝"与"天"能主宰一切，而更富无神论色彩的"道"同样能主宰一切，宇宙一切都须按照"道"的规律来运作，"道"便上升成为中国文化中的最高原理。孔子甚至说："朝闻道，夕死可矣。"（《论语·里仁》）"道"代表了当时人们共同的信仰。先秦各学派尽管各持己见，尊奉"道"却是一致的，只不过各自奉行的"道"是有区别的。儒家奉行"人道"，道家奉行自然之道，其他一些学派奉行传统的"天道"。上古三代圣王虽然打着"天道"的旗号，推行的却是"人道"。为什么这样说呢？我们这个认识是从五经的记载中获得的。五经是经过儒家代表人物孔子整理后传于世的，这些经典无不打着儒学观念的烙印，体现着儒家的核心观念，显示着中华民族道统的一贯性。五经主要记载上古三代圣王贤臣的言行，上古三代圣王贤臣之所以被当时人们所爱戴、拥护，被后世人们所敬仰、歌颂，都因为他们是真理、仁义、道德的化身。儒家称上古三代圣王贤臣的言语都是以德治理天下的道理，也就是"先王之道"。"先王之道"就是"王道"，王道是"先王之道"的简称。《尚书•洪范》中讲："无偏无党，王道荡荡；无党无偏，王道平平；无反无侧，王道正直。"意思是治国为政之道，就是大公无私。王道以仁爱宽厚待民，予民以恩惠，博得民心所归，与后世儒家所提倡的仁政没有本质上的区别。

当然，认识理解"先王之道"的最终真谛，也是一个漫长的历史过程。上古三代统治者为了统治人民，巩固取得的政权，逐渐重视人道。在人道与鬼神之道之间，意识到"务民之义，敬鬼神而远之"（《论语•雍也》）。因为"天道远，人道迩"（《左传•昭公十八年》）。"未能事人，焉能事鬼？"（《论语•先进》）历史的经验告诉统治者：治理天下，天命实际是靠不住的，只能作舆论宣传，可靠的只能是对统治者的道德诉求，最可靠的途径就是重视国家官吏尤其是最高统治者的个人德行。他们能否调剂人际矛盾从而稳定统治，能否关爱民众取得社会大多数人的拥护，往往决定着整个国家的兴衰。对最高统治者及下属官吏德行的要求，成了安国兴邦的前提。"德"既是为官者的必备素质，自然也成为选拔官吏的重要标准。如《尚书•皋陶谟》中有一段记载大禹与皋陶的对话：

皋陶曰："都！亦行有九德。亦言其人有德，乃言曰，载采采。"

禹曰："何？"皋陶曰："宽而栗，柔而立，愿而恭，乱而敬，扰而毅，直而温，简而廉，刚而塞，强而义。彰厥有常吉哉！日宣三德，夙夜浚明有家。日严祗敬六德，亮采有邦。翕受敷施，九德咸事，俊乂在官。"

　　皋陶回答大禹询问，说："人的品行有九种美德，说那人有德行，就在于他在某些事情上表现出美德。九德包括：宽宏而又恭敬谨慎，柔和而又有主见，厚道而又恪守职责，有才而又慎重，温顺而又坚毅果断，耿直而又温和，简易而又廉正不苟，刚正而又诚信笃实，坚强而又合乎正义。具有九德之人最完美！每日表现出九德中的三德，早晚恭敬努力，可任作卿大夫使其有采邑；每日庄重恭敬地表现出九德中的六德，可任作诸侯使其有邦国；若每日都依九德行事，才能过人，可选进王庭辅佐天子。"皋陶，一作咎繇，偃姓，少皞氏支裔，尧、舜两代大臣，是与尧、舜、禹齐名的"上古四圣"之一。皋陶对德的详细解说，说明中国早在虞舜时代就有人对重德有了深刻的理解。

　　商朝初建，仍接受了前人尚"德"的传统思想。商汤说商之所以取代夏朝的统治，一方面是因为商依天意、行天命，这显然是抽象的借口；另一方面是夏桀王"灭德"——丧失了德，引起天怒人怨，这才是真正发动革命的原因与动力。《尚书·汤诰》篇中载："夏王灭德作威，以敷虐于尔万方百姓。尔万方百姓，罹其凶害，弗忍荼毒，并告无辜于上下神祇。"至商代中期，帝盘庚迁都于殷地时，告诫他的下属："汝克黜乃心，施实德于民，至于婚友，丕乃敢大言，汝有积德。""无有远迩，用罪伐厥死，用德彰厥善。"（《尚书·盘庚上》）由于实行德治，殷商才有了中兴的气象。传统观念认为：殷商属残酷的奴隶社会，何能谈得上有德？实际上，光靠暴力统治而不行德治是殷商末期的现象，如同夏朝末期与西周末期，统治者在兴盛时期与衰落时期的统治思想是有所不同的，即使末代君王荒淫暴虐无德，也不能说整个上层成员都无德。如孔子十分赞赏殷商重臣微子、箕子、比干，称"殷有三仁焉"（《论语·微子》），为了反抗商纣王暴政，微子宁愿离开宫廷远走他乡，箕子宁可装傻为奴，比干甚至不惜被剖腹而直言相谏。他们或耻于同流合污，或见义勇为，或舍生取义，决不肯向无德之君的暴行妥协，都坚持了上古传统的"德"。也正因为夏、商的末代君王都不行其德，才导致身亡国灭。

在五经中，最能体现"以德治国"观念的就是《尚书》中的《周书》。《周书》大量地记载了周公姬旦的治国理政观，其强调"德"的言论，可见于《周书》中的《大诰》《康诰》《多士》《无逸》《立政》等篇。"周人发现，政治人物的品行，特别是其政治美德，一定表现在其政治活动和政治功业上。这样一来，西周时期的'德'又兼涵政治活动和政治功业的意味。……将这种兼涵政治美德、政治活动和政治功业的'德'应用于现实政治生活中，便自然形成一种治理方式。这种治理方式，周人亦称之为'德'，可谓之'治理之德'。这正是后来儒家德治思想的滥觞。"①

周推翻殷商统治，建立新政权后，吸取商朝灭国的教训，对"德"有了新的认识，改变了殷商末期统治者视上帝与君王为绝对至高至尊、视民如草芥的看法，进而提出"敬天保民"的思想。《周书·立政》说："以敬事上帝，立民长伯。"把"敬帝"与"立民"联系起来。《周书·多方》中有"惟我周王，灵承于旅，克堪用德，惟典神天，天惟式教我用休，简畀殷命，尹尔多方"，《周书·召诰》中有"惟王其疾敬德，王其德之用，祈天永命"，等等。天以"德"的标准来确定人间的统治者，统治者因有"德"才能顺从天意，取得受天命的资格。在德与天之间，甚至宁可相信和依靠德的力量，《周书·君奭》中有"天不可信，我道惟宁王德延"。德本是一种理性的品质修养，却具有了主宰、支配一切的神力。当以"德"为核心的人伦道德观念在任何宗教崇拜都无法替代它重要性的时候，周人

---

① 郭沂：《从西周德论系统看殷周之变》，《中国社会科学》2020年第12期。

自然提出了"以德配天"的理论，天子的权力不是不受任何约束限制的，天子也不能随心所欲、肆意妄为，他的权力要受到德的约束限制，他要兢兢业业地履行德的职责，虽然可以打着"天"的旗号，施行的却是德治的措施。

《周书》中大量载录着周公的德治言论，体现了周人明确的"垂世立教"的原则。周人的德治思想，对上古及夏、商二朝德的理性思想有所继承，更有实质性的发展，对后来儒家建立新的仁学思想有重要的启发。孔子曾说："周监于二代，郁郁乎文哉！吾从周。"（《论语•八佾》）儒家的"仁学"理论是在上古三代，特别是在周人"德"的观念上的新发展。周人的德治思想是儒家仁学思想的重要来源，孔子与周公的思想一脉相承。从这个角度讲，周代伟大的政治家、思想家周公确实是儒家学说的伟大先驱者。

二、元圣周公：德治理论的完善者与践行者

在上古三代的历史人物中，对后世中华民族伦理道德影响最深刻的人应该是周公。他是西周开国元勋，杰出的政治家、军事家、思想家、教育家，姓姬名旦，是周文王第四子、周武王弟，故又称叔旦。因采邑在周（今陕西岐山北），故称周公；后封鲁，又称鲁公。因其留京辅政，故其长子伯禽代之就封。如果说上古三代的历史主要记载在五经中的《尚书》中，那么在《尚书》中的"四部书"（《虞书》《夏书》《商书》《周书》）中，文字最多的部分则是《周书》，而《周书》又以记载周公的德治言行为主。据《史记•周本纪》载："初，管、蔡畔周，周公讨之，三年而毕定，故初作《大诰》，次作《微子之命》，次《归禾》，次《嘉禾》、次《康诰》《酒诰》《梓材》……成王在丰……作《召诰》《洛诰》。成王既迁殷遗民，周公以王命告，作《多士》《无佚》。"司马迁提到的《无佚》应指周公的《无逸》。周公的这些著述，集中体现了周公的崇德思想。《周书》中

其他周公后人的篇章，也贯彻了周公的崇德思想。周公完善、健全、发展了上古三代的德治思想，可谓是上古三代德治思想的集大成者。他又以自己以德为核心的理论为指导，制定了一整套以维护宗法制为内容的典章及礼乐制度，开创了周初社会欣欣向荣的局面，为后世儒家理论的形成奠定了基础，被后世儒家奉为"元圣"。

关于周公一生的言行，主要载于《尚书》的《大诰》《康诰》《多士》《无逸》《立政》诸篇。清人皮锡瑞《尚书大传疏证》卷五载："周公摄政，一年救乱，二年克殷，三年践奄，四年建侯卫，五年营成周，六年制礼作乐，七年致政成王。"大致概括了周公摄政7年中所完成的要政，其中一些字句需要解释一下。"救乱"指周初政局不稳，一些被赶下台的殷商遗民幻想东山再起，周公以百官之长的身份摄政，摄政初主要平息殷商遗民作乱，拯救乱局。"克殷"不是指公元前1046年武王灭商称王事，那时武王还未死，周公还未摄政。这里所说的"克殷"指周公东征，也可称继武王克殷之后周朝的第二次克殷。武王灭商后，周初又封商纣王的儿子武庚为宋国的诸侯王，建都商丘。周朝以宋都以东为卫，由武王弟管叔监管，宋都以西为鄘，由武王弟蔡叔监管，宋都以北为邶，由武王弟霍叔监管，总称"三监"。后来"三监"联合武庚和东夷反叛周朝，周公率军东征，讨平了武庚与"三监"的叛乱。征服了叛乱的殷遗民后，有人建议把殷遗民全部杀光。周公反对杀戮，主张以德感化殷遗民，并把宋旧都仍封于纣王之子、武庚庶兄微子，让他统率殷族，奉行殷的祭祀，微子成为宋国的真正始祖。周公平定叛乱后，乘胜向东方进军，灭掉了与武庚相勾结的奄国（今山东曲阜）等几十个小国家，极大地扩大了周朝的疆土，所谓"践奄"就指征服奄。"建侯卫"指周公封诸侯、建邦国，以屏卫周王室。周公东征后，开辟了东方的辽阔疆域，而周都镐京过于偏远，不便于对大片领土进行有效的统治，急需在东方建立一个新都以满足治理的需要。周成王派遣太保召公前往勘察建都基地，名曰"相宅"。新都东郊、瀍水以东殷民住地叫"成周","营成周"指周公营建西周的东都洛邑（今河南洛阳），《尚书·洛诰》载："召公既相宅，周公往营成周。"

周公摄政期间，完成了东征、营洛、封建三大重要举措。这些军事、政治方面的措施有力地巩固了新生的西周政权。如果说周公之父周文王有德行而未得天下，周公兄周武王得天下而未来得及治理天下，那么只有摄政周公彰显了其大德大智、文治武功，以大德使天下人归服。不仅开辟了周初盛世，奠定了"成康之治"的基础，而且制礼作乐健全以德治国的理念，历史影响极其深远。在黄帝之后，孔子之前，对中国社会最有影响者唯有周公。在《诗经·周颂》及一些古籍中，多以颂扬周成王来显示周公辅政的丰功伟绩，如《诗经·周颂·昊天有成命》："昊天有成命，二后受之。成王不敢康，夙夜基命宥密。于缉熙！单厥心，肆其靖之。"此诗说：天命授予文、武二王，传至成王仍不敢贪图安逸，日夜勤政安邦。他的心地多么光明磊落、厚道诚恳，终于使国泰民安。汉初大思想家贾谊在其《新书》卷一〇《礼容语下》中说：

> 成王者，武王之子，文王之孙也。文王有大德，而功未就，武王有大功，而治未成。及成王承嗣，仁以临民，故称昊天焉。不敢怠安，夙兴夜寐，以继文王之业，布文陈纪，经制度，设牺牲，使四海之内，懿然葆德，各遵其道，故曰有成。承顺武王之功，奉扬文王之德。九州之民，四荒之国，歌谣文武之烈，絜九译而请朝，致贡职以供祀，故曰二后受之。方是时也，天地调和，神民顺亿，鬼不厉祟，民不谤怨，故曰宥谧。成王质仁圣哲，能明其先，能承其亲，不敢惰懈，以安天下，以敬民人。

周公集大德大智大功大治于一身，后世儒家更看重的是周公以德治国的理念，看重的是周公在以德治国的实践中注重精神建设方面的功绩，因为这些理念及精神建设方面的贡献，是后世宝贵的精神财富，是后世国家能够实现大一统长治久安的精神支撑。周公在以德治国尤其在注重精神建设方面给后人留下哪些精神财富呢？

1. 无德者丧国

周公在摄政之前，协助武王伐纣，主要负责舆论宣传。这是伐纣头等重要的事业，是军事行动的先导，必须讲清商纣暴虐百姓，导致天怒人怨，武王讨伐暴君是替天行道。只有将武王出师讨纣的正义性、合理性公布于天下，才能号召天下人团结在武王周围，推翻商纣王的暴虐统治。《尚书》中的《牧誓》《泰誓》等篇，大致就出自周公之手。这些战前伐纣的文告，既是讨伐商纣的檄文，也是动员反商官兵与敌决战的誓词。

殷商自恃上天授予的天命，且"帝纣资辨捷疾，闻见甚敏；材力过人，手格猛兽；知足以距谏，言足以饰非；矜人臣以能，高天下以声，以为皆出己之下"（《史记•殷本纪》），自以为强大而天下无敌。周公却在连篇累牍的文告中阐明：商纣王因为缺少德，从而丧失了天命，无德者因荒淫暴虐自绝于天，老百姓没有人不盼着他早日灭亡，无德者再貌似强大也必灭国亡身。周灭商是顺天应人不可抗拒的规律，周公为武王讨伐商纣找到了最合理最充足的理由。

周公又在《周书•酒诰》中详细地揭露了商纣王荒淫无德的罪行，再一次阐释了无德者丧国的道理：

> 我闻亦惟曰："在今后嗣王酗身，厥命罔显，于民祇保越怨，不易，诞惟厥纵淫泆于非彝。用燕丧威仪，民罔不衋（音xì）伤心。惟荒腆于酒，不惟自息乃逸。厥心疾很，不克畏死。辜在商邑，越殷国灭，无罹。弗惟德馨香祀，登闻于天，诞惟民怨，庶群自酒，腥闻在上，故天降丧于殷。罔爱于殷，惟逸。天非虐，惟民自速辜。"

周公以摄政王的名义告诫康叔，要敬天畏民，励精图治，不敢沉湎于酒肉享乐之中。不要像商纣王，设酒池肉林，纵欲无度，残杀劝阻人士。其中的"弗惟德馨香祀，登闻于天""故天降丧于殷"，是指商纣王没有明德闻达于上天，所以上天要结束商纣王的天命。并不是上天无情，而是商纣王骄奢淫逸过度，对民无比暴虐，自己犯下了丧权罪过，上天才降下殷商亡国之祸。

周公又说："我不敢知曰，有殷受天命，惟有历年；我不敢知曰，不其延。惟不敬厥德，乃早坠厥命。"（《周书·召诰》）周公不敢肯定殷商接受天命该有多少年，也不知道它的国运为什么不长久，但他坚信只要不敬重德，就会早早地葬送天命。因为"惟天不畀不明厥德"（《周书·多士》），上天不会将天命交给无德之人，即使接受了天命，后来"不明厥德"，也会得而复失，无德的结果只能是葬送国运，把自己送上断头台，将自己牢牢地钉在历史的耻辱柱上。

2. 以史为鉴

对于新生的周王朝政权建设来说，周公认为最重要的是以史为鉴，吸取夏、商灭亡的教训："我不可不监于有夏，亦不可不监于有殷。"（《周书·召诰》）"古人有言曰：'人无于水监，当于民监。'今惟殷坠厥命，我其可不大监，抚于时！"（《周书·酒诰》）古人还懂得不要用水来察看自己，要用人民对自己的态度来反思自己的行为，人民翘首以盼商纣亡国，商纣能不丧国吗？殷人失掉国运，惨痛的历史教训难道能不借鉴吗？反思殷商之所以失天下，完全是因"弗惟德"，暴虐残民导致天怒人怨，自取灭亡。周之所以获得天下，就是因为先王"勤用明德"（《周书·梓材》），"丕显考文王，克明德慎罚"（《周书·康诰》），只有德才能凝聚人心，拥有夺取天下的力量，所以立国的君主"不可不敬德"（《周书·召诰》）。上天是最公平的，天下是有德者的天下，与其说是"君权天授"，不如说是"君权德授"。周公从殷商失天下，深感失德即失天下、得德即得天下的道理。他的以德夺取天下、以德治理天下的思想影响深远。春秋时，虞国大夫宫之奇就曾用周公的教导劝说虞公："臣闻之，鬼神非人实亲，惟德是依。故《周书》曰：'皇天无亲，惟德是辅。'又曰：'黍稷非馨，明德惟馨。'又曰：'民不易物，惟德繄物。'如是，则非德，民不和，神不享矣。神所冯依，将在德矣。"（《左传·僖公五年》）周公的历史总结，已成为后世人们的共识：上天无偏见，依德而行，只保佑有德之人。无德者执政，百姓就怨声载道，社会就动荡不已。到那时，无德的当政者靠祭祀上天，希望上天保佑平安，有什么用？至于依靠暴力镇压百姓的反抗，更是自掘坟墓。神明是不会保佑无德者的！统治者只有"勤用明德"，政权才会巩固，国家才会长治久安。

3. 明德保民

周公摄政，充分吸取了殷商因暴政而亡国的教训，也总结了商汤乃至文、武王之所以得天下的成功经验，认为他们之所以得天下，并不是因为上天偏爱，授天命于他们，而是因为他们能"勤用明德"（《周书·梓材》），只有"明德"才配获得天命，这就是所谓"以德配天"。"明德"不是抽象的，是有验证标准的，其检验标准就是一心"保民"。《周书·梓材》："欲至于万年惟王，子子孙孙永保民。"要善待人民，善待人民才会得民心，凝聚民心才会拥有天下。考察一个执政者甚至一个政权的好坏，就看它是否关心人民的疾苦，能否倾听人民的呼声，是养护百姓还是虐待百姓，这是民心向背的唯一原因，也是当政者政权得失的最根本的原因。心中想着百姓，当政者就会为老百姓兢兢业业治国理政，不敢有一丝懈怠，更不会贪图安逸、以权谋私、欺压百姓，这也是后来儒家所说的仁政标准。

周公从反正两个方面总结历史经验教训，深刻认识到作为一个主持朝政的人，"不可不敬德"（《周书·召诰》）。因为"皇天无亲，惟德是辅"（《尚书·蔡仲之命》），决定国家兴亡只看执政者是否"敬德"。如果说有上天，那么上天一定会保佑有德者有天下，上天也会果断地剥夺无德的统治者的统治权。"敬德""明德"是执政的提前，而保民就是落实"敬德""明德"，保民则保政权，不保民则丧失政权。一心关注、解决民生问题，这是政权长治久安的唯一正确途径。

那么当政者如何才能保民？保民包括两个方面：一是对平民的关爱，二是对罪民的惩罚。对平民的关爱，我们在后面要详细地讲到，现着重谈谈周公对罪民的惩罚。周公对罪民采取的重要政策就是"明德慎罚"，《周书•多方》载："乃惟成汤克以尔多方简，代夏作民主。慎厥丽，乃劝；厥民刑，用劝；以至于帝乙，罔不明德慎罚，亦克用劝；要囚，殄戮多罪，亦克用劝；开释无辜，亦克用劝。"周公总结历史经验教训时，看到商朝从汤到帝乙的统治之所以稳定，其中重要原因之一就是"明德慎罚"，即宣扬善德，重于教化，辅以刑罚。夏朝末期官吏虐待万民，平民动辄就犯罪，所以有大德的成汤才有资格代替夏王而做万民之主。周公吸取成汤与帝乙的做法，也以教化为主，刑罚为辅，主张刑罚不可滥用，用之必须慎之又慎。除了罪大恶极不杀不足以平民愤者外，对其他罪民，他主张："勿庸杀之，姑惟教之。"（《尚书•酒诰》）最大限度地使他洗心革面，改恶为善。

周公的"明德慎罚"，主要体现在对待殷遗民及持异见者的态度上。武王推翻殷商统治后，一时不知如何处理殷遗民，有人担忧殷遗民心存怨恨伺机作乱，主张将殷遗民统统杀掉；也有的主张杀掉那些不肯归顺的有怨言者，而保留那些服服帖帖的臣服者。周公则重视对广大殷遗民的教化之效，刑罚处置只是针对少数人，对少数应该受罚的对象也要具体分析，不仅要严格依罪之轻重量刑，而且严格区分是知法犯法还是过失犯罪，是惯犯还是偶然失足。《尚书•康诰》载："敬明乃罚。人有小罪，非眚，乃惟终，自作不典；式尔，有厥罪小，乃不可不杀。乃有大罪，非终，乃惟眚灾；适尔，既道极厥辜，时乃不可杀。"周公主张"明德慎罚"，不仅对施刑要慎之又慎，还要"敬明乃罚"，充分考虑犯罪者的德行，刑罚也要做到公正合乎情理。如有人犯的虽然是小罪，但不是失误而是故意犯罪，是以身试法，向法律挑战，罪虽小却不可赦。有人有大罪，但由于是一时疏忽造成了灾难而不是有意犯法，在坦白了罪行后，就可以不杀。我们现在有"严惩知法犯法者""坦白从宽，抗拒从严"的刑法条例，实际在周公时就有了这些条款的雏形。根据这些原则来适度量刑，使受罚者感到公平合理，从而心服口服地接受判刑。

周公认为整治不必诛杀的罪犯，刑罚就像给他看病，目的是去掉他身上的病毒，使他成为一个健全、健康的人，而不是摧残他，使他成为一个残疾者，因此周公反对刑罚中使用肉刑。《尚书·康诰》中有："若有疾，惟民其毕弃咎；若保赤子，惟民其康乂。非汝封刑人杀人，无或刑人杀人。非汝封又曰劓刵人，无或劓刵人。"周公告诫执刑者，对待一般罪犯，不能任意用刑甚至杀戮他，不能随意动用割掉他的鼻子、耳朵等类肉刑。施刑就像保育孩子一样，想办法将他身上的病毒去掉，让他健康安宁。

周公还反对一人犯罪牵连其他家人的株连习俗。《左传·鲁僖公三十三年》载，臼季向晋文公举荐一位贤能，文公说这位贤能的父亲有罪，不好任用。于是臼季就用下面一段话来开导文公："舜之罪也殛鲧，其举也兴禹。管敬仲，桓之贼也，实相以济。《康诰》曰：'父不慈，子不祗，兄不友，弟不共，不相及也。'"鲧有罪，舜杀了他，但还任用鲧的儿子禹；管仲曾射杀齐桓公，桓公还是任他为相。臼季摆完事实，就引经据典讲道理，依据就是周公的《康诰》，父子兄弟之间，其中有人有罪过，不能互相牵连。臼季所讲的《康诰》语，不是今本原话，春秋人理解周公的话是反对株连，大概更近于原义。

周公在还政于周成王时，特别嘱咐他说："厥或告之曰：'小人怨汝詈汝。'则皇自敬德。厥愆，曰：'朕之愆。'允若时，不啻不敢含怒。此厥不听，人乃或谮张为幻，曰：小人怨汝詈汝，则信之，则若时，不永念厥辟，不宽绰厥心，乱罚无罪，杀无辜。怨有同，是丛于厥身。"(《尚书·无逸》)周公是说：如果有人报告说"有小民怨恨你、咒骂你"，你就要更加注意自身的德行修养，并说："是我有过失。"这样做了、认了错，民众就不怀怨恨了。不然，还会有人继续欺骗说："小人还在怨你骂你。"你就更加相信。于是不念为君之道，不宽宏大量，乱罚无罪，杀无辜，万民的怨恨就会聚集起来，归集在你的身上。周公的嘱咐振聩发聋！远在3000多年前，周公就提倡言者无罪，闻者足戒，不加害不同意见者，但是后来独裁专制的封建统治者有几人能做到？他们往往把发牢骚、提意见、持不同见解的人视为最危险的罪犯，并严加惩罚。

周公的保民政策突出地表现在对被征服地区的殷遗民的仁慈上，他不像有些征服者，一旦占领被征服者的地盘，就把那里的原居民统统强迫为奴，甚至杀戮灭绝。周公平定"三监之乱"后，选用殷人中有影响有仁德的微子继续统领殷人。当洛邑建成之后，周王朝决定将殷商旧官员迁往洛邑，便于管理、教育这些殷顽民，周公告诫他们："告尔殷多士，今予惟不尔杀，予惟时命有申。今朕作大邑于兹洛，予惟四方罔攸宾，亦惟尔多士攸服奔走，臣我多逊。尔乃尚有尔土，尔用尚宁干止。尔克敬，天惟畀矜尔；尔不克敬，尔不啻不有尔土，予亦致天之罚于尔躬！"(《尚书·多士》)翻译成白话就是：告诉你们这些殷商的旧臣，现在我不杀害你们，但要重申这个命令。如今我在洛地建成一座大城，是为了四方诸侯有个地方朝贡，也是为了你们能恭顺服伺我。你们还能拥有自己的土地，安宁地生活。你们若能恭敬从命，上天会赐福于你们；不然，你们不但不能保有你们的土地，我也将会代替老天把惩罚加到你们身上。正是因为周公实行了这种宽大政策，又恩威并施，才使一个被征服的殷遗民在连续两次大动荡之后安定下来，继续从事正常的生活，甘心接受周朝的统治，使殷民族与周民族进行民族大融合。周公善待殷遗民的结果是"天下大服"，周边小国纷纷归顺周朝，对周朝大国有了一种政治向心力。

4. 制礼作乐

周公辅佐武王，推翻殷商统治，建立了新生的周政权，又以摄政王的身份辅佐周成王，平息了企图推翻新生政权的叛乱，取得了安定天下的丰功伟绩。但是如何杜绝叛乱再作，处理好人与人之间的政治关系，使幅员辽阔、人口众多的国家得到和谐安宁，这是摆在周公面前严峻的问题。于是他总结夏、商圣王治理国家的经验，参考远古到殷商时的礼乐制度，决定为周朝制定新的成体系的典章制度和行为规范，来解决周政权面临的这些关系到国家兴衰的大问题。并借国家政权的形式加以推行这套新的典章制度，使它成为一整套遍及政治、教育、信仰等各领域的重要治国方略，这就是人们所说的周公"制礼作乐"。

礼乐制度在夏、商时代就已存在，孔子说："殷因于夏礼，所损益，可知也；周因于殷礼，所损益，可知也。"（《论语·为政》）周公当然不能不对夏、商礼乐有所"因"，即他的"制礼作乐"必有所继承，但是一个"制"字、一个"作"字，体现了他在继承夏、商礼乐的基础上有重大的创新，即"损益"了夏、商礼乐而成周朝的礼乐。周公"制礼"，要给周人制定新的宗法等级秩序和外在行为规范，从而加强周人的血亲联系，求得社会安宁。周公"作乐"，要对周人进行内在精神的培育，使等级虽森严却能上下协调，求得人际关系的和谐。正如《汉书·礼乐志》指出：

"安上治民，莫善于礼；移风易俗，莫善于乐。"礼节民心，乐和民声，政以行之，刑以防之。礼乐政刑，四达而不悖，则王道备矣。乐以治内而为同，礼以修外而为异；同则和亲，异则畏敬；和亲则无怨，畏敬则不争。揖让而天下治者，礼乐之谓也。二者并行，合为一体。……

王者必因前王之礼，顺时施宜，有所损益，即民之心，稍稍制作，至太平而大备。周监于二代，礼文尤具，事为之制，曲为之防，故称礼经三百，威仪三千。于是教化浃洽，民用和睦，灾害不生，祸乱不作，囹圄空虚，四十余年。孔子美之曰："郁郁乎文哉！吾从周。"

孔子之所以赞美周朝礼乐，在于周公制作的礼乐文明程度远超夏、商的礼乐。礼乐文化孕育于远古，是远古人用来进行人与神之间沟通的媒介，到了夏代，礼乐制度初步成型，并对远古巫教式的礼乐进行了重大"损益"，但到商，却又在古代巫教礼乐的基础上变本加厉。孔子指出："夏道尊命，事鬼敬神而远之，近人而忠焉，先禄而后威，先赏而后罚，亲而不尊；其民之敝，蠢而愚，乔而野，朴而不文。殷人尊神，率民以事神，先鬼而后礼，先罚而后赏，尊而不亲，其民之敝。荡而不静，胜而无耻。周人尊礼尚施，事鬼敬神而远之，近人而忠焉，其赏罚用爵列，亲而不尊，其民之敝，利而巧，文而不惭，贼而蔽。"（《礼记·表记》）孔子对三代文化即三代的礼乐特点概括得简洁精准："夏道尊命""殷人尊神""周人尊礼"。"尊礼"的周人将"敬德""明德"等概念作为指导思想引入礼乐制度，很大程度上扭转了礼乐的神性特点，突显了礼乐的政治教化功能，为礼乐注入了人文理性精神，与尊天命的夏代礼乐及敬鬼神的殷商礼乐有了本质的区别。如果说武王伐纣在政治上进行了一场伟大的革命，那么周公的"制礼作乐"更是划时代的历史变革，它确立了新社会的秩序，开启了一个新时代的文明。

周公的制礼是为新朝制定一套新的典章制度，主要确定每个人的政治地位与财产分配以及日常行为规范。首先就是确立别嫡庶、立宗法的分封制，这种分封制只适用于统治阶级各阶层，只有他们才配有不同的政治地位与不同的财产分配。

在周代，仍沿袭着父权家长制普遍实行的"一夫多妻制"，不同妻妾所生的儿子就有了嫡庶与大小宗之别。宗者，尊也，宗人之所尊重之人。

凡正妻所生的儿子称嫡子，嫡长子为大宗，凡妾所生的儿子称庶子，与嫡次子皆为小宗，小宗下属于大宗。只有嫡长子才能继承父亲的政治地位和爵位，其他的儿子不能继承父亲的政治地位，但可以得到相应次等的政治地位及爵位。由于周朝规定同姓不通婚，姬姓统治者与外姓人通婚，形成一种亲戚关系，属于外戚范围内的外姓人也同相应的庶子一样，得到次等的地位及爵位。依据宗法制度的基本原则，天子以下设诸侯、卿大夫、士几个等级。周天子为天下大宗，其叔伯、兄弟封为诸侯，叫作小宗。诸侯在其封国内又是大宗，并有"公、侯、伯、子、男"等不同的爵位，这五级爵位也是根据亲疏关系确定的。诸侯的叔伯、兄弟封为卿大夫，在侯国则成了小宗，但在他们所封的采地内又称大宗。卿大夫的叔伯、兄弟则封为士，是小宗，士有分封的禄田，至士就不存在大宗小宗之分了，因为士再无任何世袭的继承权了。这样形成了一种以血缘关系为联系的"宗法制"，既以血缘关系为纽带分出亲疏，又以君臣关系为纲纪，形成了塔型的或阶梯式的政治统治制度。在这种制度下，大宗管辖小宗，小宗服从大宗，等级森严，尊卑有序，上下连通，形成一个成系统的管理网络。周公又将分封制和世袭制结合在一起，保证了贵族在政治上的垄断和特权地位，加强了贵族集团内部的稳定和团结，希望达到王朝世世代代永远延续统治的目的。以上所讲的是周代姬姓的宗法传承，至于外姓的外戚与个别有功的外姓人员，他们的分封情况，与上述大致相同。

为了和政治等级权力分配相配合，周公还制定了一系列日常生活的规范，这些规范也鲜明地体现着君臣、父子、兄弟、亲疏、尊卑、贵贱的等级制，人们称其为礼仪制度。这些礼仪制度渗透到社会生活的方方面面，大到会盟、婚娶、丧葬，小到服饰、饮食、娱乐，都规定了不同的仪式和规格。如《周礼·春官》记载有五种重要的礼仪：吉礼，吉祥类之礼；凶礼，灾丧类之礼；宾礼，迎送宾客之礼；军礼，军事类之礼；嘉礼，庆功欢会之礼。在《大戴礼记·本命》中，礼制又细分为"冠、婚、朝、聘、丧、祭、宾主、乡饮酒、军旅"等9种，可以说，人们生活中的一举一动，都有具体的礼仪规定和繁缛的仪节要求，并且大部分隆重的礼仪都有相应的乐舞配合。而且规定不同身份的人，使用不同的礼器及享用不同的乐舞。如礼器中，鼎专门盛肉，簋专门盛其他食物；《周礼》规定天子可使用九鼎八簋，诸侯只能用七鼎六簋，大夫用五鼎四簋，士用三鼎二簋。鼎簋的大小与多少标志着享用者的社会地位的高下，显示出享用者在社会上的责任、权利和义务。由于九鼎为天子所专有，九鼎就被视为镇国重器、国家权力的象征。所谓九鼎之尊、一言九鼎、问鼎中原，便是由此含义而来。《左传·宣公三年》记载，楚庄王北伐，路过洛邑，向周天子的使者打听天子九鼎的大小轻重，说明楚庄王看重九鼎的权力象征与意义，怀有企图夺取周朝天下的野心。

周公制定的周礼，为周王朝建立了等级森严的社会秩序，处于这一社会中的每一个人，都受到国家规定的礼法制度的强制性约束，等级森严，形成人与人之间的差异、对立。所以周公还十分重视乐的社会功能，作周乐以沟通人的情感、思想与欲念，来保持人与人之间的和谐相处。"乐者，音之所由生也，其本在人心之感于物也……是故先王慎所以感之者。故礼以道其志，乐以和其声，政以一其行，刑以防其奸。礼、乐、刑、政，其极一也，所以同民心而出治道也。"（《礼记·乐记》）礼是具体的典章制度，乐是无形的精神浸染，二者结合就是统一民心、实现国家治理的有力手段。如果说礼是政治、经济领域的等级构架，那么乐就是在意识形态领域对等级差异与对立的调和。"礼义立，则贵贱等矣；乐文同，则上下和矣。"（《礼记·乐记》）不过，周朝在使用乐器、乐曲、乐队等方面，仍保持着等级差别。如《周礼》规定舞蹈奏乐必须按礼而行，舞蹈行列8个人为一佾，天子用八佾，诸侯用六佾，大夫用四佾，士用二佾。只有天子才有资格观赏八佾之乐舞，而鲁国大夫季孙氏季平子只是一个大夫，依礼只能观赏四佾乐舞。可是季氏在家中竟使用起只有天子才配享用的八佾乐舞，这完全是明目张胆的僭越周礼行为，所以孔子对这种越礼行为极其不满，他愤怒地说："八佾舞于庭，是可忍也，孰不可忍也。"（《论语·八佾》）季氏的这种僭越行为在周朝属罪大恶极，这种行为若能容忍，还有什么行为不可容忍呢？乐不是单纯的娱乐形式，它是周礼等级制在精神领域的艺术表达。

周公主张以德治国，礼乐不仅贯彻德的意识，而且是以德治国的主要措施。周公在继承古圣王的传统礼乐基础上，集上古三代礼乐之大成，对传统礼乐进行了改造，使礼与乐更加完美结合，礼乐文化至周朝达到高度的繁荣。据《礼记·乐记》载，古时帝舜作五弦，以歌《南风》。《大章》是帝尧的乐名，《咸池》是黄帝的乐名，《韶》是帝舜的乐名，《夏》是大禹的乐名，这些乐舞颂扬了这些古帝的神奇圣功。周公作乐不仅继续颂扬古圣王的美德，而且更注重赞美周文王、周武王的功绩。《周礼·春官》载，周时就有《云门》《大卷》《大咸》《大韶》《大夏》《大濩》《大武》等乐，"子谓《韶》：'尽美矣，又尽善也。'谓《武》：'尽美矣，未尽善也。'"（《论语·八佾》）这说明孔子在春秋末期还能听到舜帝时期的《韶》乐与周武王时期的《武》乐。

周代音乐从使用范围的角度，可分为宗庙之乐、士人之乐、民间之乐和四夷之乐。从内容上分，可分为治世之音、乱世之音、亡国之音。《礼记·乐记》载："凡音者，生人心者也。情动于中，故形于声。声成文，谓之音。是故治世之音安以乐，其政和；乱世之音怨以怒，其政乖；亡国之音哀以思，其民困。……郑卫之音，乱世之音也，比于慢矣。桑间濮上之音，亡国之音也。"宗庙之乐主要见于《诗经》的"三颂"，士人之乐主要见于"二雅"，民间之乐主要见于"国风"。四夷之乐查无出处，可能部分存于"国风"中。《礼记·明堂位》载："命鲁公世世祀周公以天子之礼乐……升歌《清庙》，下管《象》；朱干玉戚，冕而舞《大武》；皮弁素积，裼而舞《大夏》。《昧》，东夷之乐也；《任》，南蛮之乐也。纳夷蛮之乐于大庙，言广鲁于天下也。"鲁国是周公后代的封国，所以特批可以采用天子的礼乐来祭祀先王及周公，也可以在太庙之中表演东夷南蛮的乐舞。

见于记载，在周代已有几十种乐器，流传的有传统的巫教古乐，也有所谓的郑、卫新音，还有礼乐和俗乐之分。周公将各种礼仪和乐舞作了严格的等级规定，对乐舞作了重大改造，作了各种礼仪所用的"雅乐"，用德的观念来规范礼乐的内容，建立起了中国历史上第一个完备的宗庙音乐体系，将自古以来的礼乐从神坛引入世俗人间，成为别贵贱、序尊卑、明法度、行教化的重要治国工具。

5. 选贤任能

被后人津津乐道的上古尧、舜时代，主要是它的"禅让"制，即前任君王能将君位让于贤能。相传帝尧年老时，想让有贤能的人接替他摄理行政事，有人推荐了共工，经过考验共工不称职，于是有人推荐了舜。尧于是将自己的两个女儿嫁给舜，来进一步考察舜是否是个贤能者。经过三年考察，确信舜是个贤能者后，让舜协助自己工作，又让舜摄政，最后尧果断地说："格！汝舜。询事考言，乃言厎可绩，三载，汝陟帝位。"（《尚书·尧典》）尧将帝位传与舜。尧为何禅让出至高无上的权力？因为他清楚，让贤能继位能利天下人，让无贤无能者掌权则害天下人。舜执政时，禹向他汇报说：君臣都战战兢兢，如履薄冰，把为君为臣看得很难，那么国家政事就会得到治理，民众也会修养好德行。帝舜回答说："俞！允若兹，嘉言罔攸伏，野无遗贤，万邦咸宁。"（《尚书·大禹谟》）舜是说：是啊，确实如此。好的意见不要埋没，民间的贤能不要被遗漏，天下大大小小的邦国都会得到安宁。舜考察禹就是个贤能者，舜老了也像尧一样，把帝位传与治水有功的禹。大禹也清楚任用贤能的重要性，他说："知人则哲，能官人。安民则惠，黎民怀之。"（《尚书·皋陶谟》）这是说：君王之所以明智就是因为了解人，他能任用贤能为官。这样就能安定人民，给予人民以实惠，人民就会归依他。

　　历史的经验告诉我们，举贤任能是治国之要、政事之本，治国理政必须依靠贤能，得贤能则国安，失贤能则国危。周公熟知尧舜禅让、选贤任能的典事，摄政后更思贤若渴。他以文王为榜样，文王能做到"笃仁，敬老，慈少。礼下贤者，日中不暇食以待士，士以此多归之"（《史记·周本纪》）。当周公的儿子伯禽赴鲁国去任国君时，周公以自己的亲身经历告诫伯禽到鲁国后要礼贤下士，千万不要凭借国君的高贵身份轻视疏远贤能。周公说："我文王之子，武王之弟，成王之叔父，我于天下亦不贱矣。然我一沐三捉发，一饭三吐哺，起以待士，犹恐失天下之贤人。子之鲁，慎无以国骄人。"（《史记·鲁周公世家》）周公已是摄政，拥有天下，但唯恐失去任何贤能之人，当贤能人士来拜访他，即使他正在洗头，或正在吃饭，也要马上停下来迫不及待地去接待来访者。这种精神感动了多少后人！如东晋葛洪在《抱朴子·逸民》中说："夫周公大圣，以贵下贱，吐哺握发，惧于失人。"大政治家、军事家曹操在其《短歌行》中就歌颂道："周公吐哺，天下归心。"并学周公广揽贤才，在中国历史上首次响亮地提出"唯才是举"。

　　天子立国建都之后的重大举措，就是设置各种官吏，协助天子管理各项事务，掌管国家各项礼仪，维护国家和地方的安宁，所以周公完成新都洛邑的建设后，就开始了这一巨大的治国理政的工程。他考察了古代设官典制，分析了各代官制的利弊，以德治的理念大力改进旧官制，创建了周朝国家各级管理机构运作的制度。《史记·鲁周公世家》载："成王在丰，天下已安，周之官政未次序，于是周公作《周官》，官别其宜。作《立政》，以便百姓。百姓说。"这里的"百姓"指百官而非指黎民，《尚书·尧典》："百姓昭明，协和万邦，黎民于变时雍。"周成王在丰京时，周朝的设官立政还没有形成制度，于是周公写了《周官》，制定了国家各种官吏的职责；又写了《立政》，以方便百官，使百官喜悦。《周官》一名因与《尚书》的《周官》容易混淆，于是改称《周官经》，西汉末刘歆时其列为经而属于礼，故改称延用至今的《周礼》之名。司马迁认为《周官》是周公所著，但后人多不认可。《周礼》原有六篇，篇目是：一、天官冢宰，掌邦治；二、地官司徒，掌邦教；三、春官宗伯，掌邦礼；四、夏官司马，掌邦政；五、秋官司寇，掌邦禁；六、冬官篇亡佚，用《考工记》弥补。《周礼》所叙，当是西周官场真实的情况。在《尚书·周官》中，周成王详细介绍了周朝官职设置："立太师、太傅、太保，兹惟三公。论道经邦，燮理阴阳。官不必备，惟其人。少师、少傅、少保，曰三孤。贰公弘化，寅亮天地，弼予一人。冢宰掌邦治，统百官，均四海。司徒掌邦教，敷五典，扰兆民。宗伯掌邦礼，治神人，和上下。司马掌邦政，统六师，平邦国。司寇掌邦禁，诘奸慝，刑暴乱。司空掌邦土，居四民，时地利。六卿分职，各率其属，以倡九牧，阜成兆民。"周公为周朝确立了一整套架构清晰的官僚体系是可信的。

《尚书·周官》又载："明王立政，不惟其官，惟其人。"圣明君主设立各级政务长官，不仅注重设置官职，更注重选人用人，使官职得其称职的人。如果说《周礼》规定了各种官职，那么《立政》则规定了选用各级行政长官的条件。周公选人为官的标准就是贤能，大致就是具备皋陶早已提出的九德，即"宽而栗、柔而立、愿而恭、乱而敬、扰而毅、直而温、简而廉、刚而塞、强而义"（《尚书·皋陶谟》）。依每个人德行的不同而授予不同官职，如果做到九德中的三德，就授卿大夫级的官职；做到九德中的六德，就授诸侯级的官职；如果九德都具备，就选入王庭为官，辅佐君王处理朝廷政事。确立等级分明的官制虽然重要，但更重要的是选用贤能，只有选贤任能，才能使国家机器正常、良好地运转。

周公清楚：要求官员贤能，君王自己首先必须具备九德，以身作则，这样才能对下属有感召力，对国家政权的建设有重大意义。正如孔子所说："其身正，不令而行；其身不正，虽令不从。"（《论语·子路》）周公治国，十分注重孝道，把不尽孝道视为首要大恶："元恶大憝，矧惟不孝不友。"（《尚书•康诰》）据《史记•鲁周公世家》记载，周公"旦为子孝，笃仁，异于群子"。《淮南子•氾论训》又作具体的描述："周公事文王也，行无专制，事无由己，身若不胜衣。言若不出口，有奉持于文王，洞洞属属，如将不胜，恐失之，可谓能子矣。"周公侍奉父亲文王，恭敬小心，生怕有所闪失。武王病重，周公为其祈祷，愿以自身代替武王接受上天的惩罚。武王去世后，成王年幼，由周公摄政。有人就散布说周公有篡权之心。周公不为谣言所动，为了周朝大业，夙兴夜寐，呕心沥血，殚精竭虑地操劳国事，成王成年后，立即还政于成王。《淮南子•氾论训》载："成王既壮，周公属籍致政，北面委质而臣事之，请而后为，复而后行，无擅恣之志，无伐矜之色，可谓能臣矣。"周公不谋私、不恋权，心胸坦荡磊落。在归政成王时，周公又语重心长地告诫成王，要以先王圣人为榜样，千万不能放纵自己，纵情声色，贪图安逸，沉溺于游玩田猎。要勤勤恳恳，牢记民众"稼穑之艰难"，努力为民众争取福祉。周公这一番感动千古人心的忠告，收入《尚书•无逸》中。从周公的这一番话，可以想见周公鞠躬尽瘁、死而后已的精神。

周公在中国历史上是屈指可数的杰出人才，他具有无与伦比的政治素质，出类拔萃的军事指挥才能，横绝一世的先进思想，仁孝慈爱的人格，坦荡磊落的人品，忠于职守的敬业精神，谦虚好学的品质。同时，他还是一个多才多艺之人，所以才能"制礼作乐"。在《尚书•金縢》中，他就是以自己多才多艺的理由，替武王赎身："以旦代某之身。予仁若考，能多材多艺，能事鬼神。乃元孙不若旦多材多艺，不能事鬼神。"唐代韩愈在《原毁》一文中也说："闻古之人有周公者，其为人也，多才与艺人也。"正是从崇高政治信仰到高尚人品再到多才多艺，周公才赢得了身后的盛名，受到了历朝历代朝野人士的景仰。

中国人心目中的圣人是孔子，而孔子心目中的圣人则是周公，孔子曾感叹道："吾乃今知周公之圣与周之所以王也。"（《孔子家语•观周》）

当孔子将自己所处的"礼崩乐坏"的现实，与周公所创立的盛世相比较，更激发了他对周公的崇敬之情，这种崇拜感情甚至达到无以复加的程度，他以夜间梦不到周公为憾事："子曰：'甚矣吾衰也！久矣吾不复梦见周公。'"（《论语•述而》）孔子向往西周盛世，他说："周监于二代，郁郁乎文哉！吾从周！"（《论语•八佾》）他一生追求的目标就是要恢复西周时期的大一统及礼乐制度。他主张"克己复礼"，这个"礼"就是周公制作的礼；他号召"从周"，"从周"的内容就是要恢复、贯彻、推行周公的德治。孔子期盼早日结束礼崩乐坏、战乱频仍的年代，使自己所处的社会恢复到周公时以德治国的盛世时代。司马迁在《史记•鲁周公世家》中赞道："鲁有天子礼乐者，以褒周公之德也。"正是周公之德，才孕育出鲁国以孔子为代表的儒家学派，周公为儒学元圣是名副其实的。

三、仁、德、礼、乐的关系

我们知道上古三代从信奉神、上帝、天、祖先，逐渐向信奉"德"转移，到周代便成了以德治国。周代的文化是一种贯彻德意识的礼乐文化，那么德与礼是一种什么关系呢？《说文》曰："礼，履也，所以事神致福也。"礼，最初的意思是祭神求福的一种仪式，后又引申为推行社会制度、道德教化等具体的规定、章程、规范、用途、措施、方法等。礼首先是执行等级制度的依据，"夫礼者，所以定亲疏，决嫌疑，别同异，明是非也"（《礼记•曲礼》）。封建等级制度是按血缘关系的亲疏远近而制定的，也就是说，"礼"的基本功能就是辨别血缘关系亲疏远近，据此确保血统的纯正与伦常关系的清晰，避免将这些关系混淆不清，失去判断是非的标准。礼是判断血缘与伦常关系的依据，即辨别君臣、上下、长幼、男女、父子、兄弟各自在人伦关系中的位置及应遵守的伦理规则。"君臣上下，父子兄弟，非礼不定。"（《礼记•曲礼》）礼又是推行道德教化的措施："道德仁义，非礼不成，教训正俗，非礼不备。"（《礼记•曲礼》）礼对国家与个人有巨大的作用："礼，经国家，定社稷，序民人，利后嗣者也。"（《左传·隐公十一年》）德是比较长久而稳定的信仰，礼却与时俱进，因时代背景、具体境况或人物的不同，而有变通。所以孔子才说："殷因于夏礼，所损益可知也；周因于殷礼，所损益可知也；其或继周者，虽百世可知也。"（《论语·为政》）这说明礼是可以"损益"的。"鲁公伯禽之初受封之鲁，三年而后报政周公。周公曰：'何迟也？'伯禽曰：'变其俗，革其礼。'"（《史记·鲁周公世家》）这说明礼是可以变革的。"礼，与其奢也，宁俭；丧，与其易也，宁戚。"（《论语·八佾》）"麻冕，礼也；今也纯，俭，吾从众。"（《论语·子罕》）这说明礼是可以调整和变通的，但礼的实施并为之服务的目的是不变的，这个不变的目的就是德。

按理说，人们的道德观念会随着社会的变化而变化，但中华优秀传统文化有一个特点，就是道德观念不管发生怎样的变化，都可以将美好的道德观念用一个"德"字来表示。而礼却必须根据不同的时代而施行不同的内容，一个时代的礼应当符合当时德概念的要求，但如果时代变了，旧的礼有些内容就违背了社会发展的要求，即不符合后来德的要求了，就要废除这些旧礼，建立新的礼，才能体现新时代德的原则。所以说，德是礼的根本之所在，礼的形式可以千变万化，但是德所决定礼的本质是不变的。如《礼记·礼器》中说："忠信，礼之本也。"《礼记·乐记》："中正无邪，礼之质也。"忠信、中正、无邪都是德的内容，说明德是礼的根本，是礼的指导思想，而礼只是实现德的行为规范。从一定意义上讲，德近乎内容，礼近乎形式，内容决定形式，形式为内容服务。正如王国维在《殷周制度论》中说：

> 古之圣人，亦岂无一姓福祚之念存于其心，然深知，夫一姓之福祚与万姓之福祚是一非二，又知一姓万姓之福祚与其道德是一非二，故其所以"祈天永命"者，乃在"德"与"民"二字。……文武周公

所以治天下之精义大法，胥在于此，故知周之制度典礼，实皆为道德而设，而制度典礼之专及大夫士以上者，亦未始不为民而设也。周之制度典礼乃道德之器械，而尊尊、亲亲、贤贤、男女有别四者之结体也。①

　　《左传·昭公二年》记载："晋侯使韩宣子来聘，且告为政而来见，礼也。观书于大史氏，见《易》《象》与《鲁春秋》，曰：'周礼尽在鲁矣。吾乃今知周公之德，与周之所以王也。'"《易》指《周易》，这里可能主要指阐述《周易》哲学观点的各种图像。《象》可能专指《周易》中卦象、爻象，这里可能主要指解释卦象与爻象的文辞。韩宣子在鲁国太史那里观看了《易》《象》与《鲁春秋》，便感慨地说："看来周代礼仪都保留在鲁国了，我现在才知道周公的德行广大和周朝能成就大一统王业的缘故了。"由于鲁国是周公的封国，周天子赐予鲁国可以行天子之礼，所以鲁国很好地保留着西周的礼乐。韩宣子通过《易》《象》与《鲁春秋》，知道了鲁国盛行周礼，理解了周公之德影响着至今的鲁国，也明白了周朝推行王道的原因。显然，礼是表象，而德是内在的本质。

　　德与礼，虽然是一个内在的与外显的关系，只讲德而无礼，德就无处落实，无法实现；只讲礼而无德，礼就失去了德的约束，失去了礼的意义。德与礼二者是不可分割的整体，内德与外礼是一个双向互适的结构，有似内容与形式的关系。道家代表作《老子》，主张自然无为，反对儒家的礼乐文化，它对德与礼的位置有个排列："故失道而后德，失德而后仁，失仁而后义，失义而后礼。夫礼者，忠信之薄，而乱之首。"在老子看来，道家重道，然儒家首要是讲德，而礼就在其后了。道家虽然反对儒家的仁义、礼乐，但他们也明白儒家主张的德与礼之间的主从关系。纵观上古三

---

① 姚淦铭、王燕编：《王国维文集》（第四卷），中国文史出版社，1997年，第54-55页。

代，尤其是西周，虽然强调礼，但其文化核心观念还是德。

那么上古三代的"德"与后来儒家提倡的"仁"又有何关系呢？早在夏朝前，皋陶就提出"三德""六德""九德"之说，后世对"三德""六德""九德"的解释，与皋陶也不尽统一。《尚书•洪范》："三德：一曰正直，二曰刚克，三曰柔克。"《周礼•地官司徒•师氏》则以至德、敏德、孝德为三德。《周礼•地官•大司徒》："以乡三物，教万民而宾兴之。一曰六德：知、仁、圣、义、忠、和。"《逸周书•常训》："九德：忠、信、敬、刚、柔、和、固、贞、顺。"《左传•昭公二十八年》："心能制义曰度，德正应和曰莫，照临四方曰明，勤施无私曰类，教诲不倦曰长，赏庆刑威曰君，慈和遍服曰顺，择善而从之曰比，经纬天地曰文。九德不愆，作事无悔。"这说明每个历史阶段对德的理解不同，对德作了不同的解释。后世一般认为六德指"智、信、圣、仁、义、忠"，此六德分别对应六种身份："义"为君德，"忠"为臣德，"智"为夫德，"信"为妇德，"圣"为父德，"仁"为子德。在儒家学派确立之前，贵族子弟在国学（教育机构）通过"师"与"儒"的传授，接受传统的教育，教育的内容包括六德：智、信、圣、仁、义、忠；六行：孝、友、睦、姻、任、恤；六艺：礼、乐、射、御、书、数。后世不管如何解释"德"的内涵，"仁"在上古三代时只是众德中的一德，"德"包含着"仁"，德与仁是有区别的。

三代之后的思想家对德也有不同的解释，如西汉贾谊在《新书•道德说》中言："德有六美，何谓六美？有道、有仁、有义、有忠、有信、有密。"认为："道者，德之本也；仁者，德之出也；义者，德之理也；忠者，德之厚也；信者，德之固也；密者，德之高也。"还说："德有六理，何谓六理？曰道、德、性、神、明、命，此六者，德之理也。"贾谊所说的"道"与"德"，与传统的解释相近，即道是无形之理，德是有形之行。

仁，本义是指人与人之间友善、相亲的德行。《说文》："仁，亲也。从人，从二。"在春秋末期，仁的这种德行得到众多学派的认可，又赋予了含义广泛多样的道德意识范畴。仅《左传》就有多处提到"仁",如《僖公八年》:"能以国让,仁孰大焉。"《僖公三十三年》:"承事如祭,仁之则也。"《宣公四年》:"仁而不武,无能达也。"《成公九年》:"不背本,仁也。"在《国语》中也有不少的地方提到"仁",如《周语中》:"仁,所以保民也。"《周语下》:"爱人能仁。"《晋语一》:"爱亲之谓仁。"《晋语二》:"利国之谓仁。"《鲁语上》:"仁者讲功。"《墨子•经说下》有:"仁,仁爱也。"文献中"仁"字的含义,有的指人与人相互亲爱的关系,有的指具有仁爱之心的有德者,有的指济世施惠的行为,有的指仁慈厚道的品格,有的指谨慎、勇武的品德,有的指利民利国的功德,等等,不一而足。到孔子时,对仁的含义进行了再次的提升与扩大,模糊了德与仁的界限,最终以仁的含义代替了上古三代德的含义,创立了以仁为核心的仁学观,标志着一个高扬仁的旗帜的儒家学派从此诞生。

前面我们讲了,德与礼之间的关系是一种主从关系,西周意识形态的核心观念是德而不是礼。到孔子时,他以仁代替德,仁扩大了原来德的内涵,囊括了所有的美德,自然仁与礼的关系更是一种主从的关系。但近几年儒学研究中,出现了一种重要的观念,即认为中华优秀传统文化的核心观念是礼而不是仁。实际上这种观念并不时髦,以礼为本的说法古来就有,如曾国藩认为:"先王之道,所谓修己治人,经纬万汇者,何归乎?亦曰:礼而已矣!"(《圣哲画像记》)把修身、齐家、治国、平天下的根本和支配万事万物的准则归于礼,这就是所谓的"礼治"思想的核心观点。现代最早详细阐述这一"礼治"思想的,应是著名学者蔡尚思,他著有《孔子思想体系》一书,由上海人民出版社1982年出版,书中提出孔子的思想体系中心是"礼"而不是"仁",仁是手段,礼是目的,孔子一生的实践就是学礼、复礼、传礼,礼比仁要求更高,所指范围更宽泛。如果将礼、仁合一而论,则以礼为仁,纳仁入礼,一切体现为礼。此处,笔者不准备对蔡先生的观点展开详细反驳,由于前面已较详细地论述了德与礼之间的关系是一种主从关系，仁又是德的提升与再概括，笔者仍坚持仁与礼的关系同德与礼的关系一样，依然是一种主从的关系。中华优秀传统文化的核心观念是仁而不是礼，礼是实现仁的手段，仁是通过礼的实施而要达到的目的。不过，西周的德与孔子的仁虽然都通过礼而得以落实，但二者的表现形式往往不尽一致。西周的礼多从外在规范的角度来体现德，即多从"外王"的角度体现德，多体现为别亲疏、树尊卑、明贵贱、定名分等外显的规范仪式。而孔子遵从礼，多从内心自觉服从道德规训的角度出发，即多从修炼"内圣"的角度体现仁，多体现为"非礼勿视，非礼勿听，非礼勿言，非礼勿动"（《论语·颜渊》）的修身准则。孔子论仁，虽系统地阐述了内圣的修炼，然而并不缺少阐述建立外王之功，而西周圣王论德，在阐述内圣修炼方面就相对欠缺系统性了。

周代的德治包括亲亲尊尊的原则，亲亲是亲近应该亲近的人，如父慈、子孝、兄友、弟恭等，人与人之间提倡互相爱护团结；尊尊是尊敬应该尊重的人，家庭内部、君臣之间、贵族之间、贵族与平民之间，都要讲究尊卑等级。周公总结殷商灭亡的重要原因，是商纣王暴虐而引起天怒人怨，关键时刻异姓的众方国纷纷反叛。所以，周代才施行分封制，对周天子的亲属普遍进行分封，让有血亲关系的人层层掌握各级政权，来维持周天子牢固的统治。在所有的血亲者中，又分大宗与小宗，形成鲜明的等级秩序。这样，统治阶层中人与人和谐共处，每个人又各安其位，不超越自己的地位等级，国家就会长治久安。所以说亲亲尊尊是维系宗法制的基本原则。宗法制下选拔官吏，难免出现任人唯亲的现象，这就要求为官应遵循九德，以克服任人唯亲不唯贤的弊端。

在治国的实践中，周公意识到落实亲亲尊尊莫过于礼乐，所以他才"制礼作乐"。如此重视礼乐，是因为他看到了礼与乐相辅相成，是其治国理政进行教化的基本内容。《孝经》说："安上治民莫善于礼，移风易俗莫善于乐。"礼能约束人，乐能感动人，二者结合能安定社会教化世俗。《礼

记·乐记》对礼、乐的分工与协调有过详细的阐述:

> 乐者为同,礼者为异。同则相亲,异则相敬。乐胜则流,礼胜则离。合情饰貌者,礼乐之事也。礼义立,则贵贱等矣;乐文同,则上下和矣。好恶著,则贤不肖别矣。刑禁暴,爵举贤,则政均矣。仁以爱之,义以正之,如此则民治行矣。

乐的功能是求同,礼的功能是辨异。同可以使人相互亲近,异则使人相互尊敬。乐过度会使人放纵,礼过度会造成人与人之间的隔膜与疏离。礼乐互相结合,会使人仪表庄重又感情融合。礼仪确立了,贵贱等级就分明了;乐舞使感情统一了,上下关系就和睦了;好坏标准明显了,贤能与不肖就区别开了。用刑罚制裁不肖者,举荐贤能并授予爵位,则政治就清平了。用仁来惠及民众,用义来端正民众,这样就达到治理民众的目的了。

《礼记·乐记》中有不少关于礼乐关系的论述,如:"乐也者,情之不可变者也;礼也者,理之不可易者也;乐统同,礼辨异,礼乐之说,管乎人情矣。""乐也者,动于内者也;礼也者,动于外者也。乐极和,礼极顺,内和而外顺,则民瞻其颜色,而弗与争也。……故曰:致礼乐之道,举而错之,天下无难矣。"再看另外一则:

> 乐在宗庙之中,君臣上下同听之,则莫不和敬;在族长乡里之中,长幼同听之,则莫不和顺;在闺门之内,父子兄弟同听之,则莫不和亲。故乐者,审一以定和,比物以饰节,节奏合以成文,所以合和父子君臣,附亲万民也,是先王立乐之方也。

礼强调的是别,即所谓"尊尊",其作用是区别亲疏、尊卑、贵贱关系之"异"；乐强调的是和，即所谓"亲亲"，以乐沟通各种人的感情，求其相互尊重亲爱之"同"。礼乐相配合，既区分了贵贱等级，用一定的礼仪形式来调节人们的行为方式，又使尊卑关系变得和睦融洽，加强了社会的亲和力，增强了各群体的聚合力，使社会成员既遵守约束性秩序，又感情融洽地和谐共处。

周公"作乐"，继承的是尧、舜以来的传统。传说在尧、舜时期，乐舞就开始逐渐少了巫觋文化的色彩，当时歌、乐、舞融于一体，以歌颂圣贤之德。以乐追求中和雅韵，以舞表达和谐礼让，礼乐文明构成了华夏文明的主体，因此后世常称中国为礼乐之邦。华夏礼乐发展至周公时，已经形成了具有时代特征的六个乐舞，这就是黄帝时期的《云门》、尧帝时期的《大章》、舜帝时期的《大韶》、夏禹时期的《大夏》、商汤时期的《大濩》、周武王时期的《大武》。其中《云门》《大章》《大韶》《大夏》是赞美圣王禅让天下之德。《大濩》和《大武》是歌颂武力革命夺取天下之功。据说乐舞《大武》就出自周公之手，是周公为歌颂武王伐纣而作。500多年后的孔子对《大韶》《大武》有自己的评价："子谓《韶》：'尽美矣，又尽善也。'谓《武》：'尽美矣，未尽善也。'"（《论语·八佾》）"子在齐闻《韶》，三月不知肉味，曰：'不图为乐之至于斯也！'"（《论语·述而》）在孔子看来，《韶》所以"尽善尽美"，在于有善的内容，即歌颂舜帝的善德，而与歌颂善德相配合的乐舞形式也是美的，这是内容与形式的完美结合。而《武》尽管乐舞的形式是美的，但内容有杀伐之气，没有达到儒家理想中的善。孔子对《大韶》《大武》的评价有偏颇。孔子主张的君子善行中包括"能恶人"，即君子有嫉恶如仇的品德，但对诛杀无道的君王，其态度反而不如孟子。孟子主张暴君可诛，因为他是独夫民贼，失去了当君王的资格，诛杀暴君正是善德的重要表现，所以表现武王伐纣的《大武》，不该说"未尽善"。

周公制礼，一方面总结前人的礼治经验，在此基础上加以系统化，另一方面也是周人具体礼治实践的总结。周公多才多艺，他"作乐"主要是将六代乐舞重新整理，使其更加规范化，成为文治武功礼教的正统乐舞仪典；同时对周人礼乐实践进行具体总结，由此形成了一整套周人切实可行的、完备的礼乐制度，成为统治者为政治民的法宝。如《逸周书·本典》说："是故奏鼓以章乐，奏舞以观礼，奏歌以观和。礼乐既和，其上乃不危。"同时，周公还是一个创作新乐的作家，据说《诗经》中的《豳风·七月》就出自周公之手。这是《诗经·国风》中最长的一首诗，按照季节的先后，从年初写到年终，反映了周初艰苦的农业生产和农民清苦的生活。《毛诗序》说："《七月》，陈王业也。周公遭变，故陈后稷先公风化之所由，致王业之艰难也。"也有人对周公作《七月》表示怀疑，清代方玉润《诗经原始》："《豳》仅《七月》一篇所言皆农桑稼穑之事。非躬亲陇亩，久于其道者，不能言之亲切有味也如是。周公生长世胄，位居冢宰，岂暇为此？且公刘世远，亦难代言。此必古有其诗，自公始陈王前，俾知稼穑艰难，并王业所自始，而后人遂以为公作也。"《七月》也许不是周公所作，但多才多艺的周公"作乐"，不会没有自己创作的作品。方玉润以周公"位居冢宰"，不知"农桑稼穑之事"为由，断定周公不会作出《七月》这样的诗，这种结论不一定符合实际。周公在《尚书·无逸》中揭露祖甲之后的商王淫逸行为之一就是"立王生则逸，生则逸，不知稼穑之艰难，不闻小人之劳，惟耽乐之从"。说周公不知"农桑稼穑之事"，大谬矣！周公知稼穑之艰难，闻小人之劳，不耽乐之从，正是他不同于一般"位居冢宰"者的伟大之处。周公制礼作乐为周王朝制定了规范社会行为的典章制度，也为后世礼乐之邦的中国奠定了文明的基础。

四、孔子治"五经"

孔子所处的时代已是春秋末期，人们所向往的"成康盛世"已成为遥远的历史记忆，现实是井田制的瓦解引起了生产关系的重大改变，周天子失去了对诸侯国的政治、经济、军事的控制权，诸侯争霸，民不聊生，礼崩乐坏，抛弃以德为核心的王道而崇尚恃强凌弱的霸道成为社会主流风气。孔子怀着持危扶颠的志向，公开打出拨乱反正、恢复周礼的旗号，希望能结束乱世而达到大一统的德治礼教社会。他原先想在鲁国实现这一政治抱负，其改革虽初见成效，却以失败告终。于是他率部分弟子周游列国，四处游说，希望其他诸侯国的执政者能接受自己的主张。然而，事与愿违，孔子到处碰壁。孔子周游列国14年后返鲁，虽已垂暮，但初心未改，专心致志地一边整理上古三代流传下来的宣扬德治的经典，一边著书立说，以此昭示后人，寄希望于后世。《史记•孔子世家》载：

　　孔子之时，周室微而礼乐废，《诗》《书》缺。追迹三代之礼，序《书传》，上纪唐虞之际，下至秦缪，编次其事。曰："夏礼吾能言之，杞不足征也。殷礼吾能言之，宋不足征也。足，则吾能征之矣。"观殷夏所损益，曰："后虽百世可知也，以一文一质。周监二代，郁郁乎文哉。吾从周。"故《书传》《礼记》自孔氏。

　　孔子语鲁大师："乐其可知也。始作翕如，纵之纯如，皦如，绎如也，以成。""吾自卫反鲁，然后乐正，《雅》《颂》各得其所。"

　　古者《诗》三千余篇，及至孔子，去其重，取可施于礼义，上采契后稷，中述殷周之盛，至幽厉之缺，始于衽席，故曰"《关雎》之乱以为《风》始，《鹿鸣》为《小雅》始，《文王》为《大雅》始，《清庙》为《颂》始"。三百五篇孔子皆弦歌之，以求合《韶》《武》《雅》《颂》之音。礼乐自此可得而述，以备王道，成六艺。

　　孔子晚而喜《易》，序《彖》《系》《象》《说卦》《文言》。

　　孔子整理的上古三代流传下来的经典，就是赫赫有名的六经，秦朝之后流传下来的只剩五经，缺《乐经》。在五经之中，《尚书》是中国古代历史文献档案和部分后人追述古代史迹的汇编。其中《虞书》《夏书》可能多是后代史官追述的古史，《商书》《周书》则是比较可靠的当时王官记载的文献。《汉书·艺文志》载："《书》之所起远矣，至孔子纂焉，上断于尧，下迄于秦，凡百篇，而为之序，言其作意。"自宋代以来，《尚书》部分篇章的真伪受到质疑，但孔子整理《书》经是不容怀疑的。《尚书》虽不像《春秋》那样是一部成体系的编年史，但它比较全面地反映了上古三代的历史。在五经之中，《尚书》记述上古三代关于德的言行是最丰富的。

尽管其他经书论述德的观念，没有《尚书》那样丰富，但也同样以德为自己宣扬的核心观念。如《诗经》分风、雅、颂三类，一般被视为不是专论道德的文学作品，但《毛诗序》认为："上以风化下，下以风刺上，主文而谲谏，言之者无罪，闻之者足以戒，故曰风。至于王道衰，礼义废，政教失，国异政，家殊俗，而变风变雅作矣。国史明乎得失之迹，伤人伦之废，哀刑政之苛，吟咏情性，以风其上，达于事变而怀其旧俗者也。故变风发乎情，止乎礼义。发乎情，民之性也；止乎礼义，先王之泽也。是以一国之事，系一人之本，谓之风；言天下之事，形四方之风，谓之雅。雅者，正也，言王政之所由废兴也。政有小大，故有小雅焉，有大雅焉。颂者，美盛德之形容，以其成功告于神明者也。"

《礼经》在晋代始指《仪礼》，其是周代礼仪制度的汇编，反映了周代贵族冠、婚、丧、祭、饮、射、朝、聘等各项生活礼节具体仪式与规范，也有一些上古时代礼俗方面的记载。前面已讲，礼是德的具体行为规范，《礼经》专门讲礼，实际显示的主旨就是德。

再说《易经》，又称《周易》。其内容分《经》与《传》两部分，《经》是古代占筮之书，内寓哲理。《传》是对《经》的解说。《经》含64卦和386爻，卦与爻都是符号，卦、爻各有文字说明，称卦辞、爻辞。象征天、地、风、雷、水、火、山、泽8种自然现象的八卦形式，推测自然与社会人事的变化，在宗教迷信的外衣之下，包含着古代朴素的辩证法思想。而

《传》则以儒家的思想杂以阴阳家、道家的思想，对《经》作了哲理化的阐释。《传》包括《彖》上下、《象》上下、《系辞》上下、《说卦》《序卦》《杂卦》《文言》七部分，共十篇，故称"十翼"。"十翼"各篇多举天地万物之象，喻人事道德之义，提出"日新之谓德，生生之谓易"（《系辞》上）。如《文言》的主旨在阐发天地之德，说明人伦之道，修身、齐家、治国、平天下之理。《说卦》基于天道为阴阳，地道为柔刚，人道为仁义，提出"和顺于道德而理于义，穷理尽性以至于命"，奠定了后来理学家道德性命说的理论基础。

孔子之前存在着"百国春秋"，至汉时奉为经典的《春秋》经已是孔子根据《鲁春秋》修订而成的编年体史书。其叙事极简，饱含褒贬，被后世称为"春秋笔法"。孟子说："世衰道微，邪说暴行有作，臣弑其君者有之，子弑其父者有之，孔子惧，作《春秋》。《春秋》，天子之事也；是故孔子曰：'知我者其惟《春秋》乎！罪我者其惟《春秋》乎！'圣王不作，诸侯放恣，处士横议，杨朱、墨翟之言盈天下……杨、墨之道不息，孔子之道不著，是邪说诬民，充塞仁义也。"（《孟子·滕文公下》）一部《春秋》，其"微言大义"就是拨乱反正，希望恢复大一统的西周那样的盛世，宣扬的主要观念就是仁德。

孔子整理的六经，其中的《乐经》至汉已亡佚，只剩余了五经。据《史记》记载，及至秦之暴政，焚诗书，坑术士，六经从此残缺。孔子整理的《乐经》，经秦火一炬，整部从此失传。汉代也有学者认为《乐经》中仅有记而无经，古本《乐经》本无经。而《乐记》在《史记》中题作《乐书》，是战国至秦汉之间的儒者所作，原先有23篇，后亡佚12篇，戴圣以11篇辑入《礼记》，并以《乐记》为其篇名。《乐记》显然不是六经中的《乐经》，所以官方颁布的经书只有五经，博士学官讲授的也只是五经。由于《乐经》亡佚，我们不好凭空评述，只好关注孔子治五经。

五经，尤其是五经中西周的经典，宣扬的主要观念就是德。不过五经对德的阐述，多表现对圣王仁德的歌颂，并未理清"内圣"与"外王"的关系。"内圣外王"一词始出自《庄子•天下》："是故内圣外王之道，暗而不明，郁而不发，天下之人，各为其所欲焉，以自为方。"庄子提到的内圣是指消除个人私念，不为欲望所羁绊，其独立的精神如天马行空般自由驰骋于逍遥的境界，达到"物我两忘"。所谓"外王"，就是和万物融为一体、不悖逆外物也不为外物所困、"与物化"，人本身就是自然界的一部分。从本质上来说，"外王"是"内圣"的外在表现。后来儒家将"内圣外王"作了另外的解读，荀子说："圣也者，尽伦者也；王也者，尽制者也。两尽者，足以为天下极矣，故学者以圣王为师。"（《荀子•解蔽》）使"圣"与"王"的含义符合于儒家"修身、齐家、治国、平天下"的思想，将"内圣外王"解释为内在的道德修养和外在的事业功德。显然，道家与儒家对内圣外王的理解是截然不同的。道家的最高境界是"物我两忘"，而儒家的境界是做一个道德高尚的人，从而对人类做出巨大贡献。在道家看来，儒家尚有功利心，儒家的"内圣外王"是想改变人的自然天性，违背了自然之道，儒家的主张只达到了"道德"中"德"的境界，却背离了道家所讲的"道"。

儒家初用"外王"一词，总担忧有僭越之嫌，必须明明白白地指出儒家的本意是泛指建功立业，有匡扶社稷济天下的辅国之才，并无成王成帝之意。所以其反复指出道德修养达到极致为"内圣"，经济事功达到极致为"外王"，这一主张与帝王无关，也与封侯晋爵无涉。后来孔子被尊为"素王"，儒家才理直气壮地宣称：外王也可指一国之精神领袖，精神领袖为人们提供了齐家、治国、平天下的最高道德和智慧。

孔子发展了五经的思想，将"内圣"与"外王"规范为互相联系、有着因果关系的两部分，即个体内在精神的至德——内圣，与个体精神外在体现的至德——外王，既有区别又有联系地统一起来了。孔子把"仁"的含义赋予了更广泛的道德范畴。孔子的仁可以概括六经的德，又突出了德的核心部分，五经的德与孔子的仁含义实质是一致的，也可以说五经的核心观念也是仁，这样就突出强调了儒家主张的仁与上古三代的德是一脉相承的，德就是仁。五经中出现的"三德""六德""九德"，孔子都可用仁来统摄，如《论语·阳货》载："子张问仁于孔子。孔子曰：'能行五者于天下，为仁矣。''请问之。'曰：'恭、宽、信、敏、惠。恭则不侮，宽则得众，信则人任焉，敏则有功，惠则足以使人。'"《论语·子路》又记孔子说："刚、毅、木、讷近仁。"孔子所说的仁的具体几种内容，在五经中，也都成为德的具体项目。如仅《虞书·皋陶谟》中提到的德，就包括恭、宽、刚、毅等。在孔子心目中，五经所讲的类似恭、宽、信、敏、惠、刚、毅、木、讷等德行，都可视为仁的一种表现。这些优秀德行合则为仁，分则近仁，孔子的"仁"几乎涵盖了所有的人类优秀品德。用孔子儒家的仁学观去审视上古三代的德，自然德与仁是无差别的了。礼固然十分重要，但一切礼都是为实现德也就是为实现仁而服务的。

孔子以仁释德，对上古三代的德进行了更加理性化的整合与提升，在此基础上进行了进一步改造和出新，完成了德学向仁学的重大转型。"仁"于是成为德的代名词，具备了仁德就等于具备了众德。"仁"成为后世处理社会人伦关系的核心理论，从而创立了儒学新的划时代的标志——仁学。孔子完成了儒家思想体系的建构，使仁学成为中华优秀传统文化的核心标志。

第二节　经学思想的基本载体

一、"五经"构成儒学经典的主干

儒家在春秋战国只属百家诸子流派之一，其学只属诸子的子学之一，不过因为儒学"于道最为高"，因而与墨家一样，成为子学中的"显学"。

从西汉武帝起，汉朝实行"罢黜百家，尊崇儒术"的国策，把由孔子整理、编撰并当作儒家学派教材的《诗》《书》《礼》《易》《春秋》定为具有法律权威的五经。"经"字在《说文解字》中解释其本义为"织也"，后世引申为"常，不变之常"。五经集中讲的就是人们应该遵循合理的、合乎逻辑与历史发展的常道。汉代将五经奉为修身理政的经典后，就设立了专门讲授五经的博士学官，来教授弟子，因而五经就势广泛地在全社会传播开来，儒学由原来的"显学"提升为独尊的经学。

《汉书·儒林传》记载孔子当年，"自卫反鲁，然后乐正，雅颂各得其所。究观古今之篇籍……于是叙《书》则断《尧典》，称《乐》则法《韶舞》，论《诗》则首《周南》。缀周之礼，因鲁《春秋》，举十二公行事，绳之以文武之道，成一王法，至获麟而止。盖晚而好《易》，读之韦编三绝，而为之传"。孔子在整理、编撰《诗》《书》《礼》《乐》《易》《春秋》时，就把这些经典称为"六经"。当孔子见到老子时，对老子就说："丘治《诗》《书》《礼》《乐》《易》《春秋》六经，自以为久矣，孰知其故矣。"（《庄子·外篇·天运》）汉时六经也称为"六艺"，如《史记·伯夷列传》载："夫学者载籍极博，犹考信于六艺。《诗》《书》虽缺，然虞夏之文可知也。"孔子整理、修订的六经是上古三代先人留传下来的重要典籍。这些典籍并非只能被儒者独家享用，各个学派都可学习传承它，只是其他学派没有像儒家代表人物孔子那样对这些典籍进行悉心整理、修订。加上孔子根据儒家的观点对留传的典籍文献进行了精选甚至进行了符合儒家观念的解释，六经就自然成了儒家专用的经典。《汉书·儒林传》谓："古之儒者，博学乎六艺之文。六艺者，王教之典籍，先圣所以明天道，正人伦，致至治之成法也。"

当孔子称他所整理、修订的这些典籍为"经"时，其含义与道家所称的"道德经"、墨家所称的"墨经"属于同类性质，都指重要典籍，与汉代所谓的"经"有很大的区别。汉代所称的"经"专指儒家的经典，并且其政治含义已远远超出原先孔子所持的"经"的含义，汉代的"经书"成了先秦儒家所未曾料想到的由官方正式颁布的、带有法律权威性、不容争辩、人人必须尊奉的至高无上的经典。

汉代初期的五经，是经秦朝"焚书"之后残存下来的，有的有残缺，有的甚至是靠口传记载下来的，五经博士讲授的五经是用当时通行的隶书抄写的，后来又从孔子旧宅及民间发现了一些儒学经典，这些经典是用汉代前通行的篆书抄写的，被时人称为"古文经"，那么原先五经博士讲授的教材则成了"今文经"。古文经的发现，掀开了漫长的古、今经文两学派矛盾、冲突、融合的历史序幕。古文经与今文经虽然在文字上有所不同，但真正的分歧还不在于文字的差异，主要分歧是各自的政治目的与对经典的解释有所不同。汉代今文经学派的代表人物是董仲舒，他的理论依据主要是《春秋公羊传》。《春秋公羊传》也称《公羊春秋》，是战国时齐国人公羊高口述《春秋》微言大义之作，至汉景帝时，公羊高的玄孙公羊寿与学生胡毋生使用今文将其著录成书，共11卷，以问答的形式逐字逐句解释《春秋》。汉武帝设置五经博士后，公羊学盛行。董仲舒作《春秋繁露》，专治公羊学，主张大一统，以能为现实政治服务的观点解释经文。董仲舒以《公羊春秋》为基干，用《春秋繁露》为统治者制定了一整套巩固统治的意识形态，不论是"三纲五常""君权天授"，还是"天人感应""天不变，道亦不变"，这些观点都代表了公羊派的理念，从而也生成了儒学神学化的特点。

汉成帝时派使者到全国各地征集散落民间的图书，并授皇族楚元王刘交四世孙、光禄大夫刘向为"领校中五经秘书"，负责对所收集的图书进行校阅整理，并授刘向的儿子刘歆为其助理。汉哀帝年间，刘向死后，其子刘歆接任父职，继续校阅群书。他看到一些古籍是用古文字抄写的，这些古籍有孔子旧宅出土的，有民间搜集的，还有河间献王刘德奉献的，其中的《左氏春秋》与解释《春秋》的《春秋公羊传》《春秋穀梁传》大不相同，他认为《左氏春秋》的作者左丘明与孔子都是春秋末期人，曾相识有交往，其理论观念与孔子大致相同。而公羊寿与其学生胡毋生及《春秋穀梁传》的作者穀梁赤，都是孔子弟子之后的战国人，没有亲见孔子，对孔子的理解不如左丘明，所以《左氏春秋》（后称《春秋左氏传》或《左传》）解释孔子的《春秋》，远比被立为官学的公羊学与穀梁学更为可靠与准确。后来刘歆又发现《毛诗》《逸礼》《古文尚书》都是过去未面世的古文经典，于是他上书汉哀帝，要求把这些古文经典也列入官学，于是形成了与今文经学派相对立的古文经学派，刘歆自然成了汉代古文经学派的代表人物。刘歆欲立古文经学官的举止引起今文经学派及一些当权者的嫉恨，故而他的愿望不得实现。汉平帝时王莽执政，王莽为了托古改制，重用刘歆，刘歆成为当时文化学术界的领军人物，《春秋左氏传》《毛诗》《逸礼》《古文尚书》等古文经顺理成章地立于官学，古文经学借助政治势力压倒了今文经学。今文经学也不甘受压，奋起反抗，从此开始了长期的今古经文两学派之争。今古经文两学派之争，有政治见解之争，也有哲学观念之争。今文经是最初王朝规定的官学，解释经书多从维护上层当权者利益出发，而古文经来自民间，表述了统治阶级不同阶层的利益。今文经学派解释经书多掺杂神学、唯心论，古文经学派则努力摆脱宗教神秘的思潮，企图以唯物的历史观给予经书以真实、客观的解释。今古经文两学派之争由于涉及政治，所以往往受到当朝最高统治者的掌控。如东汉建初四年（79），汉章帝在皇宫的白虎观中召集诸儒"讲议五经异同"（《后汉书·章帝纪》）。会议争论中既有今文经学派的观点，又有古文经学派的观点，甚至还有纯为宗教迷信的谶纬神学观点。最后在博采众说的基础上，充分肯定了以神秘主义、唯心论为特征的今文经学派的主张，形成了具有法律效力的《白虎议奏》与《白虎通义》。《白虎议奏》已亡佚，《白虎通义》又名《白虎通德论》。白虎观会议上今文经学派观点占据了上风，这完全出于朝廷为加强君主专制与宗法统治的政治需要。

今古经文两学派之争，主要体现在对儒家经典的注释有所不同。今文经学派解经往往为当下政治服务，所以其解经注重对经典思想内容进行解说、阐发，并借此而掺入自己的政治观点，由于重于阐释经典的义理，后人也称他们为"义理派"。古文经学派注重经典本身的字、词、音、义的解读，很少附加自己的政治观点，后人称他们为"训诂派"。东汉中后期，今古经文两学派开始逐渐融合，贾逵、马融、服虔都是今古经文兼通的大儒，特别是东汉末年的郑玄，早年学习今文经，后又学古文经，因党锢被禁，于是闭门不出，专心研究今古经文。过去儒者大部分专治一经，郑玄却意主博通，遍注五经，融今古经文于一体，集两汉经学之大成。他的著述今仅存《毛诗笺》和《周礼》《仪礼》《礼记》注，其《易》注及《春秋》之《箴膏肓》《发墨守》《起废疾》都是后人所辑佚书，并已残缺。

西汉以后，最高统治者又在五经的基础上陆续将其他儒学的经典也列为经书，其中包括与五经相关的和解释五经的著作以及五经之后陆续出现的儒家其他经典。如东汉在五经的基础上加上《论语》《孝经》，形成了七经。《孟子》当时虽未入经，但据汉代赵岐《孟子题辞》载汉孝文帝时《孟子》作为传记之学，与《论语》《孝经》《尔雅》一道置了博士官。到西晋杜预时，他把左丘明撰写的《春秋左氏传》(《左传》)与孔子的《春秋》进行合编，形成经、传一体，使《春秋左氏传》改变了原来独立的体例与性质，由史变为"传"，附于《春秋》之后也成为经。唐朝时在七经的基础上又加上《周礼》《礼记》《春秋公羊传》《春秋穀梁传》《尔雅》。至此，《春秋》经包括了"春秋三传"，即《左传》《公羊传》《穀梁传》；《礼经》也分为"三礼"，即《周礼》《仪礼》《礼记》，共十二经。宋代在十二经基础上再加《孟子》，合称十三经。十三经中的《左传》本称《左氏春秋》，属编年体历史著作，西汉末刘歆主张为它立学官，东汉时改称《左传》，强指《左传》为注《春秋》而作，西晋杜预将《左传》附在《春秋》之后，所以十三经中的《春秋》经包括了左丘明的《左传》。从汉代以来，中国经学研究主要体现为对经书的注疏，原先经文与注疏分别单行，至宋代时始将十三经及宋以前的注疏合刊成《十三经注疏》，以后代代有其刻本传世。注是对经书字句的注解，又称传、笺、解、章句等。疏是对注的注解，又称义疏、正义、疏义等。注、疏内容关乎经籍中文字正假、语词意义、音读正讹、语法修辞，以及名物、典制、史实等的解释，《十三经注疏》成了解释十三经的权威经典。

十三经是上古三代及秦汉时期的精神成果，反映了这一漫长历史时期中华文化的基本风貌。而五经，即《易》《诗》《书》《礼》《春秋》又是十三经的主干，蒋伯潜在其《十三经概论》的《自序》中说：

十三经者，我国古代之丛书也；《易》《书》《诗》《礼》《春秋》五经为其中坚，余则附庸而已。以传统的观念，定其等级，则《五经》为"经"；《左传》《公羊传》《穀梁传》为《春秋经》之"传"；《礼记》为"记"；《孝经》虽独以经为书名，亦"记"也；《论语》为孔子之言行录，亦"记"也；《孟子》本列诸子，而其体仿《论语》，则亦"记"尔；《尔雅》集录汉代经师之训诂，又其次矣。以经学的立场，别其今古，则《易》为《费氏易》，《诗》为《毛诗》，虽本经今古文无大异，要皆为古文；《礼》之《周礼》，《春秋》之《左传》，皆古文；《尚书》则为伪古文；《仪礼》与《春秋》《公羊传》《穀梁传》及《孝经》皆今文；《论语》则为张禹混合之本，而篇目与今文之《鲁论》同；《礼记》本集七十子后学下及秦汉儒者之论文而成，本身无所谓今古，而其中如《王制》，则今文说也；《尔雅》本身亦无所谓今古，而其训诂，则古文说也；《孟子》，子也，故独无今古之别。以现代的眼光，辨其性质，则《易》本卜筮之书，而寓哲理；《诗》本歌谣之集，纯为文学；《论语》《孟子》记孔孟之懿行嘉言，与诸子论哲理之书相近；《春秋》为雏形初具之编年史；《左传》详于记事，亦史也；《公羊》《穀梁》详于义例之笺释，别为经解，而以大体言之，亦史也；《仪礼》记礼俗，《周礼》记官制，《尚书》记言者多，记事者少，皆史料；《礼记》半释《仪礼》各篇之义，半为通论，皆儒家言，《孝经》为后儒论孝之言，皆可隶之诸子之儒家；《周礼》，如余所揣度不谬，为战国才士之理想的官制，则亦可以成一家之言，而隶之诸子；《尔雅》直是杂录训诂，为字书辞典之滥觞。①

蒋伯潜称五经是十三经的中坚，并对十三经的真伪、版本及特点作了十分精当的分析，言之凿凿。确实，五经构成了十三经的主干。十三经中的"春秋三传"与"三礼"中的《礼记》《周礼》都属于五经中《春秋》经与《礼经》的外延，仅五经加上它们就组成了十部经典（这里暂时把孔子的《春秋》与左丘明的《左传》分开来计算，而在十三经中孔子的《春秋》与左丘明的《左传》合编为一经）。至于《论语》《孟子》《孝经》《尔雅》，前三者从诸子中择出，后者仅是训诂类辞典，这仍不掩五经是十三经主干的性质。历代儒者对五经特别重视，除了汉代设立五经博士之外，对五经专门研究的著述也不少，如孔颖达编的《五经正义》，就是唐代所修的官书。

五经是中华优秀传统文化中最早的原创性元典，经过上古三代数千年历史的文化积淀，孕育了中华文化强大的基因，构筑起中华民族的精神家园，成为后来2000多年中华优秀传统文化不断进步、发展的巨大原动力，为中华民族提供了丰富的精神滋养，从而形成了中华民族特有的自强博爱的理念和善良勇敢吃苦耐劳的性格。五经对于中华民族的重要性，在于它对中华文明具有根源性的意义。轴心时代产生的诸子百家，虽然共同创造了轴心时代的中华文化，但儒家与其他诸子相比较，他们最能全面、合理

---

① 蒋伯潜：《十三经概论》，上海古籍出版社，1983年，第1—2页。

地吸纳五经精华。他们不仅继承了自上古三代以来一脉相传的中华文化，而且其代表人物孔子还在全面整理、总结、传承六经的精华方面，做出了卓越的贡献。以孔孟学说为代表的儒家著述，在五经的基础上体现出更多的创新，主要的创新是比五经更突出了以人为本的人文精神。上古三代经典还保留着"天命论"一类的迷信色彩，儒家学派创始人孔子"不语怪、力、乱、神"（《论语•述而》），认为"务民之义，敬鬼神而远之，可谓知矣"（《论语•雍也》），所以他在整理五经时，删除了那些宣扬"怪、力、乱、神"的文献，当然，尽管如此，五经中还是残留着一些"天命论"等迷信的内容。轴心时代儒家的著述与五经所有不同，儒家的信念是：远鬼神近人事，关注社会现实，关心民生，探究人类社会发展的规律；号召每个人都要有社会责任感，积极参与社会变革；以民为本，以天下为己任，拨乱反正，拯救生民于水深火热之中。中华民族更加明确的非宗教倾向、家国理念、历史担当意识、道德自律、高尚民族魂的形成，基本赖于轴心时代儒家著述的影响。而儒家思想的形成，又有赖于五经作其精神基础，可以说，没有孔子，就没有系统化与经典化的五经，没有五经的精神文明，就不会有轴心时代中国的文明。

二、"五经"与"四书"是同一思想系统

我们研究中华优秀传统文化创造性转化的关键，首先要清楚中华优秀传统文化的关键指什么。实际上，这个问题很简单，中华优秀传统文化的关键就是中华优秀传统文化的核心理念，这是中华优秀传统文化的灵魂，是中华优秀传统文化一以贯之的道。而要探讨中华优秀传统文化的核心理念，那就要进一步探讨代表中华优秀传统文化最优秀的部分，即国学直至儒学的核心理念。要探讨儒学的核心理念，那就要重点探讨儒学经典中重要的经典——经学经典的核心理念。因为只有这样，才能把握住儒学、国学乃至中华优秀传统文化的核心观念。经学的经典，我们且把它分作两部

分：以西汉确立经学为分界，即有西汉确立的经学经典与西汉之后逐渐确立的新的经学经典。西汉确立的经学经典，以五经为标志，西汉之后逐渐确立的新的经学经典以四书为标志。五经主要宣扬了"德"的观念，在五经之中，集中宣扬经学核心理念的是《尚书》，《尚书》含《虞书》《夏书》《商书》《周书》，而大量阐述以德为核心理念的文字又多集中在《周书》。四书主要宣扬了"仁"的观念，系统性地阐述以仁为核心观念的是《论语》与《孟子》。

有一些学者对于五经与四书的关系，提出如下的观点：五经是上古三代先王之政典，其主要记载上古三代的礼乐制度，表现的是先王治理国家的政治思想，其学术旨趣在"礼"，"礼"属制度与政治性质。四书则宣扬的是儒家倡导的仁义道德，其学术旨趣在"仁"，"仁"是属于人文的、个体的、精神方面的。"礼"主要体现为巩固国家政权的典章制度、治国理政的方式，而"仁"主要是指精神层面个体的人格修养。这是两个不同的思想系统，即以礼为本的五经系统与以仁为本的四书系统。以礼为本的系统，注重追求"外王"功业，以政治功利为目的，维护现实政治的纲常等级的礼治秩序。以仁为本的系统，注重追求"内圣"的塑造，以道德修炼、精神升华为目的，从而实现人生的崇高价值。

这种认为五经、四书是两个不同的思想系统的观点，其理论支撑点是五经以礼为本，四书以仁为本，五经追求"外王"，四书追求"内圣"。但又承认这两个思想体系既有不同，又存在着互补的关系，特别是儒家以仁释礼，希望以精神层面的"仁"，去补充完善政治制度的"礼"，将国家典章制度与个人思想道德结合起来，最终实现社会的和谐与人格的完善。以仁作为礼的依据，作为礼的人本主义基础，从而建立起儒学"礼"与"仁"互补的思想体系。总而言之，他们认为五经的核心观念是礼，四书的核心观念是仁，各自的核心观念是不同的。

这种认识粗听起来有些道理，五经确实主要记载着礼乐制度及执政方式方法，确实具有治理国家的功能，正如孔子说：

> 入其国，其教可知也。其为人也温柔敦厚，《诗》教也；疏通知远，《书》教也；广博易良，《乐》教也；洁静精微，《易》教也；恭俭庄敬，《礼》教也；属辞比事，《春秋》教也。故《诗》之失，愚；《书》之失，诬；《乐》之失，奢；《易》之失，贼；《礼》之失，烦；《春秋》之失，乱。其为人也温柔敦厚而不愚，则深于《诗》者也；疏通知远而不诬，则深于《书》者也；广博易良而不奢，则深于《乐》者也；洁静精微而不贼，则深于《易》者也；恭俭庄敬而不烦，则深于《礼》者也；属辞比事而不乱，则深于《春秋》者也。（《礼记·经解》）

汉代董仲舒《春秋繁露·玉杯》中也说："《诗》《书》序其志，《礼》《乐》纯其养，《易》《春秋》明其知。六学皆大，而各有所长。《诗》道志，故长于质。《礼》制节，故长于文。《乐》咏德，故长于风。《书》著功，故长于事。《易》本天地，故长于数。《春秋》正是非，故长于治人。"

尽管如此，也不能说五经、四书是两个不同的思想系统，就是补充说这两个不同的思想系统是互补关系，也不准确。且不说五经的核心观念是德而不是礼，礼只是实现"德"的礼乐制度及治理国家的方式方法，"德"才是制定礼乐制度及治理国家方式方法的指导思想，这个道理在前面已经讲过了。就说这种理论所持的五经追求"外王"与四书追求"内圣"的观点，也是非常片面的。五经固然强调以德治国，表现为"外王"，但要达到外王，必须具有各方面的"德"，这也是五经强调的重点。早在《尚书·皋陶谟》中就提出了"九德"，确立了修炼成"内圣"的标准，五经并非仅追求"外王"而忽视"内圣"。至于四书，更提倡"内圣"与"外王"是不可分割的统一体，仅追求"内圣"而无"外王"，"内圣"如何体现出来？四书宣扬的修身、齐家、治国、平天下，是知行合一的完整过程，也是由"内圣"达于"外王"的完整过程，四书哪里仅追求"内圣"而忽略"外王"？只不过五经所载大部分是统治者上层对下属的告诫及政府文告，偏重于谈论以德治国。而四书的作者属平民阶层，其仁学观念又建立在五经德观念的基础之上，他们提倡的"内圣"与"外王"的概念，远比五经中"内圣"与"外王"的概念更详细、更宽泛。而且比起五经来，四书对"内圣""外王"的关系作了创新性的辩证阐述，形成了系统的理论体系。所以，五经与四书思想系统并不是互不相同或者最多是互补的关系，而是一种传承、发展的关系。

我们认为五经同四书一样，其核心观念都可以概括为"仁"。本书在前面一直讲五经的核心观念是德，它所谓的"仁"往往包含在"德"中，怎么现在又说五经的核心观念也可以概括为"仁"？这需要慢慢道来。

"德"是形声字，从"彳"（chì），悳（dé）声，表示与行走有关。本义是登高，攀登。《说文》："德，升也。""德"与"道"不同，又有紧密联系。"道"也是形声字，从辵（chuò），首声。本义是供行走的道路。《尔雅》："一达谓之道。"《说文》："道，所行道也。""道"，自然会引申为万事万物的运行轨迹或规律。春秋战国诸子百家，虽然各有自己奉行的"道"，但"天下一致而百虑，同归而殊涂"（《史记·太史公自序》），都基本认同道是自然万事万物发展的不可抗拒的规律。德，后来引申为顺应万事万物的运行轨道去做事，也含不违背自然与社会发展规律的意思，具体引申为做事的原则、追求的境界等，体现为人们共同遵循的生活及行为的准则和规范、品行、作风等。"道"与"德"既有一致的地方，又有不同的地方。

"道"是宇宙的本原，它能昭示一切，"德"是道的人间反映，德能承载道的一切。大道无言无形，只有通过思维意识去认识和感知它，而德是道的载体，是道的体现，是我们能看到的行为，如果没有德，我们就不能了解道的理念。但在西周前，由于社会生产力水平低下，大大限制了人们的认识，社会意识观念表现为对天神的崇拜，认为只有天神才是社会的主宰，这也就是当时人们信奉的"道"，与天神的"天意"是同义词，因为道与天神都可支配人类历史的发展。

随着历史的演变，人们由对天神的崇拜又增添了对祖先的崇拜，天神被人格化，祖先成为"皇"或"帝"而被神圣化，道仍然是天与"皇"或"帝"的意志的体现。"道"的观念在本质上的演变，是很晚的事了，最显著的是先秦道家重新对"道"进行解释，这也是道家最大的思想贡献。道家摒弃了对天与"皇"或"帝"的崇拜，而用哲学化、义理化的"道"取代了宗教化的"道"。实际上，在道家之前，社会的意识形态就逐渐在发生转变，上古、夏朝的资料奇缺，其信仰难得其详，殷人信天奉帝尊鬼神的情况可从大量的甲骨卜辞中得到证实。殷王行事都要通过占卜来探测天帝鬼神的旨意，《礼记·表记》中所载的"殷人尊神，率民以事神，先鬼而后礼"，是符合历史实际情况的。不过，殷人尽管尊神鬼，但同时对祖先也像神鬼一样尊奉。《诗经》有《长发》一诗，从内容上看，描写的是某殷王郊祭，即在祭天的大祭中，以其烈祖成汤相配，并以贤相阿衡、伊尹从祀，这体现了殷商以先王配天、功臣从享的祭天仪礼程式。到了殷商末年，上层腐化，败象显露，已使一些贤者认识到一向鼓吹的天命不可靠。如商代青铜器"大盂鼎"刻文："我闻殷述（坠）命，惟殷边侯甸，雩殷正百辟率肆于酒，故丧师。"刻文记载殷人某次战役的失败，是因为百官酗酒贻误战机，并没有将失败归于天命。教训十分沉痛，鼎上刻字以示后人。到了西周，殷商时的天命观发生了重大的变化，周朝统治者从革除殷商统治者天命的斗争中，认识到决定政权存亡的是民心而不是天命，从而由"敬天"进而提出"保民"，再进一步提出"德治"的观念。

周公"制礼作乐"，完成了"道"从巫术宗教到理性化的转变，道所体现的天命核心观念被德行观念所替代，具体表现为被礼乐规范所替代。周公厘定典章、制度，提倡以德治国，使天下达于大治。他的德治思想被后世儒家所遵奉，他也成为儒家所敬仰的圣贤典范。五经的核心观念是德，德的主要体现是"保民"，四书的核心观念是"仁"，仁的主要体现是"爱人"，"爱人"包含了"保民"，德与仁就属同一范畴了，而且仁的含义更为广泛。四书的"仁者爱人"与五经的"敬德保民"，都以人为本，以慈爱为怀，是同一思想体系的不同发展阶段的体现，将它们都包括在仁学之中是合适的。

"仁"并非孔子独创的词汇，这一点孔子也非常清楚，《左传·昭公十二年》记载孔子语："古也有志：'克己复礼，仁也。'信善哉！"孔子的这句话，至少包含两层意思：一是孔子看到一本古书，上面写着"克己复礼，仁也"，说明前人已阐释过仁，"仁"与"克己复礼"并不是孔子首创。二是古书明确指出克制自己的欲望，符合礼仪要求才称得起"仁"，这也说明礼是仁的具体体现。

"仁"在五经中仅是众德中的一德，到《论语》《孟子》面世时，就把"仁"从一德提升为众德，不仅涵盖了五经中所有德的含义，并且对现实中仁的种种表现进行了再一次的全面、系统的梳理。儒家"仁"的观念表达了普遍的人类情感，仁的观念贯穿于人们所有的言行之中，不仅成为立政的原则，更成为做人的标准，成为中国文化最为宝贵的精华所在。正如陈戍国指出：

> 孔、孟之言诚有不可毁者在焉。"为政在人，取人以身。修身以道，修道以仁。仁者，人也。"（《礼记·中庸》）"仁也者，人也。"（《孟子·尽心下》）"仁者爱人。"（《孟子·离娄下》）生而为人，而不重人，不爱人，可谓仁者乎？天地间人为贵之说，盖孔、孟为首唱。"民为贵，社稷次之，君为轻。"（《孟子·尽心下》）两千余年前早有此民本思想，光辉闪耀，万古不灭。"言则世为天下法"（《礼记·中

庸》)，不谓之悬诸日月而不刊，可乎？①

　　四书中"仁"的含义超过了五经中"德"的含义，仁的观念是德的观念的提升与发展。如果说五经的德是仁学的基础，四书的仁则是仁学的集中体现。五经与四书共同构成仁学的完整体系。五经与四书之所以能够纳于同一体系，就因为它们有一个共同的主题，即德与仁所表达的都是以人为本的民本思想。所以，"程子曰：'学者当以《论语》《孟子》为本。《论语》《孟子》既治，则六经可不治而明矣。'"（朱熹《四书章句集注•读〈论语〉〈孟子〉法》）古代学者几乎没有人会认为五经与四书是两个不同的思想系统。

---

① 朱熹集注，陈戍国标点：《四书集注》之《后记》，岳麓书社，1986年，第1页。

第三章 "四书"：建构起儒家仁学体系

第一节 孔子是系统仁学的创始者

一、"四书"的汇编及其意义

南宋时朱熹以40余年的精力完成了《四书章句集注》，包括《大学章句》一卷，《中庸章句》一卷，《论语集注》十卷，《孟子集注》七卷。《大学》古本为一篇，朱熹则把它分为经、传两部分，颠倒原来的次序，补缀了缺文。《中庸》也不按郑玄注分节，所以都称为章句。《论语》《孟子》因是融会众家之说再加以注释，所以都称为集注。朱熹排列《四书章句集注》的顺序为：先《大学》，次《论语》，再次《孟子》，最后是《中庸》。朱熹认为此顺序，体现了儒家的为学之序。明代科举命题将《中庸》移在《孟子》之前，是根据两作者在世的先后重新进行了排列。

先秦儒学典籍在南宋时已汇编成十三经，朱熹为什么还要从其中选出《礼记》中的《大学》《中庸》与《论语》《孟子》合编为四书？这是由四书的重要性与巨大的实用功能决定的，朱熹在《大学章句·序》中讲了这个问题，他说：

大学之书，古之大学所以教人之法也。盖自天降生民，则既莫不与之以仁义礼智之性矣。然其气质之禀或不能齐，是以不能皆有以知其性之所有而全之也。一有聪明睿智能尽其性者出于其间，则天必命之以为亿兆之君师，使之治而教之，以复其性。此伏羲、神农、黄帝、尧、舜，所以继天立极，而司徒之职、典乐之官所由设也。

三代之隆，其法浸备，然后王宫、国都以及闾巷，莫不有学。人生八岁，则自王公以下，至于庶人之子弟，皆入小学，而教之以洒扫、应对、进退之节，礼乐、射御、书数之文；及其十有五年，则自天子之元子、众子，以至公、卿、大夫、元士之适子，与凡民之俊秀，皆入大学，而教之以穷理、正心、修己、治人之道。此又学校之教、大小之节，所以分也。

他在《中庸章句•序》中说：

《中庸》何为而作也？子思子忧道学之失其传而作也。盖自上古圣神继天立极，而道统之传有自来矣。其见于经，则"允执厥中"者，尧之所以授舜也；"人心惟危，道心惟微，惟精惟一，允执厥中"者，舜之所以授禹也。尧之一言，至矣，尽矣！而舜复益之以三言者，则所以明夫尧之一言，必如是而后可庶几也。

朱熹还引用程子（程颢、程颐）的语录，充实自己汇编四书的意义及四书的作用："子程子曰：'《大学》，孔氏之遗书，而初学入德之门也。'于今可见古人为学次第者，独赖此篇之存，而《论》《孟》次之。学者必由是而学焉，则庶乎其不差矣。"（《大学章句》）"子程子曰：'不偏之谓中，不易之谓庸。中者，天下之正道，庸者，天下之定理。'此篇乃孔门传授心法，子思恐其久而差也，故笔之于书，以授孟子。其书始言一理，中散为万事，末复合为一理……其味无穷，皆实学也。善读者玩索而有得焉，则终身用之，有不能尽者矣。"（《中庸章句》）"程子曰：'学者当以《论语》《孟子》为本。《论语》《孟子》既治，则六经可不治而明矣。读书者当观圣人所以作经之意，与圣人所以用心，圣人之所以至于圣人，而吾之所以未至者，所以未得者。句句而求之，昼诵而味之，中夜而思之，平其心，易其气，阙其疑，则圣人之意可见矣。'"（《四书章句集注•读〈论语〉〈孟子〉法》）

《大学》《中庸》是孔子弟子与其后裔的遗书，《大学》是初学者把握孔子仁德说的入门之径，《中庸》是传授孔子"心法"的主要篇章，至于《论语》《孟子》，是阐述孔孟之道的基本经典，此处毋庸多叙。四书集中宣扬的是孔子为代表的儒家的基本观念，尤其是集中宣扬了仁的观念。十三经中的其他经书虽宣扬了儒学的重要理念，但四书在十三经中，与五经一样，更能突出地体现经学的核心观念，因而十三经最核心的经典又成了四书五经。朱熹通过对四书的注释，详尽地阐述了孔子仁学的体系，发挥与宣扬了他的理性思想，同时为学子们提供了儒学入门的普及教材。

我们说：五经的核心观念是德，仁本是五经中众德之一德。孔子提升仁的内涵，以仁释德，以仁表示众德，德与仁的含义便一致了。所以我们说五经的核心观念是德，也是仁。礼在五经中也是阐述的重点，但核心观念仍是仁而不是礼。作为专门讲礼的"三礼"，实际其核心观念还是仁，包括出自《礼记》的《大学》《中庸》篇，也主要是阐明仁，细述君子为人处事的目的、原则和方法。持四书五经是两个不同的思想系统观点的人，也承认四书中的《大学》《中庸》的核心观念是"仁"。

《大学》《中庸》选自《礼记》，《礼记》是先秦到秦汉时期的礼学文献汇编，是对《仪礼》进行诠释，所谓的"记"就是诠释的意思。据《隋书•经籍志》等典籍记载，此《礼记》共有214篇（刘向整理时就亡佚了一篇）。《礼记》所编写的文献非一人一时之作，戴德选编其中85篇成《大戴礼记》，戴圣选编49篇成《小戴礼记》，后马融、卢植、郑玄均传《小戴礼记》，其中郑玄的注释尤其精审，于是后来提起《礼记》往往就指《小戴礼记》了，其社会影响力甚至超过了《仪礼》与《周礼》。《礼记》的内容大致分为四类：一是直接对《仪礼》相应的篇目进行阐释，说明《仪礼》所定礼仪制度的意义；二是对各种具体礼仪、名物服饰的记述；三是采用孔子、孔门弟子及其他人的言论或者他们之间的互相问答，助于对礼的意义及众多礼仪细节的阐释；四是偏重理论上对礼学进行通论以及阐述重要的哲学、政治观或学术观点，这也是《礼记》的精义所在。《大学》《中庸》主要就属于这方面的内容。那么，《大学》《中庸》是否是以"礼"为核心观念呢？

在北宋时，司马光著有《〈中庸〉〈大学〉广义》，开始对《大学》《中庸》进行单独研究。程颢、程颐竭力尊崇《论语》《孟子》及《大学》《中庸》篇，将《诗》《书》《礼》《易》《春秋》称作"大经"，将《大学》《中庸》《论语》《孟子》称作"小经"。程颐还重新编次《大学》章节，将首章定为经，其余十章为传，以此程序来传授弟子。到南宋朱熹时，他将《大学》《中庸》《论语》《孟子》合编为"四书"，并著《四书章句集注》。从此，在儒学的经典中，四书的重要性超过了五经。

南宋时汇编形成的十三经，内容繁博，文字繁多，朱熹把《论语》与《孟子》从十三经中分出来，编入四书之中。与十三经比较起来，四书文字大大精简了，成为经学的入门书，更易于普及。朱熹汇编四书，更是由朱熹对儒学精神的深刻理解而决定的。《论语》与《孟子》是儒家学派最重要的经典，全面、集中、深刻地阐述了儒家代表人物孔子、孟子的学说，所以后世称儒学又叫孔孟之道。由于选择了《论语》和《孟子》，四书更加集中、鲜明地宣扬了儒家思想的核心——仁。朱熹把四书排在五经的前面，显示了四书在群经中的地位。南宋之后朱熹的《四书章句集注》就成了深入学习儒学经典的起步"阶梯"，每个学童甚至每个学子必读的教材，对中国古代教育产生了极大的影响。四书加上五经自然成为封建社会科举考试的必读书，而且其所宣扬的儒学重要理念逐渐家喻户晓，成为中华民族的基本信仰与理念，成为每个中国人的行事立身之道。

二、《论语》在"四书"中的地位

孔子所处的时代，天下大乱，礼崩乐坏，孔子独能继承发扬先王德治的传统，倡导仁道，持危扶颠，拨乱反正，以醒世之言昭告当代后世，其言论后学辑为《论语》。孔子虽有3000门生，但多数难以深刻领会并进一步阐发孔子思想的精髓，唯有"曾氏之传独得其宗"（《大学章句•序》）。曾参能以孔子思想为宗旨，著《大学》来阐明孔子思想的奥义，特别以"三纲领""八条目"阐述了个人道德修养的方向、方法、最高目标、主要途径等，使孔子关于道德修养的理论更加具体化、系统化。朱熹认为《大学》乃"穷理正心，修己治人之道"（《朱子语类》卷一四），是"定世立教之大典"（《大学或问》）。曾参并将自己的学问传教于子思，子思继承、发挥了孔子的中庸思想，著《中庸》使之系统化，使中庸思想成为自己学说的核心。后来"子思恐其久而差也，故笔之于书，以授孟子"（《中庸章句》）。孟子则充分发挥了孔子"仁"的思想，《孟子》七篇主要讲的就是仁义道德，其政治思想的中心就是施仁政行王道。

《大学》的作者为孔子的亲传弟子曾参，《中庸》的作者子思是孔子的孙子孔伋，孔伋曾受业于曾参。《孟子》的作者孟轲，司马迁在《史记•孟子荀卿列传》中记载，曾"受业子思之门人"。曾参、子思、孟子三人都是孔子学说的正宗传人，他们都以孔子的思想学说为宗旨，每个人都在阐释孔子思想时有不同的发挥。在四书中，最重要的经典当推《论语》，《论语》对《孟子》《大学》《中庸》有统领的意义。学习四书，须循序渐进，首先要读的是《论语》，其次是《孟子》，然后是《大学》《中庸》。正如汇编四书的朱熹引程子所说："学者先读《论语》《孟子》，如尺度权衡相似，以此去量度事物，自然见得长短轻重。"（《四书章句集注•读〈论语〉〈孟子〉法》）

孔子强调仁的根本是孝悌，由家庭的孝悌亲亲，推己及人，扩大至社会层面，凡是表现出"克己复礼"与"爱人"的各种品质，都属于仁的范畴。孔子的仁学观深深地影响着曾参、子思与孟子，曾参指出："君子贤其贤而亲其亲。""一家仁，一国兴仁。""为人君，止于仁，为人臣，止于敬；为人子，止于孝；为人父，止于慈；与国人交，止于信。"（《大学章句》）敬、孝、慈、信在《论语》中皆分别为仁的某一个方面的品德。子思引孔子语："仁者人也，亲亲为大，义者宜也，尊贤为大。亲亲之杀，尊贤之等，礼之所生。"（《中庸章句》）杀，等差意。郑玄《礼记·乡饮酒义》注："尊者礼隆，卑者礼杀，尊卑别也。"子思主张行仁还须讲亲疏高下之礼。孟子说："人之所不学而能者，其良能也。所不虑而知者，其良知也。孩提之童，无不知爱其亲者；及其长也，无不知敬其兄也。亲亲，仁也。敬长，义也。无他，达之天下也。"（《孟子·尽心上》）子思、孟子都强调"亲亲为大"，这是人的本性，是仁的开端。他们发挥了孔子仁的思想，形成了思孟学派。所以，要想深刻了解《大学》《中庸》《孟子》的思想，必须溯本求源，从了解《论语》的思想开始。

尽管《大学》《中庸》《孟子》，尤其是《孟子》，对《论语》的思想有所改造和发展，正如汉代董仲舒为代表的新儒学、宋代朱熹为代表的宋明理学，都对《论语》的思想有所改造与发展，但各种改造与发展是建立在传承《论语》思想的基础上的，他们都是站在孔子这个巨人的肩上才有所创新的。追根溯源，儒家学派最具代表性的著作还是《论语》。四书中的《大学》《中庸》《孟子》的许多理论依据来自《论语》，并多处直接引用《论语》中的语录。《论语》是《大学》《中庸》《孟子》的立说基础，它们所阐述的理论，都是在《论语》仁学观基础上的继承与发展。

据班固《汉书·艺文志》载："《论语》者，孔子应答弟子时人及弟子相与言而接闻于夫子之语也。当时弟子各有所记。夫子既卒，门人相与辑而论纂，故谓之《论语》。"从班固所记，可知《论语》一书是孔子弟子及其再传弟子根据直接记录和传闻记录共同纂辑的孔子言论集，也兼记孔子弟子及当时人一些言行。其大约在孔子逝世后的战国初基本编定。但是《论语》并没有将孔子的言行全部收入，仅看《中庸》引孔子语，就知有不少孔子的言行，《论语》中并未收录。

《论语》传至汉初，流传着两个版本，传习于鲁国的本子称作《鲁论语》，传习于齐国的本子称作《齐论语》。《齐论语》有22篇，比《鲁论语》多出《问王》《知道》两篇，其余20篇的章句和《鲁论语》大致相同。到了汉武帝末年，鲁恭王刘馀为扩大其宫室而拆除孔子故宅墙壁时，得到用战国时的文字抄写的《论语》，故称这部《论语》为《古论语》。《古论语》与《鲁论语》《齐论语》有所不同，一是没有《齐论语》中的《问王》《知道》两篇，二是把《尧曰》篇中的"子张问于孔子"以下文字另分为一篇，于是《古论语》中有了两个《子张》篇，共21篇，篇次也和《鲁论语》《齐论语》不一样，文字不同的计有400多字。《鲁论语》和《齐论语》最初各有师传，《鲁论语》由夏侯胜、萧望之及韦贤、韦玄成父子传授，《齐论语》由王卿、庸生、王吉传授，《古论语》当时并没有人传授。到西汉末年，安昌侯张禹参校《鲁论语》《齐论语》，并将二者融合为一，篇目仍以《鲁论语》为据，编成新的《论语》，世称《张侯论语》。《张侯论语》当时就为一般儒生所尊奉，东汉灵帝时所刻的《熹平石经》中的《论语》，即采用此本。东汉末年，大学者郑玄以《张侯论语》为底本，参照《齐论语》《古论语》作《论语注》，郑玄所注定的《论语》，即为以后代代相传的今本。今本20篇，已无《问王》《知道》两篇，也不再将《尧曰》篇中"子张问于孔子"以下的文字别立一篇。各篇名大多数取自首章首句中的前二三字，全书500多章，12700多字。《论语》以语录的形式集中体现了孔子的政治主张、伦理道德观念及教育原则，这里面有修身、齐家、治国、平天下的大智慧。

《论语》集中体现了儒家的思想，而儒家思想又是国学的核心，所以我们才说《论语》是四书、经学、国学乃至中华优秀传统文化中最重要的经典。以《论语》为标志的儒学主体上属伦理性文化，而这种伦理性文化所宣扬的仁，一直是中国封建社会的主流意识。《论语》以仁者爱人为旗帜，以实现大一统为政治目的，以实现天下为公为至高大道，思想博大精深，自问世以来，就成为治国平天下的大纲，修德立身、为人处世的准则，成为中国人必读的经典，其影响力之大，乃至决定了中华民族性格、心理、习俗的特征。

三、孔子仁学的主要观点

1. 以仁为核心观念

《论语》所阐述的核心观念就是一个字："仁"。这个"仁"，是一个会意字，从字形看，就是表达人与人之间的关系，由于把仁视为一种崇高德行，自然是指人与人之间的亲善关系。《说文》："仁，亲也。从人，从二。"在孔子之前的西周，仁还仅是德的一种表现，只是德的一种品行。"仁"字在典籍中最早见诸《尚书·商书》，其《仲虺之诰》载："克宽克仁，彰信兆民。"《尚书·周书》的《金縢》篇载："予仁若考，能多材多艺，能事鬼神。"《诗经》也有两处提到"仁"，《郑风·叔于田》："不如叔也，洵美且仁。"《齐风·卢令》："卢令令，其人美且仁。"这里的"仁"包含着柔和、宽厚、慈祥的意思。但有人认为"仁"字最早出现在春秋晚期的侯马盟书中，仅凭这一出土文物，就判定仁字及仁的含义都产生于春秋晚期。侯马盟书是春秋晚期晋定公十五年到二十三年（前497—前489）期间，晋国世卿赵鞅与大夫们订立的盟誓条约。此条约记载由1965年山西侯马晋国遗址出土，是很重要的历史资料，但我们不能看到这一出土的资料中有"仁"字，就依此武断地得出以上的结论。公元前497年，孔子已经55岁了，在此之前他就对学生多次谈到仁。何况前面已述，商、周的甲骨文与传世典籍中早就出现了"仁"字，怎么对这些文献视而不见，仅依凭新出土的一些资料，就妄下结论，甚至粗暴地否定传世著述的记载？这显然是一种极不科学、极不谨慎的学术态度。

孔子在吸收上古三代优秀文化，尤其是西周文化核心观念"德"的基础上，对"仁"进行再次的提升与概括，把"仁"提升到与"德"一样的高度，并且扩大了德的内涵。孔子提倡的仁，不仅包含、充实与扩展了上古三代德的各种含义，而且使德的本质更加显现。既然仁是在德的基础上再次的提升与概括，那么，仁与礼的关系，与德与礼的关系相仿。孔子有时提到"德"，实际也是在昭示"仁"。如孔子说："为政以德，譬如北辰，居其所而众星共之。"（《论语·为政》，本节与下节若引《论语》句，只注篇名）这里的"德"换作"仁"亦可。"德不孤，必有邻"（《里仁》），这里的"德"也可当"仁人"讲。"有德者必有言，有言者不必有德"（《宪问》），这里的"德"也可当"仁德"讲。孔子甚至把仁当作是德的集中体现，于是"仁"便成为儒学思想体系的核心。孔子以仁为核心创建了儒家学派，从而建立起儒家学派系统、完整的仁学思想体系，确立了中华民族人本主义的精神方向。一部《论语》，20篇内的499段，竟然有58段论"仁"，109次提到"仁"。如："泛爱众，而亲仁。"（《学而》）"夫仁者，己欲立而立人，己欲达而达人。能近取譬，可谓仁之方也已。"（《雍也》）"君子无终食之间违仁，造次必于是，颠沛必于是。"（《里仁》）"民之于仁也，甚于水火。水火，吾见蹈而死者矣，未见蹈仁而死者也。""志士仁人，无求生以害仁，有杀身以成仁。"（《卫灵公》）"克己复礼为仁。一日克己复礼，天下归仁焉。为仁由己，而由人乎哉？""樊迟问仁，子曰：'爱人。'""仲弓问仁，子曰：'出门如见大宾，使民如承大祭。己所不欲，勿施于人。在邦无怨，在家无怨。'"（《颜渊》）"刚、毅、木、讷近仁。""樊迟问仁。子曰：'居处恭，执事敬，与人忠。虽之夷狄，不可弃也。'""子曰：'如有王者，必世而后仁。'"（《子路》）"子张问仁于孔子。孔子曰：'能行五者于天下，为仁矣。''请问之。'曰：'恭、宽、信、敏、惠。恭则不侮，宽则得众，信则人任焉，敏则有功，惠则足以使人。'"(《阳货》)"微子去之，箕子为之奴，比干谏而死。孔子曰：'殷有三仁焉。'"(《微子》)……孔子从各种角度、各个层面对"仁"进行了简明的阐释。尽管孔子对不同的弟子，在不同语境下，对仁的表述有所不同，但"仁"的基本理念是清楚的，这是为人的最高的道德准则，是所有人都应该践行的基本理念，特别是应当成为当权者执政的基本理念。

仁简要概括起来就是"爱人"，或"泛爱众""博施于民而能济众"（《雍也》）。孔子"爱人"有两个标准：从积极的方面——"忠"着眼，便是"己欲立而立人，己欲达而达人"（《雍也》）。从消极的方面——"恕"着眼，便是"其恕乎！己所不欲，勿施于人"（《卫灵公》）。完全以换位思考，来推己及人。孔子特别要求统治者"节用而爱人，使民以时"（《学而》），反对对老百姓横征暴敛，并把统治者的虐民苛政比作吃人的猛虎，表现了对民众的关心与重视，体现了鲜明的人道主义精神。但孔子的"爱人"是有等次的爱，这个等次不是因人不同而将赋予人的爱分成三六九等，而是强调因施爱者地位的不同，对其施爱方式有不同的要求，体现这个等次的内容便是"礼"。孔子认为"礼"是"仁"的各种规范，"仁"必须要依靠"礼"来实现。"礼"与"仁"同等重要，但"礼"必须服从"仁"。如果说"仁"是思想，"礼"则是思想指导下的行动。这就是所谓"人而不仁，如礼何？人而不仁，如乐何？"（《八佾》）为人如果没有仁德，他如何能真正执行礼仪制度呢？为人如果没有仁德之心，他如何能真正理解音乐呢？礼是为了维护封建等级制而在制度上、礼节上的种种规定。乐是表达封建等级制下人与人和谐感情交流融洽的歌舞。礼、乐必须建立在仁的基础之上，它们要为仁服务，是仁的一种外在表现，否则，离开了仁便无从谈礼乐，礼与乐就失去了意义，这种礼乐就成了虚假的、只用于敷衍塞责的表面形式。孔子还把"仁"视作纲，把"礼"视作目。"颜渊问仁。子曰：'克己复礼为仁。一日克己复礼，天下归仁焉。为仁由己，而由人乎哉？'颜渊曰：'请问其目？'子曰：'非礼勿视，非礼勿听，非礼勿言，非礼勿动。'"（《颜渊》）也可以说，仁是《论语》的纲，是《论语》的核心理念。

"仁"不是抽象而难以把握的，它体现于许多具体可行的条目中，如孝、悌、忠、恕、宽、信、敏、惠、温、良、恭、俭、让、清、廉、正、直、刚、毅、木、讷、切、慈、敬、和、义、中庸、博施、济众、好学、修己、自强、诲人，等等。在仁观念的指导下，又对不同的人提出不同的要求，如人子敬爱父母谓之孝，人臣服从君主谓之忠，亲亲尊尊，长幼尊卑有别。每个人所爱的人是多方面的，爱的方式也是多种多样的。孔子的学生有若说："其为人也孝弟，而好犯上者，鲜矣；不好犯上，而好作乱者，未之有也。君子务本，本立而道生。孝弟也者，其为仁之本与！"（《学而》）把孝悌视为仁的根本，根本确立了，为人之道就会产生。人获得了道，也就是获得了仁德，以仁德为标准的做人行事的原则，就会在日常生活中表现出来，为人所爱的范围，就会从有血缘关系的家庭开始向无血缘关系的社会自然延伸与扩大，把仁推广到整个社会，才算达到仁的最高境界。你只要有爱心，就一定会自然而然地表现为孝顺父母、敬爱兄长、尊敬老师、忠诚上级，不可能仅仅在父母面前有爱心，而在其他方面就莫名其妙地失去了爱心。一个有仁德的人，就应该有区别地爱所有的人，尊重所有人的人格与人权。孔子对君臣父子及所有不同身份的人都提出爱的具体要求，所谓君君、臣臣、父父、子子，各有各的要求。

"仁"的理念是固定不变的，而"礼"的实施是讲究区别的，无区别的"礼"，反而模糊了每个人具体的"仁"的行为实施，从而达不到整个社会的亲亲尊尊式的亲爱和谐。《论语》以仁为纲，以礼为目，替所有封建统治者治国理政设计了根本大法，为稳固大一统封建社会提供了理论基础。

一部《论语》的核心观念就是仁，以仁为标准，达到"修身、齐家、治国、平天下"。具体来说，就是如何用仁的观念来塑造每个个体的灵魂，使之成为一个仁人。仁人从仁德出发，以仁待他人，以仁待社会，以仁待事业，最终实现一个仁的大同世界。换言之，对内就是修身以达到精神与道德的最高境界——"内圣"，对外就是博施济众，达到"外王"的标准。《论语》详细地阐述了实现内圣外王的具体途径，简要概括起来就是：成仁、施礼、守中庸、行大道。

成仁，就是依照仁德修养成仁人，即正人君子、贤人、内圣，并毕生躬行"仁道"，成为外王。成仁是《论语》反复强调的核心观念，有人概括孔子理论的突出特点就是"成仁"。据《宋史》记载，南宋文天祥就义后，在其衣带中发现有这样一段赞文，有人称其为《绝命词》："孔曰成仁，孟曰取义，唯其义尽，所以仁至。读圣贤书，所学何事？而今而后，庶几无愧！"孔子教导成仁，孟子教导取义，只要尽到道义，所求的仁德自然也就具备了。读《论语》等圣贤所著的书，主要学习什么呢？就是仁义，仁义就是真理。孔子说："朝闻道，夕死可矣。"（《里仁》）孔子把追求真理看得比生命还贵重，他情愿早上得知真理，当晚甘愿就死去，也死而无憾。文天祥在就义前，感到自己为拯救国难已尽到了道义，从而求仁得仁，为此而牺牲，心中没有什么愧疚了。

仁就是爱人，博施济众是儒家追求爱人的最高道德标准。孔子的学生以为做到博施济众就可称得上仁德之人了，孔子回答说：何止是仁德之人，那一定是圣人了，连尧、舜都担忧自己难以做到这一点。追求仁德的人如果因为各种原因做不到博施于民而能济众这一点，也可以这样做：自己想安身立命，就帮助别人也能安身立命；自己想显达，希望别人也显达。能以自身打比方，推己及人，这可以说是成为仁德之人的普遍方法了。这就是《雍也》篇中所载的："子贡曰：'如有博施于民而能济众，何如？可谓仁乎？'子曰：'何事于仁，必也圣乎！尧、舜其犹病诸！夫仁者，己欲立而立人，己欲达而达人。能近取譬，可谓仁之方也已。'"如果"己欲立而立人，己欲达而达人"还做不到，那么至少做到"己所不欲，勿施于人。在邦无怨，在家无怨"（《颜渊》）。自己不想承受的，不要强加于人。没有施爱于他人的能力，至少不害人，这样，内外就无人怨恨了。仁者爱人，只要有爱人之心，就可以达到仁的境界。如果有能力对百姓广泛地施予恩惠，普救大众，不仅有爱天下人之心，而且有爱天下人之实效，这实在是理想中的伟大的圣人了。但在现实中这样的圣人是绝少的。不过一般人虽然难以成为一个圣人，但做一个"仁人"，还是有办法实现的。只要对他人有爱怜之心，这一理念确立了，就能去躬行仁道。

成仁的基本内涵是"内圣外王"，首先使自己成为具备爱心的"内圣"，通过成仁的途径，实现治国平天下，再使自己成为能够爱人的"外王"。原先有人认为要想成为外王，必须仕途通达，掌握了政权才能博施济众，才能治国平天下。这种认识有很大的片面性。在历史上，真正具有圣王的品质而掌大权的能有几人？孔子所说的外王概念并没有如此狭窄，他所谓的外王，不仅仅局限于掌大权者，凡是有功有益于民族国家之人，都应属于外王或有外王功绩的人。有权有势不是成为外王的唯一条件，只要生前有功于世，死后永垂不朽者，都是外王类人物。《左传·襄公二十四年》载："二十四年春，穆叔如晋。范宣子逆之，问焉，曰：'古人有言曰，死而不朽，何谓也？'穆叔未对。宣子曰：'昔匄之祖，自虞以上，为陶唐氏，在夏为御龙氏，在商为豕韦氏，在周为唐杜氏，晋主夏盟为范氏，其是之谓乎？'穆叔曰：'以豹所闻，此之谓世禄，非不朽也。鲁有先大夫曰臧文仲，既没，其言立。其是之谓乎！豹闻之，大上有立德，其次有立功，其次有立言，虽久不废，此之谓不朽。若夫保姓受氏，以守宗祊，世不绝祀，无国无之，禄之大者，不可谓不朽。'"孔子虽一介布衣，虽无权无势，却有博施济众之行，背负着治国平天下之责，不仅立德、立功、立言，且有立教，司马迁称之为"至圣"，后世人称之为"素王"，孔子岂不是外王？反而那些无德无功也无懿言的帝王或权贵，是不配称儒家所谓的外王的。

"三不朽"中哪怕只具备一不朽，也可称得起外王。司马迁在《报任安书》中讲到："古者富贵而名摩灭，不可胜记，唯俶傥非常之人称焉。盖西伯拘而演《周易》；仲尼厄而作《春秋》；屈原放逐，乃赋《离骚》；左丘失明，厥有《国语》；孙子膑脚，兵法修列；不韦迁蜀，世传《吕览》；韩非囚秦，《说难》《孤愤》；《诗》三百篇，大氐圣贤发愤之所为作也。"从事"三不朽"事业的人皆为"俶傥非常之人"，司马迁这里强调的是"立言"者，其名声与其作品共存而不朽，立言也能成就外王的事业。

外王只是内圣的外在体现，孔子认为孝悌是成为内圣的起点或基础，因为孝悌是人基本具备的血亲之爱，只有爱其亲才能扩展到爱他人，由家庭、家族血亲延展到更广泛的民族亲、人种亲，或说是将亲爱从家庭扩大到社会。真正达到这种爱人的高境界是不容易的，所以孔子不会轻易以仁许人，他只表彰其仁德修养的某些方面，如他说子贡有治国才干，子路好勇，颜回好学，漆雕开严于自律等等。评价一般人，都以君子的德行为标准，如他只看重公冶长的品行，并不在乎他是什么"囚犯"；有人说冉雍虽是仁人但口才不好，孔子反驳说：冉雍若是个仁人，何必非要善辩呢？但对政界人物，则主要以是否实行仁治的标准来评价。如子产为郑国执政，他按田亩征税、征收军赋，承认私田的合法性；把新制定的刑书铸在鼎上，放置宫门口，让百姓都知法；他善于因才任使；他采取抑制强宗、安抚百姓、宽猛相济的方略，将郑国治理得秩序井然。公正清廉执政20多年，建树颇多。公元前522年子产去世，家无余财。子产在实行一系列内政改革时，曾遭到强宗甚至百姓的怨恨，其改革、变法也遭到儒家学派的非议。但孔子评价执政者，主要看其执政方针，他衷心地钦佩子产，如"子谓子产：'有君子之道四焉：其行己也恭，其事上也敬，其养民也惠，其使民也义。'"（《公冶长》）孔子赞赏子产有四种"君子之道"：一是自己的举止恭谨；二是恭敬侍君；三是给民以实惠；四是使民合乎道义。做到这四条，已达到儒家修己安人的内圣外王的标准，子产能行仁政，自然属于仁人了。所以，"及子产卒，仲尼闻之，出涕曰：'古之遗爱也。'"
(《左传·昭公二十年》)

是仁政还是暴政，只从执政目的就可辨别出来。凡是执政是实实在在
为民者，皆为仁政，凡是执政为己者，或扩大至为家族、权贵小集团者，
皆为暴政。暴政往往还打着为民的旗号，但不能只听其言，还要观其行。
口头上宣扬自己崇尚仁政，行为上却是施行暴政，实质还是暴政，只不过
多了伪装与欺骗。

行仁政必然要选贤任能。贤者，以民为本，能者，为民效力。暴政，
必重亲用佞。亲者，由于与执政者有着或血缘或亲密的关系，把自己的命
运与执政者捆绑在一起，一荣俱荣，一损俱损，处处自觉地维护执政者的
权威与利益；佞者，视执政者为靠山，对执政者进行人身依附，好从执政
者那里哄骗来权力与金钱，所以时时揣摩执政者的心理，用花言巧语来讨
得执政者的欢心。或者向执政者重金贿赂，为达到牟取利益的目的，不惜
说违心话，干丧尽天良事，甚至在光天化日之下、大庭广众之中，竟敢指
鹿为马。

是否行仁政，除了以执政是否为民来判断外，还有一条判断的标准，
就是如何对待老百姓的呼声。《左传·襄公三十一年》载：

郑人游于乡校，以论执政。然明谓子产曰："毁乡校，何如？"
子产曰："何为？夫人朝夕退而游焉，以议执政之善否。其所善者，
吾则行之。其所恶者，吾则改之。是吾师也，若之何毁之？我闻忠善
以损怨，不闻作威以防怨。岂不遽止，然犹防川，大决所犯，伤人必
多，吾不克救也。不如小决使道。不如吾闻而药之也。"然明曰："蔑
也今而后知吾子之信可事也。小人实不才，若果行此，其郑国实赖之，
岂唯二三臣？"仲尼闻是语也，曰："以是观之，人谓子产不仁，吾
不信也。"

这段引文通俗地讲就是：郑国人在乡间学堂里游玩聚会，议论执政的得失。大夫然明对执政者子产说："毁了乡间学堂吧，免得他们议论执政的好坏，如何？"子产说："为什么要这样做？人们早晚做完事，到那里去游玩，不免议论国家政事处理的得失。他们认为好的，我们就推行它；他们所厌恶的，我们就改掉它。这些议论实际等于是指导我们的老师。为什么要毁掉学堂？我听说忠心为老百姓办善事，就能减少社会怨恨，没有听说用压制来防止怨恨的。靠压制可能很快制止议论，但是就像堆土防止河水泛滥一样：河水一旦决了大口子，伤人必然很多，到那时我们就无法挽救了。不如像决开一个小口子，让水一点点地顺着水道流淌，我们不妨把听到的批评当作治病的良药。"然明说："蔑（然明）我今天才知道您确实是可以成就大事业的人。小人实在没有才能。如果照这样做下去，郑国就有了依靠，岂止有利于我们二三位大臣？"孔子后来听说这些传闻后，说："以这些话来看，别人说子产不是仁人，他执政不行仁政，我是不相信的。"实行仁政，一切为老百姓着想，自然一定会倾听老百姓的诉求，让老百姓讲话，甚至鼓励老百姓对执政提意见，对治国方略各抒己见，并想尽办法收集老百姓对执政的意见，根据公众的意见，调整自己的政策和行为。若推行暴政，只乐意听亲者佞者的阿谀奉承、歌功颂德，只准老百姓随声附和亲者佞者，竭力打压不同意见，甚至将老百姓的诉求视为对执政的一种最大威胁，对不同意见视作洪水猛兽，采取高压让其消声而后快，如当年的周厉王一样，"防民之口，甚于防川"（《国语·周语上》），以苛法酷刑弹压舆论，终将激起国人的愤怒。

同样讲"爱人"，儒家的爱与墨家的爱是有区别的。"儒家的'爱'是无条件的、超功利的；墨家的'爱'是有条件而以现实的物质功利为根基的。它不是出自内在心理的'仁'，而是来于外在互利的'义'。……由于儒家从亲子血缘和心理原则出发，于是强调'爱有差等'，由近及远；墨子的'兼爱'是以'交相利'出发，所以不主张甚至反对爱有差等。但前者由于具有现实的氏族血缘的宗法基础，获得了强有力的现实支柱；后者要求无分亲疏的兼相爱以免于战乱的大功利，反而成为脱离实际的空想。"①儒家分等级分层次的"爱人"，顺应了封建的宗法制，也为封建宗法制所利用，但它尊重社会每一个成员的人权，给予每一个社会成员以爱，是超越时空的为人之道、为政之道，永远闪耀着真理的光芒，"让世界充满爱"的歌声，响彻永久。

内圣外王说，概括了仁的核心内容，修己以安百姓，即修炼成为仁人，以仁爱之心爱他人，尤其爱那些处于水深火热之中最需要爱护的穷苦人。仁是精神个体的最高道德准则，仁行是君子行为的最高标准，仁政是治国理政的最善方式，仁爱世道是人类社会最美的模式。每一个人都应有爱心，他的心灵才会美，每一个人都应尽心尽力对社会做奉献，人类社会才会繁荣富强。孔子之所以伟大，就在于他为人类提供了无限美好的仁学，这个"仁"，是孔子思想的核心，也是儒学、国学乃至中华优秀传统文化的灵魂。

2. 成仁必须重施礼

成仁首先要重视施礼，这要求人们的一切言行符合礼仪制度的规定。孔子非常重视礼的作用，礼是稳定社会、维系等级的强有力工具，礼可以移风易俗，可以安邦治国。礼在生活中无所不在，小到日常待人接物的礼节，大到国与国外交礼仪。不论小范围的家祭礼，还是大范围的国祭礼，各种礼最终都是为了实现"天下归仁"的大目标服务的。比如，一个人如何做到仁的起点——孝，孔子告诉我们对父母双亲要"生，事之以礼，死，葬之以礼，祭之以礼"（《为政》）。父母活着的时候，按照礼的规定来侍奉他们。他们死了，按照礼的规定来葬送他们，然后按照礼的规定按

---

① 李泽厚：《中国古代思想史论》，生活·读书·新知三联书店，2008年，第57-58页。

时祭祀他们。做到这些，可以说就尽到孝道了。孔子特别重视祭礼，在他的影响下，曾参成为历史上有名的孝子。曾参曰："慎终追远，民德归厚矣。"（《学而》）慎终，即谨慎对待父母葬礼；追远，即在祭祀祖先礼仪中，追念远代祖先的功德。君子带头做到这些礼仪，就会影响老百姓形成孝亲尊祖的风气。

儒家的祭礼并不是迷信鬼神，孔子对鬼神向来持有敬而远之的态度。季路向他询问事鬼神的事，"子曰：'未能事人，焉能事鬼？'曰：'敢问死。'曰：'未知生，焉知死？'"（《先进》）孔子祭祀鬼神，摒弃了迷信传统，利用祭祀，肯定先人的人生价值与非凡功德，是用旧形式来"慎终追远"，实质不是"事鬼"而是"事人"。慎重地祭祀已故的父母，怀念他们养育自己的千辛万苦，对父母永怀感恩之情；慎重地祭祀祖先，追念他们开创基业的功德，以表达自己对他们的敬仰与崇拜，并以父母与祖先为榜样，将爱无私地施于后人。通过丧祭这一形式，一方面彰显人的价值与尊严，一方面表达了后人最诚挚的亲亲尊尊的情感。通过丧祭可以培养人们的忠孝品德，人人都行孝道了，民风自然趋向淳朴厚道。

孔子十分向往尧、舜二帝及夏、商、周三代圣王所施行的善政，他们之所以能开创盛世，在于他们"所重：民、食、丧、祭"（《尧曰》）。尧、舜二帝及夏、商、周三代圣王所重视的四项：民、食、丧、祭，抓住了治国的根本。民是国家之本，必须重视；民以食为天，必须重视；丧礼体现孝道，必须重视；祭祀培养敬畏之心，必须重视。民既是国之本，保民是国策的重中之重。而解决民食，就是保民的关键，这是君王最起码的养民、惠民之策。重视丧礼与祭祀，是以礼教化民众的有效措施，从精神上体现了仁德。养民、惠民得民心，礼仪教化聚民心，二者相辅相成，后世治国者常把它奉为治国理政之道。

仁是礼的灵魂，礼是仁的具体体现。礼对不同的人有不同的要求，正体现了人与人之间不同的亲爱。孔子告诫人们，为了实现仁必须以礼规范自己。"颜渊问仁。子曰：'克己复礼为仁。一日克己复礼，天下归仁焉。为仁由己，而由人乎哉？'颜渊曰：'请问其目？'子曰：'非礼勿视，非礼勿听，非礼勿言，非礼勿动。'"（《颜渊》）仁是内在信念，礼是外在表现。依礼而行是实现仁的根本途径，而行礼的关键在于每个人能克制私欲。行礼的道理及仪式简明而易懂，但是为什么推行起来就非常不容易了呢？其根本原因就是人的私欲在作祟。一些人为了自己的私欲，往往去违礼，所以行礼最大的障碍在于私欲，行礼的过程就是一个克制私欲的过程，克制私欲才能行礼。克制私欲表现在日常生活中，也表现在自己的所有言行中，对不合礼的话不听不说，对不合礼的行为不看不做，一切行为都依礼而行，每个人都成了仁人，这个世界也就回归到了仁的世界。

有人认为孔子主张施行礼仪教化，就是为了巩固不平等的尊卑等级制，为统治阶级服务。这种认识实际上并未真正体味孔子的良苦用心。面对社会现实，儒家只能采用礼来约束不同的等级，限制个人利益的无节制膨胀，从而达到社会稳定。因为社会动乱，往往就是缘于统治阶层中僭越本分者的争权夺利，而社会动乱，必然导致民不聊生，无疑是最大的不仁。孔子认为施礼就是通过"克己"来爱人，人人都以礼来约束自己的言行，社会才能和谐有序。

仁人君子不仅要"克己复礼"，自己一言一行符合礼的要求，而且还要勇敢地维护礼，维护礼就是维护社会秩序、维护仁德、维护国家利益。如《八佾》载：三家者以雍彻，子曰："'相维辟公，天子穆穆。'奚取于三家之堂？"这段文字记载当时的鲁国最有权势的三家公族大夫，即鲁桓公后裔仲孙氏、叔孙氏和季孙氏，人称"三桓"。三家在祭祀祖先时，都敢采用只有天子才有资格举行的祭礼，即唱着《雍》这首诗歌来撤除祭品。在孔子看来，这是严重的违背周礼，甚至是冒天下之大不韪的行为，所以愤怒地斥责说："《雍》诗上说：'祭礼上助祭的是诸侯，天子严肃静穆地在那里主祭。'三桓在祭祖的大堂上唱着雍歌，哪一个唱词能对应他们的祭礼？"意谓周礼规定只有天子主持的祭礼，才能在祭礼结束时唱《雍》诗，作为鲁国大夫的三桓，竟在家祭中使用起只有天子祭祀时才配享用的乐歌，这不是怀有野心的僭越？这不是最严重的违礼行为吗？

孔子常对那些居于上层地位又带头不遵行礼的人加以怒斥："居上不宽，为礼不敬，临丧不哀，吾何以观之哉？"（《八佾》）居于上层地位的人本应以身作则，来教化民众，现在反其道而行之，对待下层的人不宽厚，施行礼仪不恭敬，参加丧事不悲哀，这恰恰与尧、舜二帝及夏、商、周三代圣王惠民重礼背道而驰，这情形叫孔子怎么能看得下去？社会上层的品行，因其"居上"已不单纯是他个人的行为，他会影响政权的建设，会影响社会的风气。社会的风气往往是上行下效，上层心不正行不端，如何叫下层遵纪守法？

在春秋战国作为显学之一的墨家学派，其学说以反对儒家而彰显。在生活方面，他们主张简朴实用，提倡节用、节葬，特别反对儒家的丧葬祭祀之礼，认为儒家"繁饰礼乐以淫人，久丧伪哀以谩亲"（《墨子•非儒下》），表面上是反对繁礼厚葬、长久丧祭，实则也包含着反对儒家亲疏有别、贵贱有差的等级观念。这是墨家站在小生产者的立场上，珍惜劳动者所生产创造的财富。他们反对奢侈浪费，反对厚葬，提倡节用、非乐，反对儒家"繁饰礼乐"，因为"繁饰礼乐"正体现着等级差别，这恰好违背了墨家"兼爱"的核心思想。墨家主张的兼爱就是爱人如爱己，这种爱是不分贵贱等级、无差别的爱，它代表了底层平民的利益和诉求。

而孔子是站在要担负"修、齐、治、平"历史使命的立场上来对待礼，凡是能维护这一使命的礼，一样不能缺，也决不能敷衍马虎。如《八佾》载："子贡欲去告朔之饩羊。子曰：'赐也！尔爱其羊，我爱其礼。'"告朔是非常隆重的祭礼。原来是周天子进行告朔后，诸侯接受了历书，然后把它藏于祖庙。每逢初一，便杀一只羊祭于祖庙。行完祭礼，回朝听政，叫作"视朔"或"听朔"。至孔子时，早废此礼，由于鲁国较多地保留着周天子之礼，虽然从鲁文公开始就不再去祖庙举行告朔祭礼，但每逢初一，仍杀羊上供。子贡感到鲁公不亲身临祭，告朔已失去它的意义，还无端地杀羊供奉，实在可惜，不如连这形式也一并废弃。孔子认为鲁公不亲临告朔，已无可奈何，但杀羊上供不可废，如果连这个重要的祭礼形式也废了，人们就彻底不知有告朔之礼了。所以他对子贡说："你爱惜那只羊，我更爱护那个礼！"孔子维护的是远比浪费一只羊更值得珍贵的周礼。

孔子行礼，重在表达自己的敬意与诚意。"祭如在，祭神如神在。子曰：'吾不与祭，如不祭。'"（《八佾》）孔子在祭祀祖先时，就好像祖先真的就在面前；在祭祀天地之神时，就好像天地之神真的就在面前。孔子自然不会相信鬼神真的会在他的面前再现，一个"如"字就说明了他不信神灵存在的观念。但他要祭祀者感到神灵"如在"，是强调祭祀的严肃庄重，强调祭祀者对受祭者做到内心的敬重虔诚。他深知祭祀可以培养对祖先崇拜与对天地敬畏的感情，祭祀的过程，实际就是一种内心情感感知与体验的过程，也是一种修炼高尚的道德情操与加固仁政礼治理念的过程。如果自己不亲身临祭，怎么会有这样的情感体验与精神的提升呢？叫人替祭只是图个形式，甚至是为了应付差事，那种祭祀又有什么意义呢？

孔子重视施礼的本质，而不在于形式。如他的学生子游说："丧致乎哀而止。"（《子张》）丧礼能尽到哀戚就达到目的了。墨家批评儒家"繁饰礼乐"，不符合孔子主张的实际，孔子反倒是也主张节俭，避免浪费，只不过有些礼不能舍弃。有次林放向他问礼的本质，"子曰：'大哉问！礼，与其奢也，宁俭；丧，与其易也，宁戚。'"（《八佾》）孔子这类的话，其弟子们也听到过，《礼记•檀弓上》记载："子路曰：'吾闻诸夫子：丧礼，与其哀不足而礼有余也，不若礼不足而哀有余也。'"林放所问的这个问题意义重大，仁是人们内心具有的仁爱道德感情，礼只是表达这种仁爱之情的种种外在表现。但有的人本末倒置，内心没有或缺少仁爱之心，却在礼节上大加讲究。林放是个懂礼的人，他看到有些人操办的礼仪越来越奢侈、越来越繁缛，还标榜这是重礼行礼。他感到迷惘，就向孔子请教礼节的本质问题，孔子认为：对于礼节，讲究得过于奢侈，并不能增加你的仁爱之心，节俭也不能减少你已有的仁爱之心，那么与其奢侈浪费还不如节俭为好。对于丧礼，与其周全，不如尽哀。因为倾诉对已亡亲人的哀思才是丧礼的目的，而不是在形式上求得排场阔气。礼仪讲究铺张奢侈容易，难的是具备仁爱之心。甚至不仁、不义、不忠、不孝之人，更乐意把礼仪操办得风光体面，好掩盖他平时不仁、不义、不忠、不孝的行为。礼的内容与形式，哪个是根本，由此可见。

由于牢牢地把握了礼的本质，孔子对"违礼"与"遵礼"有自己的判断。如孔子说："麻冕，礼也；今也纯，俭，吾从众。拜下，礼也；今拜乎上，泰也。虽违众，吾从下。"（《子罕》）以前礼制规定行丧祭时，戴用麻料编织的礼帽，但现在大家都戴比较便宜的纯丝料礼帽，孔子就顺从大家的做法。以前的礼仪规定拜见长辈要在堂下磕头，现在大家都在堂上行拱手相揖礼，这是傲慢的表现，孔子还是主张对长辈在堂下行叩头礼。同是古礼规定，为何孔子一个违背一个遵守呢？原来孔子的变通与不变通全看"仁"。变通了而不离仁，可以变通。变通了却背离了仁，就坚持不变通而守其仁。"入乡随俗"的前提是先判断这个"俗"是否合乎礼。不合乎礼的"俗"，奉行的人再多孔子也不能"随"。

孔子反对施行超越自己身份的礼，如鲁国三桓享用天子之礼，孔子认为这种行为属于僭越。也反对不属于自己祭祀的滥祭行为，这属于谄媚众鬼神的行为。《为政》载："子曰：'非其鬼而祭之，谄也。'""其鬼"，指自己家族死去的先人，或符合自己的身份而祭祀的鬼神。祭鬼神主要是为了追念先人的功德，寄托对崇拜者的敬仰感情，另一方面也希望先人在天之灵能赐以福禄。如果不是你该祭祀的鬼神你却要去祭祀，那必定不是对鬼神发自内心的敬仰了，而是向鬼神谄媚，谄媚的目的就是想以极小的祭祀代价换得鬼神丰盛的回馈。

儒家特别重视的不是礼的形式，而是施礼的内容与目的，这是礼的本质，通过礼的形式来达到施礼的目的，也就是通过礼来达到"修身、齐家、治国、平天下"。在封建宗法制下，儒家的主张比墨家的主张更符合历史发展规律、顺应历史发展潮流。墨家的理想固然得到下层民众的欢迎，但这些主张并不代表当时先进的文化，也不能推动当时的生产力发展。侈谈兼爱，不偏富贵，不避贫贱，反对"繁饰礼乐"，无视亲亲尊尊的社会宗法制现状，显然是脱离社会现实而耽于理想，于事无补。

3. 成仁必须守中庸

如果说"成仁"是儒家的重要政治伦理思想，那么守中庸则是儒家认识、解决一切问题的最高智慧，是做人处事乃至审美的基本原则。孔子把它视为一种至高的德行，他说："中庸之为德也，其至矣乎！"（《雍也》）凡做人做事甚至审美都要追求适量、守度、得当，不偏不倚为宜，无过无不及最好，牢牢把握正确的"度"，防止出现两极偏差。这是一种正确的辩证方法，要考虑矛盾的双方，不能实行"单边思维"，只考虑矛盾的一端。在矛盾双方的比较中，去求那个中正、中和、稳定、和谐的"点"，即那个符合事物性质或真理的"中"，当理想化的"中"不可求时，在多项选择中再选"优项"，从比较中寻找出现实中接近真理或危害较小的"临界点"。

过去有人认为孔子鼓吹"中庸之道"，是不偏不倚，奉行骑墙哲学、滑头主义。实际上，孔子的"中庸之道"富含辩证法，认为凡事都有个"适度"，这个"适度"往往处于矛盾两端的"中"，把握好这个"中"就有利于认识与解决问题，讲的是认识论和方法论。在现实生活中，孔子在大是大非面前从来都不含糊，他反对的正是不讲原则、四面讨好的所谓"老好人"，即孔子所称的"乡愿"。"子曰：'乡愿，德之贼也。'"（《阳货》）"乡愿"的"愿"通"愿"。《说文•人部》："愿，黠也。"指乡里貌似谨厚，而实际是与流俗合污，败坏公平正义道德的伪善者，表面老实，实则狡黠。他惯于花言巧语装伪善，没有原则，是非不分，逢人就讨好，其实都是虚情假意，人前说人话，鬼前说鬼话，"毁人者失其直，誉人者失其实，近于乡原之人哉"（皮日休《鹿门隐书六十篇》）。乡愿表面上谁也不得罪，以谨厚的外表媚于世，乡人一般都称赞他是好人。特点是：你要指责他又举不出他太大的过错，你要讥刺他又找不出他太大的毛病，这种人讨好于世俗，做起事来好像廉洁方正，所以赢得大众的好感，实际上他与君子之道格格不入。孔子讨厌花言巧语混淆了义，似信非信混淆了信，特别讨厌无德而伪装成有德的人，唯恐这种人乱德惑众，所以他认为乡愿是戕害道德的贼人。

他还说："众恶之，必察焉；众好之，必察焉。"（《卫灵公》）判断好人的标准是做人的原则而不是人缘关系，所以提倡"唯仁者能好人，能恶人"（《里仁》）。孔子坚持原则，不向邪恶势力低头，不向错误妥协，即使对自己弟子的原则错误，也丝毫不容忍。如冉求，孔子曾表扬他有才艺、善理政事，而当冉求帮着季氏敛财时，孔子怒不可遏，号召弟子们对冉求进行讨伐："非吾徒也，小子鸣鼓而攻之可也！"（《先进》）孔子在大是大非面前，敢于惩恶扬善，态度十分鲜明，其坚守的中庸之道，绝非骑墙哲学、滑头主义，我们在后面讨论《中庸》篇时多有涉及，这里就不赘述了。

4. 成仁者执着于行大道

行大道，即实践儒家学说，"修身、齐家、治国、平天下"，最终实现儒家理想的社会。在封建社会，能实现这一大道的捷径，主要就是通过仕途，为官任职，为官一任，造福一方，服务于社会，救民于水火，努力实现"老者安之，朋友信之，少者怀之"（《公冶长》）。孔子虽然赞扬蘧伯玉说："君子哉蘧伯玉！邦有道，则仕；邦无道，则可卷而怀之"（《卫灵公》），但他自己不论邦有道还是邦无道，都一样富有社会责任感。邦有道则积极弘扬仁道，邦无道，也积极去改变局面，反对"危而不持，颠而不扶"（《季氏》）。他给弟子灌输从政的意识与注意的事项，并不是指导弟子去"谋食"，而是去更好地"谋道"，不是为了丰厚的俸禄、光宗耀祖，而是为了更好地推行仁道。"君子之仕也，行其义也。"（《微子》）君子做官，为的是行义，为的是能求得惠民的机会。孔子以为君子不仅具备仁德品质，而且应该是推行仁德的人，为了实现"泛爱众"，作为一个知识分子就应当积极入世，关心社会，忧国忧民，否则，"泛爱众"就是一句空话。在孔子这种意识的影响下，中国士阶层参政意识十分强烈，即使不能参政，也特别关心政治，具有强烈的忧国忧民的忧患意识。

儒家行道的动力，源于远大理想。大道之行，天下为公，实现大同世界，是儒家仁学最彻底最完全的体现。在这个大同社会里，贤能掌权，亲疏一视同仁，敬老爱幼，亲如一家，人人能得到应有的社会保障，无处不温馨；人人具备为公的社会道德，对社会财富十分珍惜，憎恶一切浪费现象，反对私自攫取任何社会财富；人人各司其职，尽其所能，反对将劳动变为谋私的手段，劳动已经成了人们高度自觉的行为，劳动成了实现大同世界的物质源泉；积极创建和谐优越的生存条件，人们以高度的自觉劳动回报社会，树立高尚的道德、完美的人格以及人人相爱没有损人利己的社会风尚。这是儒家设想的最美好最合理的社会及人们的最高精神境界。千百年来，儒家的大同思想鼓舞着无数仁人志士为之不懈奋斗。从康有为写就《大同书》，孙中山提出"天下为公"，直至中国共产党人的社会主义、共产主义学说，都受到儒家大同思想一定的启发。

孔子从小便注意修身求学习礼，立有大志，想通过仕途来实现心中的大道。他自述："吾十有五而志于学，三十而立，四十而不惑，五十而知天命，六十而耳顺，七十而从心所欲，不逾矩。"（《为政》）"志于学"不是志于学文断字，这方面的文化知识他早已学有所成，而是从15岁开始立志学习能治国平天下的方略，到30岁时，已具备为政的雄才大略，且退迹闻名。在36岁时，他去齐国，齐景公亲自问政于孔子，孔子向他提出"君君、臣臣、父父、子子"(《颜渊》)的治国理论。40岁时，孔子对人生、社会各种问题有了比较清楚的认识，对自己确立的人生观很自信。47岁时，鲁国季孙意如去世，其家臣阳虎(又称阳货)执政。阳货想任用孔子，孔子虽口头答应，实际是敷衍应付。难道孔子不愿从政？不是的，他不满意的是阳货擅权，孔子称之为"陪臣执国命"(《季氏》)。孔子从政有原则，不与乱臣贼子同流合污。但当"公山弗扰以费畔，召，子欲往。子路不说，曰：'末之也，已，何必公山氏之之也？'子曰：'夫召我者，而岂徒哉？如有用我者，吾其为东周乎！'"(《阳货》)公山弗扰凭借占据费邑而背叛季氏，按理说，这也属于"犯上作乱"行为。公山弗扰派人去请孔子来辅佐他，孔子竟欣然准备前往。子路听说后很不高兴，孔子解释说："召我去，任用我，我要使周公的德政在东方复兴。"孔子前往，不是为了升官发财，更不顾有损自己的名声，他心心念念的就是复兴周公之道，去建立一个能实现自己理想的礼乐之邦。

孔子自谓"五十而知天命"，自认为自己掌握了家国兴衰、社会发展的规律。51岁时，被鲁定公任为中都(今山东汶上)宰，治理一年，卓有政绩，四方仿效。52岁时由中都宰升任司空，后升大司寇，摄相事(代理宰相)。曾以大司寇身份为鲁定公相礼，参加了定公与齐景公的夹谷(今山东莱芜南)会谈。孔子凭自己的外交才干挫败了齐国劫持定公的阴谋，逼迫齐国答应归还侵占的鲁国郓、讙、龟阴等处的土地。孔子以大司寇治鲁，鲁国大治，商贾无欺，道不拾遗，国人称颂。孔子为强公室，还提出拆毁三桓采邑的防御工事，即"堕三都"。鲁国大治引起齐国的恐慌，于是馈赠鲁国80名美女与许多毛皮漂亮的良马，欲让鲁国君臣沉溺于享乐而荒废朝政。孔子拒绝接受，季桓子却背着孔子接受了。齐国又挑拨孔子与季氏的矛盾，孔子愤然带领部分弟子离开鲁国去了卫国。孔子从此周游列国，希望他国能接受他的治国理政思想，然而其他国君同鲁君一样昏庸，彻底断了他通过仕途实现大道的念头。

尽管如此，孔子心中的理想仍未泯灭，生命不止，坚持并努力实现大道的信念不息。他认清了形势，改变了实现大道的途径，他要教育、培养为实现大道而终身奋斗的后继者。他要不遗余力地传播大道，使上古三代盛世的经典经过整理而流传于后世。孔子为实现大道，几十年间坎坎坷坷，到处碰壁，他深知行大道是件非常艰难的事业，一般人是不愿承担的。于是感叹说："见善如不及，见不善如探汤。吾见其人矣，吾闻其语矣。隐居以求其志，行义以达其道。吾闻其语矣，未见其人也。"（《季氏》）一般人都懂得"近朱者赤，近墨者黑"的道理，都想见贤思齐，都说过类似的话，但当真正在艰难困苦甚至危及身家性命的环境下推行仁义大道时，就很少见到履行他们豪言壮语的人，能避世隐居仍保守原来志向就算不错了。可见非太难的事，一般能做到言行一致，但遇到生死攸关的重大事件时，就言易而行难了。正因如此，才需要有勇于担当的正人君子，就如孔子那样，为实现大道，赴汤蹈火在所不辞，勇作推动社会发展的中流砥柱。

孔子为实现大道而顽强奋斗了一生。《宪问》载："子路宿于石门。晨门曰：'奚自？'子路曰：'自孔氏。'曰：'是知其不可而为之者与？'"由此可见，当时的人们都知道孔子是个"知其不可而为之者"。从一般人的角度看，孔子栖栖遑遑，奔走呼号，是徒劳无益的。但从仁者的角度看，孔子不畏艰辛险恶，不畏流言蜚语，孜孜不倦地奔波，耗尽一生的心血，付出一切代价，就是希望获得行道的机缘，以拯救危乱之世。历史责任、天下苍生的期盼，都促使他"知其不可而为之"。班固在《答宾戏》中形容说："栖栖遑遑，孔席不暖。"孔子历经千辛万苦与各种磨难，为的是拨乱反正，推行仁义大道于天下。虽然四处奔波到处碰壁，知其"不可"仍要"为之"。正因天下大乱，礼崩乐坏，世人信仰混乱，各国君臣大都不奉行仁德之说，才使孔子不遑宁息，孜孜矻矻，以疗世病为己任，明知大道难行，仍为此奋斗不息，无怨无悔。

孔子不怕千难万险，在各国之间奔走呼号，其精神动力完全来自对大道信仰的不动摇，对所背负的历史使命充满自信心。鲁定公十三年（前497），孔子率领他的一些弟子从卫国到陈国时，路经匡地，匡地人把孔子他们围起来，拘禁了五天，一度还想杀死他们。《子罕》载："子畏于匡，曰：'文王既没，文不在兹乎？天之将丧斯文也，后死者不得与于斯文也；天之未丧斯文也，匡人其如予何？'"句中的"畏"指恐吓、围困的意思。在生死攸关之际，孔子临危不惧，他很自信：自己承担着传承周文王时代礼乐文明的历史使命，上天不会泯灭礼乐文明，匡人能把我怎么样？孔子不是在自吹自擂地做强势以应对匡人的围攻，也不是在乞求上天的保佑，他自信礼乐文明不会泯灭，在传播、发扬光大周文化的历史使命未成完之前，他坚信生命不会完结。他将自己的生命与礼乐文明联系起来，而传承礼乐文明就是实现大道的必由之路，所以孔子有藐视一切危难的自信心。

孔子实现自己理想的征途上可谓荆棘丛生，他的行大道的想法当然是天真的，大道不行才是现实。但孔子"知其不可而为之"，这种执着于行大道的精神，才体现出他无比坚定的信仰。为了实现这一信仰，他不放弃任何机会，虽然这种机会一直没有到来，但他的信仰从来没有动摇过。在行大道的过程中，他饱尝了千辛万苦，在遭受挫败时，有时不免发一些牢骚，如有一次孔子生闷气说："'道不行，乘桴浮于海。从我者，其由与？'子路闻之喜。子曰：'由也好勇过我，无所取材。'"（《公冶长》）孔子说："大道如果不能推行，我就乘着木筏漂浮到海外去。随从我的恐怕只有仲由（子路）吧！"子路听到这话很高兴。孔子说："仲由好勇超过了我，只是不善于审度事理，这方面就没有什么可取的了。"为什么仲由不善于审度事理？是因为他不理解孔子一时发牢骚的真意。孔子发牢骚，只是一时的气话，并不是心灰意冷，放弃行大道的理想。孔子的"牢骚"话，发泄的是对执政者不采纳自己政治主张的怨恨，是对阻挠大道通行的恶势力的愤恨，牢骚语中透露的真意仍是对大道的执着。

第二节 《论语》中所显示的孔子仁者形象

一、夫子为木铎

《论语》不仅阐述了孔子思想的重要理念，也展示了一位伟大的仁人、"至圣"的形象。展开《论语》，我们看到：孔子身为布衣，却心怀天下，他明确地把"仁"当作社会的至高理想和人生理想，当作每个人的最高道德境界，他本人具有为了实现仁的理想而勇于献身的政治家的气概。孔子曾说："不在其位，不谋其政。"（《泰伯》）这种说法，符合行政管理的原则。否则，不在位者有越俎代庖之嫌，在位者有被干扰之忧。分官设职，各有其责权，乱其秩序等于乱其政，孔子说这话是针对当时那些违礼僭越者，并不是说没有官职的人，就不必关心政治及国家大事。如孔子，他虽是布衣却要代天子言，"退诸侯，讨大夫，以达王事"，"上明三王之道，下辨人事之纪，别嫌疑，明是非，定犹豫，善善恶恶，贤贤贱不肖，存亡国，继绝世，补敝起废"。（司马迁《史记·太史公自序》）要担当起拨乱反正、持危扶颠的历史使命，他要"为天地立心，为生民立命，为往圣继绝学，为万世开太平"。不在其位，也要谋治国平天下之政。

孔子曾说："朝闻道，夕死可矣。"这个道就是仁道，"仁"反映着人伦关爱、普遍的苍生关照，富有人道主义精神，是儒家治国平天下的目标，孔子明确地把"仁"当作自己的社会理想和人生理念。坚信如果人人都能做到"仁者爱人"，人类社会就会和谐，大同社会就会实现。为了实现这一人生理想，孔子不辞劳苦，不顾困厄，栖栖遑遑奔走于诸侯各国之间，宣传他的仁政德治的学说。然而当时各个诸侯国的执政者，都认为他的游说迂阔而无济于称霸。孔子在周游列国中，曾受过围困，也饿过肚皮，他明知不可为而为之，坚信自己的政治主张最终会付诸实践。历经了长期的磨难，他在政治上还是一无所成，但他不怨天不尤人，不忘初心，不改夙志，至死执着地追求着自己的理想。他一生的经历与言行，都表明他是一个意志坚毅的政治家，为了实现理想而具有坚定的义无反顾的献身精神。

孔子的弟子曾参对这种远大志向理解较深，他说："仁以为己任，不亦重乎？死而后已，不亦远乎？"（《泰伯》）当今有位教授说《论语》主要阐述的是孔子的个人生命感悟，孔子追求的是心灵的和谐平静，此观点，真是"以庸人之心度君子之腹"。从学术上讲，也不是什么新"心得"，不过是照搬魏晋玄学那一套罢了——以道释儒，援佛入儒。孔子心系天下苍生，一心济众，不像佛家，六根清静，一心成佛；也不像仙道之人，与世隔绝，一意修道成仙。孔子为了实现"博施于民而能济众"，不辞劳苦，不顾困厄，栖遑奔走于诸侯各国之间，持危扶颠，拨乱反正，不遗余力地宣传仁政德治学说。他哪有闲暇去体验个人的生命感悟？又哪里顾得上自己心灵的和谐平静？他明知不可为而为之，有人甚至形容他如"丧家之犬"，"惶惶不可终日"。但他矢志不渝，无怨无悔。孔子说："三军可夺帅也，匹夫不可夺志也。"（《子罕》）孔子为了远大的政治目的一生不懈地奋斗着，谁也无法阻挡他孜孜不倦地求仁，他甚至为了理想不惜献出自己宝贵的生命。他曾说："志士仁人，无求生以害仁，有杀身以成仁。"（《卫灵公》）生命是可贵的，但还有比生命更可贵的东西，那就是仁。在生命与仁发生不可共存的情况下，孔子主张勇于牺牲自身来成全仁。孔子为追求完美的人格，提出了明确的生死观。孔子常讲"克己复礼为仁"，牺牲自己是最大的克己，以此形式所成就的仁也是人生最大的仁。孔子的"杀身成仁"这一人生格言具有强烈的感召力，成为古往今来无数先烈的座右铭。如夏明翰烈士的《就义诗》："砍头不要紧，只要主义真。"表现了现代革命战士为革命献身的英勇精神，弘扬了中华民族志士仁人传统的崇高气节。

孔子要"治国平天下"，早年他积极入仕从政，但事不遂愿，晚年对他来说，实现这一理想的具体措施有两个方面，一是培养众多的为此理想奋斗的后继者，二是保护和传承前人文明成果，整理前人的文化遗产——六经，让后世遵循着前人开辟的文明大道，继续向光明的未来挺进。李光地在其《榕村四书说·读孟子札记》中赞扬孔子说："夫子所以超于群圣者，以其祖述尧舜，宪章文武，还先王之法，传之无穷也。"在向学生传授儒家人生观、世界观与整理六经的过程中，孔子自己也加深了对传统道德价值观的理解，提高了自己承担历史使命的自觉性。

传统的道德价值观，可用《易传·象》中所说的自强与厚德来表述："天行健，君子以自强不息。""地势坤，君子以厚德载物。"天之道刚毅强健，周而复始，永不疲倦地运行，孔子要效法天道的刚毅强健，自强不息，为了理想一刻不息地奋斗。他曾说："富与贵，是人之所欲也；不以其道得之，不处也。贫与贱，是人之所恶也；不以其道得之，不去也。君子去仁，恶乎成名？君子无终食之间违仁，造次必于是，颠沛必于是。"（《里仁》）孔子不求富贵，不嫌贫贱，他追求的是仁道，为实现仁的世界，他甘于献出一切。

"天行健"，四时运行，一刻不息，春生夏长，秋收冬藏，这是天道之大经。孔子作为一名立志要"治国平天下"的政治家，他为所有人指明了以勤奋效仿天道的方向。人只有勤奋才能"己欲立而立人""己欲达而达人"，这就是所谓的"天道酬勤"。对社会一般成员，孔子要求他们勤劳、俭朴、敬业、守法、崇礼等。对君子的要求主要是好学、行仁、忠于职守、舍生取义，以及修炼温良恭俭让、刚勇智信等品质，从而做到"立人""达人"，甚至建立三不朽事业。对执政者的要求主要是为政以德、亲民、节俭、戒奢、公正、执法，做百姓的表率。只要上下都"勤"，同心不懈努力，就会实现天下小康、大同的远大理想。

　　孔子也要效法大地的宽厚博大，他胸怀天下，自觉担当"博施于民而能济众"的历史使命。老子《道德经》第二十五章说："人法地，地法天，天法道，道法自然。"还说："故道大、天大、地大、王亦大。"在傅奕《校定古本老子》与范应元《老子道德经古本集注》中，"王亦大"作"人亦大"。《说文·大部》："天大、地大、人亦大，故大象人形。"《大戴礼记·曾子大孝》篇："天之所生，地之所养，人为大矣。"故知古人常称天、地、人为三大。依道家意，宇宙有四大：道、天、地、人，人居其中。儒家的道与道家的道是不同的，儒家的道就是仁道，就是"博施于民而能济众"，但孔子也吸收道家的理论精华，认为人生天地间，自强法天，厚德法地，是天地神圣赋予君子的良心，可称天地良心。

　　君子效仿地道酬善之厚德，以仁待天下人。孔子认为仁可以概括为"爱人"（《颜渊》）二字，每个人都要将自己的爱心贯彻于五种人际关系之中。五种人际关系即五伦，指的是君臣、父子、兄弟、夫妇、朋友五种关系。过去封建统治者常将五伦对应的人际交往关系的准则解释为：忠、孝、悌、节、义，或是忠、孝、悌、忍、善，都只强调下对上尽爱心，而无视下层的自尊与人权，这是封建等级、尊卑观念的体现，与孔子的"泛爱众"的观念相违背。孔子主张五伦的双方，爱是互相的，不是单向的。他提出"君君、臣臣、父父、子子"，指君与臣各有各的道德要求，双方都要有自律的精神，君依礼像个君，臣尽忠像个臣，君臣双方都以仁爱之心对待对方。《八佾》篇载："定公问：'君使臣，臣事君，如之何？'孔子对曰：'君使臣以礼，臣事君以忠。'"鲁定公以及后来多数封建统治者往往只强调臣事君须尽忠的一面，臣不尽忠便是大逆不道，而君对臣无礼，则无人敢指责了，甚至臣下对君无礼的行为提出批评，便被视为胆大妄为。孔子当面对鲁定公的错误论调进行批驳，完全是一种大无畏的"逆鳞"之举。孔子主张为君的要以礼待臣，为臣的要忠于职守，行君臣之间的礼义之道；为父母的要慈祥，为子女的要孝顺，保持父母子女之间的骨肉之亲；为丈夫的主外，为妻子的主内，夫妻之间挚爱而又内外有别；为兄姐的要照顾好弟妹，为弟妹的要敬重兄姐，讲究大小之间有尊卑之序；为朋友的要讲信义，朋友之间交往有诚信之德。概括讲，对家庭乃至家族成员方面，主要提倡孝悌、慈爱、亲亲等。对社会成员，主要提倡忠恕、诚信、和谐、恭敬、谦让、泛爱众等。对自己方面，主要提倡克己、律己、守礼，"己所不欲，勿施于人""己欲立而立人，己欲达而达人"等。除此之外，还要爱护自然，与自然和谐共处，《述而》篇记载："子钓而不纲，弋不射宿。"孔子不用大绳拉网来捕鱼，不射杀归巢歇息的鸟。目的就是不对自然界生物赶尽杀绝，不毁坏与人类和谐的自然环境。以仁待天下，完全出于换位思考，推己及人，推己及物。这体现了鲜明的人道主义精神。孔子虽为一介平民，却以圣王般的气魄、大政治家的胆识，替新兴封建地主阶级治国理政设计了根本大法，为几千年大一统封建社会的发展提供了理论基础。

在孔子心目中，上古三代圣王就是自己学习的光辉榜样。以尧为例，尧虽然贵为君王，但他在生活上和普通人一样，冬天穿着兽皮衣，夏天穿着粗布衣，住着茅草房，吃糙米饭，喝野菜汤，《韩非子·五蠹》篇说尧的生活水平还不如一个把守城门的小官吏。然而尧却时时把天下百姓的饥寒痛苦放在心上，把每个人的困难视为自己的困难，若有人不慎犯了罪，他就认为是自己没有管理教育好，责任在自己，是自己把他害了。《说苑·君道》中写道："尧存心于天下……有一民饥，则曰：'此我饥之也！'有一人寒，则曰：'此我寒之也！'一民有罪，则曰：'此我陷之也！'"尧恩惠天下万民的贤德，得到后人的高度赞颂，孔子就赞美说："大哉尧之为君也！巍巍乎！唯天为大，唯尧则之。荡荡乎！民无能名焉。巍巍乎！其有成功也，焕乎其有文章！"（《泰伯》）孔子赞美帝尧伟大，尧能效法天德，他的恩德像天一样广大无边，他创造了丰功伟绩，他的礼仪制度焕发出璀璨的光彩。凡是伟大的政治家，都施惠于万民，造福于后代，老百姓的感恩之情都无法用语言来表述。孔子又赞美舜："舜有臣五人而天下治。"(《泰伯》)治国的关键在于选用贤才，历朝历代莫不如此。孔子仰慕上古三代圣王，神往圣王的盛世，希望自己能成为辅佐明主开创盛世的贤才。

孔子在世时，人们对孔子的赞誉就甚高，如仪地守边的一位官员见了孔子一面，就对孔子的学生们说："天下之无道也久矣，天将以夫子为木铎。"(《八佾》)这位官员告诉孔子的学生："天下黑暗无道义已经很久了，上天将要把你们的老师当作声音洪亮的木铎来唤醒天下人。""天将以夫子为木铎"，也许是司马迁赞誉孔子为"至圣"之前，对孔子的最高评价吧！但孔子一生低调，从不标榜自己，只自觉地以内圣外王的标准来要求自己。内圣可体现为自强，外王可体现为厚德，《易传·象》已将内圣外王的内涵作了最精练的概括。"内圣外王"一词最早出自《庄子·天下》篇，现有文献虽难证明是孔子提出来的，但孔子早已把这一词汇的理念，作为表述儒家传统道德价值观的基本命题，所以后世学者无一例外地将"内圣外王"之道归于孔子的主要思想。内圣旨归在于自我修养道德、人格，使自己成为一名自强不息的君子，外王旨归在于成就一番事业，有惠于万民。孔子说："修己以安人。""修己以安百姓。"(《宪问》)这一思想直接影响后来的儒家学派总结出"身修而后家齐，家齐而后国治，国治而后天下平"(《礼记·大学》)的思想。"修身"成为"内圣"，"内圣"是成为"外王"的前提、起点、基础，"齐家治国平天下"成为"外王"，这是"内圣"的终点、目的、结果。只有内圣，才能够安邦治国平天下，外王实现了，内圣才最终完成。所以修身是内圣之业，而齐家治国平天下则为外王之业。孔子十分清楚道德修养与政治目的相互统一性，他把自身德行的好坏看成推行政治好坏的关键，他要求"外王"必须具有"内圣"的德行，政治家首先出自道德家，统治者有"内圣"的人格魅力，才可能成为天下人爱戴的"外王"。

二、诲人不倦的"万世师表"

孔子又是一位循循善诱、诲人不倦的教育家，他独自大规模地收徒讲学，改变了"学在官府"的旧传统，打破了贵族垄断高等教育的局面，堪称中国教育史上的一大创举，其教育形式为后来的"书院"所继承。孔子主张"有教无类"，使一批贫寒人家的子弟有了继续学习深造的机会，打破了贵族垄断文化的局面。孔子在不能行大道于天下时，给自己确立的使命就是"学而不厌，诲人不倦"（《述而》），他要丰富自己的学识，培养能"弘道"的君子，这正是实现其仁德理想的另一途径。孔子教育的对象、教育的目的，决定了他所采用的教学内容、教学方法、教学形式等。据说孔子培养了3000弟子，其中就有72贤能。这些弟子如同一粒粒种子，撒遍神州大地，他们宣传、发展孔子学说，兴办教育再传授弟子，逐渐形成了庞大的儒家学派，并代代相传，延绵不绝。

孔子教学的主要内容是"志于道，据于德，依于仁，游于艺"（《述而》），这既是他的教育思想，也是对自己及弟子们的基本要求。以行道为志向，以修德为依据，以仁爱为依从，以才艺为常习。道，大小事一以贯之的纲领，是每个人所向往的；德，是把道化为人生指导，体现为一种崇高的精神，是每个人所应恪守的；仁，是道的核心，是每个人所应依从的；艺，是实现道的具体手段，是每个人所应时常练习的。这四句话，概括了孔子的全部教育内容，有纲领、有依据、有依从、有途径，完整而成体系。孔子最担忧学生："德之不修，学之不讲，闻义不能徙，不善不能改。"（《述而》）即品德不修养，学问不讲习，听到正义的呼唤，却不能前去响应，有不好的毛病不能改正。

孔子培养学生，首先启发他们确立远大的人生观，把追求仁德作为自己始终不渝的人生目标，这是任何力量都无法动摇的信念，"三军可夺帅也，匹夫不可夺志也"（《子罕》）。在困顿时刻坚持仁，富贵安逸的时候也如此，在任何时候、任何环境下，哪怕在生死关头，都依仁而行。为了捍卫这一志向，愿为此而献出自己的一切，包括最宝贵的生命在内。既以仁为己任，就积极有为推行仁德，关心社会，忧国忧民，培养自己的历史主人翁的责任心，自觉地挑起以天下为己任、实现世界大同的历史职责。

为培养出能肩负历史重任的优秀人才，孔子特别注重学生的个人道德修养、完美人格的塑造，把个人道德修养的全面性与人格健全的完美性作为堪当大任的必备素质。有道德素养与美好人格的人，必是公而忘私的人，这也是君子贤能与小人的本质区别。孔子说："君子喻于义，小人喻于利。""君子怀德，小人怀土；君子怀刑，小人怀惠。"（《里仁》）为大我，舍小我，满怀家国情怀，这是修养道德、健全人格的根本。这一根本保证了处事讲信用，为人正直善良，待人谦虚厚道，生活节俭朴素，等等。在《论语》中，孔子提出的道德修养的条目多达30多条，对君子人格的塑造起了重要的作用，后来的《大学》篇把孔子道德修养的理论总结为"三纲八目"，概括了孔子培养君子的全过程。

孔子教学方法的最大特点是能够从受教育者的实际出发，对志趣、智能、性格、知识基础不同的学生，以不同的方式，授以不同的教学内容，这就是"因材施教"的方法。即因"材"不同，有针对性地施教，从原来的"材"塑造出新的"人才"来。施教前，他要了解每一个学生的资质，才能有针对性地施教。如他说："师也过，商也不及。""柴也愚，参也鲁，师也辟，由也喭。""回也其庶乎，屡空。赐不受命，而货殖焉，亿则屡中。"（《先进》）孔子在准确掌握了学生们不同性格与禀性的基础上，确定不同内容的教导，如他的几个弟子都请教成仁的含义与从政的知识，孔子根据每个人的特点，有针对性地予以回答。这些答案不是从理论的角度进行全面、准确的阐述，从理论角度分析，这些答案不无偏颇，缺少普遍指导的意义。然而就是这些答案，才真正管用，具体针对每个学生的实际情况，起到了补偏救弊的作用。因材施教就是在教学中贯彻实事求是的路线，最大程度上遵循教学的基本规律。

学习是实实在在的求知过程，必须持科学的态度，来不得半点虚伪。孔子不怕学生不懂或懂得不多，而怕学生不懂装懂，他把学习上老老实实的谦虚态度视为一种自知之"智"。孔子说："知之为知之，不知为不知，是知也。"（《为政》）孔子要求学生实事求是，言行一致，他说："君子耻其言而过其行。"（《宪问》）甚至强调多做事少说话，即"敏于事而慎于言"（《学而》）。在孔子的学生中，颜回是最"好学"的，在孔子看来，颜回也有缺点，孔子曾说："回也，非助我者也，于吾言无所不悦。"（《先进》）"吾与回言终日，不违，如愚。退而省其私，亦足以发，回也不愚。"（《为政》）孔子鼓励学生"慎于言"，是让他们多思，三思而后行，但同时又鼓励他们在老师与同学之间大胆发表自己的看法，互相争辩讨论，哪怕与老师的看法相左也无妨。孔子告诫学生说："三人行，必有我师焉：择其善者而从之，其不善者而改之。"（《述而》）在生活中，到处有"我师"，"善者"值得我学，"不善者"值得我鉴戒。

在教学中，存在着互教互学。孔子公开承认其弟子在某些方面不亚于自己甚至超过了自己，如有一回孔子让子贡与颜回做个比较，子贡说："我怎敢和颜回相比？颜回听到一件事，可以推知其他十件事，我听到一件事，只能推知其他两件事罢了。"孔子说："弗如也。吾与女弗如也。"（《公冶长》）孔子承认颜回具有较强的举一反三的由此及彼的分析判断能力，并且对子贡说："是不如颜回呀，这方面我与你都不如颜回。"孔子能放下身段，在学生面前承认自己在某个方面不如弟子，这是何等的谦虚胸怀！孔子对颜回说："用之则行，舍之则藏，唯我与尔有是夫！"（《述而》）他又说："由也好勇过我。"（《公冶长》）在《论语》中，记有不少孔子从学生身上得到教育和启发的事例，如在《八佾》中记道："子夏问曰：'巧笑倩兮，美目盼兮，素以为绚兮。何谓也？'子曰：'绘事后素。'曰：'礼后乎？'子曰：'起予者商也，始可与言《诗》已矣。'"孔子倡导师生之间、学友之间相帮互学，蔚然形成一种风气，《先进》中的"子路、曾皙、冉有、公西华侍坐章"，生动地描述了他们师生、学友间相互切磋学问、共同交流思想的情景。教学的过程，确实是一个师生思想道德和知识水平相互促进提升的过程。

在教学中，孔子认识到启发式教育的重要性。培养学生的学习兴趣，调动学生的学习主动性，帮助他们树立学习的自觉性，激发学生独立思维的活力，甚至比传授一些专门知识还重要。孔子说："不愤不启，不悱不发，举一隅不以三隅反，则不复也。"（《述而》）"启"与"发"是指启发、开导，其前提是学生具有求知欲。在学生没有引起学习兴趣前，或对不理解的知识被动地接受，只能死记硬背，敷衍塞责。孔子认为如果做不到举一反三，则不必再强制性地重复灌输知识。教授知识的目的是希望学生能"举一反三"，触类旁通。启发式教育调动了学生学习的积极性与主动性，培养了学生独立思考问题的能力。这种启发式教育针对学生的实情而启发诱导，启发的内容随着学生素质的提高而提高，是一种循循善诱的好方法，许多学生对此深有体会，颜回就曾说："仰之弥高，钻之弥坚。瞻之在前，忽焉在后。夫子循循然善诱人，博我以文，约我以礼，欲罢不能。既竭吾才，如有所立卓尔。虽欲从之，末由也已。"（《子罕》）学生学习如果达到"欲罢不能"的程度，就算具备了学习的主动性、自觉性。

求知不仅仅是一个听讲或诵读书本的过程，还是一个思考乃至创新性地理解、掌握知识的过程，把知识转变为自己的一种能力的过程。孔子明白学与思的辩证统一关系，他说："学而不思则罔，思而不学则殆。"（《为政》）指出学与思二者不可偏废。如果光学习不思考，学得再多也会茫然无措，博学而无自己思想的人至多就是一个"双脚书柜"。孔子注重培养学生独立思考的能力，颜回是他最赏识的学生，但只因颜回在他面前不提自己的不同看法，孔子以为他不善于思考，就认为他"愚"。如果光思考不学习，整日苦思冥想，即陷入想入非非的危险境地。孔子因此又

说："吾尝终日不食，终夜不寝，以思，无益，不如学也。"(《卫灵公》)
学与思也不是截然分开的两个阶段，有时学中有思，思中有学，结合得非常密切。学中有思，则对所学理解得更深，思有不解再去学，因学而豁然开朗，使所思更加深入。孔子教导学生学思并举，学与思好比行舟的双桨，缺少哪个都难以到达知识的彼岸。

孔子同时还针对弟子的兴趣与发展趋向，在引导他们"志于道，据于德，依于仁，游于艺"的基础上，传授不同的专业知识，使弟子们能扬长避短、各尽其才，如"德行：颜渊、闵子骞、冉伯牛、仲弓。言语：宰我、子贡。政事：冉有、季路。文学：子游、子夏"(《先进》)，这恐怕是中国教育史上"分科"的开始。

孔子招收学生，本着"有教无类"的原则，在教学中采用"因材施教"的方法，善于运用启发式教育，着重培养学生学习的主动性与独立思考的能力，这些实践都是其"爱人"的观点在教学上的体现。不论对弟子满怀喜悦的表扬，还是严厉的批评，都显示着孔子的高度责任心与对弟子们的一片诚挚的爱心，希望他们个个都成为社会的有用人才。在日常生活中，孔子对弟子也体贴入微：冉伯牛病重，孔子忧心忡忡，亲自去进行慰问；颜回早逝，孔子呼天抢地，悲痛欲绝。对学生既严格要求又无微不至地关怀，对学生既是严师，又如慈母一般。孔子在教学中摸索出的诸如因材施教、启发式教学、学无常师等原则，至今仍是行之有效的教学方法，孔子无愧于"万世师表"的殊荣。

三、学而不厌的乐学者

孔子还具有执着好学、学而不厌的学者风范。孔子说："十室之邑，必有忠信如丘者焉，不如丘之好学也。"(《公冶长》)孔子不仅从未以"圣人""仁人"自居，而且也过谦地评价自己，一向以忠信为人生信条的他竟认为忠信如自己的人比比皆是，这是多么的谦逊！但他又十分自信地认为自己是一个好学的人，这是他认为的确实是他人不及自己的地方。他也要求每一个君子应是个"好学者"，因为只有好学才能明理，从而克服自身弱点，获得君子应该具备的各种美德。他说："好仁不好学，其蔽也愚；好知不好学，其蔽也荡；好信不好学，其蔽也贼；好直不好学，其蔽也绞；好勇不好学，其蔽也乱；好刚不好学，其蔽也狂。"（《阳货》）"仁""知""信""直""勇""刚"是人的六种美德，然而如果"不好学"，又都容易走向其反面——"愚""荡""贼""绞""乱""狂"。有好的美德再加上"好学"，才能发扬其美德，补救其弊端，才能担当起济世救民的重任。孔子从不好学的弊端来强调了好学的意义。

君子"好学"不是应付一时之用，而是要将"好学"贯彻终生，要把学习当作人生最大的乐事，《论语》第一句话就是："学而时习之，不亦说乎？""好学"也决定了学习的质量，孔子说："知之者不如好之者；好之者不如乐之者。"（《雍也》）只有"好学""乐学"，才能以苦读为享受，才能自觉地一辈子好学，而且平时就能争分夺秒地学，常怀"学如不及，犹恐失之"（《泰伯》）的紧迫感、危机感。孔子把学习视作完善人格修养，从而实现人生理想的唯一途径。学习如此重要，所以他把学习当作人生大事、快事来看待，对此乐而不倦。他说："默而识之，学而不厌，诲人不倦，何有于我哉？"（《述而》）孔子一生别无所求，只求把所学的知识默默地记住，努力学习而不厌烦，教导别人而不感到疲倦。孔子强调学习的目的在于领会知识、运用知识，所以博闻强记不仅是对学生的要求，也是对自己的鞭策。孔子一生主要从事教学，他深刻地理解"学"是诲人的基础，不学何以诲人？"学"不可浅尝辄止，而应以不厌其烦与永不满足为前提。

孔子要求他的学生一心向学，不要孜孜追求安逸温饱。《学而》篇记载他的教导："君子食无求饱，居无求安，敏于事而慎于言，就有道而正焉，可谓好学也已。"孔子认为：君子之所以好学，在于有崇高的人生价值观，君子不追求丰美的饮食、安逸的住所。但是不论在古代或当代，物质的诱惑力是巨大的，一些人为了追求美食、豪宅，甚至灯红酒绿的腐化堕落生活，一心钻营，违法乱纪，他们哪有心思去学习？也许记住些官场奉迎的官话、空话、虚话，装一下门面，他的步伐却一步步滑向犯罪的深渊。至于"敏于事而慎于言，就有道而正焉"，就根本谈不上了。相比之下，君子对物质生活要求很低，但对好学的标准要求是很高的。

一般人说起好学，可能会马上想到如饥似渴地博览群书、广泛汲取知识。孔子是个好学的人，他也很爱读书，广泛学习传统文化知识，他自比老彭，"信而好古"，他欣赏"尽善尽美"的《韶》乐，竟三月不知肉味。他喜讲雅言，入太庙，"每事问"，晚年发愤攻读《易》，以至于流传着"韦编三绝"的故事，等等。由于酷爱传统文化，孔子成为上古三代文化的整理者与传承者，他攻读、整理文献孜孜不倦，后世甚至把他作为刻苦治学的典范。但孔子所说的好学，除了博以文、约以礼外，还特别重视向他人，尤其是向那些贤能之人学习。"就有道而正焉，可谓好学也已。"（《学而》）特别看重于用模范人物来规范自己的言行，看重于向榜样学习请教，看重于纠正自己的缺点。他不担心掌握不了多少文献知识，担心的是不能按仁道去身体力行，在《述而》篇中他说："文，莫吾犹人也，躬行君子，则吾未之有得。"这是说："文献典籍方面的学问，大概我和别人差不多，至于和身体力行的君子比，我还有没达到的地方。"这绝不是虚伪，更不是自卑，只有这样虚怀若谷，才能虚己受人，永远向上进步，从而达到别人难以达到的高度。在向他人学习的过程中，每日"三省吾身"，时刻检点自己，常与他人比较，"见贤思齐焉，见不贤而内自省也"（《里仁》）。在比较的过程中，较多地看到别人的优点，严格地找出自己的缺点。要本着谦虚的态度，不耻下问，学无常师，孔子主张"三人行，必有我师焉！择其善者而从之，其不善者而改之"（《述而》）。在这方面，他十分赞赏孔文子的好学精神。孔文子是卫国的大夫，姓孔，名圉（yǔ），字仲叔，"文"是他的谥号。《公冶长》篇记载："子贡问曰：'孔文子何以谓之文也？'子曰：'敏而好学，不耻下问，是以谓之文也。'"子贡问孔子："孔文子凭什么能得到'文'的谥号？"孔子回答说："他悟性敏捷而又虚心好学，不以请教比他地位低的人而感到羞耻，所以才有'文'的谥号。"孔圉是卫国的老臣，位高权重。位高者往往不好学，更耻于下问，孔圉既能勤勉好学，又能向地位低下的人请教且不以为耻，实属不易，难能可贵。"文"在先秦时就有多种含义，博闻、审问、慎思、明辨、好学等都属"文"的范畴。孔子认为不管孔圉是否具备以上的知识或能力，仅凭"敏而好学，不耻下问"，得到"文"的谥号也是合适的，可见"不耻下问"是多么的重要。君子任重而道远，学习就是完善人格修养，从而实现人生理想的重要途径。君子要担当起济世救民的重任，就得把好学与实现仁联系在一起。

孔子不仅好学，而且有比好学还要酷爱学习的乐学精神。好学与乐学的含义看似差不多，但细比较二者还有些区别。好学把学习看得十分重要，学习能成己成仁，因而能刻苦地去学习。而乐学不仅早把学习当作实现仁德的途径，而且还把学习视作如同呼吸、吃饭、睡觉一样不能废止的日常生活的重要组成部分，甚至当作生命的构成部分，偶然停止了学习就会惶惶不可终日。所以在学习的过程中，从未感到学习是件吃苦的事，而是把学习当作一种快乐生活来享受。乐学比起好学来，学习的自觉性更强，求学的范围更广，钻研的意志更坚，涉及的知识面更宽，思考问题更有深度，学习的效果更好，因而乐学精神更近乎仁德。孔子的学生深解夫子的乐学品格，子夏说："博学而笃志，切问而近思，仁在其中矣。"（《子张》）孔子一生乐学不辍，把学习当作人生的主要追求，甚至说："默而识之，学而不厌，诲人不倦，何有于我哉？"其乐学不懈的目的就是要实现他的仁道，他清楚非乐学不能为其实现远大理想提供巨大的动力。

四、完美的君子人格

孔子是中国人形象的代表，因为他具有完美的人格，即君子人格。人格是人的性格、气质、能力、道德品质等素质的体现，每一个阶级、阶层乃至每一个人所推崇的人格，就是自己的理想模式。先秦时期，不同的学派不仅有各自的学说主张，同时也有各自追求的人格。孔子推崇的是有仁德理想和道德、多才多艺、有治理政事才能、能施惠于民、刚烈正直、爱憎分明、具有远大人生追求的君子人格。

君子与小人划分的标准，在孔子之前是以社会地位划分的。君子是社会上层统治者和贵族男子的通称，小人指社会下层被统治的体力劳动者，如《诗经·谷风之什·大东》："君子所履，小人所视。"孔颖达《毛诗正义》曰："此言君子、小人，在位与民庶相对。君子则引其道，小人则供其役。"《尚书·无逸》："生则逸，不知稼穑之艰难，不闻小人之劳，惟耽乐之从。"小人往往指那些社会下层务农的农奴，有时也称"野人"。但到孔子这里，君子与小人都赋以道德人格的判断，从而改变了传统的判断概念。如《为政》篇中有"子曰：'君子周而不比，小人比而不周。'"孔子说："君子互相团结而不图利益勾结，小人虽然暂时勾结却并不团结。"《里仁》篇中有"子曰：'君子怀德，小人怀土；君子怀刑，小人怀惠。'"孔子说："君子关注德行修养，小人顾念乡土安逸；君子关心国家法律制度，小人关心个人利益。"在《论语》中以道德标准划分君子与小人的论述特别多，于是君子成了有德有才人格的代名词，小人成了缺德少才人格的代名词。

君子把追求仁德作为自己始终不渝的人生目标，这是任何力量都无法动摇的信念，"三军可夺帅也，匹夫不可夺志也"（《子罕》）。为了捍卫这一志向，君子愿为此而献出自己的一切，包括最宝贵的生命在内。孔子说："无求生以害仁，有杀身以成仁。"（《卫灵公》）在任何时候、任何环境下，都依仁而行。"君子无终食之间违仁，造次必于是，颠沛必于是。"（《里仁》）为了实现君子的人生目标，他积极入世，以仁为己任，关心社会，忧国忧民。孔子曾赞扬蘧伯玉说："君子哉蘧伯玉！邦有道则仕，邦无道则可卷而怀之。"（《卫灵公》）他还说过："危邦不入，乱邦不居。天下有道则见，无道则隐。"（《泰伯》）但他自己不论邦有道还是邦无道，都一样富有社会责任感。邦有道则积极弘扬仁道；邦无道，也积极去改变局面，甚至"知其不可而为之"（《宪问》），反对"危而不持，颠而不扶"（《季氏》）。不论穷达，孔子都不失其正人君子的气节，守善道而知进退。为了维护仁，关键时刻勇于舍身，生活中的贫穷又算得了什么？孔子曾说："饭疏食，饮水，曲肱而枕之，乐亦在其中矣。不义而富且贵，于我如浮云。"（《述而》）孔子的高风亮节就如高山一样崇高巍峨而令人瞻仰，孔子所倡导的修身之道就如坦途一样平直而使人乐于去遵循。

　　孔子坚信每一个君子都能具备完美的人格，他认为"为仁由己"（《颜渊》），"我欲仁，斯仁至矣"（《述而》）。在追求"济天下"或"善其身"的过程中，"君子求诸己"（《卫灵公》），不去苛求别人，充满求仁得仁的自信心，就能自觉地挑起以天下为己任的历史职责。孔子的学说是"仁学"，也是"人学"，其学说首先揭示了"人"的价值，才为其"爱人"的理论奠定了坚实的基础。孔子的学说之所以区别于宗教，就在于宗教信奉神，靠神来赎罪，靠神来拯救人的灵魂；而孔子的学说完全相信人本身，靠人的自身能力去"齐家、治国、平天下"。孔子的学说也与先秦其他学派有区别，道家信仰的是无为的自然，法家信仰的是严峻的法律，而孔子信仰的是人，是具有道义的君子。总之，孔子是一个性格刚正、积极有为、富有正义感的人。他的君子人格影响了他的弟子及后人，他们的人格就是按照孔子的人格去塑造的。君子是中国人崇拜的对象，是代表着有理想、有觉悟、有能力、推动历史进步的社会健康力量。

　　《论语》中孔子的形象，在每个人心中可能各异，但可以达成共识，概括升华为一个"万世师表"的形象，一个道德高尚的仁爱大众的"至圣"形象，一个中华民族代言人的君子形象。孔子的思想与人格为全世界所敬仰，世界各地纷纷建立孔子学院就是有力的证明。孔子的仁爱思想是维护世界和平的巨大精神力量，如能做到"己所不欲，勿施于人""四海之内皆兄弟"（《颜渊》），何愁人类不能和平发展而达到大同？

诵读《论语》，就会感受到古道热肠的孔子，如同教导他的弟子一样，在教导我们立志图强，惜时好学，向善思贤，爱人济众。他的话语如同和风细雨，滋润着我们的心田。他的崇高人格、美好的理想、傲岸的气度、博大的襟怀、守正谦恭的修养，使我们找到了道德修养的标尺、立业报国的途径、学习的榜样与奋斗的目标。诵读《论语》，在琅琅的书声中，在浓浓的书香中，见贤思齐，培养自己的浩然正气。《论语》凝聚着孔子的智慧，具有震撼亿万人心灵的力量，每一段精辟的话语，都会化作一粒粒精神的种子播入我们心田，在我们的心田慢慢发芽成长，最终结出丰硕的精神新果。我们每日与经典为伴，与大师对话，耳濡目染，我们的心灵何愁不与大师沟通？我们以圣贤为榜样，"吾日三省吾身"（《学而》），我们的精神世界离圣贤的距离还会远吗？

第三节 《大学》《中庸》对孔子仁学的阐释

一、《大学》阐释孔子仁学的"三纲八目"

四书中的《大学》据传为孔子弟子曾参（前505—前436）所作，人称其是儒家思想的入门必读经典。《大学》分为经、传两部分，朱熹认为"经"是曾参记述孔子之语，"传"是曾参门人记述曾参之言。朱熹说："子程子曰：'《大学》，孔氏之遗书，而初学入德之门也。'于今可见古人为学次第者，独赖此篇之存，而《论》《孟》次之。学者必由是而学焉，则庶乎其不差矣。"（朱熹《大学章句》）所以，朱熹把《大学》视作初学儒学者的入门教材，将其列为四书之首。《大学》开篇第一句就是："大学之道，在明明德，在亲民，在止于至善。"明明德、亲民、止于至善，这三者为大学之道。一句短语就把大学的宗旨纲领点出来，"明明德、亲民、止于至善"，此谓三纲。所谓"明明德"，就是发扬光大人所固有的、天赋的光明道德。这一概括非常准确地揭示了儒学的基本精神，也道出了《大学》的宗旨就是要弘扬高尚的德行，关爱人民，使自己的道德精神达到一个最善的境界。要实现这些目的，有其可达的途径，这就是《大学》接下来提出的格物、致知、诚意、正心、修身、齐家、治国、平天下八个环节，即所谓八目。其中，"格物、致知、诚意、正心、修身"，专注于修养，属"内圣"之学；"齐家、治国、平天下"，专注于行为规范及治政之事，属"外王"之学。修德、爱民，成为有道德的君子，具备"内圣"之德，从而实现"外王"之功。成为内圣，就是成己，即个体精神追求仁，使自己成为仁人，正如《中庸》篇说："成己，仁也。"外王，就是个体行为体现仁，成就仁的事业，这就是成仁，具体到执政者来说，就是推行仁政。这与孔子讲的"修己以安人""修己以安百姓"（《论语•宪问》）。完全是同一个观念。先成为仁人，再实现仁政而"安人"。《大学》的三纲八目对孔子的仁学作了一个高度概括。三纲是道德修养的方向与道德修养所达目的的最高标准，八目是道德修养与所达目标的主要途径、方法与具体体现，都着重阐述了个人道德修养，尤其是为政者的道德修养，直接关系到社会治乱与国家的兴亡。

《大学》提出三纲八目后，对三纲八目进行详细阐述，无处不体现着儒家仁学的观点。如仅提到"仁"的地方就有："为人君，止于仁；为人臣，止于敬；为人子，止于孝；为人父，止于慈；与国人交，止于信。""一家仁，一国兴仁；一家让，一国兴让；一人贪戾，一国作乱，其机如此。""尧、舜率天下以仁，而民从之。""唯仁人放流之，迸诸四夷，不与同中国。此谓唯仁人为能爱人，能恶人。""仁者以财发身，不仁者以身发财。未有上好仁而下不好义者也，未有好义其事不终者也。"

《大学》文辞简约，内涵深刻，阐明了儒家道德修养的基本原则和目标，以及关于道德修养的内容、方法、次序与途径，宣扬了儒家的治政之道。其核心就是极简要极通俗地阐释了孔子的仁学思想。"三纲八目"是"大学之道"的核心，其最终目的是达到"至善"，这个"至善"，既是指成就至善的个体，即修炼成至善的仁人，也指营造至善的人与人之间的关系，乃至创建至善的社会制度，维护至善的生存环境。三纲八目是《大学》的重点，虽然讲的是修身的步骤，但以"仁"为核心，以达到至善为目的，这完全符合孔子的仁学精神，与孟子的"性善论"理念相一致。

朱熹认为："先读《大学》，以定其规模；次读《论语》，以定其根本；次读《孟子》，以观其发越；次读《中庸》，以求古人之微妙处。"（《朱子语类》）其将学子入门升阶最后进入儒学堂奥的路径标示得清清楚楚。朱熹著《四书章句集注》，具有划时代意义。所以有人说汉唐是五经时代，南宋之后是四书时代。

二、《中庸》追求"致中和"

据司马迁说，《中庸》出于孔子的孙子子思（前483—前402）之手，《史记·孔子世家》记载："孔子生鲤，字伯鱼。伯鱼年五十，先孔子死。伯鱼生伋，字子思，年六十二。尝困于宋。子思作《中庸》。"传说子思曾受业于孔子学生曾参，孟子又受业于子思之门人，孔子去世后，儒家分为八派，子思是其中一派，其《中庸》被人们认为是"孔门传授心法之作"。孟子又与子思有师承关系，所以荀子在其《荀子·非十二子》中把子思和孟子看成是一个学派，称为思孟学派。从《中庸》和《孟子》的基本观点来看，这种认识大致是准确的。子思与孟子都以继承孔子道统为己任，并发展了孔子的仁学思想，后代因此尊称子思为"述圣"，尊称孟子为"亚圣"。朱熹说："若吾夫子，则虽不得其位，而所以继往圣、开来学，其功反有贤于尧、舜者。然当是时，见而知之者，惟颜氏、曾氏之传得其宗。及曾氏之再传，而复得夫子之孙子思，则去圣远而异端起矣。子思惧夫愈久而愈失其真也，于是推本尧、舜以来相传之意，质以平日所闻父师之言，更互演绎，作为此书，以诏后之学者。"（朱熹《中庸章句•序》）郑玄在《三礼目录》中也说："《中庸》者……孔子之孙子思伋作之，以昭明圣祖之德。"《中庸》大概经过后人的修改，文中所提到的《论语》《孟子》甚至《大学》的篇名，不是旧本一般取正文开头的几个字为题，而是以文章的主题为题了，这应该是孟子之后的学人所为。

《中庸》的"中"即中正之意，不偏不倚，无过无不及，含适度、正当之意。《尚书•大禹谟》有："允执厥中。""庸"即运用的意思，《尚书•大禹谟》："无稽之言勿听，弗询之谋勿庸。"《中庸》讲的是"中庸之道"，也就是中正之说。《中庸》中说："执其两端，用其中于民。"这种"执两用中"，就是舍弃"过"与"不及"两端，而"允执厥中"，亦即奉行了中庸之道。朱熹在注中说："中庸者，不偏不倚，无过不及而平常之理。"儒家认为道德标准达到中庸的高度，就是达到最高的境界了。"中庸之为德也，其至矣乎！"（《论语•雍也》）

《中庸》的理论主要范畴是"中""和"，认为能"致中和"，就做到了"中庸"，即事物达到了合适的、和谐的境界。《中庸章句》中载："喜、怒、哀、乐之未发，谓之中；发而皆中节，谓之和。中也者，天下之大本也；和也者，天下之达道也。致中和，天地位焉，万物育焉。"朱熹注曰："喜、怒、哀、乐，情也。其未发，则性也，无所偏倚，故谓之中。发皆中节，情之正也，无所乖戾，故谓之和。大本者，天命之性，天下之理皆由此出，道之体也。达道者，循性之谓，天下古今之所共由，道之用也。此言性情之德，以明道不可离之意。"《中庸》的"致中和"，是孔子"中和"思想的继承与发挥。孔子说："君子和而不同，小人同而不和。"(《论语·子路》)君子能与人和谐相处，但在原则问题上不盲目苟同他人，君子间这种和谐是永久的有差别的统一；小人放弃原则只是趋炎附势盲从附和，却不能与他人真心和谐相处，小人间这种暂时附和是无差别的统一。君子交往，虽然观点有时不一，却能协调不同意见，但不放弃原则而盲目附合，此谓和而不同。小人所持观点即使在利益面前暂时取得一致，互相之间也不能长久和谐，在同流合污中还时时勾心斗角，此谓同而不和。孔子的和同观念已上升到辩证法的高度，是判断是否符合仁道的一个基本原则。它承认事物存在着矛盾双方的对立面，事物超过一定的限度就转化为其反面。只要"致中和"，就能守住中正的正确限度，就不会使事物走向极端。

子思著述的目的是通过《中庸》来进一步阐释孔子的"至德"，而孔子的至德集中表述就是仁。中庸之道是达到仁德的方法论，就是孔子一以贯之的仁人为人处事的方法与原则，中庸本身就是一种至高无上的美德。孔子说："不得中行而与之，必也狂狷乎。狂者进取，狷者有所不为也。"(《论语·子路》)"中行"，指行为合乎中庸之道。孔子说的意思是：交朋友如果遇不到言行合乎中庸之道的人，所交往的人就一定是狂者与狷者，狂者过分勇于冒进，是谓"过"；狷者胆小不敢有所作为，是谓"不及"。狂者的长处是志向远大，充满自信，短处是想法不切实际，做法脱离现实。狷者的长处是安分守己，短处是甘于平庸，缺少上进之心。交朋友应交合乎中庸之道的人，就是非狂非狷的"君子"。孔子又说："质胜文则野，文胜质则史。文质彬彬，然后君子。"(《论语·雍也》)"质"指内容，"文"指形式。对于君子修身来说，"质"就是仁，"文"就是礼，仁统摄礼，礼体现仁，二者不可偏废其一。缺少礼则显得粗野，礼数过多，则显得虚伪，仁与礼相济，就达到了君子仁礼兼备的标准。

《中庸》引孔子语："修身以道，修道以仁。仁者，人也，亲亲为大。""好学近乎知，力行近乎仁，知耻近乎勇。知斯三者，则知所以修身；知所以修身，则知所以治人；知所以治人，则知所以治天下国家矣。"
根据孔子的教导，《中庸》把知、仁、勇视为天下最高的德："天下之达
道五，所以行之者三。曰：君臣也，父子也，夫妇也，昆弟也，朋友之交
也；五者，天下之达道也。知、仁、勇三者，天下之达德也，所以行之者
一也。"《中庸》认为君臣、父子、夫妇、兄弟、朋友之间的关系，是人
间基本的五项伦常关系，智、仁、勇这三种德行就是用来处理人间伦常关
系的。所以"知、仁、勇三者，天下之达德也"。至于这三种德行的实施，
其目的都是一样的。用知、仁、勇三项高标准来要求，其实孔子所说的
"好学""力行""知耻"也未完全达到。"好学""力行""知耻"不过就
是近乎知、近乎仁、近乎勇的三种表现形式，而真正达到知、仁、勇，则
达到天下至高的德行了。

实现"修、齐、治、平"，其基础或根本在于通过修身而成为仁人，
成为内圣才有成为外王的基础与必备的条件。修身以道，修道致仁，不论
修身还是修道，最终还是用仁来规范，也就是不论修身、齐家还是治国
平天下，仁是所有行为的标准。《中庸》有时把成为内圣与外王，说成是
"成己"与"成物"："成己，仁也；成物，知也。性之德也，合外内之道
也，故时措之宜也。"完善自我是仁人，成就事业是智慧。仁和智出于人
的善性，合乎主观与客观的准则，是行之四海而皆准的真理。成己，虽然
意指修炼成为仁人，但仁人必须将仁德推广到他人和一切事物当中去，也
就是说，从内圣扩展为外王，才算真正的成仁，也就是达到"修己以安
人""修己以安百姓"（《论语·宪问》）。《中庸》将孔子的意思换了一种说
法，就是：

> 故君子之道，本诸身，征诸庶民，考诸三王而不缪，建诸天地而
> 不悖，质诸鬼神而无疑，百世以俟圣人而不惑。质诸鬼神而无疑，知
> 天也；百世以俟圣人而不惑，知人也。是故君子动而世为天下道，行

而世为天下法，言而世为天下则。远之则有望，近之则不厌。

　　君子应以自身的德行修养为根本，自己的行为合不合君子之道，要听取老百姓的评价与对照往昔三代先王的主张去验证，都无背谬的话，立身于天地间就没有谬误，质询于鬼神就没有疑问，这就已经达到"知天"；待到后世圣人也都理解，这已经达到"知人"。这就是修己的高境界！如此，举止能成为天下人的先导，行为能成为天下人的法度，语言能成为天下人的准则。名声播于远方，近处无人厌恶，这不就是外王吗？

　　孔子说："中庸之为德也，其至矣乎！"（《论语·雍也》）《中庸》又引他的话："天下国家可均也，爵禄可辞也，白刃可蹈也，中庸不可能也。"孔子把中庸视作最高的德，要获得这种至德，甚至比治国平天下还难，官爵俸禄可以放弃，刀山可以踏过，中庸却不可轻易获得。孔子把仁视为最高的道德准则，这里又将中庸视为最高的道德标准，其认识是否存在着矛盾？是否能自圆其说？其实，孔子的中庸思想与他的仁学观念是一致的，并不矛盾。正如孔子主张的"仁"，是在三代"德"的基础上进一步升华、概括出来的新的规范人们思想行为的最高准则，他的仁学观念是三代德的思想观念的继承与发展，二者并不是对立与矛盾的关系。他的中庸思想也是对商、周"中和"思想的继承与发展。《尚书·盘庚》中有"各设中于乃心"句，这里的"中"相当于"中心""核心"意，这句是盘庚提醒大家各自将迁徙核心任务存念于心。《周礼·春官宗伯·大司乐》："中、和、祗、庸、孝、友。"注："和，刚柔适也。"和，作为人际关系，就是和谐；作为行为准则，就是无过无不及，刚柔适中。《中庸》的核心就是"中"与"和"，把"中""和"视为世界最根本的法则。又认为人的自然禀赋叫作"性"，人性是天赋的，天命就是性，顺着人的本性而行事便是行道，行道的前提是修道，修道就是教，教育就是要唤醒人的本性。当喜怒哀乐之情蕴于心中时，由于保持着人的本性，这时叫作

"中"；感情表现出来以后符合伦理、行为准则时，叫作"和"。"中"是天赋的人的本性，"和"是天下人所遵循的原则，只要达到"中和"的境界，天地便各得其位了，万物便繁育了。《中庸》首先从情感的角度切入，对"中""和"作了基本的解释，点出了《中庸》全篇的主旨。

《中庸》宣扬"中庸之道"的目的，即以"中和之道"来行教，旨在培养坚守仁道、刚正不阿、不偏不倚的君子。不论在任何环境中，都要坚持儒家做人处事的原则，以独立的人格和坚定的信念，通过"道中庸"而达到"极高明"的精神境界，成为济世泛爱众的圣贤之人。"中庸之道"阐述了儒家成己成物的正确方式方法，也就是指出了儒家成仁的正确途径，体现了儒家仁的重要观念。强调中庸思想的价值及其重要性，与宣扬儒家仁学的重要性并不矛盾，如果概括二者的关系，中庸思想是儒家仁学的重要组成部分，儒家的仁学在阐述其思维方式上则主要体现为中庸思想。

三、诚之者人之道

一篇《中庸》主要阐述的是如何成为一个仁人和如何成就仁人事业。如何成为一个仁人？首先要"率性"，《中庸》："天命之谓性，率性之谓道。"天赋予人的本质叫作"性"，按照性而行事就是道。这简直就是孟子"性善论"的先声。如何能始终保持天赋的本性而不是违背天赋的本性，并能率性而行？《中庸》认为努力以"诚"就能达到"率性"："诚者，天之道也；诚之者，人之道也。诚者，不勉而中，不思而得，从容中道，圣人也。诚之者，择善而固执之者也。"这与《孟子•离娄上》的"诚身有道，不明乎善，不诚其身矣。是故诚者，天之道也；思诚者，人之道也。至诚而不动者，未之有也；不诚，未有能动者也"，如出一辙。

如果说"性"属先验的天赋本性，那么，"诚"就属后天的道德修养所达到的理想境界。《中庸》说"诚者，天之道也"，指人的"诚"原是人们的善性，是天赋的，所以称"天之道"，不用勉强就能做到诚，不用思考就能具备诚，即自然而然地保持着天性。但在现实中，只有圣人才能做到率性而诚，即天生的诚。而"诚之者，人之道也"，是指非圣人即一般人要具备诚，就要"择善而固执之"，即通过选择善德而执着地追求才能获得诚的品德。否则，"不明乎善，不诚其身矣"。朱熹《中庸章句注》："诚者，真实无妄之谓，天理之本然也。诚之者，未能真实无妄，而欲其真实无妄之谓，人事之当然也。"在《中庸》的作者看来，诚是人的天性，然而只是圣人所固有，故曰天道。一般人只有通过"思诚"，才能致诚。

《中庸》曰："唯天下至诚，为能尽其性；能尽其性，则能尽人之性；能尽人之性，则能尽物之性；能尽物之性，则可以赞天地之化育；可以赞天地之化育，则可以与天地参矣。"君子不自欺，不欺人，不欺天。不欺天就是知天，就是不违自然之道，将人道与天道相沟通。"致诚"之说，具有本体论和认识论的双重意义，通过追求诚，可使人达到天人合一的道德境界，甚至使自己与天地相并列，而成为"天地人"三者中的重要角色。只有具备了"至诚"，才能具备治理天下的本领，建立起指导天下的根本法则，知道天地万物变化的规律，成为明事理、有智慧、懂规律的人。所以《中庸》说："唯天下至诚，为能经纶天下之大经，立天下之大本，知天地之化育。"

如何做到诚？"择善固执"只是选定目标，如何实现这一目标？要通过"博学、审问、慎思、明辨、笃行"等行为来实现。这就是《中庸》所说的"博学之，审问之，慎思之，明辨之，笃行之。有弗学，学之弗能，弗措也；有弗问，问之弗知，弗措也；有弗思，思之弗得，弗措也；有弗辨，辨之弗明，弗措也；有弗行，行之弗笃，弗措也"。用"弗措"即不止息的奋斗的精神，去"博学、审问、慎思、明辨、笃行"，既尊重天赋德性，又重视问学的积累，即"尊德性而道问学"，再通过长期的修炼，使本然之性实现自觉的状态，自觉地率性而行，使自己成为一个真正诚实求真的人。

　　在修炼德行方面,《中庸》强调修炼的高度自觉性,提倡"慎独"精神:"道也者,不可须臾离也,可离,非道也。是故君子戒慎乎其所不睹,恐惧乎其所不闻。莫见乎隐,莫显乎微,故君子慎其独也。"君子的诚是一贯的,即使在无人监督而独处时,对自己的行为仍须谨慎,自觉遵循儒家的道德规范。《大学》中也说:"诚于中,形于外,故君子必慎其独也。"正像曾参那样,做到"吾日三省吾身"。《中庸》把曾参的"内省"修养方法发展到"慎独",自觉修养到"诚"的境界,便可"率性、存诚",建立起安身立命的"大本"。

　　《中庸》著者以自身的德行修养为阐述的重点,修身的主要途径是"率性""至诚""慎独"。但是一个仁人,并不是通过"率性"、"至诚"与"慎独",仅仅成为一个内圣就终止,而是要以内圣来完成外王的事业,也就是以完成仁人的事业为终极。为此,《中庸》指出了"内圣外王"的九条原则及其效果,"曰:修身也,尊贤也,亲亲也,敬大臣也,体群臣也,子庶民也,来百工也,柔远人也,怀诸侯也。修身则道立,尊贤则不惑,亲亲则诸父昆弟不怨,敬大臣则不眩,体群臣则士之报礼重,子庶民则百姓劝,来百工则财用足,柔远人则四方归之,怀诸侯则天下畏之"。通俗讲就是:修养自身以确立正道,尊崇贤人就不会有困惑之处,亲爱亲族就不会惹族人怨恨,敬重大臣就不会遇事无措,体恤群臣就会得到他们竭力报效,爱护老百姓,他们就会忠心勤勉,款待各种工匠,则财用就会满足,宽容域外来人,四方百姓就会纷纷归顺,安抚好各路诸侯,天下人也会敬而畏之。《中庸》所谓的"修、尊、亲、敬、体、子、来、柔、怀",就是对"修、齐、治、平"的细化,也是"内圣外王"说的具体阐述,修身成内圣,能见贤思齐,遵守孝道,亲亲相亲和谐。成为外王,就能爱臣民如子,如优待工匠,欢迎远客,安抚诸侯。《中庸》制定的九条原则,无不体现着仁人的"爱人"精神。

四、中也者天下之大本

不论待人接物，或要成为一个仁人或成就一项仁人事业，都必须具备"至德"。孔子认为"至德"就是"中庸"，他说："中庸之为德也，其至矣乎。"（《论语•雍也》）朱熹《中庸章句注》引程子的话："不偏之谓中，不易之谓庸。中者，天下之正道，庸者，天下之定理。"朱熹又解释说："盖凡物皆有两端，如大小、厚薄之类，于善之中又执其两端，而度量以取中，然后用之。"具备了中庸这一"至德"才能达到"至道"，即修成内圣，成就外王。《中庸》还说："故曰苟不至德，至道不凝焉。故君子尊德性而道问学，致广大而尽精微，极高明而道中庸。温故而知新，敦厚以崇礼。"从孔子到《中庸》的著者，把"中庸"视为规范人们思想行为的最高准则，甚至是人类最高最普遍的法则，表明儒家伦理思想和方法论具有了一致性。遵循中庸法则，可让矛盾的事物达到平衡，使社会得到和谐发展，甚至使天地万物各得其所，兴旺繁荣。

在《中庸》中，有时把中庸称为"中道""中""和""中和""中正"等，如："诚者，不勉而中，不思而得，从容中道，圣人也。""喜怒哀乐之未发，谓之中；发而皆中节，谓之和。中也者，天下之大本也；和也者，天下之达道也。致中和，天地位焉，万物育焉。"当将中庸视为方法论时，其基本含义就是做人做事都保持"中"，不左不右，无过无不及，正如朱熹所说："所谓中之道者，乃即事即物自有个恰好底道理，不偏不倚，无过不及。"（《朱文公文集•答张敬夫》）这个无过无不及的"中"，其标准就是"守礼"或"行礼"。《礼记•仲尼燕居》："子贡越席而对曰：'敢问将何以为此中者也？'子曰：'礼乎礼！夫礼所以制中也。'"

《中庸》也把礼视为圣人之道："大哉圣人之道！洋洋乎！发育万物，峻极于天。优优大哉！礼仪三百，威仪三千。待其人而后行。"然而礼不是一成不变的，在此时此地此情势下的"中"，到彼时彼地彼情势下就不是"中"了，因此要审时度势，灵活处置，把握住不断变化而新产生的"中"，这就是孔子所谓的"时中"。《中庸》引孔子的话："君子中庸，小人反中庸。君子之中庸也，君子而时中；小人之中庸也，小人而无忌惮也。"时中，就是能适应变化的形势，随时都"发而皆中节"，做到永远符合礼的要求，立身行事永远遵守中道。

在执行中庸之道时，还需要处理好"和"与"同"的关系。"和"当然属中庸的范畴，强调各种对立因素的和谐统一。"同"指人为地取消对立因素的差异，强调简单的同一。孤立单一的同一，不能构成事物的完善，只有各种对立因素的和谐统一，才能构成事物的完美。在《论语·子路》中孔子提出："君子和而不同，小人同而不和。"何晏注："君子心和，然其所见各异，故曰不同。小人所嗜好者同，然各争利，故曰不和。"孔子强调君子之间的矛盾不是相互敌对，而是相互依存、补充、制约，通过调节，使各种矛盾得到调控与限制，在整体上达到相对平衡、协调与和谐统一。通俗点说，君子坚持真理而不去盲从附和错误的意见，善于与人相处，却不随波逐流。小人却为了获利而不辨是非曲直，趋炎附势，盲从附和。"同"有时也称"流"，《中庸》记载孔子答子路问强，子曰："南方之强与？北方之强与？抑而强与？宽柔以教，不报无道，南方之强也，君子居之。衽金革，死而不厌，北方之强也，而强者居之。故君子和而不流，强哉矫！中立而不倚，强哉矫！国有道，不变塞焉，强哉矫！国无道，至死不变，强哉矫！"一般认为南方人以宽柔为强，北方人以勇武为强，然而孔子认为真正的强是"和而不流""中立而不倚"者，这些人突出的表现，就是在国家政治清明有道义时，积极有为，报效国家；在国家政治黑暗无道义时，能坚持操守，宁死不屈，不同流合污。这也同《论语·泰伯》中孔子的另一段话是同一个意思，子曰："笃信好学，守死善道。危邦不入，乱邦不居。天下有道则见，无道则隐。邦有道，贫且贱焉，耻也；邦无道，富且贵焉，耻也。"君子一生固守"至德"，即中庸，这叫持中或至诚；对危邦、乱邦、邦有道、邦无道，采取不同的态度，这叫时中。君子坚持自己的入与出、居与迁、仕与隐、贫与富、贱与贵的标准，不与小人流俗相同，不与恶势力同流合污。中庸不仅是方法论，实际也是政治伦理道德，中庸之道就是仁义之道。

中庸之道几乎涉及《大学》中所讲的格、致、诚、正、修、齐、治、平的各个环节，《中庸》的核心也是"仁"。

第四节 《孟子》对孔子仁学的继承与发展

一、孔、孟相似的人生轨迹

四书中的《孟子》，是孟子与学生万章、公孙丑等人整理的一部书，与《论语》相仿，主要记载了孟子的言行，也附有孟子学生的一些言行，但《论语》不是孔子自撰的，而《孟子》的编撰却有孟子亲自参加。孟子（约前372—前289），名轲，字子舆，一说字子车，世尊称为孟子。其生卒年有多种说法，元代张须作《孟母墓碑记》，引用了《孟氏谱》，然《孟氏谱》又未签署撰者。据此知孟子大约生于周烈王四年（前372），卒于周赧王二十六年（前289），寿约84岁，与孟子的生平行迹大体相符，故多数学者采用此说。孟子是鲁桓公的庶长子庆父的后代，庆父之子公孙敖另立一族，为孟孙氏，或称仲孙氏、孟氏，是鲁国公族"三桓"之一。齐宣公四十八年（前408），齐国攻破了孟孙氏的食邑郕城，孟子的祖先就从鲁国迁居到邹国（今山东邹城），孟子也就成了邹国人。孟子父亲名激，字公宜，在孟子三岁时就去世了，因家贫，仅以三鼎为祭品。后来母亲去世时，家景已经宽裕，葬礼就隆重了一些。比起母亲的葬礼来，父亲的葬礼就显得简陋寒酸多了，因此孟子还遭到一些人的非议。孟母相传姓仉，晋国人，至今山西省晋中市太谷区还有东西仉村。与孔子很相似，孟子幼年丧父，家中剩下孤儿寡母，生活艰难，全靠孟母纺织度日。孟母是一位有远见卓识的伟大女性，她决心把孟子培养成才，所以很注重孟子的生活环境对他的影响，对孟子管束严格。

《韩诗外传》记载了孟母"断织教子"的故事。孟母见孟子耽于嬉戏，厌倦读书，便毅然剪断织机上正织的布，以示半途而废，终成废品，以此警示孟子。为给孟子选择一个良好的熏陶环境，孟母曾煞费苦心地几次搬家。《列女传》载有"三迁"的故事，《三字经》里也有"昔孟母，择邻处。子不学，断机杼"的赞颂。孟子从小就受到良好的家教，孟母成为中华民族教子成才的典型与榜样。她与给岳飞背上刺"精忠报国"的岳母，与激励徐庶守节而自缢身亡的徐母，称为"贤良三母"，后人为她们树碑建祠，表达由衷的敬仰。

孟子稍长，受业于孔子之孙子思的门人，所以荀子将子思与孟子列为一派，后世称其为思孟学派，是儒家学派中最有影响的一派。孟子一生也以私淑孔子门派自许，他曾说："予未得为孔子徒也，予私淑诸人也。"（《孟子·离娄下》，本节下引《孟子》，只注篇名）东汉末年的大学者赵岐注"私淑诸人"为："私善之于贤人。"朱熹《孟子集注》："人，谓子思之徒。"孟子生于孔子卒后的百余年，他渴望成为孔子的学生，当然只是一种心愿，然而他毕竟是孔子学说的传人，也是一种幸运。孟子一生最服膺孔子及其思想，曾赞："孔子，圣之时者也。孔子之谓集大成。集大成也者，金声而玉振之也。金声也者，始条理也；玉振之也者，终条理也。始条理者，智之事也；终条理者，圣之事也。"（《万章下》）立志继承、发扬孔子的学说，饱学之后，与孔子一样，开始办学授徒，把培养儒家学派弟子当作实现自己理想事业的一件大事，当作他的人生追求与乐趣之一："君子有三乐……得天下英才而教育之，三乐也。"（《尽心上》）与孔子一样，他也曾带领学生游历各国，去过齐、宋、鲁、滕、薛、梁等国。入齐，曾在稷下学宫宣讲尧、舜、周公、孔子之道。西汉桓宽的《盐铁论·论儒》篇载："齐宣王褒儒尊学，孟轲、淳于髡之徒，受上大夫之禄，不任职而论国事，盖齐稷下先生千有余人。"孟子曾在稷下学宫与淳于髡展开两次激烈的辩论。孟子的政治抱负是很宏大的，他说："如欲平治天下，当今之世，舍我其谁也？"（《公孙丑下》）但他同孔子一样，不被诸侯国的君主所重用，时"天下方务于合从连衡，以攻伐为贤，而孟轲乃述唐、虞、三代之德，是以所如者不合。退而与万章之徒序《诗》《书》，述仲尼之意，作《孟子》七篇"。（《史记·孟子荀卿列传》）这七篇分别是：《梁惠王》（上、下）、《公孙丑》（上、下）、《滕文公》（上、下）、《离娄》（上、下）、《万章》（上、下）、《告子》（上、下）、《尽心》（上、下）。

赵岐在《孟子题辞》中也说："孟子退自齐、梁，述尧、舜之道而著作焉，此大贤拟圣而作者也。"这里的"拟圣"就是仿效孔子的《论语》而作《孟子》，以《孟子》来"述仲尼之意"。赵岐还说："七十子之畴，会集夫子所言，以为《论语》。《论语》者，'五经'之錧鎋，六艺之喉衿也。孟子之书，则而象之。"赵岐洞悉孟子对《论语》精神的深刻把握。《论语》阐述的是五经的关键、六艺的总领，孟子著《孟子》，就是以《论语》为法则，以弘扬尧、舜以来至孔子的儒学之道为宗旨。

《汉书·艺文志》把《孟子》放在诸子略中，但实际上，在西汉时，文帝就将《论语》《孝经》《孟子》《尔雅》各置博士，叫作"传记博士"，并不把《孟子》当作一般子书来看待，而是把它看作辅助解读五经的"传"书了。中唐的韩愈著《原道》，开始把孟子列为儒学"道统"代表人物之一。到五代后蜀时，后蜀国主孟昶令人刻十一部经典于石碑上，这十一部经典是：《周易》《尚书》《诗经》《礼记》《周礼》《仪礼》《公羊传》《穀梁传》《左传》《论语》《孟子》，这大概是称《孟子》为经的开始。宋神宗熙宁四年（1071），《孟子》被列入科举考试科目之中。元文宗至顺元年（1330），孟子首次被官方追封为"邹国亚圣公"，继至圣孔子之后成为亚圣，成为孔子之后最伟大的儒家学派的代表人物。明清两代，朝廷不断追封，但都不舍"亚圣"二字，并将孟子配享孔庙。

南宋朱熹编四书时列入了《孟子》，开始把《孟子》提到了更高的地位，《孟子》与《论语》同样成为儒学经典中的经典。从经筵讲解与科举取士的角度看，《论语》与《孟子》的实际地位远在五经之上，而《孟子》文字在四书中最多，有35000余字，占了四书文字的一半以上。孔子与孟子合称为"孔孟"，他们的思想称为"孔孟之道"，成为儒学的代称，对后世的中华优秀传统文化的影响全面而巨大。

二、仁学"聚焦"于仁政

孔子站在上古三代众圣贤巨人尤其是"元圣"周公的肩上，在前人德、礼思想的基础上，确立了仁学思想体系。而孔子百年之后的孟子，则主要站在孔子的肩上，在继承孔子思想的基础上，创造性地发展了孔子的仁学。他提出了许多仁学的新观念，阐述了自己鲜明的民本思想，完善了孔子的仁学思想体系，使儒学达到了一个新的发展阶段。孟子也因其伟大的著述《孟子》，而成为早期儒家的主要代表。

孟子发展了孔子哪些仁学思想呢？主要是提出了"仁政"学说。孔子的"仁"是一种含义极广的伦理道德观念，其最基本的精神就是"爱人"。孟子的仁政，专门要求统治者"爱民"，把孔子的"仁学"，进一步"聚焦"到统治者爱民所应奉行的政治、经济、文化等各个方面的施政纲领上。这种重民思想，将儒家的"爱人"思想提高到了封建时代的最高峰。为此孟子还提出支撑仁政的"仁义"与"性善"的观念，仁义是从政治上论证仁政的合法性，性善是从人性上论证仁政的合理性。

孟子的"仁政"说，是孟子从孔子仁学观念出发对执政者提出的执政要求，是孟子在战国时期进一步发展了孔子"为政以德"的政治理想。孔子提出"仁者爱人""为政以德"，呼吁统治者要爱民，这本身就涉及仁政。孔子也讲过统治者要推行一系列仁政的具体施政措施。如"敬事而信，节用而爱人，使民以时"（《论语·学而》）。使"老者安之，朋友信之，少者怀之"（《论语·公冶长》）等。特别是在《论语·尧曰》篇中，以"尊五美，屏四恶"来论述仁者从政的标准，体现孔子仁政思想最为详备：

> 子张问于孔子曰："何如斯可以从政矣？"子曰："尊五美，屏四恶，斯可以从政矣。"子张曰："何谓五美？"子曰："君子惠而不费，劳而不怨，欲而不贪，泰而不骄，威而不猛。"子张曰："何谓惠而不费？"子曰："因民之所利而利之，斯不亦惠而不费乎？择可劳而劳之，又谁怨？欲仁而得仁，又焉贪？君子无众寡，无小大，无敢慢，斯不亦泰而不骄乎？君子正其衣冠，尊其瞻视，俨然人望而畏之，斯不亦威而不猛乎？"子张曰："何谓四恶？"子曰："不教而杀谓之虐。不戒视成谓之暴。慢令致期谓之贼。犹之与人也，出纳之吝谓之有司。"

"尊五美"，就是从政者尊崇五种美德。孔子认为：执政者要给老百姓恩惠，但不需要耗费财物；役使老百姓，但让老百姓无怨言；自己有追求的欲望，但不是自私贪婪；仪态安泰，但不骄傲；神色威严，但不凶猛。孔子进一步解释说：依照老百姓因地制宜的办法让他们去获利，这不就是以政策让老百姓得到恩惠，但不耗费财物吗？选择老百姓认为合适的时间合适的方式让他们去劳作，不影响他们的正常生产，还有谁会怨恨呢？执政者意在追求仁而如愿以偿地得到仁，除此之外还有什么欲望可贪图？无论人多人少，无论势大势小，执政者都一律不敢怠慢而平等相待他人，这不就是仪态安泰而不骄傲吗？君子端正自己的衣冠，庄重自己的瞻视仪容，庄严地使人见了就敬畏，这不就是威严而不凶猛吗？

"屏四恶"，就是执政者摒除四种恶行。孔子指出四种恶行是：对民众不先进行教育，只要人们犯罪就杀头，这叫作暴虐；不事先告诫就要求立即出成绩，这叫作暴躁；政令怠慢松弛不加督促，突然责其限期完成，这叫作坑害人；同样赐予人，出手吝啬如同出纳的库吏一般，这叫作小家子气的官吏。

孔子论政，着眼于执政者的素质，孔子心目中的执政者，能扬善除恶。在"尊五美"中，最重要的是如何做到与民以"惠"，这是从政的根本，也是从政的目的。惠民就是使民得利，民无怨。"屏四恶"，就是对民不虐、不暴、不贼、不吝。孔子认为，"尊五美，屏四恶"，是实行仁政的基本措施。但是，孔子在把仁和政联系时，还是侧重伦理的阐述，多强调执政者的自身品德修养，强调执政者具备内圣的素质，具备内圣的素质才能推行仁政。或论述"德治"时，往往强调"礼治"，没有明确提出"仁政"的概念。到了孟子时，对孔子的仁学、德治思想做了系统的阐发和重大的升华，做出了适应新时代的理论创新，明确地提出统治者必须施行仁政。"仁政"一词，是孟子第一次提出并广泛使用，在对统治者自身素质提出要求的同时，又指出他们在政治、经济等施政方面应该达到"至德"。如他曾说："当今之时，万乘之国，行仁政，民之悦之，犹解倒悬也。"（《公孙丑上》）"王如施仁政于民，省刑罚，薄税敛，深耕易耨，壮者以暇日修其孝悌忠信，入以事其父兄，出以事其长上，可使制梃以挞秦楚之坚甲利兵矣。"（《梁惠王上》）

孔子的仁学包含仁、礼两大内容，尤以仁为其理论核心，而孟子恰恰继承并发展了孔子的仁的思想，这与荀子重在发展孔子礼的思想有所不同。孟子使孔子的仁所包含的内容进一步深刻化、理论化、系统化，在人本或民本观念方面对孔子思想有许多创新与超越，而人本主义或民本思想恰是以"仁"为核心的儒学的精华，孟子为儒家思想理论的完善做出了巨大的贡献。

孟子的仁政思想十分丰富，最重要的是：孟子首先要求执政者从政治制度方面，保证老百姓具备生存、发展的权利与条件，这是孔子所没有提到的。孔子尽管讲了"博施于众"，但是如何博施？缺乏具体的落实措施。

而孟子明确提出了"制民之产""取于民有制"。他把农民拥有土地，看作是仁政的首要问题，孟子曰："夫仁政，必自经界始。经界不正，井地不钧，谷禄不平。是故暴君污吏必慢其经界。经界既正，分田制禄可坐而定也。"（《滕文公上》）赵岐《注》："经亦界也。"经界就是"井田"之间的边界。划清土地的地界，目的就是好给农民按"井田"分配土地，土地分配均衡了，就可公平按亩纳税了。这里孟子提出了私有制社会农民的根本问题——耕者有其田。这是每一个农民的基本诉求，这是封建社会最基本的民生、民权要求。让老百姓有生活上的基本保障，这是社会稳定的基石，也是天下百姓归服统治的唯一前提。《梁惠王上》载孟子告诫齐宣王：

无恒产而有恒心者，惟士为能。若民，则无恒产，因无恒心。苟无恒心，放辟，邪侈，无不为已。及陷于罪，然后从而刑之，是罔民也。焉有仁人在位，罔民而可为也？是故明君制民之产，必使仰足以事父母，俯足以畜妻子，乐岁终身饱，凶年免于死亡。然后驱而之善，故民之从之也轻。今也制民之产，仰不足以事父母，俯不足以畜妻子，乐岁终身苦，凶年免于死亡。……此惟救死而恐不赡，奚暇治礼义哉？王欲行之，则盍反其本矣。五亩之宅，树之以桑，五十者可以衣帛矣；鸡豚狗彘之畜，无失其时，七十者可以食肉矣；百亩之田，勿夺其时，八口之家可以无饥矣；谨庠序之教，申之以孝悌之义，颁白者不负戴于道路矣。老者衣帛食肉，黎民不饥不寒，然而不王者，未之有也。

《滕文公上》也载孟子的类似语："民之为道也，有恒产者有恒心，无恒产者无恒心。苟无恒心，放辟邪侈，无不为已。及陷乎罪，然后从而刑之，是罔民也。焉有仁人在位，罔民而可为也？是故贤君必恭俭礼下，取于民有制。"

从表面看，好似孟子为齐宣王提供让民归服的方略，实际是提出仁政的起码措施——制定合理的产业政策，给老百姓基本的生产资料——土地，有了这份"恒产"，才会有保障老百姓生活的条件，因而才会有恒定的归服仁君的道德观念。这个"制民之产""取于民有制"的政策效果是：老百姓有了这份"恒产"后，上可赡养父母，下可抚养妻儿，年成好丰衣足食，年成不好也不至于饿死。如果在五亩的宅园里栽上桑树，50岁以上的老人都可穿上丝棉衣裳；家禽家畜养好了，70岁以上的老人都可以有肉吃了；每户有百亩土地，只要不误农时，8口之家的温饱问题就解决了。人民有了恒产，才会归服，才会交纳赋税，否则，国家没有这方面的政策，人民平日赡养不了父母妻儿，灾年时甚至饿殍遍野，想叫人民臣服，岂不是缘木求鱼？

但是，有恒产对于人民来说就一定丰衣足食吗？不尽然。这还需要有一个合理的赋税征收制度作保证，否则，有了恒产的人民，如果背负着沉重的苛捐杂税，也一样会陷入艰难困苦的境地。那么，什么样的税收制度是好制度呢？孟子提出要恢复西周时期的井田制。《滕文公上》载孟子曰：

民事不可缓也。……夏后氏五十而贡，殷人七十而助，周人百亩而彻，其实皆什一也。彻者，彻也；助者，藉也。龙子曰："治地莫善于助，莫不善于贡。贡者，校数岁之中以为常。乐岁，粒米狼戾，多取之而不为虐，则寡取之；凶年，粪其田而不足，则必取盈焉。为民父母，使民盻盻然，将终岁勤动，不得以养其父母，又称贷而益之。使老稚转乎沟壑，恶在其为民父母也？"夫世禄，滕固行之矣。《诗》云："雨我公田，遂及我私。"惟助为有公田。由此观之，虽周亦助也。……使毕战问井地。孟子曰："子之君将行仁政，选择而使子，子必勉之！夫仁政，必自经界始。经界不正，井地不钧，谷禄不平。是故暴君污吏必慢其经界。经界既正，分田制禄可坐而定也。夫滕壤地褊小，将为君子焉，将为野人焉。无君子莫治野人，无野人莫养君子。请野九一而助，国中什一使自赋。卿以下必有圭田，圭田五十亩。余夫二十五亩。死徙无出乡，乡田同井。出入相友，守望相助，疾病相扶持，则百姓亲睦。方里而井，井九百亩，其中为公田。八家皆私百亩，同养公田。公事毕，然后敢治私事，所以别野人也。此其大略也。若夫润泽之，则在君与子矣。"

在春秋战国之前的三代，夏朝实行贡法税制，商朝实行助法税制，西周实行彻法税制。"彻法"就是每家授田百亩，政府征其十分之一的税，这是比夏、商税制都轻的税制。当年孔门弟子就主张采用彻法，《论语·颜渊》载："哀公问于有若曰：'年饥，用不足，如之何？'有若对曰：'盍彻乎？'曰：'二，吾犹不足，如之何其彻也？'对曰：'百姓足，君孰与不足？百姓不足，君孰与足？'"但是孔门弟子没有提出恢复周代井田制。孟子提出恢复西周井田制，从分清田地经纬界限入手，经界分明，井田就好确定。一个井田900亩，其中100亩为公田，其余800亩平均分给8户人家为私田，大家种好公田，其收获归公，然后在私田上自食其力，这种税收实际收的是农民的劳役地租。春秋时期，井田制逐渐废置，劳役地租转换成实物地租，老百姓所交实物是耕田所收获的十分之一，称这种税收为"彻"，与原先劳役地租的剥削相当。

孟子提倡恢复西周的井田制，并不是开历史倒车，而是发展了孔子的仁政思想。民以食为天，食从土地中来，没有"恒产"——土地，粮食从何而来？孟子针对当时"朱门酒肉臭，路有冻死骨"的社会现实，对传统的井田制赋予了新意。战国时期传统的井田制已遭到彻底破坏，大批农民失去土地，统治者疯狂地进行土地兼并、横征暴敛，使贫富严重对立，少数统治者骄奢淫逸，多数老百姓却无立锥之地，流离失所，生活在水深火热之中。孟子呼吁实行"制民之产""九一而助""什一之税"，缓和紧张的阶级矛盾，给老百姓一份勉强养活一家人的土地，给种田的人一线生机。这一主张触及了社会最大的弊政，体现了儒家仁政治国的基本理念。为此，孟子怒斥那些将自己的骄奢淫逸建立在无数老百姓痛苦之上的大大小小的统治者：

> 梁惠王曰："寡人愿安承教。"孟子对曰："杀人以梃与刃，有以异乎？"曰："无以异也。""以刃与政，有以异乎？"曰："无以异也。"曰："庖有肥肉，厩有肥马，民有饥色，野有饿莩，此率兽而食人也。兽相食，且人恶之。为民父母，行政不免于率兽而食人。恶在其为民父母也？仲尼曰：'始作俑者，其无后乎！'为其象人而用之也。如之何其使斯民饥而死也！"（《梁惠王上》）

在孟子看来，君王统领下的大大小小的官吏，都应为老百姓着想，这是为官之责。但是现实恰恰倒着来，他们想的是如何敲骨吸髓地剥夺老百姓，这与用木棒、刀枪杀人没有什么区别！自己"庖有肥肉，厩有肥马"，而"民有饥色，野有饿莩"，这不是"率兽而食人"吗？这些人就是杀人犯、吃人者。《孟子》一书是使所有统治者震慑的宣判书，它描写了社会上严重的贫富分化对立，统治者醉生梦死的奢侈生活与黎民百姓饥寒交迫的残酷现实，表达了作者对社会不平的愤懑，体现出作者忧国忧民的思想，即使是至圣的孔子也没有孟子对统治者的罪行揭露得如此深透醒世。

孟子还主张对老百姓应轻徭薄赋，徭役应以"不违农时"为原则，因为轻徭薄赋、不违农时是发展封建农业经济的基本要求，也是仁政的重要内容。梁惠王向孟子请教强国之道，孟子告诉他，强国不在于国土多大，只要实行仁政即可强国。仁政的具体措施包括在政治上省刑罚，在财政上薄税敛，老百姓的生产积极性提高了，自然会去"深耕易耨"，接受王道教化。孟子向梁惠王提的建议是：

　　孟子对曰："地方百里而可以王。王如施仁政于民，省刑罚，薄税敛，深耕易耨，壮者以暇日修其孝悌忠信，入以事其父兄，出以事其长上，可使制梃以挞秦楚之坚甲利兵矣。彼夺其民时，使不得耕耨以养其父母，父母冻饿，兄弟妻子离散。彼陷溺其民，王往而征之，夫谁与王敌？"（《梁惠王上》）

　　薄税敛，可使老百姓得到休养生息，实际是最大程度地保护生产力。在薄税敛的基础上，孟子还针对当时七雄纷争，诸侯争霸，战争不息，统治者除了迫使老百姓为其建造宫室之外，还驱使大批劳役从事筑城挖沟等战争工事的现实，特别提出不要侵占老百姓农时的要求。误了农时，影响了老百姓正常生产，没了收成，老百姓靠什么生存？又能拿什么交税？不违农时，才能保证农作物的正常耕种收获，否则造成了欠收乃至灾情，直接影响民众的生存与国家的安宁。孟子告诫梁惠王：谁能做到"省刑罚，薄税敛"、不"夺其民时"，谁就胜于强军。战国七雄之中的秦国之所以军强，就在于有雄厚的经济实力，将"战"建立在"耕"的基础上，奖励"耕战"，才无敌于天下。孟子一系列保护农业生产与农民利益的主张，是对所有统治者的忠告。

　　然而战国时大多数诸侯王，已把儒家所提倡的仁政学说视若迂阔无用之谈，他们为了满足"庖有肥肉，厩有肥马"的奢靡生活，为了满足争霸天下的野心，对老百姓不是采取轻徭薄赋，而是采用越来越让老百姓负担不起的苛捐杂税与劳役，老百姓稍有不满与反抗，便用严刑酷法来处置。孟子针对当时刑罚严苛的现状，提出在政治上对老百姓"省刑罚"的主张。"省刑罚"实际从西周开始就成为统治者谨守的大法。当年周公旦代替周成王给年轻的康叔发训词，宣告治理国家的大道理就是"尚德慎刑"，《尚书·康诰》说："克明德慎罚。"周公告诉康叔谨记"明德慎罚"这四个字的深刻道理，这是周代接受商灭教训的历史总结，是周朝能够承接天命、治理国家的根本原因。孔子也说："善人为邦百年，亦可以胜残去杀矣。"（《论语•子路》）劝说统治者用道德去感化人，与人为善，"为政以德"，不要轻易动用刑罚。

孟子还提出对青壮年要加强教育，重视他们"孝悌忠信"的修养，用教化代替刑罚，这是有针对性的。战国中期，法家理论大盛，当时商鞅、吴起等人的法家主张得到统治者的重视。法家治国，恩赏刑威并举，只相信"赏厚而信，刑重而必"（《商君书•修权》）。"兴国行罚，民利且畏；行赏，民利且爱。"（《商君书•去强》）孟子的仁政说鲜明地反对当时法家一任于法的主张。

孟子不仅主张对民轻刑罚，更反对发动不义之战，驱遣老百姓到战场上当炮灰。孟子并不反对一切战争，相反，他拥护正义战争，如商汤推翻夏政权、周武王推翻商政权的战争，这是解民于倒悬之战，是人民推翻暴君之战，都属正义的战争。但是他所处的时代，与春秋时期一样，孟子说："春秋无义战。彼善于此，则有之矣。征者上伐下也，敌国不相征也。"（《尽心下》）孟子认为春秋战国都是诸侯兼并之战，是无道义之战，是给人民带来无穷灾难的战争，最终遭殃的只是广大老百姓。孟子支持"有义"之战，反对"无义"之战，与孔子所说的"天下有道，则礼乐征伐自天子出；天下无道，则礼乐征伐自诸侯出"，是同一意思，无道的征伐，就是"无义战"。孟子反对不顾人民的死活，频繁地发动无义之战，他痛恨至极地怒骂那些战争的发动者是吃人罪犯。

> 孟子曰："求也为季氏宰，无能改于其德，而赋粟倍他日。孔子曰：'求非我徒也，小子鸣鼓而攻之可也。'由此观之，君不行仁政而富之，皆弃于孔子者也。况于为之强战？争地以战，杀人盈野；争城以战，杀人盈城。此所谓率土地而食人肉，罪不容于死。故善战者服上刑，连诸侯者次之，辟草莱、任土地者次之。"（《离娄上》）

比起施刑罚、敛财来，更残酷的是"杀人"。当年冉求无能力改变季康子为富不仁的德行，被迫替季康子敛财，孔子就要与冉求断绝师生关系，并号召门生们对冉求进行声讨。何况要替不仁君主争夺地盘去杀人呢？为了土地而"食人肉"，这是最大的不仁，罪不容诛，死有余辜。不要说杀人满城遍野，即使毁了人家的家园与自然生态，也罪不可赦。针对残酷的现实，孟子对当时的统治者也降低了行仁政的标准，只要不夺农时，便天下无敌，"王往而征之，夫谁与王敌？"只要不杀人，就可统一天下，"今夫天下之人牧，未有不嗜杀人者也，如有不嗜杀人者，则天下之民皆引领而望之矣。诚如是也，民归之，由水之就下，沛然谁能御之？"（《梁惠王上》）但是就这些最低标准的要求，也没有多少统治者能做到。

孟子的仁政思想，源于其人权平等思想。有人会说：孟子与孔子一样，主张维护等级制，怎会有人权平等思想，他不是说过"劳心者治人，劳力者治于人；治于人者食人，治人者食于人"吗？持这种观点的人，是被以前长期断章取义的宣传误导的结果。孟子在《滕文公上》中这样说："然则治天下独可耕且为与？有大人之事，有小人之事。且一人之身，而百工之所为备。如必自为而后用之，是率天下而路也。故曰：或劳心，或劳力；劳心者治人，劳力者治于人；治于人者食人，治人者食于人：天下之通义也。"这是讲体力劳动与脑力劳动，各有分工。社会分工，是社会生产力发展的必然要求，是人类进步的必然趋势。体力劳动有体力劳动的任务与对象，脑力劳动有脑力劳动的任务与对象，如果从日常生活来看，当然是劳力者给劳心者也包括所有人提供他们所生产的可见的生活资料，不容易看到劳心者给劳力者也包括所有人提供他们所生产的精神产品，这种现象在传统的农业文明社会更普遍。孟子站在历史的高位上，认为劳心者与劳力者各有自己的社会分工，并认为这是"天下之通义"，即通行天下的原则，无疑是一种进步的思想，而不是反对人权平等。

孟子提倡君臣平等，他说："君之视臣如手足，则臣视君如腹心；君之视臣如犬马，则臣视君如国人；君之视臣如土芥，则臣视君如寇仇。"（《离娄下》）这段话大胆地对传统的君臣观念提出挑战。在君权社会里，君臣是不平等的，这也是人们对于社会秩序的一种普遍认识，后来的西汉董仲舒总结出社会关系的三纲，其中就有"君为臣纲"，君是臣的主宰。孟子主张君臣平等，不能因为地位的不同，君王就恃高凌下，为臣的只能俯首帖耳、无条件服从。面对君王的强势与传统观念的高压，孟子提出君臣对等相待，恶则以恶相报，善则以善回报。为臣的也有人的自尊和尊严，这种人权平等的主张，在君权社会里，简直就是一种"反叛"，孟子真具有反历史潮流的勇气！

孟子仁政思想中的精华是其民本思想，他主要从三个角度来阐述其民本思想：一是从历史发展的角度来看，民众是历史的推动者，民众是决定国家兴亡的主宰。二是从维护民众人权的角度出发，对当权者提出应当尊重民众，应该礼贤下士、与民同忧乐，以仁心对待社会下层。否则，民众的背叛甚至反抗是合理的。三是从鼓励下层民众维护自己的自尊出发，鼓励民众充满自信，正气凛然，克服自卑、畏官的传统观念。

孟子首先认为决定国家命运的是民众与民心，而不是其他。让他排列民众与君王、国家社稷的重要性，他毫不犹豫地把民众列在首位，他说："民为贵，社稷次之，君为轻。是故得乎丘民而为天子，得乎天子为诸侯，得乎诸侯为大夫。"（《尽心下》）这里所说的"丘民"，就指众民或小民。别小看老百姓，有了老百姓才有国家。国家需要有个君王来领导，得到君王信任的可为诸侯，得到诸侯信任的可为大夫。但一切权力，从根源上讲，都来自老百姓，没有老百姓，哪来的国家？又哪来的君王、诸侯、大夫？所以他才得出"民为贵，社稷次之，君为轻"的历史结论。在君权社会里，这是悬在君王头上的一把利剑，除了个别君王公开反对外，其他多数君王也是心怀不满，表面上并不反对，实际上口是心非，恨不得从《孟子》中将此语抹掉。

在《孟子》中，孟子反复阐述民众、民心的重要性，他的仁政思想取决于他对人民历史作用的正确认识，他认为人民决定着政权的得失与国家的兴亡。如他在《离娄上》说：

> 桀、纣之失天下也，失其民也；失其民者，失其心也。得天下有道：得其民，斯得天下矣；得其民有道：得其心，斯得民矣；得其心有道：所欲与之聚之，所恶勿施尔也。民之归仁也，犹水之就下、兽之走圹也。故为渊驱鱼者，獭也；为丛驱爵者，鹯也；为汤武驱民者，桀与纣也。今天下之君有好仁者，则诸侯皆为之驱矣。虽欲无王，不可得已。今之欲王者，犹七年之病求三年之艾也。苟为不畜，终身不得。苟不志于仁，终身忧辱，以陷于死亡。

天下无论什么生物都有趋利避害的本能，作为万物之灵的人更是如此，否则就无法生存、繁衍与发展。夏桀王、商纣王之所以失天下，是他们祸害老百姓，让老百姓失去生存、繁衍与发展的权利，因而他们必然失去人民的拥戴；失去人民的拥戴，是因为他们失去了人民拥戴之心，将拥戴变为怨恨，人民必然反叛。他们的暴行将人民推向了行仁政的君王那边。谁得民心，谁就会拥有天下，这个观念对传统的"君权天授"观进行了彻底的否定。得民心必须行仁政，行仁政实际很简单，就是给老百姓以关爱，不要强加给他们厌恶的暴行。可是简单的"己所不欲，勿施于人""己欲立而立人，己欲达而达人"的道理，封建统治者能做到的有几人？孟子说："得天下有道：得其民，斯得天下矣；得其民有道：得其心，斯得民矣；得其心有道：所欲与之聚之，所恶勿施尔也。"（《离娄上》）文字寥寥，易诵易记，封建统治者也常把仁政、王道之理挂在口头上，好似成了他们的座右铭，然而考察中国长期的封建社会历史，却又大谬不然。后来他们干脆把儒家的仁学解释为"君为臣纲，父为子纲，夫为妻纲"的"三纲"或"忠孝节义"，只要求下层对上层尽忠、行义，并不强调上层对下层的关爱，上层有时虽口头大讲对下层应尽抚养之责，行为却大逆其道。纵观中国封建史，上层对内，弑父戮兄有之，废君逼宫有之，屠戮异见有之，淫逸乱伦有之，行贿受贿有之，卖官鬻爵有之，横征暴敛有之，草菅人命有之。对外，略地有之，杀降有之，屠城有之，灭族有之，淫刑有之。哪一件不是与仁道背道而驰？然而成则为王，王权在握，其肆意为虐的暴行谁敢非议？敢议者便属谋反，必诛杀之。尽管打着仁政的招牌，行的是暴政的手段，最终民心不可欺，老百姓会将其本质看得清清楚楚。"民之归仁也"，归得是真正的仁政，不是虚假的仁政。人民决定天下得失，这是每一个君王应该认识到的真理，只有真正认识到了这个真理，才会对老百姓实行仁政。

孟子特别针对当时诸侯兼并战争，指出决定战争胜败有许多条件，如天时、地利等，但都不是关键，关键是是否具备"人和"，即民心的向背。《公孙丑下》载：

孟子曰："天时不如地利，地利不如人和。三里之城，七里之郭，环而攻之而不胜。夫环而攻之，必有得天时者矣；然而不胜者，是天时不如地利也。城非不高也，池非不深也，兵革非不坚利也，米粟非不多也；委而去之，是地利不如人和也。故曰：域民不以封疆之界，固国不以山溪之险，威天下不以兵革之利。得道者多助，失道者寡助。寡助之至，亲戚畔之；多助之至，天下顺之。以天下之所顺，攻亲戚之所畔；故君子有不战，战必胜矣。"

天、地、人三者之间的关系，是中国传统哲学关注的一个重要问题。儒家重视人道，因而在天、地、人三者之间突出人的作用。孟子主张"天时不如地利，地利不如人和"，把人的作用居于天、地之上，为以后的司马迁"究天人之际，通古今之变，成一家之言"（司马迁《报任安书》）所张本。司马迁在探求天道与人事之间的关系时，用无数历史事实证明人道是决定天道的，在贯通古往今来历史变化的脉络中，证明人推动历史发展的脉络是清晰的，所以他要"成一家之言"，必然以人为中心。司马迁为孟子的"天时不如地利，地利不如人和"，用史实作了无可辩驳的注释。当然天时不全等于天道，地利也不全等于地道，但天时与天道、地利与地道还是紧密联系着的。在实战中，有的重视天时，有的重视地利，孟子更重视的是"人和"。人和就是人心齐，听指挥，勇于献身，这样整个军队就有了压倒、摧毁敌方的战斗力，就无往而不胜。怎样才能达到"人和"？还是靠执行仁政。老百姓意识到通过战争，能保卫仁政，消灭恶政，就情愿为代表自己利益的政权参与战争。人民有此心，统治者便得民心、得道，就得到众多百姓的相助。多助之至，天下顺之。以天下之力，攻打众叛亲离之敌，哪有不胜之理？

孟子有时还特别从不行仁政所得的恶果，来论证行仁政的重要性：

孟子曰："规矩，方员之至也；圣人，人伦之至也。欲为君尽君道，欲为臣尽臣道，二者皆法尧舜而已矣。不以舜之所以事尧事君，不敬其君者也；不以尧之所以治民治民，贼其民者也。孔子曰：'道二：仁与不仁而已矣。'暴其民甚，则身弑国亡；不甚，则身危国削。名之曰'幽''厉'，虽孝子慈孙，百世不能改也。《诗》云'殷鉴不远，在夏后之世'，此之谓也。"

孟子曰："三代之得天下也以仁，其失天下也以不仁。国之所以废兴存亡者亦然。天子不仁，不保四海；诸侯不仁，不保社稷；卿大夫不仁，不保宗庙；士庶人不仁，不保四体。今恶死亡而乐不仁，是犹恶醉而强酒。"（《离娄上》）

治国有截然不同的两种方式：行仁政与行暴政。不行仁政，"贼其民者"，民也会使其"身弑国亡"，遗臭万年。可叹的是，明知"殷鉴不远，在夏后之世"，仍有许多暴君步"幽厉"后尘。这就是"恶死亡而乐不仁，是犹恶醉而强酒"，害怕死亡却要行不仁走灭亡之路，就好像怕醉酒却要拼命去喝酒。将天下民众视作草芥，拼命对民众敲骨吸髓的暴政，决定了他们必然为人民所抛弃。

孟子站在民本的立场上，对统治者提出一系列的理政要求。前面已讲过，孔子要求统治者能尊五美、屏四恶，行仁政，孟子更要求统治者切实把仁政落到实处，主要包括制民之产、轻徭薄赋、不误农时、轻刑罚、重教化等，反对统治者苛税盘剥、发动不义战争，使老百姓挣扎在死亡线上，统治者却花天酒地、荒淫无度。

这里还要讲一下统治者要尊重民众的人权，把民众也视作与自己一样的人，做到与民休戚与共。《梁惠王下》载孟子语："乐民之乐者，民亦乐其乐；忧民之忧者，民亦忧其忧。乐以天下，忧以天下，然而不王者，未之有也。"能以天下人的忧乐为自己的忧乐，孟子对统治者提出了最高的要求，这就是孔子所说的连尧、舜都难达到的高标准，但这就是儒家心目中理想的圣王。待到宋代时，范仲淹更是将"乐以天下，忧以天下"，提升为"先天下之忧而忧，后天下之乐而乐"（《岳阳楼记》），变与民同忧乐为先于民忧，后才有资格同民共乐，其民本思想的境界又大大提升。

要实行仁政，除了君王有仁心之外，能有辅佐行仁政的贤能也是个关键。在某种程度上讲，君王只有招贤拒佞，才能落实仁政方略。后来的诸葛亮知道后主刘禅难辨贤佞，在给刘禅上的《出师表》中叮咛说："亲贤臣，远小人，此先汉所以兴隆也；亲小人，远贤臣，此后汉所以倾颓也。"当年的齐宣王也不知如何识别贤庸之才，所以贤者远去，身边守者多为佞才庸者。《梁惠王下》载他请教孟子，孟子说：

　　国君进贤，如不得已，将使卑逾尊，疏逾戚，可不慎与？左右皆曰贤，未可也；诸大夫皆曰贤，未可也；国人皆曰贤，然后察之；见贤焉，然后用之。左右皆曰不可，勿听；诸大夫皆曰不可，勿听；国人皆曰不可，然后察之；见不可焉，然后去之。左右皆曰可杀，勿听；诸大夫皆曰可杀，勿听；国人皆曰可杀，然后察之；见可杀焉，然后杀之。故曰，国人杀之也。如此，然后可以为民父母。

　　孟子告诉他选拔贤能，不要考虑其原来的卑贱地位，只要是贤能就可破格提拔。选用时，不可轻信身边人或大夫的话，多听民众的意见，民众的意见一般相对是正确的。因为这意见反映了民意，经过考察再做决定，该免则免、该杀则杀、该任则任，选拔的贤能才配做百姓的父母官。孟子心目中可担当大任的父母官是什么样的人呢？他说：

　　舜发于畎亩之中，傅说举于版筑之间，胶鬲举于鱼盐之中，管夷吾举于士，孙叔敖举于海，百里奚举于市。故天将降大任于是人也，必先苦其心志，劳其筋骨，饿其体肤，空乏其身，行拂乱其所为，所以动心忍性，曾益其所不能。人恒过，然后能改；困于心，衡于虑，而后作；征于色，发于声，而后喻。（《告子下》）

　　孟子所说的可担当大任的人，有两个特点：一是出身贫贱，二是有苦难的经历。出身贫贱，深知民间百姓生计艰难。经历苦难，才奋发图强，磨砺出顽强意志与丰富才干，这是担当大任的必备素质。孟子主张选贤任能，实际就是否定传统的世袭制，选用贤能来促进君王推行仁政，反映了广大民众的心意。

　　在孟子看来，不行仁政的官员，就是最大的过错。官员不行仁政，而且劝谏也置若罔闻，不思悔改，就可让其"易位"，就是国君也不例外。

《万章下》载：

> 齐宣王问卿。孟子曰："王何卿之问也？"王曰："卿不同乎？"
> 曰："不同。有贵戚之卿，有异姓之卿。"王曰："请问贵戚之卿。"
> 曰："君有大过则谏，反覆之而不听，则易位。"王勃然变乎色。曰：
> "王勿异也。王问臣，臣不敢不以正对。"王色定，然后请问异姓之
> 卿。曰："君有过则谏，反覆之而不听，则去。"

王室有两种公卿，一种是王室宗族之卿，一种是异姓之卿。公卿有劝谏国君行仁政的责任，王室宗族之卿劝谏君王，君王若拒谏，就可另立新君。如果拒绝异姓之卿的劝谏，异姓之卿就可辞职离开这个君王。为什么二者劝谏的结果不一？这还是因为囿于宗法制的观念。但让不行仁政的君王"易位"，已是石破天惊之论，难怪连齐宣王都"勃然变乎色"，孟子当面正告齐国的君王，表现了孟子强烈的民本思想。

比"不仁易位"更使最高统治者胆战心惊的言论是：不仁的君王可诛。《梁惠王下》载："齐宣王问曰：'汤放桀，武王伐纣，有诸？'孟子对曰：'于传有之。'曰：'臣弑其君，可乎？'曰：'贼仁者谓之贼，贼义者谓之残，残贼之人谓之一夫。闻诛一夫纣矣，未闻弑君也。'"在封建社会，臣弑君乃大逆不道。春秋战国为夺君权，臣弑君的乱臣贼子有的是，孔子、孟子都反对这种僭越犯上行为，但孟子认为放逐甚至诛杀无道不仁之君，不属此类僭越行为。此时的暴君，已失为君的资格，已是天下人的独夫民贼，诛杀贼寇是为民除害，符合天经地义。孟子此言论，孔子不敢讲，也没有讲过。他最多就说："所谓大臣者，以道事君，不可则止……弑父与君，亦不从也。"（《论语·先进》）与孟子比较起来，显然孔子的重民轻君的思想要差好多。孟子的臣可弑其暴君的言论，与其"民为贵，社稷次之，君为轻"的主张一样，震慑的是最高统治者，鼓舞的是那些深受

暴君肆虐的民众。他的这种重民思想，达到了封建时代的最高峰，甚至可以说在封建社会是空前绝后的，我们可以翻翻二十四史的记载，有几个人敢这样发声？

战国时期，处于社会下层的是两部分人，一部分是无官职无土地但有文化的士，不包括谋求到一官半职的士；一部分是无权无势但有一定土地的庶民，更包括一无所有的雇农。孟子常把士与庶民并列相称，"孟子曰：'三代之得天下也以仁，其失天下也以不仁。国之所以废兴存亡者亦然。天子不仁，不保四海；诸侯不仁，不保社稷；卿大夫不仁，不保宗庙；士庶人不仁，不保四体。'"（《离娄上》）士与庶人虽无权无势，但一样具有人的自尊。关于庶民的地位及作用，前面已述许多，孟子把民列于社稷、君王之前，认为民众决定着国家的兴亡，已给民做了正确的历史定位。下面主要说一下士的自尊。孟子作为士，并不自卑，他也告诫下层不要畏惧有权有势的大人物。孟子曰："说大人，则藐之，勿视其巍巍然。堂高数仞，榱题数尺，我得志弗为也；食前方丈，侍妾数百人，我得志弗为也；般乐饮酒，驱骋田猎，后车千乘，我得志弗为也。在彼者，皆我所不为也；在我者，皆古之制也，吾何畏彼哉？"（《尽心下》）孟子说，当见到高高在上的大人物时，不要被他的豪华殿堂、众多的侍女随从、奏乐饮酒的排场吓倒，因为士追求的是道义，追求的是对天下人的仁爱，而不是个人的奢靡生活。从志向上比较，这些以享乐为人生目的的大人物太渺小了，孟子从心底里藐视这种大人物。所以孟子每次与君王、诸侯交谈时，都不卑不亢，正气凛然。直言不讳，揭露其劣行，一针见血，毫不留情，没有丝毫的畏惧心理。正因为士怀着"治国平天下"的大志，孟子才理直气壮地要求执政者任用士来管理行政。

孟子曰："仁则荣，不仁则辱。今恶辱而居不仁，是犹恶湿而居下也。如恶之，莫如贵德而尊士，贤者在位，能者在职。国家闲暇，及是时明其政刑。虽大国，必畏之矣。"

孟子曰："尊贤使能，俊杰在位，则天下之士皆悦而愿立于其朝矣。市廛而不征，法而不廛，则天下之商皆悦而愿藏于其市矣。关讥而不征，则天下之旅皆悦而愿出于其路矣。耕者助而不税，则天下之农皆悦而愿耕于其野矣。廛无夫里之布，则天下之民皆悦而愿为之氓矣。信能行此五者，则邻国之民仰之若父母矣。率其子弟，攻其父母，自生民以来，未有能济者也。如此，则无敌于天下。无敌于天下者，天吏也。然而不王者，未之有也。"（《公孙丑上》）

君王行仁政，国家就会繁荣；行不仁，则招来骂名。行仁政不难，就是"贵德而尊士"。士之贤能者，有仁心，明法度，使经商的人、种田的人都高兴，国内的人都喜悦而臣服，邻国的人仰慕不已，这样就无敌于天下。能助君王无敌于天下者，就是这些贤能之士。

士有独立的人格，有愿仕不愿仕的原则，这个原则就是士从政是为了行仁政，否则，就是高官厚禄，也予以拒绝。孟子说："故士穷不失义，达不离道。穷不失义，故士得己焉；达不离道，故民不失望焉。古之人，得志，泽加于民；不得志，修身见于世。穷则独善其身，达则兼善天下。"（《尽心上》）孟子所说的"义"与"道"，就是仁，就是能惠民。士即使再贫困潦倒，"安能摧眉折腰事权贵"？也不能"为五斗米而折腰"，去当那种祸害百姓的贪官污吏。为官一方，不忘记行仁政的使命。得志，惠泽万民，不得志，修养自身。孟子遵行的是孔子的出处原则："天下有道则见，无道则隐。邦有道，贫且贱焉，耻也。邦无道，富且贵焉，耻也。"（《论语·泰伯》）孟子称士有这种信念，是靠一种大丈夫精神所支撑。孟子曰："居天下之广居，立天下之正位，行天下之大道。得志与民由之，不得志独行其道。富贵不能淫，贫贱不能移，威武不能屈。此之谓大丈夫。"（《滕文公下》）孟子关于"大丈夫"精神的表述，字字闪耀着中国知识分子人格的璀璨光芒, 成为中国知识分子处世的原则、行事的座右铭。为了正义的理想, 他们不畏强暴、拒绝诱惑、甘于清贫, 不论"达"与"不达", 都坚守信念, 保持大丈夫的气节与人格。

三、义与仁的异同

孟子思想理论的核心是"仁政", 在阐述仁政的时候, 又常将仁与义并提, 或仁与义并举, 特别强调统治者的仁政表现为行仁义。繁体字的"義"字是两个象形字组成的会意字, 上为"羊"下为"我", "羊"字表示祭牲, "我"字从戈从禾, 表示武器, 两者合在一起, 又表仪仗。所以《说文》解释说: "義, 己之威仪也。"引申为公正合宜的道理或正义的行为。

仁与义, 或说仁爱和正义, 都是儒家的重要伦理范畴。它们之间有无区别? 为何孟子在仁学的基础上又特别推重"义"的概念? 孟子说: "仁, 人心也; 义, 人路也。舍其路而弗由, 放其心而不知求, 哀哉! "(《告子上》)《尽心上》也记着类似的意思: "王子垫问曰: '士何事? '孟子曰: '尚志。'曰: '何谓尚志? '曰: '仁义而已矣。杀一无罪, 非仁也; 非其有而取之, 非义也。居恶在? 仁是也。路恶在? 义是也。居仁由义, 大人之事备矣。'"孟子将仁视作人的善心, 或称仁心, 将义比作人应该走的正路, 或是合乎仁心所实施的行为。舍弃正道不行, 放失了仁心就无法再找回来, 那就太悲哀了。这里已把仁与义的区别提示出来。"仁", 指仁爱天下之心, 与之相关联的是"仁爱""仁慈""仁德""仁厚"等意; "义", 指以仁心去付诸行动, 身体力行, 与之相关联的是"义务""义举""义工""义学"等意。仁含宽厚仁慈之意; 义指应该怎么做; 义含责任、承担之意, 义就是叫你就这么做。韩愈在其《原道》一文中也讲: "博爱之谓仁, 行而宜之之谓义, 由是而之焉之谓道, 足乎己无待于外之谓德。"意思是: 博爱叫作仁, 恰当地去实现博爱就是义, 信仰仁而持有爱心, 施行仁而有适宜的义举，便得道，使自己具备完美的修养而不去依靠外界的力量就是德。这样理解，容易给人一种简单的判断，即感觉"仁内义外"，机械、简单地理解成仁是指人的善心，义是指善心所体现出的善行，可以分为一个内心一个外行。如告子说："食色，性也。仁，内也，非外也；义，外也，非内也。"（《告子上》）孟子就不同意告子的主张，他认为内心是善良的，行为也就是善良的；如果内心是邪恶的，就很难有善良的行为方式。仁与义是统一的，人的善良意识与善良行为是不可分割的。至于文天祥的《绝命词》有"孔曰成仁，孟云取义，惟其义尽，所以仁至"，并非将仁与义截然分开，"成仁"与"取义"为互用，"义尽"与"仁至"中的义与仁也分明是统一的。不过也有侧重，壮烈的义举完成了，志士仁人的荣名也就树立了。

这样理解孔子倡导的"仁"，就不会认为孔子的仁所包含的意思仅仅是善心或善意了，这样理解就太片面了。就像我们前面所讲，孔子倡导的仁，包含有仁的内涵，也有仁的行为，不能说孔子倡导仁就不重视义，其实孔子重视义不亚于仁。《论语·述而》中孔子说："不义而富且贵，于我如浮云。"在《论语·卫灵公》中又说"君子义以为质，礼以行之，孙以出之，信以成之。君子哉！"此二处的"义"与"仁"无大的区别，义也是有德之人的信仰。但孔子也强调了义以合宜为原则，是符合真理和正义及道德规范的践行，靠君子以言行去体现它，最终取得事业的成功，这是成为君子的必备条件。《论语·里仁》中又讲："君子喻于义，小人喻于利。"《论语》中讲过许多君子与小人的区别，其实根本的区别就在于公私二字上，即孔子所说的"义""利"二字上。君子看重大义，甚至能做到"舍生取义"，小人看重私利，为此敢铤而走险。商场有人说："有敢做掉脑袋的买卖，没有愿做赔钱的生意。"其实，何止商场，见钱眼开的小人无处不在，尤其在官场，一些落马的贪官，平日里嘴里讲的全是"义"，实际上都是一些见利忘义之徒。此处的义可理解为

"公"，也属仁之意。《论语•阳货》载："子路曰：'君子尚勇乎？'子曰：'君子义以为上。君子有勇而无义为乱；小人有勇而无义为盗。'"译作白话是：子路问："君子崇尚勇吗？"孔子回答说："君子最高的崇尚是义，君子光有勇而没有义的话，就会不安本分而作乱。如果小人有勇而没有义的话，就会为了钱财去当盗贼。"勇本是一种美德，若不用义来指导，这种美德也会转化为恶。看来一切美德，必须有义作其灵魂，否则就会产生流弊。此处的义与仁同义。孔子常告诫弟子："君子有九思：视思明，听思聪，色思温，貌思恭，言思忠，事思敬，疑思问，忿思难，见得思义。"（《论语•季氏》）孔子要求他的弟子接人待物要"三思而后行"，这种"三思"不仅仅指对一个方面的问题做多次反复的思考，还具有多方面丰富的内涵，细化一点讲就是常有九方面要考虑的事情，其中之一是"见得思义"，即见到利益时要考虑是否该得，合不合儒家的道德原则。要想得利且符合道义，就得取之有道，公私分明，不贪不占，合理合法。此处的义又当原则、法则讲。

那么，为什么人们容易接受"仁内义外"的观点呢？因为人们往往把义混同于礼。确实义和礼在很多地方有相似的含义，义与礼都有外在道德行为规范的意思，所以很容易让人认同"仁内义外"的观点。但义与仁在很多地方有相似的含义，在孔子的论述中，义是介于仁和礼之间的概念，义并不完全等同于礼，也并不完全等同于仁。孟子强调义，正如他强调仁政一样。孟子强调仁政，并不是要突破孔子的仁学，而是在仁学的基础上，更明确地要求统治者实行仁，即在政治、经济、伦理等方面体现惠民，这是孟子对孔子仁学的重大发展与伟大贡献。同样，孟子强调义，也是针对统治者行仁政而言的，要求他们不能仅仅遵守表面的礼仪，或是宽泛的礼，而是要切实、合理、适宜地落实惠民的各项具体政策。因为口头上谁也不反对仁政，但内心并不如此，检验他们是不是真的推行仁政，只能看他们是否有义举。这就是"听其言而观其行"，重要的不是听他们口称的"仁",而是考察他们实际行为的"义"。孟子将"义"置于儒学体系的重要位置。

为了避免人们把义与仁理解为两个可以分开的概念,孟子常将仁、义并称,仁必恃有义,才为真仁,义必合于仁,才为真义。仁含义,义合仁,仁义合一,只有仁义才能落实仁政。仁、义合称,在《礼记·曲礼上》有:"道德仁义,非礼不成。"《礼记·丧服四制》有:"恩者仁也,理者义也,节者礼也,权者知也,仁义礼知,人道具矣。"孟子并不是首提"仁义"二字的人,但他最早把"仁义"当作他的仁政学说的重要概念,仁义说与仁政学说一样,也是孟子发展孔子仁学思想的核心内容。

当仁与义分别阐述时,其含义各有侧重。而当仁义并称时,其含义就与西周的德、孔子的仁,甚至先王之道、王道相似了。对于执政来说,就与仁政同义了。有一次齐王想见孟子,但又摆架子,说:我本想登门去看你,因感冒了,只好请你来朝廷上相见吧。孟子说:我也感冒了,不能到朝。景子不满意孟子的做法,认为孟子对齐王不恭敬。孟子反驳说:"恶!是何言也!齐人无以仁义与王言者,岂以仁义为不美也?其心曰'是何足与言仁义也'云尔,则不敬莫大乎是。我非尧舜之道,不敢以陈于王前,故齐人莫如我敬王也。"(《孟子·公孙丑下》)孟子认为景子说的不对,齐国没有人与齐王谈论仁义道理,以为不值得与齐王谈论这些,这才是最大的不恭敬。不是尧舜先王之道,我就不敢拿来向齐王陈述,我给齐王提供的是治国之道,珍贵极了,所以齐国没有人比我更尊敬齐王了。这里,孟子就把仁义视作了"尧舜之道"。

《孟子》开篇就涉及"仁义":

> 孟子见梁惠王。王曰:"叟不远千里而来,亦将有以利吾国乎?"
>
> 孟子对曰:"王何必曰利?亦有仁义而已矣。王曰'何以利吾国'?大夫曰'何以利吾家'?士庶人曰'何以利吾身'?上下交征利

而国危矣。万乘之国弑其君者，必千乘之家；千乘之国弑其君者，必百乘之家。万取千焉，千取百焉，不为不多矣。苟为后义而先利，不夺不餍。未有仁而遗其亲者也，未有义而后其君者也。王亦曰仁义而已矣，何必曰利？"（《梁惠王上》）

孟子拜见梁惠王，刚一见面，梁惠王就认为孟子千里迢迢而来，肯定会给他带来有利的高见。孟子毫不客气地说："为何一开口就提利呢？作为一国之君，治理国家首先要关心的是行仁义。国家上下都把利放到首位，这个国家就危险了，僭越犯上、损人利己的现象就必然会发生。只有首先讲仁义，才会杜绝这些现象的发生，社会风气才不会恶化。"梁惠王所说的"利吾国"，是指如何盘剥百姓，利于王权的巩固，如何应对诸侯兼并战争，利于称霸，说到底，还是为了自己的一己之私，为了满足自己对利益更大的追求。而孟子认为仁义大于私利，仁义主张制民之产、养民惠民，反对不义战争使老百姓家毁人亡、苦不堪言。如果说利，孟子讲公利，但梁惠王想的不是利公而是利私，还把谋私利冠冕堂皇地说成是"利吾国"。孔子说过，"君子喻于义，小人喻于利"，若君子执政，以义治国行仁政，必创盛世；若小人执政，以利治国行暴政，必致乱世。从治国的角度看，此处的仁义又与仁政是一个意思。

不少学者认为《孟子》开篇主要是进行"义利之辨"，孔子讲"君子喻于义，小人喻于利"，主要分辨的是两类人品的特征，而孟子把孔子的义利之辨引入到了政治领域，发展了孔子的思想，用新的"义利之辨"，来论证仁政的合理性与必要性。孔子不反对利，但利要取之有道。同样，孟子也不是笼统地否定利，他认为富国强兵、征战夺地只是小利，而这种小利会带来更大的副作用，如破坏社会秩序，败坏人心。讲求仁义才是大利，大利有了，小利自然也会得到。以小利为先，不是治国的上策，反而是引起动乱的根源。若想使国家强盛起来，最好的办法是讲求仁义、推行王道、实施仁政。

为了证明孟子虽主张仁义但又不是一概反对功利，这些学者又认为：仁义与功利，并不互相抵触，仁义不但不会妨碍功利，反而会促进功利的获致。如齐宣王好货、好色，孟子并未加以否认，只是劝其"与百姓同之"，如果能做到"居者有积仓，行者有裹粮""内无怨女，外无旷夫"（《梁惠王下》），君王好货、好色对施行仁政能有什么不好的影响呢？不要一方面"庖有肥肉，厩有肥马"，而另一方面则"民有饥色，野有饿莩"，就可以了。孟子尝言："明君制民之产，必使仰足以事父母，俯足以畜妻子。"又说："养生丧死无憾，王道之始也。"（《梁惠王上》）可见孟子并未忽视功利，且把为人民谋求功利视作王道之始。孟子并称颂文王治岐："耕者九一，仕者世禄，关市讥而不征，泽梁无禁，罪人不孥。老而无妻曰鳏，老而无夫曰寡，老而无子曰独，幼而无父曰孤，此四者，天下之穷民而无告者。文王发政施仁，必先斯四者。"（《梁惠王下》）把为人民谋功利，视作行仁政的要务。孟子申说义利之辨，只是教人谋求功利时不要忘却了仁义，由仁义所获致的功利，才是真实而永久的功利，急功近利而获得的功利，只是短暂的功利，由仁义以求功利为正路，由功利以求功利则为歧途。舍正路而由歧途，功利不可得，纵或幸得，亦不能持久。这些学者认为，只有了解了这些义利之辨，才能对《孟子》开篇有正确的认识。

这些学者在解释孟子的"义利之辨"时，提出了利的两组概念，一是认为统治者一己私利是小利，被统治阶级的利益是大利，他们认为孟子主张大利有了，小利自然也会得到。以小利为先，不是治国的上策。孟子只是反对将小利放在首位，主张应将大利放在首位，并不是笼统地反对利否定利。实际上，并不是"大利"与"小利"摆正了先后位置，就没有矛盾而和谐统一了。孟子也并不是主张先大利后小利，他反对的正是所谓的"小利"，因为这种小利损害着大利，孟子并不赞同统治者获取所谓的"小利"。为了说服诸侯，孟子不得不承认社会存在的等级差别，也不得不承认上层统治者的一定利益，但由此而说孟子不反对统治者所谓的"小利"，这不符合孟子的本意。一是孟子有过以仁义统摄功利的言词，却没有说过所谓"先大利后小利"这类的话。二是封建统治者从来不认为自己的私利为"小利"，他们视为的"大利"，往往恰是高于被统治者利益的自己的私利。他们为了维护自己的利益，从体制上、制度上、舆论上都采取了相关措施，还用得着孟子去加以维护而不反对所谓的"小利"吗？"先大利后小利"说，纯是对封建统治者的一种幻想。

这些学者又认为孟子从未忽视过功利，只是功利分人民的功利与统治者的功利，统治者的功利若"与百姓同之"，就是真正的功利。可是事实上，在封建社会，统治者"与百姓同之"的功利是不存在的。仍如前面所言，人民的功利与统治者的功利常常是矛盾对立的，孟子一贯主张维护人民的功利而反对统治者的功利，否则怎么体现他高于封建社会其他学者的民本思想呢？不把利分清是人民的利益还是统治者的利益，不把功利分清是人民的功利还是统治者的功利，就笼统地说"孟子也不否定利""孟子不忽视功利"，是不准确的说法。以上学者所持的观点，有错误的观点，也有正确的观点，迷惑人的地方恰是用正确的观点掩饰了错误的观点，它曲解了孟子关于利的阐述，大大贬低了孟子的民本思想。

《梁惠王上》开篇孟子与梁惠王的辩论，与其说是"义利之辨"，不如说是"王霸之辨"，孟子反对梁惠王实行霸道，牟取统治者的私利，劝其实行王道，予民以利，推行仁政。水能载舟，亦能覆舟，实行霸道，国亡身死得快一点，实行王道，在儒家看来，就可永久保住王位。

孟子常把仁义当作仁政的意思来用，有时也把仁义当作人的最高精神境界来用，或视作道德论的核心。如他说："人之所以异于禽于兽者几希，庶民去之，君子存之。舜明于庶物，察于人伦，由仁义行，非行仁义也。"（《离娄下》）这段话的意思是：人与禽兽的区别仅有一条，一般老百姓忽略了它，君子能坚守着它，这就是舜帝所阐明的道理：要懂得人情世故，自觉依从仁义而行，而不是把仁义被动地当作一种执政的工具。人与禽兽，都是动物，但人除了具有自然属性的动物性外，即动物性的自然生理需求外，还具有人的社会性，还有其精神追求，还要讲究人伦道德。也就是人不仅在生活上追求温饱，还要有信仰的追求。为什么孟子说君子有精神追求，而老百姓就没有呢？这不是贬低老百姓，与孟子的仁政、重民思想相抵牾吗？此处讲"庶民去之，君子存之"，是将庶民与君子比较而言的，孟子的这种认识也完全来自现实，"庶民去之"是残酷的社会现实所造成的。老百姓每日各自挣扎在争取温饱的苦干中，能稍微解决点温饱就已达到目的了，哪有精力与时间去追求精神信仰，信仰可能就是简单的养家糊口。虽也是人，但窘迫的生活使他们"近于禽兽"，主要追求能生存下去，获得自然生理的需求，而统治者也把他们视作会说话的牲畜。平常，庶民对于暴政的横征暴敛，只能逆来顺受。只有被逼无奈，活不下去时，才爆发出反抗的怒吼，揭竿而起。这是自发的抗争，不是自觉的革命。《共产党宣言》中讲：

> 在阶级斗争接近决战的那些时期，统治阶级内部的分化过程，整个旧社会内部的瓦解过程，就显得非常强烈，非常尖锐，这就使得统治阶级中间有一小部分人分化出去而归附于革命的阶级，即归附于未来主人翁阶级。所以，正象过去贵族中间有一部分人曾经转到资产阶级方面一样，现在资产阶级中间也有一部分人转到无产阶级方面来了，这就是已经提高到在理论上认识全部历史运动进程的一部分资产者思想家。①

---

① 《共产党宣言》，《马克思恩格斯全集》第4卷，人民出版社，2012年，第476页。

春秋战国是中国伟大的社会转型期，新兴的地主阶级与封建领主阶级进入决战时期，统治阶级内部分化激烈，士阶层就是整个旧社会内部分化的产物。在这一分化过程中，有一种士转到民众这方面来，并不是因为他们沦落到了社会最底层，而是因为他们认清了社会发展的趋势，他们就是已经提高到在理论上认识全部历史运动进程的一部分思想家。他们不是自发的，而是自觉的，孔子、孟子称他们为"君子"或"君子儒"。他们具有广博的知识，清楚暴政与仁政优劣的天壤之别，懂得治国理政及社会发展的规律，所以不论个人处境如何，都坚定不移地相信仁政这一信仰。这方面的论述，孔子、孟子讲得太多了，如孔子说："富与贵，是人之所欲也；不以其道得之，不处也。贫与贱，是人之所恶也；不以其道得之，不去也。君子去仁，恶乎成名？君子无终食之间违仁，造次必于是，颠沛必于是。"（《论语·里仁》）在封建社会，先知先觉者总是那些认识了全部历史运动进程的君子。孟子强调君子自觉坚守仁义，并不降低他的重民思想。总之，孟子的仁义概念广泛，宗旨就是为仁政作理论支撑。

四、以"四端"为标志的性善论

孔子的仁学主要表现在伦理范畴，孟子发展了孔子仁学的思想，进一步集中到政治范畴，提出"仁政"说。为了说明"仁政"的天然合理，孟子还要阐明"仁政"是怎么来的这一具有哲学意义的命题。他认为人性原本都是善的，凡是人都具有天赋的四种基本人性——仁、义、礼、智，孟子称其为"四端"。

> 孟子曰："人皆有不忍人之心。先王有不忍人之心，斯有不忍人之政矣。以不忍人之心，行不忍人之政，治天下可运之掌上。所以谓人皆有不忍人之心者，今人乍见孺子将入于井，皆有怵惕恻隐之心。

非所以内交于孺子之父母也，非所以要誉于乡党朋友也，非恶其声而然也。由是观之，无恻隐之心，非人也；无羞恶之心，非人也；无辞让之心，非人也；无是非之心，非人也。恻隐之心，仁之端也；羞恶之心，义之端也；辞让之心，礼之端也；是非之心，智之端也。人之有是四端也，犹其有四体也。有是四端而自谓不能者，自贼者也；谓其君不能者，贼其君者也。凡有四端于我者，知皆扩而充之矣，若火之始然，泉之始达。苟能充之，足以保四海；苟不充之，不足以事父母。"（《公孙丑上》）

孟子说：每个人原本都有不忍伤害他人的仁爱之心，对受苦难者的同情心与怜悯心，这是人所具有的人性及做人的底线。你关心自己的生存发展，也要顾及他人的生存与发展，将心比心，是人自然都有这种天性。比如人们看到一个小孩就要落入井中，会不假思索地去救他，并非因为与小孩的父母有什么关系，也并非要获得救命的好名声，更不是不想听到小孩哭叫声，而是始于人性中的恻隐之心，是恻隐之心所具有的"仁"的本质的无意识地自然流露。这种无意识促使他不假思索地去救人。由此看来，没有恻隐之心、羞恶之心、辞让之心、是非之心，都不是人。恻隐之心、羞恶之心、辞让之心、是非之心，就是仁、义、礼、智四种天生人性的发端。"端"是起点的意思，人有此"四端"，就像人有四肢一样，与生俱来。君王也是人，自然也有这种天性，用这种天性作基础和底线，就能建立起和谐的充满仁爱的社会，以这种仁爱之心治理国家，就很容易了。有人说不能实行仁、义、礼、智，这是自暴自弃的行为，尤其是君王更不能如此。

人性具有"四端"，如火之刚燃，泉之始流，再不断扩充，必成大势。君王扩充"四端"，足以保民而王天下，如果不加以扩充，甚至泯灭"四端"，就会遭到国家破败，甚至连奉养自己的父母都难达到。"四端"说是孟子性善论的基本内容，是孟子对人性的理解和界定。孟子的"四端"说，也属伦理原则，为其"仁政"学说寻找哲学依据。孔子仁的伦理原则包含的内容是广泛的，而孟子把儒家的伦理道德规范概括为仁、义、礼、智四种，更有针对性地为推行仁政而提供理论依据。《论语•子罕》载：孔子"罕言利与命"，班固《汉书•外戚传》序中也说："孔子罕言命，盖难言之。非通幽明之变，恶能识乎性命！"所以孔子的仁学多属理想化的伦理原则或教条。孟子将仁、义、礼、智的产生归结为一种天生的、与生俱来的人性，从本体论上论证儒家核心思想的合理性与必然性。

孟子在论证天赋人性善时，还强调了一个"类"的概念。"人"与"仁"可以相互定义。没有仁爱之心的，是不具有人类的属性，从这一角度看，他与禽兽相同而不属于人类。是人就要仁爱同类，这就是孟子"类"观念的本质特征。孟子说："人之有道也，饱食、暖衣、逸居而无教，则近于禽兽。圣人有忧之，使契为司徒，教以人伦：父子有亲，君臣有义，夫妇有别，长幼有序，朋友有信。"（《滕文公上》）他又说："为人臣者怀仁义以事其君，为人子者怀仁义以事其父，为人弟者怀仁义以事其兄，是君臣、父子、兄弟去利，怀仁义以相接也。然而不王者，未之有也。何必曰利？"（《告子下》）孟子所说的类，就是指"五伦"，实现五伦相爱，就是儒家最高境界的仁爱。孔子、孟子也有爱惜自然环境与自然物的言论，但并没有明确地把物归于仁爱的类中。到了宋代的张载，他在《西铭》中说："民吾同胞，物吾与也。"把儒家的仁爱扩大到泛爱一切人和物，大大扩大了孟子"同类"的内涵。

孔子"罕言利与命"，也罕言天，但天的概念在孔子的意识中始终存在。当孟子将实行仁政的动力归之于"四端"后，他又进一步探寻这种善的人性的本源又来自何方。他认为"四端"作为四种人性，根植于善心。他说："君子所性，仁、义、礼、智根于心。"（《尽心上》）但善心又来源于何方？最终他又像董仲舒一样，回归到天、天道。不过孟子把天想象成为具有道德属性的精神实体，而没有像董仲舒的天残留的那些人格神的含义。孟子说："故诚者，天之道也；思诚者，人之道也。至诚而不动者，未之有也；不诚，未有能动者也。"（《离娄上》）孟子把"诚"这个道德概念规定为天的本质属性，天道实际就是真诚，也就是真理，追求真理，就是人道。有了至诚，没有人不感动信服的，没有真诚，想感动他人是不可能的。孟子把"诚"这个道德概念，视作天的本质属性，进而把天又视作人性固有的道德观念的本源。孟子说："有天爵者，有人爵者。仁义忠信，乐善不倦，此天爵也；公卿大夫，此人爵也。古之人修其天爵，而人爵从之。今之人修其天爵，以要人爵；既得人爵，而弃其天爵，则惑之甚者也，终亦必亡而已矣。"（《告子上》）孟子认为人有两种爵位，一种是天爵，是天赋予的，其标志便是仁义忠信。一种是人爵，社会赋予的，其标志就是公卿大夫。古代仁人修养、扩充仁义忠信，人爵自然随之而获。现在的人们修养是为了人爵，人爵获得了，却把天爵抛弃了，实际上，最终连人爵也保不住。

既然天赋人性，那么怎么知道这是天意呢？孟子用尽心然后知性，知性然后知天，来揭示了这个由人性回归天道的过程，也就是孟子说的"存其心，养其性，所以事天也"的过程，也是"尽其心者，知其性也。知其性，则知天矣"（《尽心上》）的过程。用心充分思考，就明白人的本性，人的本性就是我们拥有的善良，也就是孟子所主张的性善论。明白了人的本性，就知道了人与禽兽的根本区别，也就知道了作为人应该承担和履行的责任。明白了做人的总则，也就明白了天。孟子这里说的天，已与西周所说的天命有了很大区别，他所谓的天应与尽心、知性联系起来理解，与仁、义、礼、智联系起来理解。这个天就成了人要走的路，概括说就是一个精神——仁义，知天就是知道在自己生活的这个世界里，我作为一个人，而且具有正常的人性，必须知道自己什么该做什么不该做，自己的责任在哪里。怀着恻隐之心、羞恶之心、辞让之心、是非之心去做事，扩充仁、义、礼、智"四端"，去做一个有良知的人，以此来安身立命。心、性、天三者是统一与互相联系的关系，人要尽力发挥与扩充仁、义、礼、智固有的心，即发挥与扩充恻隐之心、羞恶之心、辞让之心、是非之心，经过内省而修行。充分发挥心中的良知，就能认识人性中固有的善德；既知其性，从而达到最高的认知——知天理，不违天命。在个体自我内心修养的基础上，在良知、人性与天道之间达成和谐，形成一个整体，这就是孟子所追求的精神境界。

如何"存其心"或"尽其心"？简单说就是尽仁心，孟子曰："仁，人心也；义，人路也。舍其路而弗由，放其心而不知求，哀哉！人有鸡犬放，则知求之；有放心，而不知求。学问之道无他，求其放心而已矣。"（《告子上》）孟子认为人都有仁心，或称良心、良知、善心，"放其心"，就是放弃良心或失其本心。再详细一点讲，"尽其心"，就是《大学》篇中所讲的"正心"。《大学》里这样讲：

大学之道，在明明德，在亲民，在止于至善。知止而后有定，定而后能静，静而后能安，安而后能虑，虑而后能得。物有本末，事有终始。知所先后，则近道矣。古之欲明明德于天下者，先治其国。欲治其国者，先齐其家。欲齐其家者，先修其身。欲修其身者，先正其心。欲正其心者，先诚其意。欲诚其意者，先致其知。致知在格物。物格而后知至，知至而后意诚，意诚而后心正，心正而后身修，身修而后家齐，家齐而后国治，国治而后天下平。

《大学》讲的就是"穷理正心，修己治人"的道理。"先正其心"才能修身、齐家、治国平天下。"知所先后，则近道矣"，这是一个由内圣至外王的过程，是一个认知的过程，与尽心到知性再到知天的过程是一致的，并有互相印证的关系。只不过《大学》里将这一道理从顺序与倒序两个方面反复来阐明。《大学》的宗旨，在于弘扬高尚的德行，在于关爱人民，在于达到最高境界的善。谁可代表最高境界的善，那就是天或天道了。知道了要达到的"至善"，才能为此目标奋斗，方能用心宁静地思虑，这与"尽心"相近；思虑周详便会发现自己"至善"的本性，这与"知性"相近；从"至善"的本性出发，自己必然知道要实现"至善"的境界，这又与"知天"相近。

《大学》又讲：古时意欲将高尚的德行弘扬于天下的人，先要治理好国家；想治理好国家的，先要管理好家庭；想管理好家庭，先修养好自身；想修养好自身，则先要端正自己的心意；想端正心意，先使意念真诚；想使意念真诚，先要获取知识；想获取知识，则在于探究事理。明白事理后才能获得正确认识，认识正确后才意念真诚，意念真诚后才心意端正，心意端正后才能修养好品德，品德修养好后，才能管理好家庭，家庭管理好后，才能有管理经验治理好国家，国家治理好后，才能使天下太平。这样反反复复地讲，与孟子陈述尽心然后知性，知性然后知天的过程相类似。所以《大学》说"物有本末，事有终始。知所先后，则近道矣"。朱熹也说：

> 大学之书，古之大学所以教人之法也。盖自天降生民，则既莫不与之以仁义礼智之性矣。然其气质之禀或不能齐，是以不能皆有以知其性之所有而全之也。一有聪明睿智能尽其性者出于其间，则天必命之以为亿兆之君师，使之治而教之，以复其性。此伏羲、神农、黄帝、尧、舜，所以继天立极，而司徒之职、典乐之官所由设也。……与凡民之俊秀，皆入大学，而教之以穷理、正心、修己、治人之道。此又学校之教、大小之节所以分也。（《大学章句》）

凡事都有始端与终端，内圣外王有个先后次序，认知也有个先后次序。朱熹深知尽心、知性、知天与修、齐、治、平的关系。

五、求诚养气

孟子的尽心、知性、知天说，创造性地发挥孔子的仁学，为仁学建立了人性论基础。孟子的人性论就是"性善论"，性善论为实行仁政提供了重要的哲学依据与逻辑的理论基础，从而也是实行仁政的最重要的精神动力。凡是执政者，只要承认自己是人，也承认自己具备人性，那么"人皆有不忍人之心。先王有不忍人之心，斯有不忍人之政矣。以不忍人之心，行不忍人之政，治天下可运之掌上"。（《公孙丑上》）行不忍人之政，就是行不忍百姓受苦难的仁政，孟子从前提到结论的推论非常有力。

但是孟子看到，天下的诸侯都口头上赞同上古三代圣王的仁政，而自己却并不愿意真心去推行仁政，在现实社会中，老百姓中也有那么多不讲仁爱道德的人与事存在。孟子认为人的善性虽然是与生俱来的，但这种仁心、良知，坚守则有，放弃则无。是人自己违背甚至丢掉了自己善良的本心，才造成诸侯兼并战争不断、社会上尔虞我诈横行。造成这种局面的原因，孟子首先归罪于当权者不实行仁政，所谓"上梁不正下梁歪"，社会风气的败坏，都是由当权者的恶行引起的，都是他们不实行仁政的结果。

> 孟子曰："……尧舜之道，不以仁政，不能平治天下。今有仁心仁闻而民不被其泽，不可法于后世者，不行先王之道也。……既竭心思焉，继之以不忍人之政，而仁覆天下矣。故曰，为高必因丘陵，为下必因川泽。为政不因先王之道，可谓智乎？是以惟仁者宜在高位。不仁而在高位，是播其恶于众也。上无道揆也，下无法守也，朝不信道，工不信度，君子犯义，小人犯刑，国之所存者幸也。故曰：城郭不完，兵甲不多，非国之灾也；田野不辟，货财不聚，非国之害也。上无礼，下无学，贼民兴，丧无日矣。"（《离娄上》）

孟子说："……就是有尧舜治国理政的方略，如果不实行仁政，也不能平定天下。现在有些君王虽口头上讲有仁爱之心，并获得仁爱的声誉，但老百姓却得不到其恩惠，这种君王不能被后世效法，因为他没有真正地推行先王尧舜治国理政的方略，也就是没有推行名副其实的仁政。……真正尽心遵守先王法度，加上怜悯百姓的仁政，就可以使仁爱遍布天下了。正如筑台要凭借高高的山陵，挖池要借助低洼的沼泽。治国理政凭借先王之道才算智者。所以只有仁者才配居高位，不行仁政的人而居高位，是在向大众传播恶行。在上者没有道德规范，在下者就不守法则；朝廷不信道义，就像工匠不信尺度；官员违背义理，百姓就会触犯刑法。在这种状况下国家还能存在，那是太侥幸的事了。所以说，城墙不完整，军备不充足，那还不算国家的灾难；土地荒芜没开垦，物资没储备，也不算国家的灾难；要是居上者不讲仁义了，下层无样可学，坏人横行，国家灭亡就没几天了。"

孟子针对现实，认为行仁政，要有真正的仁心，而不是口头的仁爱，这就要求当权者找回放弃或失掉的本心。当权者有了仁心，真正实施仁政，庶民才有行仁德的可能。如何保持人的本心？孟子认为遵行"思诚之道"方能保持本心，以真诚保诚心。他说："诚身有道：不明乎善，不诚其身矣。是故诚者，天之道也；思诚者，人之道也。至诚而不动者，未之有也；不诚，未有能动者也。"（《离娄上》）保持自身的真诚，有一定的方法，必须清楚什么是善，如果不明白什么是善的，就不能做到真诚。诚是天道，追求诚是人道。有了至诚而不感动天与他人，是不可能的，如果不真诚，肯定不会感动他人，遑论感动天？

在追求诚的主张下，孟子又强调"养气"。气，古人理解是充满人体内的巨大精神力量。"养气"就是自我修养，保持仁义道德的人格。当公孙丑问孟子养什么气时，孟子告诉他"我善养吾浩然之气"，并解释说："其为气也，至大至刚，以直养而无害，则塞于天地之间。其为气也，配义与道；无是，馁也。是集义所生者，非义袭而取之也。行有不慊于心，则馁矣。"（《公孙丑上》）浩然之气是最广大、最刚强之气，用正直去培养它而不是损害它，它就充满天地间，这种气一定与仁义道德相结合，如果不是这样，这种气就不存在了。这种气是不断积累仁义而产生的，不是一朝一夕容易得到的。如果行为有愧于良心，这种气就没有了。这种"我善养吾浩然之气"，就是一个塑造仁人志士不畏权贵，为真理和正义而勇敢斗争的人格的过程，就是一个仁义道德的修养过程，这又与曾子说的"吾日三省吾身：为人谋而不忠乎？与朋友交而不信乎？传不习乎？"（《论语•学而》）意思相近。通过"三省吾身"，不符合仁义道德的言行不断得到修正，正义的意识不断积累与增强，才算"我善养吾浩然之气"，如此坚持，人人都可以成为"至大至刚"的尧舜那样的仁义君子。人们常说孟子的性善论是一种唯心的先验论，是先于经验的一种主观臆想，其实，孟子在主张性善之后，又强调必须通过后天的品德修养，才能保持源于人的本心的善性，最终落脚点还是现实的修养。认为通过学习、修炼，见贤思齐，人人可以成为尧舜那样的君子，这是孟子性善论思想体系合理的内核。就心性和仁政两者的关系而言，心性学是仁政学的哲学基础；而仁政学则是心性学的实践目标，最终达到行仁政的政治目标。

孟子以"性善论"作为修养品德和行仁政的理论根据，认为仁、义、礼、智等"四端"，是"良知良能"的体现，这些伦理道德源于人先天的本性，本性即本心，也就是善心与善性。同时认为通过思想修养，人人可以保持善性，强调了后天教育的重大作用与意义，这样就对"人性"作了思辨性和理论性的论证。孟子发现了人的道德本心，这是不必借助外在的力量而自行具备的，又论证了保持道德本心的实践途径，强调人类要自我完善。他所倡导的性善说成为中国儒学人性论的主流，这是对孔子仁学理论的一个重要拓展。孟子作为儒家学派的主要代表，是儒家心性学的真正创立者，他开创了中国哲学史上心性哲学的源流，宋明理学家所阐扬的天理人心，其理论根源就是孟子的心性学。

第四章　中华优秀传统文化核心观念始终如一的历史渊源

　　中华优秀传统文化的核心观念为仁，在数千年漫长的历史演变中始终没有改变，这必定有其深远的历史原因。首先，中华传统文化是世界上唯一没有中断的文化，纵观人类文化发展史，只有中华传统文化在不断发展，而其他古老民族的文化都中断了，是什么原因造成这种世界上仅有的现象呢？主要是中华传统文化尤其是中华优秀传统文化具有超强的生命力，这种超强的生命力是其他国家或民族的文化所不具备的。这种超强的生命力的存在具体可以概括为以下原因：第一，中国拥有世界上绝无仅有的没有中断过的文化记录的载体——汉字，汉字的形体虽不断地简化、美化、标准化，但从未发生过本质上的异化。第二，中华民族是一个世上少有的史学意识最强的民族，用文字记载中华民族历史的传统代代相传，从未中断过。中华民族历来以数典忘祖、丧失自己的文化、忘记自己民族的历史为民族最大的耻辱，传承中华优秀传统文化成了民族的自觉意识。第三，中华优秀传统文化的核心观念是仁，以博大的仁爱，视四海之内的人皆为兄弟，这是亘古未变的中华优秀传统文化的灵魂。中华民族代代传承这一文化宗旨，形成了绵延不断的"道统"与不断丰富的"文统"，使中华优秀传统文化永远保持着旺盛的生命力。第四，中华民族始终有一支追求真理的文化创造主力军，或者说始终有一支坚守和发展中华优秀传统文化的知识分子队伍，他们薪火相传，不论是处于顺境还是逆境，都自觉地担当着发扬光大中华优秀传统文化的历史使命。

在中华民族发展的历史进程中，传统文化曾屡遭厄运，如"五四"新文化运动时，否定传统文化竟形成了一个气势浩大的思潮。但作为英国大哲学家、思想家、社会活动家的罗素（后来还得了诺贝尔文学奖），在1920年10月至次年7月几次来华讲学、视察，离开中国后写了《中国问题》，他站在世界各国文明比较的高度上，认为只有中华文明是世界上唯一的从古代存留至今、虽历经磨难却没有中断的文明。其重要原因是中华民族热爱和平，从不侵害他国，不像西方那样通过战争、掠夺来使自身强盛，而是依靠自己的奋斗来生存发展，这是非常符合人道主义的。

文化与文明，粗略地说，都指人类创造的物质财富与精神财富的总和。不过，文化往往指精神财富，而文明除指精神财富外，还特别指物质财富、人类社会与野蛮相对的进步状态及风俗习惯等。罗素所说的中华文明，主要指中华民族的精神财富，即中华优秀传统文化。中华优秀传统文化因为以仁为核心观念的人道主义从始至终就没有中断过，因而其文明也从未中断过。

第一节　世界上唯一没有中断的中华传统文化

一、中华优秀传统文化及国学的内涵

中华优秀传统文化的核心观念，是中华优秀传统文化在长久发展中形成的。"文化"一词释义众多，最简单的解释：文化就是人化，"就是人类在生活和劳动过程中通过自己的行动在外在环境与内心世界留下的影响和痕迹"[①]。在外在环境留下的影响和痕迹，如包括自然科学和技术、语言

————————

[①] 张金平、眚凤华编著：《中华优秀传统文化十六讲》，山东人民出版社，2015年，第2页。

和文字等非意识形态的部分。在内心世界留下的影响和痕迹，如包括世界观、人生观、价值观等具有意识形态性质的部分。

文化与文明的概念大同小异，所以文化与文明的概念有时是可以互用的。但文明与野蛮是相对的，文明不包含野蛮。而文化"就是人类在生活和劳动过程中通过自己的行动在外在环境与内心世界留下的影响和痕迹"。这个"人类"自从产生阶级以来，就分成了各种各样的集团及个人，有一些集团及个人通过自己的行动在外在环境与内心世界留下的影响和痕迹却是野蛮的，所以就有了野蛮、腐朽的文化。文明相比文化来说，它的概念因特指有限而与文化有所不同。

首先，文明是人类历史积累下来的，有利于认识和适应客观世界、符合人类精神追求、能被绝大多数人认可和接受的人文精神、发明创造的总和。文明是使人类脱离野蛮状态的所有社会行为和自然行为构成的集合，因而这些集合排除了人类未脱离野蛮状态的所有社会行为。

其次，文明包括物质文明与精神文明。物质文明是人类改造自然的物质成果，其表现为人们物质生产的进步和物质生活的改善，是精神文明的物质基础，对精神文明特别是其中的文化建设起决定性作用，物质文明的性质为生产方式所决定。精神文明是人类在改造客观世界和主观世界的过程中所取得的精神成果的总和，是人类智慧、道德的进步状态。文化也包含这两种文明，但在这两种文明要素中，判断文明的发达程度时，往往特别看重物质文明，而判断文化的发达程度时，往往特别看重精神文明。

再次，各地域文明的兴盛在时间上有所不同，在文明的管理形式上有所不同，各文明要素的内容与形式在不同地域有所不同，所以产生了具有明显区别的各种文明，如华夏文明、西方文明、阿拉伯文明、印度文明、波斯文明、大洋文明和东南亚文明等，以及在某个文明要素上体现出独特性质的亚文明。文化虽然也包含着地域上的概念，但文化在包含文明要素上往往不受时间限制，如中国文化，它既包含华夏文明的文明要素，也包括华夏文明之后中国历朝历代的文明要素。

　　所谓中国文化，等同于中华民族所创造的文化，也就是中华民族在生活和劳动过程中通过自己的行动在外在环境与内心世界留下的影响和痕迹。中华民族诞生、发展的历史，就是中国文化诞生、发展的历史。中国文化源远流长，它包括"中国古代的文化"（与传统文化同义）和"中国现当代的文化"，这是相对于域外其他国家或其他民族的古代文化与现当代文化而说的。在中国古代文化即中华传统文化中，有一种占有很大比重的文化，即中华优秀传统文化，中华优秀传统文化是中国古代文化的主要构成部分。中国古代文化与中华优秀传统文化的区别在于：中国古代文化内容涉及广泛，有粗有精、有伪有真、有精华有糟粕、有遗存有亡佚。而中华优秀传统文化可相对地视作中国古代文化中的优秀部分，它一般得到了历史与时间的验证或修正，其有价值的部分被世世代代流传下来，构成一种中华民族长期坚守的信念，成为一种中华民族共同奉行、遵守的原则，形成一种中华民族普遍认同的传统。它尽管具有不可避免的历史局限性，但它同样具有不受时空限制的普遍性的精神指导的特征，它虽是历史上曾有过的存在，但它仍在影响着现在，并为建构未来的文化提供着丰厚的文化资源。

　　中华优秀传统文化与国学又有何区别呢？中华优秀传统文化就是中华文明演化而汇集成的一种反映民族特质和风貌的文化，是中华各民族历史上各种先进的思想文化、观念形态的总体表现，它是对应于当代先进文化和外来优秀文化的一种统称。中华优秀传统文化的起源可追溯到中华民族最早的活动时期，大致在史前时期的有巢氏、燧人氏、伏羲氏、神农氏、黄帝、尧、舜、禹等时代，而发展于夏朝建立之后的古代各朝。而国学产生得较晚，理应是有了国家才产生了国学。"国学"一词最初见于《周礼·春官宗伯·乐师》："乐师掌国学之政，以教国子小舞。""国学"最初显然是指国家设立的学校，学生相应地称为"国学生""国子"。国学在不同的时代，也有别称，如太学、国子学，元明清时又称国子监，近代以来才指我国固有的文化学术。"国学"按字面理解，就是中国的学问，是中华民族从古到今所创造的全部的精神财富，但人们往往将国学指为中国古代传统文化。国学在海外又称作"汉学"，当然与中国历史上的"汉学"含义又不同，中国历史上所称的"汉学"是指汉代重于训诂解经的学问或学派，是相对宋代以义理解经的"宋学"而言的。到后来各朝各代都有汉学与宋学，汉学与宋学仅指不同的做学问的方式或学派了。海外的"汉学"并非指专重训诂的"汉学"，字面上是指"汉族的学问"，实际是指对中华传统文化的研究。

国学与传统文化是一种什么关系？简单地讲，不仅国学产生比传统文化要晚，而且传统文化包含的概念比国学要大，差不多凡是旧有流传的文化就是传统文化，由于它的内涵太大，大多数优秀部分与少量的糟粕部分都包含其中，所以我们常提优秀的传统文化，即称中华优秀传统文化，有意识地排除传统文化中的糟粕部分，而国学就是中华优秀传统文化中的精华部分。国学是以先秦儒学经典及诸子百家学说为根基，它主要涵盖了两汉经学、魏晋玄学、隋唐中国化的佛学、宋明理学、明清实学，和同时期的先秦诗辞、汉赋、六朝骈文、唐宋诗词、元曲与明清小说及历代史学、艺术等一套完整的文化、学术体系，也应该包括传统的自然国学，关于自然国学本书就略而不论了。从整体上可以说：中华优秀传统文化的核心是国学，国学的核心是儒学，儒学的核心是经学，经学的核心是四书五经，四书五经的核心是《论语》，《论语》的核心是"仁"。（这是从整体上来认识这个问题，不是绝对的看法，以后涉及这个问题，为了简略，省去"整体"二字。）因为"仁"最能体现孔子的思想，而孔子的思想又是儒家思想、国学乃至中华优秀传统文化的灵魂。其核心不是历朝历代统治者所倡导的"忠孝节义"，因为"忠孝节义"只提倡下对上的服从与所尽义务，而"仁"却是提倡每一个人都应有爱心，应该尽心尽力对社会做贡献。

　　国学一词虽产生得较晚，但其核心思想却发端于上古三代，鼎盛于春秋战国、汉唐宋元明清诸朝，衰微于清末。讲国学的发展，我们不能不注意中国历史上两个重要的时期，即中国两次性质不同的社会转型期，这是两个思想最活跃、有大批思想家产生的时期。第一个时期是由封建领主制向封建地主制社会转型的春秋战国时期，形成了中国古代的哲学高峰期。第一次社会转型之后，中国确立了地主阶级中央集权制的封建政体。在封建社会巩固的两汉时期，形成了中国史学的高峰期，在封建社会高度发达的唐宋时期，文学又高度发达，国学主要在中国第一次转型期达到成熟而后不断延续发展。第二个时期是由半殖民地半封建社会向社会主义社会转型的时期，在文化上，体现为现代新文化逐渐取代了旧有文化即传统文化的主导地位。在形式上，以语、文合一代替了过去语、文的分离，即以通俗的白话文代替了古奥的文言文。这是对传统文化的一场彻底改革，有重大的历史意义，但第二次社会转型期对中国第一次社会转型之前及之后所积累的文化做了不适当的否定，形成民族文化方面的虚无主义，消极的负面影响是很严重的。

　　从西周开始，中国就确立了不是以宗教信仰而是以伦理道德为核心为价值评判的中华优秀传统文化体系，正是这种理性的传统文化，造就了中华民族高尚的道德人格和仁爱大众济天下的人生价值观，几千年来一直是中华民族的精神寄托与信仰。中华优秀传统文化的核心是国学，而国学经典从主体上代表了国学。国学经典的内容包罗万象，传统上把国学经典以四分法分为经、史、子、集四大类，涉及文学、艺术、史学、哲学、政治、经济、法律、伦理、教育、军事、医学、农工、宗教等学科。广义上讲，经过了历史长期选优汰劣而存留的传世之作，都应是国学经典。近年来首都师范大学出版社出版的由赵敏俐、尹小林主持并由国内80多名国学专家校勘的《国学备览》，分经、史、子、集、蒙学五部，含80余部经典。经部有：《论语》《孟子》《大学》《中庸》《诗经》《孝经》《左传》。史部有：《史记》《汉书》《史通》《文史通义》《资治通鉴》。子部有：《老子》《庄子》《韩非子》《荀子》《孙子兵法》。集部有：《文选》《古文观止》《全唐诗》《全宋词》《唐宋八大家文钞》《红楼梦》《水浒传》。目录、类书有：《四库全书总目提要》《艺文类聚》。蒙学有：《三字经》《千字文》《增广贤文》《声律启蒙》。这些经典尽管只是国学经典的一小部分，但都可称为比较流行的国学中的精华，可以说，它们在很大程度上已经代表国学的辉煌成就了。

我们梳理一下以上所述的层次。从知识面上讲，最广泛的就是文化，它包含着文明。从地域上分，文化又分中国文化与外国文化，有时把它们统称为中外文化或中西文化。中国文化的主体是中国古代文化，中国古代文化中包含着中华优秀传统文化，中华优秀传统文化的核心是国学，国学的核心是国学经典，国学经典的核心是经学经典，经学经典的核心是四书五经，四书五经的核心是《论语》。

学界对文化结构的认识也多种多样，有人文、自然两分说，多指国学包含着人文国学与自然国学；有物质、制度、精神三分说；有物质、制度、风俗习惯、思想、价值五分说；有物质、社会关系、精神、艺术、语言符号、风俗习惯六分说。本书赞同三分说，但主要研究人文国学，由《论语》至四书五经再至其他国学经典，逐渐延伸而深入研究，尽管有时也涉及物质文化与制度文化，但主要研究中国古代的精神文化，即主要研究在中国古代社会发展过程中长期占据主导地位的主流文化，也就是那种基本反映古代中华民族特质和风貌的思想观念和社会意识形态。

在此基础上，对中华优秀传统文化进行创造性转化与创新性发展。因为中华优秀传统文化积淀着中华民族千百年以来最深沉的精神追求，是我们中华民族生生不息、发展壮大的丰厚精神滋养和突出优势，是国家最深厚的文化软实力。探寻中华民族发展的精神血脉，立足新时代，以社会主义的价值观去转化、创新传统文化的优秀遗产，使中华古老的精神文明在开创新时代的进程中继续发挥它的价值与作用。

二、中国上古文化管窥

一个民族或一个国家的传统文化是这个民族或这个国家现代文化建设的基础，也是这个民族或这个国家树立民族与国家自信心的根本。一个不重视自己传统文化的民族或国家，就不能充分利用以往亿万人民千百年以来创造的精神财富，就不可能进行现代化建设，这个国家就不可能建成世界强国，这个民族也不可能自立自强于世界民族之林。如果不了解甚至遗弃自己的传统文化，也就等于抛弃了自己的民族与国家，这个民族与国家实际就不存在了。在人类历史上，凡是外部的侵略，它侵略的最终目的，就是消亡被侵略民族与国家的文化。

在我们这个地球上，每个民族或国家都有自己的传统文化，有的传统文化追溯起历史来还很久远。然而所不幸的是，世界上绝大多数的民族或国家的传统文化都因外部的侵略，或者因外部民族的大量迁入，甚至因为改换书写文字，遭到破坏或异化，只好在中断了原有传统文化的基础上重建新的文化。

但在人类文化史上，竟出现了一个奇特的现象，即唯有中华民族的传统文化没有因为外部的侵略，或者因外部民族的迁入，而遭到中断，更没有遭到毁灭或异化。中国与其说是一个政治实体，还不如说是一个文化实体——唯一传统文化幸存至今的实体。我们中华民族最显著的特征就是始终拥有、坚守、传承、发扬着自己的优秀传统文化。中华优秀传统文化不仅是塑造伟大的、英雄的中华民族优秀特征的精神力量，也是凝聚和激励中华各族人民团结、奋进的重要精神力量。世界上许多人不解，在这个世界上，为什么中国人民特别具有勤劳、勇敢、团结、仁慈的性格？如果从传统文化的角度找原因，就可清楚：中华优秀传统文化是成就中华民族这些优秀性格特征的内在精神动力。当前，中华优秀传统文化在创造性转化与创新性发展的原则指导下，在充分吸收人类优秀文化成果的前提下，逐渐转化成为具有中国特色的社会主义文化，成为我们社会主义现代化建设的重要软实力，中华优秀传统文化在世界范围的影响力越来越广泛而深入。

文化既然是人类实践的产物，是人类在社会历史的发展过程中所创造的物质与精神财富的总和，那么文化的产生与发展便以人的形成与发展为前提，文化的发展史就是人类的发展史。据世界考古可知，人类有二三百万年的历史，其中主要是漫长的母系氏族社会的历史，在这个漫长的历史发展过程中，人类曾有过具有影响力的七种原生态"母文化"，即埃及母文化、苏美尔母文化、密诺斯母文化（也有称米诺斯或米洛斯母文化）、玛雅母文化、安第斯母文化、哈拉巴母文化和中华母文化。这七大母文化都属于母系社会文明，所以七种原生态"母文化"也称远古七大文明。这一文化现象，说明人类的文化是多元发生的，这几个原生态"母文化"是人类早期基本独立创建的，后来发生了变化，经过了漫长的历史演变过程。

本来文化与文明的概念在共同的内涵之外还有些许区别，有些学者认为其区别是："'文化'是一个人为的过程，而'文明'则是一个历史现象和范畴。文化表现为一种社会的运动，而文明则表现为一种内在的精神。"① 然而，在本书中我们使用的"文化"的概念，包含着"文明"的基本含义，"这样我们所说的文化就不只是一种发展着的民族的精神、意识、道德、思想、风习等等，而且是在一个民族的历史中已经积淀下的和正在积淀着的这些精神、意识、道德、思想、风习的结晶。这种结晶的凝聚构成哲学、宗教、文学、艺术、科学等等不同的领域"② 。所以本书所讲的"文明"与"文化"是属于含义相对地或基本上相同地同义词。

① 葛雷、齐彦芬：《西方文化概论》，中国文化书院，1987年，第5页。
② 葛雷、齐彦芬：《西方文化概论》，中国文化书院，1987年，第6页。

在远古七大文明之前，是否还存在其他更高级的人类文明？据说地球已有46亿年的历史，这46亿年中地球上的生物经历了几次重大变故，现在还弄不清楚，学术界众说纷纭。如有人认为1936年美国德克萨斯州矿坑岩石中发现了一把金属锤子，说明几亿年前就存在过铁器时代；也有人认为大洋海底发现的一万年前的大型建筑，证明远在人们公认的新石器时代之前，人类就曾有过一个发达的文明时代。换言之，在七大母文化产生之前，人类就存在过超过七大母文化的文明。有的人还从埃及金字塔的构造，猜测这是外星人所建，说明地球上的文明建设有外星人参与。有的人还认为几百万年前，中国人的始祖是由非洲迁移而来的，不是土生土长的，也没有经历过猿人、直立人的阶段，等等。这些说法，有的是不确切的传闻，有的是主观臆想，有的是难以证实的假说，有的观点或依据仅仅是些孤证，且未经严格的科学验证，现在看来都不足为凭，主观猜测难成确论。现在可信的是，2022年9月28日，中国国家文物局在北京举行的"考古中国"重大项目发布会上公布：湖北十堰学堂梁子遗址新发现一具距今百万年人头骨化石——郧县人3号头骨，是迄今欧亚内陆发现的同时代最为完整的直立人头骨化石，实证了中国至少有百万年的人类史。再说，对于我们阐述中华优秀传统文化而言，没有必要去探讨那些玄而又玄、难以证实的各种说法，想象地探讨这些问题，恐怕离我们探讨中华优秀传统文化扯得远了些。

随着漫长的历史演变，绝大多数的"母文化"都因外族入侵或外族移入而中绝，能延续的只剩下中华文化。随着"母文化"的衰落，人类进入了以"四大文明"为代表的新的文化时期。这"四大文明"指四大古国的文明，分别是古印度文明、古巴比伦文明、古埃及文明和中华文明。"四大文明"大约产生于公元前6000至公元前5000多年，属于父系社会文明，此时古埃及文明虽存其名，但原生态的"埃及母文化"跟四大文明的埃及文明完全是两回事。判断一个古文明是否延续，最重要的是看它的文化是否得到传承，而不在于它的名称，"母文化"中的埃及文化与"四大文明"中的古埃及文明已经没有传承关系。再则，即使称呼一样，但国家的主体民族发生了根本性的变化，原有的文化自然发生了变异。

此"四大文明"的发祥地都是大河流域，这与人类选择生存条件有关。古埃及文明产生于尼罗河流域，古巴比伦文明产生于幼发拉底河和底格里斯河流域（今伊拉克一带），古印度文明产生于印度河和恒河流域，而中华文明则产生于黄河和长江流域，"四大文明"是世界文明的四个摇篮，这已成为全世界的共识。然而在"四大文明"中，除中华文明之外，其他四大文明中的三个古国文明最终也消亡了。究其原因，不仅仅是因为被外族入侵、外族大量迁入等外部因素，就内部原因而言，其文化本身就存在着问题，缺乏强盛的生命力，对外来文化缺乏强大的同化力与包容性、吸收性。不像中华民族，历史上虽也有过被外族入侵、外族大量迁入、外部文化强烈冲击，但主体民族始终未变，其文化所具有的强大生命力使它只会包容、吸纳、改造外来文化，而不会被外来文化所替代。"四大文明"后来又如远古的"母文化"一样，其他文明逐渐消失了，只剩中华文明存于世上，中华文化是唯一延续至今也没有出现过中断的文化。"四大文明"的古印度、古巴比伦、古埃及的文化遗存几乎已经无迹可寻了，你若想查阅它们当时的文化典籍就更困难了。所以称"四大文明"之三为古印度文明、古巴比伦文明、古埃及文明，"古"字包含着已逝的过往，指曾中断的文化，而唯独中华文明前不加"古"字，意在表示其文化没有中断而传承至今。

在"四大文明"的古国中，除了巴比伦在今天的世界地图上再也找不到之外，另外三个如今都还有这些名称对应的国家。位于非洲东北部尼罗河中下游，今西亚及北非交界处的古埃及，其文化形成比较早，大约5000年前就发明了芦苇笔、莎草纸等专用书写工具，至今仍给后人留下了金字塔、木乃伊等诸多辉煌的文化遗产。5150年前，南北埃及完成了统一，并建立了世界上首个大一统国家，其朝代延续并更迭长达3000年之久，其文明对后世的古希腊、古罗马、犹太等文明产生了巨大的影响。但在公元前6世纪被西亚的波斯帝国所灭，其文化发生了变异。后因马其顿亚历山大的占领而希腊化，又因凯撒的征服而罗马化，又因阿拉伯人的大量移入而伊斯兰化，埃及文化多次出现文化的中断和质的变更。现在埃及境内的居民，和当年古埃及人没有任何关系，他们不是埃及法老的后裔，而是欧洲人和阿拉伯人的后代。所以说，古埃及文化已不复存在。

古巴比伦位于西亚，今地域主要属伊拉克。古巴比伦的文明非常先进，大约在5000年前就有了楔形文字，而耶路撒冷附近的耶利哥城、叙利亚首都大马士革在8000年前就已形成，其青铜冶炼在6000年前也已开始。大约在公元前3000年，位于两河流域的阿摩利人创立了巴比伦王国。汉谟拉比执政时，建立了中央集权的专制制度。国王直接任命中央和地方官吏，著名的《汉谟拉比法典》就诞生于这一时期。但是在公元前16世纪，巴比伦王国被北方的赫梯人所灭，之后迦勒底人建立了新巴比伦王国，但是新的巴比伦王国在公元前538年，又被横扫西亚和埃及的波斯帝国所灭，辉煌的巴比伦城到公元2世纪时已完全变成废墟。巴比伦文明在屡遭中断之后最终走向毁灭，两河流域现在已经找不到阿摩利人、迦勒底人组成的民族了，只有犹太人和犹太文化保存至今。古巴比伦文明曾有过的辉煌，只是在现代考古发掘中才知其一二。

古印度位于南亚，地域范围包括今印度、巴基斯坦等国。印度河流域的文明，最早的是哈拉巴文化，哈拉巴文化并不是印度人创造的。印度河流域最早的居民是谁？哈拉巴文化是谁创造的？学术界至今还没有明确结论。哈拉巴的远古文明是在20世纪才被发现的。由于它的文化遗址首先出现在印度哈拉巴地区，所以人们称其为"哈拉巴文化"。哈拉巴后期的文化已属青铜时代的文化，从遗址发掘来看，当时城市的规划和建筑已具有相当高的水平。但到了公元前18世纪，哈拉巴文化不知为何突然衰落，很可能是外族入侵造成的。哈巴拉文化衰落后，由印度西北方入侵的游牧民族雅利安人重新创建了比较持久的古印度文化。这个古印度文化和哈巴拉文化完全是两码事。古印度文明在文学、哲学和自然科学等方面对人类文明做出了很大贡献，尤其是其影响力巨大的佛教先后传入中国、朝鲜、日本及世界各地。然而创造佛教文化的其实不是原来的印度人，而是来自西北方的雅利安等操印欧语系的民族。

雅利安人从现在的印度西北部，逐渐向南扩张。公元前1500年左右，印度进入"吠陀时代"，后来又分裂为十几个小国家，到公元前4世纪时，在南部的恒河流域建立起以摩揭陀为中心的统一国家。而印度西北部的印度河流域遭到波斯帝国的入侵。波斯帝国统治印度河流域近两个世纪之久，直到公元前4世纪后期才被马其顿的亚历山大所征服。当地的旃陀罗笈多领导了反马其顿起义，统一了北印度。不久又推翻了摩揭陀国的难陀王朝，从而建立起古代印度最为强盛的孔雀王朝。孔雀王朝在阿育王时代，王朝的版图已扩展到除印度半岛最南端以外的整个南亚次大陆，即包括现在的印度、巴基斯坦和孟加拉国。但在阿育王死后不久孔雀王朝便陷入分裂。公元前187年，孔雀王朝最后一个国王被推翻。从此之后，印度半岛再也没有统一过，古印度文化就这样中断了。

"四大文明"中三个古国文化的大体衰落，大约在公元前1600年，这个时间点恰恰是中国夏王朝灭亡、商王朝建立的时期。商灭夏，有的学者称是商民族灭了夏民族，其实，从整个华夏民族的角度看，是一个政权推翻另一个政权的统治，不是一个民族灭掉另一个民族，是华夏民族内部的权力交替。与四大文明中的三个古国主体民族消亡的命运恰相反，商朝的文化在继承夏文化的基础上继续向前发展。无论从任何角度讲，中国文化在起源时间、文明发达程度对周边的影响力、对世界文化的贡献等方面，都有典型意义。

我们谈中华优秀传统文化，当然应从中华民族人种形成谈起。首先，即使搁置中国人由非洲迁移而来的观点，我们也很自信地认为中华民族人种（姑且这样称呼，我们不称中国人种，是因为那时的先人群体还没有组成国家）是世界上最古老的人种之一。20世纪80年代，中国科学院的研究员黄万波等人，在重庆巫山县龙骨坡发现了大约200万年前的人类化石，这一证据可以说明中国人起源并不晚于非洲人。现在普遍认为我国至少远在80万年前就有人类活动，这是经过各种科学方法测定得出的结论。目前从大量出土文物与众多学者的严密考证成果来看：在距今约80万年至30万年之间，我国已存在过陕西蓝田、云南元谋、山西匼河、北京周口店、河南南召、安徽和县、贵州黔州、辽宁营口等地旧石器文化，说明我们民族的祖先很早已在中华大地上生息、繁衍，甚至有的学者根据各地旧石器时代遗址的陆续发现，推测我国有人类活动的时间可能还要大大推前至百万年前，如内蒙古赤峰市的红山文化。2022年9月28日，中国国家文物局公布湖北十堰学堂梁子遗址新发现一具距今百万年人头骨化石，更证实了中国学者以前的推测是正确的。

当历史推进到大约10000到7000年前时，我国社会由旧石器时代发展到了新石器时代，如果旧石器时代以打制石器为其特征，新石器时代则以磨制石器为其特征。由于劳动工具的改进，生产力相应得到提高，我国的原始氏族公社社会得到了发展。我国的新石器文化分布区域广大，有黄河中上游、山东苏北地区、长江流域、东南沿海地区、西南地区、北方地区（主要分布在辽宁、内蒙古）。从出土文物看，我们发掘到12000年前的江西万年县万年仙人洞遗址驯化水稻、栽培稻植硅石；发现了9000年前世界最早的酿酒技术——河南舞阳贾湖遗址果酒沉淀物；大约9000—8600年前世界最早的乐器——河南舞阳贾湖遗址骨笛；8000年前世界最早的造船技术——浙江萧山跨湖桥遗址独木舟；6700年前铜冶炼技术——陕西西安姜寨遗址冶炼黄铜。在各区域类型的标志性文化中，年代最早的属于黄河中游地区，这一区域文化遗址最早发现于河南西北部渑池县仰韶村，世称仰韶文化,又陆续发现的属仰韶文化遗址已逾千处。后又发现黄河中游另一处龙山文化,此以山东章丘龙山镇遗址而命名。再如属于裴李岗文化的河南舞阳贾湖遗址,距今8000年左右,在其出土的墓葬中,就有骨规形器、骨律管等,专家认为这些可能是用于观象授时的天文工具,在随葬的龟甲上刻有字符,这是最初文字的雏形,而用龟则与占卜和八卦象数有关。龟背甲圆阔而腹甲方平,或许包含着远古人"天圆地方"的宇宙观。总之,黄河中游新石器文化是我国新石器文化的典型代表,在中国古代文化发展史上,占有特殊的地位。

在黄河中游新石器文化发展的同时,我们前面提到的全国多处的新石器文化也发展起来,这里特别提一下长江流域,如屈家岭文化(主要分布在湖北)、马家浜文化(主要分布在江苏)等。1936年我们发现了长江流域的良渚文化遗址,良渚文化虽以浙江余杭的良渚命名,实际上这种文化广泛地分布在钱塘江流域和太湖流域,距今11000—6500年。根据出土文物判断:在良渚文化时期,农业已进入犁耕时代;手工业也趋于专业化,不仅出土了精美磨光的黑陶、丝织物,还有大量的玉器,品种多,质量好,工艺精良,说明此时期雕琢玉器的技术尤为发达;玉器中大量的礼器,证明了中国礼制的发轫;更令人兴奋的是,在出土器物上可见有刻画的"原始文字"。良渚文化玉器、陶器的分布区,还有江苏的海安青墩遗址,蒋庄遗址、阜宁陆庄遗址、涟水三里墩遗址、淮安金湖夹沟遗址,安徽的定远山根许遗址等,显示出良渚文化在长江以北的江淮地区也广泛存在。2019年7月6日,中国良渚古城遗址获准列入《世界遗产名录》,得到了国际社会的认可。

1998年10月,南京博物院公布了江苏常州金坛西岗镇三星村新石器时代遗址发掘情况:在他们发掘的640平方米面积中,共发现不同时期的墓葬有1001座,出土各种文物多达4000余件,数量之多,价值之大,器物之精,在国内同时代原始文化中极为罕见。从发掘出土的文物标本和测试数据判断，这些文物距今有6500—5500年的历史，进一步证明了在五六千年前，比较发达的原始文明已经在长江中下游的吴越地区存在了。

在20世纪的二三十年代，我们还发现并开始发掘位于四川广汉西北鸭子河南岸三星堆镇的三星堆文化遗址。五六十年代，尤其是在80年代与21世纪以来，又对其进行了多次规模更大的考古调查和发掘。其分布面积达12平方千米，出土了数千件青铜器、金器、玉石器、象牙以及数千枚海贝，发现了三星堆古城遗址，其年代上限大致从新石器时代晚期开始，是迄今在西南地区发现的范围最大、延续时间最长、文化内涵最丰富的古城、古国、古蜀文化遗址，被称为20世纪人类最伟大的考古发现之一。昭示了长江流域与黄河流域一样，同属中华文明的母体，被誉为"长江文明之源"。三星堆博物馆馆长雷雨说：三星堆六座新"祭祀坑"已出土近乎完整器件4000余件，4座"祭祀坑"或同时期形成，青铜铸造技术与商代中原同出一脉，与金沙遗址的关系更密切。有的考古专家根据三星堆文化遗存，推测三星堆文化可能是夏文化与三峡地区土著文化融合，再进入成都平原融合当地原有文化后形成的，有的专家甚至推测三星堆文化可能早于夏文化。这些重大考古发现，充分地证明了三星堆文化已经是一个拥有青铜器、城市、文字符号和大型礼仪建筑的灿烂的古代文明。加上又在成都平原发掘了十二桥等早期蜀文化的遗存，终于使大家有理由认定，在相当于三代之初，长江上游地区的巴蜀就存在着先进的蜀文化和巴文化。

之所以强调长江流域这三处文化遗址，是因为过去我们一直把黄河流域认作是中华文明唯一的发祥地，实际远在6000多年前，我国原始氏族社会在长江流域也同样进入了繁盛阶段。从大局来看，中国早期文化，主要源于黄河流域与长江流域，实际也是"两河文化"，或称（长）江（黄）河文化。如果还保持原来的"华夏文化"的称谓，这个华夏文化除了包括黄河流域文化之外，还应包括长江流域文化。黄河流域的中原地区外的"所有这些区域性新石器文化都有着与中原新石器文化不同的内涵和相对独立的发展序列。但同时，中原新石器文化的各个类型也都程度不同地与这些周边的新石器文化有着相互影响和渗透的关系。构成新石器时期文化各区域类型之间差异的，除了生态适应性因素外，也有社会适应性的因素，如社会组织的状况等。在这方面，中原和华东及北方的新石器文化显示出了更高的进步程度。但从另一方面说，中国新石器时代文化发展的多元性，奠定了后来中国境内各民族文化平行发展的基本格局"[①]。我们大略知道了中华民族旧石器时代文化的状况，然而我们讲中华优秀传统文化时，没必要详细地追溯得太远，大约只从新石器时代开始就足以说明中国文明的曙光已经升起。中国新石器时代，已经形成多元一体的中国早期文化雏形，成为后世中华民族生生不息、长盛不衰的文化基因。

前面所阐述的历史阶段，我们用了现代的术语，而在中华优秀传统文化中，往往用各个历史时期所涌现的文化代表人物即大圣至贤的人物来表述历史。所谓圣贤，就是发现、遵循发展规律并用发展规律教化天下的人，他的思想能引领、造福千秋万代的后人。如中国历史经历了有巢氏时期、燧人氏时期、伏羲氏时期、神农氏时期、五帝时期等，从这个角度看中华优秀传统文化，早期中华优秀传统文化又是一种圣贤文化。

有巢氏、燧人氏，这无疑是后人对原始人群的形象概括，指居住在巢穴、钻木取火的原始人群。有巢氏、燧人氏的时代应该是母系社会，为什么以父系社会的"氏"相称？早期女子得"姓"，男子称"氏"，"氏"是父系社会的称呼，如伏羲氏、神农氏。但在后来"姓"成了一种族号，"氏"成了"姓"的分支，再后来，"姓""氏"不分，称已婚妇女，在娘家姓之后加氏，如姓李则称李氏。而有巢氏、燧人氏的称呼，应该产生于父系社会，是父系社会以当时的称呼称更早的母系社会的人。那时人们想象我们的先民最初是在巢穴中居住，与野兽区别不大，后来懂得了钻木取

---

① 上海古籍出版社编：《中国文化史三百题》，上海古籍出版社，1987年，第13页。

火，开始迈入文明的门槛。但有巢氏、燧人氏的称呼只是指人群，并不是发现、遵循发展规律并用发展规律教化天下人的文化代表人物。中国最早产生的这种文化代表人物是大约8000多年前的伏羲，这时中国应进入父系社会了。

司马迁《史记》记史始于以黄帝为首的五帝，但我们中华广袤的大地上，早在百万年前就有人类繁衍生息，黄帝肯定不是我们的最初先民。仅见于各种典籍记载的早于黄帝的古部落领袖，就大有人在，如早于"五帝"的有"三皇"。但"三皇"有几种说法，有的说是天皇、地皇、泰皇，有的说是伏羲、神农、祝融，有的说是伏羲、女娲、神农，有的说是天皇、地皇、人皇，莫衷一是。一些文献就有伏羲是"百王先"的记载，如《易·系辞下》记载："包牺（指伏羲）氏没，神农氏作，斫木为耜，揉木为耒，耒耨之利，以教天下。"司马迁并非没有看到这些文献记载与听到这些传说，却因实证不足而没有采纳，不过在《史记》中对伏羲有所提及，如在《史记·太史公自序》中说："余闻之先人曰：'伏羲至纯厚，作《易》八卦。'"在《史记·秦始皇本纪》中有："二十六年……臣等谨与博士议曰：'古有天皇，有地皇，有泰皇，泰皇最贵。'"司马贞索隐："按，天皇、地皇之下即云泰皇，当人皇也。而《封禅书》云'昔者太帝使素女鼓瑟而悲'，盖三皇已前称泰皇，一云泰皇，太昊也。"太昊就是指伏羲，后世常称"太昊伏羲氏"。

为什么司马迁舍弃伏羲要以黄帝为本纪之首？其重要的原因是：司马迁本着求实的精神考察、书写历史，《史记》因而才被誉为"实录"。伏羲的传说多荒诞不经，难以立纪。就是写黄帝，也程度不同地存在着这个"荒诞不经"的问题。司马迁曾说：

　　学者多称五帝，尚矣。然《尚书》独载尧以来；而百家言黄帝，其文不雅驯，荐绅先生难言之。孔子所传《宰予问五帝德》及《帝系姓》，儒者或不传。余尝西至空桐，北过涿鹿，东渐于海，南浮江淮矣，至，长老皆各往往称黄帝、尧、舜之处，风教固殊焉，总之不离古文者近是。予观《春秋》《国语》，其发明《五帝德》《帝系姓》章矣，顾弟弗深考，其所表见皆不虚。《书》缺有间矣，其轶乃时时见于他说。非好学深思，心知其意，固难为浅见寡闻道也。余并论次，择其言尤雅者，故著为本纪书首。(《史记·五帝本纪》)

司马迁在写黄帝时，已感到困难重重，"百家言黄帝"，可谓资料丰富，然而"其文不雅驯"，内容荒诞不真实，可见"择其言尤雅者"有多难！伏羲比黄帝早3000多年，估计不仅资料稀缺，而且其文更不雅驯，所以《史记》舍伏羲而从黄帝写起，这与司马迁严谨的实录精神有关。汉代人具有强烈的大一统观念，帝王统摄是大一统的标志，所以司马迁写史选择从帝王开始，他认为黄帝是真实存在无可非议的最早的帝王。《史记·五帝本纪》记载五帝时的版图："东至于海，登丸山，及岱宗。西至于空桐，登鸡头。南至于江，登熊、湘。北逐荤粥，合符釜山，而邑于涿鹿之阿。"即，东至沿海，西至甘肃东部，南至洞庭湖，北至草原，俨然是一个大帝国，而伏羲无论如何是不能与黄帝相比的。从文化代表人物的角度看，尽管《尚书》《五帝德》《帝系姓》《世本》等典籍对黄帝有记载，但实证资料不足，司马迁经过分析研究，还做过实地调查，去伪存真，把黄帝这个神化的人物还原成一个历史现实人物。为黄帝作纪，于历史来说是无诬，符合其一贯的实录精神。而伏羲，司马迁认为其实证资料严重不足，事迹无从考证，现有资料难以支撑他的实录记史原则。另外他认为从黄帝开始，实现了天下一统，他"修德振兵，治五气，蓺五种，抚万民，度四方……而诸侯咸尊轩辕为天子，代神农氏，是为黄帝"(《史记·五帝本纪》)，而伏羲比起黄帝来，虽居三皇之首，但还没有被拥戴为"天子"，不适合作纪。司马迁认为中华民族多民族大一统的社会文明是从黄帝开始的，一部《史记》就是从黄帝开始的一部中华民族文明史。

司马迁死后百余年，西汉末大学问家刘歆通过整理大量文献，参阅了《易经》《左传》等古籍，而研究得出伏羲是中华文化始祖这一明确结论，他在《世经》中说："《易》曰'庖牺氏之王天下也'，言庖牺氏继天而王，为百王先，首德始于木，故帝为太昊。作网罟，以佃以渔，取牺牲，故天下号曰'伏牺氏'。"刘歆的这一观点，至东汉初被史学家班固所接受。班固著《汉书·古今人物表》，其中第一位即上上圣人便是"太昊帝宓羲"（伏羲）。

记载伏羲较详细的著作是唐代司马贞的《三皇本纪》，此本纪收入今本《史记·五帝本纪》前的《补史记》中。其《补史序》中指出《史记》"本纪叙五帝而阙三皇"，司马贞的《三皇本纪》补记的三皇是伏羲、女娲与神农，但在序中又说："一说三皇谓天皇、地皇、人皇。"《三皇本纪》前有小序：

> 太史公作史记古今君臣，宜应上自开辟，下迄当代，以为一家之首尾。今阙三皇而以五帝为首者，正以《大戴礼》有《五帝德》篇，又帝系皆叙自黄帝以下，故因以《五帝本纪》为首。其实，三皇已还，载籍罕备，然君臣之始，教化之先，既论古史，不合全阙。近代皇甫谧作《帝王代纪》，徐整作《三五历》，皆论三皇已来事，斯亦近古之一证。今并采而集之作《三皇本纪》，虽复浅近，聊补阙云。

兹节录司马贞的《三皇本纪》如下：

> 太皞庖牺氏，风姓，代燧人氏，继天而王。母曰华胥，履大人迹于雷泽，而生庖牺于成纪。蛇身人首，有圣德。仰则观象于天，俯则观法于地，旁观鸟兽之文与地之宜，近取诸身，远取诸物，始画八

卦，以通神明之德，以类万物之情，造书契以代结绳之政。于是始制嫁娶，以俪皮为礼。结网罟，以教佃渔。故曰"宓牺氏"（按：事出《汉书·历志》，宓，音伏）。养牺牲以庖厨，故曰"庖牺"。有龙瑞，以龙纪官，号曰龙师，作三十五弦之瑟，木德王，注春令，故《易》称：帝出乎震，月令孟春，其帝大皞是也。都于陈，东封太山，立一十一年，崩。

伏羲氏在其他古籍中，又作伏牺氏、庖牺氏、伏戏氏等，亦称牺皇、羲皇、太昊等，班固称"太昊帝宓羲"，是伏羲的全称。为何伏羲有这么多个称呼？这是因为上古文化的传播多靠口耳相传，音义相通之字通用，实指同一对象。将伏羲列为中国文化始祖，是班固在重复刘歆的观点，但班固不世之功在于第一次将伏羲载入官定正史中。

作为中华传统文化鼻祖的伏羲，究竟在文化上有哪些贡献呢？首先是开始创制文字。先民起初靠绳子打结来记载事情，时间一长，很难回忆出绳子上打的结究竟表示什么事。伏羲根据事物的形状"造书契"，即画出事物简单的图案，于是文字开始形成。文字是人类文明的重要标志，伏羲造字功绩甚伟。更为后人称道的是，伏羲开始画八卦，以通神明之德。伏羲观天视地，最早发现了宇宙万物是由不断运行变化的阴阳两极所构成，阴阳两极的因果变化，既对立又统一，阴阳转化，物极必反，否定之否定，揭示了宇宙各种事物的关系及其发展变化的总规律。《易·系辞上》说："一阴一阳之谓道。"阴阳变易是主宰万事万物的不可违背的天道，所以它有"通神明之德"，用这种变易思想可以"类万物之情"，即可以解释过往的和预测未来的任何情理。或许伏羲在文化上还有其他贡献，如还说他教大家编织成网用来捕鱼打猎、驯养牲畜、造房屋、养蚕织布、引水灌溉，还制定把握节气的历法、明人伦的姓氏法、族内不相婚的嫁娶法，自己还发明"干"，用来防守，发明了"戈"，用来进攻，用黄土造成坝，用桐木制成琴瑟以娱乐，等等。然而仅凭创文字、制八卦，伏羲就足以奠定中国文化的基石。文字且不说，仅说伏羲制八卦，夏朝的《连山易》、商朝的《归藏易》、周朝的《周易》，都是建立在伏羲八卦的基础上的。旧有传说：伏羲制八卦，周文王推演八卦成64重卦（别卦），周公为《周易》作卦爻辞，孔子为《周易》作传。传说中的孔子作传，后来遭到一些人的质疑。其实，孔子为《周易》作传是确实存在过的历史事实，《史记·孔子世家》中记载："孔子晚而喜《易》，序《彖》《系》《象》《说卦》《文言》。读《易》，韦编三绝，曰：'假我数年，若是，我于《易》则彬彬矣。'"易传的学术思想本于孔子，即使不是孔子所作，也是继承孔子思想的后学所为。

无论怎样的说法，伏羲始创的中华优秀传统文化的精华——宇宙万物变易的思想，一直为中国人传承并发扬光大，这一事实却是千真万确的。后人对伏羲变易思想的发展，不仅是将《易》确立为经学之首，而且在伏羲阐释一阴一阳的天道基础上，又提出："《易》之为书也，广大悉备。有天道焉，有人道焉，有地道焉。"（《易传·系辞下》）"天道下济而光明，地道卑而上行。"（《易传·象·谦》）人道为仁义，发展了伏羲的天道思想。或"天人合一"，或天、地、人三道合一，在天、地、人中以人为中心，理论阐述偏重人道，即使在阐释天道、地道时也常寓以人道，如《易·卦辞》解释天道："天行健，君子以自强不息。"强调的是天道酬勤，君子遵天道而永远勤奋上进。又解释地道："地势坤，君子以厚德载物。"强调君子要学大地滋养万物般地爱人惜物。孔子的学说阐述的就是人道，明人伦，定纲常，思想核心是仁，以仁为至德，主张"为政以德"，孟子提出"仁政"说，以仁义道德来治理国家。儒家以仁义确立了中国传统的宇宙观、世界观、历史观、人生观、道德观、价值观。古今对孔孟这一思想理解最透彻的是宋代的张载，他有四句教："为天地立心，为生民立命，为往圣继绝学，为万世开太平。"不管如何阐释天道、地道，最终还是要落实到人道。

本书强调伏羲是中华人文始祖，意在说明中华文明至少有8000年的历史，与传统的"中华文明五千年"的说法不一样；强调伏羲是中华民族的始祖，与传统的"我们是炎黄子孙"的提法也不一样。相信随着出土文物的大量出现，肯定要还原历史真实，从而更进一步提高我们民族及其文化的自信心。《汉书•古今人物表》所列以太昊伏羲氏为首的中国古代帝王序列是有道理的，其谱系是：太昊伏羲氏、炎帝神农氏、黄帝轩辕氏、少昊金天氏、颛顼高阳氏、帝尧陶唐氏、帝舜有虞氏、伯禹夏后氏。当然他们之间多数不会是直接接续的，伏羲与黄帝之间相隔3000多年，五帝之间亦同理，著者只是排列其中功勋卓著者。从伏羲到五帝，再到夏、商、周三代，执政者虽有更替，但传统文化的核心观念没有变，并在新的形势下有所发展。

三、中华优秀传统文化强大的生命力

上古之后便进入夏、商、周三代。三代文化，尤其是周文化，奠定了中华优秀传统文化的基础，对以后中华优秀传统文化的发展影响深远，这一点已在前面讲过了，三代文化推动了中国文化轴心时代的到来。

当我国进入春秋战国时期，这个时期正是德国哲学家雅斯贝尔斯在1949年出版的《历史的起源与目标》中提出的人类文明的"轴心时代"（他把"轴心时代"划定为公元前800至公元前200年这段时间内），他认为这个时期是人类文明取得重大突破的时期，各个文明地区都出现了伟大的思想家——古希腊的苏格拉底、柏拉图，印度的释迦牟尼，中国的孔子、老子。他们的精神成果，标志着人类迎来智慧大爆发的时代，人类开始用理智的方法、道德的方式来认识世界，人类精神文明在中国、印度、波斯、巴勒斯坦和古希腊得到了突飞猛进的发展。

在"轴心时代"，最为辉煌的是中华文明及与其并存的希腊文明和波斯文明，尤其是希腊文明对后来世界特别是对欧洲影响巨大。希腊文明是在巴比伦文明和埃及文明二者融合的基础上所创新的文明。波斯文明也如此，它是在巴比伦文明和印度文明融合的基础上所创新的文明，希腊文明和波斯文明都是其他早期古文明中断之后的"轴心时代"形成的新文明。在"轴心时代"上中叶，希腊文明发展到了它的鼎盛时期，后来随着希腊被罗马帝国征服，希腊文明虽然被罗马文明所吸收，但本身也开始显露出没落的迹象。后来其文化成果竟长期被人们所忽视与遗忘，直至欧洲中世纪时才被人重新重视。而波斯文明，其兴起从公元前550年波斯人征服西亚中东各国、建立地跨欧亚非三大洲的帝国算起，现在的伊朗、伊拉克和阿富汗都曾经属于当时波斯帝国的版图。波斯帝国为了夺取叙利亚、土耳其、巴勒斯坦、以色列、埃及和整个阿拉伯半岛的控制权，与罗马帝国以及罗马帝国分裂之后的拜占庭帝国长期交战，大大削弱了波斯帝国的实力。之后，又被来自西方的穆斯林军团所灭，波斯文明也从此失落，只给后人留下大片宫殿遗址，还多少保存着古波斯的建筑、雕刻和装饰艺术的遗存，成为现今伊朗境内的世界文化遗产。

古印度文明虽然在5000多年前就已经产生，但由于一直被外族从西北山口侵入并统治，外来文化多次取代本土文化而成为文化的主流。后世学者认为印度在历史上基本没有统一过。比孔子大十几岁的释迦牟尼创立佛教，使佛教成为世界三大宗教之一，那时印度境内仍诸国林立。公元前4世纪初，印度北部被来自欧洲的马其顿王国的阿吉德王朝所统治，后来，出身古印度贵族家庭的旃陀罗笈多率领古印度人，反抗马其顿王国阿吉德王朝的统治。公元前324年，旃陀罗笈多登基称国王，建立印度历史上第一个大一统朝代，定都华氏城。由于旃陀罗笈多出身于以饲养孔雀而发迹的家族，所以他所建立的朝代就史称"孔雀王朝"。孔雀王朝第三代国王阿育王之后，孔雀王朝衰落，公元前187年，孔雀王朝最后一个国王被推翻。孔雀王朝灭亡以后，先是中亚的巴克特里亚希腊人入侵印度次大陆的西北部，接着又有安息人、塞种人、大月氏人的入侵。后来再加上中亚地区突厥人的崛起，他们把伊斯兰教输入了古印度，印度的佛教文化和社会体系被搅乱。当时，多种宗教长期并存，印度的佛教由盛而衰，现在所谓的佛教和印度教并不是古印度所流传下来的。入侵的外族将其特有的文化、思想带进了古印度，对原有的古印度文明产生了巨大的冲击。印度文明渐渐被外来植入的文化和制度所替代。孔雀王朝后，印度半岛陷入长期分裂，再也没有统一过。古印度文化就这样被强行掐断，古印度文化中断多少次都没有留下记录，现在印度人信奉的佛教是由外面倒传进去的。

世界上所有的古国文明，除了中国，其他文明都曾中断过，有的还中断数次。中国进入"轴心时代"后，孔子、孟子、荀子等思想家，在总结、继承中国远古及三代文化精华的基础上，创立了儒家学说，构筑了后世中华优秀传统文化的核心与主体。至汉代，儒学被奉为经学，明确地成为社会的主流意识。它从此如一条红线，贯穿至整个中华优秀传统文化的发展中，后世如魏晋玄学、隋唐禅学（佛学）、宋元理学、明代心学、清代朴学、近现代新儒学，虽然各阶段各学派的理论主张各异，但都以孔、孟、荀的儒家思想为其灵魂，又顺应着时势而变迁，同时汲取其他学派的文化精华，在吸收中有继承，继承中有创新，不断调节、完善着自己的理论。但万变不离其宗，永远坚持着中华优秀传统文化的核心价值观，使中华优秀传统文化不仅没有中断，而且越发展越博大精深。直至今天，中华优秀传统文化仍保持着勃勃的生机，令很多民族和国家所崇尚和羡慕。

为什么世界上唯有中华优秀传统文化能一直延续下来？难道以九州为主要疆域的古代中国在历史上没有遭遇过外族入侵？中华大地上没有发生过王朝政权更替？域外文化没有过对中华优秀传统文化的冲击？非主体民族统治中国时，没有试图以自己少数民族的文化替代以主体民族文化为特征的中华优秀传统文化？非也。世界其他古国遭遇过的种种事变，古代中国一件也不曾遗漏过，只是其他古国因为种种遭遇而中断了自己的文化，而唯独中华传统文化遭遇种种磨难之后，却一直顽强地独存于世。

中国的地域分三个大的区域：北方草地游牧区、中原平原农业区、南方山地农业渔猎区。在中国古代历史上，以中原为地标的华夏族、汉族的农耕生活区，屡屡遭到北方草地游牧区民族的侵入，如鲜卑、契丹等入侵中原，但其民族文化不久就被汉民族文化所同化。有些当政的北方少数民族统治者还建立了大一统帝国，统治中国数十、数百年，起初，他们也曾想用自己民族的文化取代以汉族文化为主体的传统文化，然而两种民族的文化经过激烈的冲突、渗透、融合，落后的游牧文明在先进的农耕文明面前，只能被同化、被改造，原先的少数民族文化逐步走向汉化，最终成为中华传统文化的一部分。佛教文化、天主教文化等外来文化，其情况也大致如此。刚传入中土时，对中华传统文化冲击很大，与中华传统文化剧烈地碰撞，但它们想在中国生存发展，必须认同中华传统文化，也就是它们必须中国化，否则外来文化就别想在中华大地上扎根生长。唐代中期，中国的佛教已成中国化的禅宗，禅宗与印度佛教已有很大区别。明末清初，西方天主教等西方文化传入我国，在抵制外国文化侵略的同时，我国人民又吸收西方文化先进的部分和有用的东西，用来改造中国的传统文化，最终形成兼容并蓄的新的中华优秀传统文化。少数民族文化、外来文化不仅改变不了中华传统文化的性质，取代不了中华传统文化，而且本身不断汉化或中国化，最终成为中华传统文化的有机部分。中华传统文化不断吸收境内各民族各地域甚至境外异域的文化，形成内涵十分丰富的中华优秀传统文化，使中华优秀传统文化永远呈现出勃勃的生命力。

中华传统文化不因外族的入侵、异民族的迁入或国家四分五裂而中断，表现出强大的生命力。这种生命力最突出的体现就是内蕴着巨大的凝聚力，即使在国家分裂、时局动荡时，中华优秀传统文化也会得到境内各民族各地域人们的认同，这是促进国家统一、各民族团结的强大精神动力，其巨大的凝聚力常常促使分裂走向统一。所以，在中国历史上，大一统始终是各个历史时期人们的主流思想，五帝、三代就已实现了不同程度的大一统，尽管这种统一还处于相对松散的状态。从秦王朝开始，就建立了异常严密、健全的中央集权的大一统政权。之后，经历了西汉王朝、东汉王朝、西晋王朝、隋王朝、唐王朝、元王朝、明王朝、清王朝，大一统的国家构成了中国的历史主体。中华优秀传统文化推动了封建大一统的形成，封建大一统又促进了中华优秀传统文化的发展，这也是中华优秀传统文化不仅没有出现中断，而且持续发展至今历久而弥新的一个重要原因。

第二节　从未发生过根本变化的文字书写体系

一、文明古国的文字都从象形字开始

上节讲述了中华优秀传统文化由于具有强大的生命力，从无中断并延续不断地发展创新，人们会问：中华优秀传统文化除了具有内在的强大生命力之外，还有什么原因促使中华优秀传统文化没有中断并延续发展呢？原因可以找出很多，先说文化的主要载体文字，其本质上固定不变是中华优秀传统文化从无中断的重要原因之一。文字是语言记录的符号，按照摩尔根划分野蛮和文明的标准，文字是人类社会进入文明时代的重要标志。人类漫长的原始初期，是没有文字的。不仅没有文字，原始人最初连话也不会说，经过漫长的集体劳动与群体交往的社会实践，原始人慢慢地发出声来，用以表达自己的感情与意愿，后来又用绳子打结、在木头等物上刻画符号来记事。但绳结、简单刻符，时隔长久些，就难准确地回忆起所记之事，于是慢慢地采用简单的象形性图画来指代语言表述中所指的事物。但象形性图画还不等于文字，只能说文字起源于记事的图画，在文字产生之前还有一个"文字画"的起源阶段。文字画是摹写事物的图像，而不是代表语言的文字，只有所指一事物只用一个单独的象形性图画来表示

时，这个象形性图画才可视为最初的象形文字。后来所产生的其他类型的文字，都是在象形字的基础上加象征性符号构成的。象形字处于以文字表示人及具体事物的最初阶段，其表意唯一而单纯，象形字再加上象征性符号，即表述的意义不直接由图形表达而是由图形引申出来，文字才发展到了可以表示众多甚至抽象事物的表意文字阶段。

文字的产生比语言的产生要晚得多，但它一产生便使语言增加了新的存在形式，有了文字，人们就能将语言以物化的形态展示出来。这种新的语言存在形式不再受口传耳闻的狭小空间与声音存留的短暂时间所限制，给有声语言所要表达的种种观念意识赋予了可以长期保存的物质表现形式；有了文字，人们可以不受时空的限制，与外界进行广泛的交流，还可以用文字的形式将人们的记忆与认识记录下来传于千秋万代。世界上各个民族、各个国家最早创造文字，无不从图画式的象形文字开始，这是文字发展的必然规律，也是一个民族、一个国家文明的必经开端。

据说历史上最古老的象形文字，除了汉字外，还有玛雅文字及其他古文字，但后来玛雅文字及其他古文字都衰亡失传了，唯独中国的汉字还流传于世。现在说起文字最早的发源地，大家公认的就是四大文明古国。

古埃及的象形文字是世界上最古老的文字之一，开始出现于公元前4000多年。最早的古埃及象形字类似汉字，用象形的符号表示事物，古埃及象形字中的"日、月、山、水"等字，和汉字古体极其相似，而且古埃及文字书写顺序，和中国古代文字书写顺序相同，也是从上到下从右到左来书写。今天我们看到的古埃及象形文字，多数刻画在墓穴和庙宇中。如1987年德国考古队在阿比多斯发现了古埃及的一个贵族的坟茔，复原了几百块骨片，从中找到了具有一定规模的埃及象形文字。这一坟茔的年代为公元前3150年。

古埃及人在历史发展中发明了三种书写形式，字形虽然不同，但都是象形文字的演化。主要用于神圣场合的文字，称为圣书体，这种书写形式一直维持到古埃及文明灭亡。圣书体使用起来不甚方便，所以，在古埃及王国末期，在圣书体基础上又演变出来一种便于书写的行书体，称为僧侣体。在公元前700年左右，在僧侣体的基础上又发明了更简化的草书形式，即世俗体。古埃及的象形文一直使用到公元4世纪末才失传，大约通行了三四千年之久。在这几千年之中，古埃及的象形文字在语法上和词汇上变化很大，特别是在罗马统治古埃及时期，其语言较之法老时期，很少有相似之处，但是，象形文字的传统却保存下来。

象形文字是表意文字，有了这个载体，古埃及文明的影响就不再局限于尼罗河流域，开始不断向中东地区和非洲以及地中海沿岸传播。古埃及象形文字影响了后来的诸多文字，如腓尼基文字、阿拉伯文字等，通过西奈铭文，最后影响了腓尼基字母文字的发明，而希腊字母则是在腓尼基字母的基础上创建的。公元1世纪科普特人逐渐占据埃及，他们一开始用科普特字母作为古埃及象形文字的补充，到最后逐渐代替了古埃及文的僧侣体和世俗体。到了公元4世纪，统治古埃及的罗马皇帝改信基督教，下令关闭所有非基督教的神庙，之后能阅读古埃及圣书体文字的祭司也没有了，古埃及象形文字从此无人能阅读。直到19世纪，法国的商博良根据罗塞塔石碑上记载的古埃及文字和希腊文对译，重新破译了古埃及文字，说明古埃及象形文字表意的功能还潜伏着一定的生命力，尽管古埃及象形文字中断、失传了十六七个世纪。

古巴比伦使用的象形文字称为楔形文字，然而真正初创楔形文字的是美索不达米亚的古代苏美尔人。由于美索不达米亚地处底格里斯河和幼发拉底河两河流域，所以称楔形文为古巴比伦象形文。因为文字是文明的重要标志，从这点出发，日本NHK电视台拍摄的大型纪录片《世界四大文明》，解说词干脆把中国、古埃及、美索不达米亚、古印度称为世界四大古文明，把楔形文字称为美索不达米亚古文字。美索不达米亚古文字最初的图形并不呈楔形，其文字是在石板上或泥版上刻画的线条式图形，可能是用青铜刻针或刻刀刻画的。考古学家曾在乌鲁克古城发现了刻有这种线条式图形的象形文字的泥版，经考证研究，其刻画的时间大约在公元前3200年左右。在基什附近的奥海米尔土丘发现的一块石板上面也刻有线条式图形的符号，推测比乌鲁克古城线条式图形的象形文字还早，这是两河流域发现的迄今为止最早的象形文字。这些线条式图形的象形文字虽然还不是楔形文字，但这些线条式图形的象形文字是楔形文字的雏形，楔形文字正是起源于这些线条式图形的象形文字，这说明楔形文字产生前有过一个线条式图形的象形字的阶段。到了公元前3000年左右，楔形文字才形成。楔形文字大多刻写于软泥版上，用削尖的芦苇秆或木棒做成呈三角形的笔尖在软泥版上刻写，每一笔画总是从粗到细，形成三角形的笔直线条，像木楔一样，楔形文字由此得名。楔形文字仍然属于象形文字，因为它仍然要通过图画的方式来表示事物，只是字形比早期线形图画式象形字要简化一些。写有楔形文字的软泥版经晒干或烤干后变得比较坚硬，上面的文字体形不易变形，干泥版又易于保存。

随着社会的不断发展，人们的社会交往越来越多，所认识与想表述的事物不仅越来越丰富，而且越来越复杂，越来越抽象，原先的象形文字越来越不能满足生活的需要。于是，苏美尔人在原先象形文字的基础上，对文字进行了多方面的改造。一方面是简化图形，并用单项含义来表示多项含义，如"口"的图形原来只表示"嘴"，现在又增加了表示动作"说"的意思。另一造字方法是在原先象形字的基础上，再增加图画符号，即把几个符号组合起来，进而表示一个新的含义。如在表示"眼"的图画符号上再增加"水"的图画符号，来表示"哭"。有时干脆用一个图画符号表示一个声音，比如"箭"和"生命"，在苏美尔语中是同一个音，因此就用同一个符号"箭"来表示"生命"，楔形文字原来的意符变成了表示其他意的音符。后来还造出一些限定性的部首符号，如人名前加一个倒三角形符号，这是表示属于男性的人名。苏美尔人还将几个表意字合在一起，来代表一个复杂的词或短语，这样就使得楔形字必须由原来从上而下地书写，改为从左而右来书写。楔形字由单纯的象形文字逐渐发展成表意文字，即象征符号意义不直接由图形表达而是由图形引申出来，书写的文字虽然仍具有象形文字的特征，但已超越了简单以图画表示人及具体事物的阶段，发展到了用象征符号表示抽象事物的阶段。到了公元前2007年，苏美尔人的最后一个王朝衰亡之后，巴比伦王国把苏美尔文字的遗产全部继承了下来，并使楔形文字有了更大的发展，使其词汇更加扩大和丰富，字体书写更加精致、优美。

楔形文字传播的地区主要在西亚和西南亚。在巴比伦和亚述人统治时期，楔形文字传播地域更加扩大，两河流域其他民族几乎都采用了这种文字。尽管这些民族的语言不一定属于相同关联的语系，如赫梯人和波斯帝国的语言都是与苏美尔语无关的印欧语系，但都可以用楔形文字来书写自己的语言。再如闪族的阿卡德人的语言，和苏美尔语差异相当大，却也能使用楔形文字。到了公元前500年左右，这种文字甚至成了西亚大部分地区通用的文字体系，连埃及和两河流域各国外交往来的书信或订立的条约，都使用楔形文字。楔形文字一直使用了2000多年，到公元元年前后，伊朗高原的波斯人对美索不达米亚的楔形文字进行了改进，由多变的象形文字统一固定为音节符号，用字母文字代替了楔形文字，楔形文字于是失传。直到10世纪以来，考古学家才发现了大批各种楔形文字的泥版或石刻，引起学界的关注与研究，学者们对楔形文字进行了不懈地译解，这种研究甚至形成了一门新的学科。

在古印度，最初的文字也是象形文字，与古埃及、古巴比伦一样，经历了一个从象形文字到表音表意文字最终到字母文字的发展过程。但是由于印度表意文字废除之后，其表意文字的遗存实在太少了，现在发现的印度表意文字只存留在小小的印章上。现存的古印度印章有2500多枚，这是在印度的各个文化遗址中先后发现的，印章有天青石制的、陶土制的、象牙制的，还有钢制的，从材质上就大致可以看出这些印章出自不同的历史时期，另外从印章上的字形也可看出古印度的文字经历了长期的发展变化。在哈拉巴、摩亨佐•达罗早期文化层里出土的印章，上面刻画的文字显得比较古朴，表意符号比较繁杂，而罗塔尔出土的印章文字的形状较前者已经明显地简化，笔画由直线和弧线组成，文字从右向左书写。

古印度早期印章上的表意文字，一个图画式的符号表示一个事物或一个意思，在这类图画式的符号中最引人注目的是牛的刻画图形。在摩亨佐•达罗出土的123个钢制的印章上，就刻画着36个牛的图形。对牛的崇拜，成了印度的一种传统。近年新冠疫情以来，据传有些印度人用喝牛尿、洗牛粪浴来抵御新冠病毒，显示了印度人传统的对牛神力的寄托和希望。印章上图画式的符号还有大象、骆驼、羊等，山川河流等自然物的刻画图形也常见。还有的刻画图形是人兽共处，或是人兽同体，这种刻画图形表达的是宗教信仰或对天神的崇拜。古印度后期的印章中有一些字符仍然保留着象形文字的特点，除一个刻画符号表示一个意思外，更多的是将两个或更多的刻画符号组合起来使用，表示一个较为复杂的复合意思。

古印度印章的形状多数为边长2.5厘米的正方形，也有少数的呈长方形。据考证，古印度印章上的表意文字，是世界上最早的文字体系之一。具体产生于何时？有人通过考证认为产生于公元前3000年左右。正如有人因楔形文字产生于美索不达米亚，就将巴比伦文明称为美索不达米亚文明一样，有人也以古印度印章上的象形文字为据，称古印度文明为印章文明。古印度刻画表意文字的印章与中国古代刻画文字的甲骨一样，易于长期保存，二者又均是一种特殊的书写工具，书写的内容比较单一而简略，而易于书写大量内容的竹木简、树皮、兽皮等，又不能长期保存。从逻辑推理来看，真正能代表古印度表意文字水平的绝不是印章上的表意文字，正如真正能代表当时中国文字水平的绝不是甲骨上的文字，而是书写于竹木简、树皮、兽皮、纺织品等材质上的有大量内容的文字。但是，书写着大量文字的竹木简、树皮、兽皮、纺织品等材质，容易碳化变质。我们现在只能就印度河流域出土的印章上刻画的图形和文字符号，来探讨古印度文字的起源了。

既然印章上的文字代表了古印度的文明，那么破译印章上的文字，成了研究古印度文明的重要途径。最早有人推测，古印度印章上的文字属于印欧语系，但是自20世纪70年代以来，越来越多的研究者认为印章上的文字属于印度土著的达罗毗荼语。如1976年美国学者费尔塞维斯宣布自己已破译出印章上100个文字符号，甚至已可释读某些完整的句子，他也认为印章上的文字属于古达罗毗荼语。至于古印度的表意文字何时停止了使用，现在也没有确切的定论，也许是随着印度河文明的毁灭，印度表意文字也就失传了。

二、世界上仅存的表意文字——汉字

大约在公元前700年，印度商人与美索不达米亚的闪米特人进行商业贸易，在交易过程中也将闪米特人的22个字母传回印度，印度人在此基础上制作出了40多个字母，构成婆罗米文字，婆罗米文字已属字母文字。孔雀王朝阿育王所刻的铭文，用的就是婆罗米文字和佉卢文字，佉卢文字后来逐渐失传，婆罗米文字在公元7世纪时发展成梵文，印度佛教称此文字是佛教守护神梵天所造，因此称其为梵文。这种文字由47个字母构成，词根和语法结构与古希腊文、古波斯文相似，属印欧语系的印度—雅利安语支的一种语言文字，是近代印度字母的原型。18世纪后期，梵语又被用拉丁字母转写注音，现在常用的系统是国际梵语转写字母。梵语是印度国家法定的22种官方语言之一，但现在已经不是日常生活的交流语言，印度官方语言中也很少使用，与古代汉语一样，梵语成为语言学家研究的一种语言。

古埃及、古巴比伦和古印度的表意文字，最终都被字母文字所代替，其表意文字记载历史的使命就终结了，等于表意文字所记载的传统文化也中断了，如今能读懂这三个文明古国表意文字的人少之又少。而中国的情况则完全不同，中国的象形文字始终没有消亡，并在此基础上又创造了多种表意文字，具有了自己一以贯之的文字记载体系，这一文字体系一直在延续，几千年都未改变过。公元前221年，秦始皇统一中国，其重大的施政功绩之一，就是使中国的文字更加规范与统一，使后人更容易看懂中国古代流传至今的几千年的文化典籍。

我们所说的中国文字，就是指一贯称之为非字母文字的表意文字——汉字。汉字的名称出现起得很晚，大约是在汉民族称呼有了之后产生的。因为中华民族传统文化以汉民族文化为主体，因而称几千年流传的文字为汉字。汉字的名称虽然出现得晚，但汉字的产生却早得很，起点绝不是以前人们常说的3000多年前的甲骨文，而是早于甲骨文的图画式的象形文字。

与世界上其他民族或国家一样，在象形文字产生之前，我们也经历过以结绳、契木来记事的历史。所谓结绳记事，指远古人在绳子上打结，这个结表示曾经历过的重要事件，比如氏族部落之间的重大交际、贸易等，双方都在绳子上打同样大的结，靠这个大结启发人们在以后能回忆起这回事，这个结也可作为重大交际、贸易的凭证。若部落发生了一些值得以后回忆的小事，可以在绳子上打个小一点的结，来记载此事。《周易集解》引《九家易》："古者无文字，其有约誓之事，事大大结其绳，事小小结其绳。结之多少，随物众寡；各执以相考，亦足以相治也。"《周易·系辞》也说："上古结绳而治，后世圣人易之以书契，百官以治，万民以察。"但是结绳所记之事，时间久了，对其记忆有所模糊与不准确，尤其是部落的大事，是不能马虎的。于是人们又想到一种更为先进的实物记事方法，即在竹、木条上刻画线条或符号，这种带有刻画线条或符号的竹、木条就叫作"契木"，靠它来帮助人们记忆。比如部落之间的盟约，双方各执相同的"契木"，这就成了谁也不能违背的契约凭证，这比绳子上打个结来验证要先进得多了。《周易·系辞》郑玄注："书之于木，刻其侧为契，各持其一，后以相考合。"在木条或竹条上的刻痕中，有些"一""二""三"的道道，与汉字数字"一""二""三"的字形没有区别，也许是表示什么事情，若是表示数字，则这是最原始的中国文字。所以《释名·释书契》解释说："契，刻也，刻识其数也。"刻在木条或竹条上甚至刻在石头上的象形符号，都是象形文字的雏形，与象形文字具有同样的意义。

那么我国从未中断的汉字究竟产生于何时？这是直接关系到中华优秀传统文化开始有了文字记载的历史，关系到我国何时进入文明时代的重大问题。关于汉字的起源，古代史籍多说是圣人所制，最流行的说法是伏羲造字与黄帝的史者仓颉造字。孔安国《尚书·序》中说："古者伏牺氏之王天下也，始画八卦，造书契，以代结绳之政，由是文籍生焉。"有人会说：孔安国的《尚书·序》为后人伪作，不可信。但即使是伪作，也已属年代甚早的古籍。况且序中所言也有一定的依据，因为有一些古籍的记载与《尚书·序》所言是一致的。《尚书·序》把伏羲创八卦和"造书契"即造字并提，是符合逻辑关系的。《周易·系辞》说："古者庖牺氏之王天下也，仰则观象于天，俯则观法于地，观鸟兽之文与地之宜，近取诸身，远取诸物，于是始作八卦，以通神明之德，以类万物之情。"伏羲氏既然能受天地间实物形状的启发，绘出八卦的图形，就不难依此原则对更多的事物进行描摹，制作出一些表达一定意思的象形文字。还有人认为伏羲生活在8000多年前，那时的中国还处于蒙昧时代，所以中国汉字的起源不可能发生在这个历史阶段。然而我们在国家博物馆可以看到一支用丹顶鹤骨头做的骨笛，不仅有完整的七音阶，而且音孔的高精度让人感到吃惊，这个骨笛就出自近8000年前的河南舞阳的贾湖遗址，由此可以想象到当时的中华文明已经达到何种程度！属于裴李岗文化的河南舞阳贾湖遗址，不仅有骨笛，还有刻画着符号的龟甲，这些刻画符号就是字符，是中国最原始的文字。河南舞阳贾湖遗址的字符，印证了伏羲造字的可能性。

《吕氏春秋·君守》中说："苍颉作书，后稷作稼。"许慎《说文·序》中说："黄帝之史仓颉见鸟兽蹄迒之迹，知分理之可相别异也，初造书契，百工以乂，万品以察。""仓颉之初作书，盖依类象形，故谓之文。其后形声相益，即谓之字。文者，物象之本；字者，言孳乳而浸多也。"黄帝所处的时代，距今大约近5000年，据说黄帝20岁时成为部落联盟领袖，当时是公元前2697年，那么他的出生年便是公元前2717年，道家就把公元前2697年作为道历元年，我们讲中华文明5000年，大概就据此来计算的。黄帝成为中原部落联盟的领袖后，仓颉是黄帝身边从事"史"这一职责的属下。黄帝领导的部落联盟不断扩大规模，联盟之间外交事务日益频繁，迫切需要创制更多的文字来加强各部落的联络，于是命令仓颉搜集、整理、创制更多新文字，"仓颉作书"实在是部落联盟的当务之急。

有人会提出这样的疑问：司马迁写《史记》，从黄帝开始，因此我们现在常说"中华文明五千年"，为什么不说"中华文明八千年"？中国文字的初创者究竟是伏羲还是黄帝的史者仓颉？我们在前面曾说过：司马迁写中国史，是从"帝王"开始的，他认为中国的"帝王"是从黄帝开始确立的。现在我们一般都认同了"中华文明五千年"的说法，而把黄帝之前的文明称为"史前文明"。至于汉字的起源，司马迁并没说是黄帝始创，也许他认为汉字也是仓颉创制的。古籍上讲伏羲造字与黄帝史仓颉造字并不矛盾，汉字体系的形成，经过了漫长的历史过程，伏羲初造字，黄帝史仓颉继续造字是合情合理的。如果再溯源，还可以把早于伏羲时代的结绳、契木的记事方式，看成是文字演进的源头。尤其是契木，上面的刻画符号，虽然还不属图画式的象形字，但从有的刻画符号后来成为文字的这一事实来看，说刻画符号是汉字的源头，一点也不为过。郭沫若先生将半坡陶符与殷商甲骨文作比较，提出汉字早期的结构可分为"刻画"和"图画"两大系统。现代学者普遍认为：成系统的中国文字是不可能由几个圣人创造出来的，这几个圣人或许是造字的参与者、组织者，或许是文字的整理者或颁布者。其实，从中国人的思维与习惯来讲，说圣人造字，并不是错误的说法。中国人习惯以圣人代表群体，甚至代表民族或国家，伏羲、黄帝是中国古代共同信奉的圣人，说伏羲、黄帝史仓颉造字合乎中国人的思维与习惯。就如我们常说："秦始皇修筑了万里长城。"实际上，秦始皇只能是决定、筹划或监督万里长城修筑者，他本人根本不可能亲自去垒一块砖、抹一铲泥地去筑长城。即使他去作秀式地参加一二次修长城的劳动，那万里长城也绝不是他一个人能修筑成功的。但是说"秦始皇修筑了万里长城"，中国人认为并不错。因为只有他才有权决定修筑万里长城。

汉字渊源久远，然而我们近代人长久以来看不到第一手的古老文字。19世纪末，在河南安阳殷墟发现了3000多年前的文字，这是中国商代后期殷商王室用于占卜而刻画在龟甲和兽骨上的文字，人们称之为甲骨文。后来又发现了西周早期的甲骨文。现在共有大约150000片有字甲骨，据统计上面有4500多个单字，已识别的约有1500多个。这些甲骨文所记载的涉及当时社会生活的多个方面，主要有政治、军事、文化、社会习俗等内容，还涉及天文、历法、医药等科学技术，内容极为丰富。因为这是我们看到的最早的第一手文字资料，于是社会上就自然形成一种最流行的观点：中国最早的文字是甲骨文，中国成文的书写也始于甲骨文。但仔细考察甲骨文，尽管产生于3000多年前，然而它已经是经过了几千年的长期演化，具备了中国文字的全部造字原则。即在象形的基础上，又具有了形声、指事、会意、转注、假借的造字法。在字数上，已经相当于现在我们常用字的数量。特别是形声字，没有几千年全国范围各民族语言的交流融合和对假借声音的共同认可，是创作不出来的。以小范围地区的语音为标准，形声字是推广不了的，也不会得到全国范围的认可。殷商甲骨文距今已3000多年，在这3000多年中，历史变化较以往可谓突飞猛进、翻天覆地，尤其是进入现代文明社会以来，社会以"一天等于二十年"的速度向前发展。

后来的汉字发展中却没有增加一项新的殷商甲骨文所具有的造字法之外的造字法，由此可见，殷商甲骨文是经过漫长的文字发展过程而形成的一种成熟的文字。

从发现殷商甲骨文后，我们开始注意寻找、发掘比殷商甲骨文更古老的文字。先后发现的有：近8000年前的舞阳贾湖刻符，7000年前的双墩刻符、6000年前的半坡陶符、5000多年前青墩遗址的刻符及能连字成句的庄桥坟遗址的文字。而那些早期的刻画符号，都属于早期文字系统中的基本构形，不同遗址发现的大同小异的刻画符号与骨刻文，是汉字起源阶段的不同源流。

这里细说一下半坡陶符。20世纪中期，在西安半坡遗址发现了6000年前写在陶器上的陶符，这种陶符整齐规划，书写有一定的规律性，具备简单文字的特征，是具有文字性质的符号，或者说它就是汉字的萌芽。它和甲骨文有联系，又有很大区别，学者们把它称之为"陶文"。1963年出版的《西安半坡》报告中指出：考古发现半坡遗址出土陶器上的刻画符号有100多例，刻画符号共达50多种。这一重大发现，立即引起古文字学家的高度重视。如郭沫若先生在《古代文字之辩证的发展》一文中认为汉字的产生"可以以西安半坡村遗址距今的年代为指标。……半坡遗址的年代，距今有六千年左右"。当时学界大多数学者赞同郭沫若先生的看法，认为中国的文字产生于6000年前左右，西安半坡村遗址的"陶文"就是中国文字起源的物证。但是后来又在河南舞阳贾湖遗址发掘出新的文物，发现我国近8000年前就有契刻龟甲符号，从这些契刻符号推测中国文字的萌发，比半坡村遗址的"陶文"还要早2000多年。

半坡遗址属仰韶文化遗址，比仰韶文化更晚的龙山文化，其陶器上有的也有刻画的符号，符号中棒笔画已趋于繁多。在山东莒县陵阳河、诸城前寨的大汶口文化遗址的陶器上所发现的刻画符号，其形体更近于商代甲骨文，这个时期大约处于黄帝在世时期。而从山西襄汾陶寺遗址出土的一件尧舜时期的扁陶壶上，发现有毛笔朱书的"文"字，说明当时已经有了先进的书写工具，有了与后世一模一样的正式的"文"字。在距今约四五千年的大汶口文化遗址晚期和良渚文化遗址的陶器上，发现的图形刻画更整齐规则，也应属于早期的图形式文字。

介于大汶口文化与殷商文化之间的是夏文化，其标志就是河南偃师二里头文化。二里头遗址出土的陶器上刻画的符号，形体更像殷商甲骨文。20世纪80年代初，在河南登封夏文化遗址发掘出的陶器上，发现了更完备的文字。由此可以证明夏朝的文字已在社会上广泛地使用，夏朝已进入成文的历史时代。

《尚书》中有年代比较久远的《虞书》与《夏书》，这两部书现在看起来都经过后人的整理编辑，孔子就是其中的代表。孔子以古籍"六经"为教育弟子的教材，这种教材是经过孔子精心删定而成的，即对"六经"方面的资料进行收集、整理和精选编辑，"六经"之中包括着《尚书》,《尚书》之中有《虞书》与《夏书》。《尚书》虽经后人整理编成，但一定依据了当时的一些文字资料。《虞书》写的是尧舜时代的事，那时虽没有成熟的文字，但有一些初期的象形字及图画式的刻符，有助于历史故事的流传。后世根据这些代代相传的故事，再用成熟的文字记载下来，是完全可能的，不能因为主要靠口耳相传的传播形式，而忽视了与口耳相传形式相配合的中国早期文字的作用。至于《夏书》，虽也经后人整理编成，但夏代提供给后人的文字资料更加充足，夏代不仅有比较成熟的文字，而且有一定规模的成文。《左传·昭公六年》载："夏有乱政而作禹刑。""禹刑"就是夏初的法典，很可能是我国第一部成文的法典。世上没有文字表述的法典是难以让人想象的，法典不是成文的东西，也是无法推行的。孔子曾主张："行夏之时，乘殷之辂，服周之冕。"（《论语·卫灵公》）即推行夏朝的历法，乘坐殷商时那样的车子，佩戴西周时那样的礼帽。其中所谓的"夏之时"，即"夏小正"，民间称夏历、阴历，由于非常适合指导农耕生产，所以能绵延使用1500多年，能传至春秋末期，《夏小正》肯定是一部成文的法定历书。

从文字产生、发展的规律看，文字既是社会发展的产物，又是社会需要的产物。我国结束部落联盟而步入私有制社会正是在夏朝。夏王朝的建立，标志着国家机器自此产生。国家行政的运作，必然要求文字记录、文字文件与其国家需要相适应。马克思《摩尔根〈古代社会〉一书摘要》与恩格斯《马尔克》一文，在分析氏族社会向阶级国家过渡的特征时，都认为氏族社会管理采用的是习惯法，即采用口耳相传的形式发指令。但到了阶级国家时，这种旧的管理制度就显得无能为力了，必须由成文法代替习惯法，成文法就是用文字形成的指令来指挥，否则国家机器就无法运转。《左传》中多次引录《夏书》中的内容，如："故《夏书》曰：'与其杀不辜，宁失不经。'"（《襄公二十六年》）这是一项"慎刑无辜"的指令。《昭公十七年》又引《夏书》曰："辰不集于房，瞽奏鼓，啬夫驰，庶人走。"这一条记录夏朝一次日食后人们恐惧的情景，有的人打鼓来驱逐日食现象，有的人惊骇地干脆逃遁，这样真实的记载，很难是后人伪造出来的。当然也不排除《夏书》中有后人的文字加工，但主体材料肯定是夏朝时流传下来的原始文字材料。根据现有出土文献，我们可以推断比较成熟的汉字的产生，不是在3000多年前的殷商时代，而是在4000多年前的夏朝，因为夏朝已经开辟了中国的成文时代，或者说，开辟了用文字记录国家法典及重要事件的时代。而殷商时代的甲骨文，标志着中国的文字已经进入相当成熟的时代。

前面我们讲过，100多年前在河南安阳殷墟发现的刻在龟甲兽骨上的甲骨文，那是经过了四五千年文字的发展变化，到殷商时已经发展为很成熟的文字，象形字、形声字、会意字、指事字、转注字、假借字各体，都可以在甲骨文中找到例证，说明甲骨文已具备了汉字"六书"的体系。而且甲骨文的字形比较稳定，字数众多，基本满足了从盘庚到帝辛（商纣王）

统治时期社会的需要。何况，甲骨文并非完全显示当时文字的水平，真正能代表当时文字水平的应该是写在竹、木简上的文字，其书写的内容比甲骨文更广泛、更丰富，用字比甲骨文要多得多。何以证实？前面提过，在尧舜时期的扁陶壶上，我们已发现有毛笔写的字，在殷商出土的甲骨上，有少数大字是先用毛笔写好后，再用刻刀刻上去的，可以想象到当时书写最便利的工具是毛笔而不是刻刀。同样，甲骨也并不是理想的书写材料，它只是用于占卜及记载占卜辞的特殊材料。社会上大量使用的书写用具应该是毛笔与竹、木简。遗憾的是，竹、木简不易长期保存，时间一长就易碳化，所以目前我们还难以看到殷商时的竹、木简。不过，我们相信殷商竹、木简上的文字与甲骨上的文字，不会有多大差异，都用"甲骨文"称呼也不为大错。甲骨文的汉字发展到东汉，又经过了1000多年，东汉许慎的《说文》收字也不过9000多个，再一次证明殷商时期的甲骨文已是相当成熟的文字系统。殷商甲骨文中的某些字，与偃师二里头夏文化晚期第三段的陶器上的某些字非常相似，说明商朝的文字同夏文字是一脉相承的，基本上属于一个系统。

三、汉字字形的演变及功能特征

汉字的造字方法在甲骨文时就基本确定，但其字形经历了多次演变。除甲骨文外，从商朝早期到秦灭六国后，大约1200多年间，有一种铸刻在青铜器上的文字，叫金文，因为青铜器的乐器以钟为代表，礼器以鼎为代表，所以金文也叫钟鼎文。现收集的金文字数比甲骨文字数少，容庚著有《金文编》，收集金文3722个，其中可以识别的有2420个。

篆书也是汉字形体的一种，相传为西周宣王时史籀所创作的一种汉字书写体，因创制者名为籀，篆书亦称籀文或籀书。篆书在春秋战国时期主要流行于秦国，字体与秦篆相近，为与秦的小篆相区别，秦人称史籀所作的篆书为大篆，此字体现今只存于石鼓文，石鼓文成了流传最早的石刻文字，人称石刻之祖。秦始皇统一中国后，推行"书同文"的政策，据说宰相李斯受命统一文字，在原来大篆的基础上进行简化，字形偏长，匀圆齐整，成为小篆体。用小篆统一汉字书写形式，以取消其他六国的异体字，小篆一直流行到西汉末年。今存《琅琊台刻石》《泰山刻石》残石，上面的文字即小篆代表作，至今，一些印章、条幅上，仍有人采用篆书体。

篆书再演化就是隶书，相传为秦末程邈所创，因程邈曾是掌管文书的小官吏，属隶卒类，他所创制的文字故称隶书。程邈在长期坐牢中，将篆书字形变圆为方，笔画改曲为直，"连笔"改为"断笔"，这样就可提高书写速度。同时对笔画删繁就简，强化了汉字的符号功能，削弱了象形功能，隶书就成了古今文字的分水岭，为以后楷书、草书、行书的产生奠定了基础。

东汉时，又出现一种形体方正笔画平直的字体，可作书写的楷模，故称楷书，又称正书，或真书。到唐宋时，涌现出许多楷书名家，字体风格各异，如欧阳询的"欧体"、虞世南的"虞体"、颜真卿的"颜体"、柳公权的"柳体"等。宋代还称楷书为"宋体"，现代印刷的宋体、黑体、仿宋等字体都属于这类字体。

草书始于汉初，是为书写便捷而产生的一种字体，当时通行的是草隶，即草率的隶书。至汉末，相传张芝将上下字之间牵连相通，偏旁相互假借，字的体势一笔而成，成为今草。今草不拘章法，笔势流畅，代表作有晋代王羲之的《初月》《得示》等帖。到唐代的张旭、怀素，宋代的米芾，将今草写得更加放纵，笔势狂放不羁，上下连绵回绕，成为狂草，代表作有张旭的《肚痛帖》、怀素的《自叙帖》。狂草成为脱离实用的艺术创作，一般只为书法家所用。

行书大约是在东汉末年产生的，是介于楷书、草书之间的一种字体，是楷的草化或草书的楷化。笔势不像草书那样潦草难于辨认，也不像楷书那样端正而书写速度较慢，行书杰出代表人物是王羲之与王献之。

汉字的字形虽然经历了多次演变，甚至在形体上逐渐由图形变为由笔画构成的方块形符号，但汉字的实质始终未变。变化了的字形都是在传承以前字形基础上发展变化来的，仍保持着一贯的含义。随着造字法的增加，许多文字在象形字的基础上演变成种种兼表音义的意音文字，集形象、声音和辞义三者于一体，即具有了形、音、义相统一的特性。这种特性在世界文字中是独一无二的，但总的体系仍属表意文字，不像其他文明古国都由表意文字改成了字母文字。

汉字是世界上最古老的文字，从其产生到如今从无中断过，靠着汉字，才保存了从古至今的中华优秀传统文化的遗产，才使后人能读懂几千年前的古籍。汉字也是世界上最有价值、一直发挥着巨大历史作用的文字，由于它属表意文字，它就具有了一种超方言甚至超语言的特性。中国历来幅员辽阔，民族众多，方言五花八门，但不管各地说着怎样的方言，甚至对同一个汉字读不同的音，都能读懂这个汉字的含义，理解并不发生歧义。

全体国民都使用汉字，从而都认同中华优秀传统文化。中华优秀传统文化强大的凝聚力，使中国在长期的历史过程中基本保持着大一统的政治局面。有人说，如果中国没有汉字，各地早就按方言分裂成几个或十几个小国了。就如欧洲，面积不算大，但分成许多国家，语言文字的不同是造成其分布许多国家的重要原因之一。中国的汉字，不仅本国大众使用，一些周边国家和海外华人至今仍在使用，汉字是世界上使用人数最多的文字之一。据统计，使用汉字的人数至少达到16亿之多。以汉字为载体的汉文化，即中华优秀传统文化，在亚洲甚至形成了一个汉字文化圈，有力地促进了我国同这些国家的国际交往与文化交流。汉字由于影响深远，成了联合国的6种工作文字之一，近来联合国还宣布汉语言文字为国际通用语言文字之一。今后，汉字在国际文化中的地位及其所发挥的作用，一定会越来越重要。

　　由于汉字是表意文字，它的字形和字义的联系非常密切，具有明显的直观性和表意性。表意性使汉字成为世界上单位字符信息存量最多的文字，同一个意思，用汉字来表述用字很少，若用字母文字来表述，字母就太多了。同样一本书，用不同国家的文字来翻译，版本最薄的一定是中文版。另外，汉字形式美也是其他国家文字望尘莫及的。汉字的书法已成为一种艺术，著名的书法作品有《兰亭序》《神策军纪圣德碑》《玄秘塔碑》《祭侄稿》等，其艺术价值远远超于文字的内涵，成了供人赏析的珍贵艺术品。汉字音、形、义统一的特性，使其在诗歌形式上能形成整齐的格律诗，其他民族或国家的诗歌只具有音韵美而无形式美，唯独汉字组成的诗歌，不仅具有音韵美，而且具有形式美。

　　20世纪初，西方文化中心的观念传入我国，一些中国人对自己的汉字进行了盲目的讨伐，甚至认为汉字是中国落后衰败的罪魁祸首，主张用字母代替汉字，创制了注音、拼音字母。实际上，为汉字标音古代就有，如"读若"法、"反切"法等，但这些都是作为诵读汉字的一种辅助，根本代替不了汉字。注音、拼音也无不如此。当年，鲁迅、陈独秀、蔡元培、徐志摩等人曾认为用拼音代替汉字更具实用性与便利性，当时在社会上，"汉字不灭，中国必亡"的舆论更是甚嚣尘上。中国著名语言学家赵元任对汉字的特征十分清楚，决心反击这种废除汉字的谬论，于是他在20世纪30年代写出一篇题为《石室诗士食狮史》的奇文，后称《施氏食狮史》，全文是：

　　　　石室诗士施氏，嗜狮，誓食十狮。施氏时时适市视狮。十时，适十狮适市。是时，适施氏适市。施氏视是十狮，恃矢势，使是十狮逝世。氏拾是十狮尸，适石室。石室湿，氏使侍拭石室。石室拭，施氏始试食是十狮尸。食时，始识是十狮尸，实十石狮尸。试释是事。

意思是：一位住在石头屋子里的施姓诗人，喜欢吃狮子，并发誓要吃掉十头狮子。于是他经常去市场观看有无狮子。一天十点钟的时候，有十头狮子送到了市场。这时，他也正好到了市场。施先生看着这十头狮子，凭借着弓箭锋利，把这十头狮子全射杀死了。于是扛着十头狮子的尸体回到石头屋子。石头屋子很潮湿，施先生让仆人擦拭好石头屋子。于是开始尝试吃这十头狮子的尸体。吃的时候，才识破这十头狮子的尸体是用石头做的。施先生才向他人尝试解释这件事情。全文每个字的普通话发音都是 shi，不看文字光读，根本听不懂什么意思。仅举一例，就可说明字母文字替代不了表意的汉字，音同意不同的汉字数量不少，字母文字对音同意不同的汉字能有什么办法分别标出？那是绝对毫无办法的。汉字本身的辨义能力，是字母文字所不具备的，所以字母文字只能是汉字诵读时的辅助，是无论如何也取代不了汉字的，这是经过实践证明了的事实。

当字母文字有了按字母检索文献的方法后，有的人认为汉字只能按传统的内容类别或汉字部首偏旁异常缓慢地检索，别无他法。谁能想到文字学家利用汉字"方块"的字形，创造出一个"四角号码"检索法，其检索速度超过了任何字母检索法。20世纪后半叶，计算机科学迅猛发展，又有些人认为汉字无法输入电脑，于是有专家利用汉字的部首偏旁，创造出"五笔输入法"，其输入的速度一点也不比字母输入慢。我们在惊奇后人创制的"四角号码"检索法和"五笔输入法"时，会更惊奇的是，我们的先人是如何创造出如此神奇的汉字？好像他们早在几千年前就想到了以后文字要遇到检索与输入的问题，从而建构了适合快速检索与输入的方块字形与合理分布的部首偏旁。

勤劳、勇敢、和善、伟大的中华民族，几千年来创造的汉字，一直沿用至今，它是中华优秀传统文化没有中断的根本，是推动着中华文明不断发展的永恒动力，在今后实现伟大的中华复兴梦的历史进程中，必然会继续起着它应有的巨大作用。

第三节　中华民族——世上史学意识最强的民族

一、"史"、史官及史官制度

中华优秀传统文化从无中断过，靠的是记载它的从未中断过的汉字。汉字记载的典籍浩如烟海，经过漫长的历史，淘汰了大部分的糟粕，大部分的精华被留存下来。在这些精华的典籍中，最具中华优秀传统文化特征的是那些记载历史的"史籍"。古人对"史籍"的界定与现代人有区别，古人将反映历史生活的典籍都视为史籍，尤其是中国早期的典籍，往往文史哲互相融合，更给这种认识提供了依据。章学诚在《章氏遗书》卷九《报孙渊如书》中说："盈天地间，凡涉著作之林，皆是史学。《六经》，圣人取此六种之史以垂训者耳。子集诸家，其源皆出于史。"在《章氏遗书》卷一《易教》中又说："《六经》皆史也，古人不著书，古人未尝离事而言理，《六经》皆先王之政典也。"以理明事谓"经"，以事明理谓"史"，言理不能离事，言事不能离理，经亦史，史亦经，经、史出于同源。即使不说笼统的典籍，单说文史哲各自独立后的史学，中国代代都有记载其历史的史书，绝对没有哪个朝代缺失过。与世界各国比，中国的"史"出现得最早，史官设立得最早，史官制度最严密，史著最丰富，写史甚至成为整个国家与民族的自觉意识。如果哪一个新的国家政权，不去组织人书写前朝的历史，这个政权就失去了存在的合理性。所以中国是世界上少有的史学意识强烈的国家，这种强烈的史学意识，使中国的史书接续不断，从而也使中华优秀传统文化绵延长久。黑格尔说过：

根据史书的记载，中国实在是最古老的国家……中国"历史作家"的层出不穷、继续不断，实在是任何民族所比不上的。其他亚细亚人民虽然也有远古的传说，但是没有真正的"历史"。印度的"四吠陀经"并非历史。阿剌伯的传说固然极古，但是没有关于一个国家和它的发展。这一种国家只在中国才有，而且它曾经特殊地出现。中国的传说可以上溯到基督降生前三千年；中国的典籍"书经"，叙事是从唐尧的时代开始的，它的时代在基督前二千三百五十七年。[①]

黑格尔讲中国的历史记载是从《尚书》所载尧开始的，实际上，中国的"历史作家"应该从"史"开始。"史"与"史官"是不同的，中国的史官产生于具有国家机构的夏朝，史官是王室中王官的一种，夏朝时已设史官太史令，《吕氏春秋·先识》篇载："夏太史令终古出其图法，执而泣之。"这段记载不仅表明夏朝已经设立了史官，而且有了成熟的史书——"图法"。同时表明史书对国家是多么的重要。夏朝衰败时，王官纷纷逃亡，夏太史令终古流着泪，从王室中带出去的"宝物"，就是这部记载夏朝历史的"图法"。

而"史"却是萌发于史官产生之前的原始社会，他虽有一些类似史官的职责，但由于他不是国家官僚机构的产物，不属于"官"，虽从事记载历史一类的事务，却只称"史"而不称史官。如许慎《说文·序》中说："黄帝之史仓颉见鸟兽蹄远之迹，知分理之可相别异也，初造书契，百工以义，万品以察。"称仓颉为"黄帝之史"，而不称"黄帝之史官"，许慎肯定是有前人的资料依据而这样说的。刘勰在《文心雕龙·史传》中也说："轩辕之世，史有仓颉，主文之职，其来久矣。"后人把仓颉由"黄帝之史"改为"黄帝之史官"，那是受后来时代的影响，依自己错误理解而进行了篡改。如《后汉书·班彪传》载班彪《略论》说："唐虞三代，《诗》《书》所及，世有史官，以司典籍。"他认为尧舜时代即有记史之官。这

[①] 黑格尔著，王造时译：《历史哲学》，生活·读书·新知三联书店，1956年，第160-161页。

仍是以后来的观念来推测"史"。"史"在原始氏族社会里只是一种社会公职，还不是官职，也就是说"史"还不是国家的官吏，史官才是国家的王官之一，"史"转化为史官，是部落联盟转化为国家的结果。

　　然而还是许慎，在解释"史"的本义时，同一些人一样，仍然没有摆脱当时社会的影响。他在《说文》中解释说："史，记事者也。从又持中。中，正也。"许慎解释"中"为"正"，实际"正"是"中"的引申义，与"和""平"等字的意思相近，含平正、公正、和谐、不偏不倚、无过无不及等意。但古人最初造字往往从物象出发，"中"字是一个象形字，古人在初造这个象形字时，就想到手中把持了"正"这一抽象概念，而不是具体的物象，这不符合造字的规律，也是不可理解的现象。于是后来有不少人纷纷纠正许慎的说法，将"中"解释为放置简策的容器，清代学者江永认为"中"是指簿书，吴大澂认为"中"是"册"的简笔字，章炳麟解释"中"是"本册"，手执简策簿书记事者为"史"。总之，他们都把"中"当作象形字来理解，这是对的，但都与掌管文书记录的史官联系起来考虑，是以后来史官记史的观念来推测"史"的原始本义。江永等人认为"史"书写的工具为简策簿书，在一般人看来是很合情合理的。然而，中国最早的象形字或象形字的雏形，仅载于陶器上和古老的岩画中，至于其他载体，现在我们还没有发现。简策簿书并不是最早的载体，简策簿书是后来一种很进步的书写工具，它必定是在产生了大批文字后才选定的书写工具。因为那时只有使用简策簿书才能容下所要书写的许多文字，而文字还极少的时代尚不需要简策簿书这种书写工具。"史"既是黄帝时的产物，就应把"史"字放到黄帝的时代去考虑它的本义。许多中国的象形字，蕴藏着至今不为人知的信息，揭示"史"的本义，可以证实黄帝时代"史"的存在及其文化意义。

　　"史"是一个由两个象形字"中"与"又"合成的指事字。又，像手形，许慎《说文》："又，手也，象形。""又"在以后的造字中，和其他字符结合，往往变成了示意的部首偏旁。"中"有多种解释，既然"中"是个象形字，其最初的本义是什么呢？文字学家于省吾先生有篇《说"中"》的文章，他考证"中"是旗帜的形象。我们看"中"的图形，确实像旗帜，"中"的一竖笔，似旗杆竖立，方形的旗面在旗杆上左右摇摆，有的旗杆上还带有飘带，所以甲骨文的"中"字有的在一竖的上面或下面或上下两面加二撇或二捺来表示飘带，至今有的书法家写"中"字还是这个样子。于省吾先生考究"中"的本义应是旗帜，其他含义都是后来演化的引申义。许慎《说文》说："中，和也。"其他人多数认为"中"指一定范围内部适中的位置，所以其本义是指"中心""当中"，许慎与其他人解释"中"的本义都不符合其象形意义，显然都是"中"字的引申义。于省吾先生的《说"中"》，是从厘定"中"的本义入手，然后进而推测"史"的产生。"史"是史官的前身，"史"与"史官"关系紧密，那么"史"手执旗帜干什么呢？这与许慎所说的"造书契"，刘勰所说的"主文之职"有关，应该是指原始部落中有人手持部落的旗帜，在上面画图腾。图腾是原始氏族部落的崇拜物，氏族部落的人认为他们的氏族源于某种动物，或他们的生存发展有赖于某一动物，这种动物便成为他们氏族崇拜迷信的偶像，把它们的形象绘制出来就是"图腾"，并以具有图腾的旗帜来代表氏族部落。能画图腾的人便称作"史"，他所画的图腾后来大都演化为文字，如牛、羊、马、虎、鸟等字。中国的象形字就来源于图画式的符号，所以"史"在史官产生之前的原始氏族社会就产生了，"史"能画图腾，图腾慢慢演化为字，史也是创造文字的人。随着文字的增多，氏族部落有什么事情需要用文字来记载时，那自然由"史"来完成。

现在来看，由"史"记载的痕迹，或多或少地保留在《尚书》的《虞书》与《史记》的《五帝本纪》中。《虞书》与《五帝本纪》所记载的远古事件，会有"史"提供的一些文字资料。《尚书》记载从尧开始，其首篇便是《尧典》，《史记》记载从黄帝开始，《五帝本纪》记述的是黄帝、颛顼、帝喾、尧、舜，以黄帝为首。有人根据《尚书》从尧写起而怀疑《五帝本纪》的真实性，否认五帝中的黄帝、颛顼、帝喾的存在。司马迁是一位极其严谨的史学家，原来还有人指责他的《殷本纪》中的帝王世系，说它纯是属于司马迁想象而作，后来甲骨文的发现与不断解读，证明《史记》中商王世系的记载与甲骨文的记载基本一致，那么五帝中黄帝、颛顼、帝喾的记载凭什么能判断为不实呢？谁能判断司马迁没有见到过关于黄帝、颛顼、帝喾的有关资料？司马迁以这些资料以及民间传说和《尚书》等文献为基础，记述了黄帝以来远古时期的频繁战争、禅让制度以及先民战猛兽、治洪水、开良田、种嘉谷、观测天文、推演历法、谱制乐舞等社会文化状况，颂扬了五帝的丰功伟绩，确立了华夏民族人文始祖"黄帝"的神圣形象，使之从此成为中华民族凝聚力的一面光辉旗帜。

在黄帝开创华夏文明的过程中，作为史的仓颉所做出的贡献是巨大的，不仅创制了更多的文字，而且也用文字记录下当时的一些历史，尽管是极简略极简单的文字。据传黄帝时的"史"不仅有仓颉，还有沮诵、大挠、隶首、史皇等，颛顼与尧舜时有重、黎、羲、和、伯夷等。一些学者又认为这些传说不足凭信，但代代流传的"传说"有历史的影子，不能轻易主观否定。

从夏朝开始，中国进入了有国家机构的历史阶段。国家机器运转，必然需要由官僚构成的国家管理机构来操作，于是国家设置了一系列官职。夏朝的官职大致分为三大类：宅事、宅牧、宅准。程水金教授在其《尚书释读》中说：

> 宅，选择也，谋度也。《释名·释宫室》："宅，择也，择吉处而营之也。"又"宅"亦与"度"通，则"选择"亦含"谋度"之意。乃，若也，尔也。事，孙星衍曰："谓三事大夫。《诗·十月之交》'择三有事'，《传》云：'有事，国之三卿。'"牧，郑玄曰："殷之州

牧曰伯，虞夏及周曰牧。"准，皮锡瑞曰："《石经》于上文'准人'作'辟'，则'准'皆当为'辟'。"章太炎曰："事，'三事大夫'之'事'，后世之内阁六部也。牧，地方官，有牧民之责者也。准，即前'准人'，举一人以概其余，侍服官也，后世翰林院之属是矣。"行甫按：章氏之说是也。"事"乃概指朝廷之政务官，"牧"乃概言畿服之地方官，"准"乃王宫之近侍官。[①]

宅事、宅牧、宅准出自《尚书·立政》："古之人，迪惟有夏，乃有室大竞，吁俊尊上帝。迪知忱恂于九德之行，乃敢告教厥后曰：拜手稽首，后矣！曰：宅乃事、宅乃牧、宅乃准，兹惟后矣！"这几句话的意思是：古时候的人，比如夏禹时，知道求贤治国之道，夏禹的王室因此而强盛，常召集群贤举行大祭以尊奉上天，引导群贤笃信、奉行九种德行，群贤才理直气壮地告诫君王，并行拜手稽首的大礼，以示郑重其事。君王设置三种官员以行政：一类是"宅事"，所谓"宅乃事"，就是谋划其朝中大事，或换言之：谋划君王王室政事。当称呼官职时"乃"可略去，这类官员相当后来朝廷内的三公六卿，担当朝中重要的事务；一类是"宅牧"，是管理九州地方的官员，是朝外官；一类是"宅准"，指朝廷中制律、执法、文秘等具体办事官员。三个方面的官员，都以贤良标准选用，君王才可放心为王。简言之，宅事负责王室行政管理，宅牧负责地方事务管理，宅准实际就是王室各种文官的总称，负责国家祭祀、记录国事、制定法律、王室册命等。后来祭祀、记事、制律、册命等工作渐有细致分工，宅准又分出记史的史官，负责记录国家历史，并成为国家机构的一项重要工作。史官记录国家历史的简策簿书，史学家刘知幾认为应与周代的《春秋》同类。他在《史通·六家》中说："《春秋》家者，其先出于三代，案《汲冢

---

① 程水金：《尚书释读》（下），人民文学出版社，2020年，第910页。

琐语》记太丁事，目为《夏殷春秋》。"太丁，亦称大丁，商朝初期人，是商朝开国君王成汤的太子。《史记•殷本纪》记载："汤崩，太子太丁未立而卒，于是乃立太丁之弟外丙，是为帝外丙。"可见，早于孔子所著《春秋》的1000多年前，已经有了《春秋》一类的史著，之所以说孔子开创了《春秋》编年体，是因为孔子之前的《春秋》类史著都已失传，不得已而这样讲述。刘知幾说这话时也未必见过夏殷时的《春秋》真本，但他以一个史学家的敏感，传达了一个世代流传的信息：夏殷时期史官写有编年体的史书，很可能这些史书才是我国编年体书写的开山之作。

国家建立后，成文书写已经成为国家机器的必然要求。出于国家管理的需要，日常社会交往的需要，必须改变习惯法为成文法。国家要想治理好，以史为鉴，以成文的形式总结、提供历史的经验教训尤为重要。另外，国家政权要稳固，人心要整齐，用成文来宣传某一政治主张或进行某种教育，也是十分必要的。国家需要催生了史官，史官的设立又催生了成熟文书的强大功能，并且相应地产生了书写的先进工具。不论是史官为王室日常作记录，还是史官受命书写文告、法令，抑或是史官追记过往历史，这些复杂繁多的文字书写，使他们自然地选用相适应的书写的工具——竹木简、布帛以及墨与毛笔。而刻刀与龟甲牛骨，只用于占卜，是一种只刻写少量文字的特殊书写工具。二者各司其职，不能混用。最多用毛笔蘸墨写于龟甲上，然后再用刻刀刻写，那是为了将这一特殊的字刻写得更好一些。

夏朝史官书写的先进载体，现在是见不到的，而商周时期史官书写的载体大致分为四种：简策、布帛、龟甲、铜器。由于载体不同，其所载的文字分别称为：简策文、帛书、甲骨文、铜器铭文。其所载的内容、字数及书写水平也有所不同。在所有的文字载体中，简策是最先进的。简策类似后世的纸张，书写的文字可以无限地接续，所以在其上面书写的内容与字数不受限制，因而书写水平也相对地比较高。布帛由于面积较大，也可以容纳较多的文字，而且还适宜在它的上面绘图，比如人物或自然物的图像或地图。但是布帛由于比竹木简昂贵，使用得很少。而龟甲、铜器由于用锐器在其上面契刻或是需要制模铸造，书写艰难，书写面积又相对窄小，因此只能书写既定的内容与字数，自然书写水平也受到极大限制。我们拿书写水平最好的商周时期的甲骨文、铜器铭文与《尚书》中的《商书》《周书》中任何篇章作比较，其书写水平高下一目了然。所以，甲骨文与铜器铭文，不能代表当时的文字书写水平。代表当时文字书写水平的是当时的简策文与帛书，把甲骨文与铜器铭文作为当时文本的代表，就大大贬低了当时文字书写的水平。以往有许多著作，将甲骨刻辞和铜器铭文视为中国最早的散文文本，其理由是现在还不能直接看到殷商西周时期史官书写的简策文或帛书，更不用说夏朝的简策文或帛书。前面说过，在甲骨刻辞和铜器铭文产生的同时，有过简策文或帛书，但估计都已碳化成为灰烬。

《隋书·经籍志》中说："《书》之所兴，盖与文字俱起。"《虞书》是《尚书》中的首部，按《隋书·经籍志》所言，《虞书》也是当时用文字记载下来的书籍，但现在估计《虞书》多是后代史官根据尧舜时代历史传说追记的。但之所以能追忆起来久远的故事，还是因为有尧舜时代的"史"所遗留下来的少数文字为其依据。沈德潜编辑的《古诗源》，收夏之前9首古歌谣：《击壤歌》《康衢谣》《伊耆氏蜡辞》《尧戒》《卿云歌》《八伯歌》《帝载歌》《南风歌》《禹王牒辞》。其中选自《尚书·益稷》的《帝载歌》字数还不少：

> 日月有常，星辰有行。四时从经，万姓允诚。于予论乐，配天之灵。迁于贤圣，莫不咸听。夔乎鼓之，轩乎舞之。菁华已竭，褰裳去之。

后来逯钦立辑校《先秦汉魏晋南北朝诗》，又补充了《弹歌》《大唐歌》《涂山歌》《涂山女歌》等，如果仔细查阅所有典籍，可能还会找到夏之前的诗歌，这些诗歌一般短小，很可能就是用夏之前的原始文字所记录的。严可均所辑《全上古三代秦汉六朝文》，辑录了夏朝之前的上古文章有40多篇，记载的是伏羲、神农、黄帝等部落联盟首领的事迹及言论，虽有传奇的特征，但不能轻易视为全属后人假托。固然有代代口耳相传的故事，也一定有当时的简要文字记载，尽管8000至5000年前的远古实情渺茫难寻，但既然文字已产生，就不能妄断当时没有文字记载。何况，后世对夏朝之前的大部头典籍有文字记载，如《左传·昭公十二年》载：左史倚相能读《三坟》《五典》《八索》《九丘》。关于《三坟》《五典》《八索》《九丘》已在前面讲过，这里不再赘述。说明这些夏朝之前的典籍在春秋时期还在世上流传，是史官的必读典籍。能否读懂《三坟》《五典》《八索》《九丘》，这是衡量是否是优秀史官的重要标准。《三坟》《五典》《八索》《九丘》后来亡佚了，但《尚书》中会有《三坟》《五典》《八索》《九丘》的遗留文字，如《九丘》是一部九州方志，肯定会给《尚书》中的《虞书》及《夏书·禹贡》提供一些可用资料。

仅就现在看到成文的《虞书》来说，它是世界上最早的史籍之一，只有如埃及等寥寥可数国家的早期史籍可与之比肩。至于从夏朝时就设立了史官，由"史"而变为王官之一，这同样早于世界各国。中国用文字记载历史之早，"史"与史官产生之早，整个民族的历史意识之强，在世界各国中是少有的。由国家组织、管理史官，规定史官记载历史的职责，从夏朝就开始了。《夏书》就是夏朝史官的杰作，如《夏书》中的《禹贡》与《甘誓》，一篇是记叙大禹治水及关于九州地理的文字，一篇是记载夏启讨伐有扈氏的誓师词，基本内容为夏朝史官所录所撰，而他人不能替代。尽管《夏书》也经后人加工过，但原始依据应是夏朝史官的记载。后世《左传》等书多次引用《夏训》《夏谚》，我们所知的夏朝帝王世系，以及历书

《夏小正》，都属于夏朝史官们用文字写成的"册""典"。司马迁在《史记·太史公自序》中说：

> 维昔黄帝，法天则地，四圣遵序，各成法度，唐尧逊位，虞舜不台；厥美帝功，万世载之。作《五帝本纪》第一。
>
> 维禹之功，九州攸同，光唐、虞际，德流苗裔；夏桀淫骄，乃放鸣条。作《夏本纪》第二。

《史记》中叙述黄帝及颛顼、帝喾、尧、舜如何遵循自然规律，各自制定适合当时需要的法度；尧、舜如何确立了禅让的优秀传统；大禹如何安定九州，福泽后世；夏桀又是如何骄奢淫逸，自取败亡，以及详细的夏朝帝王世系。这些记载所依据的文字资料，无疑多数来源于《三坟》《五典》《八索》《九丘》这些古籍。

《史记·夏本纪》中，涉及不少现在《尚书》的《夏书》所不载的历史，为什么《夏书》不载却出现于《史记》中呢？一是可能《夏书》中原来就有过记载，后来孔子在修订《尚书》时把它删除了。二是司马迁又采用了没有入《夏书》的其他夏代流传下来的文献资料。

《三坟》《五典》《八索》《九丘》这些古籍，以及夏、商一些文献，因年代久远而基本失传了，但其中一些文字可能被其他不同的著述采用而保留下来。这些其他不同著述的初版我们也是见不到的，但它们被一代接一代地传抄，最后变为我们现在见到的版本。在传播的过程中，这些版本有被后人增删的、篡改的甚至加进了伪作，情况比较复杂。现在就是偶有出土的战国及秦汉时期的简策文或帛书，本身也是经过几番转抄了。我们不能因为看不到原始的简策文或帛书，就轻易地怀疑代代传抄至今的文本，也不能轻易地以出土的简策文或帛书来否定传世抄本。

史官制度发展到商、周时期，更加成熟与完备。商、周的史官称为

"作册"。"册"为象形字，表示用绳穿好的许多竹简，"册"也作"策"，"作册"既表示作简策文的史官，又表示史官的职责主要是作简策文。《尚书·洛诰》记载："烝祭岁，文王骍牛一，武王骍牛一。王命作册，逸祝册，惟告周公其后。……王命周公后，作册，逸诰。"这段记载周成王元年正月朔日，各以一牲牛祭文王、武王。成王命令史官作悼词，由史官逸在祭庙上诵读，并告文王、武王之神已封周公后人。成王封周公后人伯禽为鲁公，有册书为证，由史官逸手执册书当众宣布。周成王时，史官逸不仅为王作册命，还替成王宣读册命。当时周公在前，伯禽在后，齐拜谢王命，史官逸宣读罢将册命授以周公、伯禽，并上告已逝的文王、武王，以简策文书告喻天下。

"作册"是史官的总称，在殷墟甲骨上也刻有此二字，殷商时，"作册"分别有"史""尹"等。西周时"作册"已分别称为作册内史、作命内史，其长官称内史尹、作册尹，单称尹氏。这些称呼，在周代的金文中所见尤多。到周朝的后期，史官又细分为太史、小史、内史、外史、左史、右史等，其职责因官名不同而有所不同。大致职责是：太史掌管书写国家的六典，小史掌管书写邦国的方志，内史掌管书写天子的命令，外史掌管书写与方国联络的书信，王宫中的左史专门记载天子的言论，右史专门记载天子身边发生的事情。概括地说，夏、商、周三代的史官职责范围包括两个方面：一是承担人事方面记载的职责，侧重于"作册"，记录时事，同时也掌管王宫的典籍，替天子起草公文，甚至向天子提出规谏方策等。主要完成的是记载史实方面的职责，记史职责相当于秦汉时的太史令、魏晋时的著作郎；文秘书记方面的职责，相当于汉时的尚书令、唐宋时的中书舍人或翰林学士，但没有尚书令、中书舍人、翰林学士显赫的地位。二是承担沟通神道方面的职责，侧重于远古"巫"的职责，如祈祷、享祭、贞卜、占星术、司历法、观天象等。观天象、司历法的职责，相当于唐宋司天台、司天监及明清钦天监的官职；从事宗教活动的职务，相当于后来从官府分离到民间的巫师、占卜者。这两方面的职责，虽然由各种史官分别负责，但史官中资历学养深的杰出者往往同时兼任两方面的职责，这种情况大约一直延续到汉代。司马迁的父亲司马谈任武帝时的太史令，他就既记史又参与封神祭神的活动，这在《史记·太史公自序》中讲得很清楚了。

然而，一专多能的史官毕竟太少，繁重复杂的史官工作不可能由一种史官全部承担，需要设置众多的史官来分掌其事。同时史官的设立也随着社会时局的变化而有所变化，称呼也随之有变化。《礼记·玉藻》载："动则左史书之，言则右史书之。"郑玄注："其书，《春秋》《尚书》其存者。"孔颖达正义："经云'动则左史书之'，《春秋》是动作之事，故以《春秋》当左史所书。经云'言则右史书之'，《尚书》记言诰之事，故以《尚书》当右史所书。……《春秋》虽有言，因动而言，其言少也。《尚书》虽有动，因言而称动，亦动为少也。"《汉书·艺文志》中说："古之王者世有史官，君举必书，所以慎言行，昭法式也，左史记言，右史记事，事为《春秋》，言为《尚书》。"《礼记·玉藻》与《汉书·艺文志》所载左史与右史的职责恰相反，估计《汉书·艺文志》所载有误。《周礼》记有五史，有内史、外史、大史、小史、御史，无左史、右史之名。《左传·襄公二十五年》记载崔杼弑其君一事者是大史，《左传·僖公二十八年》记载内史掌管文诰一事，如此看来，春秋时期的大史（也称太史）就是左史，内史就是右史。太史记录帝王行实、国内重大事件，内史记录帝王言语、起草文书。越到后来，史官记载历史的职责越趋向单一，史官逐步摆脱宗教事务而从事了收集史实、撰写史籍、保存典籍的真正史官专业。

前面我们讲过，中华民族是一个世上少有的史学意识异常强烈的民族。它的"史"及史官出现得最早，史官制度最严密，国家对著史最重视，中国各阶层都以能被史著记载其功绩为荣耀，著史者都以能著出传世史著为人生不朽。这些都使得中国的史著最丰富，种类最齐全，书写水平最高。史学的发达，形成了中华优秀传统文化的特色，甚至人们把中国早期的文化称为"史官文化"。史官，这是中国知识阶层较早地实现了由非理性到理性转变的产物，从史官开始，中国知识阶层就自觉地担当起创造中华优秀传统文化主力军的历史使命。他们心系天下，忧患民生，有崇高的美政理想与完美贞洁的人格，有维护大一统的爱国意识，在任何社会环境中都不畏险恶心向真善美、不放弃知识分子的良知。他们不仅创造了辉煌的中国史官文化，而且形成了中国知识分子追求真理的性格特征，开创了中华优秀传统文化实事求是的优良传统。

二、"六经皆史"及成体系史书的开启

中国早期对世界文化的贡献或中国文化早期对世界文化最大的影响，就是丰富的史著。中国早期的史书，如夏、商、周三代史官书写的《尚书》，就比同时期世界上多数国家的历史著作产生得早，书写水平成熟得多。除了《尚书》，三代还有其他文献，与《尚书》合称为"六经"，后来成为中国儒学的重要典籍。"六经"不全是史官所著，有的文字资料来自民间，甚至是民间的诗歌谣谚，但也经过了史官的整理和润色，起着史籍的作用。

在"六经"中，《尚书》是最早的一部历史文献汇编，中国第一部散文总集，它记录了上古三代君王的文告、演讲、誓词和谈话，少数篇目已成为专题论述，记载了远古的历史传说和当时历史的事件，为我们保存了大量的中国早期国家的政治、思想、历史、文化等方面的资料。内容丰富，已经形成了成熟的书写模式，具备了相当高的艺术技巧，后世把它视为中华优秀传统文化的文章之祖。尤其是《尚书》中的《周书》，代表了《尚书》的最高书写水平，也代表了三代史官最高的书写水平。

从周朝开国，统治者就开始认识到规范伦理道德对巩固政权的重要性，周公为此而制礼作乐。《周书》中蕴含着鲜明的政治教化功能，为政

治教化服务成为《周书》书写的重要理论指导，为后世以教化为目的的史书写作理论奠定了基础。周朝统治者以夏、商亡国为鉴，认真总结历史教训，防止本朝重蹈前朝的覆辙。这种以史为鉴的言论在《周书》中有很多记载。如周朝太保姬奭说："我不可不监于有夏，亦不可不监于有殷。我不敢知曰，有夏服天命，惟有历年。我不敢知曰，不其延。唯不敬厥德，乃早坠厥命。我不敢知曰，有殷受天命，惟有历年。我不敢知曰，不其延。惟不敬厥德，乃早坠厥命。"(《召诰》)

《周书》中还强调省察民心的向背，殷商就因不以民为鉴，而失去了政权。周公对此反思说："古人有言曰：'人无于水监。当于民监。'今惟殷坠厥命，我其可不大监抚于时。"(《酒诰》)又说："欲至于万年惟王，子子孙孙永保民。"(《梓材》)只有保民才能保住统治者的政权。在《无逸》篇中，周公告诫成王：倾听民众的呼声，不要闭目塞听，否则就会导致民怨沸腾与国家动乱。

周代统治者以历史的兴亡和民心的向背为鉴，提出新的执政理念——奉天敬德保民。整个《周书》主要体现的是以殷亡为鉴、奉天伐罪、以德治国、勤于保民的意识，而奉天、敬德、保民三者中，核心是"德"。有德，才得天命而具备伐罪的资格；行德才能治国保民。"德"也是《尚书》的核心思想，《尚书》每一篇的主题基本上都在阐释"德"的某一方面，"德"对每一篇文章起着统摄的作用。

《尚书》虽然是早期的历史文献，但它开创了多种文体，刘知幾把《尚书》分为六体：典、谟、训、诰、誓、命(《史通·六家》)。孔颖达在《尚书正义》中将《尚书》文体又细分为十种。后世散文的基本文体，都可以在《尚书》中找到其根源。尤其是《周书》所含的文体，可以帮助我们认识后世文体发生、发展进程中呈现的基本特征及其流变。

《尚书》中前三书的语言古奥，《周书》也令后人难读费解，但刘勰在《文心雕龙·宗经》中说："《书》实记言，而训诂茫昧，通乎尔雅，则文意晓然。故子夏叹《书》：'昭昭若日月之明，离离如星辰之行'，言昭灼也。"如果熟悉上古语言，就会知道《尚书》的语言所表达的文意像日月一样明晰，语句结构像星宿一样排列有序，很有自身的特点。

在《周书·洪范》中，提出"言曰从"的原则，何谓"从"？《汉书·五行志》中解释为："顺也。"吴闿生《尚书大义》进一步解释说："顺于理也。"指说话要遵从真理，符合逻辑，实事求是，只有如此，其语言才能使人信服。《尚书》表述上能做到文从字顺，语义连贯，层次清楚，通顺流畅，关键就靠引证事实阐述道理，让人心服口服，无可辩驳。

《尚书》虽是各种文告的汇编，但其语言有时追求形象化的表述，用具体的形象来比喻或说明抽象的事理。如《商书·盘庚》篇，把流言比作火，把不抵制流言而静观比作"观火"，流言不制止，必然导致流言"乃逸"，如火蔓延。用熟知惯见的生动现象来比喻某一抽象概念，使人能更深刻地理解其抽象的含义。另外常用生动的传说及尧、舜、禹三圣王理政的生动事例，来增强说服力。如《周书·无逸》中周公为劝勉成王不要贪图享乐而荒于朝政，他举殷商朝的中宗、高宗、祖甲为例，他们虽为君王，然而不恋声色狗马、酒池肉林的生活。他们有的还曾与平民在一起，过着艰苦的生活，所以深知民间疾苦。他们执政后，励精图治，勤政爱民，个个长寿，而那些贪图享乐的其他商王，却是一个个短命鬼。以历史上的实例，告诫成王不可贪图安逸而自取短命。《尚书》中的一些语言具有音韵美的特点，如《周书·洪范》中记述箕子陈述九种治国大法，其中说道："岁月日时无易，百谷用成，乂用明，俊民用章，家用平康。日月岁时既易，百谷用不成，乂用昏不明，俊民用微，家用不宁。庶民惟星，星有好风，星有好雨。日月之行，则有冬有夏。月之从星，则以风雨。"这段用诗一样的语言说明：体察四时不同的景象和征兆，便于预测未来。三代非常重视礼乐中音乐的作用，文章中也讲究押韵，音韵悠扬，更利于诵读。

《尚书》的文告都是单独成篇，且有能概括或提示本篇主题的标题，布局谋篇严密、合理。比起甲骨卜辞、铜器铭文来，篇章结构显得完整而有条理。如《周书·顾命》篇，利用时间的推进、空间方位的转换，记成王病重、康王受命、成王驾崩、康王入朝登堂。连成王祭堂上的祭品摆设，康王及群臣、守灵列兵不同的服饰与仪态，大丧与嗣位的礼节仪式，都介绍得井然有序。事件过程线索清晰，场景描绘细致明了，结构严谨，环环相扣，首尾连贯。就是谈话记录，也有合乎逻辑发展的谋篇布局。如《周书·君奭》篇，各条语录有一条清晰的线索贯穿着。先讲殷灭周兴在人不在天，次叙殷商各先王曾享国多年，赖于贤臣辅政，再叙周文王、周武王享有福禄，全靠贤臣佑助。最后召唤以文、武王的贤臣为榜样，忠心合力辅周。选材布局繁简适当，层次分明，逻辑严密，结构完整。

《尚书》多为记言，在阐述事理时，往往多用历史上发生过的正反事例进行对比。如《周书·多方》篇中周公将夏桀的残忍虐民、民怨沸腾与商汤到帝乙的明德慎罚、广受人民拥戴作对比；又用纣王的放纵淫乱、不遵法度与周先人的广布德教作对比，说明天命依德自然转移。这种一正一反的事例对比鲜明，孰善孰恶，极易分辨。以对比讲道理，展示了高超的讲理技巧。

《尚书》记事，注意交代清楚所述事件的内容及参与的人物和事件发生的时间、地点。如《周书·康诰》篇记平定武庚之乱后的第三月，皓月当空的某天，周公计划在洛水边兴建新的城市："惟三月，哉生魄，周公初基作新大邑于东国洛。"所记载的时间、地点、人物、事件一应俱全。这种例子多得很，《尚书》虽不是成体系的史书，但已经具备了编年体的基本因素。

《尚书》中已有生动的人物形象，在记载人物言论或行事时，已经不自觉地展示了各种人物形象，如有思虑深远的周武王、兢兢业业的周康王、信守诺言的周昭王、励精图治的周宣王；有鞠躬尽瘁披肝沥胆的周公旦、明德睿智功勋卓著的召公奭等；也有荒淫无度的夏桀、商纣王及造谣生事的管叔、发动叛乱的武庚等。《尚书》描写人物，除了缺少心理描写外，已经能够运用动作描写、外貌描写、细节描写、对比衬托等各种艺术手法，特别是运用显示性格特征的人物语言描写，使人物形象更加凸显而丰满。《尚书》多为官方文书，人物语言却表现出个性化的特点。如书写周公讨伐管、蔡叛乱的《周书·大诰》，告诫康叔为政之道的《周书·康诰》《周书·酒诰》《周书·梓材》，甚至告示殷民及其他方国的《周书·多士》《周书·多方》等，几乎字字出自周公之口，无不带着周公的各种真挚感情。连严肃的文告，也多次出现口语、感叹词，强烈地表现了周公的个性特征，逼真而感人，塑造了一个无私无怨、忠心报国的辅弼形象。

《尚书》具有自己独特的艺术风格。《尚书》各篇章的风格受到不同时代背景、思维水平、语言表达习惯、文字书写形式等诸方面的影响，但它们共同的主导风格却是文风朴实，描写平实，语言浅显，甚至夹杂着许多感叹词与俗语。《尚书》多为君王、诸侯言论，必然受到他们独特的生活经历、艺术素养、情感倾向、审美观的影响，具有自己独特的艺术风格，体现出君临天下的博大视野，居高临下驾驭全局的气势，在行文上显出典雅、庄重、严厉等特点。当然，风格也受题材、体裁的制约，曹丕《典论·论文》说："奏议宜雅，书论宜理，铭诔尚实，诗赋欲丽。"《尚书》不同的文体对风格也有不同的要求，如誓词，体现出严肃、劲健、雄壮等特点，凌厉时如寒风扫落叶；告诫之词，温柔、体贴、委婉，和煦时如春风拂面。至于那些训诫加劝慰的文章，更是刚柔并济，相辅相成。由于当时书写不便，所以行文讲究简洁、精约。《尚书》能全面反映时代生活，深刻表现作者的思想，具有正确的审美观，这说明中国三代时期史书的书写已经相当成熟。

如果说史官文化之前，还处于巫文化阶段，"史"还兼任着巫的角色，信奉的还是神鬼迷信，那么，到了史官阶段则开始放弃迷信，并不断地历史化地改造着带有神鬼迷信的神话传说。尤其是历史发展到周代时，史官更是以理性的"德"为其指导思想，并将这种思想变为中国文化的主流意识。本书之所以颇费笔墨剖析《尚书》，旨在说明史官文化当时已经成为中国文化的主体，形成了中国文化的传统，对后世影响深远，甚至决定了后世中国文化的发展趋向。

当中国的历史跨入春秋战国时，正逢上所谓的"轴心时代"。当时人类文化主要分东、西两大体系，东方以中国、埃及和印度为代表，而以中国文化最先进。西方以希腊和罗马为代表，而以古希腊文化最为先进，在古希腊开始创造灿烂的古典文化时，整个欧洲还处于野蛮落后的状态中，古希腊是欧洲文化乃至西方文化的发祥地。

古希腊的文化成就首先体现在神话上，丰富优美的古希腊神话，在世界文学中始终是无与伦比的。正如马克思所指出："希腊神话不只是希腊艺术的武库，而且是它的土壤。"[①]希腊的诗歌、戏剧甚至历史、哲学、小说、艺术等，都从神话传说中汲取了题材与艺术营养。首先，希腊人主要以神话为题材，将祖先颂歌、英雄歌谣和抒情牧歌加工发展，形成了鸿篇巨制的史诗，其代表作品就是传说为盲诗人荷马根据流传的许多短歌而综合成的《荷马史诗》。希腊人又以神话为丰富题材，进一步吸收史诗的艺术营养，在颂歌、合唱、民间滑稽戏的基础上进一步演化形成希腊歌剧性的悲、喜剧。后来产生的小说、绘画、雕塑甚至哲学，也无不受到神话的重要影响。可以这样说：希腊文化的发展是以其神话为前提为基础的，希腊文化的所有形式，都能以不同的角度与方式反映希腊的历史。

世界各国初始的文化形式基本都是神话和古代歌谣，就好像都在这一文化起跑线上赛跑，都可以以神话与歌谣这两种原发性的文化形态为起点，发展自己的民族文化。古希腊就是遵循了这样的文化发展途径。然而

---

① 卡·马克思：《〈导言〉（摘自1857—1858经济学手稿）》，《马克思恩格斯全集》第12卷，人民出版社，1995年，第761页。

中国却不同，由于史官文化主体地位的确立，从周代开始，社会就将伦理道德作为社会的主流意识，使神学宗教的观念丧失了主导的地位。这一传统一直延续，在中国以后几千年的文明史上，从未出现过神学占思想统治地位的时代。春秋战国时期，不仅有史官，此时期又产生了诸子百家，他们也没有去开发利用神话，相反对古老的华夏神话采取了冷落甚至摒弃的态度。部分存留的神话，多数被史官、诸子进行了理性的历史化改造，在此基础上，中国大力发展起历史著作来，涌现出"百国春秋"。如果说希腊神话在世界上无与伦比，那么，中国史著的发达在当时世界上也是无与伦比的。

然而绝大部分的早期成体系的中国史书没有流传下来，但这个时期产生的《春秋》《左传》，还是比古希腊"历史之父"希罗多德的《历史》（即《希腊波斯战争史》）产生得要早。孔子私人所著的《春秋》，是我们能见到的中国第一部严格按年代顺序记事的成系统的史书。它以时为经，以事为纬，突出的是时间，属编年体史书。由于以前的"百国春秋"都已亡佚，我们现在就以孔子的《春秋》为中国成体系史书的开山之作。《春秋》标志着儒家学派的创立，仅此一点，也是中国其他学派的代表人物所难与孔子相比的，孔子对中国文化的发展有着非同小可的意义。

孔子曾说："属辞比事，《春秋》教也。"（《礼记·经解》引）"属辞"，就是遣词造句。《春秋》属辞的特点是"微而显，志而晦，婉而成章，尽而不污，惩恶而劝善"（《左传·成公十四年》），就是说《春秋》运用"春秋笔法"，书写"微言大义"，在简洁的语言中隐寓褒贬，记的虽是史事却含着深刻的道理，表述婉转有章法，书尽其事，无所隐瞒歪曲，目的便是惩恶扬善。"比事"，就是把事件按时间顺序严格加以编排，脉络清晰，结构严谨，全书体例完整而统一。《春秋》比事有一定的"义例"，"义例"原则就是"据鲁，亲周，故殷，运之三代"（《史记·孔子世家》）。"据鲁"即《春秋》以鲁国为本位，又不限于鲁，兼记天下大势的演变，内详外略，具有列国史的意义。"亲周"，即尊周，记时统一于周正，表示扶周室、明王道，维护大一统之义。"故殷，运之三代"，即以夏商灭国、西周衰微为鉴，阐明儒家的仁道。《春秋》只有16572个字，其删繁就简全依它的"义例"原则。孔子所处的春秋末期，是一个伟大的社会转型的变革时代。社会的巨变，呼唤着精神"巨人"出现，来对社会变革作出解释。孔子借《春秋》所载的史实来宣扬儒家思想，《春秋》一书关系着天下国家大是大非，在史的形式下，达到拨乱反正的政治目的，为新社会的到来建立了大法。司马迁在《史记·太史公自序》中指出："《春秋》以道义。拨乱世反之正，莫近于《春秋》。《春秋》文成数万，其指数千，万物之散聚皆在《春秋》。"又称赞《春秋》道：

> 夫《春秋》，上明三王之道，下辨人事之纪，别嫌疑，明是非，定犹豫，善善恶恶，贤贤贱不肖，存亡国，继绝世，补敝起废，王道之大者也……故有国者不可以不知《春秋》，前有谗而弗见，后有贼而不知；为人臣者不可以不知《春秋》，守经事而不知其宜，遭变事而不知其权。为人君父而不通于《春秋》之义者，必蒙首恶之名；为人臣子而不通于《春秋》之义者，必陷篡弑之诛，死罪之名。其实皆以为善，为之不知其义，被之空言而不敢辞。夫不通礼义之旨，至于君不君，臣不臣，父不父，子不子。夫君不君则犯，臣不臣则诛，父不父则无道，子不子则不孝。此四行者，天下之大过也。以天下之大过予之，则受而弗敢辞。故《春秋》者，礼义之大宗也。

比起《春秋》来，继它之后不久出现的鲁国史官左丘明所著的《左氏春秋》（后称《左传》），才是一部更为成熟的编年体史著。与《春秋》相比，《左传》有以下特点：第一，不以鲁国为重点，对春秋时期各国发生的事件都有涉及。比如对晋国记述的文字多于对鲁国记述的文字。第二，内容上要比《春秋》丰富广泛，叙述不局限于政治，对社会生活各方面事件的介绍尽力做到详备。第三，形式上突破了《春秋》单一记事的模式，吸收《尚书》记言体与《春秋》记事体的技巧，将记事与记言有机地融合为一体，达到了叙事详明有趣，记言委婉生动。第四，在叙事方法上，摒弃了《春秋》单一的顺叙方法，实现了顺叙、倒叙、补叙、插叙等多种叙事方法相结合，有时突破时空的限制，使事件的叙述有了一个比较完整的过程。第五，善于用简练的文字叙述复杂纷繁的历史事件，刻画各具神态的人物形象，描摹口吻毕肖的各种人物的语言。第六，已具有纪传体与纪事本末体的雏形。总之，《左传》开创了中国编年体写作的新纪元，它所取得的成就在当时也是罕见而仅有的。梁启超说："故左丘可谓商、周以来史界之革命也，又秦汉以降史界不祧之大宗也。"①《左传》攀登上先秦史书水平的最高峰，就是后来出现的《国语》《战国策》都达不到它的高度，超越它的只有待到汉代出现的《史记》。有人甚至把《左传》奉为中国文章之祖、叙事之宗，如明代叶盛说："六经而下，左丘明传《春秋》，而千万世文章实祖于此。"（《水东日记》卷二三）

　　《左传》本身就是文史混合。从历史学的角度讲，它是具有形象化描写的历史著述，对司马迁《史记》创作影响极大；从文学的角度讲，它是具有历史事件题材的文学作品。《左传》之后，有汉代传记、杂史杂传；有魏晋南北朝轶事类笔记小说；有隋唐的历史人物传奇、历史题材的变文；有宋代的讲史话本；有元代的历史戏剧；有明代的历史演义小说；有清代的历史说唱；有现当代的回忆录、历史题材的影视文学等等。历史题材及史书的结构、笔法就像一条线索，贯通于各个历史时期不同形式的文学作品中。中国文学的发展与史书结缘最深，受史学的影响最大，以致最终形成了中国文学一种"历史化"的传统，一种中华优秀传统文化最显著

---

① 梁启超：《中国历史研究法》，东方出版社，1996年，第13页。

的民族特色。

除《春秋》《左传》这种亦经亦史的典籍外，先秦时期还有一部史书，后人称之为《竹书纪年》。《竹书纪年》早在汉代时就已经散佚。西晋咸宁五年（279年，一作太康元年或二年，即280年或281年），汲郡（今河南卫辉）人不准盗发战国时期魏襄王（另说魏安釐王）的墓葬，得到的竹简十几万枚，皆以古文（秦统一前的战国文字，或叫"蝌蚪文"）书写，史称"汲冢书"。经过整理，除《竹书纪年》外，还有《易经》《国语》《穆天子传》《周书》《琐语》（迄今中国最早的志怪书）等一共15类书。其中记载夏商周年间史事的书，晋人初名之《纪年》（又称《汲冢纪年》或《古文纪年》），整理后将之命名为《竹书纪年》，因为是春秋战国时期晋国、魏国史官所记，《竹书纪年》多记晋国与魏国的事。《竹书纪年》共13篇，叙述了夏、商、西周和春秋、战国五个时期89位君王1847年的历史。开篇以君主纪年为条目，周平王东迁后用晋国纪年，三家分晋后用魏国纪年，至"今王"（魏襄王）二十年（前299）为止。现存《竹书纪年》有两个版本体系，"古本"为辑佚本，其纪事起于夏代，终于公元前299年，无规整的体例。"今本"纪事起于黄帝，终于魏襄王二十年，有较为完整的体例。

《竹书纪年》是中国古代唯一留存的未经秦火焚烧的编年通史，是真正的"原版"。但它在宋时历经了佚散后又重新收集整理的过程，一定程度上降低了其可信度和史料价值。尽管如此，它的历史价值和社会价值也不一般。《竹书纪年》的内容有的与传统正史记载有所不同，如《竹书纪年》描述了从夏朝到战国时期历代所发生的血腥政变和军事冲突，如"夏启杀伯益""太甲杀伊尹""文丁杀季历""共伯和干王位"，与《史记》所描述的有很大差异。书内还有很多神话色彩的传奇故事。《竹书纪年》所载录的史料与传统正史所描述的不仅内容不同，而且价值取向相异，这大概也是它曾佚失的重要原因。清代朱右曾的《汲冢纪年存真》序中指出："学者锢于所习，以与《太史公书》及汉世经师传说乖牾，遂不复研寻，徒资异论。越六百余岁而是书复亡。"但我们今天看来，《竹书纪年》是中国古代唯一留存的未经秦火的"原版"，给我们提供了另外一个审视历史的角度。以这一新的角度考察历史，也许可以发现一些历史真相与被历史隐蔽的奥秘。

三、中国传统史学高峰的形成及延续

如果说《左传》代表了"轴心时代"史书最高水平，那么代表中国史书最高水平的应该是司马迁的《史记》。司马迁虽名为太史令，为史官，然而《史记》却与孔子的《春秋》一样，系私人所撰，摆脱了官方的控制。司马迁著史的宗旨是："究天人之际，通古今之变，成一家之言。"（《汉书·司马迁传》）在追究天与人之间的关系时，他重视人的地位，在考察古今变化时，他重视人的历史推动作用。《史记》异于《春秋》《左传》及所有前史的最大特点，就是以人物为本位，将历史现象的发展过程以人为中心分门别类地加以归纳，构建起自己崭新的史书体系。马迁传找到了人物纪传的形式，创造了一种表述纷繁历史现象的"五体合一"的新形式，即本纪、表、书、世家、列传五体合一。这五种形式既有区别又有联系，其中又以本纪、世家、列传人物传记为重点，对历史人物做分类排比，展示人类社会历史发展的主要线索，首创了以人物为中心的纪传新体例。这种纪传新体例既可以展示一系列历史人物形象，又可以表现中国历史演变的过程，还可以表达作者的思想感情，求得社会发展的客观规律，显示出巨大而丰富的创造性。

《史记》共130卷，约52万余字，是一部记载黄帝至当时汉武帝时期3000多年历史的通史。司马迁要生动地反映漫长的中华民族的发展史，显然过去那种《尚书》式的记言体和以时系事的《春秋》《左传》式的编年体已无法适应新内容的要求，更不可能通过"原始察终，见盛观衰"，而达到"究天人之际，通古今之变，成一家之言"。司马迁在对先秦史著吸

收、改造的基础上，在对中国历史社会变革特点的深刻认识和全面把握中，将纷繁复杂的历史现象进行归类排比后，找到了思想上高于众史家、内容上丰富于众史著、形式上优于众史著撰写体例的纪传新体例。南宋史学家郑樵在《通志•总叙》中说："司马氏世司典籍，工于制作，故能上稽仲尼之意，会《诗》《书》《左传》《国语》《世本》《战国策》《楚汉春秋》之言，通黄帝、尧、舜至于秦、汉之世，勒成一书，分为五体：本纪纪年，世家传代，表以正历，书以类事，传以著人。使百代而下，史官不能易其法，学者不能舍其书。"清人赵翼在《廿二史札记》中说："司马迁参酌古今，发凡起例，创为全史。本纪以序帝王，世家以记侯国，十表以系时事，八书以详制度，列传以志人物，然后一代君臣政事贤否得失，总汇于一篇之中。自此例一定，历代作史者，遂不能出其范围，信史家之极则也。"都给司马迁创造史学新体例以高度的赞扬。

《春秋》《左传》都是逐年纪事的编年体，后来出现的《国语》《战国策》及汉初出现的《楚汉春秋》，都是比较简单的史书体例。尽管产生于轴心时代的末期，尽管轴心时代出现了中国传统哲学的高峰，但这些史书并不代表中国传统史学高峰的到来，不过它们为中国传统史学高峰的到来提供了著史体例的借鉴。最重要的是轴心时代产生的孔孟仁学，其为中国传统史学高峰的到来奠定了思想基础。轴心时代所涌现出来的儒、道、法、墨、名、阴阳诸家学派，以其各自思想的精华，共同构成了中国早期封建社会"转型期"的社会意识形态。这是中华民族聪明智慧的高度体现，证明中华民族抽象思维达到了一个历史高水平。在诸子哲学思想中，主流哲学思想是儒家伦理性的仁学。仁学即人学，它为后来的历史学家提供了先进的世界观与方法论，直接推动了中国传统史学高峰的到来，其标志就是汉代人物纪传体史学的产生及高度发达。

如果说在中国传统哲学高峰的时代，中国灿烂的文化主要体现在诸子关于人类与自然、存在与思维关系的哲理思辨上，那么，在中国传统史学高峰的时代，中国灿烂的文化主要体现在史学家对中华民族发展过程的形象叙述上，这种叙述为人们认识整个中华民族所创造的历史以及把握未来提供了思想武器，也为中国文学园地增添了众多的典型人物形象。历史学只有获得民族自我觉醒的意识，具有先进的历史哲学观，才可能有民族发展的理性总结，历史学家才能站在理性的高度，以唯物主义的自然观来"究天人之际"，以先进的唯物主义历史观来"通古今之变"，以揭示人类发展过程及其内在规律而"成一家之言"，把历史学真正变为科学。

司马迁之所以成为中国传统史学高峰时期的杰出代表，与他接受轴心时代丰富的哲学思想有关，特别是他深受儒家尊重人、理解人、爱惜人的伦理情感感染，儒家的仁学观点给他进步的历史观奠定了思想基础。司马迁思想之深刻，就在于他以儒家思想为主，但不囿于一家一派之见，又吸收其他诸子之长，并高于众家。他充分地吸收了儒家重视人推动历史发展的思想，同时也吸收了道家自然观与阴阳家阴阳五行说的"合理的内核"，摒弃了严重的迷信部分，发展了其唯物的社会进化论。后世史学家有的认为司马迁设《本纪》，专记帝王；设《世家》，专记诸侯；设《列传》，专记公卿将帅一类人物，以此来概括《史记》纪传体例。细分析这种说法，不符合《史记》的实际。司马迁安排人物的层次并不从名分出发，而是依据人物的实际历史作用。如项羽只有王位而无帝号，却列入《本纪》，孔子并非侯王，只是社会下层的一名教师，而进入《世家》，至于在《列传》中，社会下层人物入传的大有人在，并不都是公卿将帅一类人物。在各类人物中，司马迁之所以特别重视帝王一类人物，并不是他敬畏什么皇权，而是看到多数帝王是重大历史事变的关键人物，其巨大的历史影响力是一般人不可比肩的。如果是碌碌无为者，虽是帝王也不予载入《本纪》。

司马迁所生活的汉王朝，正是中国封建社会第一个盛世，强盛的国势，使汉朝人胸襟开阔，思想宏远，充满民族自豪感，这是一个呼唤历史文化巨人产生的时代。司马迁立于时代认识的高峰，自觉地承担这一历史使命，他以历史主人翁的态度来总结中国以往的历史，探索民族盛衰、国家兴亡的规律，回答历史提出的一系列重大问题：国内与域外各民族是一种什么关系？这些民族从何而来？汉王朝大一统为什么合理？等等。通过对这些问题的探索，司马迁来抒发对汉代大一统时代的认识与强烈感受。他通过对历史发展过程的梳理，找到了从黄帝开始，到颛顼、帝喾、尧、舜、禹、夏商周三代圣王、秦始皇、楚项王、汉皇这条不断传承的血脉线索，给中华民族列出一个清晰的民族发展序列。从此，中华民族芸芸众生，知道了自己从何而来，知道了自己血统的归属，整个民族明确了民族的人文始祖，并从此使之成为中华民族凝聚力的一面光辉旗帜，一部《史记》就是一部中华民族文明史。从黄帝之后一直至汉代的大一统，都是黄帝大一统事业的延续，中华大地各地域的民族都是黄帝的后裔，大一统境内甚至周边的各民族都有着同一的血缘，这一观念正是中华各民族维护大一统、维护民族团结、热爱祖国的强大精神动力，至今还起着巨大的精神作用。

《史记》以人物为中心，确立了人类共同创造历史的主题，首创了以人物纪传为主体的史学新体例，也首创了以人物传记为形式的文学新体例，突出了人对历史的推动作用。其史学观点、史学体例、记载内容、对历史事件的评论、对史料的选择、对人物的刻画、对史实的叙述等等，都具有开创的意义。《史记》问世后，汉代300年内依其体例著史者不绝如缕，不仅纪传体成为汉代史著的基本形式，而且汉代史学家治史的主导思想也深受司马迁进步的社会历史观的影响，这一点，就连东汉末年编年史《汉纪》的作者荀悦也不例外。

关于《史记》开创中国史学新纪元的意义，众家已陈述颇多，只是《史记》开创中国文学新纪元的说法，还得不到众多学者的认可。多数学者认为中国文学的自觉时代是从魏晋开始的，在此之前，作家们还没有创作典型人物形象的自觉意识。这种说法，是受日本学者铃木虎雄"魏晋文学自觉说"的影响所致。何谓"文学自觉"？实际上没有绝对的文学自觉与不自觉，即使远古人创作的神话与古歌谣简单粗糙得很，也不能说他没有一点"文学自觉"的意识。就依鼓吹"文学自觉"说所立的主要标准——作者具有明确的塑造典型人物的文学创作的自觉性来考察，那么，仅以《史记》为例就可破除对这种"魏晋文学自觉说"的迷信。《史记》传记所描写的中国社会的历史人物，都是以往真实存在过的，历史的真实性要求作者必须尊重历史的真实。但中国古代文化发展早期的一个显著的特点，即各种形态的文化彼此包容，文体往往是文、史、哲混一。《史记》纪传的基本要求就是将这些历史人物真实地形象地表现出来，历史真实与艺术典型化的统一是司马迁人物纪传创作的基本原则。《史记》塑造典型化人物形象的手法是多方面的，如《项羽本纪》，写其典型环境，尽显秦汉之际天下风起云涌的大势，各路义军反秦始终本末历历在目，千载后读来仍如昨日之事。写其主要典型人物项羽，更是震慑人心，对这位既怀仁义柔情又叱咤风云的英雄的塑造，在历史真实的基础上进行了必要的情节、细节、人物语言等方面的合理想象与虚构，在历史事实的描述中渗透或抒发了作者强烈的感情。《史记》结构宏大雄伟，有包罗古今、总揽宇宙之势；气势豪迈雄浑，有褒贬百代的胆识与气魄；题材多是惊天动地的奇人奇事，感情深切，寓意深刻；语言简洁明快，笔力刚健淳朴，富有表现力，描摹人物能穷形尽相而传神。

仅以他采取的"互见法"，就足见其典型人物艺术塑造的匠心。司马迁为某人物作传，就把此人物当作一个典型人物来写，凡是与这个人物的典型性格不符或相拗的言行，尽管是真实的，也放到他人传中，以免放到本传影响典型性格的表现。这就是看人物性格在本传，看人物全部行迹还要参看他人传，人称"互见法"，是一种自觉塑造典型人物形象的方法。《史记》传记人物是活灵活现的典型形象，每一个人物都具有独特的性格，他们真实、可信、感人，不论时隔多久，只要诵读他的传记，各种历史人物的音容笑貌就马上会展现在我们面前。可以说,《史记》继承了民族文化中的艺术精华,不仅宣告了中国传记文学从此而诞生,而且创造性地开辟了中国文学一个自觉塑造典型人物的新时代。《史记》代表了汉代散文的最高水平,其生动鲜明的人物形象,既充分体现了当时的社会关系与时代特征,揭示了历史发展的趋势,又使历史人物形象典型化,为中国散文提供了塑造典型人物形象的一系列成功经验。

《史记》问世之后,有不少人来仿效,所产生的著述不少,而能与《史记》相提并论的只有东汉班固的《汉书》。与《史记》相比,《汉书》的文学色彩减弱,而史学特征却增强了。《汉书》与《史记》在体例上也有不同,《史记》是一部纪传体通史,而《汉书》是一部只写西汉史的纪传体断代史。总体说来,《史记》以52万多字记3000年之事,《汉书》以80多万字主要记200多年之事,《汉书》所收西汉材料的详备、丰富程度可想而知。《汉书》的体例主要参照《史记》,略有变更,改书为志,取消了世家。全书共100篇,有帝纪12篇,记载从汉高祖刘邦到汉平帝刘衍的编年大事。有表8篇,分别谱列王侯世系,记录官制演变。由《史记》八书扩充而成的十篇志,是贯通古今政治、经济、文化制度的专史。有传70篇,是从陈胜到王莽西汉一代各种社会阶层重要人物的传记,也包括汉代边疆一些少数民族、部分邻国重要人物的传记。《汉书》以纪、传为中心,各部分互相联系、互相补充,全面地反映了西汉王朝的历史。刘知幾《史通·六家》中说《汉书》"究西都之首末,穷刘氏之废兴,包举一代,撰成一书,言皆精练,事甚该密,故学者寻讨,易为其功。自古迄今,无改斯道",成为我国后世纪传体断代史的权舆与准绳。

《汉书》与《史记》还有许多不同之处,如《史记》得不到当朝统治者的承认,后世有的皇权主义者也目之为"谤书";而《汉书》在起初撰述时就得到了汉明帝的赞赏,后经朝廷定为国史,推重一时,后世封建的官方也无不把《汉书》奉为著史的标准。《史记》博采众家思想精华,时有"离经叛道"的独特见解，评价历史人物不受儒家名教的束缚；《汉书》却囿于正统名分等级的思想，评价人物时有迂腐的经学、神学味道。《史记》多愤世嫉俗，不虚美、不隐恶，微情妙旨常寄于文字蹊径之外；而《汉书》无深慨寄托，多饰人主、取悦世俗，情旨尽露于行文之中。《史记》有开创纪传的魄力，在局部范围内又不受自定体例的约束，主要以塑造人物性格特征、表达作者认识与感情为主旨；《汉书》则多于模仿，严格遵守体例的规矩，在表现形式上追求整齐划一，在表述上追求严谨而有条理。《史记》创作才气高，不拘于绳墨而变化莫测，嬉笑怒骂皆成文章；《汉书》却固守规矩少革易，求工整、求详备，考核的功夫深。《史记》叙事以详入妙，情节常诡奇入胜，声情双绘；而《汉书》内容上详赡雅正，语言上整饬简练。《史记》饱含激情，狂宕恣肆有奇气，雄深雅健极尽疏逸变幻；《汉书》则偏重周密细致，不放纵不偏激，从容不迫，温厚典雅等等。不能简单地评说《史记》与《汉书》谁优谁劣。诚如清人沈德潜所说："愚平心以求之，有马之胜于班者，有班与马各成其是者，有班之胜于马者。"（《归愚文续》卷三《史汉异同得失辨》）

　　《汉书》传记以详赡见长，但语言简明规范，与《史记》比，《汉书》的语言更加整饬、富丽、典雅，趋于骈化，这是受当时赋体创作影响所致。班固当时就以辞赋名震天下，所以在《汉书》人物传中，或自觉或不自觉地多采用华美辞藻，行文喜用古字古义，又喜铺张、对偶，显示出东汉散文开始骈化的倾向，对魏晋六朝散文骈俪化的形成有一定的影响。

　　《史记》确立了纪传体史书的体例，《汉书》又为纪传体断代史做出了示范，从此之后，中国便开始了历朝历代接续不断的纪传体史书的书写。从中国的纪传体史书来看，中国的历史从黄帝始到清代终，代代有记载。每个时代有多种同一朝代的史书，在比较中认定了其中的优秀之作。至清朝乾隆皇帝时，下诏认定《史记》《汉书》《后汉书》《三国志》《晋书》《宋书》《南齐书》《梁书》《陈书》《魏书》《北齐书》《周书》《隋书》

《南史》《北史》《旧唐书》《新唐书》《旧五代史》《新五代史》《宋史》《辽史》《金史》《元史》《明史》为正史，形成了二十四史的正史序列，正史就是官方颁布的正规史书体例。后来在中华民国初年，北洋政府设馆编修《清史稿》，记载了上起1616年清太祖努尔哈赤在赫图阿拉建国称汗，下至1912年清朝灭亡，共296年的历史，与二十四史合称二十五史。二十五史不仅反映了中华民族的发展史，包括经济的、政治的、军事的发展史，更包括中华优秀传统文化的发展史，二十五史展示了中华优秀传统文化发展的基本面貌。

自从《史记》《汉书》问世后，编年体史书的编写几乎就销声匿迹了。直到汉末，才有荀悦用编年体改编《汉书》而成《汉纪》。《汉纪》"撮要举凡，存其大体"（荀悦《汉纪•高祖皇帝纪》序），具有"通比其事，例系年月"（荀悦《汉纪•序》）的特点，是对《春秋》《左传》编年体例的改造与发展，减少了一些事件因编年体局限于年月而带来的记载困难。实际上，《左传》中的插叙、倒叙已有突破年月的特点。而《汉纪》更创造了连类列举的方法，将无年月可考的史事"连类"附带展示出来。他创立的这种新的编年体写法，使史学界再一次看到编年体的特长与价值。而代表中国编年体最高成就的著作，则是由北宋史学家司马光主持编修的我国第一部多卷本编年体通史——《资治通鉴》，这部巨制上起战国周威烈王二十三年（前403），下终五代后周世宗显德六年（959），涵盖十六朝1362年的历史。全书294卷，约300多万字，另有《考异》《目录》各30卷。其宣扬的核心思想就是书名所提示的"资治"二字，这是因宋神宗钦赐此名而定，宋神宗认为该书"鉴于往事，有资于治道"。主编修司马光也曾说："鉴前世之兴衰，考当今之得失，嘉善矜恶，取是舍非。"（司马光《进〈资治通鉴〉表》）道出了编修此书的政治目的，显示了史学家利用著史为政治服务的自觉意识。所以《资治通鉴》的内容主要以政治、军事和民族关系为主，兼及经济、文化和历史人物评价，通过对事关国家盛衰、民族兴亡的丰富历史事实的记叙，总结了历代治乱、成败、安危的历史经验教训，为统治者提供了加强统治的历史借鉴，也可用来警示后人，从中学到修身、齐家、治国、平天下的智慧。

《资治通鉴》取材广泛，叙事扼要不烦，与《左传》一样，尤其善于叙写战争，情节引人入胜；如同《史记》一样，"寓论断于叙事"，事件的叙述中含有深情厚意。现代史学家翦伯赞评价《资治通鉴》的写作特点说："叙事则提要钩元，行文则删繁就简；疏而不漏，简而扼要；言必有据，没有空话；事皆可证，没有臆说；文字精炼，没有费辞。"[①]人们常讲"文章西汉两司马"，那是指汉代辞赋家司马相如和史学家、散文家司马迁，而讲史学界"两司马"，那必是西汉司马迁与北宋司马光。司马迁是中国纪传体史书的创立者，二十四史以他的《史记》为首；司马光则是中国鸿篇巨制式的编年体通史的创立者。《史记》与《资治通鉴》可谓是中国的"史学双璧"。

自司马光之后，不仅编年体通史创作诸家蜂起，著述蔚为大观、延绵不绝，还出现了中国规模最大的集体编撰的断代编年体史书——《清实录》，字数多达4400万字，记载了清朝12位皇帝及其家族起源发展的历史。也出现了《资治通鉴》的续编，如《续资治通鉴长编》，这是南宋李焘编写的史书，起自宋太祖赵匡胤建隆，止于宋钦宗赵桓靖康，记北宋九朝168年事，为中国古代私家著述中卷帙最大的断代编年史。原本980卷，今存520卷。另一部是清代毕沅主持编修的《续资治通鉴》，接续《资治通鉴》，上起宋太祖建隆元年（960），下迄元顺帝至正二十八年（1368），共408年，一说下迄元顺帝至正三十年（1370），共220卷，展示了宋、辽、金、元四朝兴衰治乱的历史，其中北宋部分较为精确，元代部分较为简略。毕沅生前仅初刻103卷，后桐乡冯集梧补刻成220卷。这两部《资治通

① 翦伯赞：《学习司马光编写〈通鉴〉的精神——跋〈宋司马光通鉴〉》，《人民日报》1961年6月18日。

鉴》的续编，后世治史者对其史料价值评价甚高。

南宋袁枢读《资治通鉴》后，感到它采用编年体，事件分布得太过零散，加上篇幅太大，阅读起来头绪纷乱，每一事件不能集中反映，使人难得完貌，于是他创造了用完整记录事件本末的方式来整编《资治通鉴》。他将《资治通鉴》中1300多年的历史，转换为一个个完整连续的故事，每件事标以醒目的题目，给阅读者带来极大方便，开创了以"事"为纲的本末体史书先例。他用创新的方法写成的《通鉴纪事本末》，成为中国第一部纪事本末体史书。《通鉴纪事本末》共42卷。始于《三家分晋》，终于《周世宗之征淮南》，文字全抄自《资治通鉴》原文及司马光的史论，而不发表自己的意见，只作撰写方式的改换。以《资治通鉴》所记之事，分类编排。专记每一事件的始末，共记239事，另附录记有66事。为了方便阅读，分为战国至秦、两汉、魏晋南北朝和隋唐五代四部分。在抄录史料、以事立目时，仍遵循着"资治"的主题，"专取关国家兴衰，系生民休戚，善可为法，恶可为戒"的事件入书，宋人杨万里曾概括《通鉴纪事本末》的基本内容有八类："曰诸侯，曰大盗，曰女主，曰外戚，曰宦官，曰权臣，曰夷狄，曰藩镇。"（《通鉴纪事本末叙》）这些都是有关封建政治的重要问题，尤其帝王理政的妥当与否，关系着政权的稳固与否。通过对前人历史的总结，可以为当时及后世君臣提供借鉴。

《通鉴纪事本末》虽采自《资治通鉴》所记载的历史事件，但袁枢最大的贡献，是开创了以纪事为主的本末体，实现了史书编纂体的新突破，从而出现了编年、纪传、纪事本末三足鼎立的体例。以"时"为经的编年体和以"人"为中心的纪传体各有优长，而不便检索某一事件始末则是它们的共同缺点。袁枢创立的以事为叙述主体的纪事本末体裁，弥补了它们的不足，因而丰富了史学撰写的形式及内容。在袁枢的影响下，后世史学者依此体例编纂了不少纪事本末体史书，如：《绎史》《左传纪事本末》《宋史纪事本末》《元史纪事本末》《明史纪事本末》等等。袁枢创造的这种纪事本末新体裁，的确对中国历史编纂学做出了贡献。

中国早期的历史著作，兼具史学与文学的特点，史家利用著述，不仅记叙史实，还进行人物形象的刻画。但是随着历史的发展，史学与文学逐渐分流，乃至各自独立。尤其到近现代人著史时，更注重史事叙述而不求人物形象的刻画。由于纪事本末体与近现代史著的叙事章节体相近，近现代史学家更注意吸取古代纪事本末体的写作经验。所以梁启超对纪事本末体评价颇高："盖纪传体以人为主，编年体以年为主，而纪事本末体以事为主。夫欲求史迹之原因、结果以为鉴往知来之用，非以事为主不可。故纪事本末体，于吾侪之理想的新史最为相近，抑亦旧史界进化之极轨也。"[1]

编年体以时间顺序编排史事，以时为经，以史事为纬；纪传体以人物为中心，以人为经，以史事为纬，以人分类；纪事本末体以事件为类排列史事，以事为经，以事立题。除了这三大类型的史书外，还有政书，专记文物制度沿革，如唐代杜佑的《通典》、宋代郑樵的《通志》等。至于杂史，名目繁多，如起居、实录、谕旨、方略之类，仪注、律例、会典之类，地方志、法制史、宗教或学术史、史评、史籍注释考证之类，等等。每一类的作品都异常丰富。中国的史籍汗牛充栋，在世界上是无与伦比的。

四、中国传统史学的特点

中国传统史学有哪些特点呢？笔者认为大致有以下六点：

第一，中国传统的史著与世界上其他国家的史著有所不同，世界上其他国家的史著一般内容比较单一，只侧重于军事、政治方面，即使再扩充一些，也没有中国史著记述得那样全面。中国史著记载的不仅有政治、军

---

[1] 梁启超：《中国历史研究法》，《饮冰室合集》专集之九十九，中华书局，1989年，第20页。

事、制度及帝王世系方面的状况与嬗变这些主要内容，还记载了经济、商贸、文化、民族、文学、艺术、风俗等方面的内容，真可谓是包罗万象的"百科全书"，因此它收集了中华优秀传统文化各方面异常丰富的资料。中国的典籍因战乱、灾祸等原因亡佚了许多，但它们有的部分文字被史著节录了，也有不少典籍史著对其作了介绍。例如，查看一下各史书的《艺文志》，可以知道我们亡佚了哪些典籍，从中了解到我国传统文化发展的大致概况。

第二，与世界各国比，中国的"史"出现得最早，史官设立的最早，史官制度最严密，史著最丰富。中国的史籍汗牛充栋，在世界范围上讲也是无与伦比的。中国丰富的史著使中国人知道了中华民族的根脉，看到了中华民族不断奋斗不断成熟壮大的历程，懂得了自然与人事的区别与关联，掌握了古今社会发展变化的基本规律，使我们自然而然地形成了多民族一家亲的大一统意识，从而树立了爱国主义的信念。丰富的中国史著也成为全人类的知识宝库与智慧源泉。

第三，中国的历史著作有个人独撰的，但多数是由国家组织史官集体完成的，写史成为整个国家的自觉意识。如果哪一个新建立的国家政权不组织人去书写前朝的历史，这个政权就失去了存在的合理性；如果哪一个国家的领导者想治理好国家，必须从史书中汲取前人的治国经验与教训。著史历来不仅仅是学术或文化建设的事，它关系着民族的发展、国家的兴亡，是历代执政者注重的治国理政的头等大事。

第四，中国是世界上少有的史学意识强烈的国家，这种强烈的史学意识，促使中国的史书代代接续不断，从而也使中华优秀传统文化绵延长久。如果说十三经主要保存了先秦的文化，那么，二十四史则主要保存了大量的先秦之后的文化。仅以十三经与二十四史，就可看出中华优秀传统文化从未中断过，而且展示了中华优秀传统文化的无比辉煌。更不用说十三经与二十四史比起中华优秀传统文化所有的典籍来，只能算其"冰山一角"，十三经与二十四史只不过是中华优秀传统文化中经、史的代表作罢了。

　　第五，在中国史学这门大学科下，又分许多独立的二级学科，甚至对一些代表性史著的研究都能形成一门学科，如《春秋》学、《史记》学、《通鉴》学等。古代把中国典籍分为经、史、子、集四大类，四大类下又细分若干小类。史著是四大类之一，史学大类下又分许多细类，每一细类的著述，都浸透着一代代史家的心血，如伟大的史学家司马迁，忍辱负重一生，只为了完成《史记》。班固著《汉书》，倾其一生精力，也没有完稿。司马光主持编修《资治通鉴》，助手为刘恕、刘攽、范祖禹等一批一流的学者，尽管如此，他们编修起来，还是"研精极虑，穷竭所有，日力不足，继之以夜"（司马光《进〈资治通鉴〉表》）。所以中国史著，每一部都精益求精，其博大精深令人叹为观止。

　　第六，还有很重要的一点是，中华优秀传统文化的主体是儒家学说，儒家学说的核心观念就是"仁者爱人"，"修身""齐家""治国""平天下"就是"爱人"的具体实践。人们由"克己复礼"，修成仁者、贤者、圣者，进而成为"明主贤君忠臣死义之士"，做到"仁而爱人"，儒家理想的社会就是用爱建立起和谐协调的秩序。这些道理在中华优秀传统文化典籍的经部著作中已经讲得很透彻了，但是史著用史事来阐明这些道理更有说服力，因为事实胜于雄辩。孔子就说过："我欲载之空言，不如见之于行事之深切著明也。"（司马迁《史记·太史公自序》）于是他著《春秋》，用春秋时期的史事，来"上明三王之道，下辨人事之纪，别嫌疑，明是非，定犹豫，善善恶恶，贤贤贱不肖，存亡国，继绝世，补敝起废"（司马迁《史记·太史公自序》），用著史来拨乱反正，弘扬仁道。实际上，中国从设立史官以来就一直保持着这一传统，把著史当成宣传仁爱思想的主要途径。不仅经部著述如此，史部著述如此，连子部、集部的典籍也是如此。中华优秀传统文化的核心观念"仁"，像一条红线贯穿于中华优秀传统文化的所有典籍中。有人说中国古代所有著作都打着经学的烙印，进一步说，就是都打着"仁"的烙印。

第四节　一以贯之的道统与不断丰富的文统

一、儒学道统传承不绝

人类文化的发展，有过七种原生态"母文化"时期，有过"四大文明"时期，也有过大智慧者纷纷涌现、人类迎来智慧大爆发的轴心时期。其他古老国家与民族的文化在人类早期重大文化的冲突、交融和变故中，曾有过文化中断的时期，唯独中华文化像一棵常青树，永远扎根在中华大地这一沃土中，生生不息。在其他古文化因外族入侵或外族大量移入甚至是因改换文字而中断时，唯有中华文化不仅没有中断，而且还在不断发展、完善。难道中华大地上没有发生过外族入侵或外族移入中土的重大事件吗？事实并非如此，外族入侵或外族移入中土的重大事件，在中华大地上一样也不曾少过。只是中华文化并没有因为外族入侵或外族移入中土而改变它的精神实质，这种精神实质就是其灵魂，就是其指导思想，即主流意识形态，用中国人的说法就叫作"道"。西方文明的"道"重在阐述人与物的关系，印度文化的"道"重在阐述人与神的关系，中华文化的"道"重在阐述人与人的关系。从黄帝开始，中华5000年的历史虽然也纷纭多变，但中华优秀传统文化的性质始终未变，中华文明在5000年的历史长河中始终没有中断，其重要原因就是这种"道"始终未改变也从未中断过。中华优秀传统文化以自己的"道"作指导思想，并形成了自己独特的文统。道统决定着文统的发展趋向，文统完善了道统阐述的方式及体系，本节试图从中国早期散文来看中国哲学、史学与文学的道统与文统的关系。概括起来就是两句话：以道入文，以文弘道。

　　在阐述道统与文统前，要先解释一下"道统"；欲阐明道统，要先讲清"道"的概念。"道"的概念首先是由道家提出来的，之后，先秦各家各派虽都持有自家与他家有别的"道"，不过各家的道也有一致的地方。汉代司马谈说过："《易大传》：'天下一致而百虑，同归而殊涂。'夫阴阳、儒、墨、名、法、道德，此务为治者也，直所从言之异路，有省不省耳。"（《史记·太史公自序》）由此可见，各家主张可以总括为："道"是对万事万物存在及其发展规律的系统性、整体性的高度抽象和概括，同时也是人们一切思维与行为所应遵循的基本原则。如老子说："道生一，一生二，二生三，三生万物。"（《道德经》第四十二章）这句话讲的"道"，是指道家的宇宙及万物的生成观。儒家把"道"视为人的言行所遵循的最高原则，孔子说："吾道一以贯之。"（《论语·里仁》）儒家之道与其他家之道的区别，在于儒家之道更侧重于人道，正如《周易·说卦》所讲："是以立天之道曰阴与阳，立地之道曰柔与刚，立人之道曰仁与义。"比起其他学派来，儒家更推崇"仁义"思想，讲求"仁者爱人"。在中国历史上，各家的"道"互相对立统一，互补互融。不过，以仁义为核心的"立人之道"始终占据着中国社会意识形态的正宗与统治地位，它构成了中华文明的核心与主体。中华文明的仁义之道发源甚早，其代表人物为早期的伏羲、炎帝、黄帝，所以儒家代表人物称此道为"先王之道"。由于孔子与孟子同为儒家文化的代表人物，他们奉行先王之道，并发展了先王之道，所以后人又称他们的理论主张为"孔孟之道"。又因先王之道与孔孟之道皆宣扬仁义道德，故又称他们的共同信仰为"仁道"。

　　讲完"道"，再解释一下"统"。统的本义指丝的头绪，引申为事物、人物、文化等方面的连续关系。那么，"道统"就是指道的连续关系，即"先王之道"（或"孔孟之道""儒家之道""仁道"）的授受、传承、发展的系统。"道统"一词是在宋代由朱熹首先提出："《中庸》何为而作也？子思子忧道学失其传而作也。盖自上古圣神继天立极，而道统之传有自来矣。"(《中庸章句·序》)朱熹虽然最早将"道"与"统"合成"道统"一词，但是阐明儒家学术思想授受的系统与传道的脉络，却并非始于朱熹。此说最早应滥觞于孟子，孟子说：

> 由尧舜至于汤，五百有余岁，若禹、皋陶，则见而知之；若汤，则闻而知之。由汤至于文王，五百有余岁，若伊尹、莱朱，则见而知之；若文王，则闻而知之。由文王至于孔子，五百有余岁，若太公望、散宜生，则见而知之；若孔子，则闻而知之。由孔子而来至于今，百有余岁，去圣人之世，若此其未远也；近圣人之居，若此其甚也，然而无有乎尔，则亦无有乎尔。(《孟子·尽心下》)

孟子所讲的从尧舜至孔子，各位圣贤所"见而知之"与"闻而知之"的"之"，就是儒学一脉相承的"道"。孟子最后感叹从孔子到现在，才100多年，却没有能继承道统的人了，这是他针对当时天下大乱、担忧道统难以为继而说，俨然以道统的继承者自称。至唐代韩愈进一步发展了孟子的道统意识，更明确地提出了关于儒学之道的传授系统，他说："斯吾所谓道也，非向所谓老与佛之道也。尧以是传之舜，舜以是传之禹，禹以是传之汤，汤以是传之文、武、周公，文、武、周公传之孔子，孔子传之孟轲，轲之死，不得其传焉。荀与扬也，择焉而不精，语焉而不详。"(《昌黎先生集》卷一一《原道》)韩愈所处的唐代，道、释二教的道统欲与儒家的道统分庭抗礼，韩愈叹息孟轲死后，儒家的道统继承人只有荀子和扬雄，但他们对儒家理论选取得不精，论述得并不全面。韩愈也如孟子一样，俨然欲真正担当起一代儒家道统传承、发展的使命。韩愈所谓的儒家之道"不得其传"，只是强调儒家之道在传承的过程中遇到了干扰，遇到了其他非主流意识的冲击；然而从中国历史发展的实际来看，儒家之道一直牢牢占据着社会主流意识的地位。当然历史的发展有时会有曲折，作为社会主流意识的儒家之道偶尔会受到异端思想的冲击，使其暂时偏离主流意识的轨道，但很快就有儒家之道的后继者奋发致力于排斥异说，而重新接续道统，将儒家之道再一次复兴，甚至在复兴中将儒家之道又发展到一个新的阶段。

　　孟子与韩愈将道统起源追溯于尧，这与《尚书》是一致的，朱熹却将伏羲、黄帝列为道统传授系统的首位："恭惟道统，远自羲轩。"（《晦庵先生文集·沧州精舍告先圣文》）羲指伏羲，轩指黄帝，"黄帝者，少典之子，姓公孙，名曰轩辕"（《史记·五帝本纪》）。朱熹的说法与《史记》所记大致相仿，这是正确的。总之，从中国5000年的历史发展进程来看，以"先王之道"（或"孔孟之道""儒家之道""仁道"）为核心的道统从未中断过，因而中华文化也从未中断过。从古人对道统传承的表述看，好像是中华道统的传承是由几个圣贤完成的，道统是经过少数几个圣贤单线相传的。实际上这些圣贤只是不同时代的代表人物，道统的传承应归之于时代，归之于这个时代的社会群体。

　　"道"既然是对万事万物存在及其发展规律的系统性、整体性的高度抽象和概括，那么"道统"就是指这种高度抽象和概括的观念世代相继的统系。然而就像各学派对"道"的解释有差异一样，各家各派对"道统"内涵的解释也是不一样的，本节所称的"道统"就是指儒家之道代代承继的系统，换言之为"先王之道"（或"孔孟之道""儒家之道""仁道"）的传承系统。我们讲中华优秀传统文化从无中断，其主要体现就是中华优秀传统文化的灵魂——儒家之道代代承继的系统从无中断。为什么儒家之道代代承继的系统能长久存在？主要是因为它不是从个人或小集团的利益出发，而是从社会所有成员即社会各阶级、各阶层的共同利益出发，从而尊重、顺应、扩充人的内在本然心性，基本上能对社会现实的存在及其发展规律作到系统性、整体性的高度抽象和概括。具体来说，儒家之道从人的普遍利益出发，真正体现了人的真善美。比较起来，儒家之道比其他学派所鼓吹的"道"更能揭示事物发展的真实规律，展示人们对是非的正确评价，表现对美好理想的追求，因而能促使大多数人对其形成认同意识，并以此为正宗与正统，自觉地对这种仁道进行传承与弘扬。尤其是中国的知识分子自觉地以"任重道远"为其历史使命，以"行道"与实现这种大道为己任。这种自觉的意识传承不息，形成了一种传统意识，所以儒家的道统乃至中华文化具有顽强而长久的生命力。尽管历史上中华大地发生过外族入侵或外族移入中原的重大事件，或者我们主动或被动接受外来文化的影响，如汉唐以来接受印度佛教的影响，近代又有所谓"西学东渐"等，但不管外来文化对中华文化有多大的影响，中华文化强大的生命力又表现出一种特别强的兼容性，从未被外来文化所同化，反而能将外来文化进行吸收、消化，最终使之变成中华文化的一部分。对外来文化进行兼容，使中华优秀传统文化更具生命力，更具兼容性，更增强了它的延续性。

中华优秀传统文化的道统，等同于儒家仁学的传承。元朝武宗即位时，命翰林起草诏书告天下，其中有一句话是："先孔子而圣者，非孔子无以明；后孔子而圣者，非孔子无以法。"孔子是先王之道的继承者，又是孔孟之道的开创者，中国的前后道统由孔子贯通起来，自生民以来而至今，从无中断过。

前面我们已讲过，中华优秀传统文化的道统萌生于上古三代的"德"，至儒家代表人物孔子以"仁"概括前人的"德"并提出新的仁学观，进而提倡"忠恕"之说、"中庸"之道。孟子发展了孔子仁学的思想，提出"仁政""仁义""性善""反暴政"说，归根结底，还是以孔子一以贯之的"道"为思想基础的。所以说，中华优秀传统文化的"道"，在儒家学派确立前就早已形成。《汉书·艺文志》："儒家者流……游文于六经之中，留意于仁义之际，祖述尧舜，宪章文武，宗师仲尼。"儒家学派总结、继承了上古三代的优秀文化，使中华传统文化得以传承，并在此基础上创立了自己学派的思想。它顺应、推动了当时生产力发展、农奴解放、地主阶级

兴起、社会转型的历史潮流，在所有的诸子之学中最得人心，成为当时的
"显学"。他们奉行的以仁义为核心的"道"，成为中华民族传统文化的显
著标志，逐渐成为中国封建社会占统治地位的意识形态，适应了中国封建
社会各个时期统治阶级治国理政的需要，并以此道统为前提演绎出各种适
应时代变化的新的儒家学说来。但万变不离其宗，后世的儒家只是从新的
角度或以新的方式对道统进行一些新的补充或新的阐释。

孟子之后最有影响的儒学代表是荀子，荀子主要继承和发展了孔子
的"外王"说，也就是发展了孔子关于"礼"的思想，注重治国平天下的
礼义制定与执行，强调民众对礼法的尊重与服从，主张礼法兼治、王霸并
用，以推行王道。荀子反对孟子的"性善论"，针锋相对地提出了"性恶
论"，重视礼法对人的教育改造作用。从本质上说，这依然是同孟子"性
善论"一样的先验人性论。荀子对孟子的批判，并不是放弃儒家的仁义原
则，而是顺应政治大一统、思想大融合的潮流，批判性地吸收了诸子百家
的思想，尤其是法家思想的精华，对儒学理论体系作了进一步的调整、完
善和发展。

秦帝国统一中国后，确立了政治、经济、军事等大一统的体制，但没
有选择好大一统的思想文化建设。它逆中华优秀传统文化发展的趋势，习
惯于狭隘的历史经验，仍以吞并天下时所采取的法家的"霸道"思想为指
导。在政治思想上，采取高压政策，对以儒家为首的其他学派的不同意见
严酷排斥打压，曾有过"焚书坑儒"的极端虐民愚民政策。在经济上，对
广大人民群众横征暴敛，结果迅速激化了社会矛盾，给大一统封建帝国带
来毁灭性的后果。同时，把法家思想推向极端，实际也是极大地摧毁了法
家思想的正确部分。尽管中华优秀传统文化遭到浩劫，但也不能说秦朝时
中断了儒学的传承，因为当时大批的儒生还在，儒家重要的经典基本没有
灭绝。至汉朝时那些儒生又崭露头角，儒家经典又纷纷面世。可悲可叹的
是，秦王朝如果采取荀子的儒家思想，或者是采取吕不韦以儒家为主的杂

家思想，是绝对不会迅速灭国的，这也从反面证实了儒家道统适应历史发展的积极意义。

汉初，刘邦任用叔孙通、陆贾等儒生，试图用儒家礼仪建立汉朝的统治秩序。"马上打天下，马上坐天下"的法家思想遭到社会普遍抵制，有的儒生甚至对其进行大张旗鼓的讨伐批判，这方面的情况可见于贾谊的《过秦论》。贾谊认为强秦覆灭的根本原因就在于"仁义不施"，即没有推行传统的道统。在这种社会背景下，主张"清静无为"、与民休养生息的黄老无为而治之学开始盛行。从民本思想这点看，汉初黄老道家思想已近于儒家主张。至汉武帝时，国力强盛，武帝顺应历史发展，变"无为"为"有为"。他采纳董仲舒的建议，"罢黜百家，尊崇儒术"，儒学由显学提升为经学，由原来的学派理论变为国家的政治、经济、文化生活遵循的准则，具有了不可违背的法典式的性质。儒学成为统治意识形态领域的经学，取消了百家争鸣，应该说这也是一种文化专制。从此，以儒学治国，道统树立起不可动摇的权威；但由于"罢黜百家，尊崇儒术"，儒学没有了对立竞争的对象，必然使儒学缺少了先秦时期那种生气勃勃的原创力。

儒学自身要想生存、发展，它就不能不吸收、采纳其他诸子可利用的思想资源。于是汉代大儒董仲舒吸收了道家、阴阳五行家等的思想资源，确立了他的以"天"为核心的宇宙本体论。在董仲舒看来，"天"是宇宙的本原与主宰，人是由"天"的意志而形成的。天子受命于"天"，"天"以吉祥或灾异的征兆干预人事，这就是"天人合一""人副天数""君权神授""天人感应"等学说的主要内容。在此基础上，建立了维护封建等级制的三纲伦理学说。突出了"君为臣纲""尊君卑臣"的君权意识，回避或抛弃了孟子的"君轻民重"论，放弃了荀子的"从道不从君，从义不从父，人之大行也"（《荀子•子道》）的原则，提倡愚忠、愚孝，以强化君主专制。这个时期的经学赋予"天"以神性，使儒学神学化，是对孔孟儒家理性传统的一种背弃。但是重构后的经学具有了形而上的理论色彩，思维空间更加广阔，成为立法、执法、理政的理论依据，从社会教化的内容到选用人才的标准，经学支配了整个社会生活。西汉后期，神学化的经学又被谶纬毒化。到了东汉后期，随着大一统的崩溃，经学也衰微了。

先秦子学时代的儒学，在战国时期成为最有影响的显学，而到了两汉时期上升为经学，成为两汉社会的正统思想，即升为官方意识形态和社会主流思想。突出表现就是儒家思想权威化、制度化，学者往往是以先秦时期的儒家经典为依据，通过对这些经典的注释，来表达自己的学术观点和政治见解。对经典的注释有两种方式：一种是"我注六经"的方式，偏重于文字训诂，称之为古文经学；一种是"六经注我"的方式，以为现实政治服务为目的，注重阐发经文所谓的"微言大义"，这种释经治经的方式称之为今文经学。

之所以给微言大义加上引号，意在指明这种"微言大义"不一定是经文本意或真义，往往有阐释者强加的"私货"，即从自己现实政治的需要出发来理解、解释经文。大致来说，西汉以今文经学为主，东汉以古文经学为主。到东汉末年，经学家马融、郑玄兼采今、古文之说以注经，终结了延续了300多年的今、古文之争。汉代以注经阐述学者主张的形式，成为中国学者研究中华优秀传统文化的惯用方式。这种研究方式，使每一个学者都处于道统的视域下。

在经学的笼罩下，汉代在子学九家的基础上又产生了新的一家，即"小说家"，汉代的"小说"也无不打着经学的烙印。这个时期，又迎来了中国史学的高峰期，其代表作《史记》让我们知道了中华民族的根脉所在，懂得了自然与人事的区别与关联，掌握了古今社会发展变化的基本规律，实际就是用生动的历史事实来弘扬道统。

经过汉代的权威化阶段之后，在东汉末随着统治者的腐败、社会的动荡，儒学趋向衰微，受到压制的其他子学纷纷复兴。魏晋时期，学者传承汉代解经传统，多结合其他子学来阐释儒学，特别是用道家思想来解释儒家经籍，如当时的文化名人王弼著有《周易注》《论语释疑》等，何晏著有《论语集解》等，使儒学伦理化研究转入了哲理化研究的方向。他们尊崇《老子》《庄子》及《周易》，称之为"三玄"。他们以道释儒，儒道互补，在学风上、思想上、思维方式上与汉代儒学迥然不同，号为玄学。他们反对两汉时期烦琐的注经及神学目的论，在思想上和思维方式上出现了一次大的解放。

魏晋玄学讨论的核心问题，归纳起来主要有以下四点：一是名教与自然的关系；二是本末有无的关系；三是语言和思想的关系；四是肉体和精神的关系。何晏、王弼认为"名教出于自然"，阮籍、嵇康主张"越名教而任自然"，裴頠提倡"崇有论"，郭象兼容贵无论和崇有论，提出"独化论"。东晋以后，玄学又大量掺杂了佛学理论。总之，由于引入佛、老思想，儒学中入世的精神削弱，抽象的思辨增强。魏晋时期探讨的这些问题，都带有很浓厚的哲学意味，标志着人的思维能力和认识世界、认识自我的能力又前进了一大步。

隋唐时玄学渐衰，佛、道二教渐盛。以韩愈为代表的儒家人物，辟佛排老，提倡复兴儒学。他第一次明确提出"道统"之说，其《原道》一文认为："尧以是传之舜，舜以是传之禹，禹以是传之汤。汤以是传之文、武、周公，文、武、周公传之孔子，孔子传之孟轲。"又说："孟轲师子思，子思之学，盖出曾子。自孔子没，群弟子莫不有书，独孟轲氏之传得其宗。"韩愈本人则以孟子继承者自居，并自信地说："韩愈之贤不及孟子，孟子不能救之于未亡之前，而韩愈乃欲全之于已坏之后。"出于治理国家的需要，统治者也纷纷下诏提倡儒学，但同时还想利用佛、道二家。唐玄宗亲自注疏儒家经典《孝经》、佛家经典《金刚经》、道家经典《老子》，最能代表皇权对三家兼容并蓄的态度。

佛教本从汉代就传入中国，经过魏晋南北朝数百年与中国文化，尤其是与正统的儒家文化及道教文化的碰撞与融合后，至隋唐时期出现了繁盛的局面，并形成了众多的流派。一方面，佛教各宗各派之间纷争不断、互争高低，另一方面，彼此之间又互相吸收、互相影响。同时，佛教各宗派又都从中国传统的儒家、道家思想中汲取养分和智慧，以丰富和发展自己的学说。在隋唐佛教诸宗派中，禅宗流传最广、影响最大，是佛教中国化、世俗化的典范和成熟的标志。禅宗不依佛教经典立宗，不立文字，自称教外别传，实则是中国化的佛教与中国固有哲学尤其是儒家伦理文化融会贯通的产物。

佛教在东汉时期已渐入东土，到了魏晋南北朝，其所具有的思辨哲理，已风行于士林。隋唐时期，佛教把理论心性化，或者说是中国化，这标志着中国佛教的成熟，也标志着中国佛教发展达到了鼎盛阶段。道教创立于东汉，是中国本土产生的宗教，它一方面利用中国传统的崇拜祭祀习俗，一方面吸收道家、儒家、佛家的各种理论来建构自己的理论。当发展到隋唐时，道教的理论也达到系统化与成熟化。中国从此确立了以儒学为主体，以佛、道为两翼的新的传统文化体系。

隋唐五代之后的宋元明时期，是儒学大发展时期。在儒、释、道的并行、冲突、融合中，儒学在思辨性和理论系统性方面存在的严重不足被暴露无遗。宋元明时期，儒家学派汲取佛、道的有关理论，以宇宙本原、万物生成、天人关系、人性、封建伦常等新理论重构儒学体系，形成了对中国封建社会极有影响的宋明理学。宋明理学是以儒家思想为主，糅合了释、道两家的思想而创立的一种新的哲学形态。如果说汉武帝时代儒家思想的正统权威化，是儒家思想发展的第一次重大转折，那么宋明理学的出现和形成，则是儒家思想发展的第二次重大转折。宋明理学是中国封建社会后期近700年的指导思想。

宋明理学主要有四大流派：程朱（程颢、程颐、朱熹）理学、陆王（陆九渊、王阳明）心学和张王（张载、王夫之）气学、陈叶（陈亮、叶适）事功学。宋明理学探讨的内容和范围十分广泛，如宇宙论、本体论、人生论、心性论、知行观、修养论、境界论等。宋明理学作为儒学发展的重要阶段，将中国哲学的思维水平提高到一个新的高度，其政治目的就是为封建道统寻找终极的价值依据。如北宋的周敦颐认为万物的本体为"太极"，张载以为是"气"，程颢、程颐以为是"理"，陆九渊、王阳明以为是"心"。他们以各自的本体来分别论述宇宙生成和万物的化生，从而将董仲舒的神学化的天人之学上升到理性的本体论的高度。而南宋的朱熹虽也以"理"为宇宙根本，但认为"气"依"理"而共存，理先而气后。理不逆天谓天理，天理即道德规范的"三纲五常"，强调"存天理，灭人欲"，通过学习，先知后行，由化（量变）而变（质变），恢复人原有的纯善本性。朱熹一生著述颇丰，其中《四书章句集注》成为后世科举考试的教科书。朱熹是理学的集大成者，在儒学发展史上具有举足轻重的地位。与朱熹同时期的陆九渊，创理学中的"心学"派，提出了宇宙根本是"吾心"，以"发明本心"为宗旨。明代的王守仁（王阳明），提出事物之理取决于心之理，创"致良知"说，通过存理灭欲而得"良知"。宋明理学将道德信条式的传统儒学改造成为哲学理论体系，使儒学更为思辨化，体现了宋明理学家们的哲学智慧，它深深影响了中国古代社会后半期的社会发展和文明走势，至今仍有巨大的影响力。

值得注意的是唐、宋、元、明是继汉朝之后出现的封建社会的盛世，经过魏晋时期一次大的思想解放，封建名教受到一定的批判，受名教束缚的人的个性得到一定的解放。经过理学对儒家思想的第二次重大变革，中国的文学、史学、哲学加快了分流，各自的体系特征越来越明显。到唐、宋、元、明之际，又形成了中国封建社会文学的高度发达时期。中华优秀传统文化在发展过程中形成了三个高峰：先秦哲学，两汉史学，唐、宋、元、明文学。西方早把文学分为诗歌、小说、散文、戏剧四体，但中国早期社会由于形态早熟，失去了神话生长的艺术沃土，史著成绩辉煌，但文学样式不齐全，尤其是戏剧很不发达。到了唐、宋、元、明时期，中国的诗歌、小说、散文、戏剧都达到了高度的成熟。而且中国传统文学体现着鲜明的民族特色，这就是文学四体遵循着儒家的道统，寓教于乐，以文学的形式宣扬着儒家仁义的主题。

明代中国已产生了资本主义的萌芽。明末，关外清兵乘着李自成农民起义对明朝统治的动摇，入主中原，成为新的统治者。在一些思想家看来，明朝灭亡的重要原因之一，就是理学家空谈心性性命之学，纯属无用误国，是"无事袖手谈心性，临危一死报君王"。因此，明末清初的思想家大都反对宋明理学，把理学看作是虚学，主张"崇实黜虚""实学实体实用"的实学，提倡经世致用，反对封建专制，具有早期民主启蒙思想的性质。实学的主要代表人物是顾炎武、黄宗羲、颜元等人。实学思潮遍及当时的政治、经济、科学和文化艺术等各个领域，是儒家经世致用思想在明清时期的集中体现。

随着清朝统治的加强，社会逐渐稳定，统治者为了巩固政权，严酷打击"异端"思想，大兴文字狱，学者受严酷禁忌的钳制，学术研究又由实学转为儒学的另一种形态——乾嘉朴学。乾嘉朴学是一种以考据为主的治学方法，学风朴实简洁，重证据罗列，少理论发挥，类似于汉代治经重于训诂、考据的"汉学"，区别于宋明重于义理发挥的"宋学"，因而也称乾嘉朴学为乾嘉汉学或乾嘉考据学。乾嘉朴学最突出的学术贡献就是对传统的文字学、音韵学、训诂学、目录学等进行了系统的整理，并使之获得了空前的发展。1840年鸦片战争爆发后，西方列强用坚船利炮、鸦片和廉价商品打开了中国的国门，以武力侵略的方式企图中断中华文明固有的发展轨道。以龚自珍、魏源为代表的改革派，要求把学术研究和现实政治结合起来，反对脱离社会现实的乾嘉考据学。可以说，龚自珍和魏源既是明清朴学的终结者，又是中国近代资产阶级改良主义思想的先驱者。

由半殖民地半封建社会向社会主义社会过渡的时期，是中国第二个重要的历史转型期。从中国第一个重要的历史转型期至清朝中叶，儒学一直是社会的主流意识。到了清末，西方的坚船利炮击碎了清王朝的闭关锁国政策，随着西方列强的军事、经济侵略，西方文化也大量涌入中国，清王朝内外交困，作为维护封建统治的主流思想，儒学也随之衰微。加之时局动荡，人心思变，疑古之风日盛，康有为撰《孔子改制考》，认为"六经"皆孔子为托古改造乱世之制而作，尧、舜等都是孔子为改制假托的圣王。他从《公羊》"三世"学说出发，认为"据乱世"就是君主专制时代，"升平世"是君主立宪时代，"太平世"是民主共和时代。人类社会必然沿着"据乱、升平、太平"三世的顺序逐渐地向前发展。康有为借孔子的名义，为维新变法制造舆论，推动戊戌变法，希望改变封建专制的"据乱世"，进入君主立宪的"升平世"，最后实现"太平世"的理想。康有为认为东汉以来的儒学，多出自刘歆伪造，是新莽一朝之学，不是孔子的儒学。其观点虽不为大多数学者接受，但对"五四"以后的疑古思潮很有影响。"五四"时期，随着传统封建社会的瓦解，在中国知识界出现了一股"打倒孔家店"、彻底否定以孔子为代表的儒家文化、主张全盘西化的浪潮。这对于动摇中国传统的道统信仰，破除对孔子圣人权威的迷信，解放思想，接受西方以科学、民主为特征的先进文化，扫清了巨大的思想阻碍。但严重否定中华优秀传统文化，同时也导致对中国第一次社会转型以来所积累的民族文化做了很大程度上的不适当否定，形成民族文化方面的虚无主义，负面影响是很严重的。对民族文化采取虚无主义的态度，加剧了帝国主义列强的文化侵略。

与此同时，也有一批强调以传承和弘扬中华优秀传统文化为己任的知识分子，强调中国应在维护儒家文化的前提下，对儒学进行调整，以应对西方文化的挑战，这就形成了"现代新儒学"。它是与马克思主义派、自由主义西化派并称的中国现代三大思潮之一，是中国现代文化保守主义的主要思想代表。他们所重视的是儒家的心性之学，认为心性之学是中华优秀传统文化的本原和核心，把它看作是中国传统思想的核心和开发现代科学与民主事业的根据。"新儒学"强调中华优秀传统文化的根本性和优越性，认为从尧、舜、禹、汤、文、武、周公、孔、孟到程、朱、陆、王之间，有着一脉相承的"道统"，中国文化的最高理想是儒家人文主义，它是道德精神和信仰精神的统一。

现代新儒学对文化问题的反思有许多精辟的见解，如他们反对欧洲文化中心主义论，反对现代化只有西方一种模式，反对"全盘西化"，反对那种把儒家文化与现代化截然对立起来的观点等。他们把中国文化的发展放到全球意识和寻根意识的时代大背景下考察，以"认同"和"适应"的理论来考察儒学的发展和未来命运，对东亚工业文明的文化背景、文化动力等作了深入的研究。他们主张只有在对中华优秀传统文化予以认同的基础上，才谈得上对西方文化的吸纳和会通。现代新儒学对于儒学的复兴做出了不可磨灭的贡献，其学者代表有八位，号称八大家，分别是：熊十力、牟宗三、唐君毅、徐复观、张君劢、梁漱溟、冯友兰、方东美。

中国第二个重要的社会转型期，尽管还存在着现代新儒学派，但代表社会潮流的是社会转型期的变革派。他们在西方尤其是在苏俄影响下，以反帝反封建为号召，提倡民主与科学，以进化论和个性解放为思想武器，抨击以孔子为代表的旧文化、旧道德，冲击与动摇了几千年以来的封建正统思想的统治地位，适应了中国第二个重要社会转型期的社会变革，为马克思主义在中国的传播扫清了道路。中国第二个重要社会转型期的思想代表有陈独秀、李大钊、毛泽东、胡适、鲁迅等人，他们接受的是中华优秀传统文化的教育，但主要信奉的是马克思主义或西方现代思潮。由于时代的局限与时间的短暂，学界对中国第二个重要社会转型期的思想代表的研究还很不够，这将是一个长期的研究任务。当然，对中国第一个重要社会转型期的思想代表的研究仍在进行，但毕竟经过2000多年的研究，得出的共识自然要多一些。

中国第二个重要的社会转型期，在文化建设上发生了重大变化，体现为现代新文化逐渐取代了旧有文化即传统文化的主导地位。在形式上也有重大变化，主要体现为反对文言文，提倡白话文，以语、文合一代替了过去的语、文分离，即以通俗的白话文代替了非大众化的文言文。这也是对传统文化的一场彻底改革，具有重大的历史意义。但是，历史是不能割断的，否定中华优秀传统文化，现代文化就失去了基础，也是建立不起来的。从"五四运动"时"打倒孔家店"，到"文化大革命"的"批儒评法""批判孔老二"，尽管发动亿万人民批判孔子，但孔子仍岿然不动、屹立不倒，为什么？因为孔子已成为中华优秀传统文化的道统代表，一个几千年的中华民族文化的代表，怎能凭一时的所谓"群众运动"就打倒批臭呢？"打倒孔家店""批儒评法"，给我们带来的副作用太大了。彻底否定中华优秀传统文化，这不仅是中国文化空前的厄运与灾难，也是中华民族空前的厄运与灾难。历史的沉痛教训，应该永远铭记。

从西周开始，我国就确立了不以宗教信仰而以伦理道德为核心作价值评判的文化体系。正是这种理性的道统，造就了中华民族高尚的道德人格和仁爱大众济天下的人生价值观，这种精神追求，几千年来一直是中华民族的精神寄托。"修身""齐家""治国""平天下"的理论，成为中华民族创造物质文明的精神动力，促进了历史上居于世界前列的太平盛世的多次出现。

在我国的历史上，曾出现过几次至今让全世界赞叹的盛世，它们不仅是当时全世界经济发展的中心，也是全世界政治文化高度发达的中心。儒学显然起了成就盛世的精神推动与支撑作用，对中国乃至对人类的发展曾做出过巨大的贡献。不能正确地评价儒学的历史作用，就是不能正确地评价中华民族；否定儒学的历史作用，就是否认中华民族伟大的历史贡献，就是否定中华民族本身。世界上还从来没有一个民族因漠视自己的传统文化，从而弱化了民族意识、失去了民族自信与文化自信，而能够立足于世界民族之林。

　　我们不仅要认识儒学的历史作用，更应该认识它在当今中国乃至世界中的文化地位和现实价值。20世纪，亚洲出现了经济腾飞的"四小龙"，它们坦诚地表示：之所以能够高速地发展，其中重要的原因之一，就是民众对儒家学说的信仰与奉行。"文化大革命"之后，全民对十年浩劫进行了反思，其中就包含着对中华优秀传统文化长期遭受厄运的反思，开始重新认识中华优秀传统文化的价值。人们普遍感到，全面否定中华优秀传统文化，大规模地毁灭中华优秀传统文化的文物典籍，恰恰造成了封建腐朽文化的大泛滥，是冒天下之大不韪，是对千千万万创造中华优秀传统文化的先人的大不敬，是文化上的自暴自弃。于是反思之后，自觉兴起了浩浩荡荡的中华优秀传统文化热。21世纪以来，各级领导积极引导群众复兴中华优秀传统文化，提出对中华优秀传统文化进行创造性转化、创新性发展的号召，一定程度上扭转了百年来轻视甚至否定中华优秀传统文化的局面。当下，全国人民正在充分挖掘中华优秀传统文化的价值，使它具有的超越时空的精神力量在社会主义现代化建设中发挥应有的作用，使中华优秀传统文化中以仁爱为核心的道统永远传承下去。

二、道统与文统基因的生成

　　清楚了道统的概念，对文统的概念就十分容易理解了。"文"的本义是彩色交错，《周易·系辞下》："物相杂，故曰文。"《礼记·乐记》："五色成文而不乱。"引申为表示语言符号的文字与由文字构成的文章都文采焕然。"文统"一词见于《文心雕龙·通变》："是以规略文统，宜宏大体。"这里的"文统"指文章的总纲，即文章的系统和格局。清代方宗诚《〈桐城文录〉序》："标名家以为的，所以正文统也。"他讲的"文统"则是指文章系统和格局的传统。如果说道统是一种思想传承的传统，那么文统就是道统的表述方式的传统。

　　文统可以说是由"道统"衍生而来，或说"道统"与"文统"本是合而一体的。古人常说"文以载道""因文明道",说明"文"与"道"之间是一种与生俱来不可分离的关系。有人会说,"文"既是一种表述形式和手段,即文章的体式、结构、语言、表现手法、风格、审美角度等系统和格局,那么西方的文章及中国其他流派的文章也莫不讲究这些,为什么还要特别提什么儒家的文统?难道儒家的文统与西方或其他学派的文统不一样吗?是的,由于儒家的道统与西方或其他学派的"道统"不完全一样,那么反映各自"道统"的文统自然也不完全一样。儒家道统在发展中选择性地吸收了其他家的思想精华,儒家的文统也吸收了他家文统的精华,形成自己独特的文统。由于儒家的道统构成了中华文化的核心与主体,因而儒家的文统也基本上代表了中华民族的行文特色。它的表述对象以人为中心,不是重于阐述人与物的关系或人与神的关系,而是重于阐述人与人的关系,重在宣扬人伦道理;在宣扬人的真善美时,更突出的是人的善德,如仁爱思想、忧国忧民的忧患意识等等,艺术表现手法侧重于现实主义而少虚幻浪漫,更多地使用了中华民族特有的喜闻乐见的艺术表现形式。

文统由"道统"衍生而来,文统也随道统的演变而演变。正如刘勰《文心雕龙·原道》篇中说:

自鸟迹代绳,文字始炳,炎皞遗事,纪在《三坟》,而年世渺邈,声采靡追。唐虞文章,则焕乎始盛。元首载歌,既发吟咏之志;益稷陈谟,亦垂敷奏之风。夏后氏兴,业峻鸿绩,九序惟歌,勋德弥缛。逮及商周,文胜其质,《雅》《颂》所被,英华日新。文王患忧,繇辞炳曜,符采复隐,精义坚深。重以公旦多材,振其徽烈,剬诗缉颂,斧藻群言。至若夫子继圣,独秀前哲,镕钧六经,必金声而玉振;雕琢情性,组织辞令,木铎启而千里应,席珍流而万世响,写天地之辉光,晓生民之耳目矣。

爰自风姓,暨于孔氏,玄圣创典,素王述训,莫不原道心以敷

章，研神理而设教，取象乎《河》《洛》，问数乎蓍龟，观天文以极
变，察人文以成化；然后能经纬区宇，弥纶彝宪，发辉事业，彪炳辞
义。故知道沿圣以垂文，圣因文而明道，旁通而无滞，日用而不匮。
《易》曰："鼓天下之动者存乎辞。"辞之所以能鼓天下者，乃道之
文也。

赞曰：道心惟微，神理设教。光采元圣，炳耀仁孝。龙图献体，
龟书呈貌。天文斯观，民胥以效。

刘勰在这段文字中阐述了从文字产生的时代，到春秋末期孔子所处
的时代，中华民族的祖先们都以焕若光彩的文章，宣扬着仁孝的伦理道
德。各个时段，其道统的内容与文统的形式虽都有所发展变化，但道统的
主体意识不会变，道与文的统一关系没有变。若没有达到道与文的统一关
系，就不符合儒家的文道统一观，也就偏离了儒家的道统与文统。为了阐
明这一道理，后人从"道"与"文"二者关系的角度来解读孔子的"质胜
文则野，文胜质则史，文质彬彬，然后君子"（《论语•雍也》）。这句话是
孔子针对君子修身而言的，"质"就是仁，"文"就是礼，仁统摄礼，礼体
现仁，二者不可偏废其一。缺少礼则显得粗野，礼过多则显得虚伪，仁与
礼相济，就达到了君子仁礼兼备的标准。我们可以把"质"理解为内容，
把"文"理解为形式，任何事物都是由内容和形式构成的，内容是构成事
物的一切内在要素的总和，形式是这些要素的结构或存在方式，内容决定
形式，形式表现内容。二者虽有主要、次要之分，但二者又是辩证统一的
关系。抽象思维中，二者之所以可分，是出于分析、思辨的需要，其实二
者存在于同一个体中，是无法分开的，不可只强调内容而忽视形式，也不
可只强调形式而忽视内容。"质"既是内涵，也与"道"意相同。文，即
说明质（道）的文采。"道"少了"文"，则"野'，即道理讲得粗俗因而传
之不远。文采少了"道"的率领，则"史"，道理就显得虚伪、浮夸，因

而以文害道。彬彬，指文与质的配合很恰当。换言之，即"道"的内在仁与"文"的外在美相统一、相依存。孔子的这句话实际也表达了儒家的文道观。

我们可以选择中国早期散文来看中国文化的道统与文统关系。为何选择中国早期散文来谈这个问题？原因有三：

第一，就文学的体式而言，由于中华民族特殊的发展历史，中国的散文与其他文体和外国的文体相比较，成熟得最早，其艺术形式及表现手段较早地形成了一种中国式的书写传统，对后世各种文体都有较大的渗透力与影响力。

第二，散文缺少诗歌、小说、戏剧那样的抒情性功能，更偏重于实用。它强调"文以载道"，更宜于便捷地表述中华民族一贯持有的道统，即便于表述以仁义为核心的民本主义与人道主义精神。

第三，中国早期散文伴随着中国道统的形成而产生了特色鲜明的文统，它最能显示道统与文统二者相辅相成的关系，最能凸显中国文化发展的民族特色，最能显示中华优秀传统文化的基因特征。

从文化传播的角度看，世界上各个民族的古老文化都起源于"传说时代"。在这个时代里，曾经长期没有文字。后来逐渐产生了一些文字，但还不能用文字来详细记录以往的历史与现实的生活，主要还靠口耳相传的方式来传播信息。这一时期很漫长，大约是旧、新石器时代与早期金属时代，即从原始人时期经氏族公社时期到私有制社会初期。传说时代生产力低下，人们的生活比较单调，思维方式简单，对自己周围纷纭变化的事物感到神秘莫测，只能从自己狭隘肤浅的生活体验出发，通过幼稚的想象来理解这些事物的现象，所以这一时期人们的想象力是异常丰富的。人们并不是有意地去幻想，而是这种幻想式的思维就是他们认识世界的主要方式，于是产生了他们编造的神话和极简单的古老诗歌。这两种形式，基本上就是原始文化的口述形态，它蕴含着远古人对自然、社会的认识，孕育着所有自然科学与人文科学思想观念的萌芽，是解释原始社会文化现象的百科全书，也是人类文化的源头。远古人的幻想天然地具有审美魅力，尽管他们不是有意地进行文学创作。

在解说原始文学时，过去的学者普遍认为文学的最初形态是诗歌。这种诗歌是大众化创作、大众化口耳传播的，将它们用文字记录下来是后来的事，但它们是后世诗歌创作的源头。这种认知虽然长久流行，但经不起仔细推敲。因为即使是最古老的诗歌，也是当时口述文学进一步修饰、提炼的语言形式。当远古人想用诗歌的形式来表述自己的认识与感情时，不仅需要注意诗歌的节奏与音韵的和谐，还要注意从繁杂、冗长的日常语言中提炼出精练、简洁、明快的诗的语言。这种语言的提炼、加工，要求具有相应的思维能力和语言驾驭能力，是一种比较复杂的精神创作活动。这就说明人的思维能力与语言驾驭能力发展到相应的阶段后，才能创作出具有节奏、韵律又有艺术美的诗歌，而并非伴随着语言的产生就自然而然地产生了诗歌。

与诗歌相比，神话叙述起来却不需要注意节奏、韵律，纯以自然的口语即能表述出来。如果说原始文化蕴含着远古人对自然、社会的认识，孕育着自然科学与人文科学思想观念的萌芽，是解释原始社会文化现象的百科全书，那么这一文化载体就主要需由神话来承担了。从逻辑发展来看，显然口述神话的产生并不晚于古老诗歌，甚至还先于古老诗歌，"口述文化的最初唯一形态是诗歌"的结论显然是不符合语言发展实际的。这一错误的推断，错在将口传的诗歌认定为文字记录的诗歌的前身，而口传的神话却没有被认定为散文的前身。如果把原始文化认定为口传形式，那么，神话就是口传形式的散文，它与口传诗歌一样，赋于书面形式是后来的事，但它确实属于自由表述的散语体，如果仍用"散文"这个名称来概括，神话就是最早的散文。由于神话没有诗歌种种语言音韵的限制，所以它可以自由地进行表述，因而它比诗歌更能详细地说明复杂的事物，记述较长的历史过程，表达更为深刻的思想感情。

所以在原始口述文化中，最初的形态并不只是诗歌，神话的产生并不晚于诗歌。本书认定的中国最早的"散文"，并非具有成熟文字形式的殷商甲骨文或儒家传承的"六经"，尤其是散文总集《尚书》，而是远古的神话。

远古先人从自身的认知出发来联想难以理解的事物，这种思维的特点就是把一切事物与自己的生命存在联系起来，其基本的观念就是万物有灵论。他们对自然威力与部落首领或英雄的英勇壮举十分崇拜，或对他们寄托了各种美好的愿望，从而赋予了这些对象以种种的"神力"。尤其是对人们崇敬的首领及英雄，都赋予了许多超乎当时人类认知的智慧与能力，实际是歌颂了人们不屈不挠的斗志与伟大的发明创造力，从中可以隐约看到我们中华民族在形成初期的一部漫长的奋斗史。渺茫的远古姑且不论，且看大约四五千年前的炎帝、黄帝、尧、舜以来的各种神话，都在向后人诉说着一群中华儿女在中国这块土地上，所经历的可歌可泣的发展史。依据文化发展规律推断，中国古老的神话，必定与世界上其他古文明国家的神话一样丰富多彩，我们的古老民族也是一个善于幻想、善于"编造"神话故事的民族。有的学者认为：中国以自然经济、农业生产为主导的社会特征，形成了"实用—经验理性"和重农、尚农的社会共识。重实际而少玄想的务实精神，致使产生的神话故事极少。这种认识只看其流而未溯其源。在我们民族的初始阶段，还没有进入以自然经济、农业生产为主导的社会，其生活方式及劳动方式与其他域外民族大致相仿，其文化也是从神话、歌谣开始起步的，中国神话后来稀少是有它的种种特殊原因的。

只不过，中国的神话从一开始就与其他民族的神话有所不同。按理说，在传说时代，各民族大致相似的极落后的生产方式和大致相似的极贫穷简单的生活方式，使各民族的思维方式不会有大的区别。原始文化呈现出更多的共性，所产生的神话应该也没有大的区别。但从现在我们见到的各民族的神话来看，从内容到表现形式，却都有显著的不同。这说明：中华民族远古时的人们由于生活的环境与其他民族不同，其生活习惯与思维方式也与其他民族有所不同；或是各民族本来就存在着大同小异的神话，中华民族自己经过"优胜劣汰"，只保留了最为人们喜闻乐见的那部分神话。总之，现存的中国的神话与其他民族的神话确实有明显的区别。

中国的神话有何民族特色呢？要想说明这一问题，须将中国神话与最典型的希腊神话作比较，才能更清楚地看清中国神话的民族特色。希腊神话主要包括神的故事和半神的英雄传说，即大地女神盖娅到第一代天神乌剌诺斯，再到第二代天神克洛诺斯，再到统治宇宙的天神宙斯，以及宙斯和他的神族主要成员所形成的"奥林匹斯众神"。希腊神话讲述了希腊众神开天辟地、代代传承、神族谱系以及众神日常生活的故事，构成了一套完整的神话系列。希腊英雄传说以人物或事件为中心，形成许多英雄故事系列，主要有代达罗斯父子造迷宫、制羽翼飞行的故事，阿尔果英雄们盗金羊毛的故事，赫剌克勒斯冒险建立功业的故事，忒修斯为民除害的故事，俄狄浦斯杀父娶母的故事，以及特洛亚战争中战斗英雄的故事等等。希腊神话故事曲折优美，故事中的神与凡人一样也有七情六欲，形象众多且生动活泼。古希腊神话曲折地反映了希腊上古乃至奴隶社会的真实历史，成为古希腊艺术繁衍生息的宝库和土壤。古希腊创造的古典文化主要指希腊神话，至今被世界公认为西方原始文化的楷模。

而在中国的神话中，各种令人崇拜的神绝少一般人的七情六欲。他们共同的本质就是一心为民、惠民，他们是仁爱精神的化身，同时他们一个个也为大众的利益而英勇献身者，一个个都是仁爱之道的殉道者，中国道统的基因大概在传说时代就已形成。中国神话中的神有两大特征：自强与博爱。自强的主要表现是：在自然灾害与强大敌人面前无所畏惧，既不乞求上帝的怜悯与帮助，更不因畏难惧怕而躲避或逃跑，而是以大无畏的精神，去战胜与征服自然与敌人。如夸父追逐太阳，不怕累死渴死；面对浩渺的大海，精卫鸟竟用小小的鸟嘴衔上树枝小石块来填海；刑天与帝战斗，被砍了头，仍战斗不止。晋代陶渊明因而在《读〈山海经〉》组诗中赞曰：

> 夸父诞宏志，乃与日竞走。俱至虞渊下，似若无胜负。神力既殊妙，倾河焉足有！余迹寄邓林，功竟在身后。
>
> 精卫衔微木，将以填沧海。刑天舞干戚，猛志固常在。同物既无虑，化去不复悔。徒设在昔心，良辰诅可待！

大自然的力量是无比巨大的，敌人常常是异常凶恶强大的，但先民从没有被这些所吓倒，反倒是所征服的对象越是强大，越显得远古先人们拥有惊人的气概、必胜的信念与豪迈的胸怀，越能显示出中华民族祖先所具有的敢于斗争、勇于胜利的性格。正如杨公骥教授所言："尤其值得注意的是，在世界各民族中，关于洪水的神话共有一百多种，《鲧禹治水》是其中最好的一个。因为在《鲧禹治水》中，人并没有逃上'方舟'，洪水也不是被上帝召回或自动撤退，而是被神化了的英雄采用人的方式，从事工具劳动，经过艰苦的长年的劳动而治平的。因此，《鲧禹治水》是全人类最优秀的神话之一。"[1]

中国古代神话中代表善德与正义的神，都是勤劳、勇敢、百折不挠的劳动能手、发明家或维护民族利益拯救无辜平民的英雄。这些神通广大的神，依靠自己的力量战胜自然、征服邪恶，并不是为了做霸主去统治四方，而是为民鞠躬尽瘁，死而后已，与古希腊的神有所不同。中国神话中众神的博爱精神，体现为众神处处为民着想，施爱于众，救民于危困，说明仁爱精神从古以来就是中华民族一以贯之的美德，成为中华民族生存、

---

① 杨公骥：《中国原始文学》，杨若木选编：《杨公骥文集》，东北师范大学出版社，1998年，第53页。

发展的驱动力。民族乃至人类要想生存、发展，就应该人人怀有仁爱之心，施以仁爱之举，结成命运共同体，互惠互利共同进步。勤劳、勇敢与仁爱，这些特征其实是相互联系的，相辅相成、相互结合而不可缺一。

勤劳、勇敢是为了达到仁爱的目的，而怀有仁爱之心必然有勤劳、勇敢之举。这种美德从中华民族形成初期就已养成，之后逐渐形成一种道德传统，成为中华民族的民族精神。"自强""博爱"构成了中华优秀传统文化的主体精神，是儒家仁学观的又一种解说。人们甚至把这种民族基因附会于天地大德，认为这种人间最善的德行是效法于天地。《易传·象》中说："天行健，君子以自强不息。""地势坤，君子以厚德载物。"人的仁爱之德是天之高明、地之博厚所孕育，仁爱之德是顺天应地所产生。中华民族从古老的荒蛮时代，就形成了这一重要的理念，这种理念在中国古代著名的四则神话中生动地表现出来。

一则为"女娲补天"：

往古之时，四极废，九州裂；天不兼覆，地不周载；火爁炎而不灭，水浩洋而不息；猛兽食颛民，鸷鸟攫老弱。于是女娲炼五色石以补苍天，断鳌足以立四极，杀黑龙以济冀州，积芦灰以止淫水。苍天补，四极正；淫水涸，冀州平；狡虫死，颛民生。（《淮南子·览冥训》）

当天崩地裂、洪水滔天、猛兽肆虐之际，女娲以大无畏的精神，以无穷的威力和高超的智慧，改天换地，救民于倒悬，是一个以拯救天下为己任的大英雄。

一则为"羿射九日"：

逮至尧之时，十日并出。焦禾稼，杀草木，而民无所食。猰㺄、齿、九婴、大风、封豨、修蛇皆为民害。尧乃使羿诛凿齿于畴华之野，杀九婴于凶水之上，缴大风于青丘之泽，上射十日，而下杀猰貐，断修蛇于洞庭，禽封豨于桑林。万民皆喜，置尧以为天子。(《淮南子·本经训》)

10个太阳同时出现，庄稼烤焦，老百姓没有食物；猛禽怪兽，残害老百姓。在民不聊生时，一个神射手奉了尧帝之命，担负起为民除害的使命，依靠弓箭射下9个太阳，射死猛禽怪兽，他与尧帝一样成为万民的大救星。

一则为"大禹治水"：

洪水滔天，鲧窃帝之息壤以堙洪水，不待帝命。帝令祝融杀鲧于羽郊。鲧复生禹，帝乃命禹卒布土以定九州。(《山海经·海内经》)

在人类的历史上，肯定有过"洪水滔天"的阶段，不然不会给全世界的人们留下深刻的洪水泛滥成灾的记忆。在中国，鲧为了拯救百姓，冒着生命风险盗取了天帝的息壤来堵塞洪水，因此犯下了杀头之罪。然而鲧因不能治水而死不瞑目，他死后尸体不腐，剖开肚子，生出个禹来，把根治水患的希望寄托于后代，天帝只好命禹来治水。禹并没有使用天帝的息壤，而是"傅土，平天下，躬亲为民行劳苦"(《荀子·成相》)。有的神话传说还说禹艰苦卓绝地奋斗，十年未回家，三次路过家门而不入，带领人民疏河导江，终于将大水治理好，安定了九州，完成了鲧的遗愿。这个神话表现了中华民族执着的信念和前仆后继、不屈不挠的伟大斗争精神。

一则为"黄帝杀蚩尤"：

蚩尤作兵伐黄帝，黄帝乃令应龙攻之冀州之野。应龙畜水，蚩尤

请风伯雨师，纵大风雨。黄帝乃下天女曰魃，雨止，遂杀蚩尤。(《山海经·大荒北经》)

关于黄帝战蚩尤的故事，其他典籍也有不同的记载。据学者们考证，黄帝部落与蚩尤部落在"冀州之野"对垒决战，确有其事。黄帝不仅战胜了蚩尤，而且还为了保护所有百姓而征服四方邪恶，以武力来消除动乱，安定天下。《太平御览》卷七九引《蒋子万机论》:

> 黄帝之初，养性爱民，不好战伐，而四帝各以方色称号，交共谋之，边城日惊，介胄不释。黄帝叹曰:"夫君危于上，民安于下;主失于国，其臣再嫁;厥病之由，非养寇邪? 今处民萌之上，而四盗亢衡，递震于师。"于是遂即营垒以灭四帝。

本卷七九又引《管子》曰:

> 黄帝得蚩尤而明乎天道，得太常而察乎地利，得苍龙而辨乎东方，得祝融而辨乎南方，得大封而辨乎西方，得后土而辨乎北方，黄帝得六相天下治。

黄帝并非好战，征服各部落，一是为了惩罚那些祸害平民的首恶，拯救无辜，替天行道;二是防止其他部落的首领图谋不轨，危害天下。黄帝是为天下大众的利益着想，被征服的各部落的首领，除了罪大恶极者，凡改邪归正的部落首领，黄帝还要给予任用，发挥他们各自统领其部落的作用。中华民族大一统观念自此萌生，由黄帝统一各部落开始，各部落实现大联合，加速进行部落间的大融合，共同谋发展，这是大仁大爱的基本表现。

从以上简略的分析可以看出中国的古老神话确实与其他民族的神话有所不同，中国古代神话有着自己的民族特点。在中国古代神话中，祖先神话与英雄传说往往是混合的，有的英雄同时也是部落或氏族的祖先，这些祖先处处表现出仁爱的伦理观，也就是后来的人们所说的"道"。如女娲创制了笙簧乐器，伏羲仿照蜘蛛结网编制出渔网，燧人氏受啄木鸟啄木的启发而钻木取火，等等。尤其是炎帝、黄帝、尧帝、舜帝，不少神话故事写他们发明生产工具、教人掘井取水、尝百草制药、驯养家畜、培育五谷，号召男耕女织，改变旧的风俗习惯。黄帝不仅是中华大一统的首创者、中华文明的伟大始祖，而且同炎帝一样，也是一名杰出的创造发明家，他发明创制了衣裳、车船、臼杵、弧矢、战鼓、宫室，他的妃子还发明创制了养蚕缫丝。黄帝组织臣子创制了文字与乐器，他一生为民，即将离开人世时，还带领群臣采矿炼铜铸鼎：

> 黄帝使仓颉取象鸟迹，使作文字之篆。史官之作，盖自此始。记其言行，册而藏之。(《太平御览》卷二三五引《帝王世纪》)

> 黄帝又命伶伦与荣将，铸十二钟，以和五音，以施《英》《韶》。(《吕氏春秋·古乐》)

> 黄帝采首山铜，铸鼎荆山下。有龙垂胡髯而下，迎黄帝。群臣欲从，持龙髯，髯拔遂坠。(《太平御览》卷九二九引《帝王世纪》)

如果说黄帝用武力开创了华夏大一统的局面，其功业主要体现在武功上，那么后继者尧与舜的功绩则主要体现在治国理政上，进一步把这一统局面建设成太平盛世。后世常用"尧天舜日"来赞美这种太平盛世。如清代梁章钜说："仰见圣明覆载无私，洞鉴于万里之外，俾滨海臣庶均各安耕凿于尧天舜日之中，为之额手称庆。"(《致刘次白抚部鸿翔书》)不论尧天舜日是后人寄托的理想，还是确实存在过的公正廉明、人人平等和睦的社会，总之都成为后世追慕的人间天堂。汉代赵壹在《刺世疾邪赋》中说："宁饥寒于尧舜之荒岁兮，不饱暖于当今之丰年。"尧、舜的仁爱大德集中体现在执政为民，不谋私利。他们把手中的权力视作为民做奉献的职责，而不是当作索取私利的特权。特别是把任人唯贤、知人善任当作执政的根本，因此他们具有识别忠奸善恶的敏锐眼光。传说尧的堂前长着一种"指佞草"，口蜜腹剑、心术不正之人经过堂前，此草就会弯曲，这种人就休想混入朝廷。尧老年为了将天下大任交于一心为天下的人，曾长期考察德才兼备、能治理天下的平民舜：

> 舜一徙成邑，再徙成都，三徙成国，其致四方之士。尧闻其贤，征之草茅之中，与之语礼乐而不逆，与之语政至简而易行，与之语道广大而不穷。（《尸子》）

当尧决定将治理天下的大权交与舜时，立即遭到那些觊觎权位的人甚至自己儿子的反对。但尧选贤不徇私，禅让不惧强压，难能可贵的是尧为了顺利禅让，还能做到大义灭亲。尧的大儿子丹朱对尧禅让权力与舜，心怀不满，尧将他放逐到丹水。不料丹朱与那里的三苗之君勾结起来继续反对禅让，尧不惜征三苗杀长子。"《书》曰：'不偏不党，王道荡荡。'言至公也。古有行大公者，帝尧是也。贵为天子，富有天下，得舜而传之，不私于其子孙也……非帝尧孰能行之？"（《经济类编》卷九〇）

舜继位后，仍像尧那样以社稷为重，出以公心，虽有九子，却以禅让的形式将大权让给治水功臣禹。尧、舜都知道任用贤能，则天下人得其利，授权给难以负起天下大任的佞臣或者不肖的子孙，会使天下人受其害。公心昭然，堪作后世执政者的楷模。神话是先民从自己狭小的感性认识范围发出的一种幼稚的想象，虽然借助于想象，但归根到底仍以现实生活为基础，其中有着历史的影子。神话中有些神的原型是古代民族的首领或英雄，这些神化了的人后来逐渐历史化，有关他们的神话故事成了"传说"，甚至成了历史。传说中的炎、黄、尧、舜、禹等英雄人物展示了古老中华民族的发展历史，也成为司马迁建立中华民族正统序列的依据。人们把更多的智慧与功绩归于这些英雄人物身上，让他们来展示中华民族发轫期所具有的华夏文明的道统。

中国早期文化的民族特点肯定与后来发展起来的农耕文明相关，与华夏民族生活的环境及生产关系有关，所以五帝时期的神话所反映的历史生活、心理习俗及表达方式等，都有华夏民族的鲜明特点。中华文明主要发源于我们的"两河流域"，或称"江河流域"，即黄河与长江流域，先人长期开发"两河流域"，其生产方式属于典型的农耕文明。人们安分守己，重土难迁，分散、落后的小农经济，需要仁爱之道来组合、统摄。它不像游牧经济，随草长势而迁，常在天寒地旱自然灾害之时，对农耕地区进行抢夺与掠取；也不像海洋文明，重于殖民与贸易，虽然口头上宣扬的是公平交换原则，实际上行的是奸诈与欺骗，在不合理的交换行不通时，便伴随着对外的武力征伐与残酷的内斗夺权。表现在各民族神话中的神，其遵循的"道"是各有不同的。中国古老神话既不歌颂掠夺性的暴力，也不宣扬貌似公平交换的骗取，其圣贤及英雄无不是仁爱的化身。从形式上看，中国古老神话后来所剩无几，比起希腊神话来，缺少系列，不成体系。中国没有成系统的神话专集，神话篇幅短小，语言精粹而通俗，故事情节简略。这显示了中国文化处于滥觞阶段的特点，但中国文化在其发轫期，其道统与文统的基因已基本形成。

"传说"时代是各民族文化的起源阶段，原始群居和氏族部落大致相似的极落后的生产方式和极贫穷的生活状态，使各民族的原始文化呈现出更多的共性。各民族最初的文化样式差不多都属于口头文化，都属泛文学、泛史学、泛哲学的"百科全书"式的古代神话与远古诗歌。这一惊人的"不谋而合"，体现了原始文化的一种必然规律。

　　古代神话和远古诗歌虽是人类最原始的文化形态，但已具备了人类文化最基本的形式——可以叙说的自由语体和可以吟唱的有韵语体，具有了人类文化最基本的功能——记事与抒情，包含了后来人类文化的各种形式的最基本的特质，若用文字记载下来，就是散文体与韵文体。它们虽然是原发性的文化形态，但对后世文化的发展具有奠基与导向的作用。古代神话和远古诗歌属群体性创作的口头文化，它们产生的时间最早，传播的过程极其漫长，在流传过程中可能经过修饰，最后被文字记录写定已经是很晚的事了，但这些被赋予文字形式的古代神话和远古诗歌仍然是人类最早的文化作品，因为它反映着传说时代人们生活的基本特点。

　　世界各国初始的文化形式都是古代神话和古老诗歌，从这一点来看，各民族的文化没有太大的差异。按照一般逻辑，各民族本都会以神话与诗歌这两种文化形态为起点，发挥神话与诗歌的奠基与导航的作用，来发展自己民族的文化。但中国文化发展的事实却与这种发展趋向大相径庭，走的是一条独特的文化发展道路。

　　世界古代文化以轴心时代的文化为标志，主要分东、西两大体系。古希腊辉煌的文学、哲学成就，至今仍被世界公认为西方古代文化的楷模。而世界上从未中断过的古老文化，当时能代表东方古代文化辉煌成就的唯有中国的史学与哲学。所以，与古希腊文化作比较，就更能看清中国古代文化独特的发展道路与其鲜明的民族特色。前面已讲过，中国哲学的第一个高峰期就发生在轴心时期，承上启下，进一步明确了中华优秀传统文化的核心理念"仁学"观，为后世几千年的中华优秀传统文化发展奠定了基础、指明了发展方向，其辉煌的成就并不逊色于希腊轴心时代的哲学思想。但我们现在从文统的角度出发，少涉哲理思辨，主要讲讲中国文学与史学的文章形式、写作特色及其发展变化，也就是讲讲文统的发展与变化。

　　在希腊半岛，古希腊时期有过克里特文明与迈锡尼文明，两个文明都产生了丰富的远古神话与古老歌谣。公元前11世纪至公元前9世纪，希腊原始氏族公社解体，奴隶制开始产生。从公元前8世纪起至公元前6世纪，他们普遍使用了铁器，大大促进了社会生产力。同时，广泛的殖民、海外奴隶的大批输入，极大地推动了经济的发展。希腊各地逐渐形成许多以城市为中心、联结周边农村的奴隶制城邦式国家，奴隶制社会形态的发展在希腊比较充分而有典型意义。奴隶社会以宗教为其主流意识，神话又是构成这种主流意识的重要资源，所以，希腊奴隶社会有意识地保护、利用、发展神话，其文学、史学、艺术甚至哲学都吸收了神话的营养。丰富优美的希腊神话，在世界文学中始终是无与伦比的。

为什么古希腊有繁荣的神话，而且能有效地利用神话，大力发展文学艺术的各种样式？马克思指出：

大家知道，希腊神话不只是希腊艺术的武库，而且是它的土壤。……希腊艺术的前提是希腊神话，也就是已经通过人民的幻想用一种不自觉的艺术方式加工过的自然和社会形式本身。这是希腊艺术的素材。……但是，困难不在于理解希腊艺术和史诗同一定社会发展形式结合在一起。困难的是，它们何以仍然能够给我们以艺术享受，而且就某方面说还是一种规范和高不可及的范本。一个成人不能再变成儿童，否则就变得稚气了。但是，儿童的天真不使他感到愉快吗？他自己不该努力在一个更高的阶梯上把自己的真实再现出来吗？在每一个时代，它的固有的性格不是在儿童的天性中纯真地复活着吗？为什么历史上的人类童年时代，在它发展得最完美的地方，不该作为永不复返的阶段而显示出永久的魅力呢？有粗野的儿童，有早熟的儿童。古代民族中有许多是属于这一类的。希腊人是正常的儿童。他们的艺术对我们所产生的魅力，同它在其中生长的那个不发达的社会阶段并不矛盾。它倒是这个社会阶段的结果，并且是同它在其中产生而且只能在其中产生的那些未成熟的社会条件永远不能复返这一点分不开的。[①]

　　希腊的文学艺术是如何有效地利用他们的神话呢？首先，他们在氏族公社社会向奴隶社会过渡时期，主要以神话为题材，将祖先颂歌、英雄歌谣和抒情牧歌组合、加工，形成了鸿篇巨制的史诗，其代表作就是传说为盲诗人荷马根据流传的许多短歌而综合成的《荷马史诗》。《荷马史诗》大约初步形成于公元前9至前8世纪，正式成文于公元前6世纪，分为两部分，一是《伊利亚特》，描写特洛伊战争；一是《奥德赛》，叙述的是特洛伊战争结束后，希腊英雄奥德修斯归还故里的故事。

　　公元前6世纪末到公元前4世纪初，是希腊奴隶制发展的全盛时期，也是希腊戏剧高度发展的时期。希腊歌剧以神话为丰富题材，吸收史诗的艺术营养，在颂歌、合唱、民间滑稽戏的基础上，进一步演化形成悲、喜剧。当时希腊有三大悲剧作家：埃斯库罗斯、索福克勒斯、欧里庇得斯，喜剧作家以阿里斯托芬为杰出代表，他们的代表作是《被缚的普罗米修斯》《俄狄浦斯王》《美狄亚》《阿卡奈人》等。不仅希腊的史诗、戏剧大多取材于神话，就是其雕塑、绘画、小说等，也无不受到神话的重要影响，可以这样说：希腊文学艺术的发展是以神话为其基础的。

　　公元前4世纪马其顿帝国镇压希腊各城邦的反马其顿运动，后来进行了著名的"东征"。公元前3世纪中叶至前2世纪中叶，罗马又征服马其顿、希腊等地区，这些都客观上促进了希腊文学向整个地中海世界的传播，西方的文学家们都从希腊神话中汲取过创作的题材与灵感。没有古希腊丰富的神话遗产，便没有欧洲的文艺复兴，西方现当代的文学也会黯然失色。以古希腊为代表的西方文学有着自己的鲜明特色，有着自己的发展过程，其过程如果用"神话—史诗—戏剧—小说"来表示，大致是不

---

① 卡·马克思：《〈导言〉（摘自1857—1858经济学手稿）》，《马克思恩格斯全集》第12卷，人民出版社，1995年，第761-762页。

错的。

与西方充分开发利用神话相反，在东方的中国，从西周开始，对古老的华夏神话就采取了冷落甚至摒弃的态度，部分存留的神话多数被理性化、历史化地改造，在此基础上，中国大力发展起理性的散文。这些理性的散文有三种功能：第一，文书实用；第二，论政议理；第三，记史叙事。从现存古籍看，中国大量的早期文本，就是这些理性的散文。从中国成文的历史发展来看，中国早期的散文蕴含着文学、史学、哲学的基本特征，占据了文坛的统治地位，其魅力巨大，影响深远。如果借用马克思评价希腊神话的词语，我们也可以这样说："中国早期的理性散文不仅是后来发展起来的中国文学、史学、哲学的武库，而且是它的土壤。"正如杨庆存教授说：

> 在西方各国的文学发展中，与诗歌、戏剧、小说相比，散文的发展相当缓慢，尚属后起之秀。……这与中国古代散文发展的情形相比，西方散文的繁荣可谓姗姗来迟。西语中没有出现或产生"散文"的概念，也是情理中事。与西方各国相比，中国散文发展的情形则别是一番景象。如果仅就现存的散文文本而言，散文这种文学体裁是在华夏民族这块古老的土地上率先成熟的，中国古代散文所展示的辉煌成就，在世界范围内，可以当之无愧地说居于领先地位。[①]

中国的文化，尤其是文学为什么会发生如此的变化？其根源还在于文学随着政治即道统的变化而变化，中国的道统决定了文统的格局及发展趋向。

我国的奴隶社会，学界公认是从公元前2070年夏王朝建立算起，那时

---

① 杨庆存：《宋代散文研究》（修订版），人民文学出版社，2011年，第13—14页。

应属青铜时代早期，而在古希腊，进入奴隶社会是从铁器时代开始的。那时像雅典城邦那样典型的希腊奴隶制国家，要靠大量奴隶来形成劳动奴隶制，而大量奴隶劳动力要靠掠夺、贩卖去获取，大型奴隶市场要靠战争、殖民去开辟。劳动奴隶制形成了较细的社会分工，使希腊很早就有了专门的诗人、剧作家、哲学家、美术家、音乐家、雕塑家等。他们可以充分开发利用古希腊的神话遗产，毕其一生的精力从事文学、哲学与艺术的创作。而在中国，纯粹从事文学创作的专职人员几乎是不存在的，夏、商阶段也只有王官中的史官算得上是个专业"文化人"，所从事的文化事业不过是履行着官方"秘书"的职责，以简单的"记言""记事"的方式记载着有关国家大事。即使从事些与神话有联系的祭祀占卜之类的活动，也不是专职收集加工神话的。

从夏至商王朝，我国始终没有形成大规模奴隶劳动与奴隶市场的条件，因此奴隶制没有得到充分发展。夏、商王朝并不像希腊城邦那样，比较彻底地摧毁了氏族公社的生产关系与生活方式，加强了城邦地域关系，淡漠了氏族的血缘关系，而是保留了旧有的氏族血缘关系，并在加强与完善血缘关系的基础上确立了宗法制度。国家的结构就是家庭、家族的扩大，进而形成了"家国一体"的体制。除了全民对鬼神的崇拜外，还强调对家族、君王的服从，孝与忠的观念就是夏礼与商礼的重要观念。又由于土地没有实行私有制，在国有的基础上还存在公社所有制，因此现在一些学者甚至提出：在中国从来就没有出现过奴隶社会。从夏朝立国至商朝灭亡应当称什么社会，至今仍众说纷纭，莫衷一是。有的还主张从夏朝开始到东周灭亡，是属于封建社会，而秦始皇开辟的帝王集权制社会则一直延续到清王朝的消亡。笔者赞同范文澜、翦伯赞二位老先生的主张，认为中国的封建社会是从西周开始的，因为从西周开始封邦建国，即开启封建社会，尽管西周建立的封建制度是初级的，即封建贵族领主制。战国末结束了周的宗法贵族政治后，秦帝国建立的封建地主制，才是高级的封建制，它建立了中央集权官僚制，从此这个体制一直延续了2000余年，直至清帝国被推翻、封建帝王被废止才结束。

在古希腊还处于原始社会末期，至少像雅典的奴隶制还处于初级阶段时，在古代东方的中国，它的奴隶制却已过早地结束。公元前1046年，周武王推翻殷商统治建立西周，我国由奴隶制社会进入了封建社会的初级阶段——封建领主制社会。周民族是一个古老的从事农业的民族，自发地有一种重农抑商的传统意识，商品经济始终未能如古希腊城邦那样占据经济中的重要位置，自然小农经济一直处于社会经济的统治地位。西周是在生产力低下的情况下结束奴隶社会、步入封建领主制社会的。马克思说人类早期如同人类童年一样，"有粗野的儿童，有早熟的儿童"，希腊就是一个"粗野的儿童"，带着奴隶社会的"粗野"，具有暴力、残忍、奴役等特征，也保留着从远古一直流传至奴隶社会的神话。从正常的社会发展来看，希腊的奴隶社会形态发展得最完整最彻底，因而希腊又是一个"正常的儿童"。反观西周时期的华夏民族，就是一个"早熟的儿童"，这种"早熟"的特点，使其社会具有了许多"先天不足"。不仅保留着奴隶制社会的残余，甚至还保留着许多氏族社会的残余，因此有人认为西周仍是奴隶制社会。判断中国农耕文明社会的性质，主要看它的土地制度和由此而形成的社会生产关系，而不是看它诸如是否存在买卖人口、活人殉葬等社会现象。在私有制条件下，哪个形态的社会不存在买卖人口的现象呢？在成熟的中国封建社会中，也有极个别的时期存在着活人殉葬，但一般殉葬物已由活人变为木偶、纸人，或者是死者生前喜欢的器物。殉葬形式有所变化，但观念仍如以前，这种风俗习惯至今未完全消除。当西周的土地国有制后来逐渐遭到废除，即"废井田，开阡陌"，土地私有制开始出现，封建地主制社会开始萌生，历史已经进入了春秋战国时期。

春秋以来，周王朝衰微，各诸侯国争霸，天下大乱。原来土地的占有权与分配权掌握在周天子手中，现在各级贵族乘机利用手中的权力侵夺天子的这种权利，按照自己制定的法令强迫在其管辖的土地上劳作的农民交纳各种赋税。那些新兴的地主阶级也利用手中的财富，不断地收购、开辟与兼并土地，土地买卖逐渐合法化。失去份地的农奴，不得不到拥有土地的人那里去谋生，成了被雇用的农民，农民必须把租种地的收成按比例交租，原来井田制下的劳役地租的剥削形式转变成为实物地租的剥削形式。土地所有制的变化，决定了社会生产关系的变化，开始向封建地主制社会转型了。公元前221年秦统一中国，标志着封建地主中央集权制正式确立。毛泽东指出："自周秦以来，中国是一个封建社会，其政治是封建的政治，其经济是封建的经济。而为这种政治和经济之反映的占统治地位的文化，则是封建的文化。"[1]我国周秦时期正是希腊奴隶社会处于发展、成熟的阶段，当西方盛开着以神话、史诗、戏剧为特征的奴隶社会的文化花朵时，在东方的中国，则盛开着以散文为特征的封建社会的文化花朵。

　　早熟的封建社会的生产关系，决定着社会的主流意识形态。西周从建国初，统治者就吸取夏、商灭国的教训，把敬民保民视为至高的"德"，奉行以德治国，以"周礼"践行仁德，将德与礼作为道统来逐渐取代夏、商的天神主宰一切的宗教天命观念。随着理性的道统意识的加强，周朝统治者意识到，利用历史上国家兴亡的经验教训才能巩固已夺取的政权，才能认识与把握社会的发展。于是神话就成了与道统意识相悖谬的"荒诞不经"的东西。神话不仅逐渐失去了产生与发展的社会条件，而且原有的神话也不断地被清除。清除的最好方式就是禁止传播，一旦停止流传，意识形态的东西就会自动失传直至消亡。对可利用的部分神话，就进行理性化与历史化的改造。封建道统使中国失去了神话的"武库"与"土壤"，因而延误了中国史诗、戏剧的产生，中国文化的发展从此与西方分道扬镳了。

---

[1] 毛泽东：《新民主主义论》，《毛泽东选集》第2卷，人民出版社，1991年，第664页。

中国封建社会对神话进行重大的改造，首先是由王官尤其是由王官中的史官来进行的，他们剔除其怪诞离奇的部分，保留其信史的因素，使之成为历史文献。春秋战国时期，周王朝名存实亡，王官沦落，士阶层兴起，以儒家为代表的"文化人"也加入了改造神话的队列。我国神话研究专家袁珂说过：

> 神话转化做历史，大都出于"有心人"的施为，儒家之流要算是作这种工作的主力军。他们为了要适应他们的主张学说，很费了一点苦心地把神来加以人化，把神话传说来加以理解性的诠释。这样，神话就变做了历史。一经写入简册，本来的面目全非，人们渐渐就只相信记载在简册上的历史，传说的神话就日渐消亡了。[①]

《尚书》记载从尧开始，《史记》记载从黄帝开始，那么，我们就以黄帝为例，看看关于他的神话是如何进行历史化改造的。黄帝是古代父系氏族部落联盟的首领，但在神话中，他是异于凡人的大神，战国时楚人尸佼的《尸子》中载有："古者黄帝四面。"黄帝的形象就和我们现在看到的长着四张脸的佛神雕像差不多。由此可见，世界各民族在幻想至高无上的宇宙天神的形象时，思维竟然是那么的一致！神有四面，便能关注四面八方，真可谓眼观六路、耳听八方，否则，怎么能称得上是宇宙的统治神？到了后来，孔子对黄帝的"四面"作了"历史化"的解释："子贡问孔子曰：'古者黄帝四面，信乎？'孔子曰：'黄帝取合己者四人，使治四方，不谋而亲，不约而成，大有成功，此之谓四面也。'"（《尸子》辑本卷下）孔子将"四面"解释成四方之邦，派四位臣子分治各方，黄帝由四张脸变成了像常人一样的人间的统治者。神话中还说黄帝长寿300多年，引起了

---

① 袁珂：《中国神话传说》（上），中国民间文艺出版社，1984年，第14页。

孔子的学生宰我的怀疑，"宰我问于孔子曰：'昔者予闻诸荣伊令：黄帝三百年。请问黄帝者，人邪？抑非人邪？何以至于三百年乎？'……孔子曰：'……（黄帝）生而民得其利百年，死而民畏其神百年，亡而民用其教百年。故曰三百年。'"（《大戴礼记·五帝德》）又是孔子将神话中300岁长寿的黄帝解释成人间的百岁老人。

关于黄帝的神话传说还有很多，如黄帝在东海流波山擒得一奇兽叫夔，用它的皮来做鼓，500里之外都能听到鼓声；再如黄帝在荆山下铸鼎，有龙自天而降，黄帝于是乘龙升天等等。在具有封建道统观的文人看来，这些都是"不实"的虚妄之说。司马迁在《史记·五帝本纪》中说："学者多称五帝，尚矣。然《尚书》独载尧以来，而百家言黄帝，其文不雅驯，荐绅先生难言之。……余并论次，择其言尤雅者，故著为本纪书首。""不雅驯"就是不典雅纯正，不真实不正确，司马迁淘汰或修改了那些"不雅驯"的内容，选择了那些近于历史实际的"雅驯"之言，才把一个神怪式的黄帝，在《史记》中写成一个历史上实实在在存在过的国家领袖。

当然，尽管古代史官或文人对古老神话进行了历史化的改造，但与现在所理解的"历史化"的标准仍有很大的距离。这是因为受时代的局限，一些史官或文人还不自觉地把原始先民的一些幻想看作是历史的真实，在他们编写的历史文献中，仍或多或少地保留着一些神话的"痕迹"。如果说神话是历史的影子，以幻想的形式曲折地反映着历史，那么可以说：在少量的文献中，还残存着以历史的形式无意地反映着的神话。但是神话经过历史化改造，毕竟发生了质的变化，其生命力在历史文献中丧失殆尽。

在道统的"过滤"下，大批古老神话被淘汰，中国过早地结束了保留并开发神话的时代。从"道统"的角度看，"道"得到进一步的净化；从中国文学发展的角度看，它失去了丰富的神话艺术的滋养。如像中国远古诗歌，从它产生的那天起，不仅具有抒情的功能，而且也有叙事的功能。叙事性的诗歌本可以发展为史诗，但由于淘汰了大量的神话故事，所以后来只能保留与产生一些篇什短小的史诗，如记载于《诗经》中的《玄鸟》《生民》《公刘》等诗，尽管这些诗具有史诗的基本性质与特征，但实在无法与体制宏大的《荷马史诗》相比肩。中国没有《荷马史诗》那样的大规模的叙事诗，诗歌重抒情、语言简短、节奏较少、惯用比兴手法早已形成传统。诗歌无法详尽地反映复杂的历史事件，中国也没有古希腊那样成熟的悲喜剧，要使文章承担起反映丰富的社会生活、传承道统的使命，只能选择散文的形式。

中国早期文本散文有三种形式：公用文书式的说明文、论说哲理式的议论文与叙述史实式的叙事文。散文承担起全部的实用、议论及叙事的任务，自然主导了当时的文坛。我们这里所说的公用文书式的说明文、论说哲理式的议论文与叙述史实式的叙事文，不能用现代文体严格、清晰的概念去理解，只能作大致的认定。因为在论说哲理式的议论文中也时有史实的叙述，在叙述史实式的叙事文中时有哲理的阐述。而在文书式的说明文中，也时有史实的叙述与哲理的阐述，且在三种散文中皆有文学、史学、哲学的内容，这是早期散文的特点。中国早期的"口述散文"是口述的神话故事，其余是以文字表述的文本散文。中国的道统与文统早期主要体现在散文中，而早在神话中，就生成了中华优秀传统文化的道统与文统的基因。中华优秀传统文化之所以呈现出如此的民族特色，很大程度上是由中国独特的社会发展历程决定的，这也是历史发展的必然。

三、从三代文本散文看道统与文统的关系

中国在传说时代的中、晚期，人们已逐渐开始创制文字，所以，中国文字的产生绝非始于殷商甲骨文，最初产生的文字恐怕比8000多年前的贾湖契刻还要早。然而像样的文本书写，应该是始于国家建立后的夏朝，这一书写任务基本是由史官来完成的。

中国早期的文本资料，据说有《三坟》《五典》《八索》《九丘》，但

早已亡佚。我们今天能见到的中国早期文本分作两类：一类属第一手资料，即商、周甲骨文与铜器铭文，还有一些出土的战国秦汉时记载当时法令文书等内容的简策与帛书。甲骨文与铜器铭文是一种特殊的"书面语言"，是一种在形式上与内容上受到很大限制的特殊文体，它们不能代表当时文本散文的水平。战国秦汉的简策帛书，出土的不多，多是简短的法令、信笺等，也很难代表当时整个文本散文的水平。第二类是传世文献（包括转抄前代文献的出土简策与帛书）。中国早期的文本资料，主要就是被儒家学派奉为经典的"六经"，"六经"即传世文献。"六经"之中除了《诗经》外，其余都属散文体文本。"六经"之中，最早的典籍应是上古三代实用的官方文书——《尚书》。《尚书》是我国第一部散文总集，最能代表中国早期文本散文的水平。

《尚书》由《虞书》《夏书》《商书》《周书》四部分组成，是上古三代官方的典、谟、诰、誓等文献的汇编。《虞书》可能是后代史官根据尧舜时代历史传说追记的，《夏书》的内容经后人加工过，但原始依据必定有夏朝的文字资料，《商书》《周书》所载则基本是当时的文字材料，尽管也经后人整理或改写过。它们因各自产生的历史时代不同，所反映的思想意识也不尽相同，但它们有一个共同点，即不同程度地都具有仁德的主导思想，可以说这是以文本的形式阐述中国道统的开始。

《尚书》记事议理从帝尧开始，从那时就确立了德的标准，而且以尧的品行对德进行了生动形象的说明："帝尧，曰放勋，钦、明、文、思、安安，允恭克让，光被四表，格于上下。克明俊德，以亲九族。九族既睦，平章百姓。百姓昭明，协和万邦。黎民于变时雍。"（《虞书·尧典》）尧办事公正，体恤下民，严于律己，勤俭朴素，向来被人称作仁君的典范。尧之后的舜、禹、商汤、周文王、周武王、周公、孔子、孟轲等中华民族的代表，其贡献各有不同，但他们有一个共同的特点，即都将仁义之德视为所奉行的道的核心，这种精神代代相传从无中断。

我们探讨我国第一部散文总集《尚书》时，以其《周书》为例最合适，因为《今文尚书》共28篇，而《周书》就占有19篇，是《尚书》的主要部分。而且《周书》最能体现"垂世立教"的编纂原则，中国早期文本中的道统与文统的特点，在《周书》中体现得最鲜明。《周书》中大量载录了周公的言论，宣扬了周人的德治思想，而这种思想，对前人的仁德思想有所继承、发展，对后人建立新的仁德思想更有重要的启迪。孔子曾说："周监于二代，郁郁乎文哉，吾从周。"（《论语·八佾》）儒家的"仁学"理论、中国完整的道统观，就是在三代特别是在周人"德"的观念上发展建立的。周人德治理念成了整个《周书》书写的理论指导，其主要表现是：

第一，以夏、商为鉴，通过对夏、商亡国历史教训的总结，防止本朝重蹈前朝灭亡的覆辙。如周朝太保召公姬奭说：

> 王敬作所，不可不敬德。我不可不监于有夏，亦不可不监于有殷。我不敢知曰有夏服天命，惟有历年；我不敢知曰不其延。惟不敬厥德，乃早坠厥命。我不敢知曰有殷受天命，惟有历年。我不敢知曰不其延。惟不敬厥德，乃早坠厥命。今王嗣受厥命，我亦惟兹二国命嗣若功。（《召诰》）

召公这段话是在与周公交谈中，受周公启发而认识到的。他说：君王的一切举止都要以敬德为先，敬德勤政、敬德临民，因此必须吸取夏、商末代君王因不敬德而亡国的教训。我不知夏、商奉行天命的年限，但我知他们一旦不重视德行了，就一定要结束天命。所以我们的君王特别要明白夏、商二国兴亡的原因，希望我们通过以德治国，使天命千秋万代地传承下去。周人明白：德决定着国运与天命，无德便无国运与天命。

　　第二，以民众为鉴，通过对民情民意的考察，注意民心的向背，这是执政的前提。周公就说过："古人有言曰：'人无于水监。当于民监。'今惟殷坠厥命，我其可不大监抚于时。"（《酒诰》）敬德，最终以敬民来体现。老百姓高兴不高兴？满意不满意？幸福不幸福？心情舒畅不舒畅？这都是检验君王敬德与否的标尺。老百姓的口碑就是执政者的一面镜子。政声的好坏，由老百姓来判定，执政者只有以民为鉴，倾听民意，顺乎民心，才算敬德，才能保住政权。周王朝这一思想不仅对周代成文书写起着统摄的作用，而且已经涉及文章书写与写作者道德修养的关系，涉及书写与政治的关系。《尚书》的道统决定着文统，为后世经典的书写理论奠定了基础。

　　为了推行以德治国，周公为周朝制礼作乐，《周书》乃至整个《尚书》各篇章也都是治国理政的实用文书。"宣王道"是《周书》的基本思想，因而实现王道的奉天敬德保民意识成为《周书》的基本主题。《周书》的谋篇全以能否阐明、揭示这一主题思想来考虑，文章结构围绕着这一中心来构建，其笔法随着这一中心来展示。具体到《周书》每一篇，肯定有不同于其他篇的主题，能做到一文一意，但每一篇的主题基本上是弘道的某一方面，道对文章起着统摄的作用。主题简明集中，且立片言而居要。有开有合，首有呼尾有应，或简单明了或纡徐委曲，但总能做到文意如血脉一般贯通全篇。《周书》的"宣王道"决定了宣道文章的主题，而且决定了文章的格式、语言及表述方法。

　　首先，"道统"决定了"文统"的书写体例。刘知幾把《尚书》的文体分为六种："盖《书》之所主，本于号令，所以宣王道之正义，发话言于臣下，故其所载，皆典、谟、训、诰、誓、命之文。"（《史通·六家》）这里，刘知幾"辨体仅从《尚书》记言体出发，实际上《金縢》一篇基本为记事体，可用'记'来称其体。在记言体中，还可以分出'颂'体，主要指包含歌颂和赞美、祈福等内容的文章。《尚书》每种文体都有着独特体制模式和文化内涵"①。《尚书》之所以分体，是因为不同文体更便于阐述不同的内容。《尚书》文体虽粗略，但后世散文文体基本上都可以在《尚书》中找到其根源，把握《尚书》的文体，可以揭示后世文体发生流变的根源。

《周书》已经具备了比较完整的结构，篇章结构显得完整而有条理，每一篇都有大致能概括或提示本篇主题的标题。如《无逸》篇的标题，其主题就是周公告诫周成王"无逸"，即不要贪图安逸，要勤政为民。篇中内容也经过严密、合理的布局。如《顾命》篇记成王病重、驾崩，康王受命、入朝登基，把大丧与嗣位的礼节仪式介绍得井然有序，把场景描绘得历历在目。利用时间的推进、空间方位的转换，逐层展示事件过程，清晰明了，结构严谨；线索清晰，整个事件情节环环相扣，过程跌宕起伏，首尾连贯。就是谈话记录，也有合乎逻辑发展的谋篇布局。如《君奭》篇，即使去掉各段开头的那些"周公若曰""予唯曰"等联结词，各条语录仍有一条清晰的线索贯穿着，所阐述的道理层次分明，逻辑严密，结构完整。不论记言、记事，都注意交代清楚所述事件的内容及参与的人物和事件发生的时间。有的篇章记载的时间、地点、人物、事件一应俱全，像这种以事系日、以日系月、以月系年的例子多得很。《周书》还不是成体系的史书，还不具备严格的编年体例，但它已经具备了编年体的基本因素。

其次，《周书》的语言也很有特点，严格遵从的是"言曰从"(《洪范》)的原则。何谓"从"？"从作义"，《汉书·五行志》中解释为："顺也。"吴闿生《尚书大义》云："顺于理也。""言曰从"指说话要遵从真理，符合逻辑，实事求是。只有如此，其语言才能使人信服，才能在表述上文从字顺，语义连贯，层次清楚，通顺流畅。《周书》要求一切言论要精当、准确，宣扬王道至理，从而达到治理天下的目的。

---

① 杨树增：《中国早期的简策书写》，《光明日报》2018 年 10 月 22 日。

　　《周书》虽是各种文告的汇编，但其语言有时追求形象化的表述，用生动的传说故事、具体的事件记述、形象的比喻来说明抽象的事理。注意运用生活中熟知惯见的事物、现象来比喻抽象的道理与概念，叙述生动、贴切，先使读者引起感性印象，然后再上升到理性认识。《周书》虽是官方文书，却具有溢于言表的感情，严肃的文告中竟多次出现感叹词句。周公、召公等重臣口吻毕肖的个性化语言，显示了他们以国家基业为重的赤诚胸襟，表现了一个个无私无怨、忠心报国的辅弼形象。

　　《周书》的文字描写平实，语言浅显，甚至夹杂着许多感叹词与俗语，后世认为《尚书》的文字佶屈聱牙，那是因为不熟悉上古语言，自然读起来艰涩拗口。由于当时书写不便，所以《尚书》行文讲究精练、简洁，各篇都表现出精约的特点。由于距离我们年代久远，连大文豪韩愈都说："周诰殷盘，佶屈聱牙。"（韩愈《进学解》）但刘勰在《文心雕龙·宗经》中说："《书》实记言，而训诂茫昧，通乎尔雅，则文意晓然。故子夏叹《书》：'昭昭若日月之明，离离如星辰之行'，言昭灼也。"如果从语音、语法、词汇三方面来研究上古语言，将《尚书》的语言转换成既符合其本义又能让现代人理解的语言，就能发现《尚书》的文辞像日月一样明晰，语言结构像星宿一样排列有序。而且行文有意散韵相间，这无疑受到周代礼乐的影响，文章中有模仿乐辞的现象，讲究押韵更利于诵读，使其语调整齐，音韵铿锵悠扬。

　　再次，行文讲究修辞，运用最多的是引证。如《无逸》篇，周公以商中宗、高宗、祖甲及周太王、王季、文王勤勉从政为例，说明只有怀着谨慎、负责、勤劳、认真的态度对待政务，才能在位长久，否则执政便是短命的。用铁的历史事实告诫成王力戒逸乐、勤于政事，这是引证历史事实。至于引证先王圣哲箴言善语，更不胜枚举。《尚书》多为记言体，当人物在阐述道理时，往往多用历史上发生过的正反事例进行对比来阐述，对比、比照成为常用的说理方法。如在《多方》篇，周公将夏桀的残忍虐民、民怨沸腾与商汤到帝乙的明德慎罚、广受人民拥戴作对比，又用纣王的放纵淫乱、不遵法度与周先人的广布德教作对比，说明天命依德自然转移。这种一正一反的事例，对比鲜明，孰善孰恶极易分辨，通过摆事实、讲道理，展示了中国文本论述的传统特点。

最后，《周书》具有自己独特的艺术风格。《周书》多为君王、诸侯言论，必然受到他们独特的生活经历、艺术素养、情感倾向、审美观的影响，艺术风格就是创作个性的自然流露和具体表现。君王、诸侯共同的阅历，决定了他们的言论自觉或不自觉地共同体现出君临天下的博大视野；居高临下驾驭全局的气势，使其言论在行文上就显出典雅、庄重、严厉又朴实的特点。当然，风格也受题材、体裁的制约，曹丕《典论·论文》说："盖奏议宜雅，书论宜理，铭诔尚实，诗赋欲丽。"说明不同体裁对于风格有不同的要求。具体到《周书》，它有不同的文体，其表现出来的风格也不尽相同。这正体现了《周书》艺术风格具有同一性与多样化的特征。如誓词，体现出严肃、劲健、雄壮等特点；告诫之词，则温柔、体贴、委婉。至于那些训诫劝慰的文章，更是刚柔并济，相辅相成。《周书》能相对稳定地反映不同时代、民族或作者的思想、审美等风格特性，说明中国早期散文的书写已经相当成熟。

西周以后的春秋战国时期，由于普遍使用铁质农具及牛耕，农业生产力大幅度提高，旧的井田土地制已不适应生产力的发展，统治者的剥削形式逐渐由劳役地租变为实物地租，土地从周天子王室所有逐渐变为诸侯、贵族甚至庶民私有。周天子失去控制诸侯的权力，造成"礼坏乐崩""犯上僭越"的局面。在王室衰弱、诸侯兼并的乱世中，王官文化随着王官沦落而衰微，士文化随着士阶层的兴起而勃兴。其重要标志就是原来占据文坛主导地位的三代沿用的官方文书，被诸子哲理散文与历史散文所代替。

士原本是西周最低级的贵族，随着西周宗法制的崩溃，士本身发生了极大的变化。许多士失去了原来的特权，但也摆脱了旧的宗法制的束缚，获得了人格的相对独立。尽管在乱世之中有所失，但那些具有文化知识的士，他们的知识是他人无法剥夺的。在诸侯争霸、社会动荡中，他们找到了充分施展自己才华的舞台。他们对当前的局势能提出自己的应对意见，对未来社会发展能提出自己的设想，成为由封建领主制向封建地主制社会转型时期意识形态领域最活跃的力量。

由于各自学说的理论重心及重要观点的不同，春秋战国出现了"处士横议""百家争鸣"的局面，又因观点的不同，人们把他们划分成多种不同的流派，这些流派统称诸子，他们互相对立又互相渗透、融合。当时极有影响的是儒家、道家与墨家。儒、道、墨三家的分歧主要在于对道的理解有所不同。儒家释道，以仁为核心，主张对人有等级的爱，推崇入世的进取型的人生，强调个人修养，虽畏天命而积极有为。道家释道，主张自然，推崇出世的贵柔型人生，提倡绝圣去智，自然而然而安于无为。墨家释道，主张对人无差别的兼爱，重视寻求天下治乱根源，希望获得救世良方。三家虽有重大的分歧，然而都重视人的价值。儒家强调人与人之间的和谐，尊重每一个人的人权与尊严；道家虽轻视圣智礼乐，但强调人的本性不应受到社会的侵害；墨家主张兼爱、非攻、尚贤等，更把人的价值看得既平等又高于一切。正因为各学派对道的阐释有共同之处，所以在争鸣中又互相融合、取长补短。

在诸子中，儒家顺应了当时生产力发展、地主阶级兴起、思想解放、社会转型的历史潮流，所以由子学发展为显学；墨学因为脱离社会现实，不能顺应封建地主社会兴起、发展的趋势，因此由显学逐渐衰落为绝学。道家虽延绵不绝，但始终不能成为中国封建社会的主流意识。能体现中国封建社会文化的先进性、传承中国的道统与文统、成为中华传统文化的主体与核心的，唯有儒家的学说。它给当时及后来的封建社会提供了新的人生观、世界观，成为中华民族思想文化宝库的重要精神财富。

为何儒家能担负起如此重大的历史使命？首先因为儒家比任何学派都

更尊重古代文化，更完整地传承古代文化。以孔子为首的儒家学派，对古代文献进行了系统的整理，三代"礼乐自此可得而述，以备王道，成六艺"（《史记·孔子世家》）。因有儒家，中国的道统与文统才没有中断。

其次，儒家在继承古代道统的基础上，对其进行了发展与创新，建立起对后世影响更大的儒家仁学。体现西周道统的是周礼，周礼的核心是"德"，"仁"在周人意识中，只是"德"中的一种优秀品德。儒家学派不仅继承了周人的"礼""德"思想，又吸收了其他诸子思想的精华，在此基础上，将"仁"提升为统摄所有优秀品德的至高的"道"，细析出仁义、仁政等思想，大大地发展了西周"德"的思想，使以"仁"为核心的思想成为中华优秀传统文化中道统的核心观念。

四、轴心时代及之后儒家经典中的道统与文统

代表轴心时代最高文化水平的是儒家，儒家的代表人物是孔子、孟子与荀子，其代表作分别是《论语》、《孟子》与《荀子》，这三部著作都属哲理散文。我国出现具有说理成分的散文可以追溯到很远，《尚书》中的誓诰已经就事说理。不过，这些文书式的典籍偏重于应用，还不能算作专门的说理文章。中国说理文章的形成是从先秦诸子哲理散文开始的，其最早的著名著述就是儒家的《论语》，《论语》后来成为儒家重要的经典之一，是儒家确立及传承三代道统的重要标志。《论语》各段说理的语录体形式，虽构不成完整的理论文章，但已成为哲理文的简单雏形了。语录体不拘形式，出口成章，多采口语，平易晓畅，言简意赅，易于便捷地表达作者的思想观点，其感人效果有时还胜于长篇专论。因此它作为一种散文体裁一直绵延了2000多年，直到清代甚至近现代，还有人模仿《论语》的语录体来著述。

《论语》中的语录多是一段段的精粹人生格言，孔子在教诲其弟子时，理论依据来自"六经"，并不必去论证它的正确性。同时，孔子弟子在记

录与整理孔子言论时，也往往收录其中十分恳切的重要论点，有些论点即使孔子做了详细说明，往往也略而不记。再则，春秋末期还没有明显的学派对立，互相论辩的风气还未形成，因为在论述道理时没有论敌的挑剔，所以用不着去详细论证或寻求充分的论据。也就是说，《论语》中的说理一般只说了"其然"部分，而省掉了"其所以然"的部分。所以《论语》中孔子的语言多是格言警句。这一特点，《老子》一书也具备。

在儒家学派中，地位仅次于孔子的是孟子。孟子不仅全面继承了孔子的思想遗产，而且在人本主义或民本主义观念方面对孔子思想有许多创新与超越，而人本主义或民本主义恰是儒学的精华。孟子政治思想的核心是"仁政"，这是在孔子"仁"的观念基础上，又吸收了墨家的民本思想，也受到当时宋尹学派"宽""恕""均平"思想的影响，而发展了孔子的仁学。

孟子"仁政"学说的哲学基础是"性善论"，他认为人性原本都是善的，人天生就具备行仁义的善性。如果说孔子虽然提出"仁"，但尚未明确回答"仁"的根源以及人为何以仁待人和以仁律己的话，那么孟子解决了"仁"的来源和根据的理论问题，从而把孔子的仁学推进到心性论的深度和本体论的高度，极大地影响了后世以仁为核心的儒家思想的演变与发展。

《孟子》一书继承了语录体并把语录体推向了成熟。《孟子》一书虽然基本上是语录体，但在体制上与《论语》有很大区别，《孟子》中某些段落有中心议题，能展开论证，形式上是语录体，但实质上已接近专题论说文。《孟子》还创造了互相对话的形式，这种形式不仅可以用于答疑，而且还可以用于互相讨论、驳诘，参加对话的人，可以围绕中心论题充分展开论辩。《孟子》驳论的方法与技巧对驳论文体制的建立与发展具有巨大的推动作用。

继孟子之后，最有影响的儒学代表是荀子。荀子同孟子一样，晚年居家，专心著述，为后人留下一部极有影响的儒家著述——《荀子》。《荀子》大部分为荀子自著，小部分是由其门人纂辑整理的荀子言论。荀子也以孔子儒学为宗，然而与孟子的学说却有很大的不同。孔子开创的儒学以"仁"为核心、以"礼"为规范，行仁而用礼，以"内圣外王"为其政治理想模式。孟子侧重继承和发展了孔子的"内圣"思想，也就是发展了孔子关于"仁"的思想，注重个人知性养性的修养，强调统治者施行仁政，对民众给予关心与体恤。而荀子则主要继承和发展了孔子的"外王"思想，也就是发展了孔子关于"礼"的思想，注重礼义的制定与执行，强调民众对君王的尊重与服从，以推行王道。从这一角度出发，荀子务实的态度和人世、经世的价值取向，决定了他更加全面地批判总结和吸收了先秦诸子的学术思想，尤其是法家的法治思想。荀子常以礼、法并称，认为："礼义者，治之始也。"（《荀子•王制》）"法者，治之端也。"（《荀子•君道》）"隆礼尊贤而王，重法爱民而霸。"（《荀子•强国》）形成了自己的礼法兼治、王霸并用的新儒学。

荀子反对孟子的"性善论"，在其《性恶》篇中针锋相对地提出了"性恶论"，认为"人之性恶，其善者伪也"。这里的"伪"，不是欺诈、虚伪的意思，是人为改变的意思。徐锴将东汉许慎《说文解字》对"伪"字的解释理解为："伪者，人为之也，非天真也。"荀子也说："不可学，不可事而在人者，谓之性；可学而能，可事而成之在人者，谓之伪。"他主张以"师法之化，礼义之道"去"化性起伪"（《荀子•性恶》）。荀子认为教育对人恶劣本性的改造，有决定性的积极意义，但从本质上来说，其人性论依然是同孟子一样的先验的人性论。孟子主张人性皆善，认为人应该加强自律，进行自我修正，保持自身善性，去顺从圣人之道。荀子主张人性皆恶，应加强他律，以礼法规矩约束自我，除去恶性，去遵循圣人之道。两种学说相反而相成，其本质是一样的，目的是一致的。如果说有差异，性善论能更好地证实仁政说，从自身心性修养方面发展了儒学；性恶论能更好地证实礼法说，从礼教与法制方面发展了儒学。后世儒家每讲到道统时往往将荀子排除在外，原因是其儒学思想"不纯"，旁杂诸子他家。岂不知这种融会贯通百家之说，正给儒学的发展注入了新的活力。

从《孟子》开始，哲理散文讲究论证分析，有了严密的逻辑性，表现出了语录体向专题论文过渡的特点。及至《荀子》，文章大都具有专题论文的格式，结构严密，说理透辟，气势雄浑，逻辑性强，有的篇章还直接以"论""说""议""解""辩"等论说文的不同体裁来命题，如《议道》《天论》《解蔽》等等。在此之前，《论语》《孟子》仅取篇章首句开头的数字为题，题目不能揭示全文的主旨。再看其他诸子，《老子》只标章数，仅能起一个顺序排列的作用，《墨子》《庄子》有一部分采用《论语》的格式，另一部分标题与主旨有关，但有的标题意义使人费解，如《墨子》的《大取》《小取》《耕柱》，《庄子》的《胠箧》《山木》等。而《荀子》各篇，除语录体基本仍依《论语》标题格式外，其余均是以极其简明又能揭示和提示主题的关键词或短语作标题。在论说文体制的发展过程中，荀子是一个有着特殊贡献的人。他吸收了前人论说文的创作经验，又在体制上、论说技巧上做了许多新的探索，使专题论说文正式成为一种独立的文体。

从《论语》、《孟子》与《荀子》可看出：儒家的最高人生追求是兼济天下，主张担负起历史的使命和社会责任，积极投身于社会实践，立足于现实，以敏锐的观察与理性的分析，关注形形色色的现实人生。儒家用散文的形式来抒写胸怀社稷、济世救民的志向，讴歌"立德""立功""立言"的三不朽事业，批评统治者的失政腐败，怜悯悲叹民生的苦难等等。儒家散文从一开始就形成了现实主义的创作特征，而这一文统特征又是儒家学派道统要求的必然结果。对中国散文艺术最有影响力的，莫过于先秦儒家与道家二派，如果说先秦道家学派奠定了我国散文乃至文学创作中的浪漫主义基础，先秦儒家学派则奠定了我国散文乃至文学创作中的现实主义基础。

《论语》、《孟子》与《荀子》虽属哲理散文，却惯于以生动、形象的具象事物说明抽象理论，以事实阐明道理。在阐释社会人生哲理时，儒家往往不尚空言，常采用的手法就是叙述和议论相融合，以生动的形象描述来触动人的感情，来启迪人的智慧，来引出"理"的结论。这里所说的形象，还包括比喻和寓言所形成的形象。以这些具体的、可感的形象去调动人们已有的知识，感受新的未知的事物，去理解无形的、抽象的概念，所以比喻、寓言等形式成了重要的达意手段。寓言可以说是复杂的比喻，如果说一般比喻的喻体还停留在一个或几个形象上，而寓言则扩大成为饶有趣味的故事。寓言不仅需要形象，而且需要情节。儒家哲理散文中的寓言，至《孟子》时达到了战国中叶儒家哲理散文中寓言的最高水平，寓言的运用仅次于道家庄子。《孟子》不仅寓言数量多，由单则寓言改变为联体寓言，而且有奇特的想象、众多的形象、丰富的意蕴、优美深邃的意境，预示着寓言势必发展成为独立的文学样式。寓言不是小说，但寓言的作者也像小说的作者一样，进行艺术想象与虚构，展开生动的叙述与传神的描绘，使寓言具有一定的故事情节和相应的人物形象。从这个意义上说，寓言已经具备了小说的基本特征。在运用寓言说理方面，道家的寓言运用得更多、更生动、更形象，但由于道家的寓言与中华优秀传统文化道统的联系不如儒家的寓言那么紧密，所以这里只讲儒家的寓言，儒家散文中的寓言与道家的寓言一样，也成为后世小说的滥觞。儒家散文中喜用史实、比喻、寓言，就是想达到形象之中寓含道理、用感性的艺术形式来表达抽象观念的目的，这一特点作为表述传统，对我国后世的文统产生了很大的影响。

儒家哲理散文以文学的笔法评判着世上的善恶现象，在议论中融进了作者鲜明的个性特征与深切的情感，是文学与哲学相结合的哲理散文，同时也伴有史实的叙述，有着史学的成分。它能熔诗人的激情、史家的渊博、哲人的睿智于一炉，有文、史、哲的完美统一，把人类把握世界的三种方式——认知、评价、审美集于一身。认知的内容主要表现为知识，多体现为史实的介绍；评价的内容主要表现为道德，多体现为哲学的评判；审美的内容主要表现为艺术手段，多体现为文学性的展示。知识求真，道德求善，艺术求美，真善美构成了儒家哲学思想、历史意识、审美观念的共同内核，贯穿于儒家哲理散文的创作过程之中，成为它的显著特质。这一特质表现了中国说理文的民族特色，它决定了整个中国散文乃至中国文学的基本特征，支配了中国散文乃至中国文学的基本发展趋向。

儒家哲理散文不仅逻辑严谨、论证严密，在立论、驳论的文章中，还常插入一些侧重表露感情、展示性格的抒情的片段。如《论语·先进》中"子路、曾皙、冉有、公西华侍坐"章，这是《论语》中文字最长的一章，却纯属言志抒情的文字。曾皙表露自己的志向是："莫春者，春服既成，冠者五六人，童子六七人，浴乎沂，风乎舞雩，咏而归。"这几句话充满了诗情画意，又有美好理想的寓托，得到了孔子的赞许。儒家哲理散文兼具说理、叙事、抒情的体式，为中国早期的抒情性散文提供了宝贵的艺术方式与创作经验，一直为后世中国散文所继承。

前面已经说过，中国文化的发展并没有走西方"神话—史诗—戏剧—小说"的路径，上古三代带有文学色彩的文书式的实用公文，议论治国理政之理与叙述人世间之事，其源头就不是神话，而是史学著述。包括那些看似文书式的公文，因多为史官所撰，内容又都反映一定的史事。所以明代王世贞在《艺苑卮言》中提出："天地间无非史而已。三皇之世，若泯若没；五帝之世，若存若亡。嘻！史其可以已耶？六经，史之言理者也。"清代章学诚在《文史通义·易教上》也提出："六经皆史也。"他又说："然古文必推叙事，叙事实出史学。"（《章氏遗书·上朱大司马论文》）王世贞与章学诚确实看到了中国叙事文真实的源头。

在六经文章的基础上，诸子哲理散文主要承担起说理的功能，而历史散文继续承担着叙事的功能。儒家散文只是诸子散文中比较显著的一家，但并非唯一，因为诸子哲理散文还有道家、墨家、法家等各流派的著作。然而，中国早期名副其实的历史散文，则是由儒家独自创建的。所谓"六经皆史"，那是从六经具有历史文献价值方面而言的，如果从文体的角度讲，现存文献中，儒家代表人物孔子的《春秋》则是中国成体系的历史散文的开山之作，孔子自然成了中国成体系的历史散文创作的开山鼻祖。孔子的思想集中体现在《论语》中，但《论语》毕竟不是孔子自己所著，而《春秋》每一个字确是出自孔子之手，其影响更非同小可，可以说它是儒家学派确立的重要标志。

中华文明历史悠久，史学意识形成得早，史官设立早，史籍产生得也早，并且丰富。但夏、商、周王室史官所著史书与周代各侯国国史——"百国春秋"早已佚亡，孔子的《春秋》则成了中国最早的历史散文。孔子十分清楚利用历史的经验教训，可以探究当前及未来社会发展的动向及趋势，以寻找治理世道的规律与方法。他说："我欲载之空言，不如见之于行事之深切著明也。"（《史记·太史公自序》）由他修订的《春秋》就体现了这种意识。孔子的《春秋》，严格按时间顺序把历史事件大纲式地排列出来，其记事原则是："以事系日，以日系月，以月系时，以时系年，所以纪远近，别同异。"（杜预《春秋经传集解序》）形式虽然简单，但毕竟严谨的编年史体例自此产生了，历史记载形式不再限于《尚书》那种零散的无严格时间顺序的官方文书形式。章太炎在《国故论衡·原经》中说："《春秋》之所以独贵者，自仲尼以上，《尚书》则缺略无年次，'百国春秋'之志，复散乱不循凡例。又以藏之政府，不下庶人，国亡则人与事偕绝……令仲尼不次《春秋》，今虽欲观定哀之世，求五伯之迹，尚荒忽如草昧。"

孔子的《春秋》把事件按时间顺序严格加以编排，这一点可能与"百国春秋"的区别不大，根本区分在于《春秋》在史事中贯通着"礼义"，主旨就是维护周礼，代周天子褒善贬恶，尤其对僭越周礼者进行舆论上的诛伐。记时统一于周正，即用"王某月"以示，表示扶持周王室明王道之义。通过所记春秋之事，宣扬仁德治国、永固大一统的道统。

《春秋》属辞的特点是"微而显，志而晦，婉而成章，尽而不污"（《左传·成公十四年》），这就是所谓的"春秋笔法"。《春秋》在简洁的语言中寓含有"微言大义"，孔子就是借"春秋笔法"，以"上明三王之道，下辨人事之纪，别嫌疑，明是非，定犹豫，善善恶恶，贤贤贱不肖，存亡国，继绝世，补敝起废"（《史记·太史公自序》）。《春秋》选词炼句一丝不苟，文笔浅显，用意深刻，以至于"一字之褒，宠逾华衮之赠；片言之贬，辱过市朝之挞"（范宁《春秋穀梁传·序》）。韩愈在《进学解》中就把《春秋》的特征概括为两个字——"谨严"。在古奥艰涩的《尚书》式的语言基础上，孔子创造出一种凝练、平实、浅显、含蓄、准确的书面语，从此奠定了后世书面语言流畅清新的方向。

孔子的伟大功绩在于他传承上古三代的文化传统，为后世创立了中华民族人生观、价值观的核心——仁学，他奉行"有教无类"，创办私学，打破贵族对教育的垄断。在文统方面，他自撰《春秋》，这是我国现存第一部编年体史书，开了个人撰史的先例，打破了官方记史的垄断。但《春秋》以16572个字写春秋242年间的事，实在是太粗略了。继它之后不久出现的《左氏春秋》（《左传》），才是儒家第一部富有文采、基本成熟的编年体史著，才是一部史实详备的春秋史，《左传》代表了轴心时代中国史著的最高文字水平。

《左传》虽然也是编年体，但它已经不满足于孔子《春秋》那种对历史事实简单的陈述，他要以富赡而有趣的史事、各种人物详细的历史活动、每个人物富有个性特征的语言，来充分而形象地展示那段激烈动荡的春秋史。如果说《春秋》仅是叙事，而《左传》则是叙事、记言综合体了。

在叙事方法上，《左传》有重大的创新，首先表现在作者重视对事件的完整把握，对事件的发生、发展和结束有时能给予集中记叙。章学诚在《文史通义》中总结出《左传》有多种叙事方法，如顺叙、倒叙、类叙、次叙、断续叙、牵连叙等，而《春秋》只简单地使用了顺叙，其他叙事的方法是不具备的。这样，《左传》实际上就突破了编年体的界限，如在按序叙述本事时，忽然插入另外时段的人与事，或在叙述本事时，先倒叙起本事发生前与此有联系的往事，等等，使事件的记叙有了纪事本末体的因素，使人物的刻画有了纪传体的意味。作者善于把握纷繁复杂的社会矛盾的来龙去脉与历史事件的前因后果，把材料组织编排得条理分明、井然有序，并用那支生花妙笔，把看似平淡的事件描写出紧张曲折的情节来，用生动的故事代替简单枯燥的事件概述。为了把事件的经过写得绘声绘色，扣人心弦，富有戏剧性，作者还采用了历史传说、民谣故事、奇谈逸闻，甚至加进了自己的想象与虚构，把似乎平淡无奇的人物也写得富有传奇色彩。《左传》一向以善于叙述战事而被人称道。战事的酝酿、起因，战前军事、外交的筹划与谋略，兵马的调遣，阵势的布置，战时激烈的搏杀，战局的变化，双方的进退，战后胜负的结局，各方面的反应，人事的处理等，都纡徐有致地表现出来，层次分明，逐层推进，笔力纵横，章法变幻有方。

《左传》的记言，也达到了前所未有的水平。作者具有熟练的驾驭语言的能力，善于以生动的具有个性化的人物语言，传神地表现出人物的鲜明性格，善于以言简意赅的叙述者的语言，来表述纷繁复杂的事变，表达作者自己深刻、细腻的认识与感情。《左传》中的"记言"，最为精彩的是行人的辞令。所谓"行人"，是奔走于政界，应付于诸侯、政要的有关人员，他们凭借十分讲究逻辑的言辞来折服对方，推行自己的一些主张。他们的外交辞令、政事议论、谏说之辞通常委婉有力，在彬彬有礼的形式下，带有极强的"征服力"。语言充满了智慧，善于揣摩对方心理而发论，巧于以语言进行"心战"。刘知幾在《史通•申左》中赞叹说："寻《左氏》

载诸大夫词令、行人应答，其文典而美，其语博而奥，述远古则委曲如存，征近代则循环可覆。必料其功用厚薄，指意深浅，谅非经营草创，出自一时，琢磨润色，独成一手。"细细地体味《左传》中各行人辞令，有的词锋犀利，有的陈词委婉，有的不亢不卑，有的似柔实刚，有的慷慨激昂，有的义正词严，有的哀哀动情。或真情坦露，或言不由衷，或逢场作戏，但都无不流露着人物各自的个性风采。

从《左传》开始，中国的史传中有了作者的评论，如《隐公三年》中，就有作者两段评论："君子曰：'信不由中，质无益也。明恕而行，要之以礼，虽无有质，谁能间之？苟有明信，涧溪沼沚之毛，蘋蘩（fán）蕰藻之菜，筐筥（jǔ）锜釜之器，潢（huáng）污行潦之水，可荐于鬼神，可羞于王公，而况君子结二国之信，行之以礼，又焉用质？《风》有《采蘩》《采蘋》，《雅》有《行苇》《泂酌》，昭忠信也。'""君子曰：宋宣公可谓知人矣。立穆公，其子飨之，命以义夫。《商颂》曰：'殷受命咸宜，百禄是荷。'其是之谓乎！"这些发论，加重了文章的感情色彩，为后代史传褒贬人物、抒发作者感情创立了新形式。

儒家历史散文以《春秋》为肇端，以《左传》为成熟，把先秦历史散文的叙事记言和写人的艺术技巧提高到前所未有的高度。从这个角度讲，儒家历史散文可谓是后世文章之祖。《左传》虽为编年史，却不是单纯的记事文，它兼及记事、记言，记述、描写、议论，常打破编年的局限，比较完整地叙述一个事件或描写一个人物，成为中国后世纪传体、纪事本末体等体例的源头。

比《左传》更成熟更卓著的历史著作是轴心时代之后司马迁的《史记》，由于它是中国纪传体史书的首创，是中国正史中的首部，许多史学家就把它当作中国早期最具科学性质的历史著作来看待。

在传承中国道统的代表人物之中，就像不提及荀子一样，也不提及司马迁，不仅是因为司马迁史学的功勋掩盖了他其他方面的贡献，而且因为后世一些正统的儒家学者认为司马迁有"离经叛道"的意识。如班固批评司马迁"论大道则先黄老而后六经"（《汉书·司马迁传》），刘勰也说司马迁"爱奇反经之尤"（刘勰《文心雕龙·史传》），这是他们站在陈腐的观念上来指责司马迁，看不到司马迁客观对待诸子又不偏袒儒家从而高于众学的卓荦见识。实际上，司马迁在各学派先进思想中受儒学影响最深，他是第一个客观、正确地推崇孔子的人，清人钱大昕在《潜研堂文集·陈先生祖范传》中说：

> 又与人论《史记》，谓班孟坚讥子长"先黄老而后六经"，此子长述其父说则然。其所撰《五帝本纪赞》，首推《尚书》。列传开端云："载籍极博，犹考信于六艺"，可谓之"后六经"乎？列老子于申韩，而进孔子于世家；称老子不过云古之"隐者"；而于孔子曰可谓"至圣"矣。"至圣"之称，至今用为庙号，匹夫而跻世家，即世世袭封之兆也。弟子七十余人，合为一传，即堂庑从祀之端也。以孟、荀表诸子，又隐然以孟子为主。韩退之荀、孟醇疵之辩，子长已有先觉。窃孔氏之道，得子长而始定一尊。

在司马迁生活的年代，汉朝正"罢黜百家，尊崇儒术"，司马迁却不排斥诸家学派，也不盲从诸家学派。他吸收众家之长又高于众家之上，用新的历史哲学、新的世界观去认识去清理古今纷纭复杂的历史线索，对历史人物作出了正确明了的评价，其思想达到了时代的高峰。可以说，传承中国道统、文统的各流派中，司马迁堪称最优秀的代表人物。

司马迁深受儒家仁学观念的影响，充分重视人的价值，重视人推动历史发展的作用，否定天命决定历史，使他的历史观奠定了坚实的历史唯物主义的思想基础。他紧紧抓住人是历史创造者这一根本，在自己的著作中着力叙述历史发展中人的作用，着力叙述社会中人与人之间种种复杂的关系，着力叙述人物之间的斗争及其不断发展的过程，从而发现与揭示这个历史过程中人所表现出来的特征及变化规律。有了这样的指导思想，才舍弃了逐年记事的简单的叙史方式，创建了将历史人物做分类排比，并将他们的活动现象分门别类地加以归纳，来表述纷繁复杂的历史现象的新形式，即创立了《史记》五体合一的纪传体新形式。司马迁创立的纪传体，要"究天人之际，通古今之变，成一家之言"（司马迁《报任安书》）。在"究"中，他肯定了"天人之际"中人的主导地位；在"通"中，他看到了"古今之变"中人的决定性作用；在"成"中，他找到了以人为中心的纪传体形式。人在《史记》中占据着明确的中心位置，人物体现了《史记》纪传体的本质，也体现了道统、文统的本质。

司马迁在《太史公自序》中说自己所欲论载的是"明主贤君忠臣死义之士"，明确指出《史记》选取的人物包括社会上下各阶层。司马迁努力以众多的各种类型的人物来表现大变革社会中的每个角落和社会关系的方方面面，来实现其全面反映历史生活的目的。尤其是那批站在时代激流前面勇于进取的人，他们所具备的巨大历史创造力、坚毅的意志、高尚的品质情操，充分体现着中华民族的优秀品质。司马迁在中国3000多年的历史长河中披沙拣金，精选出一批卓异特行、超群不凡的人物，从这些人物身上我们看到了古老的中国历史演变的过程与特征。在中国史学、文学的发展史上，《史记》第一次包容了如此众多、代表性如此广泛的人物形象，所描绘的人物几乎覆盖全社会的每个阶层。

司马迁严肃地对待纪传中每一位传主，这体现在他力求每一位传主事迹的真实，他要向后世展示他之前中国几千年的真实的人情世态。《汉书·司马迁传》中说："自刘向、扬雄博极群书，皆称迁有良史之材，服其善序事理，辨而不华，质而不俚，其文直，其事核，不虚美，不隐恶，故谓之实录。"司马迁注意通过纪传人物的行事，对人物的本质特征作深刻的揭示与概括，充分地体现出人物的社会关系、时代生活特征的普遍性和历史发展的趋向性。如《陈涉世家》，司马迁第一次对我国古代农民起义作了生动记载，刻画了陈胜这个前所未有的农民起义领袖的光辉形象，敏锐地抓住了这个人物身上具有的普遍意义的东西，显示了中国农民起义推动历史前进的伟大功勋，同时也对中国农民起义种种固有弱点进行了真实的描述。陈胜之后，中国有张角、黄巢、李自成、洪秀全等人领导的农民大起义，陈胜这个人物形象所体现的中国农民起义者的普遍特性为后来历代农民起义所证实。人物的感情与愿望体现着历史发展的基本趋势，是《史记》人物形象深刻性的重要方面。它给了人物以不朽的灵魂，使这些人物形象在历史画卷中永远闪耀着光彩。

《史记》中每一个人物又是不可混同于别人的独特形象，正如日本学者泷川资言《史记会注考证》引斋藤正谦赞《史记》语："同叙智者，子房有子房风姿，陈平有陈平风姿；同叙勇者，廉颇有廉颇面目，樊哙有樊哙面目；同叙刺客，豫让之与专诸，聂政之与荆轲，才出一语，乃觉口气各不同。"《史记》纪传中其他人物形象也无不各具神态，具有生动、鲜明的独特个性。《史记》纪传中的人物是活灵活现的典型形象，他们真实、可信、感人，不论时隔多久，只要一翻开《史记》，那些纪传人物的音容笑貌就马上会在读者面前展现。这些人物好像我们曾相识，其形象如同我们现实生活中常见到的人物一样熟悉与清晰。

《史记》确立了人类共同创造历史的主题，首创了以人物纪传为主体的史学体例。同时，司马迁使用文学的笔调来写历史，开创了中国传记文学的先河，其艺术性已达到同时代的最高水平。《史记》人物传记创造性地开辟了中国文学一个自觉塑造典型人物的新时代，标志着中国散文人物塑造艺术的高度成熟。《史记》对中国散体文文统的发展意义远不能以开创了纪传体例来概括，可以这么说，其史学观点、史学体例、记载内容、史著主题、对历史事件的评论、对史料的选择、对人物的刻画、对史实的叙述方法等等，都有着创新与开创新局面的意义。《史记》是一座令后人难以超越、永远值得仰止的历史散文高峰，将中华优秀传统文化的文统提高到一个崭新的高度。

中国早期散文已经形成了中国的道统与文统，每当后世的文化步入脱离现实片面追求唯美形式的歧途时，便有"复古"思潮的兴起，以恢复中国早期散文的道统与文统为号召来起衰振弊；每当受到外来文化冲击时，深受中国道统与文统影响的文化人，就发扬中国早期散文所特有的开放性、兼容性的优良传统，积极吸收外来文化的优秀新质来丰富、充实自己的民族文化，以适应新的发展趋势。

五、道统与文统对中国传统文学的影响

《史记》之后，汉代还有纪传体史著《汉书》《东观汉记》及编年体史著《汉纪》等，体例上虽有所创新，但在文学性上就比不上《史记》了。从此往后，中国史著的文学色彩日趋黯淡。汉时能继承儒家道统，甚至发展了《史记》文统的是杂史杂传，其代表作如袁康、吴平的《越绝书》、赵晔的《吴越春秋》、刘向的《列女传》《新序》《说苑》、佚名的《汉武帝故事》《蜀王本纪》等。这些著作以独特的艺术风采，成为历史文学的另一支流，使汉代历史文学又焕发出新的亮丽的光彩。

杂史杂传写作的目的不在于修史，它不避荒诞不经，甚至有意涉及古怪传奇，专以异闻逸事而引人入胜，给人以艺术审美享受。汉代的杂史杂传的艺术水平虽不及《史记》，但由于淡化了纪实性而增强了虚构与夸饰，从而使其更近于小说。其具有的丰富的素材、奇特的想象力、浓郁的抒情性、曲折的故事性等艺术特点，直接孕育了魏晋六朝的志人、志怪小说，而唐代传奇小说就是魏晋六朝志人、志怪小说的新发展。明代陈言《颍水遗编•说史中》说："正史之流而为杂史也，杂史之流而为类书、为小说、为家传也。"此话有一定的道理。但严格地说，杂史杂传主要受到正史的影响，但并不唯一源于正史。正史以《史记》为首，司马迁在著《史记》

时还吸收了《穆天子传》《晏子春秋》等先秦杂史杂传的艺术营养，在《史记》创作的前后时期，同时存在着汉代杂史杂传的创作，如《燕丹子》等。然而，《史记》确实为汉及以后的杂史杂传提供了一系列新的创作经验。《史记》之后，当正史的文学特征日趋衰微时，汉代的杂史杂传却放射出耀眼的文学光彩，对魏晋六朝志怪小说及唐代神异传奇小说产生了重大的影响。大致可以说，《史记》是汉代杂史杂传文统产生的母体，而汉代杂史杂传是向魏晋六朝志怪小说、唐代神异传奇过渡的桥梁，而唐代传奇又是宋、元、明、清小说发展的基础。中国小说发展的文统脉络是清晰的，无疑是受到《左传》《史记》等史学经典道统与文统的影响才发展起来的。

我国的小说从唐传奇开始，不再单纯地记录真实故事，而是广泛地运用艺术的想象和虚构，通过情节来刻画人物形象。但因为史著是小说的母体，所以中国小说产生后，很自然地留有史著的"胎记"，其突出的地方有两点：

第一，题材仿史著，常取之于史料或传闻。中国小说往往采集重大历史事件、选择历史人物事迹作为创作的重要题材，即使魏晋六朝的志怪小说，如干宝的《搜神记》记载了种种鬼怪神异故事，但作者自认为"考先志于载籍，收遗逸于当时"（干宝《搜神记•序》），强调所记都是实录听闻。干宝是一名志怪小说家，又是一名曾著《晋纪》的史学家，他著《搜神记》同写史著一样，立足点放在求实求信上。不过他相信阴阳术数，认为那些神祇灵异也是客观存在的。所以他在本书序中又说："今之所集，设有承于前载者，则非余之罪也。若使采访近世之事，苟有虚错，愿与先贤前儒分其讥谤。及其著述，亦足以明神道之不诬也。"至于魏晋六朝志人小说，如《世说新语》则记近世人之轶事，多取材于传闻，更具史的性质。唐传奇虽情节大都离奇，其题材却多采自历史传说。宋代话本小说有"讲史"一类，如《新编五代史平话》，更以讲述王朝兴废、战争胜负为其主要特点。明清两代长篇章回小说兴起，达到中国古典小说的光辉高峰。章回小说的历史演义，以《三国演义》为代表；英雄传奇，以《水浒传》为代表；神魔小说，以《西游记》为代表，多是从历史故事或历史传说演化而来。就是世情小说，如《金瓶梅》《红楼梦》等，题材多取自现实日常生活，但其背景仍以重大的历史事件作为依据，故事情节仍有史的线索。

第二，结构效仿纪传体，常以人物命运的发展过程来构成。无论是唐传奇、宋元话本、明清章回小说，还是明代拟话本，如"三言""二拍"，或清代文言短篇小说集，如《聊斋志异》，大多或写一个主人公的生平始末，或写一个主人公的生活片段，或以一个中心人物为主涉及众多人物，或写众多人物之间的命运联系。其结构可以看作相似于纪传体的单传、合传、类传等不同传记形式，其书名往往冠以"传""记""志"等纪传体惯用的字样。金圣叹在《读第五才子书法》中说："《水浒传》一个人出来，分明便是一篇列传。"张竹坡在《批评第一奇书金瓶梅读法》中说："《金瓶梅》是一部《史记》。"中国古典小说合传式的结构异常宏大，可以包容广博的内容与众多的人物，易于表现整个社会的历史。中国古典小说的结构常有明显的时间标志，叙述事件有起因、有经过、有结果，发展过程完整，适于作者对社会生活逐层地作纵深的展示；行文中很少作孤立的景物描写，而是常把自然景致的描写与情节的发展结合起来；很少作人物的心理刻画，而是让人物以自己的言行去表现自己，等等。这些都是以往史著文统惯用的艺术手法，可见轴心时代及汉代的史著巨大的影响力。

先秦两汉史著的文统对后世散文的影响主要体现在文风上。《左传》《史记》开创了许多前人未有的技巧方法，又不拘泥于固定文法，转换变化匪夷所思，文笔清新简切，朴实易懂，不求古奥浮华，倾吐感情痛快淋漓，大快千古人心，具有较强的艺术表现力。其文风被后世古文家普遍推崇，几乎成为一种传统。每当形式主义的散文作品充斥文坛时，一些有识之士便标榜先秦两汉史著笔法来抵制空虚浮艳的文风。他们溯文学艺术形式之源，求文学艺术形式之本，源以古朴为式，本以传道为旨，《左传》《史记》的文风便成了文学改革的标尺。如唐宋散文八大家都十分推崇左丘明、司马迁等人，主张恢复以先秦两汉历史文学为代表的散文艺术传统，其散文作品也深得先秦两汉历史文学的神韵。明代前后七子提倡"文必秦汉，诗必盛唐"，虽有拟古之弊，但都推崇先秦两汉历史文学。清代的桐城派颇以义法自诩，而义法肇端又归于史著，桐城派领袖方苞在《古文约选序例》中说："序事之文，义法备于左史、退之。"在《又书货殖传后》中说："《春秋》之制义法，自太史公发之，而后之深于文者亦具焉。义即《易》之所谓言有物也，法即《易》之所谓言有序也，义以为经而法纬之，然后为成体之文。"桐城派散文的流风余韵之所以能绵延几百年，无不与受惠于史著道统与文统有关。

先秦两汉史著的道统、文统对后世韵文，如诗、词、曲、赋、戏剧，也有深远影响，这种影响主要体现在思想内容与题材语言上。尤其是史著中丰富的人物故事多为这些文学样式所吸收。先秦两汉历史著作与古希腊神话比较起来，其"宝库"中的珍宝更丰富，其"艺术土壤"更肥沃。仅以《史记》为诗、词、曲、赋、戏剧提供的题材为例：诗方面如魏晋张华的《游侠篇》、晋宋陶渊明的《咏荆轲》、唐朝章碣的《焚坑诗》；辞赋方面如晋朝傅咸的《吊秦始皇赋》、唐朝王棨的《四皓从汉太子赋》、宋朝王禹偁的《仲尼为素王赋》；词方面，如宋朝晏殊的《渔家傲》(楚国细腰元自瘦)采用卓文君的故事，苏轼的《减字木兰花·赠润守许仲涂》，用郑当时好客事，刘辰翁《水调歌头·寿詹天游》用张良为圯上老人纳履事；散曲方面，如元代马致远的〔双调〕《庆东原·叹世》叹项羽兴废，张养浩〔双调〕《沽美酒兼太平令》叹伍员英雄命短，马谦斋〔越调〕《柳营曲·楚汉遗事》述楚汉相争，查德卿〔仙吕〕《寄生草·感叹》，用豫让漆身吞炭事；戏剧方面，如唐代歌舞《樊哙排君难》，元代纪君祥的《赵氏孤儿》

及无名氏的《赚蒯通》《冻苏秦》《马陵道》，等等，真是举不胜举。

中国古代社会的"早熟"，使我们丧失了繁荣的神话文学，并因此而未能与西方同步产生出大规模的史诗和戏剧。这与其说是我们民族文学的"短处"，倒不如将它视为我们民族文学的一个特色，因为中国文学走了一条属于自己的独特发展的道路。与西方史诗、戏剧最早繁荣的情况相反，中国最早发展起来的是历史文学，它成为中国文学丰富的艺术宝库，为中国后世文学艺术提供了众多的宝贵经验。它是一块肥沃的艺术土壤，后世文学艺术可以从中汲取丰富的艺术滋养；它又是一块具有强大吸引力的艺术磁石，把自己的"历史的磁力"传给后世的"文学铁环"，使后世的每个文学铁环上都打着"史"的印记。这种"史"的印记，像具有文学的"磁性"一样，把不同形式的文学联结成一个整体。

由此看来，每一个民族的文化都有只属于自己民族而不属于其他民族的道统与文统。换言之，都有各自民族的特色。这种特色的产生由多方面的因素所决定，而最根本的决定因素是该民族独具特色的社会生活。由于各民族政治经济状况、自然地理环境、传统风俗习惯、语言文字表述、心理思维特征等等的不同，反映这些不同社会生活的文化就具有了不同的民族特色，具有民族特色的文化内容又决定了文化形式的民族特色，这种特色表现在它不仅能恰当地反映本民族独特的生活，其形式也为本民族成员所喜闻乐见。

文化的民族特色同时还表现在文化的发展演化上，每一个民族的文化都有自己独特的发展过程。在不同的发展过程中，该民族的文化所体现出来的特征、发展规律就与其他民族有了差别。这种差别与其他民族文化对比越明显，它的民族特色就越鲜明，说明它已达到独特的成熟程度。只有具备鲜明的民族特色，才能给世界上其他民族以新的社会生活的感知和别样的艺术享受，才会获得广泛的世界意义，只有民族的，才是世界的。

我们领悟到：道统好像是人的灵魂，文统好像人的肌体，高尚的灵魂给予肌体以健康，健康的肌体使灵魂得以依存与提升。道以引导文，文以弘扬道。道统支配着文统，即决定着文章的格局与演变，文统完善着道统的阐述方式及体系。受此启发，笔者对"立言"有了新的认识。人们常把著述仅仅视为"三不朽"中的"立言"。其实，无德何以立言？无德之言，不是蛊惑人心的谣言，就是欺骗大众的谎言，这样的"言"根本不属"立言"。所以立言者须要立德，立德者才能立言，也就是传承了中华优秀传统文化的道统，才能掌握中华优秀传统文化的文统，这样的言才有功于国与民。中国历史上，凡是有传世著述者，不仅仅能立言，同时也具备了立言的前提——"立德"，其含德之言就成了人们宝贵的精神资源，从而实现了"立功"。立德、立功、立言三项"不朽"事业往往是合一的。如果把立德视作树立道统，把立言视作确立文统，那么，道统与文统的必然统一是毫无疑义的。

第五节　始终有一支追求真理的文化创造主力军

每个社会的知识阶层都是该社会文化创造的主要负载者，他们引领着该社会的文明，决定着该社会的文化性质。所以判定一定历史时期的文化性质，可以以该时期的主要知识阶层为标志，如中国古代文化可按知识阶层的类型分为巫文化、王官文化（即史官文化）、士文化和文人文化。知识阶层之所以能引领社会文明，还不仅仅在于他们有知识。有的知识分子虽然有知识，甚至是饱学之士，但无创造文化的动机，也无创造文化的能力，虽号称知识分子，却不入文化创造的队伍。知识分子承担创造文化的历史使命，不是轻而易举的事，首先要求他们具有丰厚的学养、丰富的社会实践体验，并具有嫉恶如仇、忧国忧民、追求真理甚至为真理而献身的精神。张岱年先生在《中国古代知识分子与刚健有为、自强不息的优良传

统》一文中曾说:

　　中华民族在长期的发展过程中创造了灿烂的文化。在中国文化的创造发展过程中,知识分子起了巨大的积极作用,知识分子所以能在中国文化创造发展过程中起巨大的作用,主要是由于多数的知识分子表现了刚健有为、自强不息的精神,这是古代知识分子的优良传统。……中国历代优秀的知识分子表现了三个方面的优良品格和作风:第一,诚挚热烈的爱国主义精神;第二,坚持不懈追求真理的精神;第三,刚强不屈与不良势力进行斗争的精神。[①]

　　中国早期社会的知识阶层,已具有了张岱年先生所说的三个方面的优良品格和作风,并形成了一种知识阶层优秀的精神传统。这种传统一直在传承并发扬光大,深刻地影响了后世中国知识分子的精神世界,使中国始终存在着一支追求真理的文化创造主力军,他们不仅没有让中国文化中断,而且不断地推动着中国文化深入发展。

一、先秦两汉知识分子的类型

　　在上古社会,存在着一些较有生活经验与知识的人,他们自称懂得神秘玄奥的巫术,能以舞降神,念咒被除不祥,男的叫觋,女的叫巫,合称巫觋,俗称巫师,人们也以为他们能与鬼神相沟通。《楚辞·招魂》中写道:"帝告巫阳曰:'有人在下,我欲辅之。魂魄离散,汝筮予之。'"巫师能向上天汇报人们对神灵的乞求,能向下民传达天意,既是人的代表,又是神的使者,自然受到全社会的普遍崇敬。马林诺夫斯基说过:"巫术

[①] 张岱年:《中国古代知识分子与刚健有为、自强不息的优良传统》,《北京日报》1984年12月7日。

自极古以来便在专家的手里，人类第一个专业乃是术士的专业。"①这里所说的"人类第一个专业"，是指巫术作为精神性质或文化性质的工作，在人类发展史上第一次出现了。巫术是人类最早出现的文化专业，巫觋就是人类最早的"文化人"。"巫术作为知识的母体，掌握巫术的巫师，实际正是人类知识分子的始祖原型。"②以这种"人类知识分子的始祖原型"为标志，人们称这个时期的文化为巫文化。巫文化由于与鬼神迷信相联系，所以我们称这种文化为非理性文化，而这个阶段的巫觋也可称为非理性的知识阶层。

随着氏族社会的完结，阶级社会的国家机构逐渐成立，巫文化开始趋于解体。原来从事巫文化的巫师变成了官吏，国家权力机构成为他们重要的收容所。从此后，国家机构官吏的一个基本来源就是知识阶层。从夏王朝开始，从事占卜、祭祀，主管历法、文书、典籍等工作的人，成了国家机构设置的官员，由于统辖于王，又称他们为王官。王官是那个时代知识阶层的主体，王宫中的史官又是那个时代文化工作的主力，所以称夏、商、西周三代的文化又叫王官文化或史官文化。

由于夏、商、周三代社会形态有所不同，各自的王官职能也各有侧重，三代的王官文化也呈现出不同的特色。夏王朝虽开创了我国的奴隶制社会，但还保留着许多原始氏族公社的遗风。较之殷商，阶级矛盾还比较缓和，统治阶级还不用只靠严酷刑罚来维持自己的统治，也不用专门利用鬼神迷信去愚弄民众。民风愚昧朴野，社会普遍信仰鬼神迷信，主要是生产力与认识能力低下造成的。当时从事文化工作的史官除了记史、祭祀之外，还要制定国家法令制度，有的还参与法令的执行。随着奴隶制的强化、原始氏族公社遗风的衰微，商朝统治者越来越崇尚暴力，对奴隶一方

---

① 马林诺夫斯基著，李安宅译：《巫术 科学 宗教与神话》，中国民间文艺出版社，1986年，第76页。
② 尤西林：《阐释并守护世界意义的人——人文知识分子的起源与使命》，河南人民出版社，1996年，第111页。

面重用刑罚，一方面又借助天命鬼神来加强统治。统治阶级虔诚地服事鬼神，商王大小诸事，必问鬼神，由卜筮得其指示。这些祭祀鬼神、用卜筮传达鬼神旨意的工作，便是由从事占卜工作的王官来担任的。夏、商从事占卜与祭祀的王官与巫觋相似，而记史、制宪，又是上古巫觋所未从事过的，所以夏、商王官从事的既有非理性又有理性的文化工作，可以视作是非理性向理性的历史过渡，这个阶段的知识阶层也可称作是非理性向理性过渡中的知识阶层。

西周废除奴隶制，全面实行封建宗法分封制，重视德治，强调敬德保民，社会的意识形态与夏、商有很大的不同。周代既然提倡以德治国，那就非常重视以德遴选王官，要求王官恪守职责，以德教化庶民，公平审案，不以好刑戮杀为能。作为负责文化的史官，自然也同其他王官一样，具有相应的美德与尽职之心，努力宣传封建礼德思想，从而增强每个社会成员的封建意识，巩固封建等级制及社会秩序。西周虽仍然讲究天命，突出的却是人治，而人治则以行德为主。周公在《尚书·立政》篇中告诫成王：文王、武王了解历史上"三宅"选官的标准，明白三俊选才的道理，要为万民选立官员，让这些大大小小的官吏有权有责，要公正决断案件，谨慎使用刑罚，做到这些就是恭谨服事上天。实际在意识形态方面已远离了鬼神迷信。知识阶层的立场与意识由奉行鬼神转移到奉行德行，说明社会开始步入理性觉醒的时代，这个时期的知识阶层也可称作是理性觉醒的知识阶层。

春秋时期，周王室日趋衰弱，周天子无力控制天下，天下宗主的地位已名存实亡，王室内部争夺王位继承权的斗争还时有发生。如公元前520年周景王死，国人立长子猛，即周悼王，王子朝纠集一批丧失职位的王官争夺王位，晋国出兵助猛，猛旋死，立其弟匄，即周敬王。后王子朝兵败，率许多旧王官携王室典籍逃于楚，使周王朝文化典籍由王室下移至诸侯国，标志着王官文化开始沦丧。此时的周王室已沦落到一个贫弱侯国的境地，国家财政贫困到了无力维持众王官俸禄开销的地步，于是王官陆续分散到了各诸侯国去谋生路，其社会地位就自然降到了卿大夫的下一层"士"的水平。原来的士阶层增加了新的成员，这些新成员逐渐以文化知识改变了士的性质，把"士"变成了知识阶层的代名词。

王官的沦落，新型士阶层的崛起，造成了王官文化向士文化的转移。士摆脱了以往严重的人身依附，真正成了一个相对独立的知识阶层。他们离弃了原来旧的封建领主，原有的宗法观念在严酷动荡的现实面前动摇甚至崩溃了。他们为了生存而离开王室投靠了诸侯国的新兴地主阶级，用手中所掌握的文化及知识技能来为新兴地主阶级服务。士阶层的队伍在动荡的社会环境下不断扩大，不仅越来越多的沦落王官加入了士的队伍，而且还有越来越多的卿大夫在兼并之中没落而降为士，还有不少庶人上升为士。这些士大多数受过礼、乐、射、御、书、数六艺教育，而在春秋战国，诸侯国为了争霸事业，正需要大量的这方面的人才，士的社会作用受到了争霸诸侯的高度重视，诸侯养士、用士一时蔚然成风。所谓的战国四公子，即齐国孟尝君、赵国平原君、魏国信陵君、楚国春申君，皆以养士而名满天下。

士只有成为一个相对独立的阶层，才有条件成为社会最活跃的力量，成为新兴地主阶级积极争取的对象。士阶层有知识、有智慧，有的还有口才与外交能力，能为诸侯争霸提供奇策妙计，为执政者加强统治提供方针政策，为教化民众提供道德与文化教育。在诸侯兼并战争日益激烈的情况下，士找到了充分施展自己才能的舞台。士是一个特殊的阶层，它必须与政权相联系才能发挥自己的特长，只有走入仕途才能为社会服务，"士之仕也，犹农夫之耕也"（《孟子·滕文公下》）。在动荡不安的春秋战国时期，士的社会地位不断地提高，士的队伍也在不断地扩大，逐渐形成一个凭脑力与口才牟取富贵的知识阶层。士阶层为社会提供知识、智慧、道德、理想，成为那个时代的先觉者。作为知识阶层的"士"产生于春秋战国，恰在人类文化爆炸式大发展的"轴心时代"，恰处于中国历史上重大的社会转型时期。社会转型的大变革风云际会，为中华文化学术的兴盛及中国知识阶层特征的形成，带来了千载难逢的契机。

这是一个思想最为活跃、解放，文化最为自由、繁荣，一切都富有开拓、创新精神的时代，这个历史阶段的知识分子阶层对中华民族乃至人类的最大贡献，就是对发端久远的中国古代文化进行了全面的总结，同时又在继承的基础上，进行创新性的精神生产，为后世提供了新的精神产品。这个知识阶层内部因思想观点不同，分成许多派别，当时最有影响的有儒、墨、道、法诸家。他们之间既对立斗争，又互相渗透、融合，并且有一个共同的特点：都远离宗教迷信的"神"而关注社会现实中的"人"。如儒家的代表作《论语》，全篇讲的都是正人君子为人处世的伦理道德，另一部代表作《孟子》，讲的都是施行仁政的政治原则。他们发扬了西周"敬德保民"的思想，把"仁而爱人"作为一种最高的伦理道德原则，将家庭、家族、血亲关系的观念推而广之，意在使整个社会在亲亲敬长中达到和谐有序。墨家主张不分等级的"兼爱"，其"爱人"理论更带有理想的色彩。和儒、墨观念有所不同的道家，更多形而上地阐述无为无形的"道"，主张超然物外，这正是它治理天下的主张。道家最终将超乎感觉经验的"道"引向了人，关注的仍是社会人生，理论的最终目的也是治理人世。法家主张以法、术、势来治民，不相信儒家温情脉脉的伦理说教，认为人与人之间只有赤裸裸的利害关系。法家承认这是人之常情，是社会存在的现实，主张君主要依靠手中的法权对人民加以制约与引导。道家强调道，主张一切顺其自然，执政者要无为而治。儒、墨二家强调爱，主张执政者仁慈爱民，以教化为本。法家强调法，主张以赏罚严明来维持君主专制。不管采取什么方式，都是关注社会重大问题，最后仍落实在人生的层面上。如果说道家欲使人自然化，儒家欲使人伦理化，那么法家就是欲使人法律化。至于其他春秋战国学者，也都把关注社会人生作为自己学说的中心。先秦诸子之学使中国传统的理性精神的重心最终定位，以人文主义为特征的先秦诸子理性精神成为中国理性精神高度自觉的伟大开端，它为中国几千年的封建社会奠定了思想理论基石，为后世中华民族文化的发展奠定了雄厚的基础。春秋战国时期的文化标志着中华民族文化全面进入理性的时代，其士阶层的繁荣标志着中华民族理性知识阶层的诞生。

战国末期，活跃在中国政治舞台上的是纵横家，而使诸侯国强大的是法家主张的政策。秦国君主本非姬姓，秦国又是一个处于西北边陲的侯国，因靠商鞅变法，逐渐强大起来。待到李斯为相时，秦国终于灭掉六国而统一天下，秦王嬴政定称号为"皇帝"，废分封、立郡县等，建立起一整套中央集权制的制度。又采用李斯建议，一任于法，以吏为师。禁私学，焚《秦记》以外的列国史籍，《诗》《书》、诸子百家语只由博士官保有，其他人限期交出烧毁，否则一律问罪甚至杀头灭族。轴心时代形成的诸子百家，除法家之外，都受到残酷打压。又有"焚书坑儒"，传统文化受到严重摧残。更有严酷的刑法使得民不聊生，官逼民反。秦帝国虽为今后中国2000多年封建社会制度奠定了基础，但它的统治却只维系了十几年便仓促结束了。

公元前206年，继秦之后又一个统一的封建大帝国——汉王朝建立。原被秦王朝几乎窒息的诸子学说开始复兴，不过，这不是春秋战国诸子之学的简单恢复。经过动荡的社会变革，在新的大一统社会形势下，诸子之学也发生了很大变化。有的已经失去了生命力，逐渐趋于销声匿迹，如墨家由过去的显学变成了绝学。有的学派思想被他家所吸收，其思想又多以他家的理论形式表现出来，如名家、阴阳家等。汉初统治者尊奉黄老道学，汉武帝时勃然兴起的是曾惨遭秦始皇迫害的儒学，儒学的典籍开始为世人普遍传授。儒家代表人物董仲舒以今文经公羊学派的观点来解释上古三代的文献典籍，符合汉帝国大一统的政治需要，于是奉行了"罢黜百家，尊崇儒术"的国策，儒家在社会上的影响已经是任何学派都不可比拟的了。

汉王朝一方面继承秦的大一统帝制，另一方面积极吸取强秦速亡的历史教训，开始探求使大一统帝制得以巩固发展的思想文化体系，士阶层又在一定程度上受到社会的关注。首先是诸侯王纷纷招徕游士为其门客，如梁孝王刘武在今天河南开封东南一带辟地筑梁园，在此招揽四方英杰。以辞赋见长的有司马相如、严忌、邹阳、枚乘等，他们组成了梁园文学集团，使梁国成为当时汉朝的文学中心。汉武帝为了"润色鸿业"，大力提倡写赋，把原为诸侯国的有名文士逐渐吸收到中央来，一时在他身旁形成了一个优秀的赋家群体，这说明汉代文学的中心与文人创作集团已由地方转向中央。当士阶层中出现了以从事文化为其主要职业的群体时，就标志着中国新型的知识阶层——文人已经诞生，这是与以前的王官所不同的知识阶层，从事文化者已不限于传统的史官。当然，汉武帝及其后世的君王揽士并不限于诗赋之士，而是逐渐扩大至整个知识分子阶层。汉武帝时，中央各方面的知识分子已人才济济，《汉书·公孙弘卜式儿宽传》载：

> 汉之得人，于兹为盛，儒雅则公孙弘、董仲舒、儿宽，笃行则石建、石庆，质直则汲黯、卜式，推贤则韩安国、郑当时，定令则赵禹、张汤，文章则司马迁、相如，滑稽则东方朔、枚皋，应对则严助、朱买臣，历数则唐都、洛下闳，协律则李延年，运筹则桑弘羊，奉使则张骞、苏武，将率则卫青、霍去病，受遗则霍光、金日磾，其余不可胜纪。是以兴造功业，制度遗文，后世莫及。孝宣承统，纂修洪业，亦讲论六艺，招选茂异，而萧望之、梁丘贺、夏侯胜、韦玄成、严彭祖、尹更始以儒术进，刘向、王褒以文章显，将相则张安世、赵充国、魏相、丙吉、于定国、杜延年，治民则黄霸、王成、龚遂、郑弘、召信臣、韩延寿、尹翁归、赵广汉、严延年、张敞之属，皆有功迹见述于世。

中国文人的形成，比起古希腊来，要晚得多。希腊城邦制下的社会分工较细，商品经济比较发达。由于城市及市场的需要，出现了专业的学者、诗人、艺术家、演员，他们可以毕一生精力去从事自己的专业，他们所从事的文化事业多受市场需要的支配，而少受上层统治者的控制。而在中国，汉之前只有史官算得上是个专业"文化人"，他的身份属于"王官"的一种，受到官方的严格控制，所从事的文化事业除了参与祭祀、制定国家法令制度等外，还承担着"记史"的任务，而这种"记史"，只不过是履行着简单的"记言""记事"的官方"秘书"的职能。轴心时代活跃于文化领域的"士"，仍然不属专业的"文化人"，他们或者成为诸侯国的"王官"，尤其是诸侯国的史官，如左丘明一类人，或者像孔子、孟子、荀子，曾做过诸侯国的"王官"，又退出仕途授徒讲学或著书立说。总之，周天子及诸侯国除了史官外，从没有设置过专门从事文化创造的官员或职员。由于这种传统，在中国以后的漫长封建社会里，纯粹从事文化工作的专职人员数量是微乎其微的，但这种主要从事文化的人员毕竟在大一统盛世的汉代产生了。与古希腊文人比，汉代的文人仍多数身兼一定的官职，且多以从事人文社会科学为主。他们继续高扬着先秦诸子理性的旗帜，坚持着文化服务于政治的传统与原则。

知识分子本来是国家的栋梁之材，秦帝国不仅没有广泛地利用知识阶层，反而将知识阶层的多数人推向自己的对立面，没有显示出新时代的优越性，这也是其迅速灭亡的原因之一。而汉王朝不仅坚持了秦帝国所开辟的大一统政体，更以伟大的气魄开创了中国封建大一统的文化格局，确立了以汉民族为主体的多民族多元整合的大一统文化，使之成为华夏文化传统的集大成者和大一统封建文化的楷模。要建立为大一统封建帝国服务的文化，自然要有一大批知识人才。强盛的汉帝国激发了文人建功立业、充分实现人生价值的热情，也为文人施展才能、为文人群体的形成与发展，提供了必要的社会条件和社会需要。从此，中国文人便以自己特有的风采出现在中国历史舞台上。

前面已讲过，从事巫术的巫师，"实际正是人类知识分子的始祖原型"。由巫师创造出了人类最初的文化形态——巫文化，然而继之后来的史官文化对巫文化，却是批判多于继承。春秋战国的士文化直接承接西周王官文化特别是史官文化而来，而汉代文人则由春秋战国的士演化而来，其文人文化也是传承着春秋战国士文化的传统。史官、士与文人，从事的大多是理性的文化事业，较少从事宗教活动，从这个角度就可以理解，为什么中国古代的意识形态从很早就步入了理性的时代，而不是以宗教为其主要信仰。汉代能建立纲常伦理化的正统意识形态，是历史发展的必然。中国文化既不是宗教，也没有形成宗教世俗化，而一直是以理性的文人精英文化为主导，这个奥秘不能不从早期史官、士及文人的特征去探求。

二、中国知识分子坚信"天之未丧斯文也"

鲁定公十三年（前497），孔子率领他的一些弟子从卫国到陈国，路经匡地时，遭到匡地人的围困，拘禁了五天，一度还想杀死他们。在生死攸关之际，孔子临危不惧，他说："文王既没，文不在兹乎？天之将丧斯文也，后死者不得与于斯文也；天之未丧斯文也，匡人其如予何？"（《论语•子罕》）孔子对实现毕生的理想，充满自信，坚信自己承担着传承周文王时代礼乐文明的历史使命，上天不会消灭礼乐文明，匡人能把我怎么样？孔子不是在自吹自擂地恫吓匡人的围攻，也不是在乞求上天的保佑，他坚信周文化不会泯灭，在传播、发扬光大周文化的历史使命未完成之前，他的生命不会完结。他将自己的生命融入伟大的中华优秀传统文化之中，所以有着藐视一切危难的自信心。千百年来，中国的知识分子深受孔子这种精神的感染，始终对中华优秀传统文化充满自信，自觉地承担起弘扬中华优秀传统文化的历史使命，并为完成这一历史使命，矢志不渝地奋斗至生命止息。

中国知识阶层勇于承担历史使命的突出表现就是坚守道义、不畏强权，有着为了追求真理而勇于献身的精神。我们且以中国的史官为例，来具体说明中国知识阶层的这一特征。中国的史官代代相传"不虚美、不隐恶"的实录精神，将真实的历史留传于后世是他们的天职，后人称其为"良史"。如《左传》宣公二年记载，晋灵公夷皋聚敛民财，残害臣民，举国上下为之不安。作为正卿的执政大臣赵盾多次苦心劝谏，灵公非但不改，反而加害赵盾。赵盾出逃至晋国边境。此时灵公恰被赵穿带兵杀死，赵盾才返回晋都，继续执政。晋国太史董狐不畏执掌晋国大权的赵盾，冒着生命危险，以"赵盾弑其君"来记载此事。赵盾进行辩解，董狐反驳说："子为正卿，亡不越境，反不讨贼，非子而谁？"孔子称颂董狐是"古之良史也，书法不隐"（刘知幾《史通•直书》）。再如公元前548年，齐庄公与齐国大夫崔杼之妻通奸，崔杼大怒，借机杀了齐庄公，立杵臼为君，即齐景公，自己为右相，当国秉政。齐国太史公如实记载曰："崔杼弑其君。"崔杼大怒，杀了太史。太史的两个弟弟太史仲和太史叔也如此记载，都被崔杼杀了。崔杼告诉太史第三个弟弟太史季说："你三个哥哥都死了啊，你难道不怕死吗？你还是按我的要求，把齐庄公之死写成得暴病而死吧。"太史季回答崔杼："据事直书，是史官的职责，失职求生，不如去死。"崔杼见太史季与其三个哥哥一样，为记真实历史连死都不怕，只好放了他。太史季走出王宫，正遇到南史氏执简而来，南史氏以为太史季也被杀了，他是来告诉崔杼：他要继续齐太史事业，如实地书写这件事。

我们且不论以上被杀者该不该杀，也不论杀者的动机和理由，我们只赞许史官当时在危及自己生命时，还要履行史官的职责。如果秉笔直书，不仅忤逆执政者，而且有杀头的危险；如若视而不见、听而不闻，装聋作哑，可明哲保身；如若编制谎言，掩盖真相，为执政者隐瞒、洗白，反会得到奖赏、飞黄腾达。中国的史官多数为了书写历史真实，不惧杀身之祸，前仆后继。他们坚持秉笔直书的精神，为后世正直史官坚持不懈地继承下来，成为我国史德传统中最为高尚的道德情操，成为后代史学家编著出许多堪称信史著作的精神动力。

为后世称道的汉代司马迁就是这样一位"良史"。他可以称得起中国古代知识分子的一面旗帜。《汉书·司马迁传》说："自刘向、扬雄博极群书，皆称迁有良史之材，服其善序事理，辨而不华，质而不俚，其文直，其事核，不虚美，不隐恶，故谓之实录。"首先，司马迁用客观性与严肃性来对待所有帝王以及社会各种人物，对他们的生命过程作了深刻而无情的真实剖析与描写。那些被社会奉为偶像的帝王，在司马迁的笔下都被抹去了神圣的光泽，还之以凡人甚至恶棍无赖的本来面貌。《史记》传记一般多从人物社会政治活动着眼，很少揭人隐私，但对帝王之淫乱却给予无情揭示，如《殷本纪》写帝纣"以酒为池，县肉为林，使男女倮相逐其间，为长夜之饮"。《张丞相列传》写刘邦好色无耻："昌尝燕时入奏事，高帝方拥戚姬，昌还走，高帝逐得，骑周昌项……"商纣王已是离司马迁年代久远的君王，且周之后，商纣王遭到全社会普遍的唾骂，书写商纣王奢侈淫乱并不会给司马迁带来什么政治风险。可刘邦那是汉帝国的开国皇帝，司马迁如此描写刘邦的恶行，继承刘邦大统的刘氏子孙，岂能饶得过他？这可是掉脑袋的事，是绝大多数人闻之丧胆的行为！因为冒犯统治者，轻则杀头，重则灭九族，没有为写实把一切置之度外的勇气，谁敢去秉笔直书？

司马迁的《史记》在揭示历史真实方面确实比《春秋》还大胆。由于历史的局限，孔子有时还为尊者讳，维护周天子的名声。如鲁僖公二十八年（前632）冬季，羽毛丰满而想称霸的晋文公在温地召集齐、鲁、宋等十几个国家的国君，研究讨伐那些不顺服的国家。晋文公又怕难以指挥所会合的诸侯，于是召唤空有"天下共主"之名号的周襄王来压阵，这就是最初的"挟天子以令诸侯"。当时史官如实地把这段历史记于史书，孔子见过此书，称这部史书为"史记"（非司马迁的《史记》，司马迁的《史记》最初称《太史公书》）。当孔子撰写《春秋》时，参考了"史记"，将"史记"中写的晋文公召周天子，改为"天王狩于河阳"。具体文字是："（僖公二十八年）冬，公会晋侯、齐侯、宋公、蔡侯、郑伯、陈子、莒子、邾人、秦人于温。天王狩于河阳。"说明周襄王是为打猎来河阳的，不是晋文公凭强力强制性地召唤来的。这样，既维护了周襄王的尊严，又避讳了晋文公的僭越过失。左丘明写《左氏春秋》（《左传》）时，再一次还原了历史真相，《左传》这样写："（僖公二十八年）冬，会于温，讨不服也。……是会也，晋侯召王，以诸侯见，且使王狩。仲尼曰：'以臣召君，不可以训。'故书曰：'天王狩于河阳。'言非其地也，且明德也。"《左传》对"天王狩于河阳"作了比较客观的描述：冬季，鲁僖公和晋文公、齐昭公、宋成公、蔡庄公、郑文公、陈穆公、秦穆公及莒、邾等国国君在温地会见，研究出兵攻打那些不顺服的国家。……这次温地会盟，晋文公召请周襄王前来，并带领诸侯朝见襄王，又让襄王去打猎。孔子说："作为臣而召君主，是不能如此讲的。"所以《春秋》记载说"天王狩于河阳"，天下本都是周天子的，这里却好像不是周天子的地方，而是晋文公的地方了，这是为了避讳晋文公僭越行为的一种说法。孔子认为"以臣召君"是不可以宣扬的，所以改写为不真实的"天王狩于河阳"。到司马迁的《史记》写《晋世家》时，特别指明《春秋》写"诸侯无召王"是不真实的，而"王狩河阳"更是不实之词，《晋世家》这样写："冬，晋侯会诸侯于温，欲率之朝周，力未能，恐其有畔者，乃使人言周襄王狩于河阳。壬申，遂率诸侯朝王于践土。孔子读史记至文公，曰：'诸侯无召王'。'王狩河阳'者，《春秋》讳之也。"司马迁如同古史官董狐、齐太史、左丘明一样，忠实于历史真实，他不会像孔子那样为"圣者""尊者"讳的。梁启超在《中国历史研究法》中指出："孔子作《春秋》，时或为目的而牺牲事实。其怀抱深远之目的，而又忠勤于事实者，唯迁为兼之。"[①]

———

① 梁启超：《中国历史研究法》，上海古籍出版社，2006年，第18页。

　　司马迁生活在汉武帝时期，是汉武帝身边的史官，但司马迁作汉皇本纪尤其是《今上本纪》，大胆地记录刘氏皇帝及武帝的种种恶行："汉武帝闻其述《史记》，取孝景及己本纪览之，于是大怒，削而投之。"（陈寿《三国志·魏志·王肃传》）《今上本纪》这篇敢于写实、为写真实而置生死于度外的文字虽早已不复存在，但我们从《封禅书》所载武帝的迷信、荒唐举止以及其他传记对武帝宠臣们的贪纵无耻、阴险歹毒的揭示中，仍可看到作者的大无畏求实精神。司马迁以犀利的笔锋对权贵们的无情揭露，不仅引起当朝柄权者的嫉恨，也为后世一些专权者所切齿。据《后汉书·蔡邕传》载，王允就曾说："昔武帝不杀司马迁，使作谤书，流于后世。"这也说明司马迁具有敢于为反映真实而不惜献身的气魄与胆量。

　　中国知识阶层是社会的先知先觉者，他们因为认清了历史的必然发展之路，才认为记录史实、传播真理高于一切，为了记录真实的历史、宣传真理，献出生命是值得的。真理高于生命，正如孔子有句话说："朝闻道，夕死可矣。"为了弘道，何惜小小的身躯！司马迁就是为《史记》而生，为《史记》而死，一篇《报任安书》，字字泣血，振聋发聩，是一部中国古代知识分子人生观、价值观的宣言书。中国古代知识分子之所以守护真理、宣传真理，是因为已经意识到人的生命是短暂的，但真理是永恒的，总会战胜一切邪恶的，遵循真理的前途是光明的。不过在封建专制社会中，知识分子的信念、智慧与真诚常受到压制、摧残，尤其是当他们冒犯了专权者的尊严与利益时，往往为专权者所不容，甚至遭到无情的迫害。司马迁就是鲜明的例子，因为说了点公道话，就遭受了宫刑。但与秦始皇专制时相比，汉武帝对文人"仁慈"多了。秦始皇本来顺应历史发展的潮流，完成了统一伟业。他废除了导致国家分裂的封国建藩制，在全国推行郡县制，取消与皇权专制、统一国家不相容的所有旧制度，统一了全国的法令、吏制、兵制、货币、度量衡、公路交通、文字，实行了户籍制，极大地加强了国家的统一与中央集权制。秦王朝大一统制度本来已为新型的知识阶层——中国文人的产生提供了强大的社会物质基础，但它没有正确选择与中央集权制相适应的文化体系，只对赞同自己暴政的法家采取重用的政策，对其他士人却采取了残酷打压的态度，以血腥镇压的方式对待奉行仁义之说的不同政见者，实施了恶名昭著的"焚书坑儒"。其结果使中国古文献的保存与学术传授遭到极大的破坏，同时也从整体上严重地摧残了士阶层，延缓了中国文人在封建地主阶级中央集权制条件下的形成。

然而黑暗是暂时的，暴政是短命的，再强暴的独裁者，也阻挡不了轰隆隆向前的历史车轮。"野火烧不尽，春风吹又生"，中国知识分子是消灭不了的，他们的良知也是泯灭不了的。他们信奉、坚守、宣传真理的传统代代相传，追求、捍卫真理像一条红线贯穿整个中华优秀传统文化，使中华优秀传统文化没有在任何一个历史环节中断绝过。

三、中国古代知识分子的优良传统

中国古代知识分子除了勇于担当、矢志不移地完成自己历史使命的特点外，还有许多特点同样推动了中华优秀传统文化的传承、发展。

第一，中国古代知识分子始终坚信并不断发展孔子的仁学。

孔子的仁学由继承、发展西周的德学而来，把仁从西周一个特殊的德行提升到具有普遍善的概念，不仅概括了德的全部内涵，还有许多外延，涵盖了所有美好的德行和人类美好的情感，成为人类社会行为的总则。孔子死后，其嫡孙子思继承了孔子的仁学，发挥了仁学中的中庸之道，以"中""和"为宇宙根本法则，将中庸提到世界观的高度，又将道德观念的"诚"视为世界的本体。他说："诚者物之终始，不诚无物，是故君子诚之为贵，诚者非自成己而已也，所以成物也。成己，仁也，成物，知也。"（《中庸》）子思的《中庸》为仁学增添了新内涵。

孟子受业于子思门人，与子思亲亲尊尊的仁学观念相近。他发挥了孔子的仁学观，主张："亲亲而仁民，仁民而爱物。"（《孟子·尽心上》）由

"亲亲"开始，扩大至"仁民"，再扩大至"爱物"，爱的扩大称之为"推恩"，推恩表现在政治上就是主张施仁政、行王道。孟子提出："民为贵，社稷次之，君为轻。""得民心者得天下，失民心者失天下。"实行仁政，全在于有"仁心"即"恻隐之心"。仁心就是性善，这是仁、义、礼、智天赋的"四端"善德，存心养性，才能做到"尽心"、"知性"和"知天"。孟子的民本主义、性善论都是对仁学的新贡献。孔子的仁学发展到汉代，董仲舒糅合阴阳五行等学说，对仁学进行了改造，他把原始儒家的仁义道德当作天意，把仁纳入他的神学目的论中。不过他在孔子"爱人"说的基础上又提出"正我"的新说："《春秋》为仁义法，仁之法在爱人，不在爱我；义之法在正我，不在正人。"[1]不仅解释了仁与义的区别，而且指出"爱人"的前提是"正我"。董仲舒的新儒学已有天人感应的神学因素，至汉末，谶纬兴起，以谶纬附会儒家经典，使经学神学化。魏晋至隋，谶纬逐渐被禁绝，然而兴起的却是援道入儒的玄学。不论轻名教还是弃名教，都是"反传统"。至唐，又逢佛、道二教盛行，韩愈倡言"抵排异端，攘斥佛老"（《进学解》），认定儒家的仁义道德才是华夏文化的正统，其最大的功绩在于领导了与儒学复兴相为表里的古文运动，苏轼曾赞许韩愈"文起八代之衰，而道济天下之溺"（《潮州韩文公庙碑》）。

宋代儒学的新形态——理学，更是从理论深度上发展了仁学，对仁学分别做出理论基础和表现形式的新阐释。宋代理学代表是北宋的张载、二程（程颢、程颐）与南宋的朱熹。张载"以《易》为宗，以《中庸》为体，以孔、孟为法"，以学圣人为目的，认为"求为贤人而不求为圣人，此秦汉以来学者大蔽也"。（《宋史·张载传》）张载调和孟子的性善论与荀子的性恶论，提出人性分"天地之性"与"气质之性"。"天地之性"属先天性质，为纯善性；"气质之性"属后天性质，有善有恶。通过学习才能克服

---

① 钟肇鹏主编：《春秋繁露校释》（校补本），河北人民出版社，2005年，第562页。

"气质之性"中的恶，返回"天地之性"的纯善。他在《西铭》中提出："乾称父，坤称母；予兹藐焉，乃混然中处。故天地之塞，吾其体；天地之帅，吾其性。民吾同胞，物吾与也。"张载认为人是宇宙万物之一，仁基于宇宙生成的伦理原则，是人的价值本性。仁不仅包括人与人之间的亲亲尊尊，而且所有人是我同胞兄弟姊妹，而自然万物皆与我为同类。张载把关爱扩展到自我、家庭、社会、自然等所有的存在，对孔子的仁学进行了综合的发展。

程颢以儒家学说为本，吸收、改造佛老思想，建立了以"天理"为宗的新儒学。他认为"心是理，理是心"，开陆九渊、王阳明心学之先河。又认为："仁者，浑然与物同体。义、礼、知、信，皆仁也。识得此理，以诚敬存之而已。"（《河南程氏遗书·二先生语二上》）以"与物同体"来认识仁。

程颐也认为万物只是一个"理"，提出"性即理也"，此观点经朱熹进一步阐发，成为与陆王心学相区别的重要标志。程颐还把张载《西铭》的思想概括为"理一分殊"，他说："《西铭》理一而分殊，墨氏则爱合而无分。分殊之蔽，私胜而失仁；无分之罪，兼爱而无义。分立而推理一，以止私胜之流，仁之方也。"（《二程粹言》）"理一"是实施仁爱的根本原则，"分殊"是对不同对象分别施以不同的爱。程颐指出《西铭》论仁与墨子的兼爱根本的区别就在于爱有差别。但是程颐以公来说仁，若出以私心去"分殊"必然失掉仁，若无"分殊"而兼爱，就失掉义。将公与仁结合起来阐述，在仁学发展上属于首创，从而把"理一分殊"提高到是实行仁学的基本途径这一高度。

宋代理学发展到南宋的朱熹才算达到高峰，他继承与吸收了周敦颐、二程、张载、邵雍的理学思想，融合了佛、道的哲理，建立了"致广大，尽精微，综罗百代"的新儒学体系，对理学的理气论、心性论、工夫论都有创新性的阐发，是理学的集大成者。如果说程颐最早提出"理一分殊"，那么，到朱熹对这一提法进行再一次发挥，才比较透彻地阐明了"理"与"万物"及"一理"与"万理"的关系。朱熹说："《西铭》大纲是理一而分自尔殊……自天地言之。其中固自有分别；自万殊观之，其中亦自有分别。"（《朱子语类》卷九八）"万物各具一理，而万理同出一原，曰万物皆有此理。理皆同出一原，但所居之位不同，则其理之用不一，如为君须仁，为臣须敬，为子须孝，为父须慈。物物各具此理，而物物各异其用，然莫非一理之流行也。"（《朱子语类》卷一八）"理"是宇宙唯一的仁爱原理，也是自然界的具体规律："阴阳五行错综不失条绪，便是理。"（《朱子语类》卷一）理在万物之上，又在万物之中，正如"释氏云：'一月普现一切水，一切水月一月摄。'这是那释氏也窥见得这些道理"（《朱子语类》卷一八）。理是形而上者，但又不离形而下，朱熹建立了"理"有层次的学说，才真正确立了"理一分殊"说。

朱熹之后，受佛教禅宗的影响，儒学又兴起以"心"为最高范畴的学派。他们以宋代陆九渊、明代王阳明为主要代表，提出"心即理"的命题，强调教人明理、立心、做人，提倡"纯乎天理而无人欲之杂"（《传习录》卷上），避免人心被外物诱惑而导致昏蔽。王阳明主张要发明本心，知行合一，致良知。不论以"理"论仁，还是以"心"论仁，都为仁学建构了严密、完整的理论体系，使儒家仁爱的对象从亲亲尊尊向更广阔的范围扩大，直至"民胞物与"。

从先秦产生了孔子的原始仁学后，仁学经历了漫长的发展期，它的理论不断演化，不断加深理论深度，逐渐健全了学术体系。到了清末，超稳定的中国封建社会进入剧烈的动荡、变革期，仁学面临着被改造、被否定的命运。能坚决维护仁学的人少之又少，谭嗣同可谓是捍卫仁学的"中流砥柱"之一。他将中国传统的儒、道诸家思想与西方近代自然科学及基督教、佛教等理论进行糅合，借用当时物理学的"以太"概念来解释"仁"，著《仁学》。在《仁学》中，他认为："仁为天地万物之源，故唯心，故唯识。"即世界由物质的原质构成，本体为"仁"，"仁"决定着世界的存在与发展。他强调"通"是仁的第一要义，"通之象为平等"，"通则仁"，主张以"仁—通—平等"的公式为准则，批判封建专制和传统礼教的束缚，创建"中外通""上下通""男女内外通""人我通"的平等社会。谭嗣同《仁学》中的观点尽管混乱而多自相矛盾，但他并不否定传统的仁学，而且运用传统的仁学为变法维新、实行君主立宪制造舆论。

儒学的核心便是仁，这一核心观念为中国知识分子代代相传，保持了中华优秀传统文化这一活的灵魂的顽强生命力，使中华优秀传统文化一直绵延发展。

第二，关心政事，忧国忧民。

中国的史官原本就是王官之一，即使后来的士和文人也多数是身兼一定官职的人。中国古代的知识分子阶层除了入仕是没有其他"正途"的。中国古代大一统的文化基础由政府控制，很少像希腊文化那样把它推向市场。特别是在夏商西周与秦汉及之后的大一统封建社会，除了春秋战国所谓乱世时期，其他时期很少有不受政府控制的独立从事文化专业的人员。一是政府不允许独立从事文化事业这种现象存在，二是从事文化专业的人员除了吃公饷外，没有其他生活物资来源，所以没有一定官职的文人在中国古代是微乎其微的，除非他有充足的祖上遗产，供他衣食无忧。知识分子既在官府从事政务，自然就会把文化与政务联系起来，他们所从事的文化事业，就带有了强烈的政治性，具有鲜明的为政府为政治服务的经世致用性，自然也养成他们关心政治、关心国运民生，采用各种文化形式来表达自己忧国忧民的感情和意识的习惯。他们怀着近者实现大一统盛世、远者实现大同社会的理想，怀着实现尧、舜、禹、文王、武王、周公、孔子、孟子之道的愿望，以济世救众为己任，以仁政标准来抨击黑暗现实，对社会负有强烈的责任感。不论自己的处境如何，都主动承担起国家与民族兴盛、发展的历史使命。

发达的奴隶制使希腊各个城邦有过城邦联盟，但始终未能形成大一统的局面。而早熟的中国社会，却很早就实现了"王天下"，使中国各地有了共同的"宗主"。夏、商、周的中央统辖尽管还较松散，各方国都有一定的独立性，但毕竟形成了大一统的格局，自然形成了中国文化中强烈的忠君爱国的意识。春秋战国时期大一统局面被打破，经过一段时期的礼坏乐崩、动荡不安，忠君爱国的意识不仅没淡化，反而人们在渴求社会稳定中对大一统更感珍贵。孔子一直鼓吹恢复周礼，曾说："周监于二代，郁郁乎文哉！吾从周。"（《论语·八佾》）过去有人说孔子做梦都想恢复旧制度，实际上，孔子不满诸侯兼并的乱世，想恢复的是周代那样的大一统。他尊奉已经名存实亡的周天子，实际就是忠君爱国意识的一种表现。忠君爱国是从王官文化而来，是全体社会成员一致认同的最崇高的道德规范，因为它体现了每一个社会成员的价值观，维护了当时全体社会成员的根本利益。大一统的爱国意识，具有超时间、超空间的价值，不论社会发生什么变化，都是社会大众所崇尚的一种先进意识，因为它维护了中华民族的根本利益，成为中华文化的灵魂，成为时时感动中华民族每个成员的崇高道德精神。

中国知识分子以天下为己任的优秀传统，当然有其久远的历史渊源，但主要形成于春秋战国时期。现在有些所谓的专家，把中国儒家积极入世的思想解释为消极的出世思想，把他们治国平天下的人生观解释成追求宗教式的心灵安宁，实在是曲解了中国知识分子阶层的优良传统。

秦帝国结束了春秋战国诸侯混战的局面，开创了中国历史上的崭新时代。秦帝国能建立千古伟业，是顺应历史潮流的结果，正如贾谊在其《过秦论》中所说：

> 秦灭周祀，并海内，兼诸侯，南面称帝，以四海养。天下之士，斐然向风。若是，何也？曰：近古之无王者久矣！周室卑微，五霸既

灭，令不行于天下。是以诸侯力政，强凌弱，众暴寡，兵革不休，士民罢弊。今秦南面而王天下，是上有天子也。既元元之民，冀得安其性命，莫不虚心而仰上。当此之时，专威定功，安危之本，在于此矣。

但秦帝国在政权建设的实践上是失败的，很快就被汉帝国所取代。汉代能够建设雄厚的物质文明与灿烂辉煌的精神文明，与完善秦帝国的大一统封建帝制有关，这一点汉代的文人深刻地认识到了。枚乘、邹阳初为吴王刘濞门客，刘濞欲谋反，枚乘、邹阳再不像战国策士门客各为其主，而是上书劝阻，忠君爱国、维护大一统已成为汉代文人的重要意识。

汉代知识分子阶层具有和大一统相一致的恢宏气度，创立了足以与发达的物质文明相适应的以"大汉气象"为声誉的精神文明。如在思想哲学领域，以董仲舒为代表的汉儒，主张损抑诸侯，一切统一于汉天子，以汉皇为中心，使四海之内皆为"来臣"。他大讲阴阳五行、天人合一、受命改制，论证三纲五常的封建等级，其实质就是神化君权，使自己的大一统理论更加系统化、纲常伦理化，使自己的理论成为全社会的道德准则。

在史学领域，以司马迁为代表的汉代史家，以历史主人翁的姿态，雄视往昔千秋万代，"究天人之际，通古今之变，成一家之言"，用新时代的观点对中华民族古今的政治、经济、军事、文化、制度的发展变化进行全面系统的总结，彻底理清了中华民族发展的脉络，确定了五帝、夏、商、周、秦、楚（项羽）、汉的正统序列，把中国整个社会的发展，视为同一种族系统内的多民族的共同发展，记叙了中华民族大家庭中各民族相互大融合的历史，从而确立了中华民族新的大一统思想。

在文学领域，以司马相如为代表的汉代辞赋家，创制了与大汉气象相协调的汉代大赋，汉大赋"苞括宇宙，总览人物"（《西京杂记》卷上），为汉帝国润色鸿业。其辞采绚丽，气势恢廓，反映出汉代国家政治的强盛与物质生产的丰富。从此，历代中国文人都为自己国家所取得的辉煌成就而欣喜，为自己的时代所具有的昂扬进取的精神而兴奋，为自己的民族在世界上获得显赫声威而骄傲，这种大一统的自豪感，充溢在他们著述的字里行间。

比较起来，春秋战国时期，是中国早期的知识阶层最感奋发有为的时代，此时期士是全社会关注的力量，得士者昌，失士者亡，士阶层成了成就霸业不可或缺的力量。士在这个大变革的时代风云中，可以各抒己见，自立门户，自成学术体系，无拘无束地奋其智能，展其才华，极容易实现个人的人生价值。但是在汉代，文人们失去了春秋战国士人的自由与风采。在专制的皇权政治中，文人的社会作用和地位发生了巨大的变化，已由过去群雄争霸中相对独立的重要社会力量，变为大一统皇权政治的一种驯服工具。不仅君主个人对文人的进退出处起着决定性的作用，文人的仕途还受到外戚、宦官、近臣、权贵的控制。豪门阀阅对仕途的垄断，上层统治阶级内部的倾轧，都直接影响着文人的命运与发展。文人的历史责任被取消了，历史自豪感失落了，个性被压抑了，才能被埋没了。古希腊的文化人是社会分工、市场需求的结果，而汉代文人则多是应"御用"而产生的。正因有御用的特点，有时就不得不屈从于统治者的意志。若有反抗的意识，就会遭到政治上、经济上甚至于肉体上的迫害摧残。

但是汉代的文人，即使被统治者所鄙夷，他们也不抛弃对国家、民族的热爱信念，忧乐全系于国家、民族前途上，总是希望君主能幡然悔悟，通过贤明政治而达到太平盛世。当他们的美好愿望不仅得不到实现、反而受到压抑时，他们就以著述来抒发忧愤、抨击不平，"三不朽"事业中的立功不能实现，那么他们也要把自己的生命奉献于立言事业。春秋战国士阶层的不屈不挠的进取精神，深深地影响着汉代文人，司马迁就是个典型的例子。在他身遭摧残之后，并不以直言致祸而怨悔，仍能坚持自己的美好理想和完美的人格，念念不忘的是完成自己记史的使命，相比之下，个人的不幸是微不足道的了。他要把著述作为实现自己人生理想、抒愤雪耻的途径，他在总结历史中也看到了古代文人的这一传统："昔西伯拘羑里，演《周易》；孔子厄陈蔡，作《春秋》；屈原放逐，著《离骚》；左丘失明，厥有《国语》；孙子膑脚，而论兵法；不韦迁蜀，世传《吕览》；韩非囚秦，《说难》《孤愤》；《诗》三百篇，大抵贤圣发愤之所为作也。此人皆意有所郁结，不得通其道也，故述往事，思来者。"（《史记·太史公自序》）在前人的激励下，司马迁发愤著《史记》，从黄帝开始到汉武帝，每一篇都响彻了追求实现"仁政"与忧患民生的心声，这一传统一直为中国知识分子中的著述者所继承。

第三，欲平天下，舍我其谁。

中国早期的知识分子阶层以天下为己任的人生观价值观，促成了他们卓尔特立人格的形成。孔子的弟子曾子说："士不可以不弘毅，任重而道远。仁以为己任，不亦重乎？死而后已，不亦远乎？"（《论语·泰伯》）《孟子·公孙丑下》载：

> 孟子去齐，充虞路问曰："夫子若有不豫色然。前日虞闻诸夫子曰：'君子不怨天，不尤人。'"曰："彼一时，此一时也。五百年必有王者兴，其间必有名世者。由周而来，七百有余岁矣。以其数，则过矣；以其时考之，则可矣。夫天未欲平治天下也，如欲平治天下，当今之世，舍我其谁也？吾何为不豫哉？"

孟子宽广的胸怀，雄伟的气魄，强烈的时代忧患意识，欲平天下的志向，使他以救世者而自负，从而敢于对时事政治发表意见，敢于对危害国家、民族、民众的恶政恶习恶人恶事进行斗争，并不畏惧那些有权有势者。如果那些高贵的"大人物"无德无行，则从内心藐视他，不被他炙手可热的气势所吓倒。孟子说："说大人则藐之，勿视其魏魏然。堂高数仞，榱题数尺，我得志弗为也；食前方丈，侍妾数百人，我得志弗为也；般乐饮酒，驱骋田猎，后车千乘，我得志弗为也。在彼者皆我所不为也，在我者皆古之制也，吾何畏彼哉？"（《孟子·尽心下》）无欲则刚，志高则强，孟子就是中国古代知识分子忧患天下、捍卫真理而无所畏惧的大丈夫人格的写照。从春秋战国开始，就形成了中国知识阶层以天下为己任的意识。

孟子有句名言："古之人，得志，泽加于民；不得志，修身见于世。穷则独善其身，达则兼善天下。"（《孟子·尽心上》）中国古代知识分子阶层在身处逆境时，尤能显示其一身浩然正气、坚贞不屈的大丈夫特征。因为从事的文化事业本身就是宣扬真理，所以他们大多数崇尚真理、心灵纯洁，因此又常与黑暗现实发生矛盾冲突。在黑暗势力强盛时，其人生经历往往是坎坷不平的，但难能可贵的是，他们在任何挫折中都能保持自己高尚的人格。他们有一条出处穷达的原则："居天下之广居，立天下之正位，行天下之大道；得志，与民由之；不得志，独行其道。富贵不能淫，贫贱不能移，威武不能屈，此之谓大丈夫。"（《孟子·滕文公下》）这就是中国知识分子的人生态度，尽管"得志"者凤毛麟角，"不得志"者居多，但即使处于穷困之境，也不动摇自己的信念，正如孔子说："君子无终食之间违仁，造次必于是，颠沛必于是。"（《论语·里仁》）由于心怀远大志向，中国知识分子对于逆境往往能乐观待之，大不了就是上天赐予了一个"独善其身"的机会，正好可以修炼身心、积累知识，为出仕即"兼善天下"做好准备。他们懂得只有"正己"才能"正人""正世"。有时还以为苦难是上天对承担历史责任者的一种考验与锻炼："故天将降大任于是人也，必先苦其心志，劳其筋骨，饿其体肤，空乏其身，行拂乱其所为，所以动心忍性，曾益其所不能。人恒过，然后能改。困于心，衡于虑，而后作。征于色，发于声，而后喻。"（《孟子·告子下》）尽管忧患天下的人有时反而获罪蒙冤，危害国家的人反倒官运亨通、飞黄腾达，但多数知识分子仍不肯随波逐流，宁可玉碎决不瓦全，决不苟且而玷污自己的人格。

中国知识分子对待个人生活更是如此，不论自己如何的穷困潦倒，决不忘掉道义去汲汲追求衣食无忧。孔子说："士志于道，而耻恶衣恶食者，未足与议也。"（《论语·里仁》）他认为颜回就是安贫乐道的榜样："贤哉回也！一箪食，一瓢饮，在陋巷，人不堪其忧，回也不改其乐。贤哉回也！"（《论语·雍也》）即使贫穷彻骨，都一心志于道。正因知识分子阶层始终有坚定的理想与信念，才"士见危致命，见得思义"（《论语·子张》）。能做到遇危难能自动承担重任、扶危济困，见利益则以道义为重、耻于逐利，才称得上是具有高尚的荣辱观与价值观。

从孔子、孟子开始，"士"的概念发生了重大的变化，判断"士"的标准，不再是宗法等级权势地位，而是改换成道德人格了。具有高尚的人格，富者可为士，贫者亦可为士，因为"无恒产而有恒心者，惟士为能"（《孟子·梁惠王上》）。士能做到身无分文而心怀天下，相比之下，那些高高在上作威作福而无道德人格的贵族们，眼中只有区区个人的利益，缺乏的正是士的博大心胸与长远眼光。

中国早期的文人继承了孔子的弘道精神，知言之不用，道之不行，于是退而著述，无论写文述史论哲理，字里行间都凝结着对仁爱之道的追求。在审美上，这一特征造成了中国古代文化与西方古代文化的显著不同。中外文化有共同的特性，即都要求真善美的统一，所不同的是对真、善、美的强调各有侧重，中国古代文化向来把善放在第一的位置上。所阐述的核心理念是仁义善德，所歌颂的不是容貌如花的美人，而多数是对国家有贡献、有责任感的"善人"，他们所塑造的理想人物体现的是崇高的理想和伟大的人格力量。对善的人物和美好事物的歌颂与赞扬，就是中国早期知识分子自觉实现自己历史使命的一种方式。而所谓"善"，说到底，就是中华优秀传统文化中"仁"的道统，就是高尚的仁爱精神。

春秋战国至两汉，是中国文人阶层逐渐形成的时期。春秋战国士阶层及汉代的文人阶层，所表现出的关心政事、忧国忧民的古道热肠与卓尔不群的举止，为历代知识分子阶层所仰慕与效仿。久而久之，形成了知识阶层的一种传统，甚至变成一种潜意识，影响了知识阶层的性格特征与思维定式。尽管由于关心政事、忧国忧民，有时会冒犯昏聩的执政者，遭到他们的打击迫害，但中国知识分子以屈原、司马迁等人为榜样，不改初心，无怨无悔，虽死犹荣。中华民族从古以来就存在着这样一支坚守、维护真理的知识分子队伍，不论历史多么曲折，不论他们个人的命运多么坎坷，他们却永不辜负传承道统的历史使命，使中华优秀传统文化不断发扬光大。

第五章 中华优秀传统文化特色形成的
自然与社会环境

中华优秀传统文化主要是由中华民族的主体民族创造的，而主体民族及中华优秀传统文化的特色，又是在特定的自然环境与社会环境中形成的，其他国家也都遵循着这一规律。民族与文化的产生与发展脱离不了环境，环境不同，就形成了不同的民族及文化特色。环境大致包含两个方面：一是人与人互相结成各种关系的社会环境，如政治体制、生产关系、社会结构等等；一是地理环境，包括自然地理环境与人文地理环境。一般说来，社会环境对文化的影响起着主导的作用，但地理环境对于文化的影响也很重要。因为地理环境不仅制约着各地域的风土人情、风俗习惯、方言土语等，同时也影响着各地域的生产、交换和生存方式，也很大程度上影响着社会环境。特别是在生产力水平十分低下的古代，地理环境对一个民族、一个地域文化的产生和发展，有时甚至起着决定性的影响作用。

第一节　地理环境与主体民族的形成

一、独特的自然地理风貌与"两河流域"农耕文明

古代文明大多以江河流域为其发源地，如发源于亚洲底格里斯河与幼发拉底河流域的古巴比伦文明，或称美索不达米亚文明，发源于亚洲印

度河与恒河流域的古印度文明，发源于非洲尼罗河流域的古埃及文明，发源于黄河、长江流域的中华文明，四大古文明都诞生在人们适宜生活的地方。到了"轴心时代"，人类最先进的文明，主要分为以中国为代表的东方文明与以古希腊为代表的西方文明。由于黄河流域具有肥沃的黄土地可供耕种，人们又称中华文明为黄色土地文明。而古希腊处于爱琴海地区，适宜发展海洋贸易，人们又称之为蓝色海洋文明。文化与地理环境息息相关，尽管后来社会快速发展，社会环境对文化的影响作用越来越大，但由地理环境所决定的古老文化的特点及形成的文化传统，仍严重地制约着以后文化的发展。中国特殊的自然环境与社会环境，为中华优秀传统文化提供了得以生存发展的条件。

距今七八千年前，中国就产生了具有文字性质的刻画符号，那时还处于新石器时期。七八千年只是人类发展史上一个短暂的阶段，是地球发展史上的一瞬间。据科学测定，七八千年以来中国的地形地貌有所变化，但没有发生巨大的变化，与现在的情况大致相似。从现在的地图上就可清晰地看到，中国地处亚洲东南部，东南面临汪洋大海，西南横亘高山峻岭，西北有大漠荒原阻隔，地形独特，周边人烟很少，形成了一个幅员辽阔却又与外界隔绝的自然封闭状态。

我们常说中国地大物博，实际上适于可耕种的土地并不多，适于放牧的草原更少，山地、高原和丘陵约占全国总面积的65%，从海拔来看，3000米以上的地区占25.9%，海拔500米以下的地区仅占25.2%，全国境内地势呈现出西高东低的特点。从西南、西北最高的喜马拉雅山、天山、昆仑山等山脉，一直向东北、东南延伸到黄海、渤海、东海、南海，中国地势形成由高逐渐下降的"三大阶梯"。最高的"阶梯"是青藏高原，平均海拔4000至5000米。中间"阶梯"地域广大，包括塔里木盆地、吐鲁番盆地、准噶尔盆地、四川盆地、阿拉善高原、鄂尔多斯高原、黄土高原、云贵高原等，平均海拔1000到2000米。最低的"阶梯"是东北平原、黄淮海平原、长江中下游平原及江南广大地区，平均海拔低于200米。

中国处于亚欧大陆的东部，太平洋的西岸，西南距离印度洋也不远，大部分地区处于北温带。受太平洋及印度洋季风影响，季风气候十分明显，降雨量随季节变化。从降雨量、植被及适应这些条件的生产方式看，中国从南到北又可划分为三种类型的生产区。大致以400毫米等降水线为划分线，这一划分线差不多和长城的走向相重合。划分线的西北部，人们从事着游牧生产，称为北方草原游牧区。长城以南的广大黄河与长江流域，地势平坦，适宜人们定居从事农耕，称为中原农业地区。中原农业区以南为中国的热带、亚热带地域，降雨量丰富，然而多是山地，人们虽从事农耕生产，然居住不固定，常迁徙变动，所以人们称它为南方山地游耕区。

地势与降雨量的不同，带来气候、植被、交通、农牧业生产等自然地理环境与人文地理环境的不同，进而形成人口、民族、城市、政区等分布的不同，这一切又造成各地语言交流、风土人情、生活习惯、生产方式、社会形态以及历史发展进程等等的不同，形成不同的文化区。近几十年来的考古成果证明，中国新石器中晚期同步发展的文化区有许多，有人总结有四个文化区：黄河流域文化区，长江流域文化区，东南沿海、西南文化区和北方（主要指东北、内蒙古、新疆等地区）文化区。也有人主张当时有八个文化区，分别是：中原文化区、黄河下游山东文化区、江汉三峡文化区、长江下游文化区、华南文化区、甘青文化区、东北文化区和北方草原文化区。

这些文化区发展是很不平衡的。中国山地多平原少，山地、草地不适宜庄稼种植，而人的食物构成主要是粮食，所以自古以来，各地都重视粮食生产，秉持着"民以食为天"的观念。特别是周代，周人把其始祖后稷尊为稷王、农神、耕神、谷神，可看出整个民族都十分重视农业生产。铁器农具的使用与牛耕技术的推广，使粮食生产量大幅度提高。后来秦王能统一中国称皇帝，主要靠推行奖励"耕战"政策，粮食产量满足了秦帝国实现政治、军事目标的需求。汉代建立后，仍推行"重农抑商""重本抑末"的经济政策，农耕生产区扩展至北起长城南到岭南，扩大了全国的农耕面积。汉代大规模地向西北地区徙民屯田，使原来的一些牧区变为农垦区，确立了以农业为主体的国家经济体系，从而也确立了以农耕文化为主导的文化体系。北方的游牧文化与南方的山地游耕文化都受到了农耕文化的影响。

比较起来，黄河流域和长江流域最适宜耕种，这两大流域，不仅有水灌溉，而且大部分地区雨热同季，温度与水分配合较好，有发展农业的优越自然条件，养育着众多的人口，于是成为中国农耕文明的主要发祥地，农耕文明发展程度最高。黄河流域文化区和长江流域文化区对中国文化影响也最大，其文明程度从总体上说远远超过其他文化区。尤其是黄河流域黄土层疏松，因而适于新石器时代初、中期木、石、骨及晚期青铜式耕具的使用。那时黄河流域植被茂盛，不像现在这样水土流失严重，肥沃的土壤非常适宜种植粟、稷等农作物。长江流域耕地大面积的开发稍晚于黄河流域，至于长江流域成为以种植水稻为主的农耕中心，那已经是后来的事了。黄河流域早期农业生产的发达，使中国历史上呈现出如下重要现象：

第一，最早形成了中国古代的黄河流域经济发达区，代表经济发达区的农耕文明构成了中华远古文明的主体与核心。由于黄河流域主要地区居于中国的中部，有人也称黄河流域文明为中原文明。黄河流域农耕地区不断扩大，其先进的生产方式逐渐被更大范围地区的人们所接受。过去从事渔猎、畜牧的地区或民族，看到农耕生产有较多收获，于是在自然条件允许的前提下，逐渐改为从事农耕、半农半牧或半农半渔猎。黄河流域农耕文化大规模地影响了全国其他文化区的文化，如使得长江流域耕地大面积地开发，成为以种植水稻为主的农耕中心。

第二，在黄河流域的土地上养育了当时全国一半以上的人口，在这个流域，生活着人口数量庞大的各种部族。据神话传说，在远古时代，有九黎、三苗、炎帝氏、黄帝氏等族，后来中原主要以诸华、诸夏，如方夏、区夏、东夏等人口为最多，这些民族多是由境内原先的多民族联合而改称的，当然也有从周边迁入中原与当地民族融合而改变了原来称呼的。诸华、诸夏等族又连称华夏族，而中原的周边，则有夷、蛮、戎、狄族。夷、蛮、戎、狄代表东、南、西、北各方面众多的部族，同华夏族一样，都是多种民族的连称。春秋时期，"尊王攘夷"成为建立霸主事业的旗帜，此处的"夷"指夷、蛮、戎、狄，"王"是指周天子，周天子又代表着华夏族。"攘夷"并不是排除夷、蛮、戎、狄于华夏大家族之外，意在确认华夏族为古老中国的主体民族。周天子是天下人的"宗主"，"攘夷"的目的在于加速夷、蛮、戎、狄的华夏化，共同组成中华民族共同体。随着人口的增加，农耕区逐渐扩大，华夏族也从黄河流域迁往各地，给各地带去黄河流域农耕文明与华夏文化，华夏族在数量上的居于首位与文明上的居于领先地位相一致，具有了融合其他民族的基本条件，各周边部族普遍对华夏族具有了向心力。

第三，黄河流域在新石器时代就成为中华民族的政治中心区。据说中华人文始祖伏羲是河南淮阳人，此地至今有伏羲陵庙，也有人说是陕西人、甘肃天水人。黄帝故里也存在争议，有的说在陕西、山西境内，有的说在河南新郑、甘肃天水、山东曲阜等，但位于陕西省延安市黄陵县桥山镇的黄帝陵，是《史记》记载的唯一的一座黄帝陵，号称"华夏第一陵"，据记载最早举行黄帝祭祀始于秦灵公三年（前422）。1961年3月，黄帝陵被国务院公布为第一批全国重点文物保护单位，2006年，清明公祭轩辕黄帝典礼（黄帝陵祭典）活动列入第一批国家级非物质文化遗产名录。夏朝共传14世，经历17王，迁都多次，都城在今河南登封、洛阳偃师二里头、山西夏县等处。据记载商朝有五次迁都，现在发现了四处：偃师二里头、郑州商城、偃师商城、安阳殷墟。周朝迁都次数不多，西周在丰京，即今西安西南，东周在洛邑，即今河南洛阳。总之，三代之前部落联盟首领的诞生地和三代国家差不多都在黄河流域，这一地区最早形成了中华民族的政治中心区。

黄河流域文化在影响其他文化区的同时，也吸收了其他文化区的特点，其与各文化区文化的交融是主要的，但也有与其他文化区的冲突，这主要表现为农耕文化与北方草原文化的冲突。当游牧性的草原文化相对应的政治制度还处在原始部落时期，中原的农耕文化所对应的政治制度已经进入大一统的国家阶段。游牧地区在当时生产力比较落后的情况下，生存条件比较艰苦，若遇到干旱或冰冻，牲畜会大批死亡，而其政治制度又解决不了人们生存与发展的危机，唯一的办法就是靠武力掠夺农耕区物资来缓解自己的困窘。所以北方游牧民族经常南侵，掠夺了大量财物之后又迅速返回北方游牧区，这种现象从有文字记载以来就一直存在。后来北方游牧民族占据了部分甚至很大部分农耕区，想用自己的游牧方式替代农耕生产，用草原文化替代农耕文化。然而终因游牧方式不适应农耕生产区，草原文化不及农耕文化，最终认同的还是先进的农耕文化。农耕文化同化了草原文化，一些北方游牧民族自动放弃草原文化而归于先进的农耕文化，这本身就是一种文化大融合。

农耕文化区很少有北方游牧民族的生存危机感，农业经济使他们自给自足，加上制度先进，农耕文化区的民族自古以来就流行着固守本土、与人为善的风俗。《汉书·元帝纪》中说："安土重迁，黎民之性。"农耕文化区的民族很少像北方游牧民族那样掠夺其他文化区，面对北方游牧民族的侵扰一般采取自卫反击的态度，并不想占领他们的区域去扩展自己的耕地。多数情况下，农耕文化区民族还对草原文化区民族采取和善、安抚的政策，以"君子敬而无失，与人恭而有礼，四海之内，皆兄弟也"（《论语·颜渊》）的态度对待周边部族，以至形成了一种主体民族华夏族乃至汉族的传统。这种传统使中华民族从来不依靠自己的军事实力去侵略其他国家或其他民族，而是与周边国家和民族互通往来、和睦相处。

由于历史记载的局限与出土文物的有限，我们过去很长时期一直认为中国的文明仅源于黄河流域。普遍的认识是：我国在六七千年前的新石器时代，文化类型属于黄河流域的仰韶文化（仰韶文化是因1921年首次发现河南渑池县仰韶村文化遗址而得名），因而认为中国文化的源头是中原文化。新中国成立后又发现西安半坡遗址，更被认为是仰韶文化的典型代表。中国科学院考古所用碳14测定半坡遗址三件木炭标本，其中的一件木炭标本显示的年代为距今6080年加减119年。关于半坡遗址，我们前面有所提及，其文化遗址鲜明的特征是出土陶器上刻有原始形态的文字，我们称之为陶文。除此之外，遗址有定居村落，有房屋、窖穴，有石器、骨器等生产工具，遗址还发现粟及蔬菜种子，再次说明黄河流域是世界上最早培植粟谷的地方。那时的人们还饲养猪、狗等家畜，已有制陶、织布、编织等原始手工业。后来我们又陆续发现了黄河流域广大地区许多类似的遗址，如黄河上游的马家窑文化遗址，黄河中、下游的大汶口文化遗址等。大量的出土文物与古文献互相印证，使我们对传统的观念进一步加深，坚信黄河流域是我们中华文明的发祥地，黄河是我们民族唯一的母亲河，黄河流域文化是我们中华文化的源头。

然而1973年发现的河姆渡遗址，动摇了我们原来的传统观念。河姆渡遗址位于今浙江省余姚市河姆渡镇的河姆渡村东北的姚江之畔，通过对河姆渡遗址第四文化层标本的碳14测定，河姆渡文化距今为6950年加减130年，其上限已达7000年，比半坡遗址文化还要早一些。在河姆渡考古发掘中，发现了大量的水稻遗存，证明我国是世界上最早栽培水稻的国家之一。遗址出土的农具有骨耜、木耜、木锄、石刀等，驯养的猪、狗、水牛遗骨到处可见，住舍已是木结构干栏式建筑，以桩木架空居住面基座，上面再构筑屋架，梁柱已用榫卯接合，木作工艺技术达到相当高的程度。生活用具、装饰品有木制、骨制、玉制、陶制的，陶器中釜的数量最多，既实用又美观，是当时的主要炊器。最惊人的是还发现了漆碗，证明我国在

7000年前就有了生漆生产。继河姆渡文化之后，上海青浦又发现了包括崧泽文化和良渚文化两个时期的福泉山文化遗址，出土了一般认为到商周才会有的玉带钩、礼器琮等。河姆渡等长江下游浙沪地区文化遗址发现之后，又在四川广汉三星堆出土了大量的文物，其中最引人注目的是青铜人面具，与黄河流域的青铜造型特点有所不同。三星堆的年代现在还未有定论，多数认为还处于新石器时代晚期，很可能与外来的羌族文化有关，是黄河流域文化与巴蜀文化融合的产物。这些铁的事实，显示了长江流域文化与黄河流域文化已旗鼓相当，尽管长江流域文化深受黄河流域文化的影响，但二者又互相融合。长江流域文化的发达，证明它也是中华文明的重要源头之一。

二、人文地理的地域性与统一性

古代部落联盟之后，夏朝建立，出现了国家机构，夏朝开始利用国家政治的强势加速黄河流域文化与各地域文化融合，但三代文化融合最显著的是夏之后的商、周王朝，李学勤先生说：

> 商周王朝的统治区域是很辽阔的，在王畿外有诸侯，其周围还有附属的大小方国。中原文化经常与周围地区的文化交流融汇，彼此互相影响，互相沟通。所以，古代文化的统一性和地域性，是文化史研究的一项重要课题。……统一性和地域性是一对矛盾。我国的古代文化是居住在中国广大领土上各个民族共同创造的，不同地区，不同部族的人民，其文化处于不停顿的交融过程之中，所以既有显著的地方特色，又有广泛的统一基础。[①]

---

① 李学勤：《李学勤集——追溯·考据·古文明》，黑龙江教育出版社，1989年，第36-37页。

如地处赣江中游的江西新干县大洋洲乡商代大墓，出土了大量青铜器、玉器。其造型和纹饰与中原殷商文化相近，即使这些青铜器、玉器是当地生产的，也显然受到中原青铜文化的影响，说明江西一带与中原地区有密切的文化往来。湖北博物馆珍藏着一柄青铜剑，上有"越王勾践自作用剑"的铭文，经专家鉴定，确系春秋时期越王勾践的宝剑，然而这柄剑却是在1965—1966年湖北江陵望山沙冢楚墓中被发掘的，越王勾践的宝剑"不远万里"来到楚国，可以看出楚文化与吴越文化的交往与融合。总体说来，三代的方国虽然有了统一的"宗主"，但都还比较松散，各地文化的多元性特点仍很鲜明，文化并未达到完全的统一。不过新石器时代以自然地域形成的文化区，逐渐变为以行政统辖而形成地域文化区，至春秋时，以行政区划分的文化区有：宗周文化、鲁文化、齐文化、楚文化、吴文化、越文化、三晋文化、秦文化等。

西周至春秋时，大范围地域文化的差异，主要体现为占主体地位的黄河流域文化，或曰中原华夏族文化，和江汉流域的荆楚文化的差异。中原文化从西周时已逐渐形成以德为指导的礼乐文化，强调体现封建宗法的礼乐对人行为的规范；而荆楚文化，还保留着大量的巫文化，除对鬼神崇拜外，还强调人的个性的无拘无束，反对礼乐对人性的束缚。周平王东迁，国运衰微，至春秋末期，周王室已名存实亡。中国的文化中心已由宗周东移到山东的邹鲁地区，邹鲁地区的文化受孔孟儒家思想影响较深，儒家代表人物孔子、孟子本身就是邹鲁地区的人。这个时期的荆楚文化远离中国的文化中心，受老庄道家思想影响较深，而道家代表人物老子、庄子本人就生活在荆楚地区。儒、道两大学派各自鲜明地代表着中原文化与荆楚文化的特点。当然，同时还存在着儒道互补、中原文化与荆楚文化互相交融的情况。中华优秀传统文化统一性与各地方地域性的特点，在文学中体现得尤为突出。

先秦时期的诗歌以《诗经》与《楚辞》为代表，《诗经》收集了商代至春秋中期的诗歌,从乐调上可分《风》《雅》《颂》三大类,从内容上分,有十五《国风》,《大雅》《小雅》二雅和《周颂》《商颂》《鲁颂》三颂,其中尤以《国风》最为精粹。《楚辞》主要收录战国时期屈原、宋玉等荆、楚地作家的诗赋,其中尤以屈原的《离骚》最为杰出。后世常以"风骚"借指这两部伟大的诗集,而这两部诗集又是中国见诸文字的诗歌集的光辉起点,是中国后世诗歌的博大精深的源头。从地域特色上讲,《诗经》基本上具有北方华夏族文化的特色,《楚辞》具有南方蛮族的文化特色。十五《国风》,即十五个地域的民间歌谣,除《周南》《召南》产生于南方的汝水、汉水流域外,其余十三国都属北方地区,而这些北方地区又多属黄河流域。总体来看,代表北方中原华夏族文化特色的《诗经》,表现出质朴淳厚的礼乐文化特点;代表南方蛮族文化特色的《楚辞》植根于南方,虽也吸收了北方中原文化的营养,但鲜明地表现出浪漫热烈的巫文化特点。从此之后,中国的南北地域的诗歌,一直不同程度地保持着这种地域性特点。如汉代乐府民歌,其《相和歌辞》中的《白头吟》,《铙歌十八曲》中的《有所思》《上邪》等,为北地民歌,风格或刚健质朴,或温柔敦厚,具有鲜明的北方中原文化特色;而《相和歌辞》中的楚地民歌,如《艳歌何尝行》,风格缠绵委婉,想象奇特,艳丽柔和,适宜表现青年女子羞涩缠绵的情态,具有南方蛮族文化鲜明的特色。文学中的其他文体也同样存在着地域与民族的特色,只不过比较而言,诗歌的地域与民族的特色更明显罢了。

郭杰教授在一段时间内主要研究屈原与《楚辞》,他介绍自己的研究着眼于两个方面的关系:一是着眼于屈原与以儒家思想为核心观念的北方中原文化的关系;二是着眼于屈原与巫教风俗为标志的南方荆楚文化的关系。他说:"只有从文化的地域性(在社会心理的层次上)和统一性(在意识形态的层次上)相结合的角度,方能真正全面而深刻地认识屈原。而如时下一些学者那样,单纯从荆楚文化之地域特殊性的角度立论,实不足以很好地说明屈原作品的思想内涵和审美特征。屈原在中国文化史上的卓越贡献，不仅在于他通过优美的诗歌作品展现了荆楚文化的独特风貌，而且更在于他对南北文化合流的历史趋势起到了积极的促进作用。"①李炳海先生更从宗教崇拜、民风习俗、祭祀特点等角度，考证《楚辞》的《九歌》深受东夷文化的影响。②从《诗经》与《楚辞》的特色，可以看到荆楚蛮族受中原华夏族文化影响及与各地民族文化融合的信息。

春秋时，在齐、鲁两国内的东夷族已经全部接受了周文化，也就是接受了华夏族文化，后来东夷族基本融为华夏族的成员。"战国时，民族融合以更深的程度、更广的范围、更快的速度继续发展。东北方的燕国使辽河、海河流域各族逐步融合进了华夏民族。自称'蛮夷'的楚族，纵横于汉水、长江流域，成为华夏民族在南方的主要分支。西方秦国经商鞅变法，进一步吸收、继承和发展了华夏文化，后来居上，一跃而成了华夏民族重要的分支。于是，原来分散的华夏民族相对集中，分别形成了东以齐，西以秦，南以楚，北以赵、燕为代表的四个分支，朝着民族统一的方向迈进了一大步。"③秦汉大一统后，中华优秀传统文化的统一性日益加强，但文化的地域性并未因此而消失。虽然统一性与地域性的内涵发生了很大变化，但中华优秀传统文化的统一性与地域性并存的特征至今还存在。

三、主体民族的形成

公元前221年，建都于黄河中游渭河平原上的秦帝国灭亡六国后，在政治、经济、文化等方面采取了一系列有利于大一统的措施。或继续扩大疆域，或收复失地，或采取移民实边的政策，迁徙大量中原华夏族到各边地，加速了各民族的融合与边陲地区经济、文化的发展。

---

① 郭杰：《屈原新论》（增订本），吉林大学出版社，2006年，第6-7页。
② 参见李炳海《〈楚辞·九歌〉的东夷文化基因》，《中国社会科学》1991年第4期。
③ 白寿彝总主编：《中国通史》（第四卷），上海人民出版社，1995年，第128页。

首先，秦帝国征服分布于东南沿海地区的"百越"（包括居住在今浙江境内和江西东部原臣服于楚国的东瓯、福建境内的闽越、广东和广西东部及湖南南部的南越、广西西部南部和云南东南部的雒越），设立了会稽郡、闽中郡。然后又征服今两广地区的南越和西瓯，统一了岭南地区，设置了南海郡、桂林郡、象郡。居住在今贵州、云南和四川西部和西南部各部族，总称为西南夷，有氐、羌、濮等十几个民族，秦国对他们采取了"经略"的政策，开凿了通往那里的"五尺道"，沟通了与中原地区的联系，在原属楚国的巴郡、黔中郡、蜀郡设置了行政机构，安置了行政管理的官吏，把云、贵、川与关中连成一片。在统一岭南时，秦又征伐北方的匈奴，收复了被匈奴占领的河套地区，重设九原郡，管辖34个县。为了防御匈奴的侵扰，增修了原秦、赵、燕三国旧长城，使之连成一体，西起临洮（今甘肃岷县），东至辽东郡（今辽宁辽阳以东），这就是闻名中外的"万里长城"。秦帝国疆域东至于东海、南海、渤海的沿海及今朝鲜，西至陇山、川西高原和云贵高原，南至今越南东北和广东大部，北至河套、阴山山脉和辽河下游流域。分全国为36郡。刘宋朝裴骃《史记集解》说："三十六郡者，三川、河东、南阳、南郡、九江、鄣郡、会稽、颍川、砀郡、泗水、薛郡、东郡、琅邪、齐郡、上谷、渔阳、右北平、辽西、辽东、代郡、巨鹿、邯郸、上党、太原、云中、九原、雁门、上郡、陇西、北地、汉中、巴郡、蜀郡、黔中、长沙凡三十五，与内史为三十六郡。"后来又增为40余郡。秦帝国统治虽然时间很短，但由于建立了君主专制主义的中央集权制度，在幅员辽阔的国家统一了法律、文字等，加速了全国性的文化融合，使全国广大地区成为大一统国家不可分割的领土，使众多的民族归于中华民族大家庭中，为华夏族向汉族转化提供了物质的和政治的条件，汉民族的形成则是在此基础上多民族融合的历史必然。

秦帝国虽然成为幅员辽阔、民族众多又高度统一的强盛国家，但是由于采取了完全与大一统国家不相适应的法家极端酷法治国的政策，国内各种矛盾激化，导致秦始皇死后国家便立即陷入了动乱之中。各地农民纷纷起义，原来的诸侯势力乘机独立，各种政治、军事力量忙于"中原逐鹿"，欲取代秦王朝的统治权。处于北方的匈奴，在当时是秦帝国的一种武力威胁。秦始皇为抵御匈奴入侵，修了万里长城。秦帝国败亡时，匈奴乘机收复了河套地区，把自己的势力范围扩大至东起朝鲜边界，西与氐羌领地相接。

汉继秦统治之初，"承秦制"，建立了更强大更完善的中央集权制，但匈奴还频频南侵。高祖刘邦亲自率兵出击，结果被匈奴兵围困于平城附近的白登山（今山西大同东南），后侥幸逃脱。鉴于汉初还不具备对匈奴大反击的军事实力，于是采取了"和亲"的政策，以皇家宗室女嫁于匈奴单于，表示与匈奴联姻成亲戚。每年还给匈奴送去大批的丝绸、粮食、茶酒等，以此来缓和匈奴对边疆地区的侵扰，后来这种"和亲"政策还施予西域的乌孙。"和亲"本是汉代统治者的一种政治手段，然而对缓和民族之间的矛盾、安定边疆人民生活和生产有积极的作用，同时，也促进了各民族之间的友好与融合。但是"和亲"不是长久之策，仍避免不了匈奴对汉王朝的侵扰。随着汉王朝国力的增强，武帝时决定对匈奴主动出击，进行了三次大规模的战役。第一次战役发生在元朔二年（前127），汉军夺回了河套地区，设立了朔方郡（今内蒙古自治区杭锦旗北）和五原郡（今内蒙古自治区包头市西北）。第二次战役发生在元狩二年（前121），汉军出陇西，过焉支山（今甘肃山丹县境内），越居延泽（今内蒙古自治区额济纳旗东），攻祁连山，深入匈奴境内，匈奴浑邪王率众4万人降汉，汉朝将他们分别安置在陇西、北地、上郡、朔方、云中五郡，俗称五属国。又在匈奴浑邪王、休屠王故地设立武威、张掖、酒泉、敦煌四郡，此四郡处在通往西域的河西走廊地带，所以称"河西四郡"，打通了汉王朝与西域交往的通道，隔绝了匈奴与羌人的军事联系。第三次战役发生在元狩四年（前119），汉军追击匈奴于漠北、瀚海（今蒙古国境内），匈奴主力被摧毁，再也无力南侵。对匈奴三次大规模的反击，每次收复失地，则徙民十数万至数十万来充实新的地盘，加上来降的匈奴人，使北部地区汉族与匈奴族有了前所未有的大融合。当时的史学家司马迁在他的《史记》中，就把匈奴视为中华民族大家庭中的一员，同属上古五帝的血统。他在《匈奴列传》中说："匈奴，其先祖夏后氏之苗裔也，曰淳维。"即匈奴的先祖淳维是夏王大禹的后代。司马贞《史记索隐》引张晏曰："淳维以殷时奔北边。"又乐彦《括地谱》云："夏桀无道，汤放之鸣条，三年而死。其子獯粥妻桀之众妾，避居北野，随畜移徙，中国谓之匈奴。"应劭《风俗通》云"殷时曰獯粥，改曰匈奴"。又晋灼云："尧时曰荤粥，周曰猃狁，秦曰匈奴。"韦昭云："汉曰匈奴，荤粥其别名。"这些考证，说明司马迁将匈奴视为中华民族大家庭的一员是有充分历史根据的。匈奴战败后，内部分裂。宣帝时，呼韩邪单于在汉朝的帮助下，统一匈奴全境，归顺汉朝，率众南徙至阴山附近。元帝时，汉宫女昭君嫁于呼韩邪单于，汉与匈奴关系更为密切。东汉时，匈奴分为南北二部，南匈奴得到汉王朝允许而南徙，并逐步由游牧转为定居农耕，甚至其风俗、语言同化于中原。

匈奴主力被击败后，曾被匈奴冒顿单于征服的乌桓族、鲜卑族也陆续归附于汉。汉始置乌桓校尉，封乌桓、鲜卑首领为侯，匈奴、乌桓、鲜卑等北方部族与汉族实现了更广泛更深刻的融合。

西汉初，匈奴冒顿单于征服了西域。所谓西域，主要指阳关、玉门关以西，葱岭以东，巴尔喀什湖以南的地区。匈奴不仅奴役西域诸国，还把西域当作根据地，待机侵汉。为联合西域诸国夹攻匈奴，汉使张骞两次出使西域。当时，西域地区有36个大小不等的国家，主要有：分布在塔里木盆地南边的楼兰、且末、于阗、莎车等；分布在塔里木盆地北边的疏勒、龟兹、焉耆、车师等；分布在准噶尔盆地东部的姑师、卑陆、蒲类等；还有伊犁河流域的乌孙等。武帝三次派兵主动出击，打败了匈奴。从此，确定了西域各国与汉的臣属关系。汉政府在西域驻兵屯垦，把先进的农业生产、凿井溉田、冶炼制铁等技术及各种先进生产工具传入西域，西域也把中原没有的农产品和优质、珍贵的畜种及先进的生产技术传入内地。双方文化交流亦如此，特别是西域的音乐、歌舞，给古老的中原文化注入了鲜活的生机，一改雅乐独霸乐坛的格局。汉王朝还派使者到安息（今伊朗）、身毒（今印度）、条支（今伊拉克）、奄蔡（今哈萨克斯坦与乌兹别克斯坦之间）等国，与中亚、西亚也建立了联系。从国都长安经河西走廊到安息，再转到西亚和欧洲的大秦（古代的罗马帝国）。这条连接汉与西亚、欧洲的商贸要道，就是著名的"丝绸之路"。"丝绸之路"促进了汉朝与西方的经济、文化交流。

秦帝国本来已统一了岭南，在南方设置了由中央直接管辖的郡县。然而秦末天下大乱，南方众越族、荆楚蛮族及西南夷各族纷纷自立，聚兵称王，中断了与中原的联系。汉代以来，或安抚或征伐，再次平定了南方。不仅恢复了原来秦的郡县建制，又增设了新的郡县，扩大了西南管辖区域。这样，汉的疆域北疆扩至大漠（蒙古高原），西界已达葱岭（帕米尔高原和昆仑山、喀喇昆仑山脉西部诸山的总称）和巴尔喀什湖（在今哈萨克斯坦东南部），东至朝鲜及渤海、东海，南至南海、交趾（今越南），疆域内所有的民族都成为汉帝国的编户民。

汉初在秦郡县制的基础上，实行郡县与封国并存的体制，后来一些分封的诸侯反叛，威胁中央。于是汉帝国不断削弱侯国力量，虽保留一些封国，但它们已无与中央分庭抗礼的实力，其性质已同于郡县了。武帝时，推行中央集权下的州郡县三级行政制。除京师周围的司隶外，分天下为豫、冀、兖、徐、青、荆、扬、益、凉、并、幽、朔方、交趾等13州部，司隶长官为校尉，州部长官为刺史，监察郡县地方官吏和控制豪强势力。汉宣帝时，在西域设立西域都护府，治所在乌垒城（今新疆轮台东北），统领、管理西域诸国，这是汉王朝在新疆地区设置行政机构的开始。汉王朝有权对西域诸国册封国王，任命罢免官吏，调动布防军队，征发粮食草料。至此，西域各国与汉王朝的隶属关系已经确立，正式被纳入汉王朝版图，巴尔喀什湖、葱岭等地已是汉王朝的西北疆界。西汉平帝时全国已有103个郡国，东汉顺帝时达到105个郡国。汉王朝成为当时世界上最强大的封建中央集权制国家，它奠定了以后历代中国国家疆域的基础。

汉代之前，在中华大地上已经经历了长期多民族的融合。司马迁著《五帝本纪》，始于黄帝，就是因为从黄帝起，民族有了雏形。在部落联盟之前，由氏族酋长领导的各部落群，或因迁移，或与其他部落婚嫁联姻甚至冲突战争，已经开始了各地域氏族部落间的交往。部落联盟的建立，更加快了各地区氏族部落的融合。夏、商、周以来，国家已经形成，处于王畿及周边地区的原众多氏族部落，也就是原黄河中、下游地域的诸华诸夏氏族部落，以及不断与诸华诸夏相融合的其他氏族部落，组成了这个国家的主体民族。汉初，华夏民族仍是主体民族，非主体的民族主要有：生活于今山东及苏、皖北部的东夷族，生活于江汉平原南部的蛮族，生活于今江苏南部及浙江、福建、江西、广东、广西的越族，生活于四川地区的巴族与蜀族，生活于西部的戎族和羌族，生活于北方的匈奴族、三胡（东胡、林胡、楼烦）族、北狄族、山戎族、肃慎族、秽貊族等。东夷、南蛮、西戎、北狄，是古人对这些非主体民族的统称。这些非主体的"少数民族"主要受华夏族的影响，但又与中国境内其他民族在互相交往中不断地进行着民族融合。但真正在数量上与质量上的大融合发生在汉代，并产生了一个新的各民族大融合体——汉族。汉族的血脉早期主要来自华夏、东夷、苗蛮三大族群，之后不断有其他族群相继融入，汉族构成了中华民族各民族的主体民族。

汉民族最初是由"汉人"转化而来的。《史记·淮阴侯列传》载齐人蒯通劝说韩信自立："今足下戴震主之威，挟不赏之功，归楚，楚人不信；归汉，汉人震恐：足下欲持是安归乎？"这里的"汉人"是指汉王刘邦统辖下的所有臣民，相当于一诸侯国内的人。当汉朝建国后，"汉人"的含义又发生了变化,《汉书·匈奴传》载:"近西羌保塞,与汉人交通……"这里的"汉人"已指中央集权制下汉帝国所统辖的臣民了。在三代时,就常以国号称呼这些境内民族,即夏民族、商民族、周民族。汉朝遵循了历史的惯例,以国家的名义而命名主体民族,说明汉族不仅是由原来的主体民族华夏族改称为汉民族,而且还是由多民族融合而组成的大民族。与三代不同的是,汉王朝已是中国第一个封建盛世,建立健全了多民族统一的国家体制,以前所未有的规模与速度,加速了境内各民族之间共同融合,迅速地形成了人口众多的主体民族汉民族。

汉王朝通过大量的移民,使主体民族分布在汉王朝统辖的所有地区,大大促进了主体民族与其他民族的融合。许多其他民族不断"汉化",逐渐融于汉族之中。当然也有个别的汉人由于长期居住于人数众多的其他民族间,也出现了"夷化"的现象,甚至融于其他民族之中,但总的来说,汉族的影响在民族的融合中起着主导的作用。

更为普遍的是,各个民族在融合中取长补短,在生产方式、生活方式及风俗习惯上,因互相融合而发生变化,各民族都打上了汉民族的烙印。汉族在多民族中的主体地位,使汉族文化成为国家的标志性文化。大一统政局的持续巩固,加速了汉族文化对各其他民族文化的影响与渗透,加速了各地域文化的向心力与统一性,从这一意义上讲,此时的汉民族已经不是区域概念的民族,而是文化概念的民族。生活在汉帝国境内的民族,认同并奉行以汉族文化为主体的文化,使用汉语言文字,采用汉族惯用的风俗、习惯,有的还自愿、自动地改称为汉族。还有的即使保留着自己民族的语言文字、生活习俗,但认同汉文化为主体的文化,就自认是汉帝国的臣民。汉民族的壮大是一个漫长的历史过程,它从华夏族发展演变而来后,一直是中华民族中的主体民族。

至汉代,随着汉民族的确立,以汉文化为主体的中华文化逐渐形成。这是一种多元一体的文化,这种主体文化也是多民族融合型的文化。民族的多元，使汉文化具有不同的地域特点。文化的地域性特点大大丰富了汉文化的内容、风格与表现形式，形成大一统主体文化统摄下的多元文化特色，为汉文化的民族特色增加了丰富的色彩。同时使各地域各民族的文化具有了既能输出本地域本民族文化，又能输进他地域他民族文化的机制。而政治的大一统、汉族在多民族中的主体地位，使汉族文化成为国家的标志性文化。从这一意义上讲，至汉代才真正形成了博大精深的中华文化，一种多元一体的文化。

中国的地形，东南方与外界隔着大海，西北方有大山大漠阻隔。从远古始至汉初，当时所有交通运输工具都很难打破中国这一封闭式的地理障碍，很难与域外的国家与民族进行广泛的交往。然而在这一自然环境中，境内的各民族倒容易互相交往、融合，在民族融合中，产生了主体民族——华夏族，以华夏族为主联合众多其他民族，产生了主体文化——华夏文化。而从三代开始，统治者利用国家机器，加速各地文化的融合。秦建立大一统中央集权制国家，较早地实现了政治上的统一与文字的统一。汉朝开始才与域外交往，一个各民族融合的伟大的新主体民族——汉族才形成。从此在华夏文化基础上建立的汉文化，成为中华优秀传统文化的主体，标志着中华优秀传统文化的高度成熟。从此之后，各民族融合的时间越久远，中华民族大一统观念越强烈，各民族对中华优秀传统文化也越认可。这是经过长时期的民族融合后必然形成的，而不以个别人的意志为转移。

由于中国周边自然地理环境的长期封闭，中华优秀传统文化在发展过程中，很少受域外文化的影响，所以境内所融合而形成的中华优秀传统文化特色特别鲜明、特别单纯，特别具有生命力。随着社会的发展，中国逐渐与外界有了交往。从汉代开始，印度佛教文化传来，近代又有所谓"西学东渐"，西学一时受人崇拜，流行甚广。但不管域外文化对中华优秀传统文化有多大的影响，都改变不了中华优秀传统文化的本色，中华优秀传统文化从未被外来文化所同化。具有强大生命力的中华优秀传统文化，不仅能始终保持自己的民族特色，而且还表现出一种特别强的兼容性，即吸纳消化外来文化并与之进行再融合，使之中国化，最终将外来文化改造成自己文化有益的一部分。

中华优秀传统文化就是在这样广阔的自然地理环境与人文地理环境中形成的。当历史发展至汉代时，疆域基本定型，以国命名的主体民族基本形成。由于中国主体民族汉族由远古主体民族华夏族发展而来，所以从古以来中国的主体民族始终未变。而代表主体民族的文化，从华夏文化到汉文化，同属一个系统，从未中断过，这使得主体民族与境内各民族共同创造的以汉文化为主体的多元又一体的中华优秀传统文化因此而经久不衰。

第二节　中华优秀传统文化特色形成的社会环境

一、社会形态与自然环境、生产方式息息相关

中华优秀传统文化的特色，即所具有的独特的道统与文统，是在特定的自然环境与社会环境中形成的。上一节主要讲了自然地理环境的作用，这一节我们主要从社会环境的角度谈谈中华优秀传统文化特色的形成。为了厘清这个问题，我们将从东西方不同的社会环境所产生的不同的文化特色去进行比较，以此来认识中华优秀传统文化的特色。

从世界范围来看，中国古代文化的特色最鲜明。可以说，世界上唯独中国古代文化是大河文明（黄河、长江流域文明）的典型。为什么这样说呢？这主要是因为其他大河文化皆因异族入侵或改换文字而导致文化中断，唯独中国以大河文明为主体的古代文化始终未有中断。为何中国的古代文化能未中断而独存？全在于它具有顽强的生命力、无与伦比的延续力、强大的同化力和深远的影响力。中国文化所具有的这些特点经过漫

长的历史发展而形成，最初出现了以中原（黄河中上游流域）华夏民族为主体的民族及主体文化，稍后，长江流域的文化也成为中国文化的源头之一。

经过夏、商、周三代，华夏文化达到鼎盛。至汉代，华夏族融合其他民族组成新的主体民族汉族，并形成了全国大一统的汉文化。汉之后，国内各地域之间的战争虽然接连不断，甚至出现过其他民族入主中原，其上层贵族掌控全国政权的现象，但各民族对汉文化的主体地位都有认同，只有以汉文化为主体的各民族文化的融合，而从未有过其他民族文化取代汉文化主体地位的现象。汉文化的影响力还扩展到周边国家，有的国家甚至曾将汉文化当作自己国家的主流文化。中国遭受外国的侵略是近代的事，但此时以汉文化为主体、国内各民族文化大融合而形成的中华文化，早已形成了博大精深的体系。他国的入侵，只能加速中华优秀传统文化对异域文化的吸收，扩大其在世界范围内的影响力，而绝不会存在其他异域文化取代或征服中华优秀传统文化的可能性。这是什么原因造成的现象呢？这与中国独特的社会环境有很大关系。

如果将中华优秀传统文化产生的社会环境，与西方文明古国的社会环境相比较，就看得更清楚了。我们这里说的西方文明古国的社会环境，就是指古希腊文明所产生的社会环境。古希腊文明因罗马、日耳曼蛮族入侵而中绝。为什么它仍是西方古文明的典型呢？这也缘于古希腊文明的先进性及强大的影响力。西方蓝色海洋文明最早出现于希腊半岛，早在公元前20世纪初叶（时中国已进入夏代），希腊爱琴海地区就步入了克里特文明的时代。古希腊文明发展至中期，进入迈锡尼文明时代，公元前13世纪（时中国为商代的中期），迈锡尼文明衰落。公元前11世纪（时中国为商末周初），希腊人攻占了特洛伊，公元前800年左右荷马吟唱的《荷马史诗》，其情节就是以迈锡尼的国王阿加门农远征特洛伊为主线展开的，标志着欧洲规模化地记载历史的开始。而在中国《尚书》中，早已有了上古、夏、商王朝历史的记载。《荷马史诗》标志着希腊古文明的复兴，所以有人把公元前11世纪到公元前9世纪称为荷马时代。《荷马史诗》的定本约在公元前6世纪末至公元前5世纪初出现时，中国已是春秋战国时期。从公元前6世纪末到公元前4世纪初，古希腊文明进入极盛时期，在政治、经济、法律、文学、哲学、建筑、雕塑、绘画等领域都取得了令人羡慕的成就。就文学而论，不论神话、史诗、悲喜剧、寓言故事、散文、文艺评论等，都成为后人可资效仿和借鉴的典范。古希腊文学形成了欧洲文学的第一个高峰，从而成为西方文学的源头。

公元前4世纪下半叶，马其顿的亚历山大大帝征服了整个希腊。公元前2世纪开始，希腊又为罗马人所统治，古希腊文明逐渐由古罗马文明所取代，文明的中心也逐渐由雅典迁移至埃及的亚历山大港。古罗马文明几乎承袭了古希腊文明的全部精华，古希腊文明形式上虽然中断，但实质并未完全消亡，有些又转化为其他的存在形式。在罗马帝国统治时期，帝国不断向周边扩张，在扩张的过程中，将这种文明传到整个地中海地区和中东地区。现代西方文明就是由古代希腊、罗马文明经由中世纪的基督教文明到近代的工业文明一系列演变而来的。总之，古希腊文明是西方文明的摇篮，堪称西方古文明的典型。

希腊先进古文明的产生与其社会环境有关，而其社会环境又与其地理环境息息相关。古代希腊比今天的希腊国要大得多，除了希腊半岛外，还包括爱琴海诸岛、小亚细亚西岸、黑海沿岸、意大利南部以及西西里岛东部海岸等地区。其早期文明中心位于其东部，即爱琴海诸岛和小亚细亚西岸，后来文明中心西迁于希腊半岛，以雅典与斯巴达城邦文明最具代表性。

希腊半岛的地理环境有两大特点：一是平原少，山地多，且土地贫瘠。二是三面环海，海湾多，海岸线曲折；山地多，交通不便。土地贫瘠，只适于种植葡萄、橄榄等经济作物，粮食不能满足需求，所以土壤相对肥沃或交通便利的地方，就吸引、集中了大量的移民，逐渐形成了城邦。由于山岭纵横，把希腊分割成许多彼此较为隔绝的地区，于是在此基础上又形成许多小国寡民的城邦。各城邦相对独立地发展出形形色色的政治制度，却没有如中国那样的大一统君权至上的国家体制。地理环境决定古希腊民族只有通过商业贸易、向外殖民才能维持其生存和发展。

古希腊民族的商业贸易主要以航海外贸为主导，因为希腊海岸线长，又多良港，为航海贸易以及到海外建立殖民地提供了最为便利的条件，海洋成了古希腊人的生命线。商贸以平等交换为原则，维持城邦社会秩序的主要是商品交换原则，而不是像中国主要靠君主专制，靠全民认可并信奉的儒学信仰。希腊商业贸易的发展，要求有自由的市场环境及顾及商业贸易者利益的政策，这有助于古希腊人自由平等观念的形成与民主政治的建立。古希腊民主政体以雅典城邦为典型，这种国家形式虽然仍是奴隶社会体制，但它属于奴隶民主制，没有国王，重视整个城邦的利益，最高权力机构是全体公民大会，由公民抽签产生，共同对国家事务进行商议。公民大会保证多数公民有一定的政治权力，并保障多数公民工商业及独立小生产经济的发展，雅典城邦成为西方民主政体的发源地。

海外贸易增强了外向型的希腊人开放、竞争与开拓求索的民族精神，同时又开阔了他们的眼界，增长了他们的见识，他们接触、吸收城邦以外的异域文化，形成了自由追求各种思想学术的风气。海外贸易还促进了奴隶买卖市场的形成，大量集中的廉价劳动力，容易形成商品生产的规模，社会分工必然细化。相应地在文学艺术方面，也出现了专职的创作人员。古希腊能有辉煌的文学艺术，与其社会分工较细有很大的关系。

代表大河文明的中国，其独特的社会环境的形成与自己特殊的地理环境也有联系。中国地处欧亚大陆的东部，幅员辽阔，大部分领土处于北温带，在太平洋的西岸，西南距离印度洋也不远。受太平洋及印度洋季风影响，四季分明，降雨量随季节变化，大部分地区雨热同季，温度与水分配合较好，有发展农业的优越自然条件。从华夏文明时代以来，这块东亚大陆就供养着最多的人口，成为东亚地区农业文明的中心。

由于地理环境的缘故，中国的农耕生产适于以家庭为单位来进行，商品经济的不发达阻碍了大规模的奴隶劳动、商品交换及城市经济的形成。周代实行土地分封制，虽然生产力低下，但理性的社会意识形态先进，"早熟"地跨入封建社会，而此时的古希腊还处于奴隶社会。早熟的封建社会从一开始就把封建礼法德治的观念作为社会的主导思想，逐渐取代传统的神主宰一切的观念。随着理性主义的不断觉醒，神话被视为"荒诞不经"而加以摒弃。神话不仅失去了产生与发展的社会条件，而且原有的神话也不断得到历史化的改造，神话大量泯灭，失去如此肥沃的艺术土壤，当然难以开出史诗、悲喜剧的奇葩来。

相对封闭的中国地理环境，容易实现大一统，由氏族部落制向奴隶制国家转变时，是通过废禅让、承世袭的"和平过渡"方式来实现的。后来虽然发生过夏、商、周改朝换代，但都属于臣子"僭夺"君权的内部权力转移，社会动荡短暂。而古希腊由于山地分割，建立起许多彼此独立的氏族部落与城邦，这些氏族部落与城邦向奴隶制的城邦联合帝国过渡时，互相之间经历了长久而激烈的战争，战争中产生了许多关于战争的谣曲与战斗英雄的颂歌，为内容宏富、规模庞大的史诗与悲喜剧提供了丰富的素材和可以借鉴的艺术形式。中国长期比较稳定的农业经济社会，只给田园牧歌式的诗歌提供生活内容，中国诗歌形成了重于抒情、体制短小的传统。中国早期大规模的战争发生在春秋战国时期，它向人们展示的战争比希腊半岛上发生的战争还要剧烈、持久。面对翻天覆地的时代，中国既没有史诗也没有悲喜剧来反映它，只能探索一种新的表现形式，这就是史传文学，其代表作是先秦的《左传》《国语》《战国策》等，汉代的《史记》则代表了史传文学的最高水平。《荷马史诗》是西方文学史上最早的鸿篇巨制，而上述的中国史传作品则同样是鸿篇巨制，它们虽不是史诗，却是结构恢宏、艺术精湛、成体系的中国历史文学作品创作的开始。

人类的历史是人类自身的发展过程，人类在此过程中创造了自己的历史。当我们用哲学的理性去审视我们中国历史的演进，去审视我们中国文化的发展时，那些活生生的中国历史演进的具体阶段，那些生动的中国文化发展的客观规律，都再一次证实马克思、恩格斯关于唯物史观的论述是非常正确与精辟的。任何人类社会的第一个前提是有人类的生存，人类生存的第一个前提又必然是物质生活资料的生产。恩格斯说：

> 人们首先必须吃、喝、住、穿，然后才能从事政治、科学、艺术、宗教等等；所以，直接的物质的生活资料的生产，因而一个民族或一个时代的一定的经济发展阶段，便构成为基础，人们的国家制度、法的观点、艺术以至宗教观念，就是从这个基础上发展起来的，因而，也必须由这个基础来解释，而不是像过去那样做得相反。①

社会的上层建筑及一定的社会意识形态不仅在恩格斯所说的"这个基础上发展起来"，并且要与"这个基础"相适应。因为不同社会阶段，人们对物质生活资料的需求，决定了物质生活资料的生产，而物质生活资料的生产又与一定的经济发展阶段的生产方式、交换方式相联系，而这一切又紧紧地制约着人们的整个社会生活、政治生活和精神生活。

追溯中国历史上的变动，尤其是重要历史事件的产生、发展，其伟大的变革动力正是来自中国社会的经济发展，来自生产方式和交换方式的改变，它决定了中国一定的社会历史阶段的性质，决定了社会环境的形态，也决定了这一历史时期中国文化的性质与发展。中国是世界上仅有的几个文明古国中的一个，有着自己独特的经济发展历史。

---

① 弗·恩格斯：《卡尔·马克思的葬仪》，《马克思恩格斯全集》第19卷，人民出版社，1963年，第374-375页。

"亚细亚型的中国古代，由原始社会进入阶级社会，适应着'早熟'的自然条件，走的是'维新'的特殊途径，氏族公社没有受到摧毁，而是残留下来，经过家庭公社，转化而为农村公社，成为土地占有者公族剥削宗族奴隶和农奴的基层社会组织。"①将中国奴隶社会的"国情"放到世界范围来比较，尤其是与古希腊、古罗马的奴隶制相比较，中国奴隶制发展得很不充分、很不完善的特点就凸显出来，中国不具备希腊、罗马式典型的奴隶制度。

"早熟"不仅决定了中国奴隶社会依然保留着氏族社会的许多成分，而且又决定了它带着奴隶社会鲜明的"胎记"而过早地进入封建社会。周王朝建立，标志着封建领主制的确立，农奴制已成为主要的生产方式，但奴隶制残余甚至农村公社的残余依然存在。长期以来，学界认为西周是奴隶社会，他们认为人类社会的历史中，有五种基本的社会经济形态，即原始社会、奴隶社会、封建社会、资本主义社会、共产主义社会。社会主义社会是由资本主义社会向共产主义社会过渡阶段的社会形态。然而马克思在1859年首次提出亚细亚生产方式，在其《〈政治经济学批判〉序言》中写道："大体说来，亚细亚的、古希腊罗马的、封建的和现代资产阶级的生产方式可以看做是经济的社会形态演进的几个时代。"②马克思把"生产方式"与"社会经济形态演进的几个时代"联系起来，形成一个划分社会形态的标准。每一个不同的社会阶段，既有人们生产方式的演变，也有人们社会组织形式的演变，生产方式的演变推动了社会组织形式的演变。马克思主义奠基人从生产发展的某一阶段阐明一定社会形态即社会环境的产生，为马克思主义提供了坚实的理论基础。

由此看来，亚细亚的生产方式就是一种社会形态的表述。学界许多

---

① 公木：《先秦寓言概论》，齐鲁书社，1984年，第1页。
② 卡·马克思：《〈政治经济学批判〉序言》，《马克思恩格斯选集》第2卷，人民出版社，2012年，第3页。

人认为亚细亚生产方式是指东方大多数国家的奴隶占有制社会形态，即恩格斯所说的"东方的家庭奴隶制"。在亚细亚社会形态下，存在着专制主义和专制君主，亚细亚生产方式属于奴隶社会的初级阶段，由于西周属于"亚细亚生产方式"，所以西周就是奴隶社会。也有一种认识，说中国不存在"亚细亚生产方式"，这是受斯大林在1938年发表的《辩证唯物主义和历史唯物主义》一文影响而形成的看法。关于"亚细亚生产方式"问题的探讨，分歧很大，至今未有共识。马克思晚年虽然放弃了用亚细亚生产方式解释原始社会的理论，但并未放弃用亚细亚生产方式说明东方社会特点的理论。那么亚细亚生产方式有哪些明显的特点呢？

第一，亚细亚生产方式，并不因有"亚细亚"之名而局限于某一特定地域，它指的是人类历史上最初的一种社会经济形态，属于人类历史的原始发轫期，具有人类历史发展的普遍性，一切文明民族在其历史初期都要经历这一个阶段。

第二，亚细亚生产方式不表示生产力进步的程度，而是指主要的生产资料——土地的所有制，亚细亚生产方式指生产资料公有制。马克思、恩格斯的《德意志意识形态》就提出人类社会的"第一种所有制形式是部落所有制"[①]。在中国，如果说"第一种所有制形式是部落所有制"的社会，是指国家建立之前的氏族部落社会。那么，从夏朝开始，则是由氏族部落所有制过渡到了农村公社所有制和国家所有制，农村公社所有制是氏族部落社会后期的产物，夏商周三个朝代都保留了氏族社会农村公社所有制的残余，推行的是农村公社所有制和国家所有制的混合制，只是农村公社所有制越到后来越趋向式微。在农村公社所有制还残存的情况下，夏商周三代在国家建制方面是不一样的，夏、商朝是松散的氏族部落（方国）邦联制，而周朝已是分封建制，即封建制。与夏、商朝相比，周天子有了更大

① 卡·马克思、弗·恩格斯：《德意志意识形态》，《马克思恩格斯选集》第1卷，人民出版社，2012年，第148页。

的权力，当然还未达到800年之后秦帝国那样的中央集权。夏、商天子管辖的是方国，周天子管辖的是诸侯国，而秦始皇管辖的是郡县，天子的权力越到后来越集中。

《诗经·小雅·北山》有诗句："溥天之下，莫非王土，率土之滨，莫非王臣。"周天子是天下人的共主，他代表着国家，他拥有天下的土地。周天子虽然将土地分封到诸侯国，但土地的所有权还属天子，诸侯国对土地只有使用权，天子有权随时将其使用权取消。天子代表着国家，天子所有就等于国家所有。

在探求人类历史发展客观规律的时候，马克思和恩格斯既强调全人类历史发展的共同规律，又十分注意世界各国历史发展的统一性和多样性，指出了各个民族、各个国家历史发展的不同特点，尤其是处于同一社会阶段中的不同国家历史发展的特殊性。马克思所谓的亚细亚生产方式，符合中国夏商周发展的历史实际。然而，一些学者由亚细亚生产方式得出中国不存在奴隶社会的结论。笔者还是赞同绝大多数人认可的人类五种基本的社会形态的说法，因为在原始社会，土地是公有的，这是谁也不可否认的事实。但是中国进入奴隶社会，名义上土地是国有的，实质是私有的，土地归以天子为代表的奴隶主阶级所有，没有广大国人及从事农业生产的劳动者的份。这个国有与现代的国有是完全不同的概念：现代的国有制，其土地属全民所有；而奴隶社会的国有，土地都是君王的王田或曰公田，天子把公田从上到下逐层分配给下属，然后从下至上逐层进献贡物，广大劳动者只有劳动与纳贡的义务。所以称夏商为奴隶社会，笔者认为比较妥当。但笔者的观点又与许多持五种基本社会形态观的认识有所不同，这就是认为夏商是奴隶社会，而周代不是奴隶社会。并且认为夏商是不成熟的奴隶社会，周代是不成熟的封建社会。周代的"早熟"，不是指它早早地具备了封建社会所有的特征，而是指它虽然还不充分具备封建社会特征，却已在公田与私田分明的"井田制"生产方式下，早早地进入了封建社会。

二、封建领主制及其向封建地主制转型

中国从夏朝开始，设置了国家管理机构，产生了比原始社会末期更鲜明而对立的阶级，形成国有土地制，产生了血缘宗法制，产生了大一统思想意识。但为什么说夏商是不成熟的奴隶社会而周代是不成熟的封建社会呢？这是因为与古希腊相比，它们的社会分工不细，生产力低下，还保留着原始氏族公社的残余。这与典型的奴隶社会的古希腊相比较就看得清楚了。古希腊大约从公元前3000年起，其克里特地区就进入了早期青铜时代，出现了阶级和国家。大约在公元前1400多年，希腊半岛南部出现了迈锡尼王国，迈锡尼文明逐渐取代了克里特文明。大约公元前12世纪末，希腊北部原始部落南侵，迈锡尼文明也衰落了，希腊又恢复到原始部落的状态。公元前11世纪至公元前9世纪，是希腊原始公社制解体、新的奴隶制开始产生的时期。从公元前8世纪起至公元前6世纪，希腊在生产中普遍地使用了铁器，促进了农业和手工业的发展，加速了社会的分工，使古老的自然经济迅速向商品经济转化。同时，广泛的殖民运动，也极大地推动了希腊社会经济的发展。在殖民地上，逐渐形成了数以百计的"小国"，它们以城市为政治、经济、文化中心，联结周围面积不大的农村区域，组成奴隶制城邦式的国家，这些奴隶制城邦有过松散的联合，但始终没有形成统一的中央集权制的国家。不过它的奴隶制社会形态的发展却比较充分而有典型意义。它彻底地消灭了原始公社制的残余，充分地表现出与古代东方不发达的奴隶制政体不同的特征，其完善的奴隶制国家制度及由此带来的社会文明，远远超过了埃及、巴比伦等国。也就是说，古希腊由原始社会向奴隶制社会的过渡以及奴隶制社会形态的发展，最为充分与完备。

在希腊所有的城邦中，最大的城邦是雅典和斯巴达，特别是雅典，更具典型性。雅典城邦曾是希腊许多城邦国的中心，历史上常把公元前8世纪至公元前5世纪的希腊历史时期称为雅典奴隶主民主制时期，雅典文明

基本代表了希腊文明。组成古希腊的民族，主要是亚加亚族人、伊奥利亚族人、爱奥尼亚族人和多利亚族人，雅典人是爱奥尼亚人的一个分支，这几个民族都属于印欧人种。大约在公元前1500年前后，这些印欧人陆续由巴尔干半岛北部进入巴尔干半岛的南端——希腊半岛，取代了原有的土著皮拉斯基人而成为"希腊人"。大约在公元前1600年，雅典人进入希腊阿提卡，他们与其他希腊人一样，当时还处于氏族社会阶段，一切还未脱离氏族部落的野蛮状态。他们进入阿提卡后，不断征服当地各氏族部落，占有他们的土地，驱杀他们的居民，或掠取他们的人口作为自己的奴隶。在公元前1000年至公元前750年间，雅典人统一了阿提卡，在雅典创立了以雅典城为中心、统一管理阿提卡各部落事务的权力机构，即初级的国家行政机构。公元前597年梭伦变法前，雅典处于奴隶制的初期阶段；梭伦变法后，确立公民会议为最高权力机关，解放了因债务而沦为奴隶的雅典贫民，雅典的奴隶主贵族转为只奴役外族人。债务奴隶制的废除，使雅典公民有了一定的自由，促进了奴隶主民主政治的发展。公元前5世纪，希腊盟邦战胜波斯后，雅典城邦成为同盟组织的盟主，于是海外奴隶大批地输入雅典，社会广泛地使用奴隶劳动，使雅典的奴隶制发展到成熟的阶段，雅典成为全希腊最繁荣的城邦。

恩格斯说："只有奴隶制才使农业和手工业之间的更大规模的分工成为可能，从而使古代世界的繁荣，使希腊文化成为可能。没有奴隶制，就没有希腊国家，就没有希腊的艺术和科学；没有奴隶制，就没有罗马帝国。没有希腊文化和罗马帝国所奠定的基础，也就没有现代的欧洲。"[①]以雅典城邦为代表的希腊奴隶制城邦的经济基础是小土地所有制，但城市工商业经济占有很大的比重。发达的奴隶制使社会分工进一步发展，分工越来越细，城邦的城市商品经济更加发达。由于城市及市场的需要，出现了

---

① 弗·恩格斯：《反杜林论》，《马克思恩格斯选集》第3卷，人民出版社，2012年，第560-561页。

专业的学者、诗人、艺术家、演员，他们可以尽一生精力去充分开发利用古希腊的文化遗产——神话和传说，然后专心地去研究哲学、文艺学，或从事建筑、雕刻、绘画等艺术，或创作咏史诗和悲喜剧。希腊城邦还经常举行大型文艺活动，建有大规模的露天剧场，国家为了利用戏剧对公民进行宣传教育，还向公民发放观剧津贴，鼓励公民们去看演出。当时的演员和剧作家享有很高的荣誉，这就大大地促进了希腊戏剧的发展。奴隶制城邦国家给古希腊的文学艺术带来异常繁荣的景象，使古希腊文学艺术表现出惊人的创造力，创造出了无比辉煌的成就。

希腊奴隶制经济虽然发达，但在政治上并没有形成东方式的君主专制政体。雅典城邦推行过僭主政治，其政策一般来说代表工商业奴隶主利益，但也一定程度上有利于平民。后来转变为奴隶主民主政治，广大平民有了更多的自主和民主的权利，这种民主政治环境，有利于思想解放，有利于文学艺术的自由发展。古希腊的文化人所从事的文化事业，多受市场需要的支配，而少受上层统治者的政治控制，某种程度上讲，奴隶主民主政治使古希腊的文化人形成了相对独立的文化人格。他们中的不少人还远涉埃及、巴比伦、波斯等地游学，进行文化交流，从而更扩大了他们的眼界，提高了他们创作的欲望。罗马是由城邦制发展为奴隶制大帝国的，政治民主气氛比不上希腊，所以文化艺术就没有希腊繁荣发达。

当古希腊还处于原始社会时期，在古代东方的中国，原始社会却已过早地结束。我国早在青铜时代早期，即从公元前2070年夏王朝建立，就进入了奴隶社会；而在古希腊，进入奴隶社会是从铁器时代才开始的。世界上许多像雅典城邦那样典型的奴隶制国家，要靠大量奴隶劳动力与大型奴隶市场来形成劳动奴隶制，而大量奴隶劳动力要靠掠夺去获取，大型奴隶市场要靠战争去开辟。而夏后帝启是由部落联盟首领转化为奴隶制国家的君主，直至商王朝的奴隶制社会，仍没有形成大规模奴隶劳动与奴隶市场的条件。我国的奴隶社会没有经过劳动奴隶制的阶段，奴隶制没有得到充分发展。"其特征是生产力相对的低，商品生产和交换不发达；有着浓厚公社残存；城市和农村不可分离的统一。在这一点上，它与'建筑在土地私有制的，以城市与农村的分离为基础的'古代希腊城邦奴隶制国家，有着不同的特征。"①古希腊成熟典型的奴隶制与以落后的自然经济和农村公社制残余继续存在为其社会状态的中国奴隶社会有很大的区别，中国的奴隶社会是很不成熟的奴隶社会。

中国夏商周三代都具有亚细亚生产方式，即土地国有制。所谓的土地国有，实际是极端的土地私有，即土地的所有权只属君王，君王就代表了国。君王又将土地的使用权交付各级土地管理者，各级管理土地的人有权享受一定份额的土地收获，而无权买卖和转让土地。亚细亚生产方式，主要体现为井田制，而井田制的形成则取决于分封制。分封制是井田制经济制度确立的政治制度，起着维系调整贵族阶级内部的利益关系、保证国家政治统治的作用。井田制规定了分封制的主要内容，是决定分封制生产关系形态存在、发展和政治统治的经济基础。分封制究竟起源于何时？近代学者说法不一。李学勤主编的《中国古代文明与国家形成研究》（中国社会科学出版社，2007年）认为古代夏王朝时期就存在分封制度。有的学者认为商朝才开始分封诸侯，称号有侯和伯。正因如此，近来不少学者认为中国从夏朝开始便是封建社会，中国没有过奴隶社会，夏商周三代都是封建社会。从秦始皇时代开始，才结束了封建社会而进入帝王专制社会，这种体制在中国一直持续了两千余年。

夏商是否存在分封制度？想要有个确切的定论，证实的历史资料还是比较缺乏。但从逻辑推理来说，不论分封制还是井田制，在长期推行的过程中，从内容到形式均有发展和变化，因而其显示的社会性质也有变化。夏商类似松散的联邦制，王庭下辖的方国，只是夏王或商王的附属国，不

---

① 杨公骥：《中国文学》（第一分册），吉林人民出版社，1980年，第144页。

像西周时的诸侯封国，有很强的独立性。夏王或商王掌控不了方国的土地，所以都与西周的井田制与分封制有本质的不同，因为夏、商所谓的"井田制"或"分封制"，还处于很不成熟很不完善的阶段。

夏朝所谓的"井田制"，分配给每家每户50亩土地，实行实物地租，上交总收入的十分之一，称为"贡法"。商朝分配田亩数增至70亩，开始实行劳役地租，"借民之力，以治公田"（见《考工记•匠人》郑玄注），称之为"助法"。到了周朝，井田制普遍推行，田亩分配单位是100亩。《孟子•滕文公上》记载："方里而井，井九百亩。其中为公田，八家皆私百亩，同养公田。公事毕，然后敢治私事。"按字面理解，以方形的900亩为一方里，划为九区，形如"井"字。其中间的土地为公田，也可称中区，外八区为私田，八家均有其中私田百亩，八个家庭共同耕种公田百亩。公田的农事完毕，然后再治理私田。即劳动者首先为领主种好公田，然后才能耕种赖以生存的私田。劳动者除交纳公田上的全部收获外，还要为领主从事建筑、纺织、酿造等杂役，领主剥削的是劳役地租，这种剥削方式称为"彻法"。在耕种公田时，始终有专门的官吏进行监督管理。从剥削量来看，夏朝的"贡法"远远超过周朝的"彻法"，就连商朝"助法"的剥削量也远高于周朝的"彻法"。夏商将大批劳动者视为奴隶，进行残酷的统治与剥削。而至西周，吸取夏商灭国的教训，以德治国，敬德保民，解放了大批奴隶，在真正的封建式的逐层分封土地制下，完善了井田制。

西周私田比商末私田的界限更加明确，数量更加增多，《诗经•小雅•大田》有"雨我公田，遂及我私"之句，句中的"私"即指私田。西周的分封制，主要指周天子把王畿以外的全国土地逐级地分别分给大小封建贵族的制度。具体就是天子将土地分给自己的次子、庶子、王室子弟或功臣，使他们在封地建立诸侯国（天子的嫡长子继承王位，用不着封侯），所以有人认为：西周封土建国，才称得起封建社会。天子所封之地称为"封国"或"藩国"，统治封国的君主被称为"诸侯""藩王"。据说周王朝依血缘亲疏远近分封了71个"藩国","藩王"中姬姓有53位,其他是与周朝远祖比较亲近的亲戚及个别大功臣。依据亲疏远近关系,还赐予藩王公、侯、伯、子、男五等不同爵称。藩王的责任就是"尊王",即尊敬维护周天子,维护周王室的安全,保障供给周王室经济、军事等一切所需。

得到封疆的诸侯,在自己的封国内,再将土地分封给自己的次子、庶子,封地称家亦称采邑,被封采邑者为卿大夫(诸侯的嫡长子世袭为侯,用不着封为卿大夫)。卿大夫再将土地分封给次子、庶子、家臣或士(卿大夫的嫡长子世袭为卿大夫,用不着封为士),至卿大夫的庶子、家臣或士,便取消了世袭制。所封予的土地叫禄田,禄田分公田与私田。层层下封,最后才将这些土地的耕作落实于劳动者。这样形成了一种等级性的土地使用制度,也形成了天子、诸侯、卿大夫、士的不同等级的领主。天子拥有天下的土地,卿大夫、诸侯王的土地使用特权都是世袭的,其特权由嫡长子继承,继承者皆称为宗子。周天子为天下大宗,诸侯对天子来说是小宗,在本封国则为大宗。卿大夫对诸侯来说是小宗,而在其采地食邑却为大宗,宗法制实际就是土地权利世袭继承法。《礼记•礼运》中说:"天子有田以处其子孙,诸侯有国以处其子孙,大夫有采以处其子孙,是谓制度。"劳动者将公田的收获上交给卿大夫的次子、庶子、家臣或士,然后他们几级领主就从下而上逐层将收获按一定比例交纳贡赋,也留有一定比例作为各自的俸禄。井田制下的土地一律不准买卖,只能依照嫡庶的宗法关系继承,各级领主在封地享有世袭统治权,也有服从天子命令、定期朝贡、提供军赋和劳役、维护周室统治的责任。

从西周的井田制,我们可以看出西周是不同于夏、商奴隶制的封建社会。为什么这么说呢?因为从西周开始,其井田制是在分土建国的基础上实施的,因而西周的井田制与夏、商的井田制有所不同,它的井田制更加完善、健全与普及。到春秋时期,由于铁器与牛耕的推广,私田被大量开垦,井田制遭到破坏。战国时各侯国逐渐以"授田制"代替井田旧制,开始出现土地私有，此后井田制才逐渐被废止，被封建地主土地所有制代替。西周的井田制虽不属封建地主土地所有制，但它属于封建领主土地所有制，与封建地主土地所有制属于同一性质，其区别在于：封建领主土地所有制属初级封建社会生产方式，而封建地主土地所有制属高级封建社会生产方式。

马克思论述过关于分辨私有制社会的标准，他认为：私有制的特征就是统治者剥削劳动者的无偿劳动，但不同私有制下社会剥削的形式有所不同。从表面看，奴隶社会的劳动者付出的全是无偿劳动，实际上，统治者还是要给劳动者一点点能维持生存的物资的，这部分物资是属于劳动者的有偿劳动所得。由于仅维持生存的物资微乎其微，隐蔽的有偿劳动被明显的无偿劳动所掩盖，这是奴隶社会的特征。相反，当隐蔽的无偿劳动（剩余价值）被明显的有偿劳动（工资）所掩盖时，这是资本主义社会的特征；当无偿劳动（地租）与有偿劳动区分得清清楚楚、谁也不掩盖谁时，这是封建社会的特征。在井田制下，耕种私田所付出的有偿劳动与耕种公田所付出的无偿劳动是非常分明的，统治者榨取的是劳动者在公田中的劳役，与后来的封建统治者收取实物地租有所区别。如果他们榨取的是劳动者的劳役地租，这是封建领主制社会；如果他们榨取的是劳动者的实物地租，这就是封建地主制社会。西周的井田制，可以激发生产者的生产积极性，只要精耕细作，就可以收获更多的粮食，而不像夏商劳动者虽终日勤劳，却因奴隶主的过重盘剥，只能勉强维持生存。

周民族是一个古老的从事农业的民族，自发地有一种重农抑商的传统意识，加上城市经济不发达，商品生产经济始终未能如古希腊城邦那样占据经济重要位置，而是自然经济一直处于社会经济的统治地位。在这种特定的条件下，周王朝不可能大力发展城市经济，也不可能发展奴隶主庄园大生产，而只能进一步完善从夏商朝就开始实行的按血缘关系分封土地的制度，全面推行"封诸侯、分土地、建邦国"的政策，按血缘宗法的原则，进一步完善井田制。土地的使用权最终分配给每个生产者家庭，他们都有一份能维持一家基本生活的私田，前提条件是他们必须在公田上从事集体耕作，并将公田的收获上交。上交的数量不固定，收获多少交多少。被束缚在这种土地制度下的劳动者，有一定的私有财产与人身自由，不是奴隶，而是封建性质的农奴。

西周在生产力不发达的情况下，早早步入了封建领主社会。这种"早熟"的特点，使新的社会具有了许多"先天不足"，不仅保留着大量的奴隶制社会的残余，甚至还保留着许多氏族社会的残余，因此有人认为西周仍是奴隶制社会，诸如存在着买卖人口、活人殉葬等社会现象，"西周奴隶制"成为学术界很有影响的观点。[1]判断一个社会的性质，主要看它的社会生产关系及其决定生产关系的生产方式，而不是看它诸如是否存在买卖人口、活人殉葬等各类表面的社会现象。买卖人口、活人殉葬等社会现象，确实是奴隶制社会存在的现象，但不是判断奴隶制社会的根本特征，因为这些现象在所有的私有制社会也偶有发生。前面已经讲过，马克思主义主张划分私有制的社会形态，依据的是对劳动者剩余价值的占有形式，也就是对劳动者无偿劳动的占有形式。西周封建社会对劳动者剩余价值的占有形式表现为：劳动者在劳动中的有偿劳动与无偿劳动在时间与空间上都有明显的区分，既不是有偿的劳动表面上被无偿的劳动所掩盖，也不是无偿劳动被有偿的劳动假象所掩饰。西周不同于西方通过征服异族或买卖人口，便强迫异族和买来的人口成为自己的奴隶；在对待被征服的异族的政策上，也和夏、商两朝截然不同。西周建立后，并没有把前朝遗民变为奴隶，而是仍保留他们的氏族组织，甚至将殷王后裔仍当诸侯看待，将宋国的土地分封给他们当封国，封国仍继续实行井田制。可以说，公元前1046年，周武王推翻殷商统治建立西周后封土建国，实行公田与私田分明

---

① 参见郭沫若《中国古代社会研究》，人民出版社，1964年。

的井田制，标志着我国由奴隶制进入了封建社会的初级阶段——封建领主制社会。

从西周进入春秋战国，铁制工具及牛力耕种的普遍使用，使农业生产力得到大发展。从现在出土的文物看，我国商代之前还是使用青铜器，从商代开始有了铁器，但那是非常贵重的稀罕物。西周末年，铁器开始多起来。春秋初期，已有铁农具。春秋末期，铁器已普遍使用。牛耕也起源于商代，但牛耕的普遍推广，还得力于铁器的普遍使用。

早在西周中期，就有个别领主贵族为了额外榨取收入，强迫劳动者开垦井田以外的荒地。因为公田不允许其占有，所以个别领主只好瞒着公室，开垦不用交贡的新私田。到西周末期，新开辟的私田越来越多，诸侯、卿大夫之间争夺土地的斗争也不断发生。周厉王时的散氏盘铭文记述：矢人侵犯散国城邑，矢人被打败了，便用两块田地向散国赔偿。到周幽王时，诸侯、卿大夫们连公田都企图据为己有。到春秋时期，私田急剧增加。周天子很难任意侵夺诸侯、卿大夫的私田，土地制度在发生着深刻的变化。诸侯国私有土地的扩张，使得周天子失去了控制诸侯的力量，从而失去了制止各诸侯国攻战兼并争夺土地的权威。土地私有使王室衰弱，打破了周天子独尊的局面；侯国兼并，又打破了诸侯并列、宗族并列的局面，周王朝的礼法秩序大乱。在土地所有制的转变中，一个新阶级——封建地主阶级在悄然兴起。这个新兴的地主阶级，或从贵族转化而来，或出身于商人，甚至出身于庶民，借助新的社会生产力，他们逐渐掌握了土地，并进一步萌发了掌握更大更多权力的意识。在诸侯国内，他们或是采取政变或篡位的方式夺取政权，或是采用改革变法的形式，使土地和财富逐渐集中在新兴的地主阶级手中，从而从根本上改变贵族领主阶级的旧有体制。

新兴地主阶级要求打破传统的世卿世禄制，要求废除旧有的宗法等级制而建立新的社会等级秩序。而封建领主阶级则企图永远保住自己世袭的特权与领地，于是引起了两种社会势力重大的冲突，双方展开了尖锐的斗争。这些矛盾在西周末年就开始趋于激化，首先表现在周天子与住在都邑的"国人"的矛盾，到周厉王时这种矛盾更加尖锐。周厉王为了聚敛财富，以天下共主的身份，采取高压的手段，实行"专利"，导致国人发难，厉王被迫逃亡而死于彘（今山西霍州）。国人拥立周、召二公为共主代行王政，此年为公元前841年，号共和行政元年，是中国历史有确切纪年的开始。共和行政期间，对举行起义的国人自然实行让步政策，同时对住在小邑被称为"野人"的农夫也放松了管制。十四年后周宣王即位，他即位后被迫实行"不藉千亩"，就是废除公田上的农奴集体耕作。于是公田逐渐荒废，私田逐渐扩大，周王室统治大为削弱，而各地的诸侯却随着地方经济的发展而日益强大。到幽王时，又因立太子问题，引起周室贵族间的矛盾，申侯、缯侯联络犬戎进攻王室，幽王被杀于骊山之下，平王被迫东迁。周王室从此便一蹶不振，很难保持"天下宗主"的权威。各诸侯国于是便在虚拥周天子的幌子下，展开了武力争霸。诸侯兼并，列国争霸，成了春秋时政治军事的中心问题。谁争得霸权，谁就可以取得弱小诸侯国的贡赋和徭役，获得了相当于以往周天子的权力，最后达到一统天下的目的。

据史料记载，在春秋时期的294年间，诸侯列国的军事行动就有483次。一次次的兼并战争，杀人盈城，伏尸盈野，给人民带来了巨大的灾难，出现了骇人听闻的"易子而食""析骸以爨"（《左传·宣公十五年》）的悲惨景象。春秋初见于记载的诸侯国有148个，经过血腥的兼并，到春秋末年，只剩周、鲁、齐、晋、楚、宋、郑、卫、秦、吴、越等11国了。但诸侯国战争仍连年不断，且愈演愈烈。到战国时，仅存秦、楚、燕、齐、韩、赵、魏七国，刘向《〈战国策〉书录》说："晚世益甚，万乘之国七，千乘之国五，敌侔争权，尽为战国。"春秋战国时，不仅诸侯国之间互相征伐，而且侯国大夫之间也互相兼并，致使天下大乱，"礼坏乐崩"。

春秋中后期，已经发展到谁拥有财富谁就具有相应特权的地步。这种新的社会力量已经严重地冲击了原来以血缘关系为基础的世卿世禄制度。原来的土地使用者也在逐渐变使用土地为占有土地。为了进一步提高贡赋收入，统治者取消了公田与私田的界限，采用了新的剥削方式，井田制逐渐瓦解。

公元前594年，鲁国实行初税亩。"初税亩。初者，始也。古者什一，藉而不税。初税亩，非正也。古者三百步为里，名曰井田。井田者九百亩，公田居一。私田稼不善则非吏，公田稼不善则非民。初税亩者，非公之去公田而履亩，十取一也，以公之与民为已悉矣。"（《榖梁传·宣公十五年》）"初税亩"承认私田的合法性，私田按亩一律征税，等于正式废除了井田制，原来榨取公田的劳役地租变为按田亩收缴实物的地租形式。随之出现了更大规模的土地买卖，土地所有制在逐渐发生质的变化，从原来天子所有，逐渐变为贵族私有甚至庶民私有。与鲁国一样，其他诸侯国也在寻找变法方案，如齐国管仲的改革，就有"相地而衰征"一项，即按照土质好坏、产量高低来确定赋税征收额。公元前548年，楚令尹子木整顿田制，也是依土地多少高下肥瘠来征赋税。至于其他国家的变革，其核心就是改变旧有的土地法，推行土地个人私有制，推行新的税制改革，以适应生产力的发展。

促进井田制彻底瓦解的，还应归功于秦国商鞅变法。战国初期，秦国在社会经济方面还落后于齐、楚、燕、赵、魏、韩六大国。公元前359年，秦孝公任用商鞅开始变法，秦国才逐渐强盛起来。商鞅吸取了李悝、吴起在魏、楚国实行变法的经验，结合秦国的具体情况，废井田、开阡陌，提出了重农桑、废除旧世卿世禄制、奖励耕织和军功、实行统一度量和建立县制、实行连坐之法等一整套变法策略，深得秦孝公的信任。尤其是废除井田制，承认土地私有，允许土地自由买卖，在经济上改变了旧有的生产关系，从根本上确立了土地私有制。至此，井田制彻底废止。土地私有，促进了秦国小农经济的发展。秦国在土地私有的基础上，奖励一家一户男耕女织，特别奖励垦荒，扩大耕地亩数，增加税收，规定生产粮食和布帛多的可免除本人劳役和赋税。经济得到了快速发展，秦国逐渐成为战国七雄中实力最强的国家。井田制的废除，在政治上瓦解了旧的血缘宗法制度，使国家机制更健全，中央集权制度开始萌生。由于有了丰厚的经济实力，秦国可以大力奖励军功，从而扩大了兵役来源，提高了军队的战斗力，这些都为后来秦王朝统一天下奠定了坚实的基础。汉代王充评价商鞅变法说："商鞅相孝公，为秦开帝业。"（《论衡·书解篇》）当时孟子提倡恢复西周井田制，是针对土地兼并、穷人流离失所的状况，希望能使无耕地者有一份均分共耕的井田，然而，孟子不知实行井田制的社会基础已不复存在，这种想法只能是一种幻想。

为什么反复讲西周与春秋战国这两个历史阶段的生产方式呢？因为生产方式决定了生产关系、社会形态、社会制度，甚至决定了它的社会意识形态。中国理性的社会形态基本是从西周开始的，而春秋战国则是中国轴心时代文化鼎盛的时期，中华优秀传统文化的核心观念儒家思想正是产生于这一历史时期。这两个历史阶段正是中华优秀传统文化特征成熟的阶段，也是为今后封建社会传统文化奠定基础的阶段，讲清这两个历史阶段的社会状态，就好理解中华优秀传统文化的特征了。

三、新的封建宗法制的建立

公元前221年，秦统一六国之后，建立起一个中央集权的统一的多民族国家，完成了中国第一次重大的社会转型，其重要标志是：废除井田制，实行土地私有制，社会由领主与农奴的矛盾对立变为地主与农民的矛盾对立；在中央机构实行三公九卿制，来管理国家大事；在地方上废除分封制，代之以郡县制，国家由封建领主制变为封建地主制。从此土地私有制与中央集权制在中国封建社会延续了2000余年。秦帝国虽废除了分封制，但皇族仍继承了西周成熟的宗法制，分封制取消了，但贵族的特权仍存在，宗法制以非分封的形式存在着，变相的世卿世禄、世袭制仍存在，秦帝国开创了新的封建宗法制。秦始皇所以称始皇帝，就是想一代代世袭将皇位传承下去，故继任者称秦二世。秦帝国虽然建立起强大的中央集权的统一的多民族国家，但由于苛政虐民，激起广大民众的反抗，农民起义动摇了秦朝统治的根基，随后政权便土崩瓦解了。继秦之后兴起的汉朝，基本继承秦制，开创了中国第一个封建中央集权制的盛世。不仅秦的宗法制适用于汉皇室，汉初还实行过一段分封诸侯制度。从此新的宗法制始终在中国封建社会中存在着，只因不同王朝的情况有所不同，统治者对传统的宗法制度酌情加以改造，逐渐建立了由王权、族权、神权、夫权不同内容组成的封建宗法制，但万变不离其宗，西周确立的宗法制的本质是不变的。

宗法制度用于保持宗族政治特权、爵位和财产权不致分散或受到削弱，同时也有利于维系宗族内部的秩序，加强宗族的统治。此制度最初由氏族社会父系家长制演变而来，是一种以父系血缘关系的亲疏为准绳的财富遗产继承法。此制确立于夏朝，从第一位夏王启开始，就已确立了王位世袭制，但王位存有"父死子继"和"兄终弟及"两种形式。到了商朝仍袭夏制，商朝末年才完全确立了嫡长子即正妻所生的长子为法定的王位继承人的继承制。到周代正式确立了"立嫡以长不以贤"的嫡长子继承制，完备了传统宗法制。周天子按血缘关系"封土建国"，逐层分封土地，实际建立的不光是经济特权，与之相联系的还有政治权力。宗族组织和国家组织合二为一，宗法等级和政治等级完全一致，比商代更加系统更加完善地建立起维护领主世袭统治的宗法制度。

西周的宗法制规定宗族中分为大宗、小宗，大宗是嫡长子。周天子自称是天帝的长子，自然是天下的大宗，政治上的共主。其他不能继承王位的次子、庶子及功臣在其封国则是大宗，他们对天子而言是小宗，他们的诸侯王位也是按嫡长子继承的原则世代相传。诸侯王的非嫡长子则由诸侯王分封为卿大夫，卿大夫对于诸侯王而言，又是小宗。卿大夫又分封士，士是贵族阶级的最底层，至士不再分封。大宗只能有一个，小宗由于族类繁衍，人越来越多，一般到了五世就必须分出一些子孙另立门户。这样，就形成了天子处于塔尖的金字塔式的宗法系统。宗法制不仅应用于周室的同姓间，而且和异姓也有关系。按照周制，周室姬姓只能与异姓间婚媾，所以周天子有同姓的伯父、叔父，也有异姓的伯舅、叔舅，他们也都被封侯。这些异姓诸侯，同样有权分封卿大夫，异姓的卿大夫又可分封士，实际把宗族组织扩大了。这样，周王朝通过宗法制度，既建立了一套血缘关系的宗亲网，又建立了一套周密的家国一体的政治统治机制。大宗与小宗的关系不仅是家族等级关系，也是政治隶属关系。宗法制以血缘宗族关系来分配政治继承权利、经济继承权利，即土地和财产继承权，从而维护各级贵族享受"世卿世禄"的特权。

宗法制最鲜明的特征就是家国一体，即家庭与国家的体制是同一结构，这种家国一体的特点，贯穿于整个中国封建社会。具体表现为"家是小国，国是大家"，家庭与国家是彼此沟通的。不论家庭、家族还是国家，组织系统和权力结构都是严格的父权家长制。家长有绝对的权力、权威，有一切的支配权与决定权，这就是现代人所说的"一言堂"。在家庭或家族内，父亲作为"小国"的家长，地位至尊，权力最大；在国内，君主作为"大家"的家长，地位至尊，权力最大。所以，家长在家庭中就像君主一样，君主在国内就像父亲一样，各级行政长官则是老百姓的父母官。由于家国同构，便有了"欲治其国，必先齐其家"的说法，因为治家与治国是同一套路数。如汉代在确立尊崇儒术后，便推行三纲五常伦理道德：以家庭为出发点，家庭伦理核心就是孝；孝扩大至国家，就是忠。家长是生产单位——家庭的"至尊"，天子是所有生产单位——国家大家庭的"至尊"。家父是家之君，国君是国之父，孝敬父母与忠诚天子是同一个伦理，甚至忠还是孝道的一种升华："孝始于事亲，中于事君，终于立身。扬名于后世，以显父母，此孝之大者。"（《史记·太史公自序》）由"孝"而"忠"，这是由尊顺"家庭大宗"而延伸到尊顺"国家大宗"，由家庭血缘关系进而上升为政治等级的关系，中国封建社会的伦理纲常就是建立在宗法制基础上的。汉代确立了以孝忠为核心、以伦理道德为特征的正统思想及正统文化，并把孝忠的观念贯彻到自己的政权建设之中。如在帝号前加"孝"字，如孝惠帝、孝文帝、孝景帝、孝武帝等，表明统治者高度重视"孝道"，认为百善孝为先，提倡以孝治国。再如在武帝时，令有关地方官吏选举"孝廉"，即孝子廉吏，若不举荐则以不敬论，是当时的重罪，严重的还要灭族。之所以倡导孝，就是因为孝是忠的基础，是巩固君主专制政体的精神支柱。虽然这一伦理学说是建立在家庭伦理基础之上的，但完全能融入大一统的君主专制制度之中，并成为君主专制制度的坚实精神基础。

封建宗法制使大大小小的宗子们掌握了从中央到地方的政治、经济及军事权力，除此以外，他们还要牢牢把持哪些特权呢？这主要表现在祭祀上，这是古代吉礼的基本形式。封建宗法社会把祭祀看得如同掌握政治、经济及军事权力一样重要，视为家国大事之一。自古祭祀对象分为三类：天神、地祇、人神。祭天神称祀，祭人神称享，祭地祇称祭，通称祭或祭祀。《周礼·春官宗伯·大宗伯》："掌建邦之天神、人鬼、地示之礼"，郑玄注分别以"祀之""享之""祭之"而称之。人鬼亦称人神，祭人神指祭祀已逝的父母及祖先，其宗庙祭祀又称享。通过拜天地、祭祖上，祈求神明和祖先降福免灾。在古代中国，祭祀有严格等级规定，君主祭天神地祇，诸侯大夫祭山川，士庶祭祖先和灶神。《礼记·曲礼》谓："非其所祭而祭之，名曰淫祀。淫祀无福。"也就是说，通过各种祭祀活动，从祭祀的仪式中展示宗子的至高无上的地位，这也是祭祀礼的目的所在。不按等级地乱祭祀，不会祈求到福祥，相反还会遭来祸殃。

从周代开始，对已逝的祖先设宗庙祭祀，宗庙内供奉着祖先的神主，俗称牌位，被视为宗族的象征。《礼记·王制》中记载了周的宗庙制度："天子七庙：三昭三穆，与大祖之庙而七；诸侯五庙：二昭二穆，与大祖之庙而五；大夫三庙：一昭一穆，与太祖之庙而三；士一庙，庶人祭于寝。"所谓"昭穆"，指周代宗庙世系的排列次第。《周礼·春官宗伯·小宗伯》："辨庙祧之昭穆。"郑玄注："祧，迁主所藏之庙。自始祖之后，父曰昭，子曰穆。"周朝时始主（太祖）为一，则二、四、六世皆称昭，三、五、七世皆称穆。

秦代实行中央集权制，皇帝至尊，臣民皆卑，除皇室没有人敢私设宗庙，从此宗庙成为皇家专有。后来民间每个家族可建一个家族祠堂，祠堂内奉祀高、曾、祖、祢四世神主之龛。家族祠堂通过尊祖的方式，加强家族成员的血缘认同，维护家族的团结与等级，是族权与神权交织的产物。祠堂中的主祭者是这一家族的宗子，宗子也可在祠堂召集家族成员判定家族内的是非、制定族规，而族规则是封建国法的重要补充，还可以解决家族内的大小纠纷诸事。祠堂最能体现宗法制家国一体的特征，基层人伦秩序可以通过祭祀礼仪得到妥善安置。

祭祀不仅表示"尊祖"和"敬宗"，维护宗子权力的合法性，使宗族成员意识到血缘亲亲，而且通过祭祀仪式，可以分清大宗小宗的身份尊卑的等级界限。在周代，并非所有的子孙都有单独祭其祖先的资格，祭祀祖先一般须在大宗所主持的各级宗庙中进行，并由大宗主持祭祀仪式。这样一来，"宗子"的地位便重要起来。祭祀祖先的宗子便被诸次子、庶子所敬，宗子因而无形中便得到了统治他们的权威。各级宗族成员，都由各级宗子来领导，由宗子带领宗族来表示"尊祖"和"敬宗"，这就成了维护宗法制度的基本信条。除祭祀外，一些日常礼仪活动和社会活动也可在宗庙里进行，如冠礼、婚礼、宗族成员的盟誓等。家庭的祠堂也是向家族成员灌输家规、族规的场所，可以强化家族成员的家族意识、维系家族团结，在精神上起到训导家族尊重族长的作用等等。宗子的主祭权象征着一种身份，通过主持祭祀，进一步提高了宗子在宗法制社会中绝对至尊的地位。

宗子除了掌管祭祀权外，还有一系列的宗法特权，诸如：

第一，宗子拥有军事统率的权力。周代宗族有自己的地方武装——诸侯国军与卿大夫家兵，在宗子的统率下，他们常常参与周天子的军队，一起对外作战。在国内政治斗争中，特别是在镇压暴乱时，卿大夫的家兵武装就起到了补充诸侯国军力的重要作用。周之后也有类似的情况，如东汉末年的部曲，清朝的团练、乡兵，它们有力地维护了封建统治。

第二，宗子有权掌管本宗的财产，宗族成员如有经济纠纷或婚丧大事，必须首先禀告宗子，宗子对族人的财产和婚丧有处置权。

第三，宗子对宗族成员有教训和惩罚权。宗子凭借血缘宗法的威权，在宣传封建伦理、执行封建礼法方面，更容易说服族人。在惩罚方面，宗子有权对族人除族籍、放逐、处以刑罚等。国家承认宗子对族人拥有的种种人身处置权，因为宗子严肃管理族人，也是国家借以管辖宗族的重要环节。

宗子这一套宗法式的家族管理体系，以血缘亲属关系掩盖阶级关系，在维护封建秩序、巩固封建统治方面，很大程度上承担了国家政权职能。这实质上就是国家的一种基层政权，封建国家只不过是宗族或家族政权的扩大。

与宗法制紧密联系的还有礼乐制度。西周不仅完善了封建宗法制，而且制定了维护宗法制的礼乐制度，周公制礼作乐就是为周朝制定各种礼乐制度。周礼作为各级贵族的政治和生活准则，成为维护分封宗法制度必不可少的行为规范。春秋时期，井田制瓦解，西周制定的宗法制受到破坏，周王室权力衰微，天子无权号令诸侯，无法控制天下诸侯激烈的争霸战争。从前是"礼乐征伐自天子出"，如今是层层僭越，天下大乱，出现了"礼坏乐崩"的动荡局面。孔子大声疾呼恢复周礼，其目的是拨乱反正，制止诸侯兼并战争，恢复西周时的封建大一统。

由春秋进入战国，诸侯纷争更加激烈，最后连名存实亡的周王室也销声匿迹了。秦帝国建立后，废分封，立郡县，彻底废除井田制，实现土地自由买卖的土地私有制，大大加强了天下大宗的特权，还特地将天子改称为皇帝，所制定的礼法也是为皇帝极权服务的严刑苛法。汉帝国初建，百废待举，急需新的礼法以适应新的统治的需要，这方面，大儒叔孙通起了关键作用。据《史记·叔孙通传》载：叔孙通因为精通儒术，在秦时就成了待诏博士，他善于趋炎附势随机应变，曾投靠过项梁、楚怀王、项羽，最后又投靠了刘邦，汉王刘邦任命叔孙通为博士，号称稷嗣君。据《史记·高祖本纪》载：刘邦手下大臣多是民间草寇出身，鲁莽不知礼，刘邦做皇帝后想立礼法来维持朝纲的尊严，就把制礼之事交给以叔孙通为首的儒生来办。叔孙通说："五帝、三王的礼乐制度各自不同。所谓礼，是依时代人情的变化而增减的。所以夏、殷、周三代的礼制因袭、减省、增益的内容都可考知，它们不相重复。我希望能多多采纳古代的礼法和秦朝的礼仪制度，合起来制定新礼仪。"这个古代的礼法，主要就是西周的礼法。叔孙通等一帮儒生制定的新礼法，仅凭一次朝会礼仪的试行，就使刘邦高兴地说："我到今天才体会到当皇帝的尊荣。"汉代的礼仪制，甚至施行到刘邦父子间，《史记·高祖本纪》载：

> 高祖五日一朝太公，如家人父子礼。太公家令说太公曰："天无二日，土无二王。今高祖虽子，人主也；太公虽父，人臣也。奈何令人主拜人臣！如此，则威重不行。"后高祖朝，太公拥篲，迎门却行。高祖大惊，下扶太公。太公曰："帝，人主也，奈何以我乱天下法！"于是高祖乃尊太公为太上皇。心善家令言，赐金五百斤。

高祖刘邦很赞赏叔孙通等一帮儒生制定的新礼法，新礼法主要恢复了周礼。恢复周礼，这是孔子心心念念想实现的心愿，他的愿望终于在大一统盛世汉朝得以实现了。《史记·高祖本纪》又载：

太史公曰：夏之政忠。忠之敝，小人以野，故殷人承之以敬。敬之敝，小人以鬼，故周人承之以文。文之敝，小人以僿，故救僿莫若以忠。三王之道若循环，终而复始。周秦之间，可谓文敝矣。秦政不改，反酷刑法，岂不缪乎？故汉兴，承敝易变，使人不倦，得天统矣。

司马迁说：夏朝的政治风气忠厚朴实，其弊端是使百姓们粗野少礼，所以殷商用恭敬鬼神来纠正它。殷商的弊端是使百姓们迷信鬼神，所以周朝人用讲究礼仪来纠正它。周朝的弊端是使百姓们不诚实，而挽救不诚实弊病的办法莫过于提倡忠厚朴实。三王的治国之道好像是循环往复，终而复始。可以说在周、秦之间，礼仪制度破坏得最严重。秦朝对此不加以改变，反而加重施行刑法，这难道不荒谬吗？所以汉朝兴起，接替了秦朝破败的政局而努力加以改变，但又不使百姓们感到倦怠，这说明汉得到了礼法的真谛，遵循了上天的规律。

汉朝的礼仪能克服三代礼仪的弊端，在于汉朝既全面恢复了西周的礼乐制度，又舍弃了其烦琐的形式而行之以简易明了的仪式。正因为周代烦琐的礼乐形式，才造成司马迁所说的"小人以僿"，即老百姓对礼仪不诚实地敷衍塞责。汉王朝在周礼的基础上又加以改进，制定了新的礼法，又确立了儒学为经学，后来2000多年的中国封建社会，基本就依此执行。

封建的宗法制从血缘亲亲观念出发，引出君臣、夫妻、长幼等一整套人际关系的处理原则，这些原则渗透到社会生活的各个方面。宗法制突出的是个人对国家、家族的义务与责任，也就是突出对国君的忠诚与对家长的孝顺，因此维护与巩固宗法制成为各级尊者的第一要务，也成为封建社会上层的主导思想。历代的统治者都把宗法制的核心观念孝、忠对象局限于家长与国君，而无视下层人民的自尊与人权。他们以董仲舒维护封建宗法制的三纲伦理学说为纲，来加强君权、父权、夫权的宣传，提倡愚忠、愚孝，强化人们对统治权力绝对顺从的意识。

　　中华传统文化的发展受到宗法制的深刻影响，它既有适应并为封建宗法制服务的一面，又有批判封建宗法制的一面。中华传统文化有价值的部分，恰是充满批判精神的那部分，即批判那种为了维护统治阶级少数人的利益而危害大众利益的宗法规定。孔子的仁学理论从血缘关系的亲亲尊尊出发，认为孝是仁之本。孟子、荀子虽然从相互对立的人性论出发，却都不反对孝与忠。但值得注意的是儒家主张的孝、忠，只是善行的起点，最终还要达到仁。也就是从对家长的孝与对君主的忠，最终扩大到仁爱社会每一个人。孔子提倡"爱人""泛爱众""博施于民而能济众""己欲立而立人，己欲达而达人""四海之内皆兄弟"等，孟子提出"民为贵，社稷次之，君为轻""得志，泽加于民；不得志，修身见于世。穷则独善其身，达则兼善天下""老吾老，以及人之老；幼吾幼，以及人之幼"，荀子甚至主张全社会实行"从道不从君，从义不从父，人之大行也"的原则。仁爱天下人，这才是儒家所提倡的大孝大忠，这是儒家的大道。这一传统影响着一代代的儒者，宋代张载有四句箴言："为天地立心，为生民立命，为往圣继绝学，为万世开太平。"又说："民吾同胞，物吾与也。"范仲淹有名言"先天下之忧而忧，后天下之乐而乐"，更把天下人的忧乐休戚放到高于自己的得失甚至高于一切的地位。儒家的家国情怀正是仁爱大众的民本思想，它既是儒家思想的核心，也是中华优秀传统文化的核心与精华。它虽然产生于宗法制的时代，却突破了宗法制的樊篱。仁爱天下人的思想，有着超越历史时空的价值，是人类追求生存、发展的永远的精神动力。

第六章　文化自信与中华传统文化的局限

第一节　中华传统文化的劫难与文化自信

中华五千多年文明史，近代百年屈辱史，四十多年改革开放史，都关系着中华民族的兴衰。面对中华民族既艰难又辉煌的发展史，有太多的历史问题值得我们反思，其中就包含着如何对待中华优秀传统文化的问题。这不仅是一个对民族文化遗产进行历史评价的问题，也是一个如何发挥优秀文化遗产精神作用的现实问题。人们走过曲折的历史之路后，才认识到中华优秀传统文化不仅不是我们民族发展的包袱，而且还可以转化为我们前进中的巨大精神动力，它富含着当代人所匮乏与所需要的诸多精神营养，它有着促进21世纪人类正常发展所需求的诸多精神指导价值。中华优秀传统文化热随着改革开放悄然兴起，可以说是历史反思的必然结果。

一、中华优秀传统文化近两百年来遭遇的劫难

中华优秀传统文化是中华民族创造的，它是中华民族的灵魂，是中华民族的精神血脉与精神生命，与中华民族的生存、发展息息相关。近两百年以来，中华民族遭遇了一系列的灾难，随着民族经历的重重灾难，中华优秀传统文化也曾遭遇过种种劫难。尤其是清末以来，封建统治者的腐败，帝国主义的侵略，使我国沦为半殖民地半封建社会，一个东方文明大国变成了人们所谓的一穷二白的"东亚病夫"。但仔细想来，穷是事实，

"白"却不尽然。诚然，我们中华优秀传统文化的宝贵经典曾遭到帝国主义列强的大肆掠夺与焚烧毁坏，仅1900年，八国联军洗劫了包括《永乐大典》在内的古籍与文物，敦煌藏经洞内的文献文物又陆续被帝国主义列强的探险队几乎掠夺一空。据不完全统计，现在国外47个国家的200多家博物馆中，就有中国文物164万余件，其中就有大量的古籍。尽管如此，我们几千年形成的中华文化传统还在，几千年流传的主要国学经典还在。这些流失海外的与国内尚存的经典，令世界各国所羡慕，将其视为无价之宝，由此也可证明中华优秀传统文化的价值。

帝国主义列强一方面大肆掠夺我国宝贵的文化资源，一方面为了配合其对我国进行的军事、经济的侵略，极力否认中华优秀传统文化曾为人类做出过巨大贡献，贬损中华优秀传统文化"修身""齐家""治国""平天下"的价值，挫伤甚至妄想泯灭中华民族的文化自信心。历史证明：要想奴役一个民族，必须征服这个民族；要征服这个民族，虽然可以用军事暴力，但真正地从根本上征服这个民族，还要从精神上心理上征服这个民族。而从精神上心理上征服这个民族，就是从否定这一民族的文化开始的。当帝国主义列强的坚船利炮轰开中国封闭的国门之后，"西方文化中心论""中国文化落后论"就在中国大地上推广开来。帝国主义列强的"精神侵略"使我国一些人产生了民族自卑感，自我否定中华优秀传统文化的论调时有泛起，诸如"汉字是亡国的根由""打倒孔家店""桐城谬种，选学妖孽"等，曾几何时是多么时髦的理念与口号！从某种意义上讲，帝国主义的精神侵略并不可怕，可怕的是我们中国人迎合或妥协于这种精神侵略，普遍产生了民族自卑感。怀有自卑感的中国人中，除了少数帝国主义的走狗汉奸，多数人是从列强的坚船利炮中看到了中西方军力的差距，从帝国主义列强先进的资本主义体制中看到了中国封建专制的腐朽，在对西方现代文明顶礼膜拜之下，对自己的优秀传统文化进行了沉痛的指斥与无情的鞭挞，这也正好顺应了当时的历史潮流。他们欢呼西方资本主义自由、民主、科学的新观念的涌入，决心打破中国封建主义的长期禁锢与封闭，以洗心革面的姿态来吸纳西方的先进文明。这固然有其历史进步的一面，但同时也带来了极大的负面影响，这就是对自己的优秀传统文化做了过分的否定。之所以说这种自我否定民族文化的行为比帝国主义列强的文化侵略还可怕，就是因为这种思潮会长期地存在，它不仅在一段时期几乎中断了我国优秀传统文化的现代化转化，而且至今给我们留下了轻视中华优秀传统文化的严重后遗症。

新中国成立后，中华优秀传统文化本可以为我们复兴中华、再创强国提供历史经验、文化底蕴及心理支持，但出于特殊历史原因而作为"封建文化"居于被否定之列，中华优秀传统文化又一次遭到劫难。改革开放之后，拨乱反正，人们进行了深刻的历史反思，然而历史发展仍很曲折。20世纪80年代中后期，在群众中兴起的国学热潮中，否定中华优秀传统文化的思潮又一次死灰复燃。有人公开发文，贬损孔子的历史功绩，或公然全面否定中华优秀传统文化，认为中华优秀传统文化阻碍了现代化进程，中国人应该抛弃自己的优秀传统文化。也有人不分历史阶段，不顾历史背景，笼统鼓吹西方"蓝色海洋文明"的先进，贬低中国"黄土地文明"的落后，粗暴地贬黜中华优秀传统文化，鼓吹全盘西化。这些谬论与百年前帝国主义列强侵华时鼓吹的"西方文化中心论"如出一辙。但是经过近代以来半殖民地半封建社会的苦难历史，中国人民已经从沉痛的历史反思中清醒地认识到：必须捍卫民族的尊严与中华优秀传统文化的价值。否定中华优秀传统文化的思潮，反而更激起中华优秀传统文化热的蓬勃发展。当今，我国已全面建成小康社会，那些粗暴地否定中华优秀传统文化的观点，失去了继续传播的社会基础，但百年来的旧意识影响仍然存在，不能正确地评价，甚至在不同程度上否定中华优秀传统文化的行为，就是明显的体现。

二、不切实际的文化自卑与自虐

中国古代的人们从没有文化自卑、自虐的现象，他们为什么有如此的文化自信？是因为古人对传统文化有独特的见解与深刻的认知。中国人某些不切实际的文化自卑、自虐仅是从近代才开始有的现象，这说明近代以来社会发生的重大变故，各种社会势力对中华优秀传统文化独特优势进行了全面的否定，这种否定中华优秀传统文化的思潮兴盛而长久，使中国人对自己的优秀传统文化独特的优势产生了怀疑、鄙夷，中国人的文化自信动摇甚至丧失了。

中国是一个有着悠久历史文明的古国，是全世界唯一没有中断传统文化的国家，这个结论是由我们中国历史铁的事实所证明了的，也是为世界上绝大多数人所公认的。仅以文化的轴心时代为例，当时中国文化的辉煌成就就令世界人民至今仰慕不已。翦伯赞先生认为中国社会从周发展至秦，"过去曾经支配中国历史八百余年的封建领主的贵族政治，从战国末叶起，就已经随着土地所有的关系之改变，与都市经济的繁荣，开始发生动摇。而这到秦代，封建领主的贵族政治便最终地退去了中国的历史，代之而起的秦代的政权，是新兴的商人地主的政权"①。中国诸子时代的文化就发生在这个封建领主专制向"新兴的商人地主的政权"转化的时期，在这个时期，孔子整理编辑了上古三代的文献——"六经"，产生了以《楚辞》为代表的诗歌文学与以《春秋》《左传》为代表的历史著作，更出现了以《论语》《老子》《墨子》《韩非子》等为代表的诸子百家哲理论著，它们中的主体部分不仅代表了中国在诸子时代的卓越文化水平，同时也构成了先秦的主体文化，为中华优秀传统文化的发展奠定了基础。

诸子时期之后，社会发展至秦，确立了中央集权制，建立起适应新的

① 翦伯赞：《秦汉史》，北京大学出版社，1983年，第43页。

生产方式的君主专制下的郡县制，土地实行了私有与自由买卖。秦亡后，汉帝国继承秦帝国开创的封建中央集权制，建立与完善了与其政治、经济相适应的文化体系，彻底完成了由封建领主制向新兴的封建地主制的社会转型。汉代以其宏伟的"大汉气象"拉开了中国中央集权制封建社会盛世的序幕，其文化也成为中国中央集权制封建社会文化的辉煌开端。从此，中国封建中央集权制下的政治、经济、文化进入了突飞猛进的发展时期。2000多年来，分裂、混乱、倒退是暂时的，统一、发展、进步是其主流，其所创造的物质文明和精神文明为世界所瞩目，中国成为世界上政治、经济、文化最发达的国家之一，成为世界的文化中心之一。轴心时代，中国是人类智慧大爆发的中心之一，轴心时代之后，2000多年不断发展的中华优秀传统文化，比轴心时代的中华优秀传统文化更加辉煌，它是在轴心时代文化基础上的传承、发展与提高。2000多年来的中华优秀传统文化所取得的成就，堪称辉煌。仅就独具特色的儒学来说，先秦是儒学的奠基时期，两汉时期将儒学奉为社会的主流意识，魏晋南北朝时期，儒、道、释相互斗争又相互交融，隋唐时期是儒家道统的复兴时期，宋明时期的理学则是儒学的新发展，而儒家实学兴盛发生在明末和清前期。儒学由子学而上升为经学，经学又变化为玄学、理学、心学、实学等，无数儒学学者为探讨儒学的真谛，构建缜密完善的儒学体系，给后世留下了数以万计的传世之作。这还没有细述二十四史、唐诗、宋词、元戏曲、明清小说等，中华优秀传统文化的骄人成果，不胜枚举，至今是世界最宝贵的文化遗产。处于中华优秀传统文化蓬勃发展的2000多年间的每一个中国人，都清楚中国文化的巨大价值，确信中华文化对创立健全封建盛世做出了巨大贡献，因而对中华优秀传统文化充满了民族自豪感与自信心，哪有文化的自卑、自虐现象？

从元、明之后，封建政治、经济体制已长期滞后于形势发展，儒家思想的保守意识产生了它的消极作用。明末东南沿海一带产生了民族资本生产方式，但由于中国封建社会的超稳定特征，强大的封建政治、文化势力使资本主义的萌芽始终没有成长发展起来。从清末至近代以来，由于世界上资本主义的崛起、帝国主义的对外扩张，中国面临着3000年来未有之大变局。由于中国社会体制远远落后于后起的外国资本主义国家，一个曾经的东方泱泱文明大国落伍了。19世纪中叶至20世纪上半叶，由于外国列强在军事上、政治上、经济上、文化上对中国的野蛮侵略，中国社会的性质发生了重大变化。外国列强侵略中国，并不是想把中国改变为一个资本主义国家，而是竭力想把中国变成它们的半殖民地甚至殖民地。

外国列强对我国军事上血腥侵略、经济上野蛮掠夺，也加紧了对我国的文化渗透。它们强行灌输的与殖民政策相配合的奴化文化，其核心就是极力否认我国优秀传统文化曾为人类做出过巨大贡献，极力贬低我国传统文化的价值，以此来泯灭中华民族的自信心。他们宣扬"西方文化中心论"，企图从精神上、心理上征服我们中华民族。而当时国内的一些人希望通过"学夷之长"以制夷，试图以大量引进的西方科学技术与学术思想，即所谓的"新学"来挽救亡国的危机，来创建一个带有科学、民主特色的新国家。与西方"新学"对应的中国的"旧学"，即我们现在所称的"国学"，其概念从此时起发生了重大变化。"国学"一词最初见于《周礼·春官·乐师》："乐师掌国学之政，以教国子小舞。"最初的国学显然是指国家设立的学校，学生相应地称为"国子""国学生"。国学在古代不同的朝代，也有其他别称，如太学、国子学等，但古代的人们从未称自己的文化学术为国学。晚清，由于引进"新学"，开始称自己的文化学术为国学，此时国学的概念与之前的概念完全不同了。"国学"按字面理解，就是中国的学问，是中华民族从古到今所创造的全部的精神财富。但那时不少人对国学的理解，却是与新学相对应的"旧学"，是应该被淘汰的文化学术，于是顺理成章地提出"全盘西化"的口号。在这一思想指导下，他们对中华优秀传统文化采取了粗暴的全盘否定的态度，在这一点上竟与西方列强的文化侵略"殊途而同归"。西方列强在军事、经济方面疯狂侵略，腐朽的中国封建政权与之屡战屡败，被迫签定了一系列丧权辱国的条约，中国人受到封建专制与帝国主义列强的双重压迫与剥夺。在帝国列强强大的实力面前，中国政府俯首帖耳，中国人从社会上层到民间下层普遍产生了民族自卑感。久而久之，很多中国文人的文化心态也随之发生了颠覆性的逆转，他们深受中华优秀传统文化的熏陶，虽然具有高度文化优越感，此时却被现实冲击得粉碎，其残存的文化优越感，被一种文化自卑心理所取代，陷入了最严重的文化自卑危机中。越来越多的正统士大夫放弃了保卫国学、抵制外来文化的立场，文化自卑成为一种具有巨大影响力的意识，甚至成为国人群体性的潜意识。

文化自卑必然导致文化的自虐。从古以来，各国各民族都高扬自己民族的文化，来强化本民族发展过程中的凝聚力与认同感。然而，这个时期中国的知识界主流，选择了对中华优秀传统文化彻底否定的态度，以激进的反传统姿态，将原来世世代代中国人保守的国粹，视为糟粕、亡国之因，坚决与之决裂并口诛笔伐，对中华优秀传统文化进行了近乎自虐的全盘否定。这种激进的反传统，本以为可以借对中华优秀传统文化的严苛批判来唤醒民众的觉悟，来推动中国像西方资本主义社会那样，也跨入民主、自由、高度发达的现代化国家行列。可是他们没有想到的是，一个国家的进步，离不开原有的文化基础，没有中华优秀传统文化，中国失去了文化的根与魂，哪里还有什么现代化？然而19世纪中叶至20世纪上半叶，一个在人类历史上从未中断过古文明的伟大民族，一个曾经具有强烈文明优越意识的民族，其中很多人竟从极度的文化自信倒退到极度的文化自卑、自虐，这在人类文化史上是一种极为罕见的反常现象。否定中华优秀传统文化所造成的严重后果，就是民族自信心严重地受挫甚至缺失，民族凝聚力严重地消解，伟大的中华民族在全世界丧失了应有的地位。

中国一些人的文化自虐，除了从整体上认为中华优秀传统文化落后、腐朽，还具体地表现在学术研究上专找中华优秀传统文化的弊端，以证实自己"学不如人"。在史学方面，他们提出无条件的"疑古"，将中国史书上记载的上古三代先王的事迹，说成是无据可证的虚构，是后世文人的凭空想象，甚至主观地将实录性质的《左传》《史记》，也判定为"多传说""有虚构""有不实难证处"。对传世的中国史籍无条件地怀疑，随意横加毫不负责的否定，本身就不是一种科学的态度。他们要求必须有出土文物与传世史籍互证，才可证明传世史籍的可靠性与历史真实性，如果没有出土文物可证，就一律认为史籍所记不可靠，这种推论本身就不合逻辑。凭什么认为传世史籍统统不是实录，必须有出土文物来证明其真实性呢？又凭什么可以证明出土文物统统都反映了历史的真实？如果用这种无条件的"疑古"去对待西方的传世之作，不是同样能得出西方传世之作也是"多传说""有虚构""有不实难证处"的结论吗？为什么对西方传世之作无条件地坚信，而对中国传世之作就无条件地怀疑呢？无条件地怀疑中国传世之作，最后的结论就是：中国古代史学多为后人伪造，中国的史学实际还停留在史学的初级阶段，远远落后于西方。这一结论完全与实际相违背，恐怕连西方学界都不认可。

中国的史学早已被世界公认为是相当发达的史学。中国最古老的史学著作是《三坟》《五典》《八索》《九丘》，相传作于三皇五帝时期。在春秋时期，它们还出现在典籍记载之中，《左传·昭公十二年》记载，楚灵王称赞左史倚相："是良史也，子善视之，是能读《三坟》《五典》《八索》《九丘》。"虽然这些典籍早亡佚，其成书具体年代也不可考，但它们确实存在过。它们没有流传于世，但《尚书》流传于今谁也否认不了，仅以《尚书》为例，就足以说明中国史学产生之早及高度发达是其他民族所望尘莫及的，这还不用再提数以万计的史书。黑格尔说过："中国'历史作家'的层出不穷、继续不断，实在是任何民族所比不上的。……中国的典籍'书经'，叙事是从唐尧的时代开始的，它的时代在基督前二千三百五十七年。"①试问，全世界有哪个国家的史学能有中国的史学如此发达？近百年来殷商西周甲骨文的破译、各地陆续出土的木竹简及其他文物，不断地证实中国传世文献的纪实性，各种传世文献也可互证中国历史文献的真实性，无条件疑古的观点是毫无道理的。

中国一些人的文化自虐，还表现在对中国文学的极力贬低甚至恶意诋毁，他们提出中国的文学远不如西方，特别是远不如古希腊文学成熟，没有史诗，没有戏剧，整个文学成为经学的附庸。西方文学早在荷马时代就进入了"文学自觉"的时代，而在中国，直至汉代时，文学还处于一个"不自觉"的阶段。中国文学从魏晋南北朝才进入"自觉的时代"，这几乎成为一个定论，影响极大，至今为许多从事中国古代文学研究的学者所信奉。确实，在古希腊史诗、悲喜剧高度繁荣时，我国还未产生那样规模的史诗、悲喜剧，但中国自有反映广阔深刻社会生活、展示社会各种人物形象的文学。鲁迅先生在其《汉文学史纲要》第十篇《司马相如与司马迁》中曾评价《史记》是"史家之绝唱，无韵之《离骚》"，其中的"无韵之《离骚》"句，是从文学的方面对《史记》进行的评价，指出《史记》的文学性可与代表着先秦诗歌艺术水平的《离骚》相比肩。《史记》中的人物形象个个丰富饱满、个性鲜明、语言生动，具有典型的意义。《史记》所运用的表现人物思想性格和特征的多种艺术方法，一样不比古希腊史诗、悲喜剧中的少。鲁迅先生虽然讲的是汉代司马迁的《史记》，实际上春秋末期产生的《左传》又何尝不是如此？它们与古希腊史诗、悲喜剧相比，虽然形式上不同，但都有同样的艺术效果。中国富有文学色彩的历史著作，是无韵的"史诗"，是不需要舞台的"悲喜剧"。我们没有古希腊那样的史诗、悲喜剧，古希腊没有我们这样富有文学色彩的历史著作，这不是各自文学的缺点，而是不同民族由于社会发展存在着差异，而形成了各

---

① 黑格尔著，王造时译：《历史哲学》，生活·读书·新知三联书店，1956年，第161页。

自民族文学的特色。不能仅仅看到古希腊有规模宏大的史诗、悲喜剧，就判定我国文学落后。中国文学迟至汉代还处于不自觉的阶段，所以极其落后，无法与先进的西方文学相比，这种评价没有站在一个科学的、公允的立场上，不顾中国民族文化的特色，而是以西方文化为中心、以西方文化为标准，来自贬自己民族的文化。

贬损中国哲学，也是以西方的模式为标准，认为中国的哲学缺少逻辑，缺少论证，缺少思辨，缺少分析，只是陈腐的道德伦理说教，甚至说中国文化从来就没有哲学体系，没有西方所谓的哲学。以西方哲学体系作为标准来对照中国，说中国无哲学体系，就像以中国哲学体系的特点为标准来否定西方哲学体系，都是同样的荒谬。中国的哲学主要阐述人与人的关系，着重阐述道德修养；而西方哲学主要阐述人与自然的关系，善于思辨与分析。中国哲学看重整体论，而西方哲学看重还原论。西方哲学讲逻辑思辨，证明一个事物需要大前提、小前提的推演，然后才归纳出结论，不论是推演还是归纳都有一套逻辑系统。中国哲学常常凭对事物的直接感悟，就可得出结论，不需要西方那套严密的逻辑系统。中国哲学体系与西方哲学体系确实不同，中国哲学以阐述伦理道德为主，反映了中国社会历史发展的特征与中华民族的特点。理想的人类哲学，应该是中西互补互融，不仅阐述人与人的关系，也要阐述人与自然物的关系；既应有源自西方的还原论模式，也应有源自东方的整体论模式；既有逻辑思辨，也有直接感悟。至于阐述哲学的逻辑、论证、思辨、分析等方式方法，都应以适应各民族思维、表述特征来决定，不可能强求一律相同。

贬低中国哲学，主要认为中国哲学无体系，集中在批评中国哲学没有本体论。但是，只要读读《周易》《老子》及儒家的著述，便知这种说法是不符合事实的。本体论最早是古希腊哲人亚里士多德提出来的，这是一个关于存在的理论，探讨世界的本原及构成，是认识论、历史观立论的出发点与基本前提，是世界观的核心与基础。中国的哲学很早就具有了否定世界由神支配的意识，开始创建以辩证思维为核心的理性哲学体系。《周易》以阴阳相抱、三爻成卦的组合方式来解释世界的构成，《易·系辞上》说："一阴一阳之谓道。"认为任何事物都有阴阳两种属性或因素，表现为相反相成的阴阳交替之道，它构成了事物的本性及其变化运动的规律或法则。

老子将易经的思想精华融入其《道德经》，在《道德经》第四十二章中，构造了一个"道生一，一生二，二生三，三生万物"的万物起源图式，揭示了事物内部所包含的种种势力的对立统一。矛盾对立的双方，有一方为主，另一方为次。物极则反，对立双方相互转化。汉代董仲舒以"天"代"道"，虽掺杂了神学意识，但其本意是想建立儒家的哲学体系。至宋代理学家，儒家的哲学本体论构建已臻完善。如邵雍根据《易传》八卦的理论，构造了一个宇宙构造图式，创立了被称为"先天学"的理学象数学派；周敦颐根据易传和道家思想，创制了一个《太极图说》，简明又系统地阐述了宇宙的构成；朱熹在《周易本义》中深入探讨，认为《易经》的核心是讲事物内部矛盾的对立统一。中国哲学不仅具有本体论，其独具的特色，更对世界有深远的影响。总之，中国传统的哲学，其独特的地位、作用，是任何人都难以否定的。

持"全盘西化"论的人，一般是认识上的问题或学术研究上的问题，与西方列强的主张在性质上是完全不同的。如何正确认识与对待西方文化与中华优秀传统文化，是一个比较复杂的问题，至今还不能说从理论上与实践上完全弄清楚了。所以近代以来，特别是从20世纪"五四"新文化运动以来，过分估量西方文化价值与过分贬抑中国古代文化价值的影响仍然存在。这些错误观点在19世纪下半叶至20世纪上半叶曾风行了近百年，后期对中华优秀传统文化的否定更是达到了登峰造极的程度，以中华优秀传统文化属封建社会产物的荒唐理由，就将中华优秀传统文化全面、彻底地否定了。不过，也应看到，"经过一个世纪的发展反思，大家渐渐意识到西方文化未必处处是，中国文化未必全然非。心态渐趋平和，自信复又萌生。我们必须走出西方文化神圣的阴影，重新评量中西文化的长短是非，这是中国学者当仁不让的重任"[①]。

三、如何重树文化自信

坚定的文化自信来自对中华优秀传统文化的正确评价。能不能正确评价中华优秀传统文化，从小的方面讲，这是能不能重建文化自信的基础，或说是能不能重建文化自信的关键。从大的方面讲，这是能不能培固民族精神、能不能熔铸民族理想信念的大问题。它关系到国运兴衰、民族独立与民族复兴，甚至关系到民族的生死存亡。如果不能正确地评价中华优秀传统文化，否认它的历史作用及现实意义，就是不能正确地评价中华民族的历史贡献；中断中国文化的发展，就是否认中华民族本身。世界上还从来没有一个因漠视、贬损自己的传统文化，从而丧失了文化自信、理想信仰、精神凝聚力，进而从根本上弱化民族自信的民族，能够存在于世，能够立足于世界民族之林。在我国的历史上，出现过多个像汉唐那样骄人的盛世，它们不仅是当时世界范围内经济发展的中心，也是当时世界范围内政治文化高度发达的中心，中华优秀传统文化显然曾起了盛世的精神支撑作用，中华优秀传统文化对中国乃至对人类的发展曾做出巨大的贡献。

中华优秀传统文化是中国人民智慧的结晶，是中国人民善良仁爱感情的自然流露，是中国人民纯洁高尚心灵的阐释。对当代中国人来说，中华优秀传统文化从内容与形式上比西方文化更乐于与易于为他们所接受。我们研读中华优秀传统文化经典的目的是尽可能地将中华优秀传统文化的有用价值转化为现代文明建设的资源，从而提高我们的民族自豪感与自信心，激励大家充满信心地去创建中国第一个社会主义的盛世，使我国再一

---

① 葛志毅：《谭史斋论稿续编》，黑龙江人民出版社，2004年，第7页。

次成为世界强国。

中国的现代化建设，理论是经济腾飞的精神先导，文化是强国的实力之一，也是强国的重要标志之一。加强文化的软实力，已成为基本国策，而弘扬中华优秀传统文化，正是加强文化建设的重要内容。中华民族每一个人都需要洁净、高尚、美好的精神家园，中华优秀传统文化中的伦理美德对塑造完美的人格、提升人们的精神境界、增长人们的聪明才智、增强民族的自信心与自豪感，特别是弥补当代人的精神缺失、解决当代人的信仰危机，意义重大。

中华优秀传统文化是历史的产物，但它的精神是鲜活的，它的价值是永恒的。它的价值集中于"修身、齐家、治国、平天下"，它的精神核心是"自强不息"与"厚德载物"。人人从修炼"内圣外王"做起，强调人与人之间和睦，人与自然协调，它关注的重点是社会、民生，这恰是建立和谐社会、稳定社会秩序、和平共处建设现代化国家所需要的精神指导，也是治疗当前在市场经济体制中一些人只追求物质财富而精神信仰空虚的良药。

中华优秀传统文化中包含着许多很少受时空限制的真理，它基本揭示了人类社会永恒的高尚道德规范及事物发展的规律。如孔子在《论语》中教导我们立志图强、惜时好学、向善思贤、爱人济众的话语，以及孔子身为布衣却心怀天下的道德境界，循循善诱、诲人不倦的教育家职业道德，执着好学、学而不厌的学者风范，刚烈、正直的志士节操等，这些思想与品德永远是我们的精神财富。在中华优秀传统文化的熏陶下，中国人普遍形成了善良、勤劳、勇敢的性格，中华优秀传统文化也必将是代代中国人永远取之不尽、用之不竭的精神宝库。

我们的民族文化自信，是建立在正确评价中华优秀传统文化基础上的，是在对过去长期否定中华优秀传统文化的拨乱反正中，在与西方文明的比较鉴别中，坚定这一自信信念的，而不是盲目地从一个极端跳到另一个极端,从盲目的自卑跳到盲目的自傲。这里特别要警惕,不要陷入盲目自傲的三个误区。

一是在正确评价中华优秀传统文化的同时,也要正确地评价外来文化,尤其是西方文化,做到知己知彼,方能正确地树立文化自信。每一个民族的文化既有本民族的特色,又有可供其他民族学习借鉴的价值。我们的文化自信,不是建立在盲目、主观地贬低或否定其他民族文化的基础上。中华优秀传统文化经历了近200年的苦难与浩劫,那是帝国主义势力所造成的,与其他民族的文化没有多大关系,当然,我们所谓的"其他民族的文化",肯定是排除了那些邪教文化或鼓吹投降、奴化的文化,其他民族也不会以这些糟粕式的文化当作自己民族先进的文化来炫耀。不能因为其他民族的社会性质与我们有所不同,就一概排斥他们的文化,就像近代以来中国人民遭受磨难,罪在帝国主义列强血腥、野蛮的侵略,而不能归罪于他们先进的科学技术。中国近代以来的重重灾难,是帝国主义势力所造成的,而不能怪罪于西方先进文化。因此,除了正确评价中华优秀传统文化外,我们还要正确认识与评价外来文化所具有的独特的价值与魅力,在与外来文化相互学习与取长补短的过程中,增强中国文化鲜活的生命力。

40多年来,我们对内改革、对外开放,把握住了全球化发展的历史机遇,充分利用了人类社会发展的优秀科技、经济成果,与世界各国人民一起,共享全球分工与互动的巨大利益,使我国迅速跃升为世界第二大经济体。但与学习、引进外国先进的科技、经济成果比,我们在学习、借鉴西方文明方面还很不够。历史反复证明,一个缺少甚至拒绝与其他民族文化交流的民族,是无法建立起自己的文化自信的,只有在与世界文化的互鉴互补中才能有真正的文化自信。

第二个误区是批判"五四"新文化运动对传统文化否定的同时,又否定"五四"新文化运动,不能正确评价对待"五四"新文化运动。我们往往注意到新文化运动的干将们对中华优秀传统文化的反叛态度，如他们提倡少年不读中国线装书，钱玄同甚至主张废除汉字，提出"汉字不灭，中国必亡"的口号。否定中华优秀传统文化的论调虽然不妥，但我们应该认真地研究一下，他们为什么会持有这种反对中华优秀传统文化的态度？这是在半殖民地半封建体制长期压迫下，积淀了长久的变革潜力，借助丧权辱国事件，在世界风云激荡的背景下，首先从否定传统文化切入，逐渐推衍到构建完整的现代意识形态，最终引向彻底埋葬半殖民地半封建体制的革命。这是由文化革命开始，进而进行思想革命而最终达到实现政治革命的目的。"五四"新文化运动，实际是思想大解放的运动，没有"五四"新文化运动，就不会有后来中国现代的历史进程。

"五四"新文化运动，不全是否定中华优秀传统文化，它既有"革故"，也有"鼎新"，大破中也有大立，其最成功的文化建设是以白话取代了文言。原来中国典籍中的语言都是文人使用的"文言"，而民间普通交流使用的都是"口语"，新文化运动号召"语""文"合一，从此改变了中国书籍的表达方式，让大众都能看懂中国的书籍。从推崇白话文出发，虽然贬低甚至否定了文人的诗文，但高度评价了文人一向鄙视的白话或半白话的歌谣、小说和戏剧，给予这些文学形式应有的文学地位，改变了文人诗文为正统的传统，使民间文学得到重视并掀起发掘、发展民间文学的热潮，大大开阔了文学研究的视野，这可以说是"五四"新文化运动的一大贡献，它大大推进了中国文化的发展。"五四"新文化运动否定中华优秀传统文化当然是错误的，但从某种意义上讲，没有这种矫枉过正之举，是很难突破根深蒂固的旧传统的。

"五四"新文化运动虽然以反传统的激进派为主，但参与者也不是铁板一块，如有以李大钊和陈独秀为代表的中国早期马克思主义派，有以鲁迅为代表的激进主义派，有以胡适为代表的自由主义派，还有以梅光迪和吴宓为代表的保守主义派。至于那些提倡儒教、主张恢复帝制的人，在五四新文化运动的浪潮中，为社会大众所唾弃，这些封建余孽难有发言权，就算不上流派了。新文化运动中不同的派别分歧很大，争论也很激烈。我们过去长期赞誉以李大钊、陈独秀为代表的中国早期马克思主义派与以鲁迅为代表的激进主义派，而否定以胡适为代表的自由主义派和以梅光迪、吴宓为代表的保守主义派。现在学术界有一种倾向是反其道而行之，隐晦曲折地否定早期马克思主义派与激进主义派，而肯定自由主义派和保守主义派，这种认识与原来的认识，都是片面而错误的。

早期马克思主义派、激进主义派、自由主义派，大家比较熟悉，而保守主义派及其代表人物梅光迪和吴宓大家比较生疏，一听他们对传统文化采取保守主义，就推测代表人物一定是封建遗老遗少。实际梅光迪曾留学美国，而吴宓则是美国哈佛大学的文学硕士，他们更有进行中西文化对比鉴别的条件。他们创办《学衡》杂志，进而形成了"学衡派"，在一片"打倒孔家店"的声浪中，学衡派反对新文化运动对孔子的彻底否定，主张恢复孔子古代文化集大成者的历史地位，给孔子一个正确科学的评价，强调孔子的儒家学说可以成为救治当今世界物质与精神痼疾的良药，坚信孔子学说在未来中国社会发展中会有它的积极价值。学衡派以"昌明国粹，融化新知"为宗旨，认为"今欲造成中国之新文化，自当兼取中西文明之精华，而熔铸之，贯通之"。这些主张现在看来，都包含着诸多合理因素。"学衡派"最显著的保守观点是认为文言优于白话，反对语文合一。当时新文化运动在语言形式上以诗体解放为突破口，1917年2月《新青年》刊出胡适8首白话诗，是新文化运动中出现的第一批白话新诗，郭沫若1921年出版的《女神》，奠定了新诗的文学地位。学衡派维护旧诗，反对新诗，有不少的错误论断，显然是背逆历史潮流的，但是学衡派反对废除旧体诗却没有错。

对于中国早期马克思主义派、激进主义派、自由主义派和保守主义派，都要客观地、实事求是地分析、评价，指出他们各自在中国文化建设上的历史贡献与历史局限，哪些观点需要我们扬弃，哪些观点可以进行创造性转化。对这些问题，都需要站在时代的制高点上作出正确的判断，不能采取简单的或全面否定或全面肯定的态度。

妨碍我们重树文化自信的另一个误区，就是盲目的极端民族主义。要重树文化自信，必须对中外文化有充分的了解，在比较中，既要认识到中华优秀传统文化的宝贵价值，也要看到中华优秀传统文化的历史局限性，只有这样，才能真正正确对待自己的传统文化，树立起坚固的文化自信。不能像过去，当帝国列强陷我民族于困苦与危机中时，就沉湎于自卑自虐中，对中华优秀传统文化发泄悲愤、仇恨的感情，指责、鞭挞中华优秀传统文化。现在，当我们经过40多年的改革开放，国力开始强盛时，一些人就由过去盲目自卑变为当下盲目骄傲，"唯我独尊"了，主观地认为我国成了"天下中心"。其文化心理，恰好与过去的无条件疑古相反，变成了无条件"疑西"，无条件"赞中"，盲从地全面肯定中华优秀传统文化，认为中华优秀传统文化样样都是文化精品；盲目地全面否定西方文化，认为西方文化样样都是腐朽没落的精神毒品。当一些学者指出中华优秀传统文化的某些落后性，或正面评价一些西方著作时，便不分青红皂白地指责人家是"崇洋媚外""汉奸""不爱国"等，这就是盲目的民族主义在作祟。对中外文化一无所知，盲目地全面肯定中华优秀传统文化和全面否定西方文化，都是对我们文化自信的干扰甚至损伤。

一个真正具有文化自信的民族，在对待外来文化的心态上，应该遵循常识，尊重多元化，谦虚地学习其先进文化，雍容大度地取长补短。对待自己民族的文化，既要看到它的优长，也要勇于正视自己民族文化的不足。一个成熟民族的文化自信，既能对自己传统文化的价值给予充分的认可，又要运用科学的态度，剖析出自己传统文化的历史局限性与落后的部分；既看到自己传统文化具有的普遍性和超越时空的意义，又要看到自己传统文化在解决现实问题时需要创造性转化的必要性。只有辩证地正确地认识中华优秀传统文化，才能使中华优秀传统文化充分发挥其潜力，激发其活力，永葆其旺盛的生命力，只有在这样坚实的基础上，中国人才能重树自己的文化自信。

第二节　中华传统文化的历史局限性

那些很少受时空限制的真理有历史的进步性，也必然具有一定的历史局限性，更不用说那些今天看来明显是"糟粕"的东西。儒家学说毕竟是历史时代的产物，反映了当时中国封建宗法体制下人伦的实际，也适应了当时中国封建宗法体制的需求。所谓儒家学说，是一代代不同儒家学派思想理论的积累，其中精华与糟粕并存，我们要用当代的思想认识高度来对待它，以批判、继承的态度，使其精华转化为当代需要的思想资源。特别要看清它的历史局限性，不能将其糟粕视为精华来继承。下面仅以几个方面的问题为例，来说明中华传统文化的历史局限性。中华传统文化的历史局限性远不止这几个方面，只是这几个方面的问题比较严重而已。

一、官僚等级观念的恶劣影响

儒家向往的治国平天下，往往是通过入仕为官这一途径，经世济用，实现这一理想。官的本义是担负国家行政职能的人员，官也称吏，《说文》："吏，治人者也。"《国语·周语上》："王乃使司徒咸戒公卿、百吏、庶民。"韦昭注："百吏，百官也。"官也称官僚，"僚"为形声字，从人，从寮。"寮"意为"长""远"。"人"与"寮"组合起来，表示"队列"。官僚的本义，就是朝廷上长长排列的官员队伍，引申义是官吏、官职。《国语·鲁语下》："今吾子之教官僚，曰陷而后恭，道将何为？"《后汉书·孔融传》："隐核官僚之贪浊者，将加贬黜。"班固在《汉书·艺文志》中称远古的官员为王官，王官即王朝的官员。古时的人们称远古五帝为帝工，称五帝所统为王朝，这是班固依据秦汉的现实所作的推想，实际上不符合五帝时原始部落联盟的实际，那时并不存在后世所理解的官吏与王朝。五帝时天下为公，所谓的"王官"，只是部落中选出的"服务员"，所以处理老百姓事务时能出以公心，能公正、公平地为老百姓服务，因此后世又称这类官吏为公仆。上古五帝时，并不把公权当作谋私的手段，所以选官出于公心，才有帝位禅让、传贤不传子的佳话。"五帝官天下，三王家天下，家以传子，官以传贤。"（《汉书·盖宽饶传》）"天下官则让贤是也，天下家则世继是也，故五帝以天下为官，三王以天下为家。"（《说苑·至公》）可见，我们所指的古代的官吏，是指"家天下"的官，"五帝官天下"是不存在的。所谓官本位，就是指官吏的职能性质决定了他的社会地位，这也是奴隶社会、封建社会的一种政治体制设置和制度安排。

中国的历史进程由五帝进入夏、商、周三代，原始公有制改变为"家天下"式的私有制，国家机构及官员体制逐渐健全，官衔分九品，等级森严，形成了一个庞大而严密的官僚体系。各级官员手中的权力，既是履行行政职能的权力，又有了谋私、盘剥老百姓的条件，在他权力管辖的范围内可以为所欲为，甚至把他的管辖范围视为私有。《左传·成公十一年》载："若治其故，则王官之邑也。"由于官吏权势炙手可热，老百姓也日渐形成恭敬官、羡慕官、畏惧官的心理。一种以官为本、以官为贵、以官为尊的意识蔚然成风，从意识形态上加强了封建官僚制度，维护了官僚集权体制，鲜明地与原始儒家以民为本的思想相对立。

随着封建专制与官僚体制的逐渐强化，"官本位"意识也逐渐强化。官的职权可以转化为谋私的特权，多数官员公权的运用，就以官僚的利益和意志为出发点和落脚点了。封建官僚制度等级严明，唯上是从，长官权力至上，上级对下级拥有绝对的支配权，能够决定其官阶的高低甚至其身家性命，导致官员之间人身依附的现象盛行。在社会上，人们普遍把是否为官、官职大小当成个人社会地位和人生价值的判断标准，形成了万般皆下品、唯有当官高的社会心理。把当官作为出人头地的唯一途径，升了官就能封妻荫子、光宗耀祖。后来有了科举取士当官之途，对社会底层有巨大的吸引力，"十年寒窗无人问，一朝成名天下知"，就是封建社会寒门弟子渴求当官的一种官本位思想的真实写照。而儒家最初提倡的以民为本的"民本位"意识逐渐弱化，"官本位"意识深入到中国社会的各个阶层，与其说它是传统文化的历史局限，还不如说是传统文化中的"糟粕"。

官员本是为了适应国家机构需求而设置的，但由于官位给官员带来了令人羡慕的权势与利益，于是在社会上形成广泛的影响，而这一影响又形成一种官员文化。官员文化充分显示出官僚政治体制的重要特征，这种特征在战国时由法家给予了系统的阐述，法家为中国官本位文化提供了理论原则。法家思想的集大成者是韩非，他的政治理想是建立一个统一的君主集权的封建国家。韩非在《韩非子·扬权》中提出"事在四方，要在中央，圣人执要，四方来效"，主张中央集权，尊君卑臣。韩非之前，商鞅、慎到、申不害三人分别提倡重法、重势、重术的观点，韩非将三者紧密结合，将法、势、术融为一体视作为官之道。法指法制，势指权势，术指手段。这三者是君王驾驭群臣、上级官员驾驭下级官员或官员驾驭百姓的法宝。商鞅更提出"故圣人必为法令置官也，置吏也，为天下师，所以定名分也"（《商君书·定分》）。"以吏为师，以法为教"便成为秦朝的国家政策。秦之后的中国历代封建统治者，虽然表面上都谴责暴秦"以吏为师，以法为教"的国策，标榜自己奉行的是儒家仁爱的信仰，却都执行外儒内法的政策。表面上推崇儒家思想，实际上是儒法结合，甚至具体操作上还主要遵循法家的主张。如汉宣帝刘询不加掩饰地宣称汉朝自有汉朝的制度，就是王道与霸道兼而用之，不能像周代那样单纯地使用所谓的德治，将儒法互济的治国方式讲得率直而通透。伦理劝导与以法赏罚，是封建官僚统治的两大互补统治术，构成了传统文化中官员文化的重要特征之一。

儒家的伦理核心是仁爱，主张以人为本、人权平等、合理分配社会生活资料、反对贫富悬殊对立等，如孔子的"博施于民而能济众"、孟子的"民贵君轻"、张载的"为生民立命"等主张，显然是"民本位"的思想。但由于私有制、宗法制的存在，即使是孔孟这些原始儒家，也受到官僚意识不同程度的影响，这种影响首先体现在对人治即官治的重视而对法律观念的相对淡薄，孔子虽然说"刑罚不中，则民无所措手足"（《论语·子路》），认为刑罚施行得不当老百姓就不知该如何行事，但未强调官吏施行的刑罚应该合理且条例分明，也未指斥官吏不能严格按照条例进行刑罚，而是往往公器私用，知法犯法。孔子强调"君君，臣臣，父父，子子"，孟子强调"父子有亲，君臣有义，夫妇有别"，即都强调君守君道，臣守臣道，父守父道，子守子道，夫守夫道，妇守妇道。这个道就是为人之道，天下之常道。强调了为人之道，也等于承认了人的不平等，强调了人治的作用。

儒家的"内圣外王"说，虽提倡人治，但这种人治是"圣贤政治"，其核心是"圣"，对人治提出敬德爱民、勤政廉洁的起码要求。但封建统治者却阉割"内圣外王"的真谛，以"王"为核心，看重的是为官的权力，口头讲的是仁义道德，行的是苛政猛虎，说一套做一套，十足的"两面人"。在封建统治者的独裁专制背景下，人民深受人治观念的影响，法律观念也十分淡薄，只盼得能逢上明君清官，但这种美好的愿望往往落空。人治是封建官僚制度的最大特征。封建王朝虽制定了许多法律，但封建官僚多依从上级的个人指令而不顾及法律，在观念形态上体现的就是"官本位"意识。

儒家在提倡仁德时，特别重视礼，认可宗法制下的政治等级制。孔子说："丘闻之，民之所由生，礼为大。非礼，无以节事天地之神也；非礼，无以辨君臣上下长幼之位也；非礼，无以别男女父子兄弟之亲、昏姻疏数之交也。"（《礼记·哀公问》）又说："贵贱不愆，所谓度也。"（《左传·昭公二十九年》）还说："生而知之者，上也；学而知之者，次也；困而学之，又其次也；困而不学，民斯为下矣。"（《论语·季氏》）孔子不仅认为官、民有等级区别，就连读书人与老百姓也有等级区别，如他说："君子谋道不谋食。耕也，馁在其中矣；学也，禄在其中矣。君子忧道不忧贫。"（《论语·卫灵公》）孔子虽然认为社会各阶层的差异是客观存在与合理的，然而原始儒家的主导思想毕竟是民本思想，具有怜悯社会底层的情怀。但历来的封建统治者，打的旗号是民本，推行的政策却体现着官本。于是他们对原始儒家的民本思想进行了曲解、修正、篡改，目的是为其官僚利益集团所利用。如历代封建统治者都曲解孔子"民可使由之，不可使知之"（《论语·泰伯》）这段话，把它奉为愚民的理论依据，借此大行思想独裁专断。孔子讲这句话的前提是当官必须以身作则，"其身正，不令而行；其身不正，虽令不从"（《论语·子路》），若"其身正"，所下达的政令也正确，民"知之"，当然能更好地"由之"。但在古代，政令宣传要做到家喻户晓，有一定的难度。不能因老百姓一时不知晓就不推行了，可以在推行的过程中让老百姓慢慢理解。所以，"民可使由之，不可使知之"的说法，不是孔子提倡愚民、为统治者提供治民之术。

再如孟子曾说："然则治天下独可耕且为与？有大人之事，有小人之事。且一人之身，而百工之所为备。如必自为而后用之，是率天下而路也。故曰：或劳心，或劳力；劳心者治人，劳力者治于人；治于人者食人，治人者食于人：天下之通义也。"（《孟子·滕文公上》）历代封建统治者从内心就竭力排斥孟子的"民贵君轻"说，现在抓住孟子上面所说的两句话，以证明孟子在自相矛盾，并歪曲解说：孟子实际鼓吹的是"君贵民轻""官尊民卑"，劳心的上层统治者统治从事劳力的下民，下民以劳力所获供养劳心的上层统治者，这是"天下之通义"。2000多年来，被歪曲了的孟子的话语，就成了统治阶级统治人民的合法理由。但是只看孟子的结论，而不看结论的提前，断章取义，就完全曲解了孟子的原意。孟子说的是社会分工不同，劳心的官吏有官吏的事，劳力的老百姓有老百姓的事，如果没有分工，一个人什么都要干，那就让天下人疲于奔命了。

原始儒家承认甚至维护社会成员政治地位的不平等，但是反对人与人在人格、尊严上的不平等；而把原始儒家主张人们政治地位的不平等推向极端的，则是汉代大儒董仲舒。董仲舒在其《春秋繁露•基义》中首创"三纲说"，他说："王道之三纲，可求于天。""君臣、父子、夫妇之义，皆取诸阴阳之道。"把三纲说成是由神化的天所决定，视为天经地义。又提出"仁、义、礼、智、信"为五常之道，用来调整君臣、父子、兄弟、夫妇、朋友等人伦关系。东汉时的《白虎通》进一步解释道："三纲者，何谓也？……君为臣纲，父为子纲，夫为妻纲。"至宋代朱熹，将三纲与五常连用，称"三纲五常"，合称"纲常"。他认为"纲常千万年，磨灭不得"（《朱子语类》卷二四），"其张之为三纲，其纪之为五常"（《晦庵先生朱文公文集•读大纪》）。三纲五常明确了封建社会政治结构中的各种统治与被统治、支配与被支配的关系，提出了维护封建等级秩序的根本政治伦理原则和规范，成为历代封建统治者维护封建宗法专制制度的思想工具，也为官僚文化提供了理论支撑。依据三纲的理论，君臣广义来讲皆为官，顺着三纲推衍，既君为臣纲，那么君臣可为民纲，即官为民纲。官僚意识看重的是三纲，而忽视的是五常，即使口头上讲五常，那也是作表面文章。汉代大力倡导三纲之说之后，历代不少儒家学者，往往屈服于封建统治者的政治压力或官爵诱惑，以解经的名义，大肆贩卖君主臣奴、臣主民奴的观念，并形成一种主流意识——"官本位"意识。

"官本位"意识是为封建制度服务的。封建制度下的官僚制度，构成了行政权力金字塔的结构，这一权力结构维持了封建国家的社会秩序，保证了封建国家权力系统的运行。由"官本位"形成了上尊下卑、等级森严的各个官僚阶层。处于金字塔结构最顶尖位置的是帝王，帝王之下的各阶层官僚，官越大权越大，享受的待遇也越高。虽然有法，但为官不一定听命于法。由于下级完全隶属于上级，一切听命于上级，一切由"长官意志"支配，国家权力运行是地地道道的"人治"。在这种"官本位"的背景下，老百姓的精神深受其戕害，具体表现为：

第一，官本位是一种社会普遍存在的现象，人们看到当官就有尊严，有权就能荣华富贵，于是普遍以官为贵、以官为尊，对官员权力自然产生一种向往、崇拜和追求的心理，进而想尽一切办法去当官。这些一心想做官的普通人中，可分两种人，一是个别的人，通过歪门邪道、不择手段地追求官职。为了牟取官位，在权力面前奴颜婢膝，阿谀奉承，大行贿赂，甚至出卖人格，投靠依附，认贼为父，违背良心去助纣为虐，为虎作伥。为了能当官，什么卑鄙无耻的勾当都能干出来。一是普通想摆脱贫困和低贱社会地位的平民，克服一切艰难困苦走读书、科举、做官的正途，但这条道坎坷难通，历来比作过"独木桥"。于是平民学子夙兴夜寐，"两耳不闻窗外事，一心只读圣贤书"，唐代颜真卿写了《劝学诗》予以鼓励："三更灯火五更鸡，正是男儿读书时。"读书人一心想着能"金榜题名"，当官给了他无穷的动力。只要步入仕途，就能出人头地。为了从社会下层的平民百姓上升到社会的上层，不惜把自己变成一个只知应试不知人情世故的"书虫"，《儒林外史》中的范进就是这一类型人的生动写照。好在范进在白发苍苍时还中了举，而那些终生埋头苦读、皓首穷经，精神上备受科举制度摧残、一心想博取功名而最终落空者比比皆是。

第二，长期残酷的官僚权力的奴役，官尊民卑意识的长期灌输，在官本位文化的熏陶下，许多老百姓形成了逆来顺受的奴性。受这种奴性影响，人们把官分九品、人分三六九等、官员奴役平民的不公平现象，看成是天经地义的事，甘愿接受奴役。他们没有勇气争取平等的人权，在权贵面前甘愿俯首下跪，而不习惯像常人一样挺胸站立，过着极其卑微无尊严的生活。但具有奴性的人，对待比他更弱势的人，又往往表现出高傲残暴的一面。这种极端的人格转变，是因为他对踩躏别人的残暴早已习以为常，也熟悉虐待他人的手段，于是遇到他可以欺侮的对象，就把他在别人那里受到的侮辱加上他的仇恨，加倍地发泄在更弱势的人身上，好像要尽情地体验一下强者平常欺压弱小的快感。这种两面人又可悲又可恨，宫廷中的太监、王府中的奴才，往往就是这种人。

第三，唯命是从，缺乏自己独立的思考。封建社会官僚腐败，贫富悬殊，阶级矛盾尖锐，人民生活在水深火热之中。为了防止人民的不满与反抗，统治阶级对人民在政治上实行酷烈的压制，在思想上实行愚民政策，以软硬兼施来消融人民的反抗意识。比较起来，统治者最害怕的是社会上出现与官方主张不一样的异端思想，这些异端思想无不是从各个方面对统治者的统治加以否定。为了扼杀这种独立的异端思想，统治者不惜对持有异端思想的人动用残酷的刑罚，甚至大开杀戒。《国语》《史记》等史籍都记了周厉王止谤的故事。周厉王本来暴虐成性，奢侈专横，又不想叫老百姓议论他的过错，就派人监视那些议论他的人，谁议论就杀掉谁。从周厉王止谤到清朝的文字狱，历朝封建统治者都强迫人民无条件地听从他的命令，接受他的思想，不许老百姓有自己的独立思想。人们也因惧怕招来口舌之祸，沉默是金、少说为佳，久而久之，在是非面前，或熟视无睹，或麻木不仁，没有了独立思考问题的勇气，弱化了自己正常的理性思考与逻辑思维，明知官方政策有逆常理，也明哲保身、装聋作哑，或人云亦云，唯恐灾难来临。

二、重视伦理道德教化而轻视发展经济

儒学伦理重视"成己""成仁"，追求个人的品格完美，追求人与人之间相互亲爱，人与自然之间相互和谐，表现出鲜明的重道德、重人伦的特点。但对自然界本身的认识和改造方面，相对地受到忽视。至于对科学技术发明及经济的发展，更是关注不够。由于儒学是中华优秀传统文化的主体与核心，对其他学派有深刻而深远的影响，整个中华优秀传统文化因此呈现出重道德而轻经济的倾向。从科举试题纯为儒家伦理道德的内容，到

政府选用官员多为具有人文知识的人才，都明显地体现出不重视科技、经济的倾向。中国科技、经济人才就在这样恶劣的环境中艰难地成长，中国传统的自然科学迟迟得不到社会上层乃至国人的重视，这不能不说是中华优秀传统文化的一种缺憾。

重视伦理道德教化而轻视发展经济，这是从儒家学派一诞生就具有的偏颇倾向。儒家学派是由孔子创立的，他以三代的六经为经典，以仁义为旗帜，提倡中庸之道，主张仁政、德治，彰显孝忠伦理，重视教育，积极用世，以实现天下为公的大道为己任。班固《汉书·艺文志》中说："儒家者流，盖出于司徒之官，助人君顺阴阳明教化者也。游文于六经之中，留意于仁义之际。祖述尧舜，宪章文武。宗师仲尼，以重其言，于道最为高。"班固对汉代及之前的儒家学派的特征揭示得十分准确。汉之后的儒家学派，尽管流派很多，具有不同时代的特色和观点，在儒学理论上各有建树，但都没有突破孔子创立的思想体系。

孔子之后的战国时代，儒家分裂为八派，其中以孟子与荀子为代表的二派影响最大。孟子的性善论与荀子的性恶论虽然不同，但都从不同角度弘扬与发展了孔子的思想。西汉实行罢黜百家、尊崇儒术的政策，儒学取得了正宗的地位，此时期发生了古文经学派与今文经学派之争，那是因为对儒家经典认识不同而引起的，两派在"宗师仲尼，以重其言"方面是一致的。东汉郑玄熔古、今文经学于一炉，使汉代经学进入了一个鼎盛的时代。魏晋时以王弼、何晏为代表的玄学家，以老庄道家思想来解释儒家经典。南北朝时儒家经学，又分为"北学""南学"二派，以刘献之、徐遵明等人为代表的北学派，主要特点是继承并坚持郑玄学派的立场与观点；以雷次宗、伏曼容等人为代表的南学派，其治经的主要特征是儒、佛、道兼容，引玄理注经，又特别重视礼学，开经学中"义疏"之学的先河。隋唐时，大一统代替了南北长期分裂，经学也得到统一，颜师古订正五经，孔颖达主持编写《五经正义》，使经注、经说有了官方认定的统一标准。

又有韩愈、李翱为代表的"道统派"，高举反佛兴儒的大旗，以儒学的道统与佛家的"法统"相抗衡。北宋以周敦颐、张载、程颢、程颐为代表的理学派，以"理"为基本概念，治经多以阐释义理、性命为主。至南宋朱熹，形成以理为最高范畴的系统完整的思想体系，使儒学进入一个全新的时代，号称"新儒学"。其后陆九渊与明代的王阳明为代表的心学，以"心"为最高范畴建立思想体系，成为宋明理学的另一种表现形态。至清代，又有乾嘉学派，反对空谈性理的宋明理学，注重名物训诂考据，以整理历代儒学经典为己任，使儒学研究进入一个清理总结的阶段。以上粗线条勾画了一下儒学的发展，2000多年间，儒家学派流派之多不胜枚举，主张也众说纷纭，但概括下来，他们所信奉的基本经典就是从五经直到十三经，探讨的不外乎是仁、义、礼、智、信、忠、孝、心、性、理、气、太极、阴阳等观念，却很少涉及科技与经济。重视伦理道德教化而轻视发展经济，几乎成为中华优秀传统文化的一种传统意识。

是不是儒家一点也不重视经济呢？也不是。中国古代是以小农经济为主的自然经济，自给自足的家庭生产方式，使各生产单位之间并无紧密的生产联系，社会组织犹如一盘散沙，在这种社会形态下，不可能以商品交换原则来加强人与人之间的沟通，只能依靠政治上的君主集权制与思想上的统一信仰来维护国家大一统。而思想信仰则以儒家思想为主导，维护君主集权制则以忠君爱国来体现。儒家十分关心的是社会稳定，社会稳定必以富民为基础。农民能有温饱保证、能安居乐业，农业生产才能有保证；农民富裕了，朝廷的赋税才能源源不断地得到，国家也就安定强大了。早在《周礼》中就提出"保息养民"六项措施："一曰慈幼，二曰养老，三曰振穷，四曰恤贫，五曰宽疾，六曰安富。"所以后来的儒家往往既强调"民以君为主"，又强调"国以民为本"。忠君爱民相反相成，民富国强并行不悖。如孟子说："易其田畴，薄其税敛，民可使富也。食之以时，用之以礼，财不可胜用也……圣人治天下，使有菽粟如水火。菽粟如水火，而民焉有不仁者乎？"（《孟子·尽心上》）民富才能国富，这是儒家治国安邦的总原则。

孔子周游到卫国，看到卫国人口繁衍旺盛，就赞叹道："庶矣哉！"他的弟子冉有问："既庶矣，又何加焉？"孔子答曰："富之。"冉有又问："既富矣，又何加焉？"孔子曰："教之。"（《论语·子路》）这段颇有深意的对话，表达了孔子的治国安邦三大要政：以"庶"的标准来求得增加人口，以"富"的标准来强国，以"教"的手段来治民。人口众多是当时社会生产力发展的前提，是社会生产力发达的标志。但春秋末期，诸侯国之间展开激烈的兼并战，大量的劳动人民成为兼并战争的受害者，孔子曾怒斥说："以不教民战，是谓弃之。"（《论语·子路》）由于战争，各诸侯国普遍出现了人口减少的现象。孔子主张为政要想办法繁衍人口，人口"庶"了，生产力增强了，国家自然富裕起来，然后对民众进行伦理道德的教化，因为"君子学道则爱人，小人学道则易使也"（《论语·阳货》）。伦理道德的教化有益于社会的稳定，使人口、经济、教育三者之间进行良性循环。这种认识在当时是难能可贵而切中时弊的，这与我们现在所重视的人口红利与物质文明和精神文明两方面都要抓有相似之处。

"庶、富、教"三大要政中，"富"是立国的基础，强国的根本，在广义上讲，所谓富国即治国。富国须先富民，民贫则国弱，民富则国强。有若曾回答鲁哀公曰："百姓足，君孰与不足？百姓不足，君孰与足？"（《论语·子路》）语虽出自孔子弟子，却反映了孔子富国先富民的思想。人民是国家的基础，富民是富国的前提，如不富民，谈不上治国。孔子反对官过富民过贫，反对官员对老百姓残酷的经济盘剥，主张轻徭薄赋、勿误农时，提倡"养民也惠""使民也义"（《论语·公冶长》）。例如鲁国的执政季氏比周公还有钱，孔子的弟子冉求作为季氏的家臣，替季氏去搜刮民财，孔子立即号召大家公开声讨冉求。《论语·先进》篇中是这样描述的："季氏富于周公，而求也为之聚敛而附益之。子曰：'非吾徒也，小子鸣鼓而攻之，可也。'"

孔子重视富民，富民应先使民足食。想要足食，就必然重视农业生产，后来地主阶级的改革家都主张劝农立本，可能是受到孔子足食思想的影响。《论语·颜渊》载："子贡问政。子曰：'足食，足兵，民信之矣。'子贡曰：'必不得已而去，于斯三者何先？'曰：'去兵。'子贡曰：'必不得已而去，于斯二者何先？'曰：'去食。自古皆有死，民无信不立。'"孔子的意思是宁可"去食"，也要保住老百姓的信任，统治者执政一定要取信于民，这比发展生产使老百姓有饭吃还要重要。对于统治者来说，当然宁可"去食"也要保"信"，因为荒年饥馑可以归因于天灾，而一旦失去老百姓的信任，可能就会国破身亡。而对于老百姓来说，民以食为天，"去食"便食不果腹，每日挣扎在死亡线上，生命都难得以保证，还侈谈什么"信"？孔子并非不关心老百姓，他是站在维护社会稳定的角度来谈"食"与"信"的关系，认为"民信"应先于"足食"，显示了儒家重视伦理道德教化而轻视发展经济的观念。

儒家重视农业生产，使百姓足食、安居乐业，主要从稳定社会秩序、巩固统治阶级政权来考虑，很少从发展经济、推动社会向更先进的社会形态转化方面着想。所以从稳定社会秩序和巩固统治阶级政权出发，不怕老百姓贫穷，害怕的是社会贫富严重不均。社会虽普遍贫穷，然而只要社会上贫富差距不致过分悬殊，阶级矛盾就不会尖锐对立。如果出现严重的贫富不均，阶级严重对立，矛盾异常尖锐，就会引起社会动乱，不利于稳定社会秩序和巩固统治阶级政权。说到底，还是轻视发展经济。正如孔子所说："丘也闻有国有家者，不患寡（贫）而患不均，不患贫（寡）而患不安。盖均无贫，和无寡，安无倾。"（《论语·季氏》）孔子竟然认为只要"均"就"无贫"，也就是说普遍的贫穷也无所谓，只要是均等的贫穷，社会就能和平安定。这是源于原始"共产主义"均等的心理，又受到了当时农民思想的影响，所以孔子的这一思想，最易于为个体小生产者所接受，甚至成为历代农民反抗剥削的一面旗帜。

孔子所提倡的"均",并不是要破除封建等级制,搞绝对的平均分配,而是指按等级规定来分配生产的财富。对于社会上层,要以一定等级标准来限制他们对财富的占、奢、欲、贪,上层各个等级成员之间,彼此分配均等了,就不致因为有差异而互相侵夺;对于社会下层,人人"均贫"即无所谓贫,就不致因为贫富悬殊而因贫仇富去犯上作乱。超越了贫富等级界限,就是不均,就会导致社会不稳定。孔子之所以"患不均",是因为他看到社会上层多数人不顾一切地无止境地追逐、占有财富,广大劳动者日趋贫困,人民怨声载道。他认为,这是危及整个社会的主要原因,因此他规劝统治者要克制自己的欲望,不要无限制地追求财富,不然的话,"放于利而行,多怨"(《论语·里仁》),贫富过于悬殊,穷人受剥削太甚,就会起来闹事。欲使国家"安无倾",必须"均无贫",只有做到"均"才能达到"安"。除此之外,就是伦理道德教化,孔子又告诫人们"未若贫而乐,富而好礼者也"(《论语·学而》)。对富裕的统治者,孔子要求他们好礼,不要"放于利而行",要顾及老百姓的死活。对于社会下层群众,孔子则要求他们安贫乐道。他说:"君子谋道不谋食……君子忧道不忧贫。"(《论语·卫灵公》)在孔子看来,"道"是高于一切的,这显然又与他本人"足食"的观点相矛盾。连温饱都难确保的贫苦大众,自然不会逆来顺受,孔子本人也看到"君子固穷,小人穷斯滥矣"(《论语·卫灵公》)的现实。他希望人们都能像君子那样,"食无求饱,居无求安"(《论语·学而》),死守"善道"。衣、食、住、行等生活资料是人类生存的第一要素,也是一切行为的第一前提,孔子宣扬安贫,实际上削弱了被压迫被剥削者的革命斗争意志,暴露了儒家思想中消极、落后、保守的一面。

三、儒家的"乌托邦"

儒家重视伦理道德教化而轻视发展经济的思想，还表现在对其终极理想的表述中。儒家最美好的理想社会是世界大同，《礼记》中的《礼运》篇是这样描述大同世界的：

孔子曰："大道之行也，与三代之英，丘未之逮也，而有志焉。大道之行也，天下为公，选贤与能，讲信修睦。故人不独亲其亲，不独子其子，使老有所终，壮有所用，幼有所长，矜寡孤独废疾者皆有所养，男有分，女有归。货恶其弃于地也，不必藏于己；力恶其不出于身也，不必为己。是故谋闭而不兴，盗窃乱贼而不作，故外户而不闭。是谓大同。"

孔子是说："上古大道畅行的时代，和夏、商、周三代精英当政的时期，孔丘我晚生未能赶得上，但我向往这种时代。大道畅行的时代，天下是属于大家的，大家选拔贤能之人当政，人与人之间讲究信用，关系和睦。所以人们不是只挚爱自己的亲人，不是只把自己的孩子当作孩子。而是使所有的老年人都得到赡养，壮年人都有正当职业，小孩子都能健康成长，老而无妻的人、老而无夫的人、幼而无父的人、老而无子的人、残疾人都能得到社会的供养，男子有职务，女子都能及时婚配。人们憎恶财货被抛弃在地上无端浪费，人人爱护财货却不藏于自己身边独自享用；人们憎恶那种在共同劳动中不肯尽力的行为，都能竭尽其力做贡献，却不是为了谋私利。这样的话，社会上阴谋诡计不会兴起，偷窃作乱的事不会发生，人们外出可以不用关闭大门，这样的社会就叫作'大同'。"儒家创始人孔子在大道不行的时代，设想出了一个大道畅行的社会，并把它作为人们应该为之奋斗的崇高理想。"大同"，既不是宗教所向往的天堂或神仙世界，也不是一些人花天酒地物质享受的"安乐窝"，而是通过"爱人"达到的"无私"社会。

我们的理想是实现共产主义，儒家大同世界的理想与共产主义有契合点，都追求为天下人谋福祉，但儒家大同理想又有其历史局限性。马克思和恩格斯为共产主义者同盟起草的纲领——《共产党宣言》（又译《共产主义宣言》），全面系统阐述了科学社会主义理论，指出共产主义运动将成为不可抗拒的历史潮流。共产主义社会是人类社会发展的最高阶段，最终目标是实现人的自由而全面的发展。通过学习恩格斯的《共产主义原理》，我们知道了共产主义社会包括初级阶段的社会主义社会和高级阶段的共产主义社会。通常所说的共产主义，是指共产主义的高级阶段。共产主义最根本的特征表现为三点：一是物质财富极大丰富，工农、城乡、脑力劳动和体力劳动三大差别已经消失，社会采取"各尽所能，按需分配"的分配原则。二是人们的道德水平与精神境界极大提高，人与人的社会关系及人与自然的关系高度和谐，人人有尊严，社会公平、正义，消除了种种社会弊病和人的异化现象，人们对美好生活的合理需要不断得到满足和提高，人们通过尊重自然界的客观发展规律，来合理利用和改造自然界。三是人们具有高度的思想觉悟和科学文化水平，劳动成为生活的第一需要，每个人自由而全面地发展，人类实现了从必然王国向自由王国的飞跃。

对照共产主义的根本特征可明显看出，儒家大同理想最大的局限性在于，重视了人们具有仁爱与无私精神，却没有看到这种精神产生的物质基础。人类社会是以物质生产为基础的，生产力决定了人们的分工及经济地位，经济地位的不同又决定了不同人的社会地位，不同的社会地位决定了不同的生产资料占有与生活资料的分配，从而构成了不同的生产关系。人们之间的生产关系决定了整个社会的形态，包括法律、道德等上层建筑。在大多数人还在争取不太充足的生活消费品时，在许多人还处于贫穷中时，在许多人做事情的动力以赚钱养家糊口为第一要素时，如何能普遍产生大同的主流意识？即便有许多志士仁人为实现远大的美好理想甘愿付出自己的一切，包括最宝贵的生命，然而也难具备"使老有所终，壮有所用，幼有所长，矜寡孤独废疾者皆有所养"的政治与经济条件。限于多数人的觉悟只能与落后的生产力相适应，所以在中国封建社会里，为实现大同世界而奋斗的仁人志士还是属于少数。

儒家的大同理想无视"物质财富极大丰富"，其理想建立在空虚的基础上，理想自然成了空想，如同之后出现的乌托邦。英国托马斯·莫尔在他的名著《关于最完美的国家制度和乌托邦新岛的既有益又有趣的全书》中，虚构了一个"空想的国家"，中文翻译为乌托邦，"乌"的意思是没有，"托"的意思是寄托，"邦"指国家，连起来就是一个假托的、现实中不存在的理想国家。在乌托邦中，财产是公有的，人民是平等的，实行按需分配的原则，大家穿统一的工作服，共同在公共餐厅里就餐，官吏由公众选举产生，彻底消灭了私有制，简直就是儒家大同世界的翻版。

但是没有社会物质财富的极大丰富，尤其人们还在为满足温饱或解决衣食住行而奋斗奔波时，掌握权力的一些人，利用手中的权力来争夺生活资料时，怎能实现财产公有、人民平等？又怎能实行按需分配的原则？更为重要的是，没有经济的发展，当人们处于极度贫困之时，儒家所重视的伦理道德信仰也会动摇乃至崩溃，违背伦理道德信仰的各种邪念与恶行就会大量出现，因为"在极端贫困的情况下，必须重新开始争取必需品的斗争，全部陈腐的东西又要死灰复燃"[1]。

从秦汉以后直到清朝海禁大开之前，中国封建地主阶级经济体制未发生根本变化，农业大国的社会基本生产方式与生产组织形式没有变，家庭自给自足的小农自然经济没有变，封建中央集权制没有变。尽管中国历史上多次出现过经济发达的盛世，经济总量在当时世界范围内名列前茅，但

---

[1] 卡·马克思、弗·恩格斯：《德意志意识形态》，《马克思恩格斯选集》第1卷，人民出版社，2012年，第166页。

那已是过往的辉煌。300多年前欧洲掀开工业革命的序幕，并逐渐影响了全世界。工业革命是思想革命推动的，思想革命是工业革命的先导。然而在中国，仍然以农为本，推行着"重本抑末"的经济政策。这种经济政策主要依靠儒家伦理道德教化为其思想支撑，特别强调以"孝"为内容的家长制思想与以"忠"为内容的君主制思想，一直是调节封建社会生产关系的理论。它促进了中国封建社会长时期的稳定，同时也使封建社会生产方式长期停滞不变。儒家伦理道德教化强大的精神力量，是中国封建社会的精神支柱，而封建国家是维护、推行儒家伦理道德教化的强有力的权力机构。中国若想追赶欧洲兴起的工业革命的浪潮，必须首先虚心地学习西方强国的先进经验，使中华优秀传统文化充分地吸纳外来文化的新鲜血液。

然而封建统治者闭关锁国，夜郎自大，只知巩固统治政权，不思进取，拒绝改革。只有在贫富极端悬殊、人民普遍不满时，封建统治者才对赋税稍作调整，而不得不减轻人民一定的经济负担，以避免封建王朝被推翻。但封建统治者始终没有把大力发展经济当作最重要的国策来抓，这就造成儒家重视伦理道德教化而轻视发展经济的思想一直能够影响到清王朝灭亡，儒家理想的"乌托邦"始终是遥不可及的虚幻泡影。

四、封建时代的官僚政治生态

儒家学说具有一定的历史局限性，有一部分还是我们应该批判的糟粕，这部分糟粕多是原始儒家之后历代统治阶级对原始儒家思想的曲解、篡改。原始儒家因为处于其所属"士"阶层的兴起初期，其思想往往代表着大多数社会成员的利益，更多地表现出它的进步性。而掌握了政权的统治阶级为了自己阶级的私利，必然要曲解、篡改原始儒家的思想，来为自己的既得利益集团服务。如汉帝国建立后，一方面把儒学尊为国家正统意识，一方面对原始儒家思想的核心观念进行有利于自己统治的改造，建立起新的维护统治阶级专制及不平等社会秩序的伦理道德。有人把这种对原始儒学进行改造而形成的儒学称为"新儒学"，"新儒学"的首创者便是西汉的董仲舒。"新儒学"是在新的社会背景即中央集权制下产生的，必然要为维护、巩固中央集权制而服务。

董仲舒新儒学的核心观念是"三纲"说，他说："是故仁义制度之数，尽取之天。天为君而覆露之，地为臣而持载之；阳为夫而生之，阴为妇而助之；春为父而生之，夏为子而养之……王道之三纲，可求于天。"（《春秋繁露·基义》）董仲舒认为三纲之说皆取于阴阳之道。具体地说，君、父、夫体现了天的"阳"面，臣、子、妻体现了天的"阴"面；阳永远处于主宰、尊贵的地位，阴永远处于服从、卑贱的地位。董仲舒认为这种主从尊卑的关系是天定的，是永恒不变的，从伦理上明确了君权、父权、夫权的统治地位，把封建等级制度、政治秩序神圣化为宇宙的根本法则，以致后来的封建统治者把忠、孝、节、义奉为我国伦理道德的主体，影响了我国2000多年。在君臣构成的关系中，对应的行为规范仅是臣子的尽"忠"；父子关系中，对应的行为规范仅是子女的尽"孝"；在夫妻构成的关系中，对应的行为规范仅是妻子的尽"节"；在上下级构成的关系中，对应的行为规范仅是下级的尽"义"。只有从者、卑者对主宰者、尊贵者尽义务，而不提主宰者、尊贵者对从者、卑者的义务，甚至还流行着"君叫臣死，臣不得不死；父叫子亡，子不得不亡"的说法，虽然是极不公道的谬论，却能冠冕堂皇地当作真理来宣扬，如果从者、卑者稍有不服，便是大逆不道。"三纲说"的核心是强迫人们无条件地服从于主宰者、尊贵者设定的上尊下卑、上贵下贱的关系，违背了原始儒家"泛爱众"的原则，歪曲了孔子"君君，臣臣，父父，子子"（《论语·颜渊》）之说。如孔子说："君使臣以礼，臣事君以忠。"（《论语·八佾》）《礼记·大学》篇也说："为人君，止于仁；为人臣，止于敬；为人子，止于孝；为人父，止于慈；与国人交，止于信。"孟子面对齐宣王，直率而无畏地说："君之视臣如手足，则臣视君如腹心；君之视臣如犬马，则臣视君如国人；君之视臣如土芥，则臣视君如寇仇。"（《孟子·离娄下》）原始儒家认为君臣之间虽存在着等级关系，但人格及人的尊严是平等的，下对上及上对下都应持有仁爱之心。原始儒家主张以"仁"来协调人事关系，是让每一个人的价值与权利都得到社会的认可，让每一个人都得到社会应有的关怀。

然而在"三纲"指导下建立的封建中央集权制，向来都"君之视臣如犬马""君之视臣如土芥"，若"臣视君如国人"或"臣视君如寇仇"，便是大逆不道，犯下弥天大罪。中国2000多年的封建社会有一个共同的特征，那就是皇权至上，这是封建中央集权制的集中体现。但封建中央集权制如果离开官僚系统的辅佐，帝王的这种绝对至上就成了一句空话，因此，封建中央集权专制的各个历史阶段都需要各级官僚，他们就是皇权的具体施行者。皇帝权力的运用主要是管控各级官僚，通过官僚维护皇权至上的封建中央集权制。不断加强帝王专制的过程，也是不断健全官僚制度的过程。皇帝是全国土地的最高所有者，经济、政治、军事大权集于皇帝一身。皇帝对臣民享有生死予夺的至高权力，其个人意志就是法律，生前死后都奉若神明，是被绝对服从的偶像。他所选拔的各级官僚，首要的标准是必须对皇帝忠心耿耿、俯首帖耳。官僚参与政权管理，成为名为国家、实为皇帝的代表，居于社会群众之上。他们有明确的职务、责任和权力，同时还有相应的既得利益。中国封建社会的官僚，在中国历史发展中有过积极的历史作用，他们保证了国家机器的运转，对维护大一统、推动历史发展做过巨大的贡献。但本节对此都略而不论，专就中国官僚消极的政治影响及恶劣的社会影响，来看中华优秀传统文化的局限性。

中国封建社会的官制，大致包含三个方面的内容：一是官职、官品、官禄的确定。不论京官还是外放，不论厚禄还是薄薪，其确定的出发点皆是利于皇权的控制。皇帝不仅决定着官员的官职、官品、官禄，也决定着官员的身家性命，凡不合皇帝心意的，轻则撤职罢官，重则满门抄斩。只要对皇上俯首帖耳，便能加官晋爵，步步高升。即使平庸无能，也以"没有功劳也有辛劳"为由，至少保持住原本的官品、官禄。二是官吏责权的划定。下级必须服从上级，各级必须服从皇帝，官场流行的一句话就是"官大一级压死人"。各级官僚越想捞权往上爬，获取更大的权力，越要依靠于"靠山"，借助于结党营私，这就导致官僚机构内残酷的明争暗斗不断发生。封建官僚中并非没有悲天悯人、正直开明、为民请命之人，但始终属于少数，凡有碍结党营私者蝇营狗苟，便遭打击陷害，削职为民、排挤出官僚阶层算是宽容相待了。三是官吏的任用程序。中国封建社会经过长期的发展，儒家标准成了人才鉴别的准绳，并逐渐形成了一套选拔官吏的方法，形式上有"选贤任能"的选官任官的标准，事实上，提擢部分下层知识分子或豪强分子进入官僚阶层，确实不仅弱化了官僚之间的结党营私、排斥异己，而且增添了官僚阶层新的血液。但君主要求的"贤"，就是对皇权的忠，所谓"贤者"多是唯命是从的"奴才"；君主要求的"能"，就是对皇权的效命能力，所谓"能者"多是皇朝狡谲多谋又心狠手辣的"猛鹰凶犬"。

为使官僚都效忠于皇帝，重要的大臣必须经皇帝亲自考核来确定，一般官僚也需皇帝御批任命才能赴任。目的就是要使官僚养成敬畏自卑的心理，对皇帝必须诚惶诚恐，形成一种人身依附的关系，从而达到各部门官僚势力在对君主效忠上保持一致。同时，不断调节、平衡各官僚势力，抑制任何部分势力的崛起，以维持整个官僚体系内部的稳定。历代文臣武将、宗室外戚，大多数是精通权谋的老手，猜忌、暗算、倾轧、内讧，每朝都有说不尽的宦海风波，所以皇帝的精力往往不是对付下民，也不是如何发展经济，而是提防他的官僚臣属。其思虑的往往是如何妥善地分授治权与大小官僚，稳妥地调解官僚内部的利害冲突，使整个官僚系统保持"和谐"，保持官僚体制的职能，更好为皇权专制效力。

秦创官制，以苛暴为尽职，暴政激化了统治阶级内部与社会外部的矛盾，使貌似强大的秦帝国迅速灭亡。汉代选用官僚，中央有征召，相国有辟举，郡国有举荐。魏晋南北朝采用九品官人法，也叫九品中正制，实际上考核无具体措施，只强调任选者的家世声名，所以仕途多为世家、望族所把持。高门大族子孙世代为官，将它视为理所当然，自然不会感到"皇恩浩荡"，形不成对皇权卑躬屈节的效死忠诚，反而加重了对皇权的离心力。一方面，世家、望族子弟世袭为官，既不要求其具备为官的德才，也不靠其政绩表现，这不利于中央集权体制的统治。另一方面，堵死大批有才华的寒门子弟的上达之路，激化对立，逼其愤极而"犯上作乱"，也不利于中央集权体制的统治。为适应新的社会发展状况，隋唐摒除了两汉缺乏组织系统的察举制和征辟制，废止了倒退式的魏晋九品中正制，进行了中国官制的重大改革——开创了科举取士制。

科举取士的基本标准是封建专制的"纲常名教"，科举制使多数学人举子的思想意识拘囿在儒家一定模式中，心志集中到"以学干禄"的唯一目标上，为使效忠皇朝的官僚大批涌现，宋代真宗皇帝赵恒还以荣华富贵为诱饵，诱导天下的学子"两耳不闻窗外事，一心只读圣贤书"，为此他还特地写了一首《励学篇》：

> 富家不用买良田，书中自有千钟粟。
> 安居不用架高堂，书中自有黄金屋。
> 出门莫恨无人随，书中车马多如簇。
> 取妻莫恨无良媒，书中自有颜如玉。
> 男儿欲遂平生志，六经勤向窗前读。

然而科举限制很严，竞争激烈，名额有限，皓首穷经而不中者大有人在，金榜题名者毕竟是凤毛麟角。即便科举中试者，也不一定能直接入仕，还需奔竞请托、入门投靠，依附有权有势的官僚，学子在踏入仕途前就沾染了官僚的习气。

历代封建王朝任官并不仅限于科举，恩荫、荐举、捐纳等也是选吏形式，然而，科举制毕竟作为中国官僚入仕门径之一确定下来。这不仅打破了士族门阀对仕途的垄断，也为庶人寒门进入官僚阶层提供了条件。而且毕竟分科取士，还是将一些有学识的人才充实到官僚队伍之中，大大地提高了封建官僚的素质，从而强化了封建官僚体制。

历代封建王朝总结秦亡教训，其重要原因是酷吏执法，官逼民反。于是他们开始重视儒家礼乐调和矛盾的作用，但仍强调对官僚体制的强化。各级官僚体制越强化，残酷压榨与虚伪欺骗的运用就越得心应手。一方面，依旧对人民进行政治压迫和经济剥削；另一方面，善于以虚假的道德说教愚弄人民，使他们"安分守己""听天由命"，陷人民于愚昧无知中，使人民对政事漠不关心，任凭官僚的摆布，整个官僚体制使人民处于水深火热之中。中国封建社会百姓向以异常的忍耐性见称，然而这种俯从屈就的性格并不是生就的民族特性，而是由严酷的封建宗法、虚假的伦理教义以及严刑峻法的官僚统治造成的。皇权至上统摄下的官僚体系，在效忠皇室的前提下，把主要的施政措施转化为奴役人民、图谋私利的手段。

与世界各国的官僚相比，中国封建官僚体制产生与发展的历史特别悠久，几乎同几千年的中国古代文明史相始终，这在世界上是罕见的。因此，官僚的作用与影响力几乎达到中国封建社会的每一个角落，它使中国的封建宗法更加强化，使封建地主经济体制更加完备，它控制着中国社会上层建筑的一切权力甚至意识形态，官僚是封建王朝强有力的统治工具。封建官僚的历史影响实在大得可怕！几千年来封建官僚不仅居于社会普通阶层之上，而且官僚政治的思想观念也统治着每一个人的头脑，百姓的人生观、价值观被钳制在官僚体制所设计的樊笼之中，若有异端思想便是十恶不赦的弥天大罪。

在如此的社会背景下，封建官僚的政治生态有哪些现象呢？中国大一统封建中央集权制下的官僚，与周代贵族领主制下的王官相比，相对缺少独立性，它必须更大程度地依附于上。官僚之所以成为官僚，全在于君主专制的一纸委任，祸福荣辱全系于此，他们就得对上仰承鼻息。这样，官僚就不必对国家和民族尽责，而只对君主负责，皇帝或上级的指示就是官僚们遵循的法律。由大大小小官员组成的官僚层，任何一级上司都有权力操纵下属的官运甚至命运。所以讨好上级，取得上级的信任，就可以为所欲为，这几乎成了做官的"要诀"。在这种情况下，上对下的家长作风、命令主义，下对上的阿谀奉承甚至送礼行贿是十分自然的事了。封建官僚从无自己独立个性，不论上级是"明君贤臣"或是"暴君污吏"，下属对之都一律敬畏如虎；而反过来对他的下属时，则另具一副面孔，会把在顶头上司那里受到的屈辱，加倍地发泄在比他低的下属身上，他们往往宣称下属的官职是自己对他们的恩赐，意思就是下属理应以效忠来回报。于是以家长的姿态颐指气使，惯用"一言堂"，不尊重下属人格，常指使其干些利于上司名利的下贱勾当，甚至明里暗里向下属索贿。

由于中国封建官僚是对上司直至皇帝个人负责，而不是对社会负责，所以由他们来治理社会，就不是靠法律来进行，而是靠对上级的绝对服从行事。遵循着封建宗法和纲常，贯彻着上级的意图，"人治"再点缀点"礼治"代替了法治，于是国家制定的法由官僚任意解释，官僚的权力实际大于法律。如果说有法，那只是有关人民对于封建社会应尽义务的一些规定，如赋税劳役等，官僚们执行起来倒是雷厉风行。共同的法律从来就是一种抽象的形式，它不是为了施行，而是为了表面上"掩饰"社会的不公平。封建官僚极力模糊国人对法的认识，淡薄国人的法制观念，不如此，会引起人民对于任意蹂躏人权、肆意剥夺榨取人民血汗的官僚体制的怀疑与否定。法律条文到了官僚手中就变成一把魔术尺，任凭官僚个人意志来丈量，官僚自己对法的曲解才是真正要实行的"法"。

中国封建官僚的出现，是对封建贵族领主世卿世禄制的一种否定。名义上讲，中国封建官僚所得到的权力，不是靠权贵血统和家世势力，而是靠具备官僚体制所要求的某种学识、能力和治绩。但实际上，中国封建官僚从诞生的那日起，就带有权贵化的倾向。这主要是因为帝王宝座依血统继承，皇族加上皇族外戚组成一个特殊贵族体系，这个体系提携着的亲近及大官僚也贵族化了，大官僚又拉带着中小官僚同样也贵族化了。血统、家世和门第逐渐重要起来，当官僚把做官当作以权谋私的重要途径时，就有了永远保住这块"领地"的愿望。不仅官官相护，而且希望将官职代代相传，企图把官职变为世袭，代代操纵政权，于是出现了官职的变相世袭、官僚的纨绔子弟大批为官的现象。

中国封建官僚之所以把官职看得比什么都重要，就是因为可以将官职本来的职业功能转化为一种特权功能。这种特权功能首先从物质享受上表现出来，中国历代封建官吏俸禄颇为丰厚，官越大禄越高，即使从官场上退下来，仍有种种特殊的经济待遇。但是光靠高薪是填不满官僚享乐欲海的，于是他们利用职权图谋私利，大肆贪污受贿。中国封建社会无论任何官职，都可以变为贪污的特权，就连芝麻小的一点官也会干蝇营狗苟的勾当。贪污的渠道是多方面的，有"合法"的明抢，有"非法"的暗夺。中国封建社会历代人民极端贫困，与其说是由于封建王朝正规租赋课税太重，毋宁说是由于各级官僚额外的苛索过多。他们平日横行地方，敲诈勒索，无孔不入的敛财恶行比比皆是，司空见惯。那些掌握官卖、官营、官贷等经济权力的官僚，更是贪赃枉法，中饱私囊。贪污遍及各部门，就连军队的军需都公认是发财致富的肥缺。地方官或掌握财权的官僚利用职权发横财，京官或掌管别项职权的官僚则通过前者也大发横财，这是因为前者要想保持官职或希望升迁，必须趋炎附势，不能不贿赂后者。后者为了得到求索，又不能不包庇前者。上下勾结，沆瀣一气，中国封建官僚阶层就是一个庞大的贪污集团。封建王朝有时也惩罚个别贪官，那是因为王朝惧怕人民骚动，用牺牲几只"替罪羊"来安抚人民。封建专制王朝真正防范的一般不是官僚贪污的劣迹，而是他们离心叛逆的异端行为。

封建官僚的本质特点就是通过特权掠夺被统治阶级的利益，所以，它对于一般行政、社会公务，根本谈不上职责动机，遇事拖延不决，打官腔，专讲形式，做表面文章，敷衍上级。《官场现形记》第40回中说："我们做官人有七个字秘诀。那七个字呢？叫做'一紧、二慢、三罢休。'"先装着紧急要处理政事的样子，等一时应付过去，就慢慢地拖延，最后不了了之。不求有功，但求无过，不冒风险，不担责任，确保官职，永享饷银。这就是中国封建社会一般官僚的"治绩"。本官职范围内可以解决的事，却要提交上级或下放到下属去办，即使是很小的问题，也一味把责任上推下卸，互相扯皮而终不得解决。官员虽多，但办事迟缓，经常发生贻误甚至胡乱处置以致铸成大错的现象，诸如此类，人们称为官僚习气，或称为"衙门作风"。

从秦始皇时代确立了官僚体制后，后来的历代封建王朝不仅继承还顺时应变，不断加强健全着这一体制，给人民带来无尽的苦难。中华人民共和国的成立，是中国历史上改天换地的伟大变革，从此，封建官僚体制彻底废除了，劳动人民真正当家作主成了社会的主人。但是我们也必须清楚地看到，封建官僚的影响仍然不同程度地存在着，官僚主义还散发着腐烂的臭气，毒害着我们的社会。在对官僚主义展开斗争时，不仅要严明纪律，加大惩处部分干部贪腐的力度，而且要从思想上分清中华优秀传统文化中哪些是进步的，哪些具有历史的局限性，哪些是阻碍社会前进的糟粕。我们要发扬进步的传统文化，改造具有历史局限性的文化，坚决肃清那些落后的甚至是糟粕的文化对我们的侵蚀与影响，也就是促进中华优秀传统文化的创造性转化与创新性发展，使其成为具有社会主义核心价值观的新文化。我们要用社会主义新文化对每一个人进行道德品质教育，提高整个干部队伍的素质，使每一个干部牢固地树立社会"公仆"的意识，执行全心全意为人民服务的宗旨。同时提高每个群众的思想觉悟，提高每个公民当家做主人的责任感，正确地行使对干部的正当监督权，彻底肃清中国封建社会官僚主义的各种消极影响。

第七章　传承创新传统伦理美德，构建美好家园

2014年9月，习近平同志在纪念孔子诞辰2565周年国际学术研讨会暨国际儒学联合会第五届会员大会上讲：

> 当今世界，人类文明无论在物质还是精神方面都取得了巨大进步，特别是物质的极大丰富是古代世界完全不能想象的。同时，当代人类也面临着许多突出的难题，比如，贫富差距持续扩大，物欲追求奢华无度，个人主义恶性膨胀，社会诚信不断消减，伦理道德每况愈下，人与自然关系日趋紧张，等等。①

习近平同志明确地指出了当代人类面临着的许多突出的难题，言简意赅，真是深中肯綮。这些难题在当代中国也不同程度地存在，对整个社会的进步构成了极严峻的挑战。习近平同志接着说："要解决这些难题，不仅需要运用人类今天发现和发展的智慧和力量，而且需要运用人类历史上积累和储存的智慧和力量。"他所说的"人类历史上积累和储存的智慧和力量"，其中就包含中国历史上积累和储存的智慧和力量，即中华优秀传统文化中积累和储存的智慧和力量，特别是儒家的伦理道德学说。用创造

---

① 习近平：《在纪念孔子诞辰2565周年国际学术研讨会暨国际儒学联合会第五届会员大会开幕会上的讲话》，新华网北京2014年9月24日电。

性转化了的中华优秀传统文化中美好的伦理道德，可以应对种种严峻难题的挑战。首先从思想精神上解决人们信仰迷茫、道德滑坡的难题，伦理美德若深入人心，并成为人们的行动指南，那么其他各种社会难题就会迎刃而解，那些社会颓风也必然会得到扭转。

中华优秀传统文化的伦理道德，核心观念就是"仁"。上古三代先王提倡"德"，也涉及"仁"；到春秋末年，孔子以"仁"概括"德"，形成了一个完整的仁学思想体系。"仁"作为最高的政治与道德原则，便成了中华优秀传统文化的主导思想，构成了中华优秀传统文化的核心。"仁"的内涵包括许多方面，有侧重以恻隐之心执政的"仁治"，如尚德慎刑的德治、礼治；有侧重财产分配的"仁政"，如实施制民之产、轻徭薄赋的经济措施；有侧重塑造理想人格的"仁人""仁者"，如内省修身的圣贤、君子、大丈夫；有侧重表述高尚精神道德的"仁心"，主要体现为广施仁爱、仁德、仁义于社会，等等。本书所谓的中华优秀传统文化创造性转化的关键，正是要关注儒家伦理美德的创造性转化。伦理美德不仅仅是一套理论，更是一种信仰系统和价值体系，所以它能渗透到社会生活的各个层面。当前，伦理美德的创造性转化，主要关注每一个人美好道德人格的生成，使中华民族美好的传统道德转化为社会主义核心价值观的组成部分，从而构建我们新时代中国特色社会主义的物质家园与精神家园。

第一节　伦理美德的基本准则与当代价值

一、仁德是伦理美德的基本准则

中华优秀传统文化是中华民族的精神血脉，它孕育了中华民族高尚的精神品格。中华优秀传统文化的核心观念就是"仁"，它是一面旗帜，中华民族始终高举着它奋勇前进；它是一条红线，将各个时代的中华优秀传

统文化串联起来；它是一种无尽的动力，始终推动着中华优秀传统文化的
蓬勃发展；它是一块巨大的磁石，具有吸纳、同化外来文化的强大磁力。
中华优秀传统文化最突出的体现，就是具有其他外来文化所望尘莫及的伦
理道德精神。儒家伦理拥有完整的理论体系，它的体系包含着诸多方面的
内容，其主体部分是其伦理美德。伦理美德概括了儒家至善的德行，集中
体现了儒家的仁德思想，体现了中华民族的核心价值观，体现了中华文化
的鲜明特色。

伦理美德的重点是关注个体道德人格的生成，修德成为仁人、君子、
圣贤，这是儒家伦理美德的最高修养标准。行仁既是体现仁人的外在标
志，是仁人须臾不可违背的行为规范，又是处理社会各种人际关系的准
则，也是推行贤能政治的保证。简而言之，就是做具有仁德的人，做具有
仁德的事，仁德构成了儒家伦理的理论主体。

中华优秀传统文化从远古流传至今而不衰，在于中华优秀传统文化
中蕴含的儒家"仁德"能一以贯之。《尚书》是我国现存最早的儒家经
典，是远古乃至三代的典、谟、诰、誓等文献的汇编，记载了帝尧至周公
等圣王办事公正、体恤下民、严于律己、勤俭朴素等优良品质，他们的形
象体现了仁爱大众的至善精神。现在有些学者，根据《竹书纪年》记载舜
为篡夺上位而杀了尧帝，从而否认舜是仁德的圣王，否认中国存在着"禅
让"制度，并认为《竹书纪年》早于《史记》200多年，《竹书纪年》的
记载是真实的，《史记》的记载是错误的，上古并不是仁德盛世，因而中
国的古代史需要重新改写。他们据此又得出这样的结论：中国的历史都是
由胜利者书写的，都是为胜利者夺取政权的合法性进行辩解，因而都是不
真实的。依照这种观点，中国古代的历史记载都不真实，都应该统统推倒
重写。

先驳"因《史记》晚于《竹书纪年》，得出《竹书纪年》的记载是真
实的，《史记》的记载是错误的"这种结论。《史记》成书确实晚于《竹

书纪年》200多年，但《史记》中引用的历史资料，大部分早于《竹书纪年》出土的时代，这又作何解释？再说《论语》《尚书》等一大批先秦文献，关于上古圣王的记载，难道都有错？这些典籍文本的出现可是早于《竹书纪年》数百年、数千年，按照这种学者认为早者为真、晚者为伪的逻辑，晚于《论语》《尚书》等一大批文献的《竹书纪年》，岂不属于不真实的了？

再驳"中国的历史都是由胜利者书写的，都是为胜利者夺取政权的合法性进行辩解，因而都是不真实的"。胜利者为夺取政权的合法性进行历史书写，这种情况确实存在，尤其是当代人写当代史，但是也不能绝对，当代史官（如司马迁）或个人（如孔子）写当代史，也不一定统统站在胜利者的立场上来颠倒黑白，我们不能一概地轻易抹杀、否定当代写史者的史德、史识。何况，中国古代史差不多都是后朝史官写前朝史，是后朝的胜利者书写前朝失政者的历史，这些史官哪能有维护、偏袒前朝失政者的意识？怎么会不顾及史实，专门去为失败者歌功颂德呢？相反的则是尽量暴露前朝统治者种种失德的行为，以大量的证明其必然灭亡的历史依据，来证明著史者的史识。有些学者又会说，后朝的史官也得用前朝的史料，前朝的史料就是为胜利者记载的，后朝史官编史难道不受这些史料的影响？编写前朝史不用前朝的史料，任凭谁也编写不出前朝史来。尽管采用前朝史料，但是史官对前朝史料也有鉴别、选择的问题，况且这些史料所记的内容，经过漫长岁月的澄清、实践的反复证明，有的记载符合实际，有的是真假参半，有的甚至是伪造，再后来的史官还会对这些史料做补充、修正甚至批判、推翻、废弃。再说，前朝失政者在历史发展过程中有罪过也有贡献，难道如实地记述他们的历史贡献，就成了弄虚作假了？难道周公赞美几位商朝贤王就不应该吗？依这种历史虚无主义的观点，中国古代史都不可信了，这种否定比当年的"疑古派"还彻底，这不就是一种全盘否定中华优秀传统文化的奇谈怪论吗？笔者在这里插入这些辩诬文字，好像有点离题，实际是反驳那些玷污远古三代先王圣德的不实之词，反驳他们否定中华优秀传统文化的仁德传统源远流长的谬论。

后世常把儒家仁爱思想的源头，上溯于尧、舜、禹、商汤、周文王、周武王、周公。至孔子，他把历代圣王的至善传统概括为一个"仁"字，以此为核心形成了一个学派——儒家学派。而后世的儒家学派生生不息，仁的思想代代传承，绵延不绝，形成一种传承的系统——道统，由此孕育出儒家的伦理美德。儒家的伦理美德像一条生命线，贯穿于中华民族数千年的发展史中，至今仍是中华民族的处世信条。

儒家伦理美德在其确立与发展过程中，不仅继承了上古三代的优秀文化传统，还吸收了三代之后国内其他各家正确、有益的思想，甚至还吸收了其他国家、民族的多种文化精华，如佛教文化。佛教宣扬因果报应，劝人积德行善，只要积德行善，保证一定有福回报，这就是所谓的"善有善报"。今生多做善事，不仅对自己有好报，消灾去病、延年益寿、逢凶化吉，还可以灭除生死轮回的痛苦而获得最终的解脱，死后上升到幸福、快乐的天国，甚至还会惠及自己的子孙。关于因果报应、生死轮回说教，《佛说长寿灭罪护诸童子陀罗尼经》中的"十二因缘"对此阐述得最为详细。"十二因缘说"，解释世界上一切现象的产生和变化都因一定的条件而引起，叫作"缘起"，离开了一定条件，就无所谓存在。有因必然有果，"缘起"说是业报轮回说的理论基础。十二因缘就是阐述人们从生到死一环扣一环的十二个环节，彼此互成因果、互为生灭的因果联系。以此来解释人生本质及其流转过程，简单地理解，就是"生命的轮回"，并涉及过去、现在和未来三世总的因果循环。

佛教文化在传统文化的影响下，逐渐中国化，形成其特有的重现实和人生的特点，其重要的标志，就是产生了著名的禅学经典著作——《六祖坛经》。《六祖坛经》主要记载佛教禅宗祖师惠能得法传法的生平事迹和启导弟子的言教，"自性本清""明心见性""顿悟成佛"等观点是其中心思想。如："无上菩提，须得言下识自本心，见自本性。不生不灭，于一切时中。念念自见，万法无滞，一真一切真，万境自如如。如如之心，即是真实。若如是见，即是无上菩萨之自性也。"（《六祖坛经•行由品第一》）"是般若法，修此行者，是般若行，不修即凡。一念修行，自身等佛，善知识，凡夫即佛。烦恼即菩提，前念迷即凡夫，后念悟即佛。"（《六祖坛经•般若品第二》）菩提，梵语音译，意思是觉悟、智慧。般若，也是梵语音译，意思是"终极智慧""辨识智慧"，指如实认知一切事物及万物本原的智慧。前面所引《六祖坛经》两段语录，主要讲的意思是："即心即佛""见性成佛"，凡夫俗子本具成佛的可能，只要"明心见性"，静下心来，减少妄想，大彻大悟，便会豁然开朗，"顿悟成佛"。断绝了人世间一切烦恼，就成就了"终极智慧""辨识智慧"，也就是涅槃智慧，即佛的智慧。《六祖坛经》把外来佛教中蕴含着的对人的现实关注及肯定作了充分的发挥和发展，对佛教的中国化发展起到了重要的作用。传统文化对禅学有很大的影响，禅学对传统文化也有不小的影响。如儒家的心性说与佛教的心识论，儒家的性善论与佛教的佛性观，儒家的"修身""齐家""治国""平天下"说与佛教的二利观，儒学与佛教二者之间互相都有不同程度的融合与吸取。

但是我国自古以来就不是以宗教而是以理性的思想尤其是儒家思想为其正统意识，与世界上其他国家以宗教信仰为主的文化信仰系统完全不同，儒家思想两千多年来早已深入人心，决定了中华民族的思维、性格及行为特征。儒家学说从一开始其性质就是理性的、哲学的、人文的，所以它能创造性地转化为社会主义的精神财富。而佛教尽管包含着许多哲理，但它从本体上说是属宗教而不属于哲学，不可能靠它来创造性地转化出社会主义的精神财富。

道德的境界与信仰相关，儒学与佛教都重视善德的修养，儒家称为"修德"，佛教称为"修行"。儒家的"修德"与佛教的"修行"有何区别呢？儒学伦理的道德修养强调的是自律的原则，而佛教的"修行"更强调他律原则，即遵守"戒条"。

儒家伦理道德的自律，主要指自觉修炼"成己"，目的不是求得个人有什么好处回报，赢得什么个人欲望，而是为了实现仁道，为此吃苦受累甚至献出生命，也应该坚定地去做。有人还要再追问一下，信仰儒学伦理美德，个人究竟图个啥呢？孔子说图的是求仁得仁，得道"成己"。孟子说图的是做一个真正的人，而非禽兽一般的动物。宋明理学家说图有一个良知。各位儒家代表人物说的意思都一样，就是图做一名有高尚道德的君子，实现最崇高的人生价值。这个人生价值是指人类共同的价值，而非个人的价值，是实现"大我"的价值，而非"小我"的价值。每个人从小我的修炼起步，逐渐上升为为大我利益去着想去奋斗的人生境界，从"独善其身"上升为"兼济天下"的高度，这样的君子实际就是仁德的化身，君子也就成了仁德的代名词。孔子说："富与贵，是人之所欲也；不以其道得之，不处也。贫与贱，是人之所恶也；不以其道得之，不去也。君子去仁，恶乎成名？君子无终食之间违仁，造次必于是，颠沛必于是。"（《论语•里仁》）富有与尊贵，是人人所想拥有的；如果不用符合道义的方法得到它，即使白白赐予也不能接受。穷困和低贱，是人人所厌恶的，但是不用正当的手段去摆脱，甘愿穷困和低贱。君子抛弃了仁德，怎么对得起君子的名声？不管什么时候什么环境下，君子一瞬间也不能违背仁道。孟子也说："富贵不能淫，贫贱不能移，威武不能屈。"（《孟子•滕文公下》）意思是说，即使有富贵的诱惑，有贫贱的考验，有强权的威逼，也不能改变自己求仁的态度。《中庸》载："莫见乎隐，莫显乎微，故君子慎其独也。"这是说君子提升道德修养完全是自觉的、自律的，即使没有人监督，也能严格要求自己，做到表里一致，严守本分，不做违背道德的事，不自欺欺人。

关于道德自律、道德他律的学说，据德国古典哲学创始人康德说，这是他独创的重大理论。他认为在他之前所有的道德修养学说都遵循着道德他律的原则，因为所有的道德修养都是被个人的目的所驱动。他在1793年发表的《单纯理性限度内的宗教》中，认为宗教是人们追求幸福的一种形式，为追求个人的幸福而信奉，自然属于道德他律。他认为道德自律才是纯粹性的道德，是为了道德而道德，不是为了其他目的而道德。但是，这位被认为是继苏格拉底、柏拉图和亚里士多德之后西方最具影响力的思想家之一的康德，竟然不知在他之前两千年，中国的儒家早就主张纯粹的道德自律。孔子说："志士仁人，无求生以害仁，有杀身以成仁。"（《论语·卫灵公》）孟子说："生，亦我所欲也，义，亦我所欲也。二者不可兼得，舍生而取义者也。"（《孟子·告子上》）莫说个人的幸福，即使个人的生命，与正义的事业比起来，孰重孰轻，儒家代表人物也掂量得很清楚，那就是为了成仁而敢杀身，为了取义而愿舍生。司马迁也说："人固有一死，或重于泰山，或轻于鸿毛，用之所趋异也。"（司马迁《报任安书》）儒家代表人物在生命与仁义事业之间毫不含糊地做出明确的判定与选择：仁义事业的价值远高于个体生命的价值，为了仁义事业而献出生命正是体现了生命的价值。为了捍卫仁义正道，视死如归，虽死犹荣，这种自律的壮举，曾激励过中国历史上多少志士仁人，为了真理而前赴后继地去奋斗、去牺牲！

当然，主张伦理道德自律，并不是轻视伦理道德的他律。遵纪守法尽管带有一定的强制性，属于道德他律，但这是对伦理道德修养者的最起码要求，不论持何种伦理道德信仰，只要是公民，就必须遵守法律。而道德自律者，就更应该自觉遵纪守法了。但现实是，即使自我约束严格的人，也常常受到利益的诱惑和思想认识的局限，对事物的认知会出现某种偏差，所以必须借法律来再次约束。也就是不能单靠道德自律，还需要有道德他律，只有道德自律与道德他律互相配合，才能达到道德修养的理想境界。

儒家的伦理美德体系是一个开放的体系，在汲取人类优秀精神成果的同时，儒家学派还非常重视自身思想的创新，创新是儒家伦理思想不断进步的灵魂，也充分显示了儒家伦理学说的坚强生命力。如在汉代之前，儒家伦理美德还停留在具体琐细的阐释中，孟子虽提出"心性学"，但仍未完成儒家伦理美德的完整哲理结构。汉代儒学家借鉴道家、阴阳五行家的思想资料，完成了儒学完整、系统的重构，使儒家伦理思想体系有了本体论的整体感悟，有了天人关系的探究，有了阴阳对立统一的思考。特别是对易象数学的吸收，更使儒家的伦理思维具有了辩证思辨的特征，因而最终把本属子学的儒学变成了经学，成为治国的主导思想和社会教化的基本内容。汉代之后，无论是以道释儒的玄学、引佛入儒的理学、经世致用的实学，不同观念形态的儒学伦理都打着仁德的烙印，又有着不同的创新，使儒家伦理美德不断地得到完善。

儒家经学研究方式有别于其他各家，其最鲜明的特点就是以"解经"的方式来阐发自己的创新意识。解经方式，古代分"我注六经"与"六经注我"。"我注六经"，就是解经者通过阅读，尽量理解经书的本义，然后根据其他典籍提供的知识来解释经书，以求得经书的本来含义。所谓古文经学家，就常用"我注六经"的方式来解经，专研经书中的训诂，其解经的长处是力图还原经书本义。"六经注我"是解经者利用经书的语言，为现实政治服务，希望从经书中寻求到现实的治国安邦之道。所谓今文经学家，就常用"六经注我"的方式来解经，解释的是经书，而表达的却是解经者现实的观念。借经书来阐述自己的想法，其解经长处是联系现实，富有创造性见识。不论"我注六经"还是"六经注我"，其主导思想都遵循着儒家创始人的仁学观点，其阐发的重点，仍在于如何做到内圣外王，仍在于劝导人们加强伦理美德意识。只不过儒家所提倡的伦理美德，在具体的政治、经济形势下如何适应新的社会精神需求，古今文经学家有所分歧罢了。

重视伦理道德，是中国文化的重要特征。所谓文化，其本质就是人类通过各种方式呈现自己的生存状态，并由此形成人们的观念意识及精神追求。往细处说，主要涉及对人与人、人与物、人与神的相互关系的阐述。有人说：中华优秀传统文化重于探讨人与人的关系，西方文化重于探讨人与物的关系，印度文化重于探讨人与神的关系。此观点好似有些道理，但不尽然，更不可绝对化。中华优秀传统文化虽侧重探讨人与人的关系，但也并非没有对人与物、人与神关系的探讨。纵观中华优秀传统文化的各种学派的发展史，各家各派众说纷纭并各持己见，然而最为全面、系统、准确地阐述人与人、人与物、人与神的相互关系，并且得到中华民族大多数成员认可、成为中华民族共识的，则是儒家的伦理道德学说。从文化的本质看，中华优秀传统文化的主体是儒家学说，而儒家学说的主体则是儒家伦理，儒家伦理的核心应该是伦理美德，因为它解决了中华优秀传统文化所承担的关键任务，自然也成为中国封建社会的文化软实力，也成为封建社会统一全社会意识的正统思想。

在探讨人与人、人与物、人与神的关系中，儒家学派最重视人与人的关系，其伦理美德阐述最多的就是人本身及与他人之间所应遵循的至善原则。也就是说，儒家伦理美德最重视的就是如何做人的问题，虽然也谈及人与物、人与神的关系，但最终落脚点还是人与人的关系。

儒家学派不是彻底的无神论者，因为他们并没有明确否认鬼神的存在，只是回避谈论鬼神。在当时来说，这应该是一种实事求是的态度，因为儒家既不愿承认无事实依据的鬼神存在，又无能力证明鬼神不存在。所以孔子认为"务民之义，敬鬼神而远之，可谓知矣"（《论语•雍也》），主张表面上敬畏鬼神，实际上采取远离的态度才是人的明智之举。孔子并不明确否定鬼神，但在论述人与人、人与神的关系中，更强调的是人事，主张神人互不发生关系，这种认识虽不是无神论，但离无神论并不遥远。儒家将伦理美德作为自己理论的中心从而远避鬼神的意识，显示了中华优秀传统文化有别于世界上大多数国家文化的理性特征。所以在中国两千多年的历史上，从未出现过宗教占思想统治地位的时代，占思想统治地位的只能是儒家的伦理道德，而仁德则是伦理美德的基本准则。

二、伦理美德的当代价值

习近平同志说："深入挖掘和阐发中华优秀传统文化讲仁爱、重民本、守诚信、崇正义、尚和合、求大同的时代价值，使中华优秀传统文化成为涵养社会主义核心价值观的重要源泉。"[①]儒家伦理美德是中华优秀文化的核心，包含着讲仁爱、重民本、守诚信、崇正义、尚和合、求大同等观念的时代价值，它不仅仅是一种知识系统，即不仅仅是一套理论结构，它更是一种信仰系统和价值体系，是一种全方位的文明和文化，所以才能渗透到社会生活的各个层面。它曾促成了中国封建社会多个盛世的出现，也曾促进了其他汉字文化圈国家的飞速发展，至今仍有着潜移默化的巨大影响力，完全可以使其转化为涵养社会主义核心价值观的重要思想源泉。

人类进入21世纪以来，由于科学技术突飞猛进地发展，全球实现了经济一体化，大大促进了世界经济的腾飞，但是大量资本的私人占有也带来更大范围的两极分化、贫富悬殊；科技发展创造了巨量财富，也导致了自然资源的过度消耗、人类生活环境的急剧恶化；工业化、都市化赢得了集约优势，同时也阻滞了乡村的经济与文化的发展。在悖论中前行的人类，理性遭到了异化，曾支撑了整个西方世界数百年的现代性伦理体系暴露出许多严重问题：环境危机、信仰丧失、社会分化、个人私有观念极度膨胀、民粹主义以及宗教种族冲突导致的社会混乱等等，这些都能在伦理道德丧失方面找到其根源。

对于现代伦理体系所暴露的问题，儒家伦理在某种程度上能起到解决

---

① 习近平：《习近平谈治国理政》（第一卷），外文出版社，2014年，第164页。

或缓解的作用。个人主义造成人情冷漠、个体与群体的疏离，儒家人际关系中对自我待人处世的设定可以避免孤独个体的出现；因科技高度发达，过度膨胀的工具理性构成人的精神牢笼，而儒家伦理对人的情感的强调可以消除二元对立；享乐至上，把物质消费作为衡量人生价值的标准，而儒家德福一致论则取相反的价值方向，以精神追求为高尚品格。在国际关系上，西方霸主为了维持霸权，剥夺他国资源，动辄就对他国进行制裁甚至武装侵略；而儒家向来反对恃强凌弱，提倡"己所不欲，勿施于人""四海之内皆兄弟"。在人与自然的关系上，当前整个人类都面临能源危机和生态危机，儒家的"天人合一"和"正德、利用、厚生"的观念则提供了解决危机的路径。

大家都知道西周衰微后，西周礼乐文化的中心东移至邹鲁，孔子、孟子、荀子的出现，标志着齐鲁大地成了儒家文化的发源地，也成了中华优秀传统文化的重要发祥地。2000多年以来，全国各地都受到孔孟思想的熏陶，山东地区儒家文化的积淀更为深厚，仁、义、礼、智、信、忠、孝、廉、耻的人生价值观深入人心，儒家伦理美德引导规范着人们的行为，从而涵养了山东人忠厚、善良、诚实的性格。自古以来，人们对山东的印象是：民风憨厚淳朴，邻里乡亲团结和睦，社会秩序比较稳定。改革开放以来，山东全省大力实施中华优秀传统文化传承发展工程，在实践中推动中华优秀传统文化"两创"的落实，不仅要当好中华优秀传统文化的守护者、传承者，还要当好创造性转化和创新性发展中华优秀传统文化的探路者、先行者，并以此推动各项事业的迅猛发展，使山东迅速成为名列前茅的全国文化与经济强省。

近几年火爆的山东"淄博模式"，引来大批各省市的人们前来淄博参观取经。淄博模式有许多值得外地省市学习的方面，这里只选择到访者明显感到新奇的几点，简要说说淄博人怎样传承中华民族优良的传统，开创社会主义城乡建设的新局面。

　　第一，既要金山银山，更要绿水青山。淄博常住人口近500万，是个典型的老工业城市，钢铁、化工、陶瓷等高耗能产业较多，每年的煤炭消耗量占全省的九分之一，过去雾霾连日，空气污染严重影响淄博甚至周边地区群众的身体健康。针对这一重大民生问题，淄博政府以人为本，在其他地区一些领导人专注GDP数据的情势下率先认识到：儒家提倡的"天人合一"观是很有指导意义的，良好的生态环境对于地球上每个人，是最公平的公共产品，是最普惠的民生福祉，所以他们宁肯因GDP数据不显著而失去发展的机会，也要取得生态环境的长期改变。于是他们从治理煤炭排放入手，改造工业锅炉，治理住户散煤使用，其治理雾霾的项目推进之快、改善环境质量成效之明显，成为全省乃至全国的样板，2017年受到国务院办公厅发文表彰。

　　第二，以民生为核心，重塑城市管理模式。淄博政府时刻关心老百姓的疾苦，尤其是弱势群体的境况，想人民之所想，急人民之所急，所以他们不采取其他地方一些严格管理的办法，使城管队员与小摊贩去对立、冲突，而是变对立为和睦，城管人员不仅不到处驱赶摊贩，反而帮着摊贩摆摊，既不影响城市的交通与正常秩序，又不影响摊贩的买卖，由人们印象中的单向管理变为对群众热情的服务。因此淄博的摊贩见了城管特别的亲热，大街小巷处处呈现着城管与摊贩的协作和谐。山东的老乡对《论语》耳熟能详，他们知道《论语·尧曰》篇中子张问孔子怎样才能从事政务，孔子回答要尊崇五种美德，摒弃四种恶行，就可以从政。五种美德中第一种就是"君子惠而不费"，即从政者给老百姓恩惠却不需要耗费钱财。如何做到这一点？孔子又解释说："因民之所利而利之，斯不亦惠而不费乎？"就是说：依照老百姓认为好的办法去帮助他们获利，不用耗费财力，以政策就可使老百姓得到恩惠。淄博重塑城管模式大概就遵循了孔子这一教导。

　　"有朋自远方来，不亦乐乎？"（《论语·学而》）淄博人民牢记孔子的这句话，人人践行"好客山东"的传统人文精神，厚道为基，诚信为本，品质为主，以公平公正、童叟无欺的优良传统迎接四方来客，充分体现了淄博人的淳朴、善良和热情。淄博的旅游从业者与大小商家都能做到将心比心，赤诚待客，不售假货，保证食品安全，绝无短斤缺两的现象。他们以儒商而自称，认为儒商的称号是对他们最高的评价。他们牢记"君子喻于义，小人喻于利"的箴言，不因供不应求而粗制滥造，也不因货物短缺而涨价。交警不贴外地车辆的罚单，各单位的厕所供外地来客随便使用，甚至全景区免费游，为游客雨天送伞、天热送水、天冷送衣。以人为本，真诚待客，成了淄博火热的一张名片，它应该是每个城市开展治理的重要典范。

第三，重视科学文化的普及。这可以淄博的周村区为例加以说明。周村是淄博市的一个辖区，常住人口近41万，管辖5个镇、5个街道、1个省级经济开发区、343个行政村。周村自古就是北方著名的商业重镇，曾与佛山、景德镇、朱仙镇并称中国四大"旱码头"。改革开放后，更涌现出众多的著名企业家。周村的古商城被称为"北方旱码头"，由于商业发达，商户又都崇信"不光会挣钱，更要有文化"，因此周村古商城成为一处儒商的大本营。现在周村有5处"农家书屋"示范点，有4处"书香淄博"阅读站，古商城景区设有"城市书房"，周村区西南昆仑路还有"蒲松龄书馆"。走进周村，好似步入曲阜古城，不是感到商业的气息，却嗅到了浓郁的书香味，难怪周村的商业文化带着浓厚的儒家文化烙印。

再如，广东及东南沿海地区，是中国社会主义市场经济最活跃的地区，也是现代工商业比较发达的地区，经济产量及人均收入也遥遥领先于其他地区。如果把这些成就的取得仅归功于改革开放政策带来的可能还不够，这些先进地区还有一个特点，就是对中华优秀传统文化中的伦理美德都大力提倡，并得到普遍的重视与发扬，从而促进了社会秩序的稳定与健康，实现了经济的高度发展与繁荣。

从南宋以来，中国文化的重心由北方向南移，至明清，广东及东南沿海地区普遍重视传承中华优秀传统文化，其文化素质远胜于其他地区。由于有雄厚的历史积淀与群众基础，在改革开放的几十年中，中华优秀传统文化在地区发展过程中发挥了巨大的精神推动作用。一些儒家伦理道德传承较为完好的地区，其社会秩序也相对地好，经济增长也比较明显。以伦理美德规范、培育的人，可以变为经济发展的先导力量；各地经济的高速发展，在一定程度上也可以用儒家伦理道德的普遍传承发扬来解释。当然，这种优秀价值观、人生信仰、民俗民风、伦理道德的传承，不是单纯模仿古人，而是在传承中融入新时代的内容。在应对社会现实问题时，儒家伦理道德已经得到某种程度的改造与创新，否则不会成为维系现实社会秩序与促进经济增长的正能量。关于这些经济发达地区传承发扬儒家伦理道德、促进社会和谐与经济发展的情况，各省市都有深刻的经验总结，多家媒体都做过海量的介绍与报道，大家已耳熟能详，这里就不再赘述了。

这里特别讲一个以儒家伦理道德为治国理政主要观念和社会主流意识而成为强国的例子，以境外国家的实例，再次说明儒家伦理美德的当代价值，这个国家就是新加坡。新加坡以政治民主、政府高效清廉、社会道德文明、经济繁荣发达、人民幸福和谐、环境整洁，赢得世界的普遍赞誉，大家把它的治国方略和模式，称作新加坡模式。新加坡是东南亚一个小小的岛国，或称一个城市国家更恰当。新加坡15世纪初为马六甲帝国的一部分，后来曾为葡萄牙、荷兰、英国的殖民地，1959年取得内部自治，1963年成为马来西亚的一部分，1965年独立。人口不足500万，华人占总人口的四分之三，其余为马来人、印度人。面积724.4平方公里，还不如中国的一个县的面积大，华人一直占据着国家领导地位。就是在这小小的国土上，建成了东南亚知名的发达国家。这是华人社会的一个奇迹，令我们中国人倍感亲切。

新加坡华裔之多，是因为旧时有大批华人移入新加坡。当时的移民并不像现在的移民，现在移居国外的大部分人，不是富翁，就是具有高学历的科技人员；而当年移居新加坡的华人，绝大部分是在中国难以生存发展的贫民与流浪汉，文化层次很低，但他们还是把中华优秀传统文化移植到新的土地上。他们虽背井离乡，到了陌生的国度，但他们深受儒家伦理道德的影响，仍遵循着儒家仁义道德的基本原则。虽然远离中国，又经历了巨大时代浪潮的冲击，但他们对中华优秀传统文化的信仰，尤其是对儒家伦理道德的信仰，从没有动摇过。这种信仰比中国本土的民众还坚定，这就为新加坡社会的发展奠定了坚实的文化基础。

新加坡于1965年脱离马来西亚后独立建国，经过短短几十年的发展，从贫穷落后发展到现在社会高度的和谐繁荣，这一切虽然与所采用的经济模式以及所制定的政策密切相关，但还有一个重要的原因，就是在儒家伦理价值观指导下，做到了政府清廉、关注民生、经济协调、法制严明。它虽然也借鉴了西方价值观，学习了英国式的议会民主制度、法治传统和公务员制度等，但在"西化"的过程中，没有抛弃儒家文化，而是将儒家伦理和西方的民主宪政相结合。与二战之后众多欧洲国家一样，国家实现了社会福利型的转化，使新加坡从落后的殖民地国家转而成为东南亚的"瑞士"。新加坡在发挥儒家伦理的当代价值，把国家建设成为现代化强国方面，有哪些值得我们借鉴的呢？

第一，以儒家伦理指导国民的人生价值观。新加坡虽然人口不多，但由于面积小，是全球人口密度最大的国家之一。这个城市国家是多民族聚居地，政府机关通用语是汉语与英语，民间除了汉语外，还使用马来语、泰米尔语等多种语言。然而不同种族、不同语系的人却能和睦相处，正是由于大家有共同的价值观。新加坡国父李光耀深谙西方文化内核，又信奉中华优秀传统文化，并在国家治理中充分吸收东西方文化的精华，在国内推行一种中西文化相结合的基本国策。每个新加坡人以家庭为根，以社会为本，以国家为至上，以法律为准绳，礼貌待人，和而不同，求同存异，和睦共处，同舟共济，相互关怀扶助。遵照儒家"四海之内皆兄弟"的原则，新加坡政府倡导各民族间亲密团结，提倡各民族文化并存共荣，维护各民族的平等权利。新加坡政体是议会共和制，全国划分成84个选区，每个选区选举产生一名议员组成议会。为了避免每个选区选出来的议员可能都是华人，于是把五六个选区合并在一起，称为集选区。每个党派推举出来的候选人中，必须至少有一名少数族裔，确保少数族裔有人参政，让少数族裔在议会里能发出代表自己族裔的声音。尽管华人占多数，但在公共政策上华人并没有特殊的优待，制止有损各族群和谐的极端思想和言论。这些政策的实施，使一个多种族、多宗教、多元文化的小国，全体国民都具有一种强大的向心力，举国同心，在几十年的时间里就把新加坡建成了繁荣稳定的强国。

第二，将"孝悌忠信"的"四德"教育，贯彻于家庭、学校教育的始终。《大戴礼记·卫将军文子》解释"四德"："孝，德之始也；弟（悌），德之序也；信，德之厚也；忠，德之正也。参也，中夫四德者矣哉！"新加坡的每个家庭都用以"孝悌"为核心的儒家伦理观念教育子女，孔子说："君子务本，本立而道生。孝弟也者，其为仁之本与！"（《论语·学而》）教育孩子从小就珍惜家庭的亲亲关系，永怀知恩图报的意识对待父母长辈，由孝悌观念再提升，才能意识到"老吾老，以及人之老；幼吾幼，以及人之幼"（《孟子·梁惠王上》）。儒家的孝悌观不仅是维系家庭和睦的凝聚力，而且避免了西方福利国家家庭观念淡薄、社会人情冷漠的危机。由家庭培育的孝悌观为基础，进入学校之后，自然容易接受"修身、齐家、治国、平天下"的伦理道德教育。其实，孝悌品德的修成，已包含了"修身、齐家"的部分素质。新加坡的教育虽采取了西方教育的体制，但儒家伦理道德教育是其人才培养模式中的重要内容。

第三，选贤任能，精英治国。治国需要人才，什么人才能治国？只能是德才兼备的人才，否则国家就会败亡在奸佞、小人、蠢才的手里。孔子弟子仲弓询问孔子如何理政，孔子回答首先是"举贤才"，而且告诉他如何举贤才："举尔所知，尔所不知，人其舍诸？"（《论语·子路》）即贤者必引贤，众人定举贤。选拔人才多征求贤能者的意见，多考虑大多数人的反映。提拔使用贤良人才，不仅能高效理政，而且能赢得民众的信服，取信于民，这是仁政的基本标志。《论语·为政》载："哀公问曰：'何为则民服？'孔子对曰：'举直错诸枉，则民服；举枉错诸直，则民不服。'"提拔使用正直的贤才，老百姓就信服，反之，老百姓就不服。因为提拔重用正直的贤才，就能推行公正廉明政治，造福于民，使国家昌盛。提拔重用邪佞的人，就会政治黑暗，百姓遭殃，国家衰败。任人唯贤是新加坡政权建设的重要原则。

新加坡遵循儒家举贤才的原则，政府官员始终由品德贤良又有能力的精英分子所组成。新加坡的政府官员，分为两个层次：政治领导和公务员。政治领导负责国家大政方针的制定，公务员负责大政方针的执行和落实。政治领导需要通过选举产生，有一定的任期。公务员通过严格的考试而产生，考试包括笔试、面试、心理素质测试等。新加坡政府官员的高薪在世界上是出了名的，但他们的清廉在世界上也是出了名的，这叫高薪养廉。在高薪的背后，是严格的考核与反腐制度，新加坡的贪污调查局拥有很大的权力，可以调查任何政府官员。从反腐职能部门设置，到反腐立法健全，再到反腐舆论宣传监督，反腐监控的力度几乎达到全方位无死角，惩罚举措也是最严厉的。同时，政府官员虽拥有高薪，却没有特权，福利也很少，出行用车也得自己购置。更重要的如养老、医疗等待遇一律和国民平等。各级官员由这样的精英所组成，难怪新加坡在世界上堪称高效率的政府、清廉的国家。

第四，分配公平，避免贫富悬殊。一个国家要想社会安定，最重要的施政措施是什么？孔子早在2000多年前就已指明："丘也闻有国有家者，不患寡（贫）而患不均，不患贫（寡）而患不安。盖均无贫，和无寡，安无倾。"(《论语•季氏》)孔子指出：国家贫，即财物缺乏，寡，即人口稀少，这些并不可怕，怕的是"不均""不和""不安"。不均则生怨恨，不和则引内斗，不安则起动乱。做到"均"，则国虽贫而分配公，人人各得其分，政事无偏；做到"和"，则人口虽少，上下一心，内部不勾心斗角，国人不离心离德，就会众志成城；做到"安"，则人心安定，社会稳定，国家就不会有颠覆的危险。新加坡人口虽少，但是人口密度大，不存在"患寡"的问题。国家注重以儒家伦理统领国民的人生价值观，使国人同心同德，对国家有了向心力，就少了内讧。关键是政府采取种种切实的措施解决好"不均"，社会分配公平，就可避免贫富悬殊，就能创造一个和谐安定的社会秩序，这是经济高速发展的前提。

新加坡政府相当重视财富分配的均等，每年听取社会各界关于工资增加幅度的协商意见，并提供给企业参考执行，以确保经济发展的成果能公平地分配给工薪阶层。同时协调照顾好劳资双方的利益，保持企业的生产持续发展并增强其生产的竞争力。解决分配公平问题，不仅仅是增加低收入人群的经济收入，重要的是要贯彻孔子倡导的"惠而不费"(《论语•尧曰》)的政策，孔子把它视为从政的"五美"之一，既给老百姓恩惠，又不需要耗费多少财物，以优惠、适当的政策让老百姓得到物质利益。新加坡政府量入为出，保持经常性的财政平衡和财政盈余，维持物价的稳定和低通货膨胀，不受"赤字财政""举债消费"等理论的影响，引导民众合理地消费，掌控银行贷款条件，避免泡沫经济的发生。

新加坡政府还健全了以公积金制度为基础、以家庭为核心的社会保障体系，在税收回扣、公共住屋的配售、医疗保健等方面，对低收入人群提供补助性优惠政策，在将财政盈余回归于国民时，向有利于低收入家庭方面倾斜，还鼓励民间自发的慈善事业进行族群自助。在兼顾分配公平方面，新加坡的住房政策尤其受世人称赞。政府大力推动公共住房的兴建，以组屋制度让九成以上的国民拥有了自己的住房。组屋是由政府建屋发展局承担建筑,与我国以前由单位建筑政策性住房相似,有99年产权。除了组屋外,现在又兴建人民组屋,人民组屋的住户无产权,政府以租借的方式租给那些无房户,住户每个月缴房租给政府,真正实现了居者有其屋。新加坡政府还特别注意通过教育、培训,帮助低收入家庭每个成员自我素质的提升,增强其就业的技能,这是消除贫穷的根本之途,避免贫者等、靠、要,依赖治标不治本的单纯经济救济。

新加坡的强盛,使国内民众对政府有一种强大的向心力,对国外移民来说,都向往移入这一幸福之地。古时叶公问政于孔子,孔子回答说:"近者说(悦),远者来。"(《论语•子路》)为何国内的民众喜悦,国外的民众纷纷来归是执政成功的标志呢?还不是因为政府实行了仁政?人心都是向往美好的。我们是具有社会主义特色的国家,体制与新加坡不同,我们在共同富裕方面也有许多好的政策与经验。但新加坡成功的治国之道,体现了儒家伦理美德的当代价值,其成功之处,是值得我们学习借鉴的。

第二节 构建文明的自然生态家园

一、人与自然关系日趋紧张

从我们国家宇航员传回来的视频,看到我们居住的这个地球,竟是个那么美丽的蓝色星球!这个星球经过多少亿年的演化,不仅形成丰富的矿产和水资源,而且繁衍出数以万计的微生物、植物和动物。人类也是这个地球上动物的一种,只是人类与其他动物不同,人是万物之灵,会创造文化,并能不同程度地利用地球上的一切存在,包括矿产、水资源、微生物、植物和其他动物,来为人类服务,为人类积累巨大的物质财富,以便一步步建设富强文明的社会。但是生产力的提高,文明社会的发展,也加速了对自然资源的消耗,尤其是近几百年来的三次工业革命,对自然资源的消耗特别严重。

1698年英国发明蒸汽机，拉开了第一次工业革命的序幕，也称蒸汽技术革命，标志是蒸汽机、汽轮机和内燃机等作为动力机被广泛使用。大工厂代替了传统的小手工作坊，机器代替了部分手工劳动，使依附于落后生产方式的自耕农阶级消失了，工业资产阶级和工业无产阶级形成和壮大起来。

第二次工业革命是指19世纪中期兴起的电力技术革命，德国和美国的工业首先广泛应用电力，从此人类开始进入电气化时代。电气化极大地推动了社会生产力的发展，对经济、政治、文化、军事、科技的发展产生了深远的影响，生产的社会化大大加强，垄断组织应运而生。

第三次工业革命以原子能、电子计算机、空间技术与生物工程的发明和应用为主要标志，也可称为科技革命，涉及信息技术、新能源技术、新材料技术、生物技术、空间技术和海洋技术等多领域的信息控制技术。现在一些人主张我们已经进入的人工智能的时代，算不算第四次工业革命，还存在着争议。

这三次工业革命，固然大大提高了生产力，创造了巨额的经济财富，同时也大量地消耗了地球多少亿年积累的各种能源，尤其是宝贵的不可再生的资源。经济越发达，资源消耗越多，也越提高了人们的物欲要求。人们又去大力发展生产力，又无限制地开发与消耗自然能源，形成了一种恶性的循环。既破坏了自然环境，使空气严重污染，使生态环境日益恶化，又使自然生物不断地灭绝，使人类面临着严重的生态与能源危机。据联合国调查统计：全球出现的海洋酸化、土地荒漠化十分严重，其中土壤沙化正以每分钟11公顷的速度向外蔓延；全球的可耕地正以每分钟10公顷的速度减少；全球已探知的五分之一的哺乳动物、三分之一的两栖动物和四分之一的爬行动物正濒临灭绝，全球每分钟就有一种植物灭绝，每天有一种动物灭绝。这是多么可怕的景象！这还没说自然气候的严重恶化，如气候变暖、环境污染、空气污染、饮水污染、资源毁坏、生态失衡，沙尘暴、酸雨、干旱、洪涝、泥石流等极端气候与灾害事件频发，以及蝗虫肆虐、鼠害蔓延，厄尔尼诺、拉尼娜、赤潮现象不时地出现，自然界正以其特有的方式对人类进行报复，人类在为种种过失而付出沉痛代价。

面对如此严重的危机，在沉痛的教训面前，一些人还是熟视无睹，不警觉、不反思，还在明知故犯地毁坏着我们这个居住的家园。明知地球的资源是有限的，还在加速地消耗资源，以满足无尽的物欲。尤其是有些国家、地区、集团、企业及个人，他们贪婪地侵占资源，疯狂地开发、掠夺资源，并不是为了满足全人类的生存需求，而是为了个人、家族或权贵利益集团获取巨额财富，导致地球的资源在不断加速地枯竭。

在我国，一些人明知我国人口众多，耕地减少会威胁我们每个人的生存，却仍盲目地扩大房地产建设，不断扩大占地规模。追求建筑的豪华，不仅消耗大量的建材、能源，而且不断突破耕地红线，减少保命的土地资源；明知不合理的资源开采、建筑施工会造成生态破坏和环境污染，损毁自然和人文景观，有损居民的身心健康，却仍然以破坏自然为代价来创造生产总值，为了眼前的经济效益，宁肯牺牲长远利益；明知人们需要一个相对稳定的美好的自然生态与生活环境，以及形成良好的自然生态与生活环境是一个多么缓慢艰巨的过程，却随意破坏千百年来形成的青山绿水，造成空气污染、饮水污染，严重损害人民的身体健康；明知生物多样性是人类生存和发展、人与自然和谐共生的重要基础，人的生存不仅依赖于环境，其福祉也与其他生物物种的存在息息相关，却以世界主宰者的姿态，蛮横地对自然资源过度开采，对野生动物肆意捕杀，造成自然资源稀缺与珍稀动植物物种濒临灭绝。

现代工业化以来，人们凭借发达的科学技术，妄图征服自然万物，无限制地索取自然资源，不惜破坏人类的生存环境。特别是西方拥有霸权的大国，竟然把疯狂掠夺自然资源作为国家的基本国策，他们鼓吹自身利益优先，不顾其他国家与民族的生存发展，赤裸裸地进行军事侵略，巧取豪夺其他国家与民族的资源财物。有的其他国家也存在着忽视自然保护的现象，甚至有的国家纯以出口自然资源来支撑国家的经济。反思我们自己的自然生态状况，也很不乐观，究其原因，一是我们没有调整好与大自然和生物世界的关系，对动物乱捕滥杀，对植物乱砍滥伐。二是没有将适当的资金投入到保护生物多样性的生态工作中去，使各种生物难以应对恶化的自然环境，生存受到严重威胁。

面临人类与自然关系日趋尖锐对立的局面，面对大自然恶化给人类生存和发展带来的严峻挑战和危机，我们应有应对的法律政策，如合理开发、配置自然资源等。除此之外，要严厉打击为了追求个人家族或利益小集团发财致富而肆意破坏自然环境、非法攫取国家资源的犯罪行为。严防一些领导干部为了追求"政绩"而大兴土木侵占耕地的做法。更重要的是改变人们急功近利的观念，如对公益事业漠不关心，对破坏自然环境的行为熟视无睹，保护自然生态的意识淡薄、毫无责任感，等等。

近几百年来的三次工业革命，虽然极大地推动了人类社会的巨大发展，但是，它的发展主要以征服自然为特征，过度地向大自然索取资源，造成了全球性的生态危机，严重地威胁着人类的生存与发展。继工业文明之后，不论世界进入后工业文明或者人工智能时代，为了人类文明的可持续发展，都需要生态文明来转危为安。在遵循客观自然规律的前提下，合理开发资源，良性循环地发展经济，理性地追求物质财富的消费和积累，使人类与自然形成一种和谐共生的关系，构成生命共同体。在人类目前面临着生存危机的情况下，每一个人都应当树立生态伦理的基本价值观念，都应该明白：只有具有这一基本价值观念，人类才能救自己，才能救地球。就像有人说，地球只有一个，是我们珍贵的生存家园，不能让它毁于我们人类自己手中。每一个人都应尊重生物的多样性及其生存权利，维护生态环境的平衡有序运行，并担当起治理自然环境、构建人与自然和谐共生的历史使命。

二、"物吾与也"中的大智慧

如何确立与自然和谐共生、构建人与自然生命共同体的意识，儒家经典给我们提供了正确的理念及智慧。在儒家看来，天地尽管默默无语，但它有着自身的运行法则："天何言哉？四时行焉，百物生焉，天何言哉？"（《论语·阳货》）人是自然的一部分，虽然是自然界中最灵秀的一员，但也不能违背自然的运行法则，只能顺应运行法则，敬畏自然、尊重自然。在与自然和谐共生的基础上，才可以发挥人的主体性和主动性，去开发、利用自然资源。即便向大自然索取生存资源，也要取之有度、用之有节，不可竭泽而渔，不考虑自然资源的可持续发展。孔子"钓而不纲，弋不射宿"（《论语·述而》），之所以用钓竿钓鱼，不用鱼网来捕捞鱼，只用带丝线的箭射鸟，而且不射日落时归巢歇息的鸟，是因为如果大网捕鱼，等于竭泽而渔；如果射杀归巢之鸟，会殃及幼鸟、鸟卵。孔子又说："伐一木，杀一兽，不以其时，非孝也。"（《大戴礼记·曾子大孝》）孔子反对把自然生物赶尽杀绝或不守时节地砍伐杀戮，并把这种行为上升到"非孝"。这是因为人作为生物之一而去灭绝另外的生物，破坏天地、祖先留下的美好生态环境，这是对天地、祖先的大不孝；不考虑子孙后代的生存发展，为了自己一时利益，而给后人留下一个恶劣的生活环境，这是大不慈。不孝不慈，就是不仁。对自然界生物赶尽杀绝，不是仁人所为，不能因为贪图眼前一时的利益，就毁坏了人类长久生存的生态环境。仁者，不仅能做到推己及人，而且还能做到推己及物。不仅求得人与人的和谐，而且还求得人与物、人与自然的和谐。可见仁不仅仅是爱人，还应该包括爱物，爱物也是儒家仁爱观念的重要内涵，孟子就有由"爱人"扩充为"爱物"的论述，他说："亲亲而仁民，仁民而爱物。"（《孟子·尽心上》）人类应该承担起爱惜万物、珍惜保护自然的责任。如果按自然规律来办事，自然就必然会回馈人类，正如孟子所说："不违农时，谷不可胜食也；数罟不入洿池，鱼鳖不可胜食也；斧斤以时入山林，材木不可胜用也。"（《孟子·梁惠王上》）如果不把自然看作是与人类休戚相关的共生共荣的生命共同体，不尊重和爱护自然，肆无忌惮地伤害自然万物，自然也必然会报复人类，给人类带来各种灾祸。

儒家反对无节制地对自然资源的索取，反对人类对自然资源的浪费和破坏。在节制人的无限物欲方面，儒家首先反对统治者奢侈无度，反对他们无节制地奢求物欲与暴殄天物。如《论语·学而》篇记载孔子对统治者的告诫："道千乘之国，敬事而信，节用而爱人，使民以时。"治理好一个国家，孔子明示出五大原则：敬事尽责、取信于民、节省费用、爱护人民、适时用民，其中要求统治者在日常生活中要节省费用，爱惜百姓的劳动，反对奢侈浪费，减轻民众的负担。这五项原则就是儒家治理国家的基本原则。《论语·颜渊》篇又载："哀公问于有若曰：'年饥，用不足，如之何？'有若对曰：'盍彻乎？'曰：'二，吾犹不足，如之何其彻也？'对曰：'百姓足，君孰与不足？百姓不足，君孰与足？'"统治者的欲壑是永远填不满的，春秋时，鲁哀公总嫌敛财不多，收取了农户地产的十分之二还不满足。"彻"是周代的什一田税制，《孟子·滕文公上》："夏后氏五十而贡，殷人七十而助，周人百亩而彻。"儒家主张对民要薄赋，限制统治者挥霍无度，反对对人民繁重的盘剥。具体措施就是实行西周的什一税制，即仅收取农户百亩地产的十分之一。这不仅是限制统治者挥霍浪费社会财富，也是告诫统治者应该善待劳苦大众，这是儒家治国理政的重要观念。

孔、孟之后的儒家，也无不对统治者不顾民众的死活、肆意挥霍社会财富表示愤慨。如汉代班固斥责统治者奢侈行为是"失道妄行，逆天暴物，穷奢极欲，湛湎荒淫"（《汉书·谷永杜邺传》）。宋代陆九渊也指责说："后世人主不知学，人欲横流，安知天位非人君所可得而私？"（《象山集》卷三四）尽管儒家代表人物提出振聋发聩的警告，然而历代的多数统治者依然依仗着自己手中的权力，搜刮天下的民脂民膏，为其享乐所用。不仅祸国殃民，而且败坏社会风气，使社会上的那些剥削阶级放纵物欲，以花天酒地的享乐为时尚，把儒家的忠告当作耳边风。

儒家与墨家一样，也将"尚俭"视为一种美德，孔子虽十分重视礼，但他说"礼，与其奢也，宁俭"（《论语·八佾》）。礼，不在于追求形式上的奢华，而俭朴更近于礼的本质。儒家并不反对人们对物质财富的正当追求，但主张取之有道，反对以非法手段牟取私利，也不要无端地糟蹋与浪费物质财富。

先秦儒家与自然共存共荣、以仁心待物爱物的思想，至宋代又有新的发展，他们认为天地万物为一体，人应该以自然为伴，并对万物百般庇护。这里仅举宋代张载《西铭》中的一段话，足可说明当时儒家关爱自然的意识更加明确。这段话是："乾称父，坤称母；予兹藐焉，乃混然中处。故天地之塞，吾其体；天地之帅，吾其性。民吾同胞，物吾与也。"大致意思是：乾表示天，天可视作万物之父；坤表示地，地可视作万物之母。我个人仅是万物之一，是天地所生，非常渺小，处于苍茫的天地之间。阴阳二气充塞天地，我以天地阴阳二气为形体，天地的德性决定了我的本性，使我含有天地之道于一身。人类和自然万物都禀受于天地，宇宙万物可视为一个大家族。普天下的人民都是我的同胞，自然万物都是人类亲密的伙伴。句中"物吾与也"的"与"，当"同类"讲，"与，党与也。从异与"（《说文解字》）。"党与"，即朋党。"夫礼之立成者为饫，昭明大节而已，少典与焉"（《国语》），此句中的"与"也当"同类"讲。张载的这几句话看似简短，却是张载体大思精的"气本论"哲学思想体系的高度浓缩。在张载看来，包括人类在内的宇宙间万物都是天地之气构成的，这就准确地界定了人在宇宙中的地位，人与万物是平等的，都是天地所生。一切人都是我的同胞，宇宙间的其他万物都是我的同类，仁者爱人外，还要爱自然万物。把宇宙看作一个大家庭，表达了儒家天人合一、万物一体的思想。

从"物吾与也"的思想出发，将人与自然看作一个有机整体，一个生命共同体。人类的生存与发展离不开自然生态环境，人类的生存与发展也必须保护好自然生态环境，保护自然生态环境就是保护生产力，改善自然生态环境就是发展生产力。如果肆意掠夺自然资源，破坏自然生态环境，可能暂时看到经济发展了，甚至获得了巨额的财富增长，但从长远来看，实际上阻碍了经济的可持续发展，甚至还要招致大自然对人类的报复。

"民吾同胞，物吾与也"，极精练地体现出张载心系苍生、胸怀天下的精神境界，展现了他所向往的人与人、人与自然和谐共处的理想家园。有这样的精神境界，才能发出烁古耀今的豪言壮语："为天地立心，为生民立命，为往圣继绝学，为万世开太平。"这四句话被当代哲学家冯友兰概括为"横渠四句"。大意是：天地虽构成万物，但天地本无心，万物之中，唯人有仁心，有仁心就能认识到"民吾同胞，物吾与也"，并能主动、自觉地将博爱给予人类同胞与自然万物，做到了这些，就是"为天地立心"。"为生民立命"，就是为"民吾同胞"来"安身立命"。张载这种思想源于孟子，孟子说："尽其心者，知其性也。知其性，则知天矣。存其心，养其性，所以事天也。夭寿不贰，修身以俟之，所以立命也。"（《孟子·尽心上》）人能充分发扬仁心，就懂得了人的本性，懂得了天道，保存人的仁心，培养人的本性，就是遵从天意了，不论寿命长短，都不动摇这一理念，修养自身以应对一切，就可安身立命了。总之，实践"民吾同胞，物吾与也"，就实现了每个人的生命价值。"为往圣继绝学"句的"往圣"，即儒学道统的著名传承者，也就是尧、舜、禹、汤、周文王、周公、孔子、孟子等人。宋人承接唐人韩愈的观点，认为孟子既没，儒学受到佛、道二家的干扰，儒家道统缺少了著名的传人，其仁学故称"绝学"。至宋代，儒学的新形态理学大兴，倡明一时不传之学，故称"继绝学"。如果说尽心、知性、知天、存心、养性是"为生民立命",那么"为往圣继绝学",就是为生民立道。张载以传承道统为己任,以其"横渠四句"及《西铭》中几句箴言,就把儒学的伦理美德提升到一个全新的阶段。其中"为万世开太平"句,阐述了儒家对大同世界的追求。这个理想世界应该是民胞物与的仁德社会,这样的世界才是人类的理想家园。只有"民吾同胞,物吾与也",才能使太平盛世万世长久。"物吾与也"的思想,为后人领悟人与自然和谐共生的意义,提供了宝贵的思想资源,指导我们合理开发和综合利用资源,保护和改善生态环境,切实解决好损害人民群众身体健康的自然生态环境不断恶化的问题,走可持续发展的道路。在此基础上,才能构建我们美丽的自然生态家园。

第三节　构建高尚的精神家园

一、找回失落的伦理美德

改革开放40多年,我国经济发展取得举世瞩目的成绩,社会生活的各个领域、各个层面都发生了整体性的变化,人们的生活水平比以前大有改善,但同时由于一些人私欲的泛滥,不少损人利己的罪恶现象也时有发生,所以有的人陷入了焦虑之中,不仅失去了安全感,还影响了他们的幸福感。钱穆在《历史与文化论丛》中讲过,人生应分三层次,一曰生活,二曰行为,三曰事业。在生活层次上,人类一切活动,首先为了维持生命,这与其他生物没有什么不同。但人的生活,不尽于满足温饱,它还包含着文化行为,行为之上又有事业,如修身、齐家、治国、平天下,都在行为中展现出来。生活、行为、事业三者一体,由自然生命而达人文生命。钱穆先生所说的人文生命,就是指人们的精神生活,或通俗点讲就是指人们的精神追求,也就是说,除了温饱之外,人们还有精神追求。现在出现的精神空虚、信仰迷茫、缺乏幸福感的现象，原因很多，中华优秀传统文化中的伦理美德的失落是其主要原因之一。如何摆脱这种焦虑呢？2000多年来，儒家的伦理美德一直是我们中华民族的精神支柱，是支撑每个人获得身心和谐的人生价值观。这些伦理美德如果经过创造性转化，便可进入当代生活，成为具有永恒意义的精神价值，成为解决当代人们精神空虚、信仰迷茫、道德滑坡问题及构建社会主义核心价值观的重要资源。

当代人们失落了中华优秀传统文化中的哪些伦理美德呢？简要地说，就是失落了儒家伦理美德的精髓——孝、悌、忠、信、礼、义、廉、耻，这也是儒家的人生八德。

孝，敬养事奉父母，永记父母养育之恩。唐代孟郊写过一首《游子吟》："慈母手中线，游子身上衣。临行密密缝，意恐迟迟归。谁言寸草心，报得三春晖。"将儿女的孝心比作小草，将母亲的慈爱比作春天的阳光，常言说"万物生长靠太阳"，儿女的生命是父母给予的，又是父母千辛万苦培育成长的，儿女的孝总是难以报答父母养育之恩的十之一二。儒家虽然提倡孝为仁之本，但不提倡愚孝，在道义与父母亲亲之间，道义还是至上的。《荀子•子道》篇说："从道不从君，从义不从父。"行孝要符合道义，否则宁肯遵从道义而不顺从父母违道之意。当然，从道与孝顺父母并不矛盾，父母从道，子女当然不要违逆父母的善意；父母不从道，则劝谏父母，从义不从父是中国人真正的大孝道。尤其在国难当头，中国人常说的一句话是："忠孝难以两全。"在对父母尽孝与对国家尽忠两者不可兼得时，应舍孝而取忠。因为孝顺父母只是对自己的父母献出爱心，对国家的忠则是对所有父母献爱心，要说孝，这是最大的孝，要说爱，这是最大的爱。

《论语•为政》："孟懿子问孝，子曰：'无违。'""子游问孝，子曰：'今之孝者，是谓能养。至于犬马，皆能有养；不敬，何以别乎？'"《礼记•祭义》："曾子曰：'孝有三：大孝尊亲，其次弗辱，其下能养。'"虽然儒家反复讲孝是仁的起点与本源，但不孝之行，古时也存在。孟子说：

"世俗所谓不孝者五：惰其四支，不顾父母之养，一不孝也；博弈好饮酒，不顾父母之养，二不孝也；好货财，私妻子，不顾父母之养，三不孝也；从耳目之欲，以为父母之戮，四不孝也；好勇斗狠，以危父母，五不孝也。"（《孟子•离娄下》）对照古人来看，当今一些人不仅此五不孝都具备，而且不孝的行为有过之而无不及。由于一些人失落了孝道，当今成为中国历史上少见的不孝父母现象频发的时代，如大批空巢老人无人照顾，有的年轻人不思进取，大事干不了，小事不愿干，心安理得地习惯于"啃老"。至于不供养父母、虐待父母的现象，也不罕见。

悌，《说文解字》解释是："善兄弟也。"实际可以泛指兄弟姊妹间的亲密和睦。《论语•学而》："其为人也孝悌……君子务本，本立而道生。"《孟子•梁惠王上》："申之以孝悌之义。"古人常将孝、悌并用，孝敬父母，必尊爱兄姐、关爱弟妹，父母是骨肉之亲，兄弟姐妹是手足之亲，孝悌是儒家重要的伦理。当今一些人失落了悌，造成兄弟姐妹间感情淡薄，因为一些鸡毛蒜皮的小事引起不和，就轻易互不往来。甚至有的为了争抢父母遗产，引起财产纠纷，更有的还诉诸法庭、对簿公堂，在古人看来，皆是家门的丑闻。

忠，指尽心竭力，诚实待人。《论语•子路》："居处恭，执事敬，与人忠。"朱熹注："忠者，诚实不欺之名。"《论语•学而》："曾子曰：'吾日三省吾身：为人谋而不忠乎？……'""与人忠"的人，他所忠诚相待的人，包括家人、朋友、上下级等所有的人。在封建社会，尤其强调忠君，忠君又常常与忠于国家、忠于民族联系在一起。君王的指令称为圣旨，虽有对有错，但都不可违背，否则就是大逆不道的行为。但儒家还是持有从义不从父、从道不从君的意识，荀子就大胆地提出"逆命而利君，谓之忠"（《荀子•臣道》）。背逆错误的君命，但利于国家利益，荀子认为这种行为更是难能可贵的忠。虽然没有做到唯君命而是从，但从实质讲，忠于国家才是对君王真正的忠。反观我们当今，"为人谋而不忠"的现象还是屡见不鲜的，如把正常的批评与自我批评的优良传统丢掉了，自我批评不痛不痒，更不敢对他人进逆耳的忠言，生怕得罪人；结婚时信誓旦旦，转眼间就背叛了誓言，对爱情不忠，社会离婚之风盛行，对家庭、子女、亲友一概不负责任；至于那些口口声声爱国为民，却千方百计移民改换国籍，把巨额不义之财转移到国外的人，更是对国家、民族的不忠。

信，含义很多，有诚信、信用、信誉、信守等。有人问孟子："何谓善？何谓信？"孟子回答说："可欲之谓善，有诸己之谓信。"（《孟子·尽心下》）自己想得到的好处也想叫别人得到叫善，自己善的行为能使别人信服叫信。孟子还说："不信仁贤，则国空虚。"（《孟子·尽心下》）这句的"信"当信任讲，不信任仁人贤者，国家就发展不起来。孔子说："人而无信，不知其可也。"（《论语·为政》）做人如果不讲信用，不知道他怎么可以称得起人，把信用、信誉当作做人的底线。孔子的学生有子说："信近于义，言可复也。"（《论语·学而》）信即诚信，诚信符合道义原则，所说的话若诚信就能得以履行。而当今，一些人最缺失的就是信：市场上充斥着假冒伪劣产品，交易中又短斤缺两，无诚信可言；利用手机进行电信诈骗，花言巧语，花样翻新，很多人都收到过诈骗信息；至于集资诈骗，诈骗者必是团伙，其策划之精细、手段之狡诈、诈骗金额之巨大、社会受害人之众多，令人瞠目结舌。

礼，最初之义是祭神求福，《说文解字》："礼，履也，所以事神致福也。"后指礼貌、礼仪、道德教化措施等。儒家核心观念是仁，而礼则是实现仁的行为规范，所以孔子说："不学礼，无以立。"（《论语·季氏》）《礼记·曲礼上》中也说："道德仁义，非礼不成；教训正俗，非礼不备。"礼是立德树人、仁义教化的行为规范，它的内涵非常广泛、丰富。我们依照孔子所说的"礼之用，和为贵"（《论语·学而》），从礼貌待人、遵守公德，以求和谐社会这一角度，谈谈当今失礼的现象。

我们各类学校的教育，现在有一种错误的倾向，就是重视成才而忽视"成人"，"成人"的教育中无疑包含着礼仪的教育。礼仪不仅仅是礼貌的形式，礼貌必出自诚心诚意的"敬"，是对他人的尊敬、爱戴，也体现着自尊、自重。可是我们现在的学生，和人交往，不会使用敬语，见到师长不敬礼，见到客人不恭敬，连古人早晚向父母请安问候的习惯也荡然无存。晚上玩手机不早睡，早上迟迟不起床，父母做好饭端到床前，还嫌这不好吃那不好吃。下面节录一篇学生的日记，足见不守礼、无教养已成一种不良的社会风气：

下午，全家人兴高采烈地入住新居，楼上的人家还在装修，电钻声、砸墙声震耳欲聋，真担心他们把楼砸塌了。晚上十点多了，楼下不远处还放着高音喇叭，那是有人在跳广场舞，叫人不能安息。……早上与同学许莉莉相约去人民公园，俩人出门去坐公交车，有几个人不排队加塞硬挤。上车后，纷纷争抢座位，也不给老弱病残让座。有个人在车上吐了口痰，许莉莉说了他一句，他就大声吵骂起来，大伙都在看热闹，没有一个人去劝解。突然，公交车来了个急刹车，车内有个站立的老人应声摔倒。原来是一个外卖小哥驾车闯红灯，险些与公交车相撞。下车后进了人民公园，在通往观景台的过道上，有一对情侣搂抱着在相吻示爱，路人纷纷擦肩而过，他俩却旁若无人。上了观景台，台亭的中央，有四个人正打纸牌，三个男的光着上身抽着烟，一个女的嘴里也叼着香烟，周围满是烟头、痰渍，靠亭子围栏边的椅子上有好多丢弃的垃圾袋，一个人正站在椅子上用小刀在亭柱上乱刻着什么……唉，惨不忍睹，社会风气怎么变成这个样子？

《论语·颜渊》载："颜渊问仁。子曰：'克己复礼为仁。一日克己复礼，天下归仁焉。为仁由己，而由人乎哉？'颜渊曰：'请问其目？'子曰：'非礼勿视，非礼勿听，非礼勿言，非礼勿动。'"人们的看、听、说、动，包含了人们的基本生活内容，儒家代表人物主张人们的一言一行都不能超越礼。孟子曾称赞伯夷"目不视恶色，耳不听恶声。非其君不事，非其民不使"（《孟子·万章下》）。孔子说"一日克己复礼，天下归仁焉"，反过来说，如果人人不守礼，社会就崩溃了。那些不守礼的人，说到底，还是不能克制私欲，放纵私欲就是违礼。要想守礼行礼，必须战胜自己的私欲，以仁人的标准去修德。

义，其含义有适宜、义气、道义等，《礼记·中庸》："义者，宜也。"朱熹注："宜者，分别事理，各有所宜也。"这是指言行适宜、合乎道的要求为义。儒家代表人物常将义与利对照着来阐述，如"君子喻于义，小人喻于利"（《论语·里仁》）。荀子说："故义胜利者为治世，利克义者为乱世。"（《荀子·大略》）孔子又说："君子义以为质，礼以行之，孙以出之，信以成之。"（《论语·卫灵公》）孟子说："义，人之正路也。"（《孟子·离娄上》）义在行为规范上与仁、德同义，是立身之本，行为的准则。当今，人们说：雷锋叔叔走了，再也不回来了！做公益善事竟成了稀缺的社会现象。更严重的是一些人看见盗窃、行凶、破坏公物等犯罪行为，不是见义勇为、挺身而出与犯罪行为作斗争，而是唯恐躲避不及。有的人与人借钱时好话说尽，发誓到期即还，可是钱到手后迟迟不还，背信弃义，人们称其为"老赖"，催债紧了，昔日朋友反目成仇。凡此种种无义行为，不胜枚举。

廉，含正直、刚直、廉洁、清白等义。孔子说："古者民有三疾，今也或是之亡也。古之狂也肆，今之狂也荡；古之矜也廉，今之矜也忿戾；古之愚也直，今之愚也诈而已矣。"（《论语·阳货》）古代的人有三种毛病但附带三个优点，而孔子认为当时的人只有这三种毛病了。古代狂妄的人还率真直言，现在狂妄者却放荡不羁恣意妄为；古代矜持自负的人还刚直有棱角（"廉"在这里指人的禀性方正），现在矜持自负者却刚愎好争而蛮不讲理；古代愚笨的人还直来直去，现在愚笨者却学会欺诈耍花招了。孔子怒斥的是当时一些人的恶劣品质，可是对照我们的现实，仍很有针对性。孟子说："可以取，可以无取，取，伤廉。"（《孟子·离娄下》）"故闻伯夷之风者，顽夫廉，懦夫有立志。"（《孟子·万章下》）孟子所说的"廉"指清廉、廉洁。不贪，谓清廉；贪，便损伤了清廉的品德。贪得无厌的人若受伯夷廉洁风节的影响，也会变得廉洁。清廉、廉洁的反义就是贪腐，反对贪腐成为我国当前面临的重大政治任务。关于贪腐的现象及领导干部要清廉执政，前面已讲了不少，兹不赘言。

耻，是羞耻、耻辱、可耻、丑恶的意思。孟子说："人不可以无耻。无耻之耻，无耻矣。"（《孟子·尽心上》）古人提倡"知耻""羞恶"，无耻、无羞恶就是不以无耻为耻、不以无羞恶为恶，如若这般，就可肆无忌惮地行无耻之事了。孟子甚至把是否知耻、知羞恶作为人与禽兽的区别："无羞恶之心，非人也……羞恶之心，义之端也。"（《孟子·公孙丑上》）"人之所以异于禽兽者几希，庶民去之，君子存之。舜明于庶物，察于人伦，由仁义行，非行仁义也。"（《孟子·离娄下》）人与禽兽的区别仅仅是人知耻知羞恶行仁义，这一道理一般老百姓忽略了它，正人君子却能坚守它。舜帝深知这一道理，也了解这一人情世故，正人君子能自觉地推行仁义，而不是勉强地去实施仁义。知耻知羞恶要明白什么道理呢？就是要知道自己具备不具备对是非善恶的辨别能力，明白自己心中是否存有善意，行为是否践行了仁义。知耻是做人的底线，知耻就不会去干令人羞耻的事。知耻是一种教养，是一种精神追求。而禽兽只有动物的自然属性，把弱肉强食当作生存的前提，没有社会的道德属性、精神追求、羞耻不羞耻这些意识，所以孟子说知耻是人异于禽兽的唯一标准。

当今一些人由于缺少教养与精神追求，也常做出羞耻的出格事，那是因为他们的人生价值观出了问题。他们认为"人生在世，吃穿二字"，只求物质享受，虽有法律的震慑，但不顾法律与道德的约束，更不顾"羞耻"二字，这就近于禽兽了。只有那些具有高尚品质的人，能真正知耻而成为名副其实的君子，他们明事理，懂人情，并不把仁义当作炫耀的幌子，打着冠冕堂皇的旗号而去干蝇营狗苟的勾当，自觉依仁义而行。而当今的现实是无耻的现象时有发生，最无耻的莫过于大庭广众面前讲起仁义道德来头头是道、口头上痛斥敛财之人，背地里却贪污受贿早已盆满钵满，竟有底气说这样慷慨激昂的话？真不知天下还有可耻二字！孟子说："立乎人之本朝，而道不行，耻也。"（《孟子•万章下》）孟子说，在朝廷做官，而推行不了自己正确的治国主张，这是一种耻辱。何况那些身在朝廷，却倚仗特权贪赃枉法的人呢？当下，一些执政的官员，官职越高越会讲道理，好像思想境界很高，但背地里受贿、贪污的金额却高得惊人；他口头上反对帝国主义国家好像比谁都坚决，实际上他的亲属却都有了那些国家的国籍。台上宣讲政策的是他，台下带头破坏政策的还是他，"好话说尽，坏事做绝"，带坏了社会风气，使社会上的无耻行为见怪不怪，甚至互相攀比，不以为耻，常见一些人公然为自己的贪腐可耻行为进行狡辩，毫无一点羞耻之心。

面对一些人伦理美德的失落及社会道德堕落的现状，绝大多数的中国人认识到：真正的幸福生活，不仅需要物质文明，还必须要有精神文明，不能仅仅满足于衣食无忧。如果抛弃掉中华优秀传统文化的道德规范和社会主义核心价值观，所取得的物质文明也会随着精神文明的丧失而消失。要想找回失落的传统伦理美德，让中华优秀传统文化以新的面貌进入现代生活，首先要号召全民阅读、了解中华优秀传统文化的经典。中华传统伦理美德的理念、价值观和信仰，是由经典来承载和传承的，诵习经典，接受经典的熏陶，是当今找回失落的伦理美德的有效方式。严复在《读经当积极提倡》一文中说："夫读经固非为人之事，其于孔子，更无加损，乃因吾人教育国民不如是，将无人格，转而他求，则亡国性。无人格谓之非人，无国性谓之非中国人，故曰经书不可不读也。"

从20世纪80年代开始，民间自发地出现让中华伦理美德复兴、回归的呼声，全国自下而上地掀起了"国学热"，也就是中华优秀传统文化热。国学是中华民族客观存在的精神成果，本身无所谓热不热，所谓"国学热"，主要指"精神产品消费"这一环节出现了"热"，即消费出现规模化（消费普及率高）、深入化（消费质量高）的现象。我们的先人创作了数以万计的典籍，但由于种种历史原因，亡佚了很多，现存的典籍也有错乱讹误的现象，为了正确"消费"，需要有关专家对这些典籍进行校勘、辨伪、辑佚等整理工作。但仅有这些整理工作还不够，因为古籍是前人的精神产品，与我们已有了"代沟"，尤其语言上更存在着隔世的陌生感，这就需对原典进行新的注释、评析，利于广大读者群的消费，即帮助一般读者对原典进行有效学习与利用。新时期以来古籍整理投入的人力、财力之多，整理出版的古籍数量之多，都是空前的。从20世纪80年代以来兴起的经典鉴赏热，经久不衰。近年来中央电视台举办的"百家讲坛"，各高校举办的"中华经典诵读"等活动，利用先进的传播媒体，生动地讲解国学经典，深入浅出地介绍国学知识，就是国学热的具体表现。经典传播热推动经典诵读热，经典诵读热又拉动经典传播热，二者互动，将国学知识向社会更大范围普及，这是最具标志性的国学热。很多学者顺应时代潮流，自觉去做国学的普及工作，众多的中华优秀传统文化原典被整理、翻译、鉴赏，普及性读物大量面世，《论语》《孟子》《史记》及唐诗宋词等精选作品的诵读活动随处可见，儒家的伦理美德基本观念逐渐深入人心。更可喜的是，大量的人文社科研究人员涌向中华优秀传统文化的研究领域，不少科研单位与高校纷纷成立国学研究所或国学院，民间的书院、讲堂、论坛等传播中华优秀传统文化的机构或形式也层出不穷。这是中国老百姓欲以中华优秀传统文化重振民族精神，欲以中华优秀传统文化来满足心灵的饥渴，希求找回失落的伦理美德来抵御腐朽文化侵蚀的具体体现。

二、明理修身获良知

中华优秀传统文化创造性转化的关键，是使每一个人以中华伦理美德构建自己的精神家园，说白了，就是解决做一个什么样的人和如何做人的问题。做一个什么样的人呢？做一个道德高尚的仁人。如何做一个仁人呢？全心全意地去爱人就会成为仁人。成仁与行仁，实际是一个问题的两个侧面，仁人的标准就是行仁，行仁便可成为仁人。"樊迟问仁。子曰：'爱人。'"（《论语•颜渊》）孟子说："君子所以异于人者，以其存心也。君子以仁存心，以礼存心。仁者爱人，有礼者敬人。"（《孟子•离娄下》）孔子提出行仁须爱人，孟子更强调爱人须有爱心。

那么如何做一个道德高尚的人呢？首先要明白伦理美德所阐述的道理，要明白这些道理，还是从读书开始，儒家经典早已把如何做一个道德高尚者的道理讲得明明白白了。班固在《汉书•艺文志》中说：

> 六艺之文：《乐》以和神，仁之表也；《诗》以正言，义之用也；《礼》以明体，明者著见，故无训也；《书》以广听，知之术也；《春秋》以断事，信之符也。五者，盖五常之道，相须而备，而《易》为之原。故曰"《易》不可见，则乾坤或几乎息矣"，言与天地为终始也。至于五学，世有变改，犹五行之更用事焉。

此段话的意思是：六艺中《乐经》用以调节精神，是仁的表现；《诗经》用以端正言语，是义的运用；《礼经》用以明确规矩，容易看到，无需注释；《书经》用以推广道德，阐述求知的方法；《春秋经》用以判断处理问题，是信用的标志。五部经书，体现的是仁、义、礼、智、信"五常"之德，相互补充，不可缺一。而《易经》又是它们的本源，所以不知道其意义，则天地几乎要止息了，这是说五常之德与天地共始终。至于

《乐》《诗》《礼》《书》《春秋》形成的五种专门学问，如同金、木、水、火、土"五行"的更替行事一样，在不同的时代会有不同的体现。

六经是涵养道德之书，汉代时《乐经》已亡佚了。通过对五经文本的诵读、赏析、研习，长期受其熏陶，自然会明白做一个道德高尚者的道理。但是五经阅读起来很繁难，更别说以后出现的十三经，这是学者们专门去钻研的文本，一般人难以涉足其间。为解决大众读经的问题，早在宋代朱熹就编出儒家经典的简要读本——四书。四书所讲的道理，其实就是五经的基本道理，它是中国人的必读之书。至圣孔子、亚圣孟子通过自己的言传身教，循循善诱，平易近人地阐述了如何做人的道理，对每个人来说，字字珠玑，句句入心。

孔子、孟子讲了哪些做人的道理呢？首先要明确人为什么要活着，活成一个什么样的人。这是一个关于人生观、价值观的大问题。孔子提出人是为了追求道而活着，他说："朝闻道，夕死可矣。"（《论语·里仁》）儒家的"道"就是仁道，就是真理。孔子把追求真理看得比生命还贵重，他情愿早上得知真理，当晚而死去，也死而无憾。热爱真理胜于爱惜生命，这种追求真理的精神是多么的执着！生命短暂，为了追求真理而置生死于度外的人生才最有价值。《朱子语类》从反面解释此话的意思说："若人一生而不闻道，虽长生亦何为？"这种甘愿为真理而献身的精神，正是我们中华民族的至高美德。孔子又说："士志于道，而耻恶衣恶食者，未足与议也。"（《论语·里仁》）读书明理之人应该志于实现道，如果他耻于贫穷，而不追求闻于道、志于道，就远离了仁义，志不同不相谋，与这类人还能讨论什么道义？《孟子·告子上》也说："饱乎仁义也，所以不愿人之膏粱之味也。令闻广誉施于身，所以不愿人之文绣也。"仁人志士追求的是仁义，只要有维持生命的微薄物质就足矣。人的生命是短暂的，追求仁义之道唯恐力不从心，哪里还有心思去追求多余的物质享受呢？"君子喻于义，小人喻于利"（《论语·里仁》），这就是道德高尚者与唯利是图者的根本区别。

　　明确了人活着要做一个仁人，接下来就遇到如何做仁人的问题。做仁人其实很简单，就是能够做到"泛爱众"（《论语•学而》），即爱所有的大众。孔子又说"仁者安仁"（《论语•里仁》），即人要安心遵守仁道，仁道还是爱人。但是详说如何爱人，或如何做到仁，细目就多了。《论语•颜渊》中记载："颜渊问仁。子曰：'克己复礼为仁。一日克己复礼，天下归仁焉。为仁由己，而由人乎哉？'颜渊曰：'请问其目？'子曰：'非礼勿视，非礼勿听，非礼勿言，非礼勿动。'"仁为体，礼为用，礼是贯彻仁的各种具体规定和措施，而礼的具体规定贯彻于日常生活之中，又是何其的繁多！如要求君敬臣忠、父慈子孝、兄友弟悌，交友以信相处，为官宽以待民，为民不犯上作乱等。而且连先奉献后索取的行事风格也称为仁：樊迟问仁，孔子说："仁者先难而后获，可谓仁矣。"（《论语•雍也》）甚至将某些良好的品质也称作仁的表现：孔子说"刚、毅、木、讷近仁"（《论语•子路》）。再如《论语•阳货》载："子张问仁于孔子。孔子曰'能行五者于天下，为仁矣。''请问之。'曰：'恭、宽、信、敏、惠。恭则不侮，宽则得众，信则人任焉，敏则有功，惠则足以使人。'"

　　儒家的仁爱理念，包括亲亲、济众、惜物、成己等内涵，换言之，包括爱亲人、爱众人、爱万物、爱自己。亲亲，以孝悌为本，人首先要爱自己的亲人，这是行仁的起点，然后把爱从家庭扩展到社会，从小爱扩展到大爱，这就是济众，做到"己欲立而立人，己欲达而达人"。"子贡曰：'如有博施于民而能济众，何如？可谓仁乎？'子曰：'何事于仁，必也圣乎！'"（《论语•雍也》）爱同胞必然爱国家、爱民族。能济众，已由一般君子提升为圣贤。惜物，主张"物吾与也"（张载《西铭》），以自然万物为同伴，提倡"节用"，爱惜、保护自然生态，与自然和谐共处。成己，或爱自己，这个爱自己不是自私的意思，而是自尊自爱，以高尚的道德成就自我，使自己成为一个仁人。《礼记•中庸》："诚者，非自成己而已也，所以成物也。成己，仁也；成物，知也。性之德也，合内外之道也。"只有成己，才能做到亲亲、济众与惜物；构建好自己高尚的精神家园，才能拥有美好的家庭、美丽的自然生活环境，才能为人民造福。因此，我们就从成己这一角度来谈谈如何行仁。

一个人靠什么才能成己？一靠自己自觉地修身，一生执着地追求仁。二靠克制自己的私欲，见贤思齐，时常反省、检讨自我，让自己"无终食之间违仁，造次必于是，颠沛必于是"（《论语•里仁》）。孔子说："为仁由己，而由人乎哉？"（《论语•颜渊》）王阳明说："能克己，方能成己。"（《传习录》）二位圣贤说得多么到位，"为仁由己"与克己成仁虽是两个侧面，实际上还是一回事，成为仁人靠"克己复礼"，别人是不能代替"克己"的，克己与行仁是不可分的，克己方能成己，成己必行仁，行仁便可成为仁人。

修养仁德，就是修道，就是修炼一颗"仁心"。仁心可以用"忠""恕"二字来表述，《论语•里仁》记载："曾子曰：'子之道，忠恕而已矣！'"忠，可以用"己欲立而立人，己欲达而达人"来解释，这是从自己"欲"的切身感受来爱人。恕，可以用"己所不欲，勿施于人"来解释，这是从自己"不欲"的切身感受来爱人。忠恕构成了仁的基本伦理框架，它是一种推己及人的方式，以自尊、自爱之心换位思考他人，从而修得尊敬他人、爱护他人的高尚情操。一个人推行仁道，还需要具备多方面的道德品质，如孝、悌、智、勇、宽、温、良、恭、俭、让、信、义、敏、惠、敬、刚、毅等，这些美德善行都属于仁的具体内容。孔子并不苛求每一个人能集如此多的美德于一身，但希望每一个人在行仁时具备最能体现他仁爱之心的一方面或几方面的美德，针对不同的对象施以仁爱。一般来讲，首先要从孝、悌做起，孝顺父母双亲，尊敬兄姐，用爱心协调好家庭各种关系。孔子的学生有若说："其为人也孝弟，而好犯上者，鲜矣；不好犯上，而好作乱者，未之有也。君子务本，本立而道生。孝弟也者，其为仁之本与！"（《论语·学而》）孝悌成了立身的根本和处世的基础，然后把这份爱心推广到社会，尊老爱幼。对朋友讲信用，对君主讲忠诚，用爱心协调好各种社会关系，做到"博施于民而能济众"（《论语·雍也》），实现儒家最高的人生价值。一个仁人要修炼好一颗仁心，无不是在以"喻于义"的信念排除"喻于利"的杂念这一过程中获得的。

儒家特别重视执政者的修身，执政者能否修炼成仁人，其标志就是看他能否施行仁政。仁政的具体措施可分为以仁心治民与以仁心从政两部分。治民方面，儒家主张宽以待民，奉行轻徭薄赋、敬事节用，反对过度剥削老百姓。如孔子主张："恭则不侮，宽则得众，信则人任焉，敏则有功，惠则足以使人。"（《论语·阳货》）从政方面，儒家要求执政者要正己、贤能、亲君子远小人等等。孔子说："苟正其身矣，于从政乎何有？不能正其身，如正人何？"（《论语·子路》）不论治民还是从政，孔子首先强调的是执政者伦理美德的修养，没有伦理美德修养的人是治不好民也从不好政的。看来，执政者要想"治国、平天下"，首先还是要"修身"。

修身如此重要，究竟如何去修身？孔子的弟子曾参遵师所教，每日"三省吾身"（《论语·学而》），以"正其身"。《礼记·大学》篇也说："古之欲明明德于天下者，先治其国；欲治其国者，先齐其家；欲齐其家者，先修其身；欲修其身者，先正其心；欲正其心者，先诚其意；欲诚其意者，先致其知；致知在格物。物格而后知至；知至而后意诚；意诚而后心正；心正而后身修；身修而后家齐；家齐而后国治；国治而后天下平。自天子以至于庶人，壹是皆以修身为本。其本乱而末治者否矣。其所厚者薄，而其所薄者厚，未之有也！"《大学》篇从诚意讲到治天下，从天子讲到庶人，强调的一点就是"以修身为本"。修身即做到诚意、正心，成为内圣。只有诚意、正心，才能齐家、治国、平天下，成为外王。只有成为"内圣"，然后才能成为"外王"，这一切都要从自身修养做起。只有用道德的力量，进行内省与自律，人才能成为美德主体。

修身就要恪守五伦、五常、四维、八德、十义。五伦，即处理好五种人伦关系，即"父子有亲，君臣有义，夫妇有别，长幼有序，朋友有信"（《孟子·滕文公上》）。五常，即仁、义、礼、智、信五种用以调整、规范人伦关系的行为准则。四维，即礼、义、廉、耻。从内在的情感信念到外在的行为方式，提出了比较完备的道德规范。八德，即忠、孝、仁、爱、信、义、和、平，保持为人处世的八种美好德行。十义，也称十教，指儒家人伦道德应遵守的十条规范，也是教导人们处理人伦关系的十种义理。《礼记·礼运》："父慈，子孝，兄良，弟弟（悌），夫义，妇听，长惠，幼顺，君仁，臣忠，十者谓之人义。"《荀子·大略》："立大学，设庠序，修六礼，明七教。"五伦、五常、四维、八德、十义，其内涵互有重叠，都是讲应该遵守的伦理美德，其核心就是教育每一个人行仁德、成仁人。比如做官的，推行爱民的"仁政""德治"，必要时运用法律手段，也要贯彻"德主刑辅"的"王道"。经商的，要以诚信为本，重义轻利，做儒商而非奸商。每个人都把"成己"作为自己的修炼目的，社会虽等级有别、尊卑有序，却又能互相仁爱，从而就能组建起一个"人和"的大一统社会。

儒家认为修身很重要的一点是保持人的良知。良知是人类善良的本性，是先天具有的道德意识，俗称良心。这就是所谓"所不虑而知者，其良知也"（《孟子·尽心上》）。孟子持"四端"说，认为只要做到"尽心知性"，便可保持天赋的良知美德，"四端"说也是对其"性善论"的进一步阐述，也是良知的具体内涵。孟子说："尽其心者，知其性也，知其性则知天矣。"（《孟子·尽心上》）尽其心，指尽量发挥人所具有的恻隐、羞恶、辞让、是非之心。知其性，指认识"四心"的发端，即仁义礼智"四端"是天赋予人的本性。人们要是能尽量发挥自己的四种"本心"，就能保持自己的"四端"德行，"本心"就是良知，一旦"知性"，进而就可以认识"天命"——作为人所应尽的使命。

孟子的"四端"说，极大地丰富了孔子的伦理美德，也标志着孟子伦理思想的成熟。孔子看到了所处时代的实际，即宗法血缘关系在社会关系中占据着主导地位，因势利导地以维持家庭关系的"孝悌"情感为基础，来建立他的儒家伦理。以宗法亲情为出发点，然后在国家、社会、政治、经济诸领域衍生出种种伦理规范来。孔子说："入则孝，出则弟（悌），谨而信，泛爱众，而亲仁。"（《论语·学而》）在孔子看来，"孝悌"是人人具有的一种家族血缘情感，这种情感正是仁爱之心产生的根源。"孝悌"是"为仁之本"，为仁要从孝悌开始。仁源于孝悌而又从孝悌外延升华，由家族血缘关系向外推广到社会，上升为人类的普遍之爱，上升为对君"忠"、对友"信"，达到"泛爱众"。孟子的"四端"说，把"泛爱众"的起点由血亲的"孝悌"转换为人类普遍具备的"恻隐之心""羞恶之心""辞让之心""是非之心"等人性情感，并由"四端"而萌发出仁义礼智四种美德。道德情感与道德理性融为一体，成为"泛爱众"的内在根源和动力，打破了血缘亲情的狭隘限制，模糊了各种或远或近血缘关系的界限，树立起"成己"须"泛爱众"的高度自觉性的良知，这种良知甚至达到近乎人的本能反应的程度。孟子"四端"说的提出，为儒家伦理寻找到新的理论基石，这在儒家伦理发展史上无疑是一场深刻的革命，是对孔子儒家伦理的一种新发展，开了后世儒家心性学的先河。

作为儒家心性学代表的宋明理学家，以为"性即天理""心即理"。如朱熹在《孟子集注·尽心章句上》中说："心者，人之神明，所以具众理而应万事者也。"心是人的精神意识之所在，因此，天下万物之理都包容于"心"，心控制、指挥着人的行为，能理顺天下万事。心是人的主宰，统摄着人的"性"，所以心与"性"有所区别。宋代陆九渊、明代王阳明则持心性合一论，认为"心"与"性"无区别。又认为万物之理皆在"心"中，心是宇宙，宇宙无边无际，心之所达，理随心至，理只是心所理解的宇宙中的规律。心离开了理，便无法存在；理离开心，便无所依托。心与理的关系，是共生关系，"人皆有是心，心皆具是理，心即理也"（陆九渊

《与李宰》）。

"心即理"由陆九渊提出，至王阳明完善了这一理论。王阳明认为宇宙间万事万物之"理"和人心之"理"是完全相同的，事物之理不在心外，到心外去探求事物之理，就没有事物之理了，这就是"心外无物"论。他说："物理不外于吾心，外吾心而求物理，无物理矣。"（《传习录》）"夫在物为理，处物为义，在性为善，因所指而异其名，实皆吾之心也。心外无物，心外无事，心外无理，心外无义，心外无善。"（《阳明文录》）王阳明所说的"物"，不是客观存在的事物，而是指心中思念的事物。对于一个人来说，做任何事，发自内心的念头最重要，念头纯正，所做的事就有理，所做的事就是善事义事。否则，怀着邪念，所做的事就是罪恶，就没有理，善事义事就不会出现。因此他要求"心"要"致良知"，即具备做善事义事的本心。《传习录》中载有王阳明的"四句教"："无善无恶是心之体，有善有恶是意之动。知善知恶是良知，为善去恶是格物。"心本来是没善没恶的，有善有恶是心想诉诸活动了。人天生就有区别善恶的良知，人的良知指导人去掉恶行而行善事。内心知道是非善恶，自然会把这种理念诉诸行动。这又衍生出王阳明的"知行合一"观。知就是行，行就是知，不存在脱离知的行，也不存在脱离行的知。

不论孟子认为人心有"四端"，还是宋明理学认为"心即理"，都把"心"当作先于感觉经验和社会实践的东西，是先天就有的。在现实世界之外，"心"中有一个超越经验、超越时空、永恒存在的理念世界。这样，很容易以主观的思维代替对客观规律的认识，把主观和客观的辩证关系视为完全同一的关系，抹杀了它们之间的根本差别。过去理论界大多认为宋明理学用主观代替了客观，即用"心"代替了理，颠倒了客观与主观的关系，是典型的主观唯心主义的先验论。但是，往往忽略了王阳明的"致良知"与"知行合一"的另一面，即"良知"也是"知"，"知"应理解为也是一个实践理性的对象而不单是一个理论理性的对象。"致良知"强调了

"致"，也是"知行合一"的意思，是否达到"致良知"，最终还要看其行，看追求美德的人是否坚持做善事不做恶事。知在行上的体现，只是更重视主体意识的反省，强调道德意识修养中去恶、止恶的主动性和自觉性。王阳明说："省察克治之功，则无时而可间，如去盗贼，须有个扫除廓清之意。无事时，将好色好货好名等私，逐一追究搜寻出来。定要拔去病根，永不复起，方始为快。"（《传习录》）王阳明的格物致知之学，告诫人们在内心深处时时用功"省察克治"才能"致良知"。这说明，良知并非天生的，而是后天修炼成的，否则，还需要时时用功"省察克治"吗？不论孟子的"性善"说、荀子的"性恶"说，还是宋明心学派的"良知"说，虽然都说是人先天具有的本性、天性，但最终又强调没有后天的修养，是保持不住这些善良天性或无法改正那些邪恶天性的，这证明他们所谓的性善或性恶是人的天性的说法，实际是个伪命题。毛泽东说："人的正确思想是从哪里来的？是从天上掉下来的吗？不是。是自己头脑里固有的吗？不是。人的正确思想，只能从社会实践中来，只能从社会的生产斗争、阶级斗争和科学实验这三项实践中来。"[1]儒家强调人的修身，使其性善、性恶、良知诸主张从先验论又回归到实践论。

　　所谓"省察"，就是通过反省，察觉到自己违背良知的思想和行为。所谓"克治"，就是克服和整治这些不良的思想和行为。只有省察深刻，才能将好色、好货、好名等私欲制止并除恶务尽，存得天理。王阳明以"省察克治"的修身方法，强调通过自我反省，培养和完善个体道德人格。这与《论语》中的"吾日三省吾身""正其身"，《孟子》中的"反身而诚"，《大学》中的"诚其意者，毋自欺也"，《中庸》中说的"莫见乎隐，莫显乎微，故君子慎其独也"如出一辙，都高度重视个体认识与美德修养的自觉性。

---

① 毛泽东：《毛泽东著作选读》（下），人民出版社，1986年，第839页。

不论号称"至圣"的儒学创始人孔子,还是号称"亚圣"的后继者孟子,还是号称理学集大成者的朱熹,还是"洛学"的代表人物程颢和程颐,还是开创心学的陆九渊,还是发展了心学的王阳明,都重视不间断的"内省""思过"等修身方法,以美德修炼道德主体,明理修身而获得良知,以良知为基础,成为仁人,以立德、立功、立言的方式,担负起齐家、治国、平天下的使命。这种人生价值观构成了中华民族代代相传的伦理美德的核心。只要我们对传统的伦理美德进行创造性转化与创新性发展,就可以将其改造成为我们今天培育和践行社会主义核心价值观非常有益的思想资源。

三、追求"孔颜之乐"

儒家追求的精神家园,是一种快乐、幸福的精神境界,形象地说,就是追求"孔颜之乐"。"孔颜之乐",也有人称之为"孔颜乐处",指人们应该像孔子、颜回那样,持有这样的人生价值观:以追求精神高尚为快乐,以孜孜追求物质享受为鄙夷。既如此,"孔颜之乐"就不仅仅指孔子与颜回两个人独特的精神快乐了,而应该指所有具有高尚道德信仰者精神追求的快乐。那么,"孔颜之乐"追求哪些精神快乐呢?

第一,追求安贫乐道。孔子与颜回对物质生活标准要求很低,但对自己从事的事业和个人品德修养的标准却要求很高。孔子曾说:"饭疏食饮水,曲肱而枕之,乐亦在其中矣,不义而富且贵,于我如浮云。"(《论语·述而》)他高度赞赏弟子颜回安贫乐道的精神:"贤哉,回也!一箪食,一瓢饮,在陋巷,人不堪其忧,回也不改其乐。贤哉回也!"(《论语·雍也》)孔子及颜回的人生乐趣,是处于贫贱仍保持乐观的心境,因为他们有比摆脱贫贱更可贵的追求,即修炼为圣贤品格的理想,担负起济天下的历史重任。"孔颜之乐"强调以道义制约人的物质生活,君子应该摆脱低俗的物质奢求,以精神追求为人生快乐,这是精神胜于物质的体现,体现了儒家安身立命的原则。

安贫乐道的道是指什么呢？在儒家看来，就是仁，具体就是"博施于民而能济众"。一己与众人相衡量，谁多谁少？解决一己的贫穷与"博施于民而能济众"的事业相比较，先解决哪个更重要？儒家站在首先明白这个道理的角度，来认识"贫"与"道"的关系。孔子说："富与贵，是人之所欲也。不以其道得之，不处也。贫与贱，是人之所恶也。不以其道得之，不去也。"（《论语·里仁》）好富贵恶贫贱，是人之常情，然而君子有比这种好富贵恶贫贱所谓人之常情更重要的信念——遵守道义，富贵取之以"道"，贫贱守之以"道"。为了遵守道义，莫说贫穷，即便身处困厄甚至面临死亡也不放弃追求道义的信念。孔子又说："志士仁人，无求生以害仁，有杀身以成仁。"（《论语·卫灵公》）孟子说："生，亦我所欲也；义，亦我所欲也，二者不可得兼，舍生而取义者也。生亦我所欲，所欲有甚于生者，故不为苟得也；死亦我所恶，所恶有甚于死者，故患有所不辟也。"（《孟子·告子上》）在仁义之道与生死面前，二者必选其一，那么孔子、孟子主张宁可牺牲生命也要捍卫道义。孔子、孟子为了捍卫道义，连生命都可献出，还害怕什么贫穷？

现实中，有个别人，确实不曾在贫穷中动摇对道的信念，然而在富贵面前时就忘乎所以。所以贫与富虽是相反的两极，但面临富贵的诱惑能否守道更是一种特殊的考验。儒家代表人物不仅赞赏安贫乐道，也提倡"富而无骄""富而好礼"，根本不羡慕当时那种"大人物"的奢侈生活。孟子说："高堂数仞，榱题数尺，我得志弗为也；食前方丈，侍妾数百人，我得志弗为也；般乐饮酒，驱骋田猎，后车千乘，我得志弗为也。在彼者，皆我所不为也；在我者，皆古之制也，吾何畏彼哉？"（《孟子·尽心下》）孟子将富贵者豪华奢靡的享乐生活现象罗列殆尽，然而这些都不是君子追求的，君子追求的是道义，所以在这些"大人物"面前堂堂正正、大义凛然，毫无自鄙自贱的心理。相反，君子一身正气，鄙夷那些仅有权势、财富而内心空虚的精神乞丐。这里还可引申一下，孟子既鄙视作威作福的"大人物"，也勇于抵制高官厚禄、花天酒地生活的诱惑，而乐于道的追求。自觉追求道义的人，无论贫富、荣辱、沉浮，都应安心乐道。有这样的人生观，孟子又发出这样的豪言壮语："居天下之广居，立天下之正位，行天下之大道。得志与民由之，不得志独行其道。富贵不能淫，贫贱不能移，威武不能屈。此之谓大丈夫。"（《孟子·滕文公下》）孟子所谓的大丈夫，就是君子、圣贤，他们以道义为家，立于天下，走正义大道，有条件就带领人民行仁义，没有条件就自己守道义，不论富贵时、贫贱时、面临武力强迫时，都不动摇对道的追求。

对于追求道义的君子来说，最大的幸福是心灵深处充满道的光辉。《吕氏春秋·慎人篇》："古之得道者，穷亦乐，达亦乐，所乐非穷达也。道得于此，则穷达一也。"君子执着于道，已经放下了"我执"，达到了"无我"的境界，求仁得仁，心安理得，在任何物质条件下都可获得快乐，哪还有什么烦恼和痛苦呢？"君子坦荡荡，小人长戚戚"（《论语·述而》），君子对追求道义充满信心，不论处在什么样的环境中，对生活都持有乐观的态度。政治清明时则积极有为，政治黑暗时也不消沉，等待时来运转。平日安贫乐道，随遇而安，不怨天不尤人，心胸宽阔坦然。而小人则不然，他们没有远大的人生目标，也没有崇高的精神寄托，心胸狭窄，眼光短浅，唯利是图，斤斤计较，常因患得患失忧愁怨恨、愁眉苦脸。

人生观、价值观决定着心态，心态又往往以表情的形式表现出来。快乐的心态，决定着寿命的延长，孔子说："知者乐水，仁者乐山；知者动，仁者静；知者乐，仁者寿。"（《论语·雍也》）有智慧的人，喜欢川流不息的河水，从中得到应变的哲理启发；有仁德的人，喜欢巍然屹立的高山，以寄托自己坚定的信念。有智慧的人，喜欢在事物动态的发展中把握时遇；有仁德的人，喜欢在平静中坚守真理。有智慧的人快乐，有仁德的人长寿。但有智慧的人，往往是在获利成功时得到短暂的快乐，而有仁德的人，处于顺境时，能济天下，当然快乐；处于逆境时，济天下之志仍不泯灭，积极积累将来济天下的能力，故有独善其身之乐，快乐伴随着他追求道义的一生。有仁德的人同时也是具有最高智慧的人，这个智慧就是明理而行道，不论明理而成内圣，还是行道而成外王，内心都充满阳光，满怀希望，生命力顽强，所以孔子才说"仁者寿"。

孔子和他的弟子颜回不仅主张安贫乐道，还以身作则，为后世树立了安贫乐道的样板，它曾激励多少仁人志士为了道义，去流血、去牺牲。哪怕是在和平的年代，许多人在"孔颜之乐"的感召下，为了人民的利益，以吃苦为乐、以吃苦为荣。如雷锋同志，他就曾说：在生活上向最低水平的人看齐，在工作上向最高水平的人看齐。这是多么朴实又震撼人的心声，雷锋短暂的一生也践行了这一人生信条。当今时代，在有些人看来，雷锋精神已经与"一切向钱看"的社会风气格格不入了，他们甚至会把雷锋当傻子一样看待。但历史将会再一次证明，哪一类人高尚，哪一类人可鄙，哪一类人的生活幸福，哪一类人的生活等同于只知物质享受的动物生活。

第二，追求好学之乐。儒家心心念念的是成己行仁，但成己行仁的前提是修身，而修身的基本途径就是学习。孔子就把学习当作人生的最大乐趣，他说"学而时习之，不亦说（悦）乎"（《论语·学而》），后人对此也深有体会，正如清代姚文田曾题对联："世间数百年旧家无非积德，天下第一件好事还是读书。"学习是艰苦的，没有成己行仁的志向，就会厌学、弃学，若心怀大志，便好学而乐此不疲。"乐学"也决定了学习的质量，孔子说："知之者，不如好之者；好之者，不如乐之者。"（《论语·雍也》）只有"乐学"，才能以苦读为享受，才能自觉地一辈子"学而不厌"，而且平时就能争分夺秒地学，常怀"学如不及，犹恐失之"的紧迫感、危机感。如果懒惰懈怠，就等于放弃了自己成才的机会。孔子的弟子宰予白天睡觉，浪费大好光阴，孔子极为生气，把他比喻成不可雕刻的朽木、不能粉刷的腐土墙。

孔子从不以"圣人""仁人"自居，但自认是"好学"者，孔子说："十室之邑，必有忠信如丘者焉，不如丘之好学也。"（《论语·公冶长》）他认为凡是想成为君子的，首先应是个"好学者"，因为只有好学才能提高觉悟、克服自身弱点。他说："有颜回者好学，不迁怒，不贰过。"（《论语·公冶长》）好学能使人获得各种美德，他又说："好仁不好学，其蔽也愚；好知不好学，其蔽也荡；好信不好学，其蔽也贼；好直不好学，其蔽也绞；好勇不好学，其蔽也乱；好刚不好学，其蔽也狂。"（《论语·阳货》）从不好学的弊端强调好学的意义。君子"好学"不是应付一时之用，而是要将"好学"贯彻终生。孔子对他的弟子这样评价自己："其为人也，发愤忘食，乐以忘忧，不知老之将至云尔。"（《论语·述而》）孔子被后人奉为"至圣"，然而他却评价自己的为人是：发愤读书有时忘记了吃饭，乐于求道常忘记了忧愁，不知道衰老渐渐地来到了。孔子把自己说得很平常，除了"学而不厌，诲人不倦"别无他求，但为了这个追求，他能"忘食"，能忘"老之将至"。这种执着，我们平常人能做到吗？这种精神，我们平常人能具备吗？

颜回之所以被孔子认定为弟子中最好学者，就是因为颜回把学习当作生活的重要内容，如同吃饭、饮水甚至呼吸一样，须臾不可间断。颜回确实以师从孔子为三生有幸。他曾"喟然叹曰：'仰之弥高，钻之弥坚。瞻之在前，忽焉在后。夫子循循然善诱人，博我以文，约我以礼，欲罢不能。既竭吾才，如有所立卓尔，虽欲从之，末由也已。'"（《论语·子罕》）颜回对孔子的学问道德由衷地赞叹："老师的学问道德啊，越仰慕越觉得崇高，越钻研越感到博大精深。看着好像在前面，忽然又觉得在后面，不易把握。老师一步一步地诱导我，用文献来丰富我的学识，用礼来约束我的行为，我想停止学习都不可能，我竭尽全力，仍好像有一高峰矗立在眼前，我想跟随，遵从教导攀登上去，自己却找不到攀登的路径。"颜回的这几句话，把孔子的思想、教育方法的特点以及自己学习的感受、对老师的仰慕，全概括出来了。颜回感受到老师的学问道德博大精深，正是体会到了老师学问道德的精髓。感到没有路径达到老师的高度，认识到了与老师的差距，才正是找到了提升的途径。只有深刻理解孔子的道德学问与为人，才会有如此深刻的认知。"仰之""钻之""瞻之"而"欲罢不能"，深刻地展示了颜回的好学精神境界。

好学不仅是学好书本知识，俗话常说人要读好两本书，一本是书本的小书，一本是社会的大书，在向社会学习中，最重要的是向社会上的贤能者学习。《论语·学而》："学而时习之，不亦说乎？有朋自远方来，不亦乐乎？"学了某种道理或知识，然后时常去温习、领悟、实践它，这不是一件很高兴的事吗？有朋友从远处来，不也是件很快乐的事吗？联系前句的"学"字，我们可知后句的"朋"绝不是酒肉朋友，而是志同道合的好学者，所以有远方的朋友来，获得难得的互相切磋交流学习的机会，这也是人生一大乐事。好学之中还体验了交友之乐。好学者无常师，"三人行，必有我师焉"（《论语·述而》），通过学习他人，可以"见贤思齐焉，见不贤而内自省也"（《论语·里仁》）。所以在向他人学习时，一定要谦虚地"不耻下问"，孔子说"敏而好学，不耻下问"（《论语·公冶长》），"不耻下问"也是一种好学精神。

第三，追求事功之乐。大千世界，芸芸众生，人生百态，儒家把人大致分为两类：君子与小人，这不是从财富与地位上认定，而是从道德修养上加以区分。君子与小人都有欲望与追求，只不过他们各自的欲望与追求不同罢了。小人追求的是个人的功名利禄，追求的利禄是个人或家族的富贵，追求的功名是能获取利禄的资本，所谓贵是能获取富的权位。而君子的名利观是：求名应求千古名，计利要计天下利。也就是修炼为品德高尚的内圣，然后建立济天下的外王功业。无论是修炼成为内圣的过程，还是建立外王事业的过程，都给自己带来快乐与荣誉。

讲到事功，人们会想到南宋儒家的事功学派及其主张。南宋的事功学派与当时朱熹的理学、陆九渊的心学并列为"南宋三大学派"，其代表人物是陈亮和叶适。事功学派倡导经世济民，认为理论必须通过实践来检验，特别强调用"功利"来衡量义理，认为没有功利，则道义便成了无用的虚语。他们反对朱熹理学重义轻利、颂王贬霸的观点，也反对陆九渊空谈尽心言性，不讲求治国的实效，指责他们是究心穷理、废实离事的"醇儒"，纯属空谈误国。事功学派主张义利双行，王霸并用，道德不能脱离功利。陈亮说："功到成处，便是有德；事到济处，便是有理。""禹无功，何以成六府？乾无利，何以具四德？"这几句大致说明了事功派学说的主要内涵。事功之学完全服务于他们的政治主张，谋求抗金入侵、收复失地、国土统一事业的成功。

事功之学的源头仍是原始儒家思想，如果说孟子发展了孔子的内圣说，荀子发展了孔子的外王说，事功学派则又发展了荀子的外王说。孔子带领弟子周游列国，不是为了追求个人的富贵荣华，如果只为个人功名利禄，何必辞掉鲁国的官职而周游列国呢？他们觉得在鲁国难以推行济世利众的大道，才希望找到一个能实现理想的地方，如果能实现这一伟业，那是多么令人欣慰，所以他们才万难不辞，以苦为乐，无怨无悔地四处奔波。子贡曾说："夫子之得邦家者，所谓立之斯立，道之斯行，绥之斯来，动之斯和。其生也荣，其死也哀，如之何其可及也？"（《论语·子张》）子贡这几句话的意思是："如果让我们的老师来治理国家，他以礼教人自立，人们就能自立；他以德引导人，人们就能奉行德；他以仁安抚人，则连远处的人们都纷纷来归附；他以乐感动人，人们就能和睦。他活着有荣名，死后人们都哀悼他，有这样的功业，其他人怎么能达到？"孔子生在乱世，以仁义正道疗治世病为己任，虽大道难行，但他不怨天尤人，为正义事业而奋斗不息的精神光耀千古。

创建事功的人必经苦难的历程，然而以创业为人生奋斗目标，心中就充满快乐。《孟子•离娄下》载：

> 禹、稷当平世，三过其门而不入，孔子贤之。颜子当乱世，居于
> 陋巷。一箪食，一瓢饮。人不堪其忧，颜子不改其乐，孔子贤之。
> 孟子曰："禹、稷、颜回同道。禹思天下有溺者，由己溺之也；稷
> 思天下有饥者，由己饥之也，是以如是其急也。禹、稷、颜子易地则
> 皆然。"

大禹、后稷生在太平时代，却为了功业常年奔波而几次路过家门却不入；颜回生于乱世，虽生活艰苦而不改其求道的快乐。这三人所持的信念是一样的，大禹每想到有水祸溺人就感到像自己被淹一样，后稷每想到有饥饿的人就感到像自己挨饿一样，所以才感同身受、急人所难。颜回虽未担当理政大任，但他安贫乐道，以大禹、后稷为榜样，努力使自己修炼成"博施于民而能济众"的人才，所以孟子才说：大禹、后稷、颜回如果互换一下位置与处境，都会有同样的表现。也就是说：让颜回处于大禹、后稷的地位，那么颜子也能以勤奋理政为快乐；让大禹、后稷处于颜回那样的处境，那么大禹、后稷也会安贫乐道。以创立丰功伟业为荣的人，一定以创业之苦为快乐。

原始儒家代表人物孔子、孟子、荀子，都想用自己的主张来挽救乱世，但所到之处，都不被重视，只好在晚年整理文献，著书立说，继续致力于文化教育事业。这里且不提其整理文献、著书立说的乐趣，仅教育学生就给他们带来莫大的快乐。孔子说："学而不厌，诲人不倦，何有于我哉？"（《论语•述而》）孔子一生从政的时间是短暂的，他主要以好学育人为乐趣，因此他努力学习而不厌烦，教导弟子而不感到疲倦。据说孔子弟子有3000人，可谓桃李满天下，这些具有道德文化的人才，对推动历史的发展做出了各自的贡献，在培育这些人才的过程中，孔子也获得了巨大

的欢乐。孟子也把"得天下英才而教育之"视为自己的人生之乐，他说："君子有三乐，而王天下不与存焉。父母俱存，兄弟无故，一乐也。仰不愧于天，俯不怍于人，二乐也。得天下英才而教育之，三乐也。"（《孟子·尽心上》）孟子把"王天下"、做君主排除在君子三乐外，可见孟子精神境界之高，他所看重的"三乐"有多么的重要！君子一乐"父母俱存，兄弟无故"，然而此乐系于天命，由不得君子。二乐"仰不愧于天，俯不怍于人"，这是君子反省的心境。唯有第三乐"得天下英才而教育之"，才与君子一生的事功相联系。常言说"十年树木，百年树人"，育才是个长期的过程，所以孔子强调要"诲人不倦"，持之以恒，力争培育出更多的"天下英才"，这是君子追求的育才事功之乐。

君子之所以一生坦荡荡，乐观向上，是因为他有着与小人截然不同的人生观。君子的人生观要求终身注重个人修身，不懈地追求美好的理想，用孔子的话讲，就是一生为了"修己以安百姓"（《论语·宪问》）。具体的内涵就是践行《大学》篇提出的"三纲领八条目"。三纲领是"明明德、亲民、止于至善"。"明明德"是发扬自己固有的美好德性。"亲民"，历来解释为"新民"，就是以自己的德性影响与提高民众的品质。"止于至善"，就是要将国家治理到最完善的程度，这也是一个伦理道德与国家政治不断完善的过程。八条目是"格物、致知、诚意、正心、修身、齐家、治国、平天下"，这是阐述实现三纲领的次序和途径，其中，"修身"前四目，阐述君子的修德，属儒家的"内圣"之学；"修身"后三目，阐述君子的事功，属儒家的"外王"之学。君子一生充满高尚的人生乐趣，在"修己以安百姓"中，不断完善着自己的精神家园。

儒家高尚的人生追求，激励了后世无数志士仁人，他们都以先哲为榜样，并以他们的教导为座右铭，不怕困难、艰苦奋斗、勇于胜利，对实现自己的理想充满了信心。人同此心，世同此理，古今中外，构建高尚的精神家园，是所有道德高尚者的共同追求。苏联作家尼古拉·奥斯特洛夫斯基著有《钢铁是怎样炼成的》，这是现代中国家喻户晓的一部名著，在此书中，奥斯特洛夫斯基说过这样一段励志的话：

> 人最宝贵的是生命，生命每个人只有一次。人的一生应当这样度过：当回忆往事的时候，他不会因为虚度年华而悔恨，也不会因为碌碌无为而羞愧；在临死的时候，他能够说："我的整个生命和全部精力，都已经献给了世界上最壮丽的事业——为人类的解放而斗争。"人应当赶紧地、充分地生活，因为意外的疾病或悲惨的事故随时都可以突然结束他的生命。[1]

这段名言，超越时空，超越国界，与中国儒家的"三纲领八条目"一样，震撼着我们的心灵。而且奥斯特洛夫斯基的这段话，在当今更具现实性与针对性。一些人如果信仰迷茫、理想动摇，就更应牢牢铭记这段话，坚定崇高的信仰，执着于美好的理想追求。奥斯特洛夫斯基把人比作"矿石"，让我们好好想想"矿石"是怎样炼成钢铁的。如同我们要好好想想一个普通人是如何炼就成一位君子一样。不论是中国古代先哲，还是近现代英烈，都在谆谆教导我们：不要虚度年华，不要碌碌无为，无怨无悔地将自己整个生命和全部精力，献给谋求人类福祉的伟大事业，在为实现这一理想的奋斗过程中享受人生的快乐，构建自己高尚的精神家园。

---

[1] 尼·奥斯特洛夫斯基著，梅益译：《钢铁是怎样炼成的》，人民文学出版社，1995年，第278页。

第八章 中华优秀传统文化创造性转化的正确途径

第一节 中华优秀传统文化研究的几次重大发展变化

一、中国封建社会的中华优秀传统文化研究

中国古代社会的主流意识形态，根植于自然农业经济和宗法等级制度的土壤上。自然农业经济的生产单位是各自相对独立的家庭，经济处于自给自足的状态，因此提倡重视血缘亲亲，提倡忠孝，维护民本，崇尚人伦教化，追求促进社会和谐协调的仁德礼乐，强调个人道德修养的自觉，实现内圣外王，向往大同理想社会。与西方以宗教为主流的意识形态大相径庭，显出一种非宗教的现实理性精神，形成了中华民族特有的价值取向、价值观念以及稳定的心理结构。它既有维护农业经济和宗法等级制度的保守性倾向，又有积极入世取向和一切从现实需要出发的求实精神，同时具备了可贵的包容、开放与创新特征。

在孔子创立仁学之前，周公制礼作乐，就标志着中华优秀传统文化核心观念已经形成。然而以德为核心观念的周文化，不是凭空而来，它是周人继承上古、夏、商文化并在此基础上发展与创新的结果。西周衰微，周文化中心东移，鲁国成为传承周文化的中心。其代表人物孔子在此文化环境之中，做出了三大历史性贡献：一是整理古籍，使上古三代文化不因时代动荡而中断，也等于使中华优秀传统文化得到传承而没有中断。二是面

对礼坏乐崩、天下大乱的社会转型局面，勇敢地承担起持危扶颠的历史责任。一方面对古代《诗》《书》《礼》《乐》《易》诸经的内涵，通过讲学等形式作了新的阐释；一方面编撰《春秋》，寓大义于微言，创立了仁学理论新体系，在西周原有的礼乐文化的基础上，进一步把政治伦理化，提出中华民族新的人生观、是非观、善恶观，借此重建大一统社会的各种新秩序，推进社会的转型发展，也决定了后世文化发展的总趋势。三是打破贵族官方垄断教育和学术的局面，以"有教无类"的办学形式，吸纳社会各阶层，组成了奉行仁学的儒家学派。孔子之后，儒分八派，曾子、子思、孟子、荀子等先秦大儒，不断充实、完善着孔子的仁学理论。至战国时代，诸子并作、百家争鸣，儒家学说吸收众家之说的精华，由子学跃升为显学。儒学深入人心，显示了中华优秀传统文化的第一次大总结、各学派第一次大融合、文化理论第一次大创新。

先秦儒家学说是在世界文化的轴心时代、在中国社会重大的转型期间、在思想比较自由的状态下创建的，反映了先秦儒家本真的仁学思想。至汉帝国封建中央集权制度全面完善地确立，封建帝王为了进一步强化中央集权，一方面将儒学从子学、显学的地位提升为经学，从民间文化上升为官方的意识形态，使儒学神圣化，具有了权威性与法律性；一方面迫使儒学适应封建政治需要，必要时甚至歪曲、阉割先秦儒学的真精神，其理论代表人物就是董仲舒。董仲舒建议罢黜百家、尊崇儒术，实行思想文化专制。抑制百家争鸣，仅许儒家一家独鸣，实际削弱了儒学的勃勃生机。董仲舒还提出君为臣纲、父为子纲、夫为妻纲的"三纲"人伦原则，把先秦儒家以内圣外王为标准的人治，推向无条件的皇权独裁与一言堂的家长专制，因而受到中国历代封建统治者的推崇。董仲舒提出"天人感应说"，给神秘的天赋予了世俗的人格，又掺杂了道家、法家、墨家、阴阳五行家的一些思想，建立了所谓的新儒学。新儒学虽然具有了以天为本原的本体论哲学体系，但与先秦时期儒家的仁学思想有了很大的不同。新儒学把专制的王权神化了，使其理论蒙上了神学的面纱，最终导致汉末经学的僵化、烦琐化、教条化、谶纬化，以至东汉的经学加速趋向衰微，玄学因而代之兴起。

汉代统治者对儒学采取的政策，一方面使儒学与威权政治相结合，从内容上腐蚀了儒学生命的有机系统，另一方面使儒学借助官方的力量上升为社会的统治思想，促进了封建王朝大一统，也推动了儒家文化的传播和普及。以董仲舒为代表的汉代新儒学的确立，是中国历史上划时代的历史事件，2000多年以来，新儒学的"三纲"观点几乎为历代统治者所尊奉，成为其统治合法性的理论依据，对中国社会的发展产生了严重的负面影响。

汉之后玄学大行，玄学是一种"援道入儒"的学术思潮，玄学者将号称"三玄"的《周易》《老子》《庄子》奉为经典，以无为本，否定汉代以来的"天人感应"说与谶纬迷信，这是它的积极一面。但玄学在哲理上尚"贵无"，政治上提倡"无为"，教育上主张"愚民"，用道家观点来解释儒家经典，使儒学的核心观念受到严重的曲解。

继玄学之后，道教大盛，佛教盛传，儒学由原来的独尊变为与玄、佛、道四学并立，儒学在这重重的挑战中，顽强地延续着。同时儒学也从佛、道的本体论、心性论中吸收了很多思想养分，特别是吸收了佛教这种异域文化，使儒学的内涵大大地丰富和充实起来。儒学以此来对抗佛、道的挑战，维护中华优秀传统文化的道统，这是中国文化学术的第二次大融合，其典型的文化学术成果，就是宋明理学。宋明儒学之所以称"理学"，是因汉儒治经、传经注重名物训诂，宋明时期的儒者治经注重阐释义理，兼及性命，所以称为理学。冯友兰先生在20世纪30年代出版的《中国哲学史》中，把先秦时期以孔子、孟子为代表的儒学称为原始儒学，把宋明理学称为"新儒学"。"新儒学"这一概念，后来得到许多儒学研究者的认可，也得到一些学者的呼应，如20世纪五六十年代张君劢有英文著作《新儒家思想史》（上、下册），使用了"新儒学"的概念。冯友兰先生之所以称宋明理学为"新儒学"，是因为宋明理学推翻了汉代神秘化的以"天"为基本概念的儒学，建立了以"理"为基本概念的新思想体系。原来号称新儒学的董仲舒经学与宋明理学、与现代儒学相比，就成了旧儒学。现代新儒学是中国儒学研究又一次重大创新与突破。

如果我们仍称汉代以董仲舒为代表的经学为新儒学，那么为了与宋明"新儒学"这一不同内涵的学术流派有所区别，我们可以称宋明理学为中国第二次的"新儒学"。中国第二次"新儒学"的代表人物是北宋的周敦颐、程颢、程颐、张载和南宋的朱熹、陆九渊及明代的王守仁（王阳明）。周敦颐人称濂溪先生，称其学为濂学，与程颢、程颐、张载、邵雍合称"北宋五子"，名气没有程颢、程颐大，但实为北宋理学的开山之祖。程颢、程颐系同胞兄弟，世称二程，洛阳人，其学称为洛学。程颢说："吾学虽有所授受，天理二字，却是自家体贴出来。"（《宋元学案•明道学案•语录》）认为"理"是一种精神实体，世界万物由"理"而派生，万物皆有理，创立了"理一元"的客观唯心主义的理学体系。而南宋的朱熹继承、发展了周敦颐、二程、张载、邵雍的理学思想，融合了佛、道思想的精华，对理学的三大主干即理气论、心性论、工夫论都作了创新性的阐发，建立了"致广大，尽精微，综罗百代"（《宋元学案•晦翁学案》）的新体系，使朱熹成为宋以来最伟大的经学与理学的集大成者，自此其思想成为后世中国封建社会的统治意识。

南宋陆九渊是理学另一派心学的开启者，他首先提出"心即理"的命题，把心看作宇宙之本，派生万物的本原。主张"人皆有是心，心皆具是理"（《宋元学案补遗•象山学案》），肯定心与理是永恒不变的。至明代王守仁，更进一步肯定心外无物、心外无理，创"致良知""知行合一"说，提倡去物欲，发明本心，教人明理、立心、做有良知的人。王守仁集心学之大成，将"心一元"的主观唯心主义的理学体系更加系统化与条理化，对后世影响很大，甚至成为一些人反传统的思想武器。

在北宋理学家中，还有一位异于二程"洛学"的张载，世称横渠先生，因长期讲学关中，其学被人称为关学。关学以《周易》为宗，以《中庸》为体，以孔、孟为法，以学做圣人为目的。在哲学上，认为宇宙的本体是"气"，气的本初状态是"太极"，气聚则成万物，气散则归于太极。"气"这一物质实体是宇宙万物的本原，显然不同于二程以"理"为精神实体的主张。张载的气一元论，继承和发展了东汉王充的元气自然论。王充著有《论衡》，全书贯彻了"求是""求实"的精神，对孔、孟既尊重，又认为真理应该高于孔、孟；既尊崇黄、老，又对道家的虚妄及当时流行的谶纬神学给予了有力的批判。之所以将张载归于理学家，是因为他认为"气"根据一定规则（理）而千变万化，最终"气"又被"理"所统摄。张载将人性分为"天地之性"和"气质之性"，前者是先天的，纯善；后者是后天的，有善有恶。学习的目的是克服气质之性的恶，回归天地之性的善，在孟子的性善论的基础上，进一步阐明了关于性与天道的问题。张载著有《西铭》，是理学的纲领性著作，中有"民吾同胞，物吾与也"语，扩充、深化了孔孟的仁爱思想。"为天地立心，为生民立命，为往圣继绝学，为万世开太平"，"横渠四句"言简意赅，揭示了中华优秀传统文化的真谛，成为后世志士仁人的座右铭。

宋明理学之后的清代，在儒学研究上没有重大的突破。梁启超的《清代学术概论》对清代的儒学研究作了较系统的概括，他认为清代有体现自己时代特色的儒学研究，包括前半期的考证学和后半期的今文经学，研究的特征是"以复古为解放"，即以复古的形式来表达当下时代的思潮。梁启超又将清代儒学研究细分为启蒙期、全盛期、蜕分期和衰落期。启蒙期时值清初，代表人物有顾炎武、胡渭、阎若璩、颜元、黄宗羲等，他们以复古反对晚明心学末流极度空疏的颓风，大倡"经世致用"之说，已具反专制的民主色彩。全盛期为乾隆、嘉庆时，代表人物有戴震、惠栋、段玉裁、王念孙、王引之等，他们治经的目的是为考证而考证，考证涉及经、史、哲、文、舆地历算、小学音韵、校勘辑佚、典章制度等，以求经学研究能做到"实事求是""无征不信"。蜕分期、衰落期几乎同时发生，代表人物有龚自珍、魏源、康有为等，此时期因今、古文经学之争而引起治经者的对立，实际是因新旧思想之争而蜕分。开清代今文经学风气的是龚自珍与魏源，康有为则是今文经学的集大成者，其代表作为《新学伪经考》《孔子改制考》《大同书》，提出《春秋》的"微言"是孔子借以"托古改制"，实际是康有为借经术以文饰自己的维新政论。清代儒学研究的衰落，是康有为、梁启超等人受日本明治维新的启发及"西学东渐"浪潮冲击的结果，传统的儒学研究逐渐丧失了生命力，兼采西方科学观点及方法研究儒学的时代即将开启。

二、现代新儒家的研究

学界普遍认为现代新儒家是20世纪初新文化运动以来产生的一个传统文化研究流派，其产生时，西方文明及马克思主义在中国已有广泛的影响，所以被视为中国现代文化保守主义的思想代表，与马克思主义派、西化派并称为中国现代三大思潮。新儒家与传统儒家所不同的是，他们处于中西文明碰撞交融、否定中国传统文化、全盘西化思潮异常汹涌的历史条件下，虽然坚信中华优秀传统文化特别是儒学对中国仍有永恒的价值，但要保守住儒家思想的主导地位，必须对儒、释、道三家作出适应时代需要的新的诠释。同时，对西方文化进行吸纳、融合和会通，重建儒家的价值系统，使儒学实现现代化，从旧的传统文化中发展出民主与科学等现代思想。有的学者就是从吸纳西方文化这一特点出发，认为新儒家的确立应该从鸦片战争算起，到辛亥革命前是新儒家的萌芽时期，主要表现为新儒家被动接受西方文明以求自强。其主要思想表现是张之洞为代表的洋务派的"中体西用"思想，康有为、梁启超等为代表的用儒学阐释维新变法的改良思想，孙文（孙中山）参照西方政体及儒家思想，创立政权与治权分立的民权学说和五权分立的政体学说。这样划分新儒家的开始，有一定道理。于是有人又把鸦片战争开始至辛亥革命前的儒家学者称为广义的新儒家，称新文化运动以来的儒家学者为狭义的新儒家，或称"现代新儒家"。本书遵从多数人意见，将新儒家的诞生从辛亥革命推翻帝制不久的新文化运动时算起，这样更具现代特征。

学界有人把中国历史上的儒学研究划分为三个发展期：第一期是孔、孟为代表的原始儒学和以董仲舒为代表的新儒学，第二期是宋明理学，现代新儒家则为第三期，划分的标准是其儒学研究都有实质性的变化。现代新儒家研究不同于之前的研究，在于他们融合了西方文化，尤其是西方的民主与科学观念，开辟出儒学研究的新形态，由此可见现代新儒家在中国儒学研究史上有重要的地位。

一般认为现代新儒家的开山祖师是梁漱溟（1893—1988）与熊十力（1885—1968），是他们开宗明义地扛起了所谓狭义新儒家的大旗。但这里先提一下并未列入现代新儒家行列的"学衡派"，此学派因创办《学衡》杂志而得名。核心人物是吴宓、柳诒徵、胡先骕、汤用彤、梅光迪等。他们以"昌明国粹，融化新知"为宗旨，实际是现代新儒家的中坚力量。过去认为该学派极力主张文言优于白话，文、言不能合一，是一个文学复古、反对新文化运动的流派，所以贬斥过甚，不能给予客观、正确的评价。其实他们的主张与彻底否定传统文化的激进派相反，又与完全拒斥西方文化的"国粹派"不同，他们强调在文化自信的基础上，引进与中国传统相契合的西学。西学固然是"新"，但中华优秀传统文化也不能一概以"旧"而抛弃，因为没有旧就没有新，旧可转化为新。何况中华优秀传统文化中具有不受时空限制的真理，历久而弥新。对于西学，也要进行全面系统的研究，慎重地选取其有价值的部分，然后连接东西方并贯通近现代。学衡派开启了后来以陈寅恪为代表的"文化本位论"的先河。

从现代新儒家阵容的发展来看，大致又可分为三个阶段：第一阶段从1921年梁漱溟出版《东西文化及其哲学》到新中国成立，以梁漱溟、熊十力、马一浮、冯友兰、张君劢、钱穆、贺麟为代表；第二阶段从新中国成立后到20世纪70年代，以牟宗三、徐复观、唐君毅、方东美为代表；第三阶段从20世纪80年代至今，以成中英、刘述先、杜维明为代表。学界认为其中八位学者成就显著，称他们为"新儒学八大家"，分别是：梁漱溟，代表作是《东西文化及其哲学》；熊十力，代表作是《熊十力全集》；冯友兰，代表作是"贞元六书"；张君劢，代表作是《人生观》；牟宗三，代表作是《道德理想主义》；唐君毅，代表作是《生命存在与心灵境界》；方东美，代表作是《哲学三慧》；徐复观，代表作是《中国人性论史》。

第一阶段的现代新儒家代表，共同的特点是对中西文化都有很深的造诣，多数人还有留学西方的经历，他们在坚持儒学基本精神的基础上，用新的角度与方法对儒学进行新的研究，以实现儒学的现代化。

梁漱溟是中国现代思想家、社会活动家，曾为同盟会员，他虽没有留洋经历，但他中西文化贯通，早在1921年就出版了《东西文化及其哲学》，同时表明他的思想已由佛入儒。他把儒家思想、佛教哲学和西方柏格森的"生命哲学"糅合在一起，提出文化"意欲"说，从文化意欲走向的角度归纳出中国、印度、西方思想文化的差别及各自的特点。他认为西方文化强调向前，所以锐意进取，征服自然，追求物质幸福。中国文化强调持中，以求得人际和谐，与自然融洽。印度文化强调向后，既不像西方人向前追求幸福，也不像中国人强调调和、持中，安分知足不去改变局面，而是意欲解脱现实，返璞归真。梁漱溟的"文化三路向"说，直接启发了冯友兰1923年写的博士论文《人生理想之比较研究》，论文提出哲学分为三类：一类是益道，一类是中道，一类是损道，称呼不同，基本精神却是与梁漱溟的"文化三路向"说是一致的。稍有差别的是，梁漱溟比较赞赏印度文化，冯友兰更尊崇儒家文化。

1912年，以张勋为名誉会长、康有为任会长、陈焕章任主任干事的孔教会成立，办会宗旨是"昌明孔教，救济社会"，号召国人"共修孔教之伟业"。时值辛亥革命成功，清王朝被推翻，中华民国刚成立。中国结束了2000多年的封建帝制，是翻天覆地的变革时期，孔教会复旧的主张遭到社会各界的抵制。康有为领导的孔教运动失败后，全国掀起了反孔的浪潮。梁漱溟却勇于挺身而出，他推崇孔子的人生态度与儒家的学说，但与孔教会那些极端保守主义者不同，他在《中国文化要义》中，能清醒地认识到以孔子学说为核心的中国传统文化存在着五大弱点：一是偏重心性理论；二是忽视物而重于人；三是自然科学不发达；四是将农工商业划出学术范畴；五是学术思想与社会经济联系不紧密。梁漱溟指出中国传统文化的不足，正是想通过对孔子学说创造性的诠释，进而使儒学扬长避短，复兴与弘扬中华优秀传统文化。他认为中国是一个从家庭关系推演出去、以伦理为本位、人际关系以和为贵的社会，是人类文化的理想归宿。梁漱溟先生论述的结论是：以孔子为代表的中国文化不会走向消亡，较之西方文化更具现代价值与意义，虽然现在西方文化盛行，而融合了西方文化的中国文化则代表人类的未来，世界未来的文化就是中国文化的复兴。梁漱溟的中国文化研究，校正了近代以来线性进化论的方位，对新文化运动中的彻底反传统及全盘西化思潮都给予了有力的回击。

熊十力也是中国现代思想家、社会活动家，辛亥革命时任都督府参议，后追随孙中山参加了护法运动。他贯通百家，融会儒佛，学问做得也很有社会影响力，"新儒学八大家"中的牟宗三、唐君毅、徐复观就是他的弟子。1932年出版《新唯识论》，次年出版《破〈破新唯识论〉》，在吸取佛家唯识学、《易》学和陆王心学的基础上，运用西方的分析方法，完成了新唯识论体系的构建。以后还陆续出版了《原儒》《体用论》《明心篇》《乾坤衍》等书。他致力于宇宙本体的探讨，认为仁者的本心与天地万物同具本体的特征，仁者的本心即"道德自我"，仁者即"道德主体"。

道德自我完善的人去实现善，就是"本体"的实践，这是"道德主体"的最高本质特征。熊十力推崇陆王心学，但他的本体论与宋明理学的本体论有很大的区别。他的本体论没有陷入空疏，而是强调了"致用之道"，发挥了王守仁的"即知即行"的思想，提出"体用不二"与"翕辟成变"的理论。所谓"体用不二"，简单地说，就是实体体现为用，即用显体，没有用就没有体，本体与功能具有不可分割的一致性。所谓"翕辟成变"，指实体内部两种势能相互作用，运行不已，翕辟即开合、启闭意，这里都指实体的功能。"翕"是凝敛成物的能力，因此"翕"即物。"辟"即精神生化不息，不失本体之健，因此"辟"即心。"翕辟成变"论强调"变"，这种变是物与心动势的相反相成，不是在变动的万象之外去寻求变动者，即离开人去寻求万物的变化。具有创造世界功能的只能是人的精神，也就是具有精神功能的人。

熊十力的本体论，不是仅讨论宇宙生化的过程和根源，而是将宇宙人生视为一个整体，合心学之"本体"与天地万物于一体，强调道德实践与仁心一致，外王与内圣一致。尤其关怀人的存在、价值和功能的意义，把孔孟内圣外王说、程朱陆王心性说，进一步系统化、体系化。在熊十力看来，西方的实证主义、印度的唯识法相之学和中国的汉学考据，都无法阐明"宇宙之基源""人生之根蒂"，他在中国儒学研究史上第一次公开地以"本体论"的名目，来重建儒家形而上道德本体论。熊十力创制了一个严整、细密、成熟的思想新体系，充分显示了现代新儒家具有的"现代"新特征。

现代新儒家中的马一浮（1883—1967），名气不如其他人大，那是因他本人淡泊名利，一心培养后学，具有开宗立派的学术贡献，却被人忽略，但他曾被梁漱溟先生推崇为"千年国粹，一代儒宗"，与梁漱溟、熊十力齐名，合称为现代新儒家的"三圣"。马一浮综贯经术，讲学立教，著有《泰和会语》《宜山会语》《复性书院讲录》等，具备丰富的理学学养。他认为儒家的"六艺"不仅仅指狭义的六部经典，从广义上指六类文化学术或教化。六艺之中，诗教、书教属于善，礼教、乐教属于美，易教、春秋教属于真。六艺包括了真善美的全部意蕴，一切文化都是真善美的体现，所以六艺的精神可以统摄全部中国文化，甚至西方学术也可统摄在其中。六艺又是孔子之教，我国2000多年来的学术皆源于此，都是六艺的支流。他认为天地一日不毁，人心一日不亡，六艺之道也一日不绝。人类想脱离黑暗而趋向光明，舍弃六艺精神就无其他途径。六艺有着永恒的真善美价值，国人不仅应该继承发扬，而且应该将儒学推及全人类。在否定中华优秀传统文化的巨大潮流中，马一浮对中华优秀传统文化充满了坚定的自信。

马一浮传承程朱陆王的理学思想，在心性论上更近于陆王，提出创新的"义理名相论"。义理，指合乎儒家伦理道德的行事准则，宋之后，也指讲求儒家经义，所谓"义理之学"就是指讲求儒家经义的学问。名相，佛家语，耳可闻者曰名，眼可见者曰相。义理名相论是指以分析名相的方法，来彰显六艺义理的真谛。马一浮的"义理之学"，本于儒家，兼采佛家的义学和禅学，来理解儒家经学的内涵和中国学术的本源，这种会通儒佛的学问被人称为新义理学。马一浮认为中国文化的根本精神在于"发明自心之义理"，他的本体论主张理气一元，在理气关系上认为二者是二而一、一而二的关系。有气必有理，离气则无以见理，无理则气亦不存，理气是"一源"和"无间"的关系，本无先后，因言说乃有先后。他说："所以成变化者，皆气之所为也。故曰'一阴一阳之谓道'，盈天地之间皆气也，气之所以流行而不息者则理也。"[①]他又结合易学思想与佛教所说的"体、相、用"来阐发理气的关系，认为：气是变易，理是不易，全气是理，全理是气，即是简易。不易是体大，变易是相大，简易是用大。这些内容是宋明理学家不曾述说的新解释。在心性关系上，他主张心性一元

① 马一浮：《复性书院讲录》，山东人民出版社，1998年，第217页。

论，认为心与性二者辩证地综合统一，但心对性具有统合的作用，这就是"心统性情说"。在心与理的关系上，坚持陆王"心外无理"的观点，但又与陆王有所区别，提出了格物即穷理，心与理异名而同实，并引用佛教的理论来加以佐证，穷理致知成为马一浮理学思想的重要组成部分。在认识论及实践工夫上，他主张知行合一，曾说："理虽本具，亦要学而后明。精义入神，方能致用，所以说性修不二。专言守良心，便是执性废修。"[①]尽管马一浮的学说存在着唯心色彩与文化保守性，但在现代新儒家的发展史上占有重要的地位。

冯友兰（1895—1990），中国当代著名哲学家、教育家、思想家，《大英百科全书》称"熊十力与冯友兰为中国当代哲学之杰出人物"。冯友兰先生一生孜孜矻矻，著作等身，主要有《人生哲学》《中国哲学史》《中国哲学史新编》和"贞元六书"等，成为20世纪中国学术的重要经典，在中国现当代及国外学界影响深远。冯友兰自己总结其学术研究的特点是：一方面"照着讲"，撰写了一系列有关中国哲学史的著作，以阐明中国历史上各哲学家的学说；一方面"接着讲"，标志是1937年至1946年完成的"贞元六书"。冯友兰先生看重"贞元六书"，因为它建立起自己的新理学体系。"贞元六书"是《新理学》《新事论》《新世训》《新原人》《新原道》《新知言》六书的合称。取名"贞元"，是采自《周易》"乾卦"中"元亨利贞"的卦辞，说《易》者解释此卦辞为春夏秋冬的循环。所以"贞元"就是冬、春之际的意思，冯友兰用"贞元"以指中华民族抗战时期。"贞元六书"各书标以"新"，是冯友兰力图在宋明理学的基础上，会通中西文化，做继往开来的思想创新，建立理学的"新统"。如果说他的《中国哲学史》是讲中国哲学的"史"，那么"贞元六书"则是在讲中国哲学"史"的哲学，系统地阐述了他的新理学的思想体系。"贞元六书"中的

---

① 马一浮：《尔雅台答问》，江苏教育出版社，2005年，第145页。

《新理学》阐述了冯友兰新理学哲学体系的基本观点，他提出"真际"与"实际"、"理"与"气"、"道体"与"大全"等一系列哲学范畴，根据他对西方哲学方法的了解和运用，使中国旧理学的概念获得了现代哲学的意义，阐释了一个比宋明理学更深入、更明晰的境界，既有传统的民族性，又有时代的新特色。

张君劢（1887—1969）是一位号召将现代新儒家思潮公开向全世界传播的学者，也是一位政治活动家。1922年被推举起草《中华民国宪法草案》，1945年被推为联合国宪章小组常务委员，代表中国签署联合国宪章。新中国成立后他离开中国大陆，但他的儒学研究没有中断。1958年元旦，由他发起，与唐君毅、牟宗三、徐复观联署发表《为中国文化敬告世界人士宣言》，成为世界性的现代新儒家宣言。张君劢的主要著作有《明日之中国文化》《立国之道》《新儒家思想史》《民族复兴之学术基础》等。早年面对全盘西化、打倒孔家店的挑战，他给予了有力的回击。他认为西方之长在智识、在名学，所短在人伦与心性修养，以彼之长来衡量儒家思想，进行狂批加以谩骂，甚至将宦官、外戚、缠足、科举、娶妾等归罪于孔子之教，不仅错误，简直是无稽之谈。张君劢认为儒家学说以人生为目的，以尽性知天为最高境界。儒家思想优于西方有三点，一是"知德合一"，知识应该建立在道德的基础上，二者并行不悖；二是和而不同，既坚定信念，又能多元并包，兼收并蓄；三是形下形上相通，世界由形而下学与形而上学组成，形下为基础，进而达于形上。张君劢强调复兴儒学的方法在于"博学、审问、慎思、明辨、笃行"，兼采西方逻辑学方法和西方哲学中与儒学的契合点，使儒学获得世界性的生命力，由此儒学便可复兴，并能从容应对世界思潮袭来的挑战。

贺麟（1902—1992），著名哲学家，从小就对宋明理学产生浓厚的兴趣，同时对黑格尔、斯宾诺莎、怀特海等西方哲学家都有深入的研究，可谓学贯中西。早在20世纪三四十年代，就创立了与冯友兰"新理学"相对的"新心学"体系，其《近代唯心论简释》《当代中国哲学》《文化与人生》系统地阐述了他的新心学主张。他认为中国儒家文化自宋明理学起进入了一个新时代，尤其是王守仁的心学指出儒学发展的一个新方向，但王守仁的心学有其局限性，他要以逻辑意义的"心"来建立新心学。他认为心是超经验的精神原则，是经验的统摄者、行为的主宰者、知识的组织者、价值的评判者。他认为王守仁的"知行合一论"，可分为"自然的知行合一论"和"价值的知行合一论"。这种新解释，给知行作了重新定义，将知行问题的探讨深入到心理和生理的层面，引入到科学认识论的研究范畴。据此，他对儒家五伦的意义进行了新的阐释，认为五伦含有如下新意蕴：注重人与人的关系，而且特别注重人的道德价值；维系人与人之间正常永久的关系；以善于推行有等差的仁爱为本；以德为准竭尽爱的义务。在此基础上建立起的新心学，实际是给出了新人生、新社会的行为规范。

钱穆（1895—1990）自学经史子集，终成一代著名史学家，著述颇丰，与吕思勉、陈垣、陈寅恪被学术界并称为"史学四大家"。钱穆善于以史学贯通儒学，这方面的著作有《朱子新学案》《阳明学述要》《宋明理学概述》《国学概论》等，在宋明理学研究上成绩尤为突出。以往学者往往强调宋明理学主要受唐代儒学、佛教禅宗、道教阴阳宇宙论影响而产生。钱穆则强调先秦、汉代儒学对宋明理学的影响，说明宋明理学传承先秦、汉唐儒学的道统，得以创立新儒学。他的宋明理学研究的重点是朱子之学，充分肯定朱子的理气一体和心性一体二分论在学术思想史和文化史上的重要地位。他认为在中国历史上，孔子与朱子的学术贡献无人可比，孔子集上古三代学术思想之大成，开创了儒学；朱子集汉唐儒学及宋代理学之大成，既传承道统，又能发明新义。在评价王阳明的学术时，他重点阐述王阳明的良知论的道德实践蕴意。在宋明理学中，万物之源究竟是理还是心？朱熹认为是理，陆九渊则认为是心，认为尊德性即可。王阳明的良知说，调解了理与心之争，以新颖的观念深刻地阐释理学，这进一步证明了王阳明是宋明理学的最后总结者。钱穆先生是全面研究国学且成就卓越的大师，他用研究中国历史与思想的方法来研究儒学，文史哲会通，善于突破旧说，观点新颖，为儒学研究提供了广阔的视野。

现代新儒家阵容的发展可分为三个阶段，在每个阶段我们都可列出代表人物，但并不意味着这些代表人物的学术研究只限于这一阶段，只是在这一阶段其研究比较显著罢了。如以冯友兰为例，他早在1924年就出版了《人生哲学》，这是在他的美国哥伦比亚大学博士论文《人生理想之比较研究》的基础上，将西方实在主义同程朱理学相结合研究的结果。他的标志性著作"贞元六书"产生于20世纪三四十年代，直至1989年他完成了七卷本的《中国哲学史新编》，其学术研究几乎贯通于20世纪。其他第一阶段的代表人物大多数也与冯友兰相似，研究工作尽管断断续续，但对中国文化研究的热忱从未止息。

从新中国成立到改革开放，这二三十年间现代新儒家们的研究普遍受到批判，留在中国大陆的新儒家代表人物已不能展开正常的理论研究。他们有的人在自我批判的基础上，努力克服唯心主义观念，接受马克思主义教育，想进行新的研究，但由于特殊的历史背景与多次批儒运动，研究也基本处于停滞的状态。

第二阶段的新儒家，以牟宗三、徐复观、唐君毅、方东美为代表，都属于中国港台的儒学研究者，他们继承了梁漱溟、熊十力等人的研究方法，又重新引进康德的道德哲学、黑格尔的精神现象学等西方学说，建立起各自的学说体系。在这些人中，最有影响的是牟宗三（1909—1995）。牟宗三精于儒、释、道，出入于康德、黑格尔、怀特海、罗素、维特根斯坦等西方哲人间，会通中西，著有《道德的理想主义》《政道与治道》《智的直觉与中国哲学》《中国哲学的特质》等，提出了不少创新见解，建立起比较新颖、系统、深刻的道德形上学理论体系。

牟宗三认为，中国文化首先把握的是生命的学问，西方文化首先把握的是自然学问；中国文化是礼乐型文化，西方文化是宗教型文化；中国属"综合的尽理之精神"下的文化系统，西方属"分解的尽理之精神"下的文化系统。"综合的尽理之精神"下的文化系统以道德价值观为核心，形成了仁学，也就是"内圣外王"之学。内圣即道德修养之心，外王即治国、平天下之术。中国文化重于内圣成德之学，而外王治政之学严重不足，因而没有产生出近代意义的民主与科学。要在中国文化系统中开出民主与科学，必须由综合的尽理之精神转化出分解的尽理之精神，从道统中开出政统与学统，这就是牟宗三的"三统并建"说。

道统的核心是道德，学统的核心是科学，政统的核心是民主，牟宗三提出要肯定道统、开出学统、继续政统，"三统并建"说意在指示儒家人文主义走向现代化的必由之路。肯定道统，即肯定儒家"仁义礼智信"的人伦道德价值，也就是肯定中国人传统的优秀的价值观、是非观。牟宗三认为中国文化有道统而无学统，开出学统，即转出"知性主体"，开出学术的独立性。继续政统，即由认识政体的发展而肯定民主政治为必然。道统是内圣，学统与政统是外王，或者说是新外王，现代新儒家的基本任务就是由内圣之学解决新外王的问题，由道德理性解决民主与科学的问题。"三统并建"说显然是孔孟学说，陆王心性学同西方的民主与科学相融合的产物，是牟宗三新儒学理论的浓缩，也是这一阶段现代新儒家融合中西文化开创新儒学理论的纲领。

牟宗三又是儒学研究"三期说"的首倡者。他认为儒学研究在历史上已经经历了两期的发展，第一期是由先秦孔子、孟子、荀子到汉代董仲舒，儒学经历了由子学到显学最后到经学；第二期由北宋周敦颐到明末刘蕺山的宋明理学，宋明理学延续了五六百年；到现在，儒学则进入第三发展期。第三期儒学研究的任务就是重建中国文化，开出儒学现代新形态。在牟宗三看来，整合与重铸中国文化的关键，在于使儒学融合西方的民主与科学。在融合西方的民主与科学时，一定以中国文化为主体，因为道统是中国文化之所长，也是中国文化的根本和核心，所以西方文化只是"用"。"中学为体，西学为用"本是近代洋务派提出来的，以维护封建的纲常名教为根本，在此基础上采用西方近代科学和文化教育方面的若干具体办法。牟宗三的"中体西用"与洋务派的"中体西用"有着根本的区别，牟宗三强调以中国文化为主，并不是维护封建的纲常名教，而是吸收西方新文化，使中西文化自然融合、取长补短，开出儒学的全新形态，实现中国传统文化合乎时代要求的嬗变。

徐复观（1903—1982），主要著作有《两汉思想史》《儒家政治思想与民主自由人权》《中国人性论史》等。他认为儒家思想主要是伦理思想，亦是政治思想，伦理与政治一体是儒家思想的特色。儒家政治思想最高原则是德治，基本实现的是民本，德治的基点是对人的尊重与信赖，治者与被治者是以德相待的关系，用"礼"经纬其间，而不是权力相迫的关系。但由于缺乏客观的政治架构，社会的控制仅靠治者的道德自觉，就无法根除暴君污吏的现象。所以儒家的政治思想，应该以被治者为出发点而不是相反。中国的知识分子应该承担起国家政治的责任，如果放弃对社会应尽的责任，就失去了知识分子存在的意义。

唐君毅（1909—1978），主要著作有《道德自我之建立》《中国文化之精神价值》《中国哲学原论》《生命存在与心灵境界》等。他肯定并展开论述了儒家的"道德自我"观，认为这是人类一切道德智慧和道德实践的根源，道德理性是一切社会文化的基础，各种社会活动都要有道德理性贯彻其中。他认为人类重要理想应有自由、民主、和平、悠久，西方重视自由、民主，中国重视和平、悠久。中国文化的神髓是仁心，合天人之道，即仁道，以仁心之善性而见神性之所存，人至诚则皆可成圣。他认为中国文化特征在于独立的义理体系，通过对各观念进行文字训诂，对义理进行辨析，揭示基本精神的历史演变与逻辑发展，可旁通世界文化体系。他还认为人世间有九种不同的人生境界，东西方文化派别尊崇的境界各有不同，而儒家学派尊崇的境界是天德流行，所以是人类最高的人生境界。

方东美（1899—1977），主要著作有《科学哲学与人生》《生生之德》《中国哲学之精神及其发展》《中国人的人生观》等。他熟谙儒、道及西方与印度文化典籍，治学重点在比较哲学，力图贯穿古今中外、统摄诸家之学来阐发儒家学说的精华。他曾指出："儒家意在显扬圣者气象，道家陶醉于诗艺化境，佛家则以苦心慧心谋求人类精神之灵明内照。要之，道家放旷于空灵意境之中，逍遥自得，宛似太空人之翱翔太虚。儒家豁达大度，沉潜高明，兼而有之，其于天人之际、古今之变，处处通达，造妙入微，期能践验高超理想于现实生活。佛家则蕴发慈悲，悲以疾俗悯人，慈以度人救世，苦心化为大心，慈心于以落实。"①在各种文化的比较中，他认为儒家学说主要研究人，人与天地为一整体，人与天地和谐便达到天人合一的境界，构成人的理想精神生活。方东美的哲学可以说是一种生命哲学。

从20世纪80年代至今的第三阶段现代新儒家代表人物，都出生于中国大陆，都获得美国名校的硕士、博士学位，都主要任职于香港、台湾地区或海外其他国家，有的还加入了美国籍。如成中英（1935—2024），为美国夏威夷大学哲学系终身教授。他是英文《中国哲学季刊》的创立者和主编，又是"国际中国哲学学会""国际易经学会""国际儒学联合会"等国际性学术组织的首倡者，积极推动儒学的现代化与世界化，为儒学走向世界做出了巨大贡献。主要著作有《科学真理与人类价值》《中国文化的新定位》《儒家哲学论》《易学本体论》等。他的研究领域为中西哲学比较，也在易学与儒学的现代化与世界化的研究上做出了卓越贡献。其治学特点是：中西兼治，善于运用逻辑分析与本体诠释方法互诠中西古今，对照西方哲学的核心观念弘扬儒家哲学的精华，开创了当代中西比较哲学研究的

① 方东美：《方东美先生演讲集》，中华书局，2013年，第39页。

新蹊径，促进了中西文化的深入交流。

刘述先（1934—2016），主要著作有《中国哲学与现代化》《大陆与海外——传统的反省与转化》《儒家思想与现代化》《朱子哲学思想的发展与完成》等。他沿着牟宗三、方东美等人的研究思路，通过对传统与现代的联结，充分肯定儒家思想的现实价值与现代意义，努力促进儒家思想的创造性转化。他的研究创新观点颇多，如对宋明理学的"理一分殊"就进行了创新性的解释。"理一分殊"是讲"一理"与"万物"关系的重要命题，传统认为"理一"是指天地间存在着唯一的真理，"分殊"是指这个真理又能在万事万物中体现出来，二者看似可分却是统一的，是一般寓于个别的关系。明清之际思想家王夫之则认为理一既可分殊，就不再是理一；理既是唯一，就谈不上分殊，从逻辑矛盾上批判了宋明理学的"理一分殊"，揭示了事物的同一性与差别性、普遍性与特殊性的关系。刘述先重新解释"理一分殊"，提出"理一"与"分殊"不可以等同，必须兼顾"理一"与"分殊"并行，才合乎儒道真谛，否则执着于具体时空条件下的分殊，就会陷入"理一"的教条僵化。如显示君权、父权、夫权的"三纲"是汉代提出的理，但把有限的分殊无限上纲，就会失去儒家仁爱真精神，甚至堕落成为违反人性的吃人礼教。对"理一分殊"以全新解释，注入新信息的目的是放弃传统一元化的架构，找到一条接通传统与现代的路径，使"理一分殊"具有了现代性和现实性。

杜维明（1940—），学贯中西，被誉为当今世界最有前瞻性及影响力的现代新儒家之一，任国际哲学联合会理事、国际儒学联合会副会长兼学术委员会主席，主要著作有《人性与自我修养》《今日儒家伦理：新加坡的挑战》《现代精神与儒家传统》等。他的研究一直以东西方文明对话及儒学现代化创新为重点。具体地说，在超越层面，儒学需要与基督教对话；在社会政治层面，需要与马克思主义对话；在心理学层面，需要与弗洛伊德主义对话。儒学通过与西方文明对话，才会充分认识欧美文化的优劣和儒学的特色，在互相比较中，才能发现儒家文化所蕴涵的道德理性、人文关怀和入世精神，其思智与智慧同样具有普遍价值，应该得到世人的肯定与敬重，从而确立新儒学的世界地位。由此，杜维明发展了牟宗三的儒学发展三期说，指出：儒学发展第一期，从先秦到汉代，儒学成为社会主流意识，回应了"轴心时代"文明的挑战。儒学发展第二期的宋元明清儒学，是东亚文明的集中体现，回应了佛教文化的挑战。而儒学发展第三期的新儒家，回应的是西方文化的挑战。事实证明：儒学在回应种种挑战中，得到了重大的发展，儒学在21世纪仍有强大的生命力，能为国际社会秩序的和谐和稳定做出卓越的贡献。

现代新儒家形成已历百年，其儒学研究者及学术研究与传统儒家研究者及学术研究，存在着很大的不同，其不同主要有如下几点：

时代不同：传统儒家处于中国封建社会，现代新儒家处于旧、新民主主义社会和社会主义社会，香港、台湾地区及海外其他国家的现代新儒家还处于资本主义社会。

依附对象不同：传统儒家依附的是封建的宗法制度，而现代新儒家依附的主要是公民社会、社会主义社会。

观念形成的社会基础及经济形态不同：传统儒家观念形成于农耕文明的社会自然经济条件中，而现代新儒家观念形成于现代城市文明的社会经济中。

服务对象不同：传统儒学主要被封建统治阶层所利用，并为其服务，现代新儒家主要以普通大众为服务对象。

治学目的不同：传统儒家许多人治学是为了步入仕途，为封建制度服务。现代新儒家治学主要是注重自身修养、获得精神幸福感，或培养社会精英人才。

借助科研工具、方法不同：传统儒家借助儒学典籍，以传统方法进行研究，现代新儒家在掌握传统儒家研究工具、方法外，还要掌握外国的典籍与研究方法。所以，现代新儒家的儒学研究对传统研究有很多的突破、创新。主要表现为：

第一，现代新儒家继承了传统的"天人合德"的本体论，把天地之德与人性内在地统一起来，又吸收了柏格森的"生命哲学"、康德的"自由意志"、黑格尔的"精神现象学"等西方哲学内容，做到了"体用不二"。既超越了儒家传统的本体论，又避免了西方那种本体与现象、主体与客体、人与自然严重对立的错误。

第二，现代新儒家强调本体论与方法论的统一。他们融儒、释、道学于一体，采用了体验本体与认识现象的方法，以直觉为体，以理智为用，既把握本体，又不忽视现象。

第三，现代新儒家认为中国传统哲学主要是价值哲学、人生哲学，没有精密的逻辑；西方哲学主要是认识哲学、逻辑哲学，对物理的认识深刻，自然科学比较发达，但对人生价值的认识远不如中国。现代新儒家认为中西哲学各有优劣，只有二者结合，取长补短，才能全面认识世界。

第四，传统儒学强调内圣之说，而外王之说相对薄弱，在现代条件下，"外王"就是科学与民主，因此现代新儒家主张由"内圣"之学开出具有科学与民主色彩的"新外王"，从道德开出科学与民主。

第五，传统儒家认为人间盛世就是孔子向往的大同世界，而香港、台湾地区及海外其他国家的现代新儒家认为资本主义最好的模式是以儒家思想指导下实现的资本主义，如新加坡等国的模式。

第六，现代新儒家认为儒学不仅可以实现现代化，而且还可以实现世界化，中华优秀传统文化有助于解决世界性的"后工业文明"所面临的许多危机问题，这些观点是传统儒学所没有涉及的。

总之，现代新儒家，在新时代条件下对中华优秀传统文化的研究尤其是儒学的研究，做出了新的贡献。有的学者从另外的角度总结了现代新儒家有五点学术贡献：一是在表述心性义理上，使儒释道三家智慧系统焕然复明于世。二是在发挥外王大义上，解答了中国文化中政道与事功的问题。三是在疏导中国哲学上，畅通了中国哲学史演进发展的关节。四是在消纳西方哲学上，译注三大"批判"，融摄了康德哲学。五是在会通中西哲学上，疏导了中西哲学会通的道路。这些看法也值得我们参照思考。

三、改革开放以来的中华优秀传统文化研究

中华优秀传统文化，尤其是其核心儒家的伦理美德，是几千年以来中华民族生活方式、行为方式、思维方式、情感方式和价值取向的结晶，蕴含了中华民族的民族性格、终极信念、生活准则、生存智慧和处世方略，是中华民族绝大多数人的信念信仰，是中华民族精神最集中的体现。尽管从五四时期的"打倒孔家店"到全民性批孔运动，半个多世纪对以孔子为代表的儒学进行打压，但儒学作为中华优秀传统文化的主体，却丝毫没有动摇它的根基。历史证明：谁也打不倒中华民族的主体文化，谁也摧残不了儒学顽强、坚韧的生命力。这不仅因为儒学是中国古代人民大众的信仰，还因为它的优秀伦理道德也影响着当今乃至今后中国人的人生观、价值观，这不是什么事件或什么运动就能改变或消灭的中华民族的文化传统。

改革开放以来，痛定思痛后，全民意识到要想不再重蹈历史覆辙，必须拨乱反正，正确理解、执行马克思主义，重新认识中华优秀传统文化的价值。于是群众自发性地兴起蓬蓬勃勃的国学热，欲用中华优秀传统文化来恢复社会元气，恢复人们的正气，满足人们的精神饥渴。用传统的优秀伦理道德构建每一个人的精神家园，以经济建设为中心，构建人与人之间新的和谐关系，这是建设健康、和谐小康社会的基本保证。

为推动中华优秀传统文化研究的深入发展，各种专门研究国学的刊物纷纷创办，山东还推出一份在国内外很有影响的《孔子研究》，各地成立了规模不等的国学研究院、所，有的还称书院，如岳麓书院、中原孔子

书院等，曲阜还成立了孔子研究院、孔子博物馆。国内各个出版社出版了大量的中华优秀传统文化的经典与国学译注鉴赏及研究著作，国家还拨出巨资设立各种"国家社会科学基金资助项目"，其中有重大、重点、年度、青年、冷门、绝学、西部、后期资助、成果文库等项目，资助各科研部门、高等学校及其他社会单位的研究者以充足的科研经费，教育部、文化部等部委与省、地、市及各高校也相应跟进，设立各种社会科学基金项目，并大力发展互联网技术和新媒体建设，给社会科学研究者创造了良好的科研条件，于是包括儒学在内的社会科学研究成果史无前例地大量涌现。各类学校还将国学列为一门重要课程，大批专家学者或借用新媒体举办"百家讲坛""诗词诵读"等，或深入基层，以讲座、论坛的形式向群众普及中华优秀传统文化知识，国内外各种中华优秀传统文化研讨会经常举办，全民性的中华优秀传统文化热经久不衰。特别值得一提的是，从中央到地方，各级领导顺应民意并积极引导群众复兴中华优秀传统文化，中央主要领导人习近平同志亲临曲阜孔子研究院视察孔子研究工作、亲自出席纪念孔子诞辰2565周年国际学术研讨会暨国际儒学联合会第五届会员大会并讲话，中共中央办公厅、国务院办公厅还印发了《关于实施中华优秀传统文化传承发展工程的意见》，这都是改革开放以前所没有的现象。

社会发展的需求是中华优秀传统文化传承、复兴的强大内在动力，但要保持国学热持久、健康地发展，十分需要一个强有力的社会支持系统作后盾，如国家政策的支持，宣传、教育、文化等领导部门具体指导，借助大众媒介的传播等，这些强有力的措施与手段在改革开放后逐渐开始实施了。进入21世纪之后，它们得到了更大程度的强化。尤其是自党的十八大以来，各级党委和政府把中华优秀传统文化传承发展的工作提到了重要日程上来，纳入了社会发展总体规划，纳入了单位考核干部的体系，制定了相关政策与实施方案，加大了财政支持力度，建立、完善了研究工作机制，充分发挥了领导部门综合协调、整合资源、调动各方力量的作用，努力把传承发展中华优秀传统文化的各项任务落到了实处。各级党委和政府史无前例地自觉主动地领导和推动国学的传承与发展，给予了中华优秀传统文化研究以强有力的政策鼓励与物质支持，调动了广大知识分子科研的积极性，众多的知识分子开展了一系列富有成效的学术研究。

对于任何一种文化而言，固然离不开文化的普及，但只有高层次人才对其深入研究，才能给这种文化赋予新的生命力，使文化研究成为系统、深入并带有创新性的研究，才能在文化普及的基础上全面提升人民群众的文化素养。然而从新中国成立后到改革开放前，我国最缺乏的就是学术研究的高层次人才。改革开放伊始，我国马上就着手高层次人才的培养，几乎与恢复高考同时，就招收了硕士、博士研究生。1981年，国务院学位委员会发布了首批博士生指导教师名单，其中人文社会科学的博导有：

（北京大学22名）中国哲学史：张岱年教授（以下凡是高校教授者皆省去"教授"二字）；现代外国哲学：洪谦；马克思主义哲学史：黄枏森副教授；美学、英语语言文学：朱光潜；逻辑学：王宪钧；外国经济思想史：陈岱孙；中国经济史：陈振汉；法学理论：陈守一；国际经济法：芮沐；国际法：王铁崖；中国现代文学：王瑶；中国古代文学：吴组缃；中国古典文献学：周祖谟；现代汉语：朱德熙；汉语史：王力；英语语言文学：李赋宁、杨周翰；德语语言文学：杨业治；印地语语言文学：季羡林；考古学：宿白；中国古代史：邓广铭、周一良。（中国人民大学9名）辩证唯物主义与历史唯物主义：肖前；中国哲学史：石峻；政治经济学：宋涛；世界经济：吴大琨；货币银行学：黄达；统计学：戴世光；中共党史：胡华；国际共产主义运动史：高放副教授；中国古代史：戴逸。（北京师范大学10名）世界经济：陶大镛；教育基本理论：王焕勋；中国教育史：毛礼锐、陈景磐；发展心理学：朱智贤；中国现代文学：李何林；中国民间文学：钟敬文；汉语文字学：陆宗达；史学史：白寿彝；中国古代史：何兹全。（北京外国语学院2名）英语语言文学：王佐良、许国璋。

（中央音乐学院1名）音乐学（中国音乐史）：廖辅叔。（南开大学5名）中国经济史：傅筑夫；世界经济：滕维藻；侗傣语族语言文学：邢公畹；中国古代史：郑天挺；世界地区史、国别史：吴廷璆。（吉林大学3名）政治经济学：关梦觉；考古学：于省吾；中国古代史：金景芳。（东北师范大学2名）中国古代文学：杨公骥；世界古代史：林志纯。（复旦大学9名）外国哲学史：全增嘏；政治经济学：蒋学模；中国古代文学：赵景深；中国各体文学：朱东润；中国文学批评史：郭绍虞；汉语史：张世禄；中国古代史：杨宽；世界古代史：周谷城；历史地理：谭其骧。（华东师范大学6名）中国哲学史：冯契；世界经济：陈彪如；教育基本理论：刘佛年；发展心理学：左任侠；中国古代文学：徐震堮；史学史、中国古代史：吴泽。（南京大学7名）中国古代文学：程千帆；英语语言文学：陈嘉、范存忠；法语语言文学：何如；中国古代史：韩儒林；世界地区史、国别史：蒋孟引；专门史：王绳祖。（南京师范学院1名）中国古代文学：唐圭璋。（扬州师范学院1名）中国古代文学：任中敏。（江苏师范学院1名）中国古代文学：钱仲联。（厦门大学1名）中国古代史、专门史：傅家麟。（山东大学2名）中国古代文学：萧涤非；中国古代史：王仲荦。（武汉大学6名）现代外国哲学：江天骥；世界经济：吴纪先；国际法：韩德培；汉语史：黄焯；中国古代史：唐长孺；世界近现代史：吴于廑。（华中师范学院2名）中国近现代史：章开沅；历史文献学：张舜徽。（中山大学5名）中国各体文学：王起；汉语文字学：容庚、商承祚；英语语言文学：戴镏龄；文化人类学：梁钊韬。（四川大学3名）中国文学批评史：杨明照；考古学：徐中舒；中国古代史：徐中舒、缪钺。（云南大学1名）中国民族史：方国瑜。（陕西师范大学1名）历史地理：史念海。（甘肃师范大学1名）教学论：李秉德。

（中科院古脊椎动物与古人类研究所2名）人类学：吴汝康研究员（以下凡是研究院所研究员皆省去"研究员"三字）、裴文中。（中科院心理研究所1名）心理学：潘菽。（中国社会科学院29名）中国哲学史：任继愈教授；外国哲学史：王玖兴、贺麟；逻辑学：沈有鼎、周礼全副研究员；美学：李泽厚；宗教学：王明、马学良教授；政治经济学：于光远、许涤新；中国经济思想史：巫宝三；中国经济史：严中平；工业经济：马洪；农业经济：詹武教授；商业经济：刘明夫；基本建设经济：薛葆鼎教授；中国现代文学：唐弢；中国古代文学：吴世昌、余冠英；语言学：傅懋勣；现代汉语：吕叔湘、李荣；英语语言文学：卞之琳；法语语言文学：罗大冈；德语语言文学：冯至；史学史：尹达；考古学：夏鼐；中国近现代史：李新、黎澍。（中国艺术研究所3名）戏曲历史及理论：张庚；美术历史及理论：王朝闻；中国音乐史：杨荫浏。

　　为什么费如此大的篇幅列出这些博导的名单？因为他们是自19世纪末西方教育制度引进中国以来，中国大陆历史上的第一批人文社会科学博士生导师。首批博导的遴选程序极其严格，列名者堪称一时之选，他们在当博导之前及改革开放之后的文化研究成果，都标志着中国学术界最高水准，他们为中国改革开放之后人文社会科学研究开创了新局面。他们的专业有的看似离传统文化这一领域远一些，但他们的研究为中华优秀传统文化研究提供了很有价值的参考资料与研究方法。这些博导更大的贡献是为今后中国的人文社会科学研究培养出了一大批高精尖人才。这些博导现在基本都已作古，但是现在活跃在人文社会科学研究领域的著名学者，基本出于这些博导门下，做到了薪火相传。中国首批博导像辛勤的开拓者与耕耘者，将人才的种子撒遍祖国各地。他们的为人与学问，都是后辈学习的楷模。作为后辈，怎能不怀念他们？怎能不效仿他们？

　　改革开放以来，在这些硕士生导师、博士生导师培育下，一批批中华优秀传统文化专业的研究生陆续被培养出来，尤其是20世纪八九十年代毕业的硕士生、博士生，成了21世纪中华优秀传统文化研究的主力军。这些获得硕士、博士学位的研究生，后来绝大多数又成为第二代硕士生、博士生的导师，他们中的许多人，研究出许多立于21世纪学术前沿的标志性成果，不少人成为国内外公认的国学大师，成为在国际上有影响的研究中华优秀传统文化的代表性人物，其水平甚至超过了新儒家。中华优秀传统文化研究人才济济，这种现象也是史无前例的。如果说新儒家绝大多数是在国外获得硕士、博士学位，而新涌现的硕士、博士绝大多数是我国自己培养的，他们继新儒家之后，成为20世纪90年代至今研究中华优秀传统文化的主力军。当然，在此期间，研究成员有的并不是硕士、博士，但他们凭借着雄厚扎实的学术实力，甚至还承担起硕士生、博士生导师的重任。这些学者共同构成了这个时期的中华优秀传统文化研究的高层次队伍。

党的十九大报告提出：发展中国特色社会主义文化，"要坚持为人民服务、为社会主义服务，坚持百花齐放、百家争鸣，坚持创造性转化、创新性发展，不断铸就中华文化新辉煌"。向全党全国人民重提"双百"方针，又创新性地提出"两创"方针。第十三届全国人大第四次会议审议了《国民经济和社会发展第十四个五年规划和2035年远景目标纲要（草案）》，提出要在2035年建成文化强国，国家文化软实力显著增强。2017年中共中央办公厅、国务院办公厅印发的《关于实施中华优秀传统文化传承发展工程的意见》，为贯彻落实中华优秀传统文化"两创"方针，又向中华优秀传统文化研究者提出了具体的任务："深入阐发文化精髓。加强中华文化研究阐释工作，深入研究阐释中华文化的历史渊源、发展脉络、基本走向，深刻阐明中华优秀传统文化是发展当代中国马克思主义的丰厚滋养，深刻阐明传承发展中华优秀传统文化是建设中国特色社会主义事业的实践之需，深刻阐明丰富多彩的多民族文化是中华文化的基本构成，深刻阐明中华文明是在与其他文明不断交流互鉴中丰富发展的，着力构建有中国底蕴、中国特色的思想体系、学术体系和话语体系。"[1]

---

[1] 新华社北京2017年1月25日电。

中华优秀传统文化的创造性转化与创新性发展，就是使传统向现代转型，即使传统文化从内容到形式进行现代性转换，"两创"的本质就是在传承中华优秀传统文化基础上的创造、创新。创造性转化与创新性发展，二者既有区别又有联系。创造性转化，重在按照新时代的特点和要求，对中华优秀传统文化有借鉴价值的内涵和陈旧的表现形式加以改造，赋予其新的时代内涵和现代表现形式，使中华优秀传统文化迸发出新时代的活力。创新性发展，重在按照新时代的进步和需求，对中华优秀传统文化有借鉴价值的内涵加以补充、拓展、完善，增强其影响力和感召力。两者虽各有侧重，但都是为了使中华优秀传统文化更好地成为新时代中华民族复兴与强盛的文化软实力。其实，在创造性转化中就包含着某些创新性发展，创新性发展的前提也必须具备创造性转化。这个过程既是中华优秀传统文化实现创造性转化的过程，也是实现创新性发展的过程，同时也是中华优秀传统文化实现现代化的过程。总之，"两创"要突出时代方向、问题导向、现实取向，注重与时代发展相适应，使中华优秀传统文化形成能解决社会现实问题的"软实力"，能培育具有社会主义伦理道德新人的强大精神力量。

之所以说新时代的儒学研究者的儒学研究超过了现代新儒家，是因为他们自觉地承担起发展中国特色社会主义文化的历史使命，努力完成《关于实施中华优秀传统文化传承发展工程的意见》中提到的任务，努力实现中华优秀传统文化向现代文明的转化，从而给研究对象注入了旺盛的新时代生命力。这种研究本身就带有很大的创新性，与现代新儒家有着根本的区别。

首先是他们更加明确：从事中华优秀传统文化研究，必须以"两创"方针为基本出发点，把创造性转化、创新性发展中华优秀传统文化，和发展新时代中国特色社会主义文化有机地统一起来。按照新时代的特点和要求，给那些有借鉴、使用价值的中华优秀传统文化赋予新的时代内涵，使其具有新的感召力，使其蕴含的中华美德更加深入人心，并把它转化成新时代中国特色社会主义的伦理道德。用中华优秀传统文化具有的广博智慧，应答维护国内外安定繁荣的内在诉求，参与解决我国当前面临的一些人信仰迷茫、诚信缺失、贫富悬殊、环境污染等一系列难题，应对新时代变革及国际上的各种挑战。

对中华优秀传统文化尤其是儒家的伦理进行创造性转化，必须有明确的指导思想与基本原则，其指导思想便是马克思主义与具有中国特色的社会主义理论，这是丝毫不能动摇的信念。找出马克思主义、中国特色社会主义理论与中华优秀传统文化的契合点，使马克思主义的基本原理、中国特色社会主义理论同中华优秀传统文化相结合，这也是新时代的儒学研究者与现代新儒家研究的不同之处。如何贯彻好这一指导思想，具体地说就是要认真坚持以下主要原则：

第一，以社会主义核心价值观为引领，坚定中国特色社会主义文化发展方向，坚守以中华文化为本的立场，增强文化自信，这是道路自信、理论自信、制度自信的前提。自觉以中华优秀传统文化的优秀基因，培育我们的现代民族精神和新时代精神，解决我们面临的种种现实问题，推动社会健康发展。

第二，一切研究以服务于人民事业为中心，坚持为人民服务、为社会主义服务的方向，努力把中华优秀传统文化研究同国民教育联系起来。努力使中华优秀传统文化向现代化、大众化、通俗化方向转化，使传统的优秀文化民间化、生活化与实践化，更加接地气。大力推进中华优秀传统文化的普及活动，从而提高广大群众对中华优秀传统文化核心价值观的认同感，使中华优秀传统文化的伦理美德，主要是孝、悌、忠、信、礼、义、廉、耻等，被赋予社会主义新的道德内涵和文明素养，成为人们的精神追求。关心校园、城市社区和乡村的以优秀传统文化教育为中心的文化建设，传播具有当代价值的优秀传统文化，并与社会主义核心价值观的践行紧密结合起来。特别要关注用优秀传统文化培养青少年的良好道德规范、思想品格，让优秀传统文化成为他们树理想、想问题、辨是非、接人待物的思想指导，以中华优秀传统文化的真善美，构筑每个青少年的世界观。

第三，遵循党的十九大报告提出的"不忘本来、吸收外来、面向未来"的原则。不忘本来，就是不忘中华优秀传统文化是中华民族发展的根本，牢记这一点，坚守自己的道路、理论、制度、文化的自信，在此基础上，推动马克思主义中国化、时代化、大众化，推动中华优秀传统文化"两创"。吸收外来，就是以开放包容的态度，开展中外文化的交流与互鉴，积极借鉴吸收其他国家、民族创造的一切优秀文明成果。在中外文化交流中要以我为主，对外要兼容并蓄，弘扬中华民族精神，以中华优秀传统文化的智慧传播中国人的价值观，增强中华优秀传统文化在国际上的影响力。在借鉴、吸收外国文化时，要择善而从，为我所用；既不盲目排外，也不崇洋媚外一概简单地拿来搬用；既积极吸收借鉴国外优秀文化成果，又要警惕外国腐朽文化的侵蚀。积极参与世界文化交流，目的是更好地建设具有中国特色的社会主义新文化。面向未来，就是站在全人类文明历史发展进程的高度，对中华优秀传统文化进行"两创"，以新的有益的思想养料与文化资源适应未来的需求。我们面临的时代，发展迅猛，瞬息万变，我们既要做紧跟时代潮流的人，又要做引领时代潮流的开创者。

新时代的中华优秀传统文化研究者不仅研究方向与主旨是全新的，而且研究路径、方式、方法既不同于传统的今古经文学派，又不同于现代新儒家。其特征是尊重、借鉴传统儒家和现代新儒家的学术成果与研究方法，又反思传统儒家和现代新儒家研究的功过利弊。在继承、批判传统儒家和现代新儒家研究的基础上，以马克思主义与中国特色社会主义理论为指导，坚持辩证唯物主义和历史唯物主义，其研究水平自然大大超越了传统儒家和现代新儒家的研究。

中华优秀传统文化是中华民族的精神根脉，它凝结着中华民族祖祖辈辈的人生基本观念，寄托着中华民族崇高的精神追求，蕴藏着推动社会发展的强大精神动力，蕴含着形成中华民族独特发展史的民族基因。当今马克思主义中国化与发展中国特色社会主义，不可能没有中华优秀传统文化的参与，中华优秀传统文化是马克思主义中国化与发展中国特色社会主义不可或缺的宝贵资源。要实现中华优秀传统文化的这一功能，主要的途径和方法就是"两创"，唯有"两创"，才能激发中华优秀传统文化强大的生命力，才能使其成为马克思主义中国化与发展中国特色社会主义的文化沃土。

新时代的中华优秀传统文化研究者首先立于新时代的高位，不固守旧说，勇于创立新说，基本做到了秉持客观、科学的态度对待中华优秀传统文化，既不盲目地全盘肯定，也不轻易粗暴地简单否定，尤其警惕极左思潮的影响，避免将中华优秀传统文化的精华当糟粕对待。比如朱熹所说的"存天理，灭人欲"，20世纪新文化运动以来，一直把它视作是儒家主张"以理杀人""以封建礼教吃人"的核心观点，并以此来全盘否定传统文化，可怕的是这种观点至今还有人在坚持。"存天理，灭人欲"的理念，实际早在《礼记•乐记》中就出现了："人化物也者，灭天理而穷人欲者也。于是有悖逆诈伪之心，有淫泆作乱之事。"《礼记》中所谓的"灭天理"指违背、泯灭天理，所谓"穷人欲"，专指放纵悖逆诈伪之心、淫泆作乱之事。至朱熹，明确提出"存天理，灭人欲"，他说："孔子所谓'克己复礼'，《中庸》所谓'致中和''尊德性''道问学'，《大学》所谓'明明德'，《书》曰'人心惟危，道心惟微，惟精惟一，允执厥中'，圣贤千言万语，只是教人存天理、灭人欲。"（《朱子语类》卷一二）在朱熹的思想中，"存天理"指坚守为人之道、社会正常秩序、道德规范准则、事物发展规律，总之，就是捍卫真理。其本意与阳明心学"致良知""破心中贼"的意思是一致的。换言之，就是保持住孔子主张的仁心、孟子主张的善性与张载主张的为天地立心。而"灭人欲"则指消除人们不合天理的私欲。如果说儒家的"五常""四维""八德"核心价值观是天理的主要内容，那么违背这些伦理道德的行为就是人欲。"存天理，灭人欲"，就是存人之善性，灭人之恶性。从广义的概念上说，人欲应该既指人性中的善性，又包含着恶性，那么程朱理学家所说的"灭人欲"中的人欲，仅指狭义的人性中的恶性。程朱理学家所认为的人之善性，在今天看来，应分两种：一种是具有超越时空、具有永恒价值的善性；一种是局限于当时人们信奉的善性，到了现在却有了历史的局限性，如果固守原意不加以转化，便会由原来的善性变为今日的恶性。如原来的忠君意识，如果不把它转化为忠于祖国、忠于人民，赋予"忠"以现代意蕴，就会成为现代的个人迷信、对个人的盲目崇拜。

儒家从来就没有把人们正常、合理的欲望视为应该消灭的"人欲"，如食欲和性欲都是人和动物为了生存发展所具备的共同生理本性，所以告子说："食色，性也。"(《孟子·告子上》)告子的主张与孟子性善论、荀子性恶论不同，他主张人性无善无不善，他所谓的"性也"，指天性，"食色，性也"，指食欲和性欲出于天性，天性就是合乎天理的。但人与动物又有根本的区别，人的生理本性，是在伦理道德的指导下获取或满足的，天性如越过这条伦理底线就成了性恶。食色都有限度，不能过度沉溺美色、过分地追求美食。性欲跨越夫妻之外就是罪恶；食欲也如此，食物取之有道，食之有度，这是合乎天理的，反之就不合天理，乃至会遭殃。过去否定儒家"存天理，灭人欲"说，把它作为否定中华优秀传统文化主要的理由，显然是曲解了"存天理，灭人欲"说的本意，把儒家本来宣扬克服、消除不合道义的"人欲"，诬为儒家宣扬消除正当的、合乎道义的"人欲"。把儒家反对的人之"兽性"，说成是儒家宣扬消除人之生存发展的天性，完全颠倒了黑白，混淆了是非。"存天理，灭人欲"，本质上宣扬的是向善去恶，有其一定的现实积极意义。对个人来说，可以督促克己省身，修身养性，防范个人欲望的过度膨胀。对于社会来说，可以用以维护道德、政风和民风的健康向上。"存天理，灭人欲"，不能随意曲解与轻易否定。

其次，新时代的中华优秀传统文化研究者运用了马克思主义的辩证唯物主义和历史唯物主义，以辩证思维、历史发展的观点来审视中华优秀传统文化，运用了矛盾的普遍性和特殊性这一辩证统一的规律，来认识整个中华优秀传统文化特征的普遍性与各个时期传统文化特殊性的关系，以此来加深理解中华优秀传统文化的共性和个性、一般和个别、绝对和相对的关系。

我们这个古老的民族，有百万年的人类史，有一万年的文化史，有五千多年的文明史，所形成的中华优秀传统文化，有其鲜明的特征，如自强不息的勤劳奋斗精神、厚德载物的仁爱和平等观念，这是它的普遍性，即共性，除此之外，在思维、心理、习俗上都有一致性。然而，中华民族在不同的历史时期、不同的地域、不同的学术流派，其文化积淀及判断是非的方式和思路都有一定的差别，这就是它的特殊性，即个性。中华优秀传统文化的普遍性就存在于不同历史时期文化的特殊性之中，没有这些特殊性，就没有中华优秀传统文化的普遍性。而且不同历史时期文化的特殊性之中，包含着某些中华优秀传统文化的普遍性，普遍性和特殊性密切联系，二者在一定条件下可以相互转化。任何事物，其内部既存在着普遍性的一面，也存在着特殊性的一面，这是普遍性和特殊性的辩证统一，也是共性和个性的辩证统一。所以我们不能忽视不同历史时期传统文化存在的差别，不能以历史上某一时期文化的特殊性代替中华优秀传统文化的普遍性，更不能以历史上某一时期文化的特殊性代替历史上另一时期文化的特殊性，对儒学而言，尤其不能混淆先秦时期儒学与其他历史时期儒学特色的差别。从具体事物具体分析的基点出发，认真找出各个历史时期文化的各自特点及差别。有差别，才能鉴别其各自的优劣；有鉴别，才能制定应对政策，分清哪些该传承，哪些该扬弃，才能总结出中华优秀传统文化的普遍共性。由此出发，就不会将古代的伦理简单等同于现代的伦理，不会生硬地将中华优秀传统文化嫁接到现代生活中去，不会企图直接拿中华优秀传统文化来医治当代的社会弊病。

中华优秀传统文化产生于中国古代历史时期，所产生的社会环境及服务对象不同于现代，用现代的眼光来看，它必然具有历史的局限。尽管如此，我们也不能因其具有历史局限而否定和排斥其价值，还要看到它与现实的联系。现代文化就是传统文化的继承与发展，我们着重关注的是，只要对中华优秀传统文化进行"两创"，给传统文化注入新时代的活力，就可以将优秀传统文化融入现代社会之中，融入我们现实的生活之中，"两创"是使中华优秀传统文化现代转型的根本路径。"两创"强调的是创造与创新，不是以现代思想简单置换传统文化，不能刻舟求剑，也不能削足适履，不能"旧瓶装新酒"，也不能"穿新鞋走老路"。而应从系统性的维度看待中华优秀传统文化，善于抓住其核心观念，把握好中华优秀传统文化的精华，分析其能够传承与激活的优秀基因，从而确定转化哪些重要观念，不断补充、拓展、完善这些观念，赋予其新的时代内涵和现代表达形式，使之与当代社会主义文化相适应，与现代社会生活相协调，参与解决新时代所面临的问题。总的来说，中华优秀传统文化只有活在当代，古为今用，才有现实意义。

新时代的中华优秀传统文化研究者，克服了超脱现实、远离生活的学究式、学院式、象牙塔式的研究，始终把向大众普及中华优秀传统文化作为自己研究的主方向，努力把研究成果转化为广大人民普遍认同、乐于接受，并奉行的行为准则。提高全社会每个人悟道、体道、得道的能力，从而能自觉弘扬儒家优秀的道统，使中华优秀传统文化转化为大众的实践之学。中华优秀传统文化基本伦理观念主要有"五常"，即仁、义、礼、智、信；"四维"，即礼、义、廉、耻；"八德"，即忠、孝、仁、爱、信、义、和、平。可以说，"仁、义、礼、智、信、忠、孝、廉、耻、和"十个字，概括了中华传统伦理基本观念。如何结合儒家诚实守信等伦理道德，落实《公民道德建设实施纲要》，倡导"爱国守法、明礼诚信、团结友善、勤俭自强、敬业奉献"的基本道德规范和"八荣八耻"的社会主义荣辱观，是新时代中华优秀传统文化研究者关注的重点。

党的十八大报告提出了"24字核心价值观"：富强、民主、文明、和谐、自由、平等、公正、法治、爱国、敬业、诚信、友善。其中富强、民主、文明、和谐，是国家层面的价值目标，自由、平等、公正、法治，是社会层面的价值取向，爱国、敬业、诚信、友善，是公民个人层面的价值准则。"24字核心价值观"就是经过"两创"形成新的社会主义核心价值观，体现了尊重优秀传统文化、立足现实、与时俱进的精神，更容易融入人们的日常生活、深入人们的心灵、启迪人们的心智、陶冶人们的性情，转化为公民新素质，达到整个社会伦理道德的提升，改进与优化社会主义的伦理生活和伦理秩序。使各级干部以泛爱众而能济民之心推行爱民政策，树立全心全意为人民服务的意识，爱护、关心社会每一个成员，尤其是社会的弱势群体，让他们享有同样的生存和幸福的权利，实现公民的自由与平等；使老百姓增强诚信、遵纪守法的观念，自觉地维护国家和社会的和谐发展。

新时代中华优秀传统文化研究者的研究成果已见成效，他们"两创"的科研成果，进一步增强了新时代中国特色社会主义的文化软实力，加强了社会主义文化强国的建设，推进了中华优秀传统文化在国际上的影响与传播。他们以具有中国特色的伦理积极参与了全球伦理构建，向全世界人民传播了儒家"四海之内皆兄弟"的仁爱大众、爱好和平的思想，从而为实现中华民族伟大复兴的中国梦，推进和维护世界和平，促进各国共同发展，做出了自己的理论贡献。

第二节　牢牢把握中华优秀传统文化研究的正确方向

新时代的中华优秀传统文化研究者努力贯彻"两创"方针，取得了举世瞩目的成绩，他们是如何做到"两创"的呢？该总结的经验有许多，最主要的经验是本着"不忘本来、吸收外来、面向未来"的原则，在坚定中华优秀传统文化自信心并充分吸收人类优秀文化的基础上，进行"两创"。现在一般说来，中国文化分为两部分：中华优秀传统文化和有中国特色的社会主义文化。中华优秀传统文化，其主要内容是国学，核心内容是儒学，所以我们讲到中华优秀传统文化或国学时，首先应想到的是儒学。外来文化也分为两部分：马克思主义理论和其他外国外民族的古今文化。处理好了这四部分文化的结合，就把握了古今中外人类文化的精华，就为"两创"奠定了广博深厚的研究基础。

但是这种认识往往流于泛泛而谈，重点不突出，马克思主义基本原理对中国文化的指导意义强调得还不够，在结合点的阐述上，着力点也不太突出。在庆祝中国共产党成立100周年大会上，习近平总书记又提出了结合的新标准，明确提出："坚持把马克思主义基本原理同中国具体实际相结合、同中华优秀传统文化相结合。"在"两个结合"的重大论断中，马克思主义基本原理与中华优秀传统文化相结合，既彰显了对中华优秀传统文化的高度重视和充分自信，又阐明了中华优秀传统文化与马克思主义、中国特色社会主义理论尤其是社会主义核心价值观之间的内在逻辑关系，毫不动摇地强调了新时代马克思主义对"两创"的引领作用。同时揭示了马克思主义唯有不断结合中国元素，吸取以儒学为主体的传统文化精华，中国化的马克思主义才能不断丰富和发展。"两个结合"使"两创"获得了明确的方向及先进的方式与方法，以儒学为主体的中华优秀传统文化与当代社会相适应，与现代文明相协调，经过"两创"，形成一种崭新的文化形态，成为中国特色社会主义文化的有机组成部分，共同形成一种精神合力，必将推动第二个百年奋斗目标的实现和中华民族的伟大复兴。

一、马克思主义指导地位是历史的选择

鸦片战争以后，传统的中国封建社会已经解体，中国变为半殖民地半封建的社会。传统文化随着社会的转型变革也渐次衰落，一些有志于救亡图存的封建遗老遗少，欲以变革儒学来持危扶颠，提出许多新的变革观念。如张之洞主张"中体西用"，康有为主张改良维新，但最终都归于失败，不论什么主张都阻挡不了清政府不可挽回地走向灭亡。之后，"西学东渐"，自由、民主、科学、共和成了人们的追求与向往，不少知识分子认为：作为维护封建统治的儒学，造成了社会的衰败、大众的愚昧和国家的贫弱，应该对之进行批判乃至于抛弃。五四新文化运动兴起后，反对封建主义、帝国主义的呼声更加强烈，当时先进的知识分子大多数站在了反传统的行列，他们认为传统文化是封建社会的产物，是捆绑广大人民群众反对封建专制与帝国主义入侵的精神枷锁，必须同旧制度一并将其铲除。于是对中国传统文化进行了声势浩大的声讨，提出"打倒孔家店"，实际是废除儒学的口号，一些坚守传统文化的知识分子自然受到了严厉的批判。如新文化运动的闯将钱玄同，1917年《新青年》上刊载了他致陈独秀的一封信，信中说："惟选学妖孽所尊崇之六朝文，桐城谬种所尊崇之唐宋文，则实在不必选读。""选学妖孽""桐城谬种"的提出，在当时可谓振聋发聩，把维护传统文化的人指斥为"妖孽"、"谬种"、中国历史与文化的罪人。1918年，钱玄同又在《新青年》上发表了《中国今后之文字问题》，呼吁废除汉语和汉字，改用所谓的"万国新语"。有人甚至偏激地说："汉字不死，中国必亡！"对中国传统文化的普遍怀疑和彻底决绝，几乎成为那个时代不可抗拒的历史潮流。这些文化的激进派们根本想不到如此对待自己民族的传统文化，会使灿烂辉煌的中华文化有中断的危险。

　　尽管如此，中华优秀传统文化的生命还是没有被时代的狂风暴雨所摧毁，雄厚的中华优秀传统文化的根基不可能被强力铲除，即使后来的各种历史事件"横扫"中华优秀传统文化的力度比新文化运动更猛烈，但中华优秀传统文化的基本理念依然存留在中国人的心灵深处。就在新文化运动蓬勃兴起时，仍有人在坚守与传承着中华优秀传统文化，尽管他们的发声很微弱，甚至淹没在汹涌澎湃的反孔声浪中。如以梅光迪、吴宓、胡先骕等人为代表的学衡派，他们大多留过洋，对西方新人文主义比较熟悉，却能以"中正之眼光"看待中西文化。他们提倡"昌明国粹，融化新知"，主张中西文化融合，反对不辨是非真伪、一概简单否定传统文化的偏激态度。在"大破大立"甚至"矫枉必须过正"的时代，学衡派的主张虽有合理的一面，但是不合时潮。但作为一种文化的"保守主义"流派，顽强地存在于那个动荡的时代，是有文化自信在支撑着他们。

　　其实，"西学东渐"早在五四新文化运动前就开始了，在以西方资本主义文化为代表的西学与以儒学为代表的中学两种文化冲突、比较、交汇的过程中，人们看到在器物、制度、精神文化三个层面上西学的先进性。早期的"中体西用"，尽管还在强调以中学为本，但毕竟破除了已经固化了的自我独尊、封闭僵化的观念，"与时俱进"地要吸收西学有用的知识。到了五四新文化运动时，西学新思想对广大中国人的启蒙，是中国历史上有划时代意义的重大事件。人们高扬批判传统、追求科学民主的旗帜，使中国思想界发生了翻天覆地的变化，从根本上动摇了儒学在意识形态上的主导地位，为中国共产党的成立奠定了思想基础。五四运动的启蒙意义具有长远的历史价值，但从文化层面来审视，主张"全盘西化"的激进派所采取的彻底反传统的态度，对中华优秀传统文化采取虚无主义的做法，对中国文化进行极端粗暴化片面化的否定，显然违背了文化发展的规律，这就不可避免地引起文化保守主义者的激烈反抗。

　　"五四"前后，马克思主义作为一种全新的先进文化迅速传入中国。

马克思主义源于西方，但不等同于人们所理解的"西学"。现在有些人把马克思主义列入"西学"诸学派中，把马克思主义视为混同于西学流派的一个普通流派，显然贬低了马克思主义的历史意义与现实价值。马克思主义借鉴和汲取了人类一切文明成果，包括古老的中华文明，是人类先进文化的集大成，尤其是继承了西方工业社会的资本文明，又对其糟粕部分进行了批判与扬弃，宣扬了近现代先进生产力代表的先进意识，是迄今为止最科学、最严谨、最有生命力的思想体系。马克思主义许多具体论述并非针对中国的社会情况，但其辩证唯物论与历史唯物论的基本原理则是放之四海而皆准的真理。"五四"早期以李大钊、陈独秀为代表的中国先进知识分子，自觉地接受了马克思主义。他们运用马克思主义质疑和批判儒学，同时由于他们过去都长期接受了儒学教育，儒学自然成为他们接受马克思主义理论的文化与心理基础。

这种文化心理基础，从儒家格物致知探求事物本源、儒家济世救民的圣贤情怀、儒家追求大同理想三个主要方面，很自然地选择与接受了马克思主义。如果没有中华优秀传统文化的背景，"五四"早期的中国先进知识分子将难以向往并接受马克思主义。他们虽也受到当时否定传统文化浪潮的冲击，但挥之不去的仍然是儒学的情结。儒学主张积极入世，修己以安百姓，关切国事民瘼，救民于水火之中，博施济众，向往天下为公的大同世界，乃至杀身成仁、舍生取义的献身精神，仍是早期先进知识分子的精神信念。儒学的民本主义、内圣外王说、知行合一说等，都有助于他们正确地接受与传播马克思主义。随着不断深入理解马克思主义，他们也逐渐用马克思主义的理论辩证地看待中华优秀传统文化，对马克思主义与中华优秀传统文化的关系进行再认识。如李大钊先生，既有深厚的传统文化素养，又精通马克思主义理论，他不但最早系统地宣传了马克思主义，而且还撰文论述了马克思主义与儒学有可以会通之处，既克服了文化保守主义派的守旧态度，又克服了自由主义激进派彻底反传统的弊端。

　　当时中国社会主要并存着三大思潮，即激进的自由主义思潮、文化保守主义思潮和马克思主义思潮。激进的自由主义思潮，主张"全盘西化"、废除国学，试图运用西学解决中国现代化和救亡图强的问题。之前的洋务运动、改良维新，也想吸收西学来变法图强，结果都屡遭失败，说明即使主张"全盘西化"，不合中国的国情也是行不通的，生搬硬套西学解决不了中国的问题。保守主义思潮主张保存与复兴儒学，他们虽然坚守民族悠久的优秀文明传统，表现出强烈的民族自豪感与文化自信，但社会已发生了重大转型，传统的儒学已经起不到意识形态的引领作用，企图从过去的传统中寻求出路，只能是走回头路。三大思潮中，只有马克思主义代表着近现代最先进的文化，是近现代科学的结晶，其理论具有科学性、实证性和普及性。只有马克思主义才能指导中国人实现反对西方帝国主义入侵和封建残余妄图复辟的双重任务，所以马克思主义传入中国后，就成为中国人乐于接受的主要思潮。马克思主义只要与中国的实际相结合，就会在中国不断地广泛传播开来，儒家文化潜移默化地与马克思主义相融合，对马克思主义传播发挥了重要的作用。从此，便开始了马克思主义与中国具体实际及以儒学为代表的中华优秀传统文化相结合的历史过程。在此后100多年的中国文化现代化建设的进程中，这三大思潮一直存在着，只不过在不同的历史时期呈现出不同的并存、对立、互相影响等形态。

　　以儒学为代表的中华优秀传统文化，是中华民族集体创造的精神财富，但是由于是中国古代自然经济社会的产物，不可避免地打着封建时代的烙印。但马克思主义者并没有对儒学作简单的否定与抛弃，而是正确地评估了儒学在中国历史长河中所发挥的历史作用，看到了儒学在中华民族中根深蒂固的影响，更看到了对儒学进行现代转化所具有的现实价值。中国共产党选择以马克思主义为指导进行革命与建设，是中国近现代历史发展的必然，但马克思主义要在中国发挥推动历史发展的作用，必须同中华优秀传统文化相结合，这也是中国近现代历史发展的必然。中华优秀传统文化要想实现现代化，变为培育马克思主义中国化的沃土，必须以马克思主义为灵魂为指导，这也是中国近现代历史发展的必然。

以儒学为代表的中华优秀传统文化，是中华民族几千年智慧的结晶，长期居于中国封建社会意识形态的主导地位。到了19世纪中叶，中国社会发生了重大转型，由封建社会沦为半殖民地半封建的社会，儒学已经丧失了春秋战国时推动中国第一次社会重大转型的那种精神动力，既不能阻止这次历史倒退式的社会转型，也丧失了挽救中国衰亡的精神能力。而推动中国第二次社会重大转型，即由半殖民地半封建社会转型为新民主主义社会乃至社会主义社会，从而挽救中国衰亡的恰是西方传来的马克思主义。"五四"时期，马克思主义已经开始深入传播于中国各大城市，成为中国共产党人的思想主导，现在仍然是党和国家建设社会主义及实现远大理想的根本理论依据。那么，马克思主义会不会成为中国文化的主导？答案是肯定的。但在长期的马克思主义和儒学关系的争论中，不论是认为马克思主义不合中国国情论，还是中国文化现代化应该抛弃中华优秀传统文化论，都强调马克思主义和儒学之间存在着明显的对立，主要体现为二者产生的社会、历史与文化背景不同。马克思主义主要产生于欧洲工业社会的文明背景下，儒学产生于东方农业社会的文明背景下；马克思主义理论具有西方特有的思维方式，儒学只反映了中国古代人的思维方式、心理积淀和风俗习惯。总之，一个西方外来的，一个中国古代的，都不符合中国现实的需求。

这两种论调，其错误的认识主要有两点：一是对马克思主义的世界性和时代性认识不足。19世纪以来，世界各国发生了很大变化，特别是中国，更是发生了翻天覆地的社会转型的巨变，全球化进程已经开创了一个新的世界历史的时代。中华民族的发展受到世界变化的影响，使中华传统文化也出现了前所未有的与世界文化大交汇的局面。而马克思主义正代表着19世纪以来新时代的最先进的文化，它对世界各国各民族实现现代化都有普遍的指导意义。从它被引入中国后，中国就开始了翻天覆地的变化，体现出马克思主义引领中国革命与建设实践的巨大的理论价值。第二个错误的认识是只看到马克思主义和儒学的差异性，没有看到马克思主义和儒学的契合处，以及二者之间互融互补、相辅相成的关系。中华优秀传统文化一旦有了马克思主义的指导，经过"两创"，面貌焕然一新，必然成为中国现代化建设的强大思想动力。

在新的社会转型的时代背景下，以儒家思想为主体的中华优秀传统文化要想顺应时代并向前发展，必须进行现代性的转化，保持自身优秀特质，突破自身历史局限，扬弃那些不合时宜的内容，以科学的理论校正与引领发展的方向，这个科学的理论就是马克思主义。马克思主义与"西学"比较起来，西学固然有其先进的一面，但也存在着许多局限，"五四"之前欲推动中国历史前进的先驱们试图搬用西学拯救衰亡国家而失败的事实，已经证明了这一点。西学不具备马克思主义那种先进的世界性、时代性和普遍性，对待西学，只能以开放的胸襟去吸收其优秀文明成果，而不能把它当作中国文化建设的指导思想；而中国文化的指导思想，只能是马克思主义。因此，坚持以马克思主义为指导，中华优秀传统文化就会获得新的生命力，实现现代化的转化，就会在新的社会转型的历史条件下，起到推动社会发展的作用。

马克思主义能成为中国文化的主导，必须具备一个前提，就是马克思主义中国化。这是由于马克思主义在中国，为的是解决中国的现实问题，而解决中国问题就必须与中国的实际相结合。马克思主义如果脱离中国社会现实与中国的历史文化，就会变成空洞无用的教条。尤其是马克思主义必须建立在中国文化的基础之上，才能变为中国化的马克思主义，才能被中国人接受和认同，实现马克思主义的大众化。而中华优秀传统文化就是马克思主义中国化的文化沃土。中华优秀传统文化必须以马克思主义为指导，符合时代要求，发扬其精华，去除其糟粕，与时俱进，古为今用，真正实现现代化转型。

中国化的马克思主义有两个思想根源，一是马克思主义，一是中国文化。中国文化又包括两部分，一是在中华优秀传统文化的基础上，在中国革命与建设的实践中，创造性地运用马克思主义，所形成的中国革命理论与中国特色社会主义理论。这是马克思主义与中国革命、建设具体实践相结合的产物，党和国家以此为指导思想，确定了中国的历史走向和进程。过去它曾引领了中国革命，创立了新中国，现在正指引着社会主义建设，逐步实现中华民族的伟大复兴，这是近代以来中国思想政治领域中影响最为重大、最为深远的大事，中国革命理论与中国特色社会主义理论已经体现了马克思主义中国化的特征。二是中国优秀的传统文化，它既是马克思主义中国化的沃土，又是中国革命理论与中国特色社会主义理论建设的文化基础。

马克思主义对中国文化具有指导的意义，它使我们找到了一个对中国文化加以理性剖析，进而吸取其精华、剔除其糟粕的尺度和标准。但马克思主义不能取代中国文化，既不能取代中国革命理论与中国特色社会主义理论，也不能取代中华优秀传统文化，中国文化的主体地位是不能移位的。西方人研究中国文化是为了建设西方文化，中国人研究包括马克思主义在内的西方文化，同样是为了建设中国文化，建设先进的中国文化是为了解决中国的现实问题。以马克思主义为主导和以中国文化为主体是辩证的统一，批判继承的基础上达到转型也是辩证的统一。马克思主义中国化和中国文化现代化，绝不是单向性的"引马入中"或"援中入马"，而是以马克思主义为主导、以中国文化为主体的双向重构和再创新。马克思主义诞生于德国，但是马克思主义反而能够在中国得到长足的发展，这正是因为马克思主义传入中国后，在中国化的过程中，吸纳了中华优秀传统文化的精髓，增加了中国文化优秀的思想精华，给马克思主义注入了新的活力，从而得到了进一步的发展与完善。近代以来，各种西方的先进思想在中国流行，但只有马克思主义在中国的革命与建设的实践中取得了显著的成功，原因就是马克思主义的中国化为中国近现代主流文化转型和中国革命与建设实践提供了正确的思想指导。

二、马克思主义与中华优秀传统文化共融互补

马克思主义中国化包括两个方面的结合：一是马克思主义普遍真理与中国的革命、建设实践相结合，二是马克思主义基本原理与中华优秀传统文化的精髓相结合。前者形成了中国革命理论与中国特色社会主义理论，这已经成为中国人的共识。但马克思主义与中华优秀传统文化能否结合？这是学术界特别关注的理论热点。这里就要着重说说马克思主义与中华优秀传统文化的关系，以及马克思主义中国化与中华优秀传统文化现代化的问题。马克思主义中国化，主要体现在马克思主义中华民族特征化。中华民族特征化形成的根源，就在中华优秀传统文化，这是培育中华民族特征化的根基，也是马克思主义在中国落地生根的文化条件，脱离中华优秀传统文化，马克思主义中国化就没有了"化"的土壤。马克思主义中国化包含着中华优秀传统文化的精华，中华优秀传统文化有马克思主义作指导，就具有了世界性与时代性的新科学元素，才能实现中华优秀传统文化的现代化。马克思主义是最高信仰，中华优秀传统文化是马克思主义中国化及中国革命理论与中国特色社会主义理论创立的文化血脉和文化基因。

共融互补为中华优秀传统文化的主体儒学与马克思主义结合提供了可能，成为马克思主义与中华优秀传统文化关系的主流形态，实现了马克思主义中国化与中华优秀传统文化现代化。马克思主义与中华优秀传统文化二者之间能够共融互补，关键在于马克思主义与以儒学为代表的中华优秀传统文化有共通的契合处，这些契合处主要体现在人生观、实践观、社会观、自然观、历史观、辩证法、治国理念、社会理想等多个方面。有的学者从二者都重视实践、都采取理想主义的态度、都主张矛盾统一律三个维

度，有的学者从信仰、实践、现代人格建构三个层面，有的学者从制度、义理、生活、修身四个层面，也有学者从哲学、社会管理、道德理论、实践教学四个方面，来探讨马克思主义和儒学之间的契合，见仁见智，认识角度不同，所得结论也不同。如果详细罗列马克思主义体系和儒学理论之间的契合处，真是数不胜数。我们略举其重要观念的一二契合处，就可举一反三、说明问题了。

儒学的核心是仁学，仁学就是人学，就是人本主义，它以实现每个人道德的健全发展从而构建和谐社会为目标，涉及人生论、人格论、修身论、民本论、重民论等观念。马克思主义与儒学在这方面有惊人的一致，马克思主义就是从社会关系来定义人。马克思在《关于费尔巴哈的提纲》中说过这么一句至理名言："人的本质不是单个人所固有的抽象物，在其现实性上，它是一切社会关系的总和。"①这就是说，人的本质属性是社会属性，表现在各种社会关系中，而不是自然属性。先秦儒家也不是从抽象的个人和自然属性方面定义人，而是把人放在一定的社会关系中，从社会各种关系中对人加以考察。儒家认为，凡是人都应以符合儒家道德的言行准则处理好五种人伦关系，如《孟子•滕文公上》："父子有亲，君臣有义，夫妇有别，长幼有序，朋友有信。"父子间应父慈子孝，强调有亲；君臣间应君惠臣忠，强调有义；夫妇间互相尊爱又内外分工不同，强调有别；包括兄弟姊妹在内的长幼间虽尊长爱幼，但强调上下有序；朋友间以诚相待，强调有信。孔子认为具备以上处理人际关系伦理道德的人才可称作君子，凡是违背这些伦理道德的人都可称作小人，孟子更是将没有这些伦理道德的人比作禽兽。君子要以爱人济众的仁心来对待所有的人，以亲亲尊尊、"和为贵"、"和而不同"之礼来调节所有人的关系。这种人本主义与西方中世纪的神本主义、西方近现代带有强烈个人主义色彩的"人本

① 卡•马克思：《关于费尔巴哈的提纲》，《马克思恩格斯选集》第1卷，人民出版社，2012年，第135页。

主义"都有本质的区别。进入21世纪后，中央提出"以人为本"的治国方略，把儒家仁学中的民本、贵和思想纳入社会政治意识形态中，把科学社会主义的核心价值观和中华优秀传统文化融为一体，提出一切依靠人民、一切为了人民的根本观点，反对社会贫富两极分化，走共同富裕之路，为我们指明了构建和谐社会的新路向。

再如，必然与自由是马克思主义哲学的两个基本概念，必然指事物发展的客观规律性，自由指人们对必然的认识和对客观世界的改造，人类的历史就是一个不断地从必然王国向自由王国发展的历史。一个人如果不能正确认识与掌握历史的必然性，其行为仅被动物性的生存需要所支配和奴役，就依然处于必然王国的状态。如果认识掌握了社会历史必然的发展规律，从被动物性生存需要所支配和奴役下解放出来，提升到真正的人的生存状态，从而自觉依据事物发展规律来创造自己的历史，就是达到了自由王国的状态。正如恩格斯所说："自由不在于幻想中摆脱自然规律而独立，而在于认识这些规律，从而能够有计划地使自然规律为一定的目的服务。……自由就在于根据对自然界的必然性的认识来支配我们自己和外部自然……"①实现自由大致包括三个方面：一是人与自然关系的自由，尊重和把握自然规律，实现人与自然的和谐统一。人可以利用改造自然为自己造福，但不应以征服者的姿态破坏自然生态，否则，最终招致自然界的报复。二是人与自身关系的自由，要自觉摆脱人的动物性的束缚，追求更高的精神境界，用高尚的道德净化自己的心灵，实现身心和谐统一。三是人与社会关系的自由，尊重每一个人的人权与尊严，把握社会发展的规律，去实现广大人民群众的利益，从而实现人与社会的和谐统一。

儒家反对对自然资源的过度索取，主张保持人与自然的和谐统一，但其理论的重点在强调人与自我身心、人与社会的和谐统一，综合起来就是

① 弗·恩格斯：《反杜林论》，《马克思恩格斯选集》第3卷，人民出版社，2012年，第491-492页。

儒家的"内圣外王"说。儒家评判人纯从伦理道德的角度出发，有德之人便是自觉依据"道"即事物发展规律来塑造自身、改造世界，其具体的形象就是君子、圣贤。儒家主张人并非仅为了生存而活着，人活着是为了推行天下的仁义大道，提倡"君子谋道不谋食……君子忧道不忧贫"（《论语·卫灵公》），君子可以"朝闻道，夕死可矣"（《论语·里仁》）。为实现道，即以民为本，崇尚仁爱的仁道，君子可以献出一切："士不可以不弘毅，任重而道远。仁以为己任，不亦重乎？死而后已，不亦远乎？"（《论语·泰伯》）君子的心胸不可以不宽广，意志不可以不刚毅，因为他知道自己担负的历史使命十分重大，奋斗的路程十分遥远，把实现仁德于天下作为自己毕生的任务，这任务不是很重大吗？肩负的重任到死才可以卸下，这种奋斗要终其一生，其奋斗历程不也是漫长遥远吗？这就是儒家的人生观与核心价值观。这与马克思主义主张解放、造福全人类和中国共产党的为人民服务的宗旨是非常契合的。为了使自己能够实现仁，君子注重自身道德的修养，如"学而不厌""反躬内省""见贤思齐"等，养成具备五常、四维、八德的完美人格。儒家主张积极入世，因为他清楚自己的社会历史责任，唯有融入社会，才能够实现自己的理想抱负。努力以立德、立功、立言"三不朽"的事业，去实现"为天地立心，为生民立命，为往圣继绝学，为万世开太平"。总之，自强不息成为内圣，厚德载物成为外王，这个过程，就体现在"格物、致知、诚意、正心、修身、齐家、治国、平天下"中，儒家追求的是完美人格养成与为人类社会做贡献，也就是要实现人与自我身心、人与社会的和谐统一。

有些学者认为儒学要想创造性转化，成为现代中国文化的重要组成部分，并为社会主义现代化建设服务，必须以马克思主义为指导，吸收马克思主义中与儒学相契合的部分，作为儒学创造性转化的理论源泉。马克思主义中国化与儒学的关系，存在着共融的关系，而不存在互补的关系。如果说"补"，只有马克思主义补充儒学，而马克思主义绝不会被儒学所补充，强调互补意味着贬低了马克思主义。诚然，马克思主义与儒学是两个不同的思想体系，就是从儒学与马克思主义契合之处也能看出儒学的许多偏颇与不足，需要马克思主义来补充。如《礼记·礼运》篇记载了孔子的大同理想，孔子的大同理想概括起来就是消灭私有观念，《共产党宣言》中有一句名言："共产党人可以把自己的理论概括为一句话：消灭私有制。"[①]儒家的大同理想与马克思主义关于共产主义的理想，在消灭私有观念方面有某种契合处。但儒家的大同思想与马克思主义关于共产主义的理论不能等同，二者之间重要的区别之一是：《共产党宣言》强调消灭私有制，而儒家的大同思想强调消灭私有观念，并没有响亮地提出消灭私有制度。私有观念是私有制在意识形态上的反映，不彻底消灭私有制，如何能彻底消除私有观念？《共产党宣言》指明了共产主义社会的本质特征，而儒家的大同思想没有涉及消灭私有制，而想消灭私有观念，则成了空想。儒家的大同思想甚至还没有超出西方平均共产主义、空想共产主义的论述，与1516年英国人托马斯·莫尔所著的《乌托邦》比起来，还缺少《乌托邦》里提到的城乡之间没有对立、人们有计划地从事生产、实行按需分配等观念。与马克思共产主义理论相比，更缺少关键性的内容。比如缺少达到大同理想所具备的经济基础、缺少个人的全面发展等。马克思主义认为在共产主义社会，物质财富得到极大丰富，人们的消费实现了按需分配，社会关系高度和谐，人的精神境界有了极大的提高，每个人都得到了全面的发展。托马斯·莫尔的《乌托邦》与儒家的大同理想，都忽视了社会生产力推动社会发展的作用，一定的经济关系决定着人们精神境界的形成及提高，如果忽视了物质财富制约着社会发展这一基本规律，这种美好的大同理想只能是从头脑中臆想出来的幼稚幻想，带有虚幻和空想的性质，而并非依据社会发展规律得出的历史必然。马克思从社会发展规律

---

① 《共产党宣言》，《马克思恩格斯选集》第1卷，人民出版社，2012年，第414页。

出发，从劳动形式的变化、社会财富的异常丰富、新的财富分配方式的诞
生，指出了共产主义的特征：

> 在共产主义社会高级阶段，在迫使个人奴隶般地服从分工的情形
> 已经消失，从而脑力劳动和体力劳动的对立也随之消失之后；在劳动已
> 经不仅仅是谋生的手段，而且本身成了生活的第一需要之后；在随着个
> 人的全面发展，他们的生产力也增长起来，而集体财富的一切源泉都充
> 分涌流之后，——只有在那个时候，才能完全超出资产阶级权利的狭隘
> 眼界，社会才能在自己的旗帜上写上：各尽所能，按需分配！[①]

虽然儒家的大同理想有空想的性质，但早在2500多年前，就提出了
"大道之行也，天下为公"的人类终极理想，这已经相当了不起了。儒家
力主公有、消灭私有，人们"不必为己"而劳动，劳动是为了推动整个人
类社会的进步，这种思想具有永恒的进步价值。恩格斯在批评空想共产主
义时，同时也指出它的积极意义，说它们的学说"含有十分虚幻和空想的
性质，但他们终究是属于一切时代最伟大的智士之列的，他们天才地预示
了我们现在已经科学地证明了其正确性的无数真理"[②]。19世纪初期以圣西
门、傅立叶、欧文为代表的三大空想社会主义学说，成为马克思主义科学
社会主义的直接思想来源，而儒家的大同社会，也曾激励了一代代中华儿
女为了这一伟大理想而不懈地奋斗。今天，儒家的大同理想与马克思主义
及有中国特色社会主义理论互补，就会构成中国人不懈奋斗追逐的"中
国梦"。

中国当代著名哲学家汤一介先生认为：如果仅认为只有马克思主义

---

① 卡·马克思：《哥达纲领批判》，《马克思恩格斯选集》第3卷，人民出版社，2012年，
第364—365页。
② 弗·恩格斯：《〈德国农民战争〉序言》，《马克思恩格斯选集》第3卷，人民出版社，
2012年，第37页。

补充儒学，而马克思主义不会被儒学所补充，二者不是互补的关系，是片面、错误的认识。儒学对马克思主义有所补充，不仅说明儒学经过创造性转化、创新性发展具有了现代的价值，也说明马克思主义具有包容性、开放性与发展性，体现了马克思主义是人类精神文明集大成的特点。例如，马克思主义认为维系一个健全社会的健康发展需要多方面共同协调的因素，如政治、经济、法律、科学、文学、艺术等等，不能认为仅有"道德"就可以解决一切社会问题，马克思主义对儒学过于重视"人治""道德"是很好的纠正与补充。但是马克思主义与儒学比较起来，对于人的道德修养问题又显得讨论不够多，儒学中这方面的论述特别丰富，马克思主义可以从中吸取某些有益的理念。当然在儒学为马克思主义提供有益理念时，儒学更需从马克思主义中吸取有益的理念，所以叫"互补"。儒家所阐述的人的道德修养，虽然传承着中华民族优秀精神品格的特质，但要具有现代特征，成为社会主义现代新文化的重要构成部分，必须在马克思主义指导下进行创造性转化。如从君子圣贤的人格转化为社会主义全面发展的新人品格，从原来的"五常""四维""八德"道德观转化为社会主义的"八荣八耻"的荣辱观，从而建构起社会主义新时代的道德观体系。

在马克思主义与儒学共融互补的过程中，既要看到共融的一面，又要看到互补的一面。低估儒学对马克思主义补充的一面，容易将马克思主义教条化与绝对化，而教条主义的错误，就是使我国社会主义革命和建设屡次遭受挫折甚至出现多次灾难性后果的重要原因。儒学与马克思主义彼此互补，不仅利于儒学现代化与马克思主义中国化，而且利于清晰地把握中国文化的发展前景，中国文化发展的前景必定是一种现代化的中国社会主义新文化。

三、警惕中华优秀传统文化研究中的错误倾向

现代百余年的中华优秀传统文化研究，从来不是单纯的思古或坐而

论道，而是与救亡图存、振兴中华相联系。当今，虽然早已推翻了封建统治，驱逐了入侵的帝国主义势力，建立了人民民主共和的国家，但是国际上还存在着帝国主义霸权、霸道、霸凌的威胁。国内贫富差距的扩大，党内一些干部的贪腐，这些问题仍然关系着国家与民族的生死存亡。所以我们的中华优秀传统文化研究，一定要与民族命运的发展、国家的强大及人民的富裕紧密联系起来，与中国社会的变革和当代世界局势的发展紧密联系起来。中华优秀传统文化研究必须贯彻"两创"方针，在联系新时代特征进行中华优秀传统文化阐释时，要融入中国特色社会主义核心价值观，为中国特色社会主义理论提供精神资源，为推动全人类和谐发展寻找出新的理论支撑，直至将中华优秀传统文化转化为具有中国特色社会主义理论的组成部分，解决当代社会的新问题，回应全球化发展的种种挑战，这正是实现中华优秀传统文化现代化的关键。

有不少中华优秀传统文化研究者的研究，不是紧密联系社会现实，关切社会发展动向，发现现实存在的问题，来探讨中华优秀传统文化的创造性转化与创新性发展，而是紧紧与个人学术地位、个人名利待遇相联系，或与保全自己的"铁饭碗"相联系，把研究变为解决个人生活待遇问题的手段。诸如或被动地只是为了完成研究工作量，或虽主动积极，却是为了取得某些荣誉奖励或为了提升职称等等。研究成果与个人的名利地位挂钩，是正当合理的，但只把取得个人的名利地位作为研究的目的，就不正确了。因为研究的目的不同，研究的方向与动力也不同。现在每年有海量的研究文章、众多的著作发表，然而具有广阔视野、深透分析力的佳作不多，针对现实问题与解决现实问题的作品更是少之又少，反而粗制滥造的为数不少，这恐怕与研究目的不纯有很大关系。

在对外文化政策上，我们主张坚决抵制西方腐朽文化对我们的侵蚀与毒害，同时还要坚持进一步对外开放，既反对崇洋媚外，又反对盲目独尊排斥外来文化。学习西方及其他外来文化，要有分析、有选择、有批判地去其糟粕，取其精华，在中华优秀传统文化创造性转化的实践中，认真、积极地吸收西方乃至世界文化的优秀成果。但在目前的中华优秀传统文化研究中，存在着一种不能正确认识、对待西方文化的错误倾向，即唯我独尊，排斥一切外来文化的错误倾向。

从百年来中西文化交流的历史看，打开国门后，尽管不同意识形态的西方文化一齐涌入中国，但总的来说还是利大于弊。没有西学的引入，就没有融合中西方文化的现代新儒家的诞生，也没有新文化运动的蓬勃兴起，甚至没有中国社会形态的迅速变化。这其中对中国社会产生巨大影响的，首先是马克思主义，虽然一般概念的西方文化不可与马克思主义相提并论，但西方文化也是中国向现代转型的有力助因之一，对中华优秀传统文化研究的影响力也是非常显著的。中华优秀传统文化是在中国农耕经济环境中产生、发展而来的，而近现代西方文化，是在近现代工业化商品经济环境中产生的，因此，中华优秀传统文化还有许多历史局限性，这些局限性具有若干阻碍现代化发展的因素，如对于个体主体性有所忽视、普遍的人情化倾向、泛道德主义、民主传统薄弱、科学技术管理理论匮乏等等，这些都需要我们认真反思，认清其弊端及危害。但是相较于西方伦理体系，儒家伦理有适合中国国情的特色，如相信道德力量，强调道德体验与情感的重要性；在道德主体培育上，注重教化，追求"孔颜之乐"，力求通过日常生活方方面面的道德修炼，让人达到真善美统一的境界。儒家伦理虽有忽视个体主体性的一面，但另一面它强调个体服从群体，强调个体的社会伦理角色而不是个性，增强了每一个社会成员的集体意识；儒家恪守中庸之道，讲究"以直报怨，以德报德"（《论语·宪问》），反对冲突，注重对话，缓解了国内社会矛盾，增强了国际和平共处、友谊交往；儒家遵循"己所不欲，勿施于人"的推己及人的道德思维方式，尊重每一个人的自尊与人权，求得人与人的平等和谐，等等。这些伦理虽然也有可创造性转化之处，但蕴含着为中华民族代代认可的传统伦理美德。

中华优秀传统文化是一个开放的体系，在它的长期发展过程中，吸收了其他国家、民族的多种文化精华。它本身对其他国家、民族也产生了重大的影响，乃至形成了一个超越国界的"汉字文化圈"。随着我国国力的强大，各国更加关注中国，了解中华优秀传统文化是世界了解中国的重要途径之一。过去有过"西学东渐"，而"东学西传"在今日已成为世界的潮流。为此，我们更应该积极参与世界多元文化的交流和建设，在与世界各种文化的交流中，打破中西文化二元对立的既定思维模式，逐渐探索中西文化融合与会通的路径，最大限度地汲取域外异质文化的有益因素，借以提高中国文化自身的内涵，为丰富人类的精神文明做出我们中华民族应有的贡献。

"五四"时期，全盘西化曾一度形成了一种主流思潮，在中华优秀传统文化研究上，受德国的马克斯·韦伯（1864—1920）的影响，出现了以西方文化为中心来审视儒学的倾向，这种治学观念及思维方式，至今仍存在于一些研究者的头脑中。马克斯·韦伯是现代西方一位极具影响力的思想家，与卡尔·马克思、埃米尔·杜尔凯姆并称为现代社会学的三大奠基人。他研究儒学的代表作是《中国的宗教：儒教与道教》，为西方学者提供了一个理解中国文化与中国近代社会关系的最初范式，他的理论研究以西方文化为中心，体现着他的民族主义倾向和强烈的宗教兴趣。

韦伯在《中国的宗教：儒教与道教》中，首先将儒学定性为一种历史的逆向力。他尖锐地提出了这样一个问题：为什么资本主义在中国没有得到发展？原因就是儒学阻碍了中国社会的转型，他把阻碍中国社会发展的罪名归咎于儒学。儒学是中华优秀传统文化的核心部分，如果把儒学定性为社会转型的阻力，在中西文化的对比中，更加突显了西方文化的先进性，西方文化的中心地位自然在互相对比中树立起来。

儒学为什么会成为社会发展的阻力？韦伯是通过对儒学与西方新教在精神观念与财富占有方面的异同比较来加以说明的。韦伯将儒学视为宗教的一种，称其为儒教。他指出儒教不同于其他任何宗教，儒教虽然占据了中国意识形态的主导地位，但对于不同的宗教信仰采取了相当宽容的态度，儒教从来没有试着将它们统一组合为一个单独的宗教。在儒教思想的主导之下，中国全社会缺少共同性的对造世主的崇拜，而只有人际关系的若干规定与主张。儒教强调家庭伦理，对每个人进行礼节名教的教育，信奉伦理美学价值观，使其品质自我完善，目标是取得适应这个世界的"一种文化的地位"。西方的新教则以教育、修炼手段来制造一个个"上帝的工具"，每个人都能服侍上帝和造世主，有强烈的信仰和热情。儒教伦理与一般形而上学的宗教教义不同，儒教只教导人们顺从人际关系的规定，去调整和修正君、父、夫、兄、友的行为。儒教的这种家族式伦理导致了非血缘关系成员之间互不信任，而信任是普遍的商业和信贷行为的保证，商业和信贷又是资本主义的重要特征，儒学使非血缘关系成员之间互不信任，就阻碍了资本主义的发展。而新教有共同的信仰，新教信徒之间都是兄弟关系，兄弟之间相互信任而有助于建立契约关系，为资本主义发展奠定了精神基础。

其次，在财富方面，韦伯认为中国虽然存在一些资本主义产生的有利因素，如长期的和平稳定、人口逐年增长、土地自由买卖、居住地自由迁徙、自由选择职业等等，然而这些有利因素都被儒教的负面影响给抵消了。儒教和新教都依据某种终极的信仰来指导生活，都鼓励物欲的节制，但都不反对财富的获取与累积。儒教对追求财富的行为虽然持肯定的态度，但是对于非法获得却进行了严厉的批判。儒教虽然没有贬低财富本身，但信奉儒教的知识分子追求清高而鄙夷追逐财富，因此在中国，知识分子更乐于担任公务员（中国叫官员），因为官员比商人拥有更高的社会地位。而新教信徒服从上帝的指令，把减少财富消耗视为节制物欲，而往往把剩余的财富用于扩大再生产，财富投入经济发展中，促进了资本主义模式的形成与发展。因此，韦伯认为儒教阻碍了资本主义经济模式的产生，影响了社会的现代转型，而新教推动了资本主义在西方的繁荣发展。韦伯从文化对于经济和政治制度的反作用来评价文化的优劣，有一定的道理。作为封建社会主流意识形态的儒学，确实在一定程度上维护了封建统治，从而阻碍了资本主义的产生，但资本主义在中国没有出现，其原因是多方面的，主要原因在于落后的生产力与生产关系，把资本主义不能产生的原因全归罪于儒学是很片面的。与马克思主义理论相比，韦伯的理论依据及结论的荒谬是显而易见的。

能以韦伯"儒学阻碍中国现代转型"理论为基础，对中国近现代史发生变化提出新见的是美国哈佛大学教授费正清（1907—1991），费正清是哈佛东亚研究中心创始人，人称"中国学研究奠基人"，代表作是《美国与中国》。费正清虽以韦伯的理论为基础，但又和当时的"韦伯派"对于中国文化的认识有所不同。当时西方的汉学家，都认为中国文化主体是彻底腐朽没落的儒家文化，认为儒家文化是导致中国衰落的主要原因。费正清认为中国文化既有传统的遗产，又受西方的影响，它们相互交织在一起，中国传统文化不仅不会彻底没落，还会继续转型变化，但这一转型变化是由一个更加强大的外来社会的入侵所推动的。具体来说，就是西方文明给予中国传统文化以巨大的冲击，中国传统文化才不得不被动地做出反应，这就是费正清的"冲击—反应论"。20世纪五六十年代，"冲击—反应论"在美国和西方相当流行，与之相应的西方文化中心论形成了一种"学术规范"和定型思维，其观点甚至在现在的一些中国文化研究者中还有影响。主张西方文化中心论的人很多，但唯有费正清的"冲击—反应论"对西方文化中心论的阐释最易迷惑人。

在费正清看来，儒家学说长期占据中国意识形态的正统地位，从而使中国封建社会保持了极大的稳定性，又因中国封建社会缺乏自身发展的内在动力，故长期处于停滞状态。当近代西方先进的资本主义国家派遣大量的人员来中国沿海寻求贸易机会时，发现这个古老的中华帝国对外部世界一无所知，表现出惊人的惰性，一贯闭关自守排斥一切外来势力。只有经过西方强有力的冲击，使中国传统文化在外来文化的推力下进行自我变革，为中国提供一种进步的机遇，才有可能使中国传统社会摆脱长期困境而进入社会的转型。"冲击—反应论"以西方人的价值观来认识中国的传统文化，不仅带有西方文化中心主义和西方文化的优越感，而且认为西方帝国主义的入侵，是中国近代发展的决定性推力；或认为帝国主义的入侵，客观上送去了西方文明，推动了中国传统社会的现代转型。这些说法都是为当年西方列强入侵行为及其殖民主义进行辩护。

实际上，在西方列强大规模入侵中国之前的明末，中国东南沿海地区已经产生了资本主义的萌芽，建设了不少具有一定规模的工厂，有了一定的资本主义的生产模式。以顾炎武、颜元、黄宗羲、王夫之、戴震为代表的儒家知识分子，提倡实学，倡导经世致用、变革图强，探索社会改革和建立现代政治制度。到后来的魏源和冯桂芬等人，更明确主张中国现代国家的特性是由其内部的历史演变所决定的。随着科技和经济的发展，中国完全有可能演化出儒家资本主义的现代文明社会。而西方列强的入侵，加速了清朝的衰落，使中国变为半殖民地半封建社会，反而扼杀了中国资本主义的萌芽。当中华民族到了亡国灭种的最危险时刻，恰好马克思主义传入中国，中国人民才有了明确的奋斗方向，并以付出千千万万个中华儿女生命的代价，使中国社会发生了翻天覆地的转型。

百年来，西方文化中心论影响深远，其潜移默化的影响更是不可小觑，如被国内学界基本肯定的现代新儒家，他们的理论虽然有合理的成分，在如何构建新儒学的问题上也提出了一些有启发性的观点，但他们受西方文化中心论的影响也是很明显的。现代新儒家的代表长期留洋，有的甚至加入了西方国籍，但他们有深厚的国学、儒学的底蕴，与西方人对中国传统文化的认识有很大差异。他们不像西方学者那样把儒学视为没落的文化，他们对儒学的评价甚至过高到不客观的程度。儒学固然是中华优秀传统文化的核心内容，但不能把中华优秀传统文化简单等同于儒学，因为中华优秀传统文化除了儒学之外，还包括其他子学及史、集部的优秀著述，儒学还有过与佛教、道教冲突和融合的过程。更不可忽略的是，中华传统文化虽以汉民族文化为主体，但它确实是中华多民族、多地域在不同时空条件下，全体国民共同创造的多元文化的总汇，现代新儒家的代表对这些特征往往强调不够。由于对儒学过于偏爱，他们对先秦儒家之后的儒学对中国历史和现实造成的负面影响，认识得不够深刻，就是有所批判，也比较肤浅。现代新儒家代表的研究纯理论的色彩浓厚，基本立足点是"道德决定论"和抽象人性论，集中阐发了儒家的"内圣"心性学，没有探讨出由"内圣"开出"新外王"的可行性途径，具有一定的唯心论倾向。但这些研究与西方文化中心论有何关系呢？仅凭这些还是看不清它们之间的关系，但只要揭示现代新儒家研究的指导思想，就能看清他们还是受到西方文化中心论的影响。

他们是用西方文化，主要是西方的哲学来解释中国的传统文化，以西方文化为标准，使儒学研究纳入西方文化的范畴。他们的指导思想中也包含着马克思主义，但把马克思主义仅当作西方文化众多流派中普通的一种，其指导意义并没有超越其他西方学派。如现代新儒家的某一代表人物认为：儒学要得到大发展，必须与西方对话。在社会政治层面上，与马克思主义对话；在心理学层面上，与弗洛伊德主义对话；在超越层面上，与基督教对话。这些主张，与我们以马克思主义为指导，对中华优秀传统文化进行"两创"，表现出迥然不同的理论趋向。在现代新儒家的影响下，从20世纪八九十年代以来，西方各种经典引入中国，其中还有各种研究方法论的著作。有些著作确实针对近现代社会存在的现实问题提出了某些解决方法的新见解，甚至对马克思主义提出某些补充，但也有不少著作的理念是过时的，甚至其错误理念与观点是早已被马克思、恩格斯或其他马克思主义者所批判过的，现在又改头换面粉墨登场了。一些资历浅、识别力不强的中国学者，奉这些西方哲学著作为至宝，以西方的私有观念、自由主义为参照，对所谓的西方文化研究的各种理念及方法，进行简单移植或者粗浅模仿，号称是对中华优秀传统文化进行所谓的"创新"性阐释，实际上还是没有摆脱西方文化中心论的影响。

21世纪，人类历史发生了巨大变化，尤其是我国已由过去贫穷落后的状态发展成为世界第二大经济体，中华文化的宝贵价值及对人类的伟大贡献，已被全世界人民所认同，彻底抛弃西方文化中心论成了历史发展的必然。对于文化来说，只有民族的才是世界的，未来世界必定是一种多元文化共同平等存在与发展的态势，它有助于各民族文化的现代化和世界化，也有助于人类文明的多层面开拓。

与西方文化中心论相反的一种错误研究倾向是复古主义，这种倾向在知识阶层与民间都存在。在知识阶层，这十几年陆续冒出一些冒牌的所谓"国学大师"，他们不仅没有掌握马克思主义精髓，对国学也理解得非常肤浅，甚至没有通读国学原典，读过的也都是囫囵吞枣。由于对国学理论问题缺乏辨识能力，所以讲起话来常曲解原典的本意，或张冠李戴或指鹿为马，甚至连老百姓耳熟能详的一些儒学概念都阐述得不准确。只凭掌握一些国学皮毛知识，就大胆地引佛入儒、以道释儒，移花接木。以"心灵鸡汤"的方式，掺杂着佛、道的精神追求，迎合着年轻人"躺平"的消沉情绪，大谈什么"生命的体验""心灵的慰藉"，以"求得心灵的安息"来概括"修、齐、治、平"为宗旨的儒学。这些"国学大师"的宣讲，极力将国学的一些概念生硬地转换成现今生活常用的词汇，达到世俗化、媚俗化、趣味化的效果；宣讲者本人可以达到名利双收的目的，有的甚至模仿影视明星索要出场费，每做一次宣讲，就索取高额的演讲费。他们"心灵鸡汤"的说教，引起热爱国学且有一定国学基础知识的学子们普遍不满，称这些"国学大师"为"文化小丑"，指斥他们到处兜售虚妄之语为"制作伪国学"。

从20世纪80年代国学热兴起后，民间开始陆续举办一些以营利为目的的国学班、儒学堂、讲经书院等，一些根本不懂中华优秀传统文化的"假儒生"，照搬旧式学堂模式，以盲从"复古"为式，向学子们传授的多是一些庸俗的处世之道。他们还根据旧礼教，仿慕孔子"杏坛讲学"的古事，也设"杏坛"作为举行礼仪活动与讲习学问的场所，"杏坛"挂着孔子及儒家大师的绘像，以供学子瞻礼。有的还照搬了明清时代乡校模式，制定了诸礼仪，如有入学礼、进学礼、易服礼、寄名礼、换届礼、冠礼、乡饮礼等，让学子们穿着汉服唐装，三叩九拜，上午诵经，下午习礼，比旧社会私塾的腐儒气还要重。

还有人认为世界各国都有宗教信仰，唯独中国人没有，所以中国人心不齐，一盘散沙，不能一心向善。现在一些人想皈依宗教，只好选择外来的宗教，如佛教、天主教、伊斯兰教等，但是中国人自幼潜移默化地深受儒学的熏陶，不如把儒学变为一种宗教叫人信仰。又认为现在韩国、日本许多人，就是将儒学奉为宗教，有了这一信仰，他们的国家就富强起来。我们应仿照基督教宗教模式，恢复或新建孔庙、文庙，以孔子为教主，以《论语》为经典，用诗、书、礼、乐、易、春秋来设教，设立宗教化礼仪仪式，讲经人着儒家服饰，全面复古，进一步突显儒教的神圣性，以此来抵制外来文化的侵蚀。还有人提议：儒学虽可成为中国人的共同信仰，但传播儒学的方式还要针对不同对象而有所不同，对普通群众来说，需要将儒学宗教化；对学者来说，需要将儒学玄虚化；对青年来说，需要将儒学常识化。三者并行不悖，各行其是。以上种种论调，和百年前康有为、陈焕章等人的行为何其相似！康有为、陈焕章等人参照基督教的模式成立了孔教会，呼吁将孔教确定为"国教"的主张，得到了心心念念复辟称帝的袁世凯的支持，由此可见这些主张有着鲜明的历史倒退性和反动性。主张全面复古的人虽然是极少数，也没有多少可兜售的市场，但我们对这些偏执的倒退观念深感忧虑。鼓吹将儒学变为儒教，必然是将中华传统文化中的糟粕当作精华向群众灌输，其结果只能将儒学的现代转化引向死胡同。

在中华优秀传统文化研究中，还存在着一种倾向是单纯介绍中华优秀传统文化知识，没有将重点放在培养人们明理正心、德性涵养、人格完善上。中华优秀传统文化知识介绍是必要的，尤其是在学校与乡村、社区进行中华优秀传统文化教育，进行中华优秀传统文化知识的简明解释，这是把握中华优秀传统文化的基础。但在中华优秀传统文化知识教育的同时，也要贯彻"两创"方针，否则中华优秀传统文化研究就变成了汉代以来的章句训诂之学。汉代以来的古代儒学研究者大都只给儒家经书作注解，很少有自己的实质性的创新和发现。我们的研究不能走这条仅以经书注释为唯一研究方式的老路，而应让受教育者在接受优秀传统文化内蕴的同时，能用马克思主义去明辨是非，既丰富才识，又使自己成为有坚定政治信念的优秀人才。

以上在中华优秀传统文化研究上出现的种种错误倾向，都会将中华优秀传统文化中的中华伦理美德创造性转化引入歧途，值得我们高度警醒。有位学者指出："如果把中华文化比作一棵大树的话，优秀的传统文化就是它的根基，当代有中国特色的社会主义文化就是它的主干，外来的其他民族的健康有益文化为它增加了营养，中国化马克思主义就是它的灵魂。把握好这四个方面的关系，中华文化这棵大树才能根深叶茂，以崭新的面貌走向世界，屹立于世界民族之林。"[1]我们应把握、处理好这四部分文化的关系，来强有力地拒斥种种错误倾向。尤其强调"坚持把马克思主义基本原理同中国具体实际相结合、同中华优秀传统文化相结合"，毫不动摇地贯彻新时代马克思主义指导下的"两创"原则。

中华优秀传统文化产生的封建社会政治体制已经消失，但并不意味着中华优秀传统文化的核心价值观念、道德意识、思想与行为方式失去了

---

[1] 贾陆英：《智慧·人生·境界：国学哲理古今谈》，山西人民出版社，2009年，第17页。

现存的合理性。经过"两创",仍可转化为中国现代化建设的宝贵精神财富,为中国的现代化事业提供精神资源。我们应以马克思主义为指导,探寻儒学创造性转化的途径和模式,深入挖掘中华优秀传统文化能与马克思主义、中国特色社会主义理论相融合的文化资源,提炼中华优秀传统文化中对中国现代文化建设具有普遍意义的思想观念,充分发挥其参与中国现代文化建设的宝贵价值,使其在实现振兴中华的伟大征途中做出应有的贡献。

主要参考书目

◆卡·马克思：《〈政治经济学批判〉序言》，《马克思恩格斯选集》第2卷，人民出版社2012年版。

◆弗·恩格斯：《反杜林论》，《马克思恩格斯选集》第3卷，人民出版社2012年版。

◆毛泽东：《新民主主义论》，《毛泽东选集》第2卷，人民出版社1991年版。

◆习近平：《实现中华民族伟大复兴是中华民族近代以来最伟大的梦想》，《习近平谈治国理政》，外文出版社2014年版。

◆司马迁撰，裴骃集解，司马贞索隐，张守节正义：《史记》，中华书局1959年版。

◆班固撰，颜师古注：《汉书》，中华书局1962年版。

◆程水金释读：《尚书释读》，人民文学出版社2020年版。

◆郑玄注，孔颖达正义：《礼记》，《十三经注疏》本，中华书局1980年版。

◆杨伯峻编著：《春秋左传注》，中华书局1981年版。

◆严可均校辑：《全上古三代秦汉六朝文》，中华书局1958年版。

◆朱熹：《四书集注》，中华书局1957年版。

◆黑格尔：《哲学史讲演录》（全4卷），商务印书馆1959年版。

◆马克斯·韦伯著，于晓、陈维刚等译：《新教伦理与资本主义精神》，生活·读书·新知三联书店1987年版。

◆马林诺夫斯基著，李安宅译：《巫术 科学 宗教与神话》，中国民间文艺出版社1986年版。

◆尤西林：《阐释并守护世界意义的人——人文知识分子的起源与使命》，河南人民出版社1996年版。

◆罗斑著，陈修斋译：《希腊思想和科学精神的起源》，商务印书馆1965年版。

◆苗力田主编：《古希腊哲学》，中国人民大学出版社1989年版。

◆梁启超：《中国历史研究法》，上海古籍出版社1987年版。

◆郭沫若：《中国古代社会研究》，人民出版社1964年版。

◆翦伯赞：《中国史纲要》，人民出版社1979年版。

◆杨公骥：《中国文学》（第一分册），吉林人民出版社1980年版。

◆侯外庐、赵纪彬、杜国庠：《中国思想通史》（全5卷），人民出版社1957年版。

◆李泽厚：《中国古代思想史论》，生活·读书·新知三联书店2008年版。

◆李学勤：《李学勤集——追溯·考据·古文明》，黑龙江教育出版社1989年版。

◆白寿彝总主编：《中国通史》（全22册），上海人民出版社1995年版。

◆张岱年：《文化与哲学》，教育科学出版社1988年版。

◆傅永聚主编：《中华伦理范畴》（全9册），中国社会科学出版社2012年版。

◆杜维明著，高专诚译：《新加坡的挑战：新儒家伦理与企业精神》，生活·读书·新知三联书店1989年版。

◆汤一介、李中华主编：《中国儒学史》（全9册），北京大学出版社2011年版。

◆陈来：《仁学本体论》，生活·读书·新知三联书店2014年版。

◆刘宗贤：《儒家伦理——秩序与活力》，齐鲁书社2002年版。

◆杨朝明主编：《论语诠解》，山东友谊出版社2012年版。

◆贾陆英：《马克思主义与儒学的融合：中华文化百年走势探析》，山西人民出版社2012年版。

◆王志民：《齐鲁文化与中华文明——王志民学术讲演录》，人民出版社2015年版。

◆齐涛主编：《中国传统政治文化书系》（全9册），泰山出版社2023年版。

后 记

　　我的中国古籍研究生涯是从1980年开始的，那年我考上了曲阜师范学院（现曲阜师范大学）中文系古代文学专业研究生，导师是宋代文学研究专家刘乃昌教授。我的硕士学位论文是《略论宋末爱国文学家汪元量》，论文前半部分以《汪元量祖籍、生卒、行实考辨》为题，发表在《中华文史论丛》1983年第4辑上，后半部分以《字字丹心沥青血——水云诗词评》为题，发表在《齐鲁学刊》1984年第6期上。1984年我又考上东北师范大学中文系古代文学专业博士生，主攻先秦两汉文学，导师是文史大师杨公骥先生。我的博士学位论文是《史记艺术研究》，论文中的部分章节形成《〈史记〉传记结构探索》等五篇文章，发表在《东北师大学报》等刊物上，最后又出版了整部《史记艺术研究》（学苑出版社2004年版）。

　　1987年博士生毕业后，我就以中国文学史尤其是中国历史文学为研究的主要方向，出版了先秦两汉卷的《中国历史文学》（远方出版社2003年版，系1997年立项的国家社科基金项目），与赵敏俐教授合著了《20世纪中国古典文学研究史》（陕西人民教育出版社1997年版，系1990年国家教委立项的社科基金项目）。还与多人合著了十几部著作，诸如《先秦大文学史》、《两汉大文学史》（主编之一）、《秦汉文学》（全三册，任主编）、《中国文学通论》（先秦两汉卷）、《辞书学概论》、《唐宋文选》、《中国名著半小时》、《中国古代文学作品选》（秦汉卷）、《中国古代诗歌选读》、《中国诗学大辞典》、《历代赋辞典》、《爱国诗词鉴赏辞典》等。同时在这一时期也关注了先秦诸子之学，出版了《先秦诸子散文：诗化的哲理》（广西师范大学出版社1999年版）。

2002年我入职曲阜师范大学后，由文学研究逐渐转向对中国传统文化特别是儒学的研究，仅对《论语》的研究，就出版过三部著作：《〈论语〉导读》（中华书局2002年版）、《论语评注》（蓝天出版社2013年版）、《〈论语〉校释译论》（山东人民出版社2017年版）。我的其他两个国家社科基金项目成果：《汉代文化特色及形成》（人民出版社2008年版）与《儒学与中国古代散文》（全二册，中国社会科学出版社2017年版），以及《给年轻人读的史记》（蓝天出版社2008年版）、《国学箴言》（蓝天出版社2013年版）《史记评注》（蓝天出版社2013年版），还有与他人合著的《盛世悲音》（河北大学出版社2002年版）、《绝代风华》（台湾云龙出版社2003年版）、白话《四书五经·左传》（线装书局2015年版），都与儒学有紧密关联。此外，还参与了中华书局简体字横排版二十四史中的《周书》《北齐书》及首都师范大学出版的《国学备览》中《史记》的校订。

2017年中共中央办公厅、国务院办公厅印发了《关于实施中华优秀传统文化传承发展工程的意见》，提出对中华优秀传统文化进行"两创"的方针。为使中华优秀传统文化成为建设中国特色社会主义事业的软实力，向中华优秀传统文化的研究者提出了一系列具体的任务，于是我开始考虑如何响应"两办"的号召。2019年秋，我由曲阜师范大学孔子文化研究院调至曲阜师范大学恒星研究院，从曲阜来到青岛，该研究院后来又并入恒星科技学院的文教集团与人文学院。当年12月出版了《探求古典文史哲的真善美》（全三册，线装书局2019版），并拟定了一份"儒家伦理创造性转化研究"的项目申请。然而这段日子里线装书局催着我完成百万多字的《春秋经传今读》（全二册），我感到已经腾不出精力再来完成新项目了。

恰好这时青岛恒星科技学院副校长陈杰教授要申报一项山东省社科项目，他参考了我的项目申请书，以"中华优秀传统文化创造性转化关键之研究"为题申报省里，获得批准为2020年度山东省社会科学规划研究项目（20CPYJ12）。课题立项后，陈杰副校长组织了课题团队，5月份我为项目列出大纲与章节目录，团队围绕大纲与目录开过两次研讨会。不曾想到的是陈杰副校长在9月份查出癌症，于是长期住院治疗，2021年8月14日终因病情恶化而不幸去世。这一阶段不仅课题研究没有任何进展，课题组成员还纷纷表示要退出课题团队，这样下去课题肯定要荒废，势必影响今后单位继续申报。于是我主动承担起课题研究任务，重新组织了课题团队。恒星科技学院校长徐爱民教授、陈昕晨博士，校人文学院黄岩、韩英二位院长，恒星文教集团刘振勇执行总裁及其他众多同仁积极参与，又得到赵敏俐、程水金、刘晓明、刘怀荣、冷卫国、王培友、孟天运、马明奎等教授的批评指点。尤其是将书稿交至齐鲁书社后，责编李军宏同志审稿一丝不苟，她学术视野开阔，学养丰厚，把握出版原则，对书稿存在的问题一一指出并提出详细的删改意见，从而使进一步修改后的书稿阐述更趋精准，格式更加规范。

此书稿虽然由我执笔，但在编写的过程中，有众多人员参与，所以本书是集体心血凝结的成果。当然，书稿尽管几易其稿，但由于著者学识与精力有限，肯定还有瑕疵，望读者多加批评指正。

杨树增

2024年10月12日于青岛